Rainer Gievers

Das Praxisbuch Google Pixel 8a

Anleitung für Einsteiger

www.das-praxisbuch.de

Vorwort

Softwareentwickler Google ist 2010 mit eigenen Geräten in den Handymarkt eingestiegen und frischt nun jedes Jahr seine Modellpalette auf. Dabei verzichtet Google bewusst auf Marktanteile, weil nur eine vergleichsweise kleine Nische über der Mittelklasse bedient wird.

Leider wird die Welt in der wir leben immer komplexer und das trifft auch auf moderne Smartphones zu. War es uns vor ca. 20 Jahren noch möglich, alle Handy-Funktionen in einem Buch zu beschreiben, so ist dies inzwischen nicht mehr denkbar. Wir beschränken uns daher im Buch auf Funktionen und Programme, die für Sie im Alltag relevant sind.

Sie werden feststellen, dass ab und zu die Anzeige auf Ihrem Gerät zu dem in diesem Buch abweicht. Dies hat damit zu tun, dass Google die Anwendungen laufend mit neuen Funktionen versorgt, wobei sich diese Zwangs-Updates nicht verhindern lassen.

Wir empfehlen, die ersten beiden Kapitel zur Ersteinrichtung und zur Benutzeroberfläche durchzuarbeiten, auch wenn Sie vielleicht schon mal mit einem Android-Handy gearbeitet haben. Auf die unvermeidlichen Fachbegriffe, die dabei erläutert werden, setzen dann die weiteren Kapitel auf.

Falls Sie im Buch irgendwo einen Fehler entdecken, schicken Sie bitte eine E-Mail an *info@das-praxisbuch.de*.

Rainer Gievers, im Juni 2024

1. Auflage vom 18.05.2023

Ebook

Dieses Buch steht als farbiges Ebook zum kostenlosen Download ohne Kopierschutz bereit. Es kann mit jedem PDF-Programm (zum Beispiel »Adobe Acrobat«) angezeigt und ausgedruckt werden.

Sie dürfen das Ebook nur auf Ihrem eigenen PC oder Handy verwenden. Die Weitergabe des Download-Codes oder Ebooks an Dritte ist unzulässig und wird strafrechtlich verfolgt.

Rufen Sie in Ihrem Webbrowser auf dem PC oder Handy folgende Webadresse auf:

www.das-praxisbuch.de/download/

Geben Sie bitte folgenden Code (Groß- und Kleinschreibung beachten) ein:

3I7-0CW-IFO-JkX-iYR

Sollten Sie Probleme mit der Codeeingabe oder dem Herunterladen haben, dann schreiben Sie uns bitte eine E-Mail an service@das-praxisbuch.de. Wir helfen gerne weiter!

Hinweis

Die Informationen in diesem Buch wurden mit größter Sorgfalt erarbeitet und zusammengestellt. Dennoch können Fehler nicht vollständig ausgeschlossen werden. Verlag und Autor übernehmen daher keine juristische Verantwortung oder irgendeine Haftung für eventuell verbliebene Fehler oder deren Folgen.

ISBN 978-3-96469-266-5

Aufbau der Kapitel

- Damit Sie erkennen, welche Bildschirmkopie zu welchem Erläuterungstext gehört, sind die Texte mit Zahlen (❶,❷,❸) durchnummeriert.
- Webadressen, Menübezeichnungen und verwiesene Kapitel sind *kursiv* gesetzt.
- Verschachtelte Menüs werden durch »/« gekennzeichnet. Somit bedeutet zum Beispiel ⋮ *Einstellungen*, dass Sie das Menü aktivieren und dort auf *Einstellungen* gehen.
- Auch Verzeichnis- und Dateinamen, sowie Webadressen sind in Kursivschrift gesetzt.

In den Rahmen sind weiterführende Infos zum jeweiligen Thema untergebracht.

1. Inhaltsverzeichnis

2. Einführung

Vielleicht gehören Sie auch zu den Anwendern, die sich bisher mit einem Einfach-Handy zufrieden gegeben haben und nun erstmals ein sogenanntes Smartphone nutzen. Alternativ besitzen Sie schon seit geraumer Zeit ein Smartphone, verwenden darauf aber derzeit nur die Telefonie-Funktionen.

Was aber ist ein **Smartphone**? Darunter versteht man ein Mobiltelefon, das neben der Telefonie noch weitere Funktionen mitbringt, die sonst nur PCs aufweisen, beispielsweise Kontakt- und Teminverwaltung, Musikwiedergabe, Internet usw. Von wenigen Billig-Handys abgesehen, die für maximal 50 Euro angeboten werden, sind übrigens genau genommen inzwischen fast alle Handys auch Smartphones.

Die Betriebssoftware, sozusagen das Herz Ihres Handys, ist das von Google entwickelte **Android**. Es erfüllt die gleichen Aufgaben wie das Windows-Betriebssystem auf Ihrem PC oder Notebook.

2.1 Das ist bei Android anders

Dieses Kapitel soll kurz die Unterschiede zwischen den »alten« Handys und den modernen Smartphones beleuchten.

Schon bei der ersten Inbetriebnahme gibt es den ersten Unterschied: Während früher ein Handy nach dem Einschalten und der PIN-Eingabe sofort betriebsbereit war, müssen Sie bei einem Android-Handy erst Ihren Internetzugang einrichten. Überhaupt empfiehlt es sich, einen Blick auf den Mobilfunkvertrag zu werfen, denn dieser muss auch eine **Internetflatrate** (Datenvertrag) beinhalten. Sie zahlen dann nur einen festen Betrag für die Internetnutzung und keinen nutzungsabhängigen – Letzteres ist meist extrem teuer. Auf dieses Thema gehen wir übrigens später noch genauer ein.

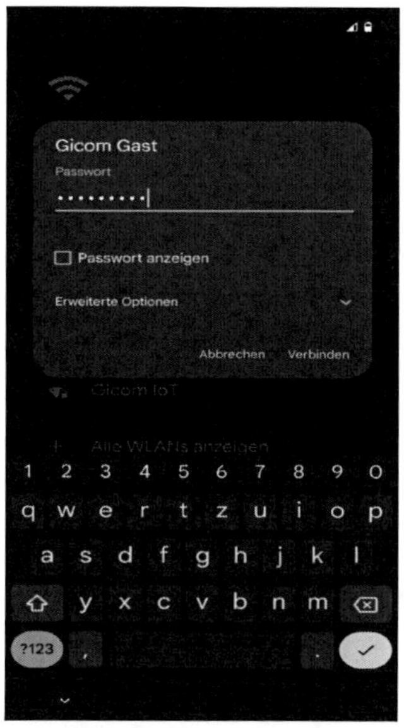

Bereits beim ersten Einschalten eines Android-Handys richten Sie die Internetverbindung ein.

Eine permanente Internetverbindung ist für Android-Handys wichtig. Natürlich sind Webbrowser und E-Mail-Anwendung ohne Internetanbindung unbrauchbar – aber wussten Sie, dass sogar Programme, von denen Sie es nie erwarten würden, aufs Internet angewiesen sind? Ihr Android-Handy speichert beispielsweise auch Ihre Kontakte, Termine, Lesezeichen des Chrome-Browsers, Ihre Fotos und Videos und vieles mehr im Internet. Das hört sich zunächst erst einmal ungewohnt an, hat aber für Sie durchaus Vorteile, wie wir unten noch zeigen werden. Ihre persönlichen Daten landen natürlich nicht einfach frei im Internet, sondern sind geschützt vor fremden Zugriff.

Den Speicherort für Ihre Daten legen Sie übrigens bereits bei der ersten Inbetriebnahme Ihres Android-Handys fest. Es handelt sich dabei um Ihr sogenanntes **Google-Konto**. Dieses hat immer das Format *IhrName@gmail.com*. Dabei ist *IhrName* ein von Ihnen frei wählbarer Name, erlaubt sind zum Beispiel die Kontonamen *hans.mueller@gmail.com*, *hansmuell25@gmail.com* *oder mueller201@gmail.com.*

Ihr Google-Konto erstellen Sie direkt nach der Interneteinrichtung beim ersten Einschalten Ihres Android-Handys. Den Kontonamen dürfen Sie frei wählen.

Nicht jeder ist darüber glücklich, dass seine Daten bei Google gespeichert werden. Google informiert aber sehr offen darüber und fragt gegebenenfalls nach Ihrer Zustimmung. Natürlich dürfen Sie auch ablehnen, aber ohne Google-Konto müssen Sie auf viele Komfortfunktionen verzichten. Dazu zählt auch die nachträgliche Installation von weiteren nützlichen Programmen aus dem Play Store.

2.2 Das Google-Prinzip

Wie bereits erwähnt, sammelt Google systematisch Ihre Daten, denn Ihr Android-Gerät lädt alle Ihre Kontakte, Termine, Browser-Lesezeichen, Fotos usw. auf Google-Server im Internet hoch. Auf zwei Wegen können Sie dies verhindern beziehungsweise einschränken:

- Sie richten erst gar kein Google-Konto auf dem Handy ein.
- Sie deaktivieren, wie im Kapitel *14.2 Google-Konto entfernen* beschrieben, die Datensynchronisation für die einzelnen Datentypen.

Die erste Variante ist leider kaum praktikabel, den ohne Google-Konto steht Ihnen der Play Store nicht zur Verfügung, über den Sie weitere Programme installieren (über einen Umweg, bei dem Sie Sicherheitsfunktionen deaktivieren und manuelles Kopieren der Programmdatei auf das Gerät ginge es trotzdem, ist aber sehr unkomfortabel).

Mit der zweiten Variante kann Sie Google nur noch eingeschränkt »überwachen«, wird aber trotzdem noch Ihr Benutzerverhalten ausforschen. Beispielsweise sendet das Handy alle von Ihnen geschriebenen und empfangenen SMS und Ihr Anrufprotokoll an Google-Server. Auch Ihr per eingebautem GPS-Empfänger ermittelter Standort und Ihre WLAN-Passwörter werden permanent an Google übermittelt.

Es kommt aber noch »dicker«. Wie Sie vielleicht aus der Presse erfahren haben, wurde im Oktober 2016 bekannt, dass der Google-Konkurrent Yahoo über einen längeren Zeitraum den US-Geheimdiensten Zugriff auf alle Nutzerdaten gestattete. Es würde nicht verwundern, wenn auch Google den Geheimdiensten systematisch Daten liefert. Als Geheimnisträger in einer Firma oder einer Behörde sollten Sie sich deshalb überlegen, welche Daten Sie Ihrem Android-Handy oder anvertrauen. Bei anderen Betriebssystemen wie Apple iOS oder Windows 10 ist es mit der Datensicherheit aber genau genommen kaum besser bestellt.

2.3 Die SIM-Karte

Eine neue SIM-Karte wird meistens als große Plastikkarte geliefert, aus der Sie sie herausbrechen müssen.

So legen Sie die SIM-Karte ein: Sie drücken mit dem beiliegenden Stechwerkzeug die Schublade durch das kleine Loch auf der rechten Geräteseite heraus. Dann legen Sie die SIM-Karte mit der Beschriftung nach unten in das Fach – Sie hören dabei ein Klicken. Beim anschließenden Hineinschieben der Schublade ins Handy müssen Sie sehr vorsichtig sein, denn die SIM-Karte darf auf keinen Fall herausfallen oder sich verkannten.

Hinweis: Die Handhabung und Installation der SIM-Karte setzt etwas Geschick voraus. Sollten Sie sich unsicher sein, überlassen Sie dies am besten einer kundigen Person.

3. Erster Start

Beim ersten Einschalten richten Sie den Internetzugang über WLAN, Ihr Google-Konto und einige andere Dinge ein.

Falls Sie bereits den Assistenten durchlaufen haben und schon Ihr Gerät nutzen, sollten Sie im Kapitel *4 Grundlagen der Bedienung* weiterlesen. Wo es in diesem Buch darauf ankommt, gehen wir auf die im Assistenten vorgenommenen Einstellungen nochmals ein. Sie verpassen also nichts!

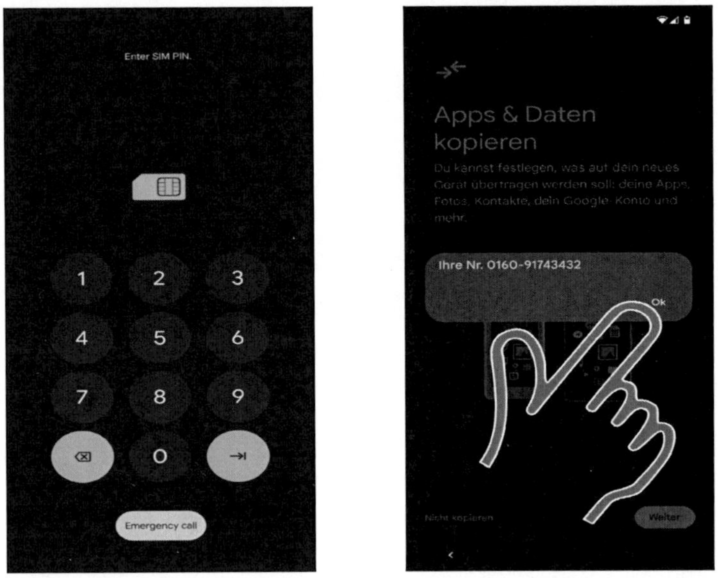

❶ Geben Sie zuerst die SIM-PIN ein, damit sich das Pixel-Handy ins Netz einbucht. Schließen Sie Ihre Eingabe mit der →|-Schaltleiste auf dem eingeblendeten Tastenfeld ab.

❷ Zwischendurch könnte ein Hinweis auf die verwendete Rufnummer erscheinen, den Sie mit *Ok* schließen.

❶ Im Begrüßungsbildschirm stellen Sie über das Auswahlmenü *Deutsch (Deutschland)* ein. In der Regel brauchen Sie aber nichts zu ändern, weil das Handy bereits anhand der SIM-Karte beziehungsweise des Mobilfunknetzes die richtige Sprache festlegt. Betätigen Sie *Jetzt starten* (Pfeil).

❷ **Beachten Sie beim *Mit einem anderen Gerät einrichten*-**Bildschirm: Sofern Sie von einem älteren Smartphone (Android oder iPhone) umsteigen, das noch funktionsfähig ist, können Sie dessen Daten übernehmen. Lesen Sie in diesem Fall im Kapitel *3.1 Automatische*

Datenübernahme weiter.

❸ Gehen Sie auf *Überspringen.*

Hinweis zur Datenübernahme von einem anderen Android-Handy: Auch wenn Sie nicht die oben erwähnte Funktion *Mit einem anderen Gerät einrichten* nutzen, werden später alle Ihre Daten aus einem vorhandenen Google-Konto übernommen.

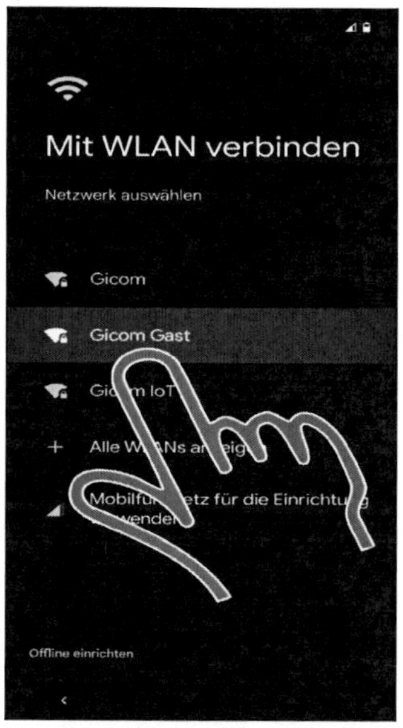

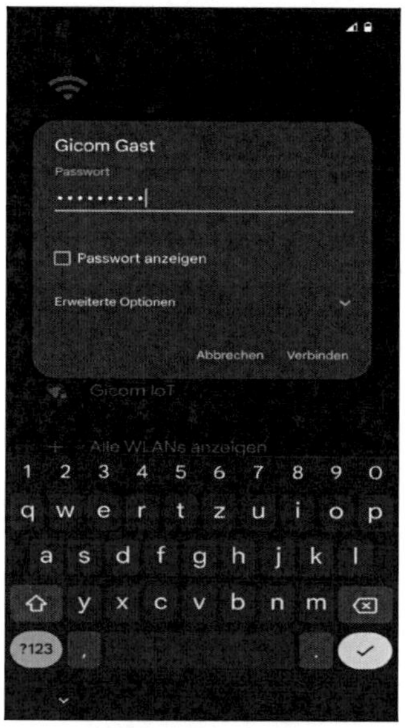

❶❷ Als Nächstes stellen Sie den genutzten WLAN-Zugangspunkt ein. Tippen Sie dafür kurz einen der gefundenen Zugangspunkte in der Liste an, geben Sie das zugehörige Kennwort ein und betätigen Sie *Verbinden.*

Der »Zeigefinger« weist im Buch häufig auf Schaltleisten hin, die Sie antippen müssen.

In diesem Buch unterscheiden wir zwischen »Antippen«, was immer ein kurzes Antippen heißt und längerem Tippen und Halten mit dem Finger. Wenn Sie den Finger lange auf einem Bildschirmelement gedrückt halten müssen, weisen wir immer explizit darauf hin.

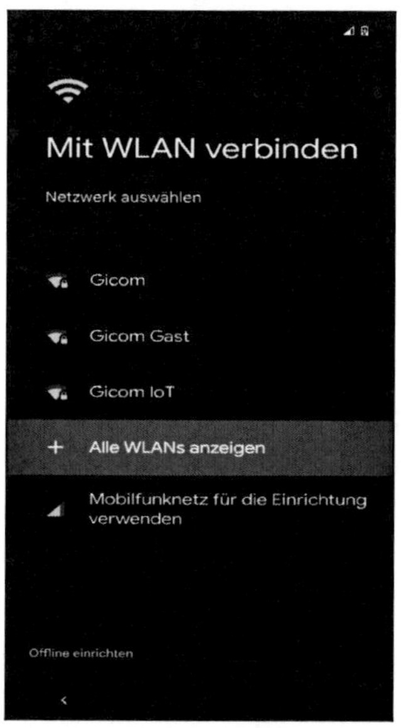

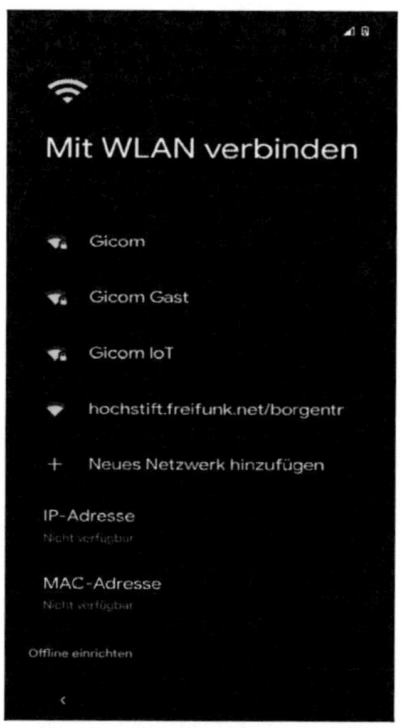

❶❷ Sofern sehr viele WLAN-Zugangspunkte an Ihrem Standort vorhanden sind, werden diese nicht alle aufgelistet. In dem Fall betätigen Sie mit dem Finger *Alle WLANs anzeigen* und können dann den gewünschten WLAN-Zugangspunkt auswählen.

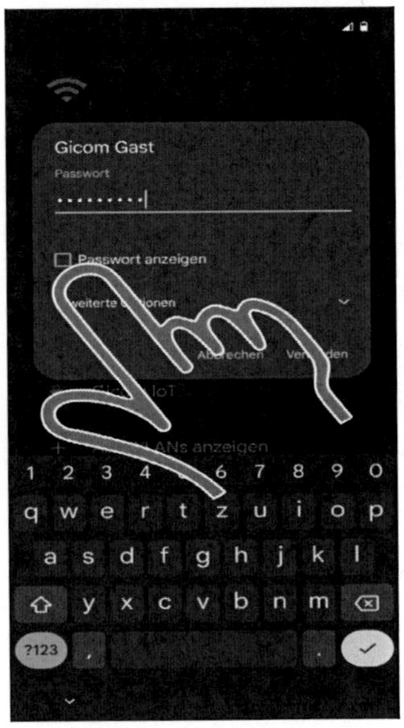

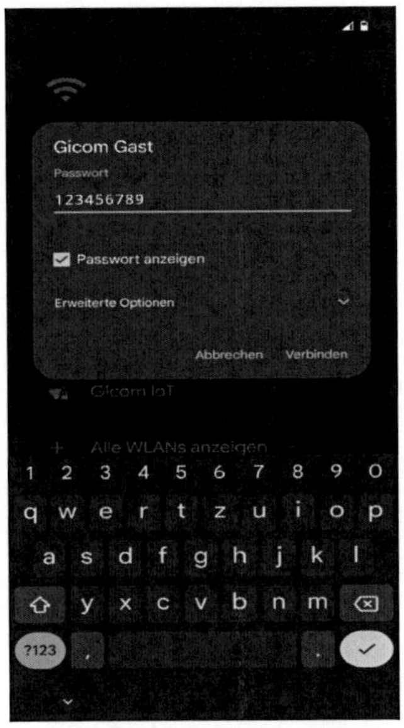

❶❷ Tipp: Das Handy erleichtert Ihnen bei Bedarf die Passworteingabe. Aktivieren Sie *Passwort anzeigen*, worauf das Eingabefeld »aufgedeckt« wird.

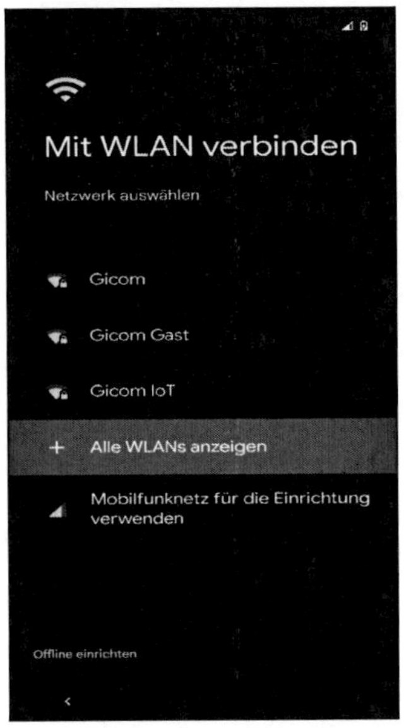

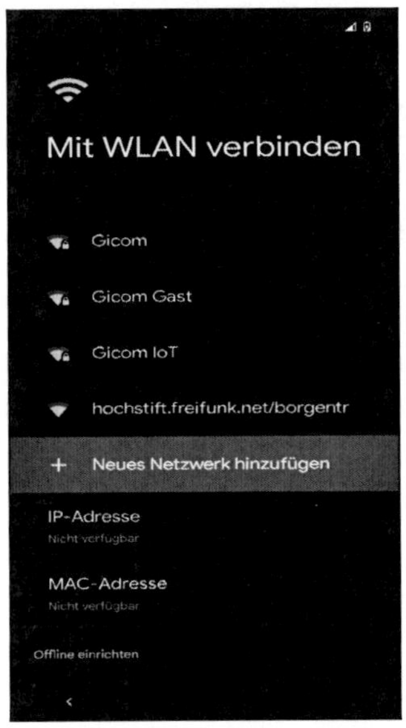

❶ Einige kommerzielle WLAN-Betreiber ersparen dem Nutzer das umständliche Eintippen des Passworts. Sie finden dann einen sogenannten QR-Code auf Flyern oder Plakaten vor, in dem das Passwort enthalten ist.

❷ So scannen Sie den QR-Code: Rufen Sie *Alle WLANs anzeigen* auf.

❸ Betätigen Sie *Neues Netzwerk hinzufügen*.

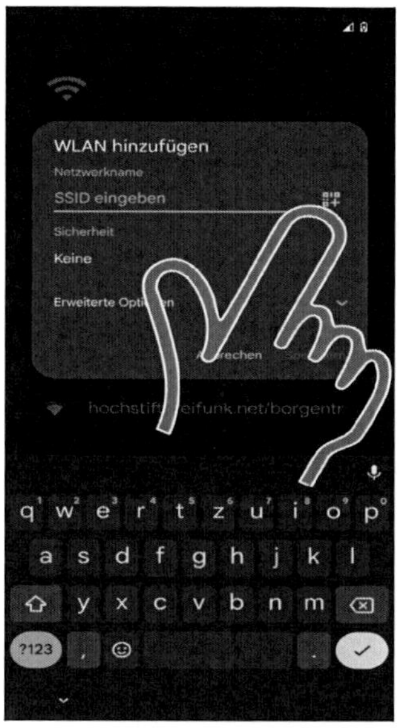

➊➋ Tippen Sie auf und halten Sie die Kamera auf den QR-Code.

3.1 Automatische Datenübernahme

Sie haben ein älteres Smartphone? Dann können Sie dessen Daten und Programme automatisch herüberkopieren lassen und sparen sich somit einige Einrichtungsschritte. Wichtig ist, dass Sie das alte Handy neben sich liegen haben, weil Sie dort die Datenübernahme bestätigen müssen.

Im Folgenden gehen wir davon aus, dass Ihr altes Handy mit Android läuft. Es muss eingeschaltet und mit dem Internet verbunden sein. Entsperren Sie es gegebenenfalls und lassen den Startbildschirm angezeigt.

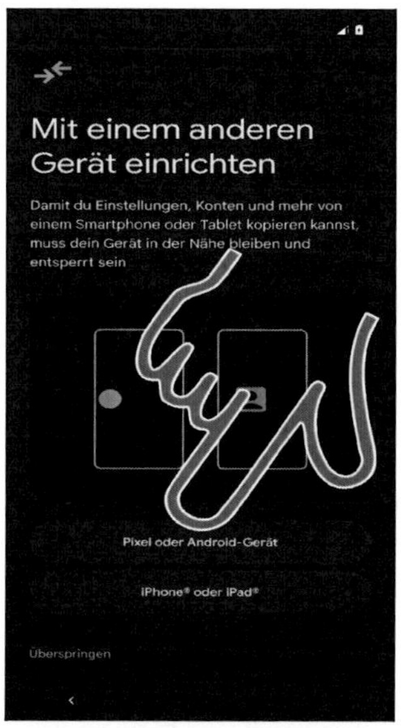

➊ Betätigen Sie *Pixel oder Android-Gerät.*

➋ Das neue Handy zeigt einen QR-Code an.

➌ Rufen Sie nun auf dem alten Handy eine Anwendung auf, mit der Sie den QR-Code scannen können, beispielsweise die im Kapitel *28.10 QR-Code scannen* vorgestellten Funktionen. Tippen Sie den angezeigten Link beziehungsweise *Link öffnen* an.

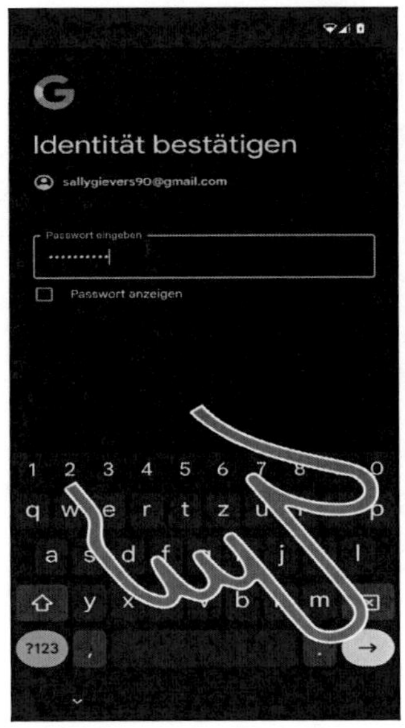

➊ Altes Handy: Zeigt Erfolgsmeldung.

➋ Die Einrichtung auf dem neuen Handy dauert etwas.

➌ Geben Sie das Passwort zu Ihrem Google-Konto ein und betätigen Sie *Weiter* (Alternativ betätigen Sie die Pfeil-Schaltleiste unten rechts auf dem Tastenfeld).

➊➋ Betätigen sie *Überspringen* und dann *Überspringen*. Warten Sie dann einige Sekunden, bis das Handy auf den folgenden Bildschirm umschaltet!

➌ Betätigen Sie *Weiter*.

➊ Erneut müssen Sie sich etwas gedulden…

➋ Im folgenden Bildschirm brauchen Sie keine Änderungen durchzuführen und betätigen *Kopieren.*

Folgen Sie den Anweisungen im Kapitel *3.4 Weitere Einrichtung* (falls in dem Kapitel mal ein Bildschirm von dem im Buch abweicht, wählen Sie die für Sie sinnvolle – sie können nichts kaputt machen!).

3.2 Vorhandenes Google-Konto

Um das Handy (und andere Android-Geräte) sinnvoll zu nutzen, müssen Sie ein sogenanntes Google-Konto besitzen. Das Google-Konto hat das Format einer E-Mail-Adresse und immer die Endung *gmail.com*, beispielsweise *sally.gievers@gmail.com*.

In diesem Kapitel wird beschrieben, wie Sie die bereits in Ihrem Google-Konto vorhandenen Daten aufs neue Handy übernehmen. Falls Sie dagegen nicht wissen, was ein Google-Konto ist, oder bisher noch kein Android-Gerät genutzt haben, lesen Sie bitte im Kapitel *3.3 Neues Google-Konto* weiter.

Beachten Sie, dass bei Ihnen die Bildschirmabbildungen eventuell geringfügig anders aussehen, da Google laufend Änderungen an der Benutzeroberfläche vornimmt.

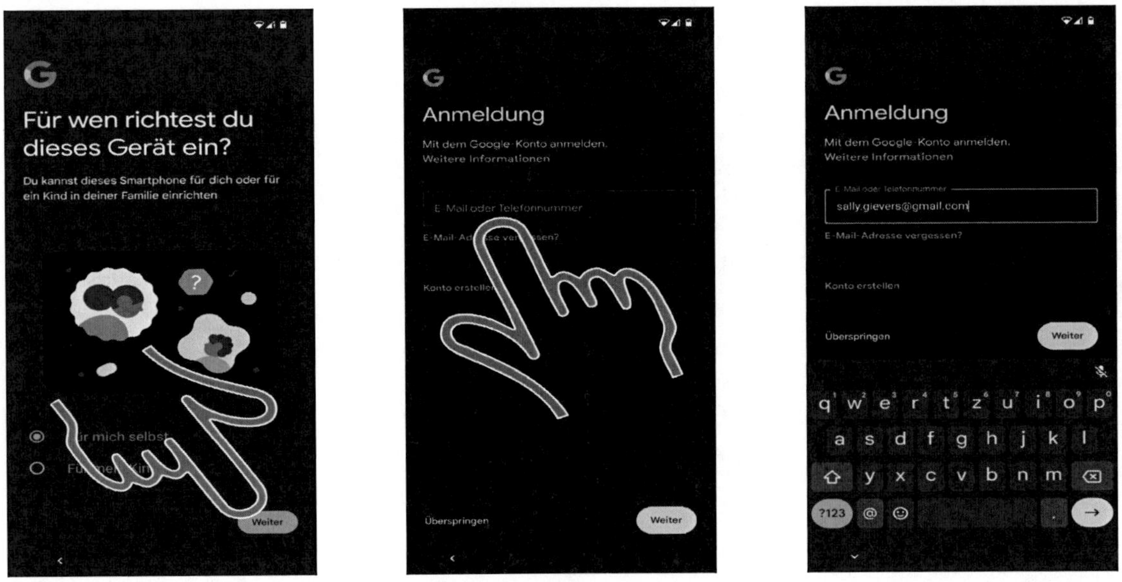

❶ In Europa werden Kinder durch Datenschutzvorschriften besonders geschützt, weshalb Sie diesen Bildschirm zu Gesicht bekommen. Lassen Sie die Vorgabe *Für mich selbst* unverändert und betätigen Sie *Weiter.*

❷ Tippen Sie in das Eingabefeld.

❸ Geben Sie Ihre Gmail-E-Mail-Adresse ein, die gleichzeitig Ihr Google-Konto darstellt.

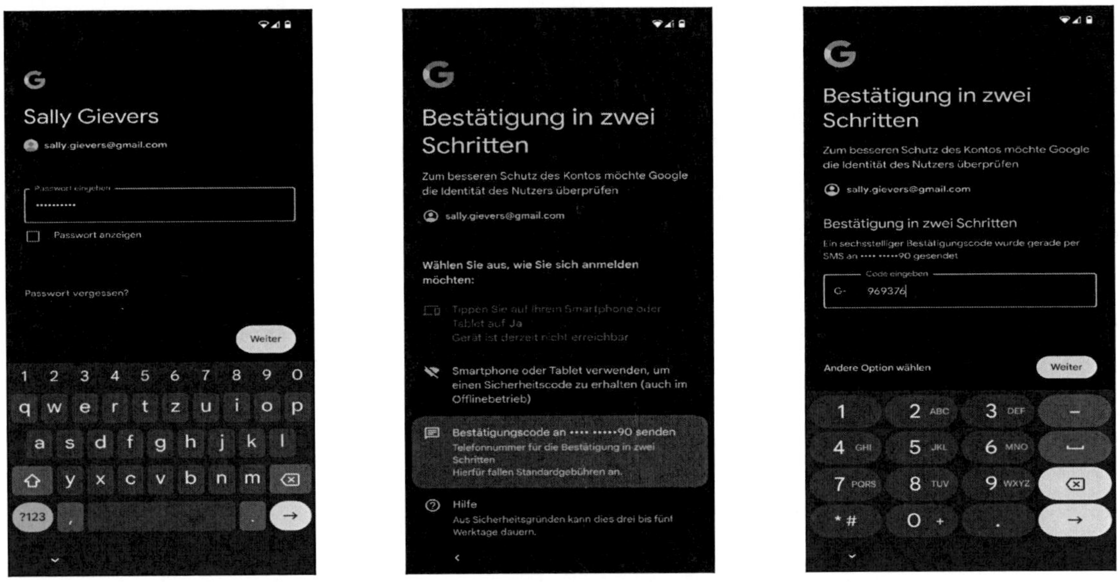

❶ Erfassen Sie das Passwort Ihres Google-Kontos und gehen Sie erneut auf *Weiter.*

❷ Google möchte sicherstellen, dass kein Unbefugter Ihr Google-Konto nutzt. Deshalb wird eine Authentifizierung verlangt. Sie müssen dazu auf einem anderen Android-Gerät die Anmeldung bestätigen, was aber nur funktioniert, wenn Sie dort mit Ihrem Google-Konto angemeldet sind. In unserem Beispiel haben wir uns für die dritte Option entschieden: Der Code wird per SMS an unsere Handynummer gesendet. Die Handynummer hat Google bei der Erstanmeldung Ihres Google-Kontos erfahren. Es kann aber auch sein, dass Sie die Handynummer trotzdem eingeben müssen

❸ Den empfangenen Code geben Sie ein und betätigen *Weiter.*

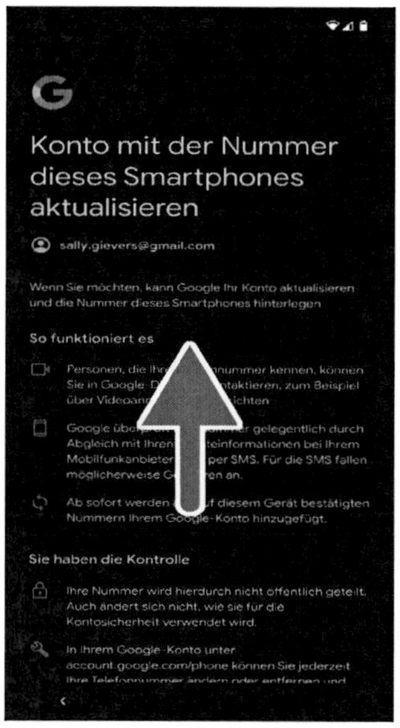

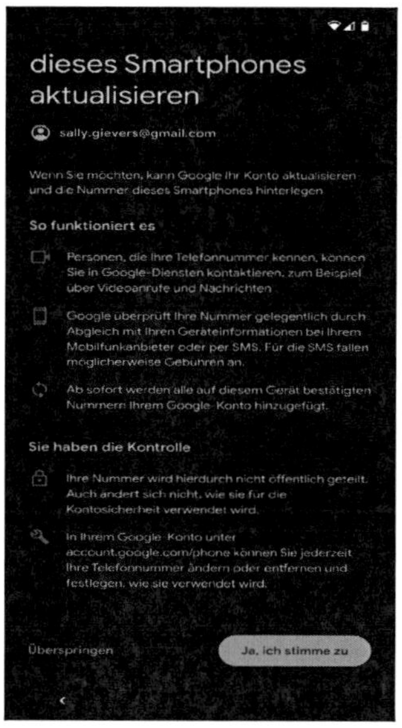

❶❷ Falls Sie die eingelegte SIM-Karte zum ersten Mal mit einem Android-Handy nutzen, erscheint dieser Bildschirm. Wischen Sie darauf nach oben und gehen Sie auf *Ja, ich stimme zu.*

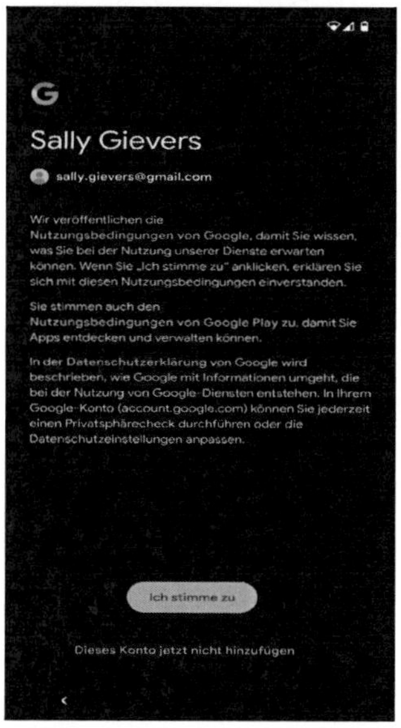

Ich stimme zu betätigen Sie als Nächstes.

Lesen Sie im Kapitel *3.4 Weitere Einrichtung* weiter.

3.3 Neues Google-Konto

Dieses Kapitel brauchen Sie nur durchzuarbeiten, wenn Sie noch kein sogenanntes Google-Konto besitzen. Dies ist in der Regel der Fall, wenn Sie bisher noch nie ein Android-Handy oder Tablet genutzt haben.

Das Google-Konto hat das Format einer E-Mail-Adresse und immer die Endung *@gmail.com*, beispielsweise *sally.gievers@gmail.com*. Vom Handy wird das Google-Konto verwendet, um eine Sicherung Ihrer Daten auf Google-Servern durchzuführen.

Beachten Sie, dass bei Ihnen die Bildschirmabbildungen eventuell etwas anders aussehen, da Google laufend Änderungen an der Benutzeroberfläche vornimmt.

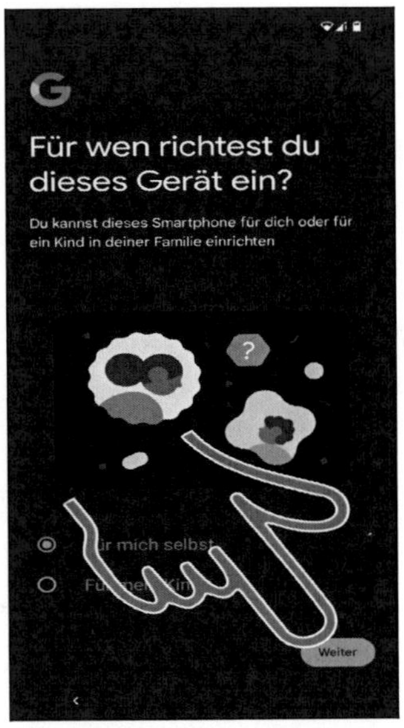

In Europa werden Kinder durch Datenschutzvorschriften besonders geschützt, weshalb Sie diesen Bildschirm zu Gesicht bekommen. Lassen Sie die Vorgabe *Für mich selbst* unverändert und betätigen Sie *Weiter.*

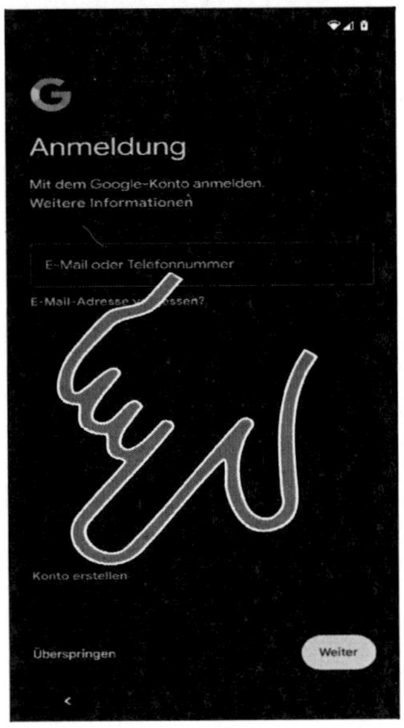

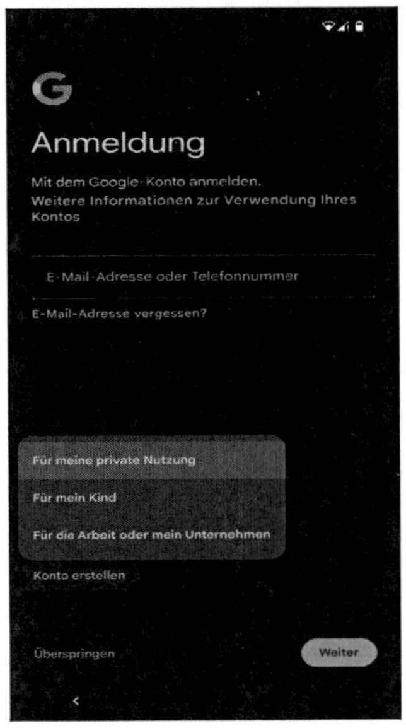

❶ Betätigen Sie *Konto erstellen.*

❷ Wählen Sie *Für meine private Nutzung* aus.

❸ Erfassen Sie in den Feldern Ihren Vor- und Nachnamen (mit dem Finger in das jeweilige Eingabefeld tippen) und betätigen Sie *Weiter.*

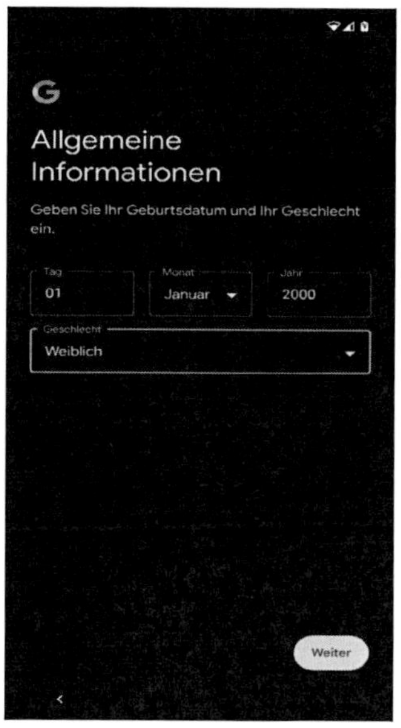

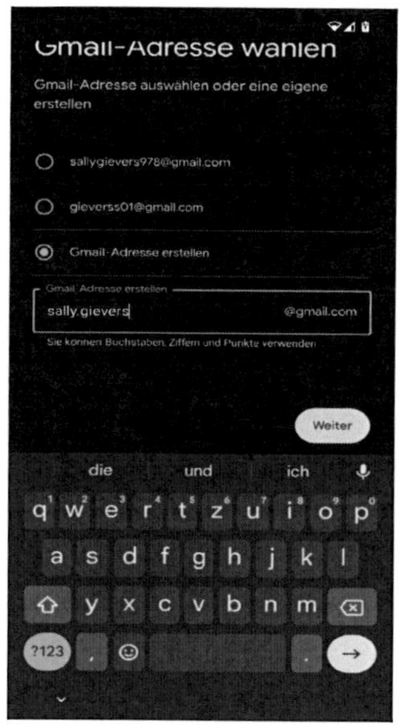

❶ Geben Sie Ihr Geburtsdatum und Geschlecht an (es ist Ihnen unbenommen, hier falsche Angaben zu machen), dann betätigen Sie *Weiter.*

❷ Google schlägt Ihnen einige Kontonamen vor. Wenn Sie *Gmail-Adresse erstellen* auswählen, können Sie auch selbst einen selbst gewählten Kontonamen eingeben (❸). Betätigen Sie dann erneut die *Weiter*-Schaltleiste. Falls der Kontoname bereits an jemand anders vergeben wurde, macht das Programm Vorschläge beziehungsweise gibt Ihnen die Möglichkeit, einen anderen Kontonamen einzugeben.

Zulässig sind im Kontonamen Buchstaben, Zahlen und Punkte. Klein- und Großschreibung wird nicht berücksichtigt.

Tipp: Verzichten Sie bei Ihrem Kontonamen auf die leicht verwechselbaren Zeichen »0«, »O«, »1«, »L«, »Z« und »2«. Sie vermeiden damit Missverständnisse, wenn Sie mal Ihre E-Mail-Adresse für jemand anders aufschreiben.

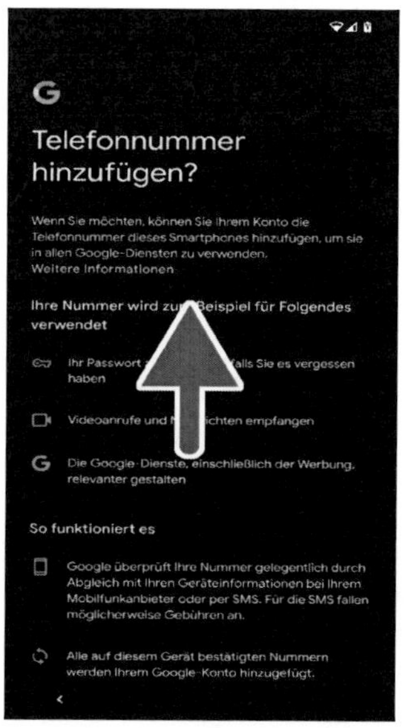

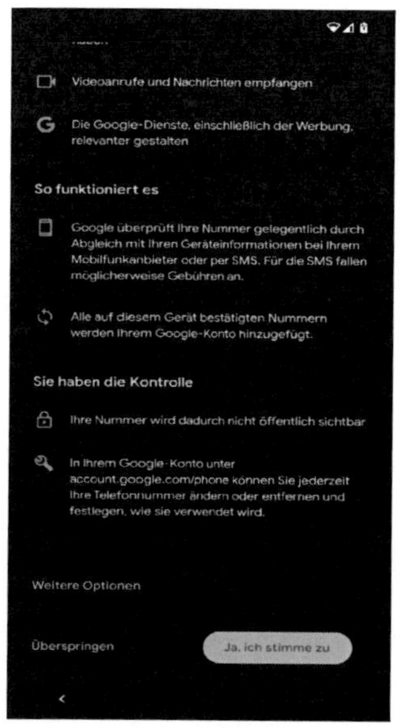

❶ Zum Schluss erfassen Sie das das Kennwort. **Das Kennwort (und natürlich den Kontonamen) sollten Sie sich genau merken oder notieren, weil Sie das Handy später ab und zu danach fragt!** Betätigen Sie dann *Weiter.*

❷ Wischen Sie in diesem Bildschirm nach oben. Dazu halten Sie den Finger auf eine beliebige Position auf dem Display und ziehen ihn angedrückt sofort nach oben und lassen ihn dann los.

❸ Damit Sie das Kennwort für Ihr Google-Konto wieder zurücksetzen können, falls Sie es mal vergessen, betätigen Sie jetzt *Ja, ich stimme zu.*

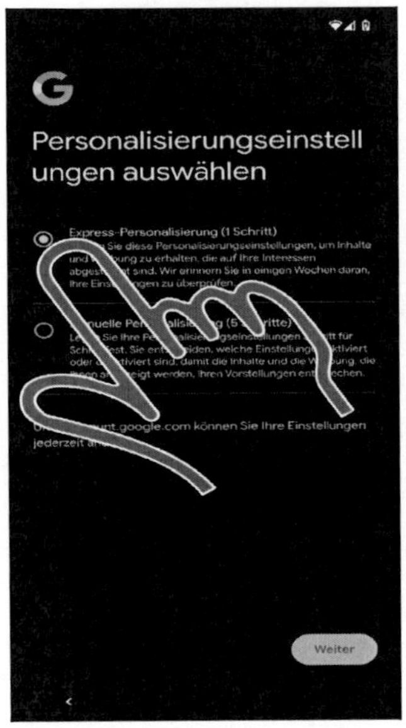

❶ Betätigen Sie *Weiter.*

❷ Bei den Personalisierungseinstellungen aktivieren Sie der Einfachheit halber *Express-Personalisierung* und gehen auf *Weiter*.

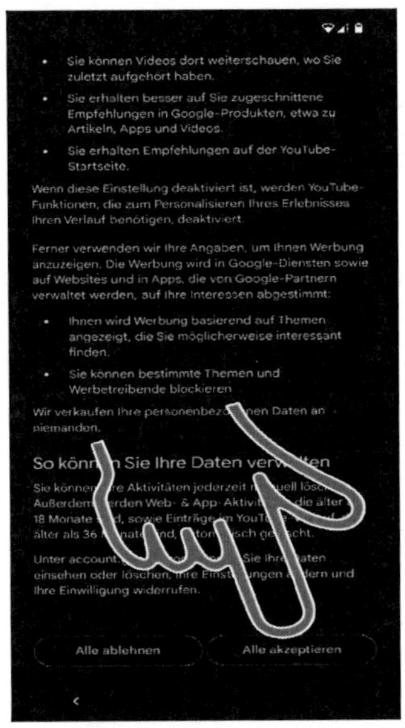

❶ Erneut müssen Sie eine Wischgeste einsetzen: Setzen Sie den Finger auf den Bildschirm und ziehen Sie ihn nach oben, dann heben Sie den Finger sofort wieder an.

❷ Betätigen Sie *Bestätigen.*

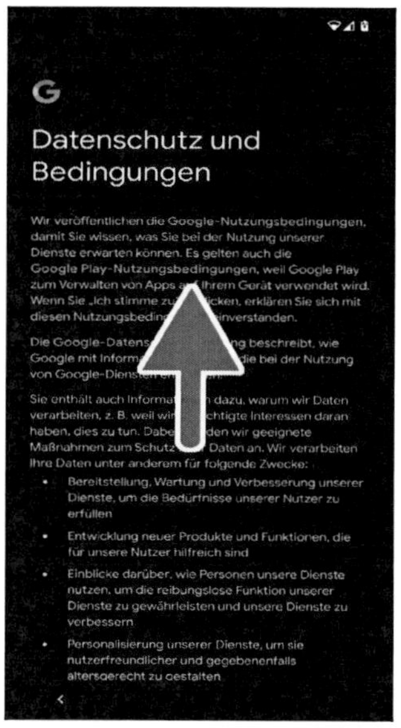

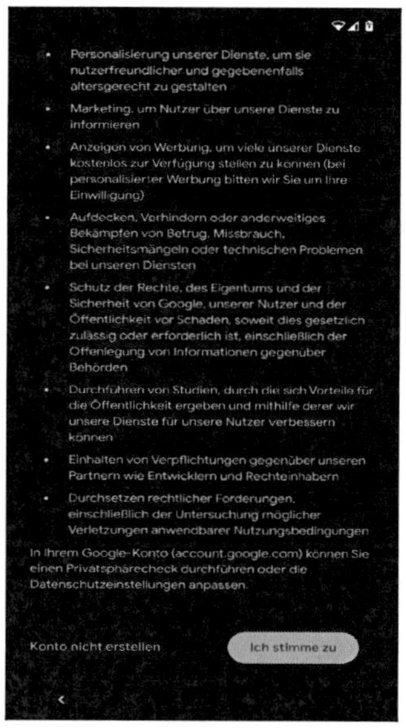

❶❷ Im *Datenschutz und Bedingungen*-Bildschirm wischen Sie erneut nach oben und betätigen *Ich stimme zu.*

Lesen Sie im nächsten Kapitel weiter.

3.4 Weitere Einrichtung

❶❷ Betätigen sie *Überspringen* und dann *Überspringen*. Warten Sie dann einige Sekunden, bis das Handy auf den folgenden Bildschirm umschaltet!

❸ Betätigen Sie *Nicht kopieren*.

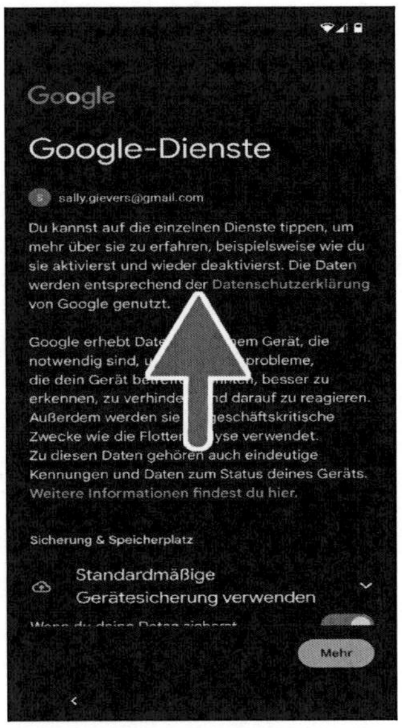

➊➋ Auch im Google-Dienste-Bildschirm führen Sie die Wischgeste durch, dann betätigen Sie *Akzeptieren.*

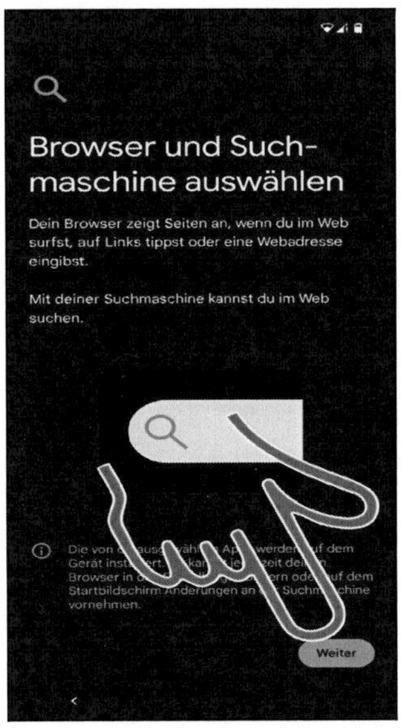

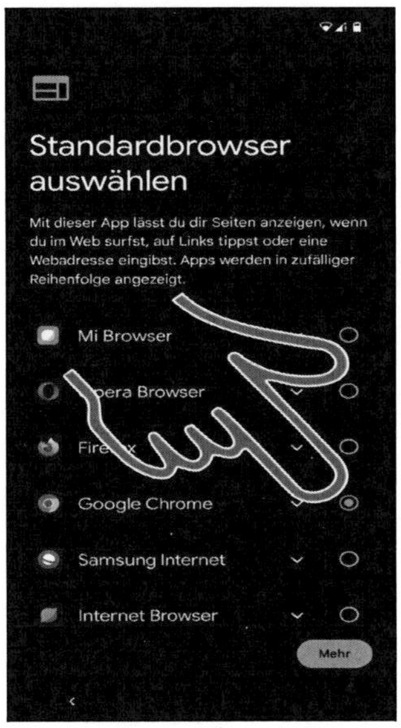

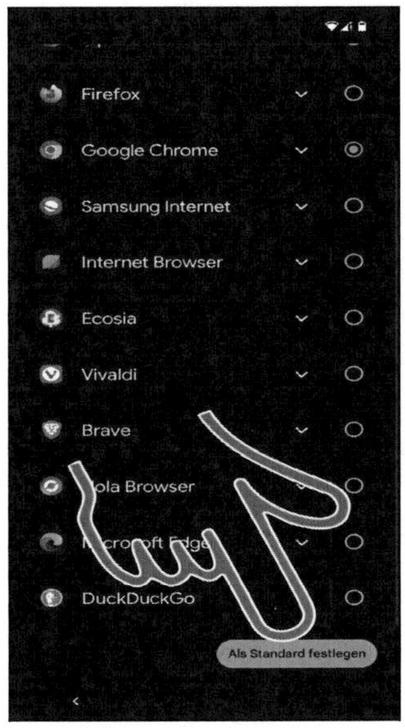

Die folgenden Konfigurationsschritte sind die Folge von gerichtlichen Auflagen, die Google als marktbeherrschendes Unternehmen erhalten hat:

➊ Betätigen Sie *Weiter.*

➋ Suchen Sie in der Auflistung *Google* und aktivieren Sie durch Antippen dessen Abhakkästchen. Eventuell finden Sie *Google* erst nach Betätigen von *Mehr.*

➌ Gehen Sie auf *Als Standard festlegen.*

Sofern Sie hier einen anderen Standardbrowser festlegen, werden bei Ihnen einige Funktionen auf dem Handy anders aussehen. Wir beschränken uns daher auf die Google-Anwendungen – Nachteile erleiden Sie dadurch keine.

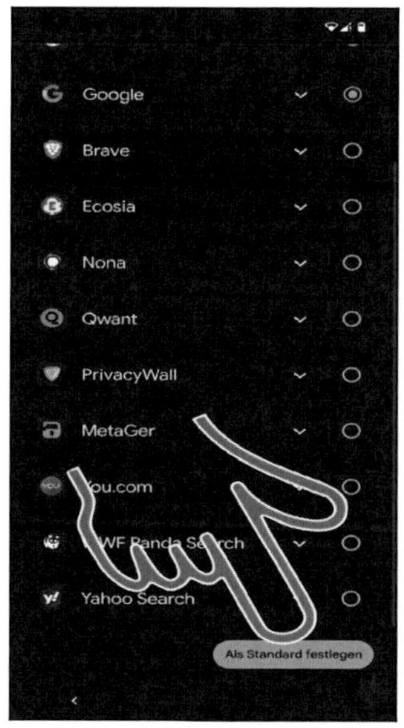

❶❷ Auch bei der verwendeten Standardsuchmaschine aktivieren Sie *Google* und betätigen *Mehr* (eventuell ist *Google* erst nach Betätigen von *Mehr* zu sehen) und gehen auf *Als Standard festlegen.*

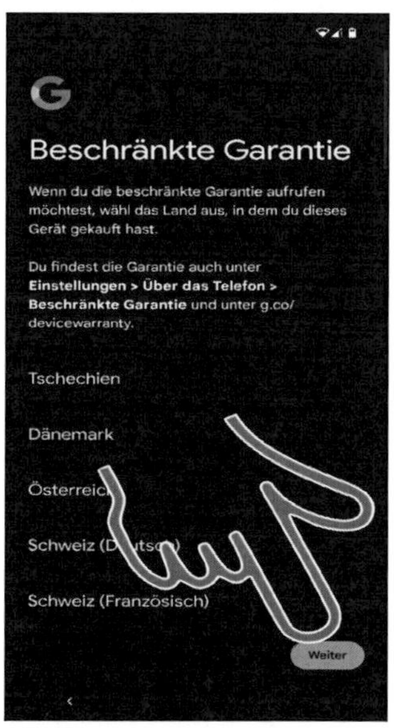

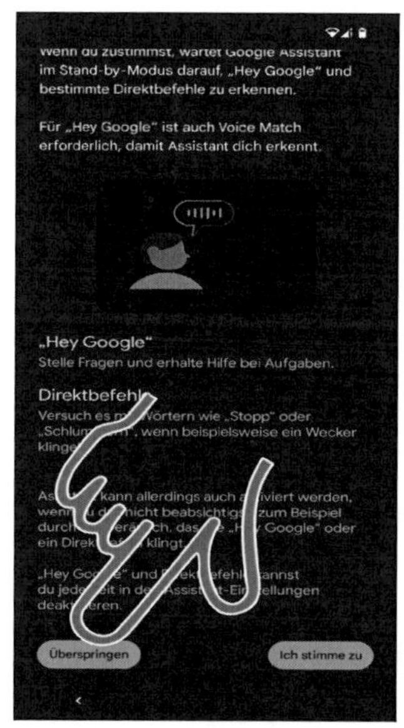

❶ Gehen Sie auf *Weiter.*

❷❸ Betätigen Sie *Mehr* und dann *Überspringen.*

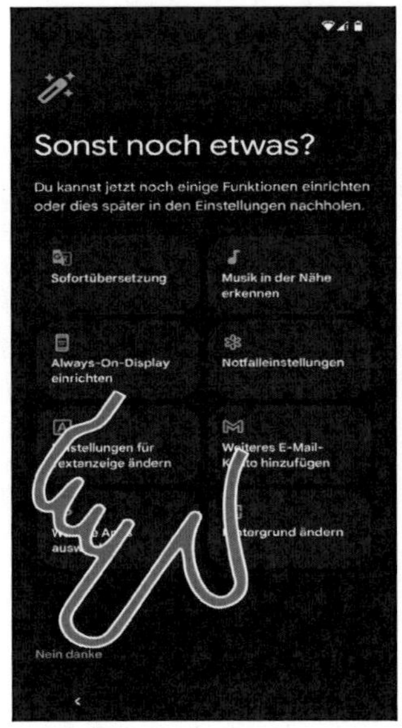

❶ *Überspringen* betätigen Sie als Nächstes.

❷ Google Pay ist eine drahtlose Bezahlmethode, bei der das Handy über seinen NFC-Chip als »EC-Karte« einsetzbar ist. In der Praxis macht dies in Europa aber keinen Sinn, weil hierzulande das drahtlose Bezahlen bereits mit jeder normalen EC-Karte möglich ist. Betätigen Sie daher *Überspringen.*

❸ Den *Sonst noch etwas?*-Bildschirm schließen Sie mit *Nein danke.*

Betätigen Sie *OK.* Sie haben damit die Einrichtung abgeschlossen.

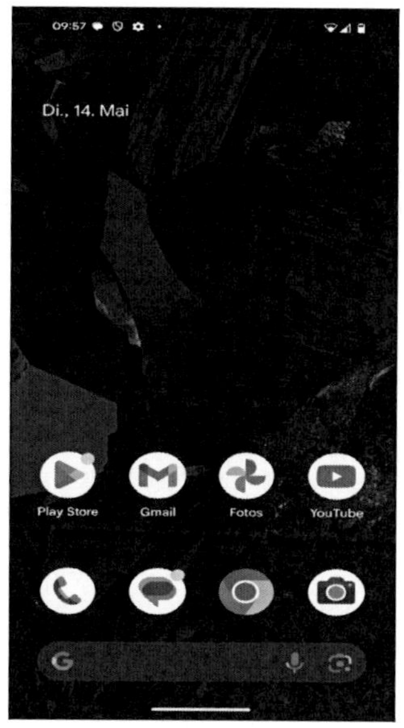

➊ Das Handy will einige Steuerungsgesten vorstellen. Darauf können wir aber verzichten, weil wir diese ohne später noch deaktivieren. Gehen Sie daher auf *Überspringen*.

➋ Wischen Sie vom unteren Bildschirmrand nach oben.

➌ Sie befinden sich im Startbildschirm und können nun mit dem Handy arbeiten (je nach Gehäusefarbe des Handys ist der Hintergrund dunkel oder hell).

4. Grundlagen der Bedienung

Google ist auch für die regelmäßig durchgeführten Updates der enthaltenen Anwendungen zuständig, die manchmal zusätzliche Funktionen erhalten. Leider führt dies dazu, dass mit der Zeit einige Beschreibungen in diesem Buch von der Realität abweichen. Meistens sind dann aber nur Schaltflächen oder Menüs anders beschriftet.

4.1 Displaysperre

Die Gerätesperre (Displaysperre), welche sich nach einiger Zeit der Nichtnutzung aktiviert, schaltet alle Tastenfunktionen aus. Dadurch lässt sich das Handy auch in einer Tasche transportieren, ohne dass man aus Versehen irgendeine Funktion auslöst.

Weil das Display zu den Komponenten eines Handys zählt, die am meisten Strom verbrauchen, wird es ausgeschaltet, sobald sich die Gerätesperre aktiviert. Auf eingehende Anrufe und Benachrichtigungen macht das Handy natürlich auch weiterhin aufmerksam: Geht ein Anruf ein, deaktiviert sich die Gerätesperre automatisch und das Display schaltet sich wieder ein.

Zum Ausschalten des Displays betätigen Sie den Ein-Ausschalter auf der rechten Geräteseite.

So schalten Sie das Display ein:

- Betätigen Sie den Ein-/Ausschalter auf der rechten Geräteseite.
- Heben Sie das Handy von einem Tisch, worauf Sie es abgelegt hatten, an.
- Tippen Sie zweimal schnell hintereinander mit dem Finger auf das ausgeschaltete Display.

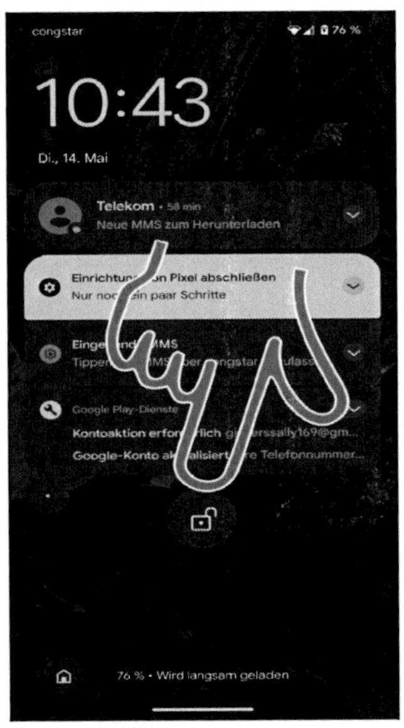

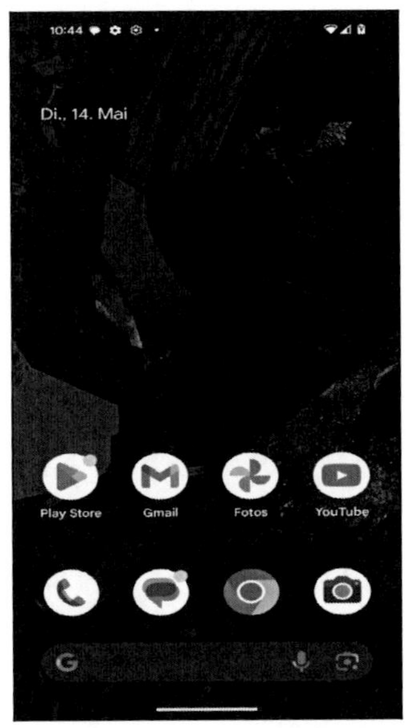

❶ So deaktivieren Sie die Displaysperre: Tippen und Halten Sie den Finger auf den Bildschirm und ziehen Sie ihn in nach oben.

❷ Alternativ betätigen Sie in der Displaysperre die runde Schaltleiste.

❸ Der Startbildschirm ist damit freigeschaltet.

Bei Ihnen kann die Anzeige geringfügig anders aussehen.

4.2 Erste Einrichtung

Google setzt bei Pixel 8a auf eine Gestensteuerung per Wischgesten, die nicht nur für Einsteiger, sondern auch für erfahrene Handynutzer ungewohnt ist. Glücklicherweise ist es möglich, auf die bei Android-Handys bewährten »Navigationstasten« umzuschalten. Dies führen wir deshalb als Erstes durch, bevor wir uns mit den weiteren Handyfunktionen auseinander setzen.

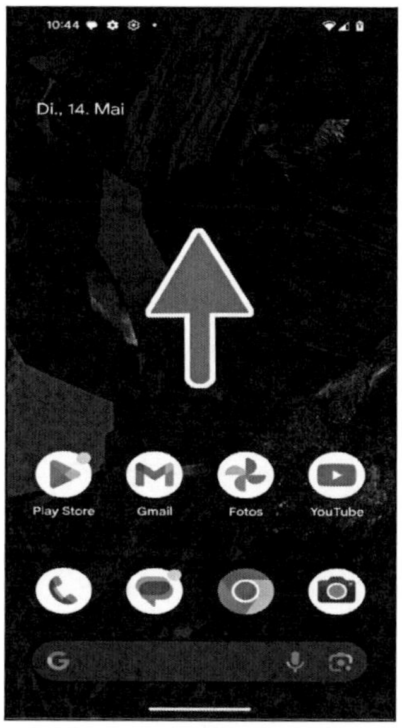

❶ Im Bildschirm, der nach dem Einschalten angezeigt wird, wischen Sie einmal vom unteren Bildschirmdrittel nach oben.

❷ Sie befinden sich im sogenannten Hauptmenü, worin Sie *Einstellungen* aufrufen (je nachdem welche Anwendungen bei der Ersteinrichtung installiert wurden, finden Sie die *Einstellungen* eventuell an einer anderen Position im Hauptmenü).

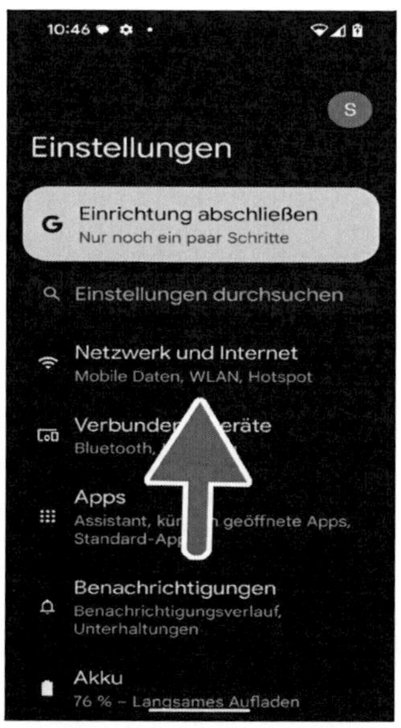

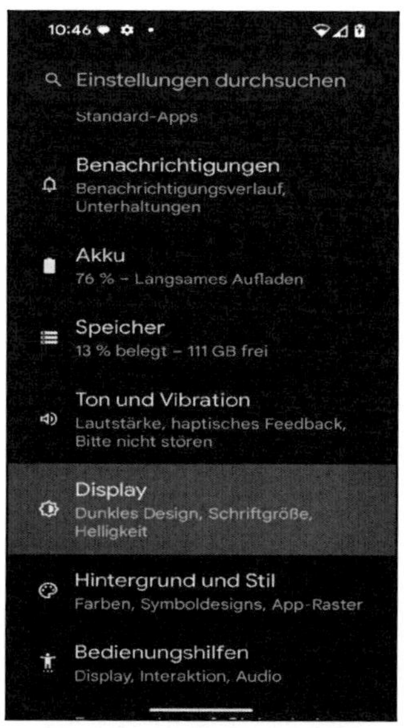

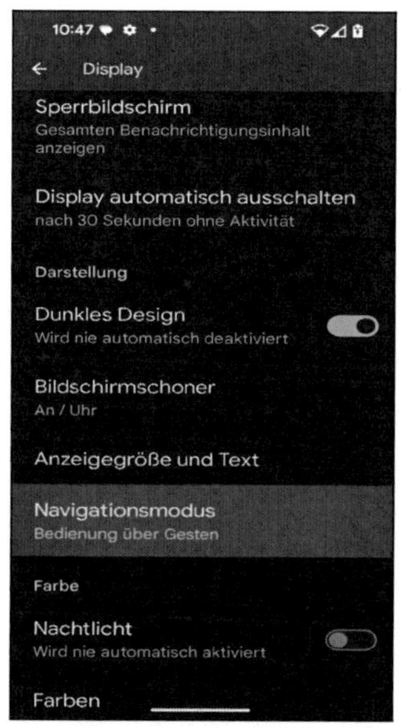

❶ Wischen Sie durch das Menü.

❷ Tippen Sie auf *Display*.

❸ Nun wählen Sie *Navigationsmodus* aus.

Wir haben in diesem Buch die Schriftgröße für die Bildschirmanzeigen vergrößert, damit Sie den Anweisungen besser folgen können.

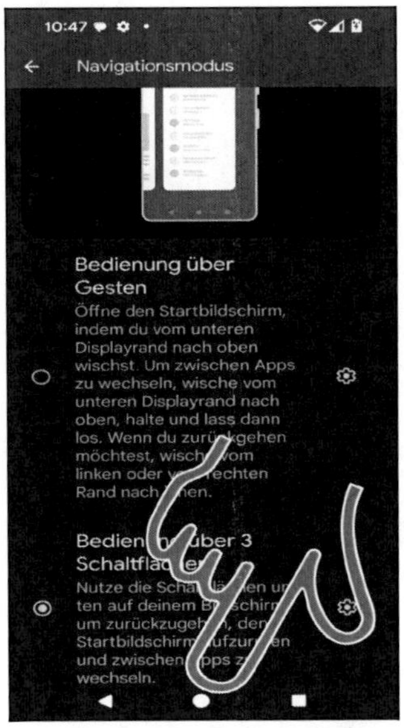

❶ Aktivieren Sie die Option *Bedienung über 3 Schaltflächen.*

❷ Am unteren Bildschirmrand erscheinen drei Schaltflächen, von denen Sie ● (Pfeil) betätigen. Auf die Bedeutung dieser »Tasten« geht das nächste Kapitel ein.

4.3 Bedienelemente des Pixel-Handys

Zwar erfolgt die Bedienung des Handys weitgehend über das Touchdisplay, einige Funktionen werden aber auch über auf dem Display eingeblendeten »Tasten« ausgelöst.

Die drei Tasten unterhalb des Displays:

- ◀: Zurück: Zum vorherigen Bildschirm zurückkehren, beziehungsweise Menüs schließen.
- ●: Schaltet wieder auf den Startbildschirm zurück.
- ■: Zuletzt genutzte Anwendungen auflisten.
- Lautstärketasten (auf der rechten Geräteseite): Regulieren bei Telefongesprächen die Hörerlautstärke, ansonsten die Medienlautstärke.

4.4 Der Startbildschirm

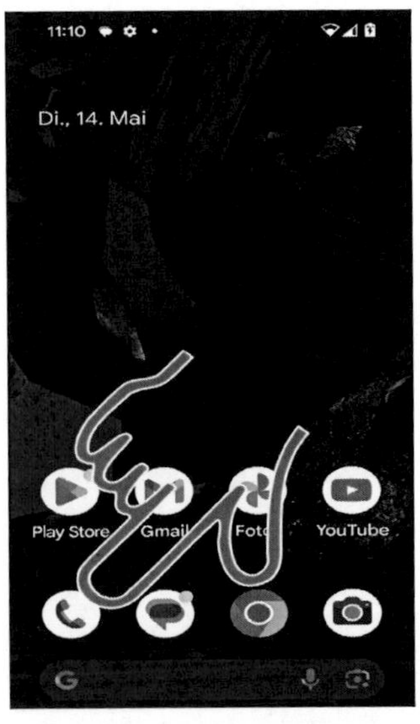

❶ Der Startbildschirm ist der Ausgangspunkt, von dem Sie alle weiteren Anwendungen aufrufen. Er erscheint automatisch nach dem Einschalten sowie nach Betätigen der ●-Taste. Betätigen Sie eine der Verknüpfungen (Pfeil) um die dahinterstehende Anwendung, im Beispiel die Telefonoberfläche (❷), aufzurufen. Die ●-Taste bringt Sie nun wieder auf den Startbildschirm zurück.

> Hinweis: Die Bildschirmanzeige bei Ihrem Gerät weicht von der in diesem Buch ab. Wir hatten zwecks besserer Lesbarkeit eine größere Schrift und kontrastreiche Hintergründe eingestellt.
>
> Bitte beachten Sie, die ●-Taste nur kurz zu betätigen, weil Sie sonst die im Kapitel *4.14 Zuletzt genutzte Anwendungen* beschriebene Funktion aktivieren.

4.5 Erste Schritte

Damit Sie Ihr neues Handy besser kennenlernen, soll jetzt einmal die Abschaltzeit des Displays eingestellt werden.

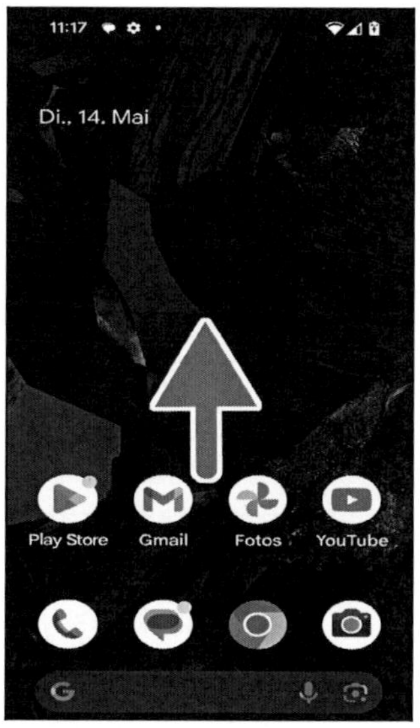

❶ Aktivieren Sie einer Wischgeste nach oben im Startbildschirm das Hauptmenü.

❷ Tippen Sie dann auf *Einstellung.*

❸ Rufen Sie *Display* auf.

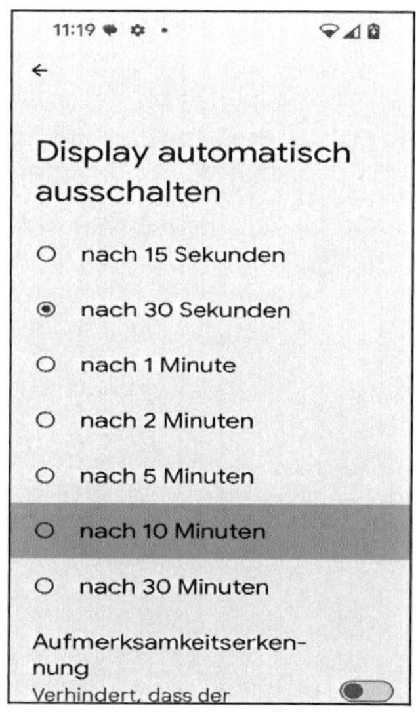

❶ Sofern das Handy einen schwarzen Hintergrund anzeigt (hängt vom Handymodell ab), können Sie diesen jetzt mit dem Schalter hinter *Dunkles Design* deaktivieren. Aus praktischen Gründen – die Bildschirmabbildungen sind besser lesbar – verwenden wir in diesem Buch ausschließlich das helle Design.

❷ Tippen Sie nun auf *Display automatisch ausschalten.*

❸ Wählen Sie gewünschte Abschaltzeit aus. Sie befinden sich wieder im vorherigen Bildschirm, von dem aus Sie mit der ●-Taste (unterhalb des Bildschirms) zum Startbildschirm zurückkehren.

4.6 Gestensteuerung

Die Gestensteuerung eine der großen Stärken Ihres Handys. Deshalb dürften auch Anwender, die bereits mit einem Touchscreen-Handy gearbeitet haben, sich schnell zurechtfinden. Im Folgenden sollen die wichtigsten Gestenfunktionen einmal in der Praxis vorgestellt werden.

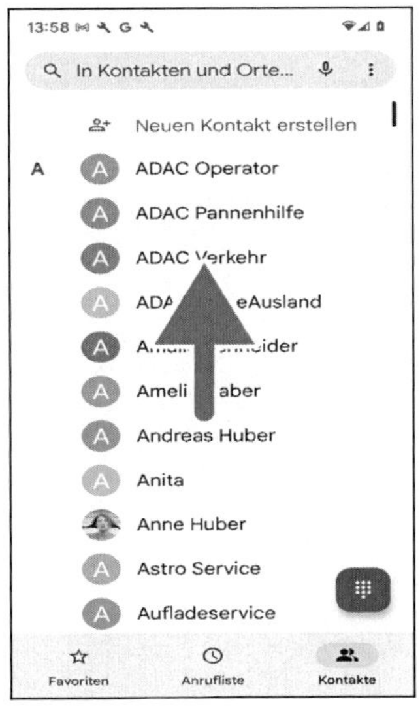

❶ Starten Sie die Telefonoberfläche über *Telefon.*

❷ Für Übersicht sorgen in vielen Programmen, darunter auch in der Telefonoberfläche, sogenannte Register (Pfeil), welche Sie durch Antippen aktivieren.

❸ Immer wenn, wie in diesem Fall, eine Liste größer als der Bildschirm ist, können Sie mit einer Geste durchrollen: Tippen und Halten Sie den Finger auf einer beliebigen Stelle des Bildschirms und ziehen Sie sofort den Finger nach oben oder unten, je nachdem, wohin Sie in der Liste rollen möchten. Lassen Sie den Finger los, wenn das gewünschte Listenelement erscheint.

> Bei Ihnen können die Symbole im Startbildschirm etwas anders aussehen. Das Handy installiert nach und nach im Hintergrund Updates, welche auch die Programm-Symbole ändern.

4.7 Der Startbildschirm in der Praxis

Der Startbildschirm erscheint standardmäßig nach dem Einschalten beziehungsweise nach Betätigen der ●-Taste.

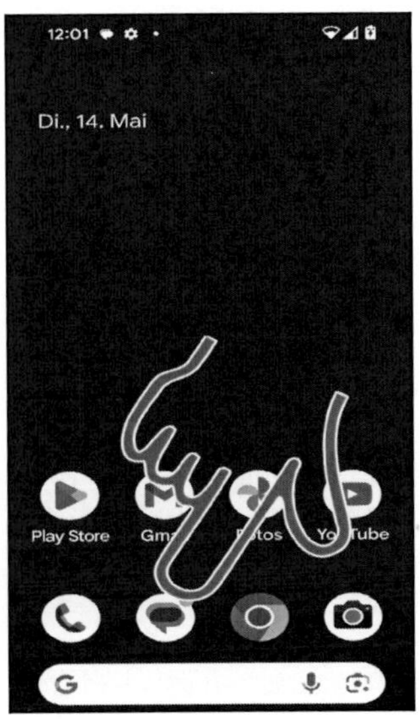

❶❷ Mehrere Anwendungen sind standardmäßig auf dem Startbildschirm über sogenannte Schnellzugriffe (Verknüpfungen) aufrufbar. Tippen Sie einfach einen Schnellzugriff kurz an, um die entsprechende Anwendung zu starten. Im weiteren Verlauf dieses Buchs erfahren Sie, wie man Schnellzugriffe auf seine Lieblingsprogramme selbst anlegt.

Mit der ●-Taste unterhalb des Displays schalten Sie, egal, in welcher Anwendung Sie sich gerade befinden, wieder auf den Startbildschirm zurück.

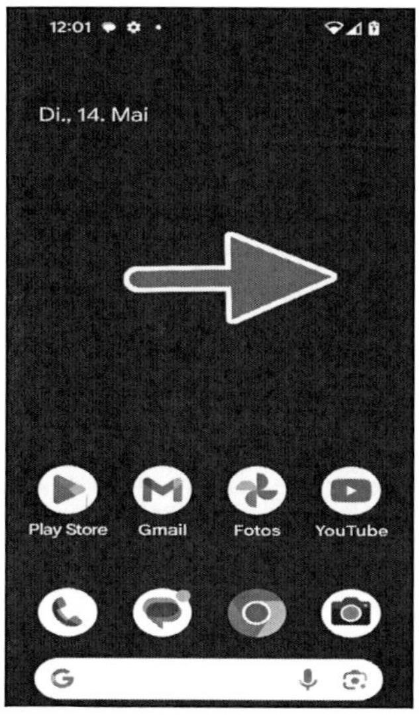

❶❷ Wischen nach rechts öffnet dagegen die Google-Anwendung, auf die wir später noch im Kapitel *23.5 Google-Anwendung* eingehen.

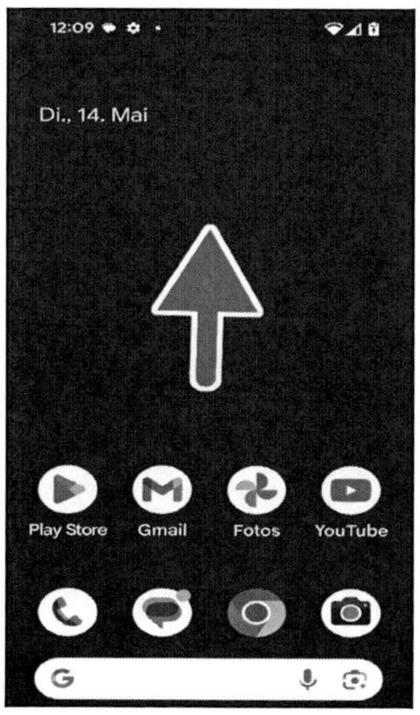

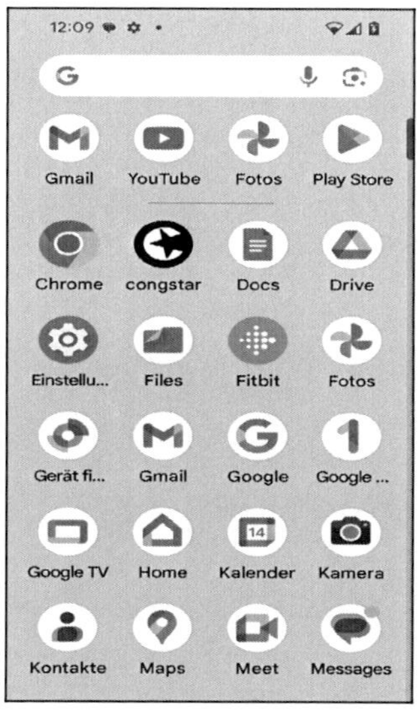

❶❷ Alle weniger häufig benötigten Programme finden Sie im Hauptmenü, das Sie mit einer Wischgeste im Startbildschirm nach oben aktivieren.

❸ Über eine Wischgeste (mit angedrücktem Finger nach oben oder unten ziehen) blättern Sie in den Programmen des Hauptmenüs.

4.8 Startbildschirm konfigurieren

Auf allen Bildschirmseiten des Startbildschirms lassen sich weitere Widgets und Verknüpfungen hinzufügen. Alternativ löschen Sie einfach einige vorinstallierte Widgets, die Sie nicht benötigen und legen an deren Stelle von Ihnen gewünschte an.

4.8.1 Schnellzugriffe anlegen und verwalten

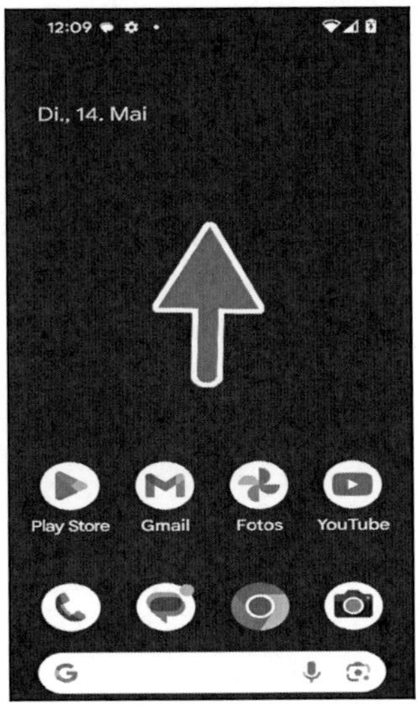

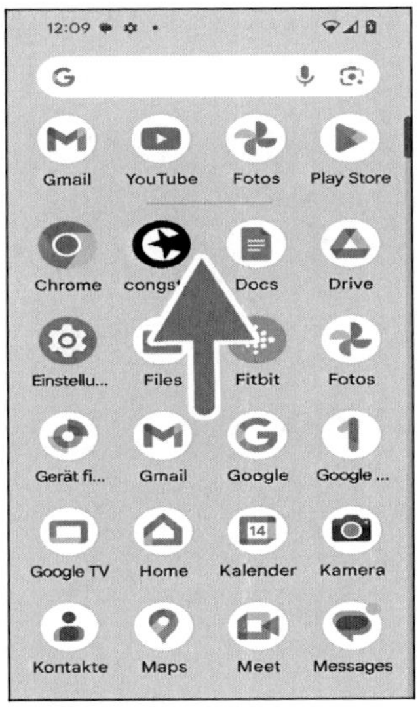

➊ So erstellen Sie einen Schnellzugriff im Startbildschirm: Wischen Sie zunächst im Startbildschirm nach oben, was das Hauptmenü aufruft.

➋ Im Hauptmenü blättern Sie mit einer Wischgeste durch die Programme.

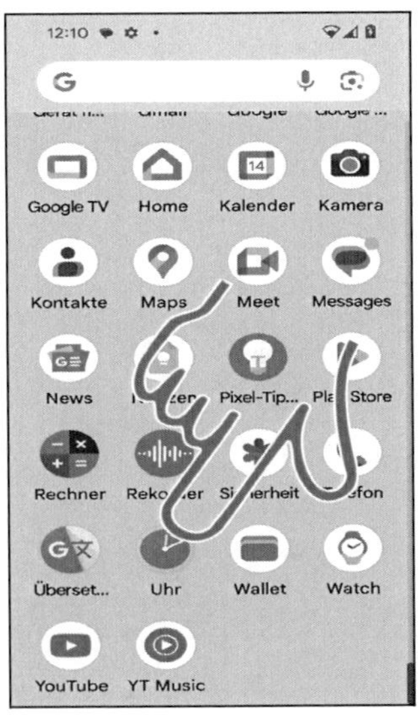

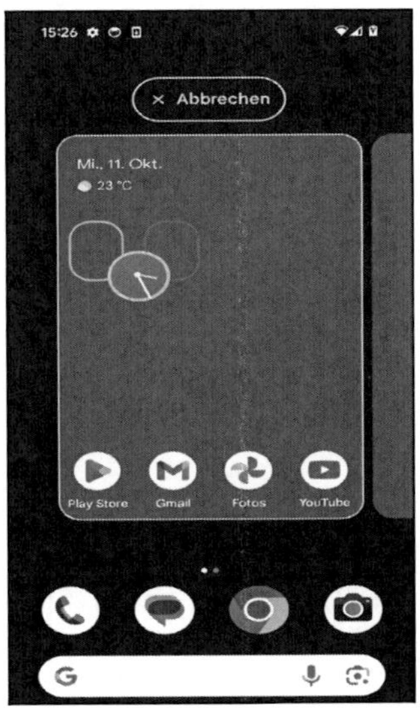

➊ Tippen und Halten Sie nun den Finger für einige Sekunden über einer Anwendung, im Beispiel *Uhr*.

➋ Ziehen Sie den angedrückten Finger auf dem Display einige Millimeter in eine beliebige Richtung, worauf das Handy auf den Startbildschirm umschaltet.

Wenn Sie den Finger lange auf dem Programm-Symbol angedrückt lassen, wird ein Popup erscheinen. Lassen Sie sich davon aber nicht irritieren. Es ist dann weiterhin möglich, das Symbol zu verschieben.

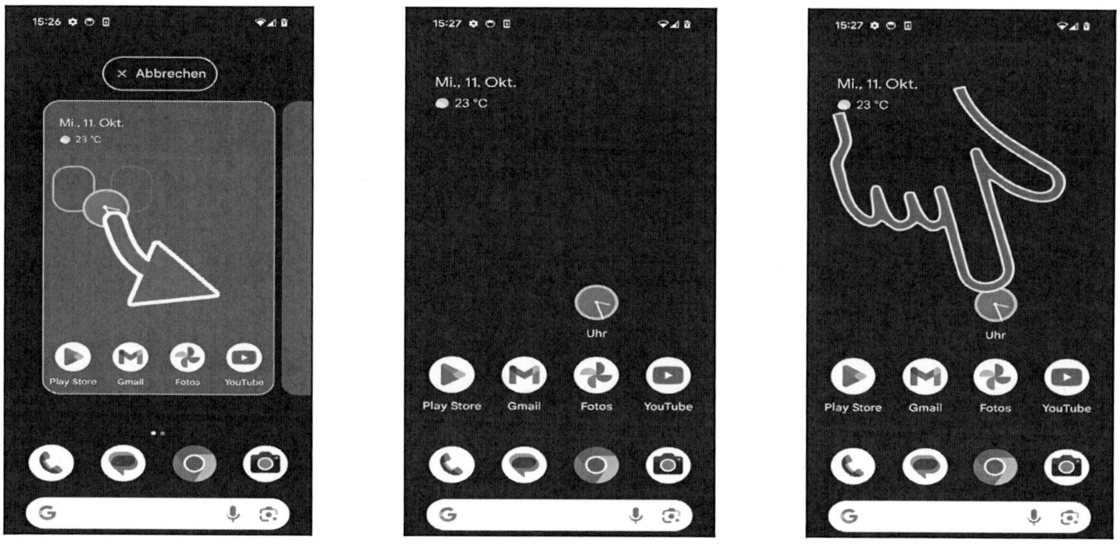

❶ Lassen Sie aber den Finger noch nicht los, sondern bewegen Sie den Finger an die Position, an der der Schnellzugriff positioniert werden soll. Lassen Sie dann den Finger los.

❷ Das Handy legt den Schnellzugriff an.

❸ Der Schnellzugriff lässt sich nun durch Antippen aufrufen.

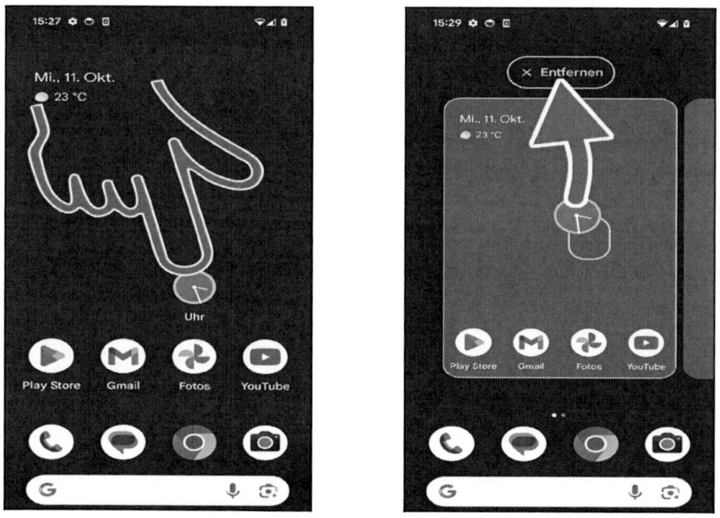

❶❷ So löschen Sie eine Verknüpfung: Tippen und Halten Sie den Finger für einige Sekunden auf der Verknüpfung, dann ziehen Sie es auf *Entfernen.*

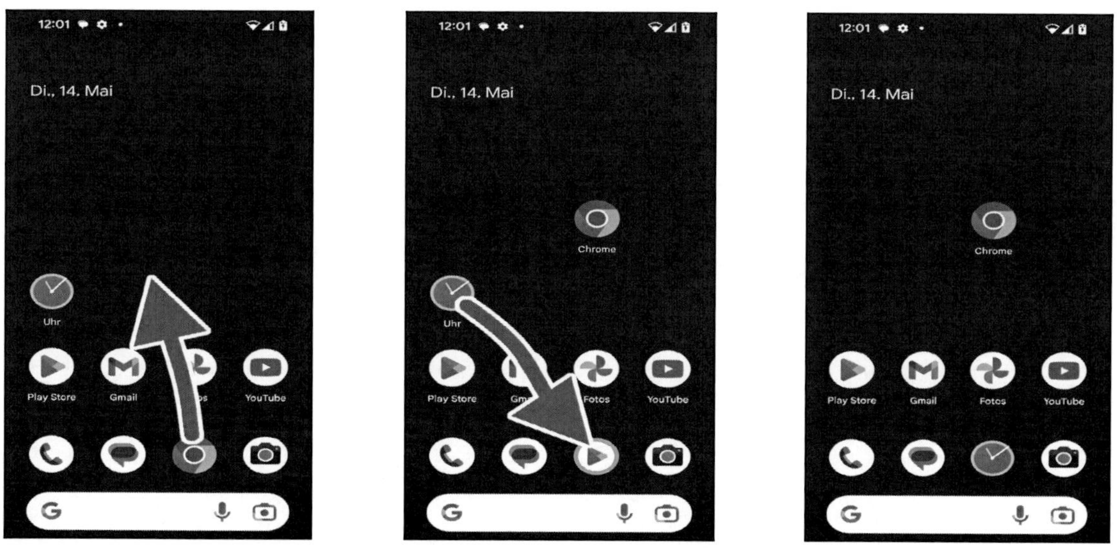

❶❷❸ Auch die Verknüpfungen am unteren Bildschirmrand lassen sich durch Herausziehen/Hereinziehen von Programmsymbolen ändern.

Es werden am unteren Bildschirmrand immer vier Programmsymbole angezeigt. Wie Sie auch in den Bildschirmabbildungen sehen, können Sie trotzdem an den freien Platz ein anderes Symbol hinverschieben.

4.8.2 Widgets

Widgets sind Anwendungen, die in einem kleinen Fenster auf dem Startbildschirm Informationen anzeigen, beziehungsweise den Zugriff auf Daten oder Funktionen des Handys ermöglichen.

Meist sind direkt in den Widgets bereits viele wichtige Funktionen über Schaltleisten erreichbar, je nach Widget kann man auch über eine Schaltleiste oder einfach Tippen ins Fenster eine dahinter stehende Anwendung starten.

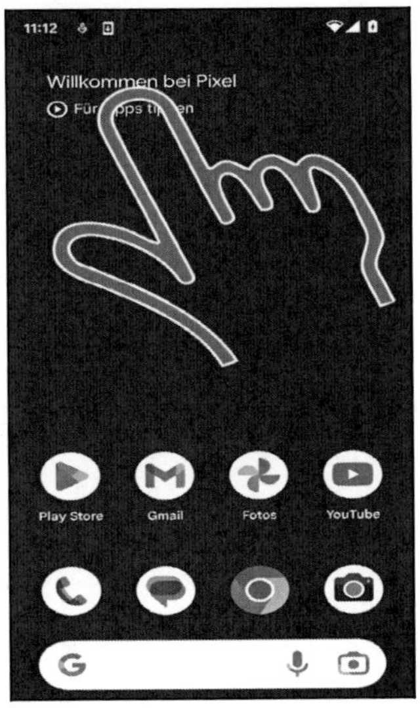

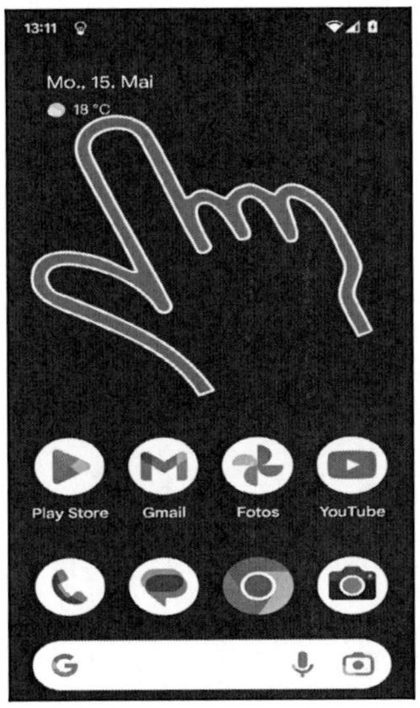

❶ Im Startbildschirm ist bereits das *Willkommen bei Pixel*-Widget vorhanden. Tippen Sie es an, worauf einige Nutzungshinweise erscheinen. Mit Betätigen der ◀-Taste unterhalb des Displays kehren Sie wieder auf den Startbildschirm zurück.

❷❸ Es werden nun die Uhrzeit und das Wetter als Widget angezeigt. Tippen Sie auf das Wetter, wenn Sie die Vorhersage erfahren möchten. Die ◀-Taste unterhalb des Displays bringt Sie wieder, wie bereits erläutert, in den Startbildschirm zurück.

Das Wetter wird erst angezeigt, wenn das Handy Ihren Standort per GPS ermitteln konnte. Dazu gehen Sie einfach mit dem Handy für ein paar Minuten nach draußen.

Antippen des Datums öffnet die im Kapitel *21 Kalender* beschriebene Anwendung.

4.8.2.a Widget hinzufügen

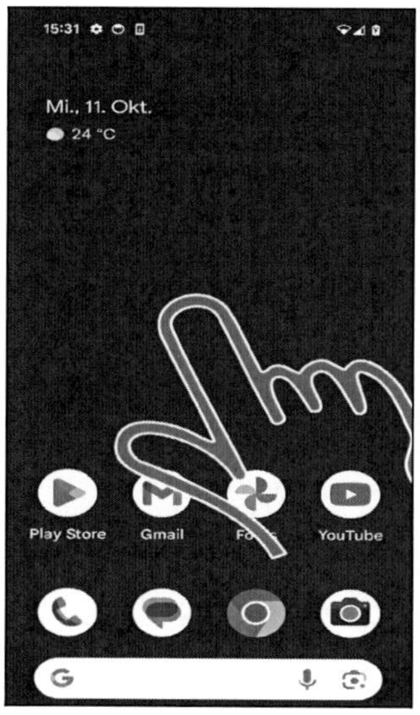

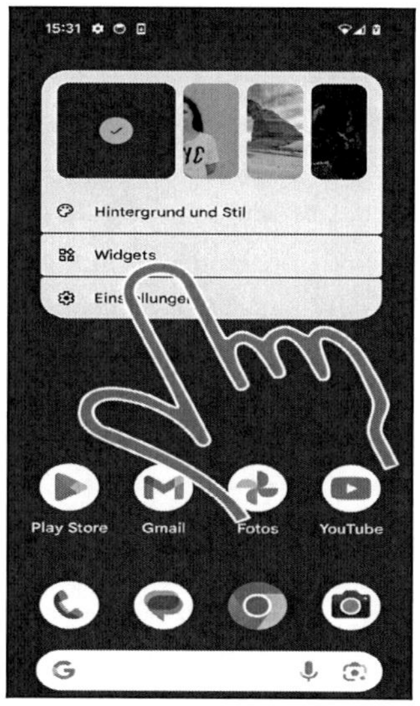

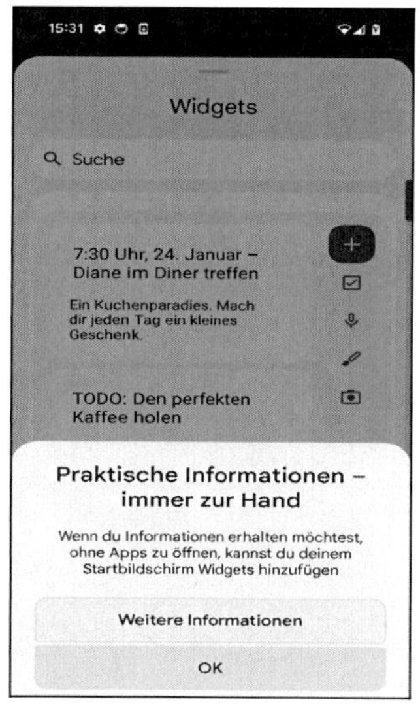

❶ Tippen und halten Sie einen Finger auf einen freien Bildschirmbereich im Startbildschirm.

❷ Im Popup wählen Sie *Widgets*.

❸ Den einmaligen Hinweis schließen Sie mit *OK*.

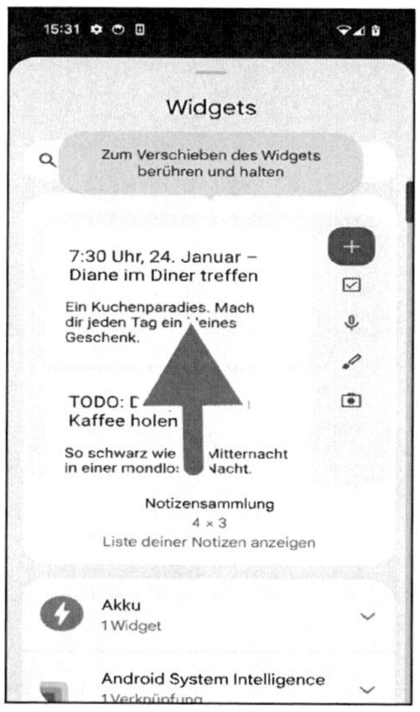

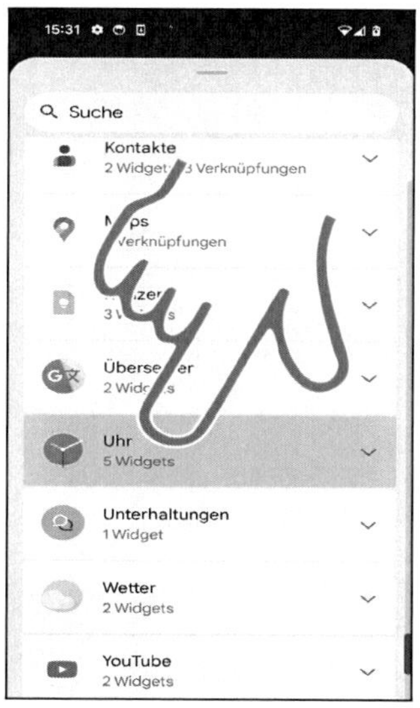

❶ Wischen Sie durch die Widget-Auflistung.

❷ Gleichartige Widgets sind unter einem Oberbegriff zusammengefasst. Tippen Sie einen Eintrag, im Beispiel *Uhr*, an.

❶❷ Es werden die verfügbaren Widgets aufgelistet. Tippen und halten Sie nun ein Widget, worauf das Handy zum Startbildschirm wechselt. Lassen Sie das Widget an der gewünschten Position los.

❸ Bei manchen Widgets werden dann noch einige Einstellungen abfragt.

❶ Das Widget ist dann manchmal – wie in unserem Beispiel – noch ausgewählt. Betätigen Sie daher die ◀-Taste, was die Auswahl beendet.

❷ Das Widget ist damit angelegt.

❸ Wie bereits im Kapitel *4.8.1 Schnellzugriffe anlegen und verwalten* bei den Verknüpfungen beschrieben, lässt sich ein Widget durch Tippen und Halten mit dem Finger selektieren und dann auf dem Bildschirm an eine andere Position platzieren.

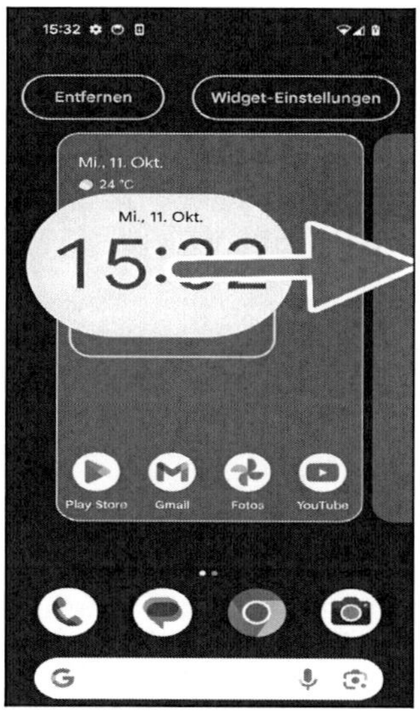

❶ Der Platz auf der ersten Bildschirmseite ist begrenzt. Sie können allerdings ein Widget oder Programm-Symbol auch auf eine andere Seite verschieben. Dazu halten Sie den Finger auf dem Widget gedrückt, bis dieses hervorgehoben ist und ziehen es zum Bildschirmrand. Lassen Sie erst dann den Finger los.

❷ Betätigen Sie einfach die ◀-Taste, sofern das Widget jetzt noch markiert ist (kleine Bälle an den Rändern).

❸ Das Widget ist damit eingerichtet.

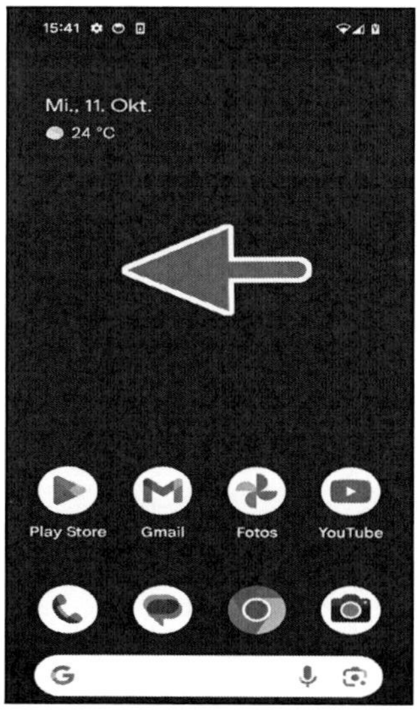

❶❷ Künftig wischen Sie einmal auf dem Startbildschirm nach rechts, wenn Sie das zuvor angelegte Widget nutzen möchten.

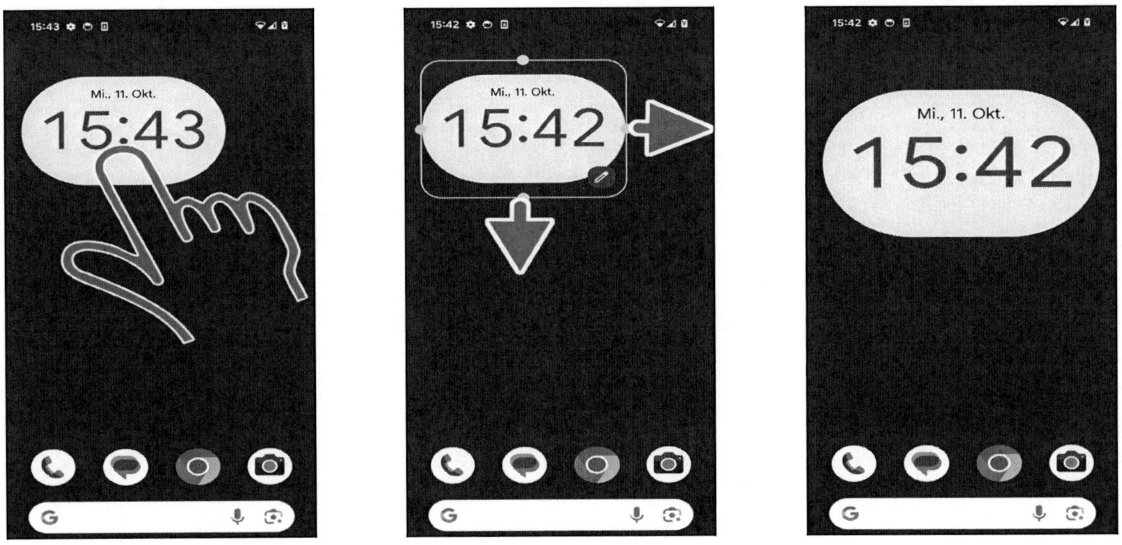

❶ Einige Widgets lassen sich in der Größe ändern. Dazu tippen und halten Sie den Finger darauf und lassen ihn dann los.

❷ Ziehen Sie mit dem angedrückten Finger an den Seiten nach innen (verkleinern) oder außen (vergrößern).

❸ In unserem Beispiel haben wir das Widget verkleinert.

4.8.2.b Widget entfernen

❶❷ Tippen und halten Sie den Finger über dem Widget, dann ziehen Sie es auf *Entfernen* am oberen Bildschirmrand.

4.8.3 Hintergrundbild

Das Hintergrundbild in Startbildschirm, Hauptmenü und Displaysperre können Sie frei einstellen. Wählen Sie zwischen eines der vorgegebenen Designs oder stellen Sie ein Foto ein, das Sie mit der Kamera-Anwendung erstellt haben.

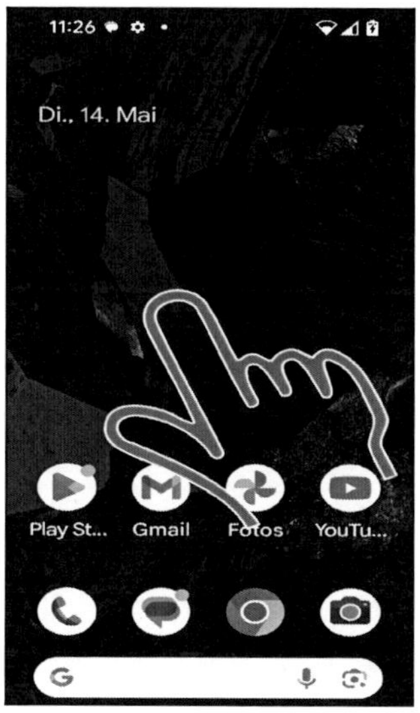

➊ Tippen und halten Sie den Finger auf eine freie Fläche im Startbildschirm, bis das Popup erscheint.

➋ Gehen Sie auf *Hintergrund & Stil*.

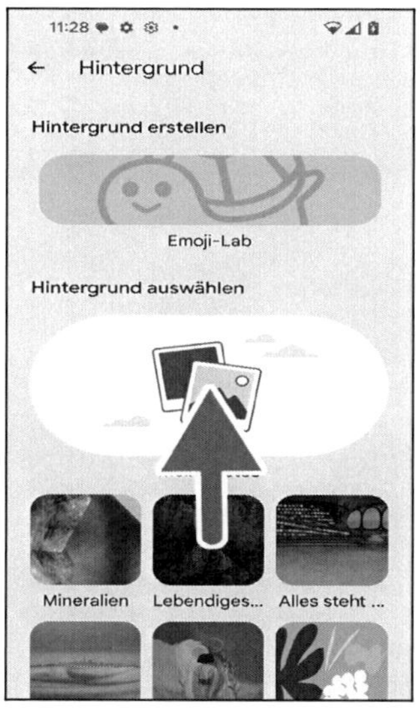

➊ Betätigen Sie *Weitere Hintergrundbilder.*

➋ Mit einer Wischgeste blättern Sie durch die Themenvorschläge.

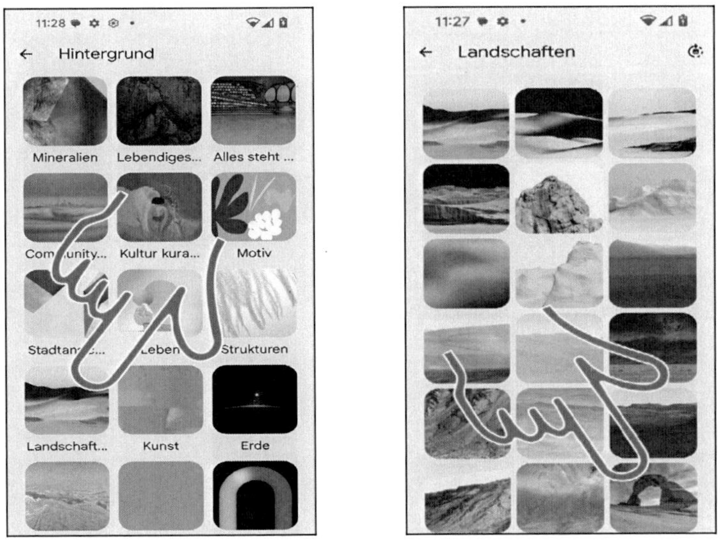

❶ Wählen Sie einen der Themenvorschläge aus.

❷ Nun können Sie ein Bild antippen, das Sie als Hintergrund verwenden möchten.

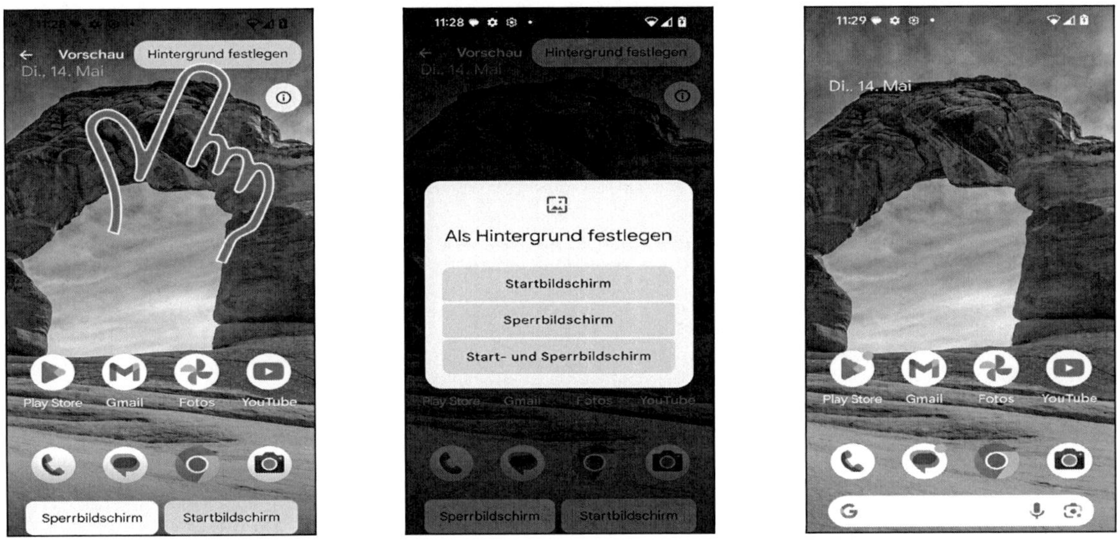

❶ Betätigen Sie die *Hintergrund festlegen*-Schaltleiste.

❷ Wählen Sie über das Popup die Verwendung aus:

- *Sperrbildschirm*: Die Displaysperre, auf die das Handy sich nach einiger Zeit der Inaktivität umschaltet.
- *Start- und Sperrbildschirm*: Startbildschirm und Displaysperre ändern.

❸ So sieht das neue Hintergrundbild aus.

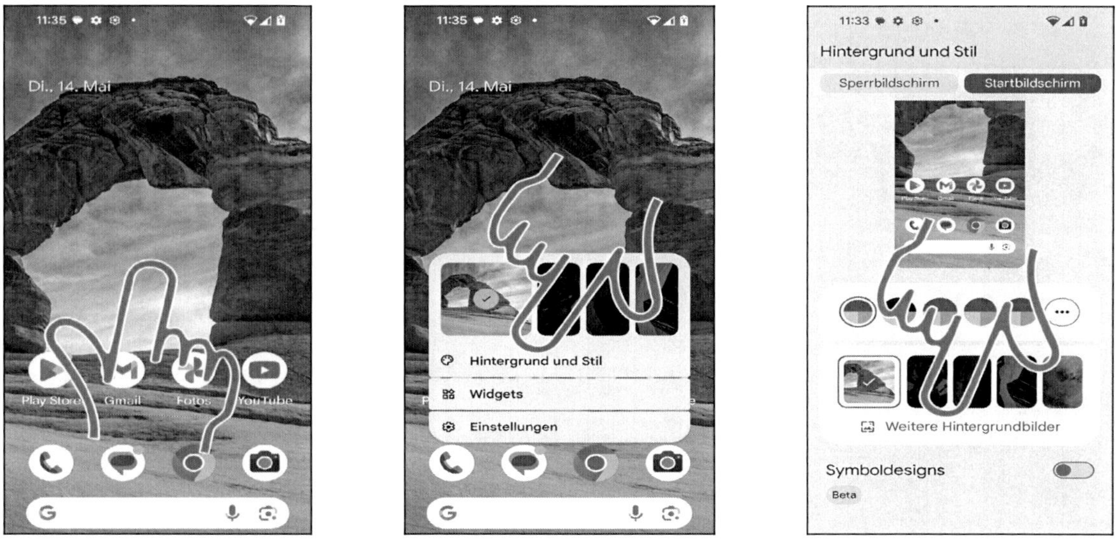

❶ So richten Sie ein mit der Kamera erstelltes Foto als Hintergrundbild ein: Tippen und halten Sie den Finger auf eine freie Fläche im Startbildschirm, bis das Popup erscheint.

❷ Gehen Sie auf *Hintergrund & Stil*.

❸ Wählen Sie *Weitere Hintergrundbilder.*

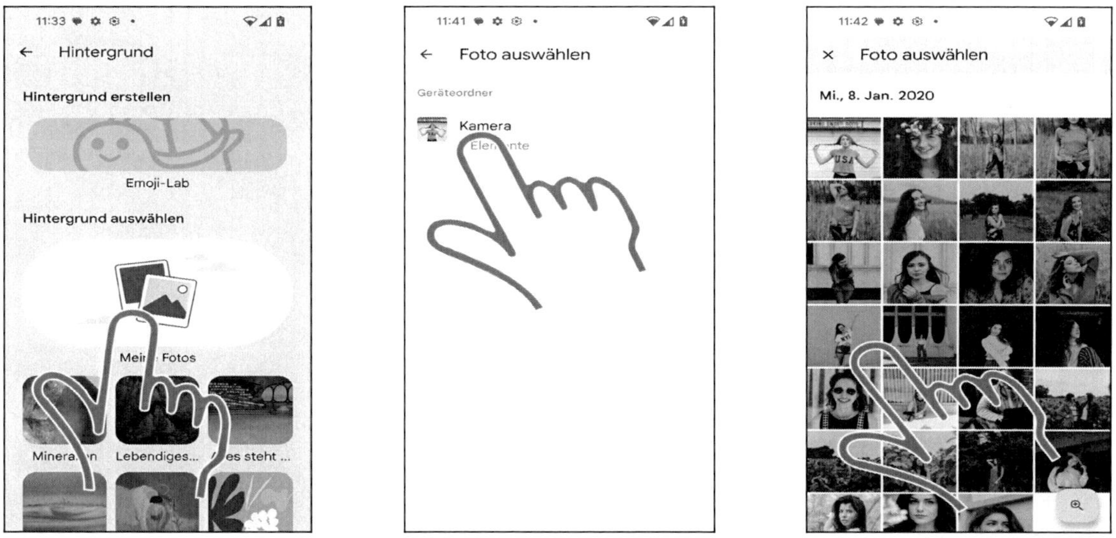

❶ Möchten Sie dagegen ein Foto als Hintergrundbild einrichten, das Sie mit der eingebauten Kamera erstellt oder von einem anderen Gerät auf das Handy kopiert haben, dann gehen Sie auf *Meine Fotos* (Pfeil). Schließen Sie das einmalige Popup mit *Zulassen.*

❷❸ Wählen Sie erst den *Kamera*-Ordner aus und tippen Sie dann ein Foto an.

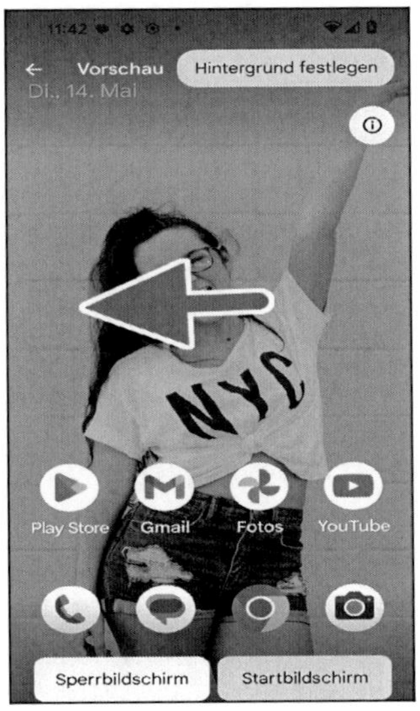

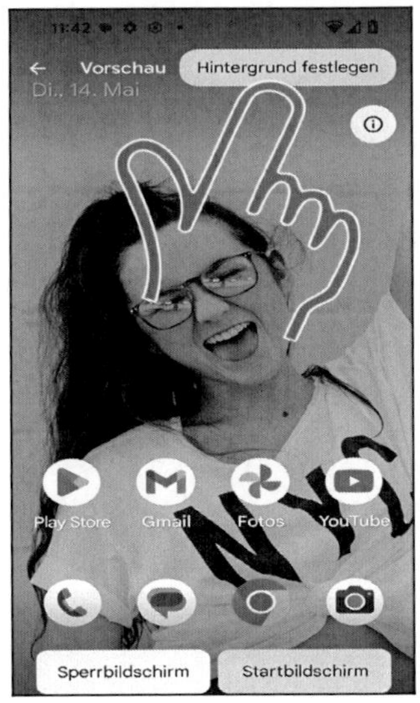

❶ Mit einer Wischgeste nach rechts/oben wählen Sie den Bildausschnitt.

❷ Das Bild können Sie über eine sogenannte Kneifgeste vergrößern/verkleinern: Halten Sie zwei Finger gleichzeitig auf dem Bild und ziehen Sie sie auseinander. Dafür eignen sich am besten Zeigefinger und Daumen.

❸ Betätigen Sie *Hintergrund festlegen*.

4.8.4 Stil

Die für Menüs und Schaltflächen verwendeten Farben sind nicht fest vorgegeben, sondern hängen vom eingestellten Hintergrundbild des Startbildschirms (siehe Kapitel *4.8.3 Hintergrundbild*) ab. Das heißt, das Handy ermittelt die im Hintergrundbild dominanten Farben und verwendet sie als Menüdesign.

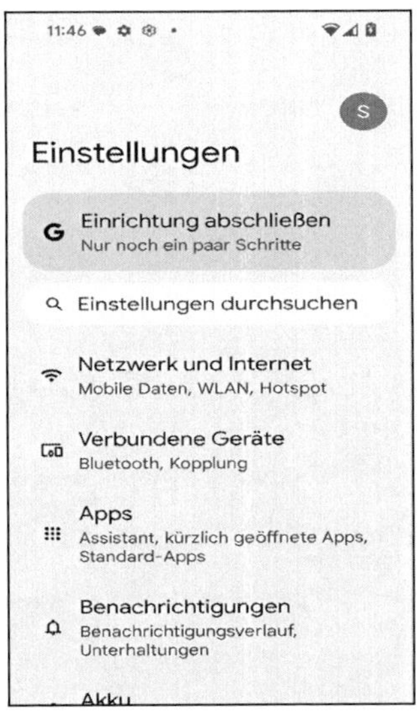

Beispiel: Das ausgewählte Hintergrundbild (❶) hat sehr viele Brauntöne, weshalb die Schaltleisten (❷) und Menüs (❸) in den meisten Anwendungen ebenfalls einen Braunton erhalten.

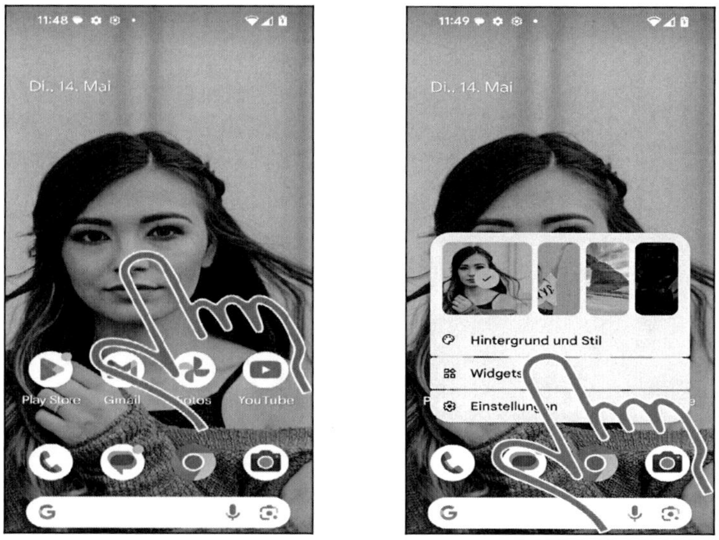

❶❷ So ändern Sie die Menüfarben: Halten Sie den Finger auf einen leeren Bereich im Startbildschirm gedrückt, bis das Popup-Menü erscheint. Dort gehen Sie auf *Hintergrund & Stil.*

❸ Rollen Sie mit einer Wischgeste nach oben durch den Bildschirm.

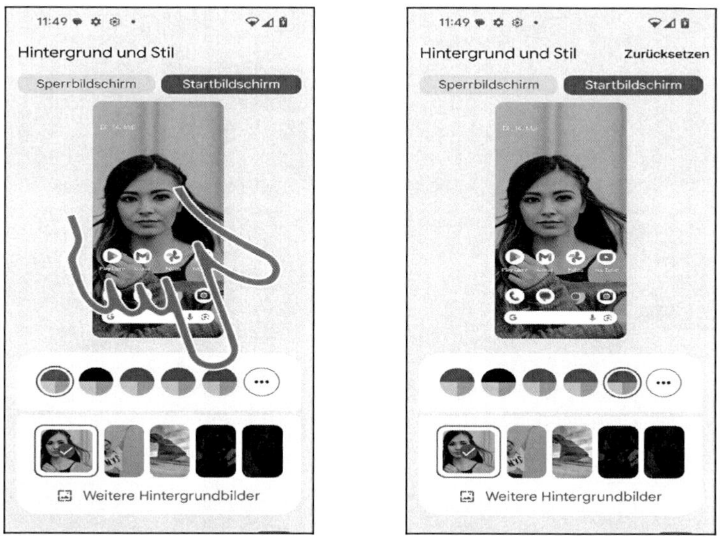

❶❷ Die verfügbaren Menüfarben zeigt das Handy als Farbkreise an. Es stehen davon mehrere zur Verfügung, wovon Sie einen auswählen. Das Handy schaltet sofort auf die neuen Farben um.

❶ Betätigen Sie die •••-Schaltleiste, wenn Sie die Menüfarben selbst einstellen möchten.

❷❸ Blättern Sie mit einer Wischgeste zwischen den Vorschlägen und wählen Sie einen davon aus.

4.9 Betriebssystem-Update

Ab und zu stellt Google Updates für das Handy bereit, welche die Sicherheit und Stabilität erhöhen. Durch die Update-Installation gehen Ihnen keine Daten verloren und Sie können während der Installation weiter mit dem Handy arbeiten.

Updates werden automatisch installiert. Zumindest das erste Update sollten Sie aber selbst auslösen. Sie können sonst möglicherweise nicht den Anweisungen in diesem Buch folgen, weil das Update einige Änderungen an der Benutzeroberfläche durchführt.

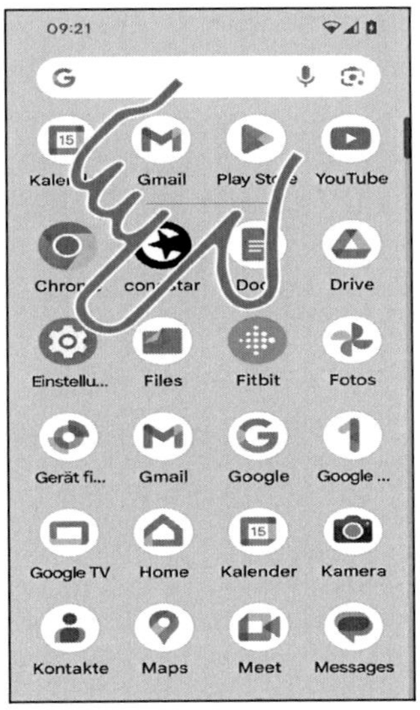

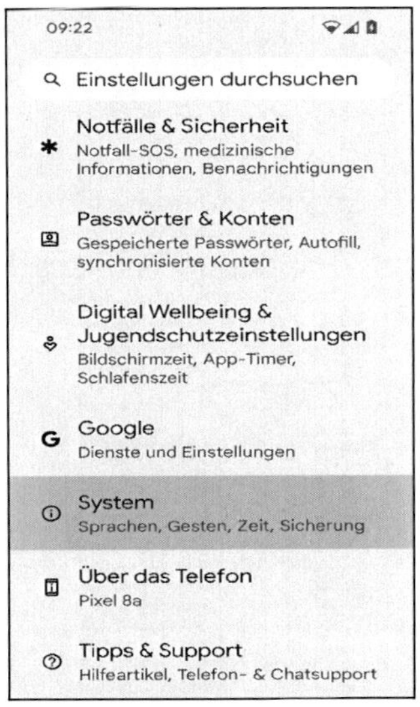

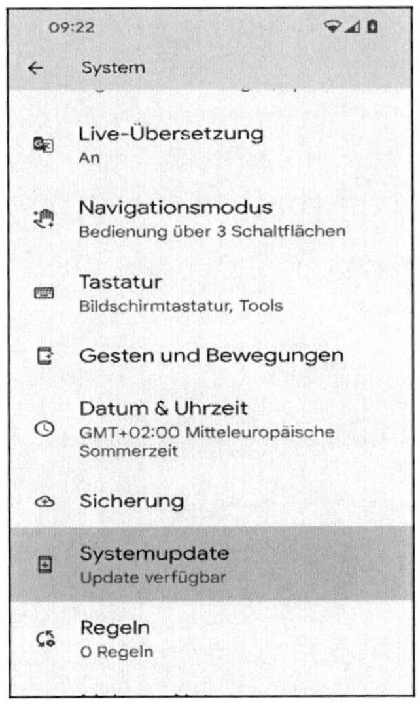

❶ Gehen Sie im Hauptmenü auf *Einstellungen.*

❷❸ Rufen Sie *System* und dann *Systemupdate* auf.

Die *Einstellungen*-Anwendung zeigt das zuletzt genutzte Menü an. Falls Sie hier also eine andere Bildschirmanzeige haben, betätigen Sie einfach mehrfach die ◀-Taste unterhalb des Bildschirms.

❶❷ Sofern ein Update vorliegt, müssen Sie eventuell *Fortfahren* betätigen. Sie können mit dem Handy weiterarbeiten, während das Update im Hintergrund läuft. Wir empfehlen allerdings, zu warten, bis das Update abgeschlossen ist.

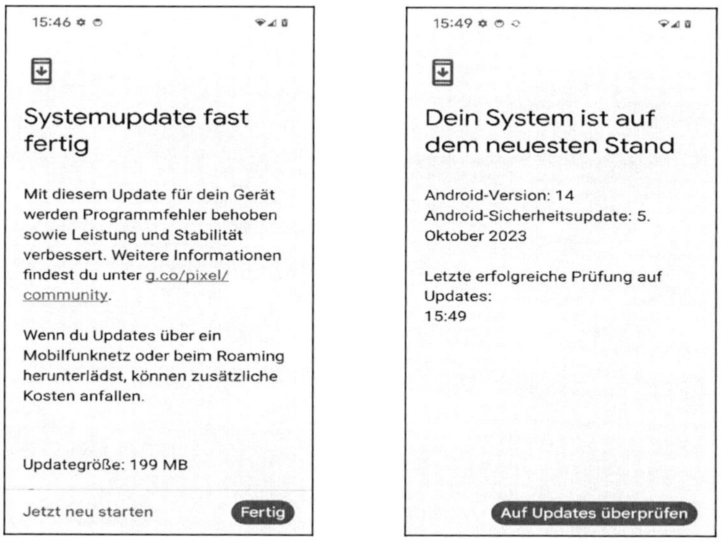

❶ Alternativ müssen Sie auf *Jetzt neu starten* gehen.

❷ Sofern das Update bereits installiert wurde (dies geschieht automatisch in 4 Tagen nach der Inbetriebnahme), erhalten Sie einen entsprechenden Hinweis.

4.10 Titelleiste und Benachrichtigungsfeld

Wie bei fast allen Handys informieren auch beim Pixel Symbole in der Titelleiste über den aktuellen Telefonstatus, verpasste Anrufe, den Status von WLAN, Bluetooth und vieles mehr.

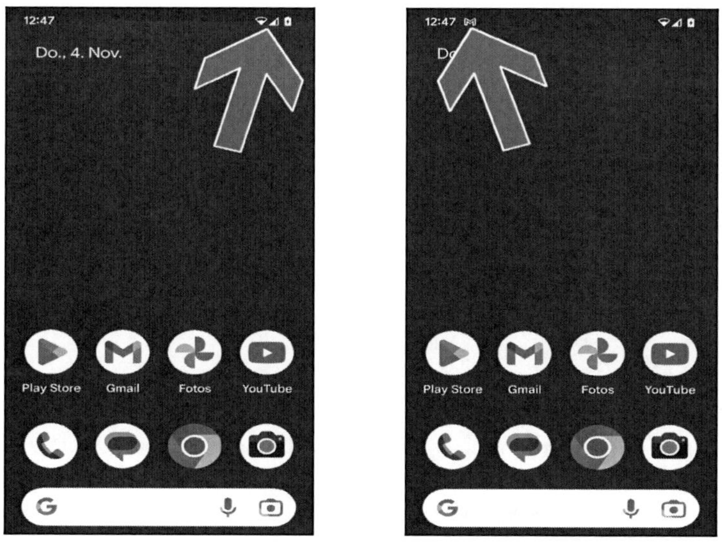

❶ Beispiele für die Symbole in der Titelleiste am oberen rechten Bildschirmrand:

- : Internetverbindungen finden über WLAN statt (die Sendestärke erkennen Sie am ausgefüllten Balken).
- : Guter Mobilfunk-Empfang (die Sendestärke erkennen Sie am ausgefüllten Balken).
- : Akkuladezustand.

❷ Bei besonderen Ereignissen, beispielsweise eingegangenen SMS, verpassten Anrufen oder anstehenden Terminen, erscheint ebenfalls ein entsprechendes Symbol (Pfeil). In unserem Beispiel handelt es sich um neu vorliegende E-Mails.

> In diesem Buch finden Sie, wo es sinnvoll ist, in den Kapiteln jeweils Hinweise darauf, welche Symbole in der Titelleiste erscheinen.

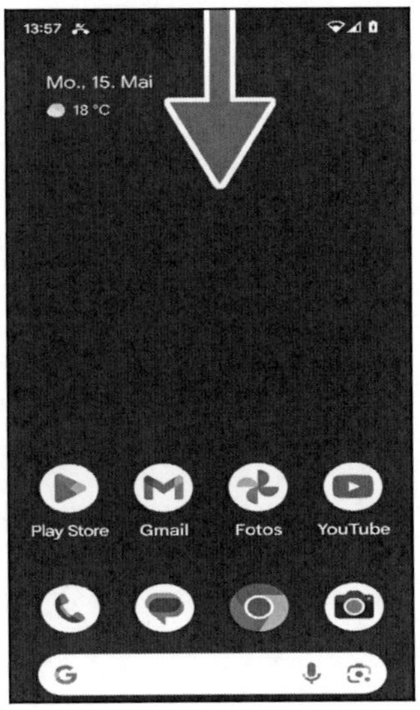

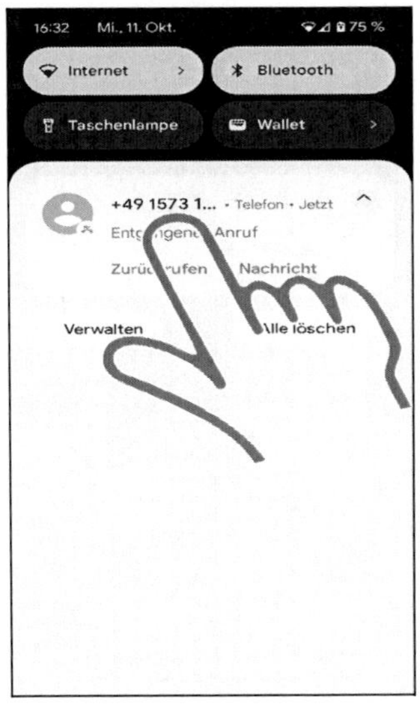

❶ Um weitere Informationen, zum Beispiel über einen eingegangenen Anruf, zu erhalten, halten Sie Ihren Finger auf die Titelleiste und ziehen ihn nach unten.

❷❸ Es erscheint das Benachrichtigungsfeld, welches ausführliche Infos auflistet und durch Antippen die zugehörige Anwendung, im Beispiel die Anrufliste startet.

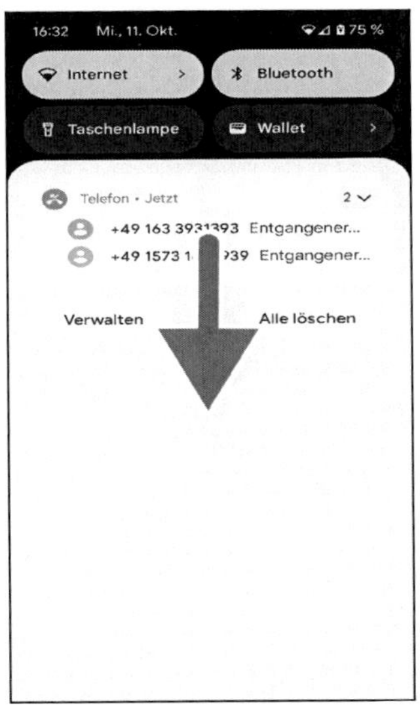

❶❷ Liegen mehrere Benachrichtigungen einer Anwendung vor, so fasst das Handy diese in einem Eintrag zusammen. Eine Wischgeste klappt dann die enthaltenen Benachrichtigungen aus.

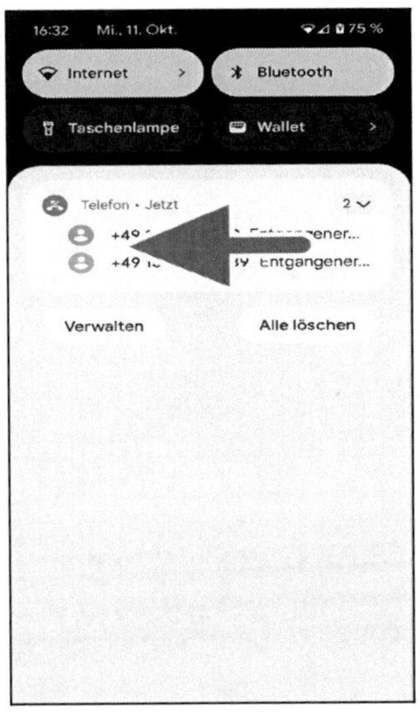

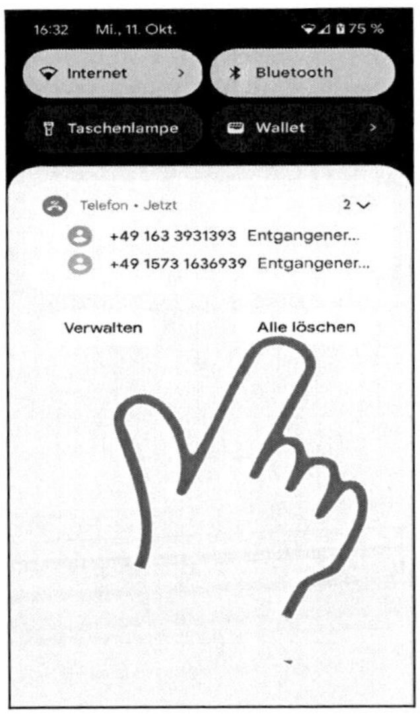

❶ Zum Löschen einer einzelnen Benachrichtigung tippen und halten Sie den Finger darauf und ziehen ihn nach links oder rechts. Die restlichen Einträge in der Benachrichtigungsliste rutschen dann nach oben.

❷ Die *Alle löschen*-Schaltleiste entfernt dagegen alle Benachrichtigungen in einem Rutsch.

4.10.1 Schaltleisten im Benachrichtigungsfeld

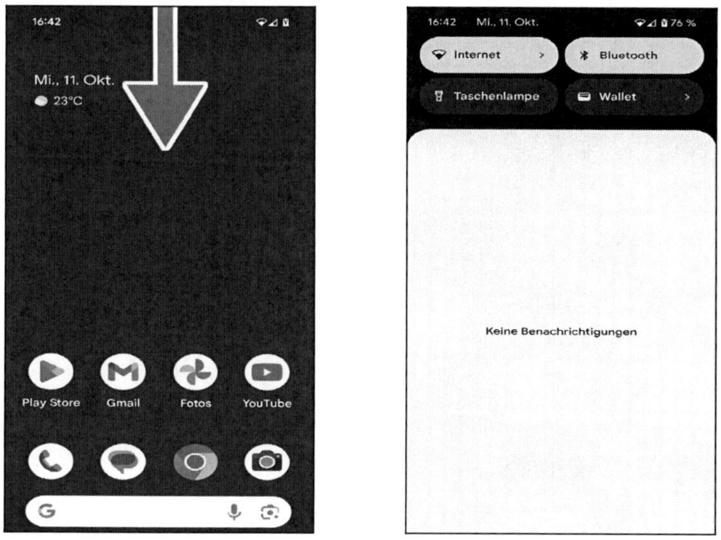

❶❷ Viele wichtige Systemfunktionen steuern Sie über die Schaltleisten im Benachrichtigungsfeld. Tippen Sie eine Schaltleiste kurz an, so schalten Sie eine Funktion ein/aus.

Die Schaltleisten:

- *Internet*: Verwaltet das WLAN. Siehe Kapitel *9 WLAN*.
- *Bluetooth*: Drahtlose Verbindung mit Headsets und Lautsprechern (siehe Kapitel *25 Bluetooth*).
- *Taschenlampe*: LED-Leuchte auf der Vorderseite einschalten.
- *Wallet*: Google bietet eine drahtlose Bezahlfunktion an, die über den Kurzstreckenfunk NFC arbeitet. Weil in Deutschland alle Girokarten (»EC-Karten«) bereits mit NFC ausgestattet sind, macht dies allerdings wenig Sinn.

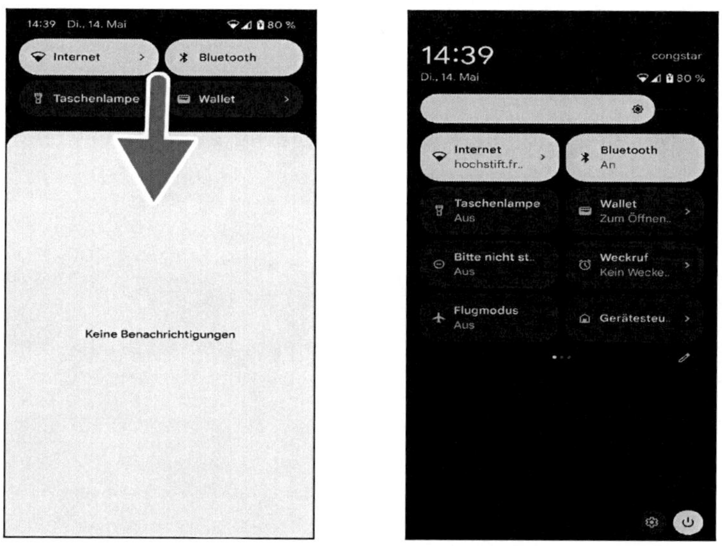

❶ Weitere Schaltleisten aktiviert eine Wischgeste über den Schaltleisten nach unten.

❷ Die zusätzlichen Schaltleisten:

- *Bitte nicht stören*: Schaltet zu bestimmten Tageszeiten die Benachrichtigungen aus. Siehe Kapitel *15.2 Ruhemodus (Bitte nicht stören)*.

- *Weckruf*: Öffnet den Alarm in der Uhr-Anwendung (siehe Kapitel *23.2 Wecker und Uhr*).
- *Flugmodus*: Alle Funkverbindungen (Telefonie, Mobilfunkinternet, WLAN und Bluetooth) ein/ausschalten (siehe Kapitel *5.5 Flugmodus (Offline-Modus)*).
- *Gerätesteuerung* (ändert sich später in *Home*): Verwaltet Google Home-Geräte zur Heimautomatisierung. In diesem Buch gehen wir nicht weiter darauf ein.

Bitte wundern Sie sich nicht, dass bei Ihnen die Schaltleisten anders angeordnet sind! Mit jedem Betriebssystem-Update kann sich deren Anordnung und Beschriftung ändern.

❶❷ Weitere Funktionen stehen mit einer Wischgeste nach links zur Verfügung:

- *Automatisch drehen*: Wenn *Automatisch drehen* aktiv ist, passt sich die Bildschirmorientierung automatisch an die Geräteausrichtung an. Deaktivieren Sie *Automatisch drehen*, wenn sich die Bildschirmorientierung nie ändern soll.
- *QR-Code scannen*: Einen QR-Code lesen und dessen Inhalt anzeigen. Siehe Kapitel *28.10 QR-Code scannen*.
- *Energiesparmodus*: Erhöht die Akkubetriebsdauer. Dabei reduziert das Handy die unter anderem die Displayhelligkeit und die Prozessorgeschwindigkeit.
- *Bildschirm übertragen*: Bildschirminhalt wird über WLAN an ein anderes Gerät gesendet. Dafür müssen beide Geräte den gleichen Zugangspunkt nutzen (kein Gastmodus) und Chromecast unterstützen.
- *Bildschirmaufzeichnung*: Zeichnet ein Video Ihrer Aktivitäten auf dem Handy auf.
- *Quick Share*: Dient der Dateiübertragung mit einem weiteren Android-Handy, das sich in räumlicher Nähe befindet.
- *Mikrofonzugriff*; *Kamerazugriff*: Damit Sie das Handy ohne Einschränkungen nutzen können, müssen beide Schaltleisten aktiviert sein.

❸ Auf der dritten Bildschirmseite, die Sie mit einer weiteren Wischgeste erreichen:

- *Sicherheit*: Informiert über den Sicherheitsstatus und gibt Empfehlungen, zum Beispiel, dass Sie das Gerät mit einem Passwort schützen.

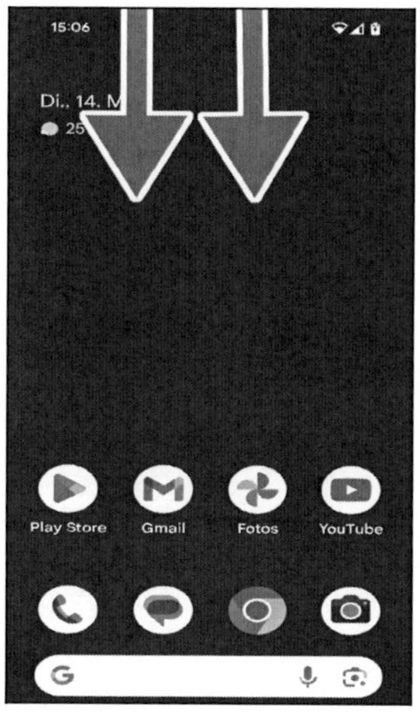

➊➋ Alternativ wischen Sie mit zwei Fingern von oben außerhalb des Displays nach unten für das erweiterte Benachrichtigungsfeld.

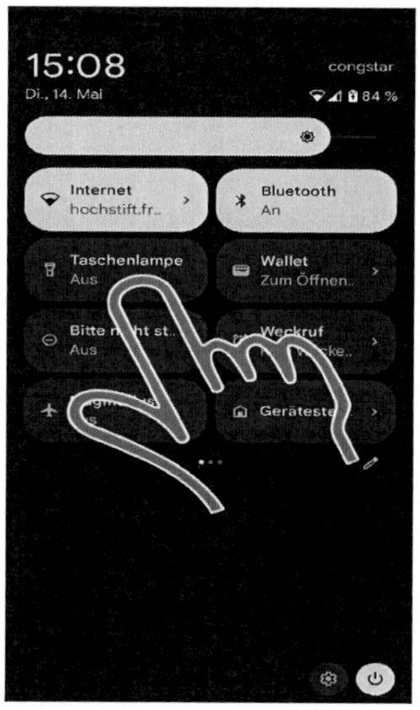

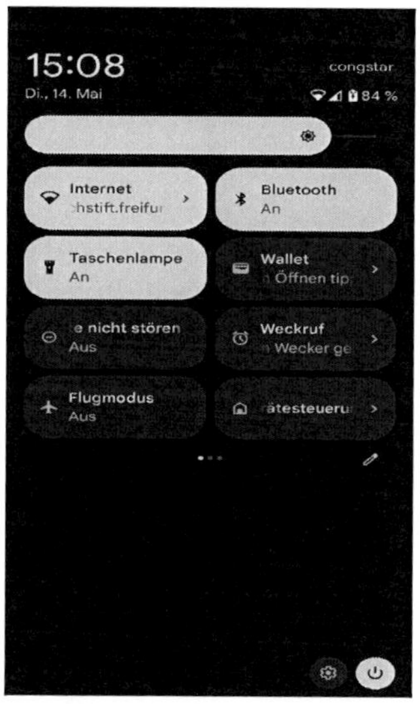

➊➋ Antippen eines Symbols im Benachrichtigungsfeld schaltet die dahinterstehende Funktion, hier die *Taschenlampe* (Kamera-LED), ein/aus.

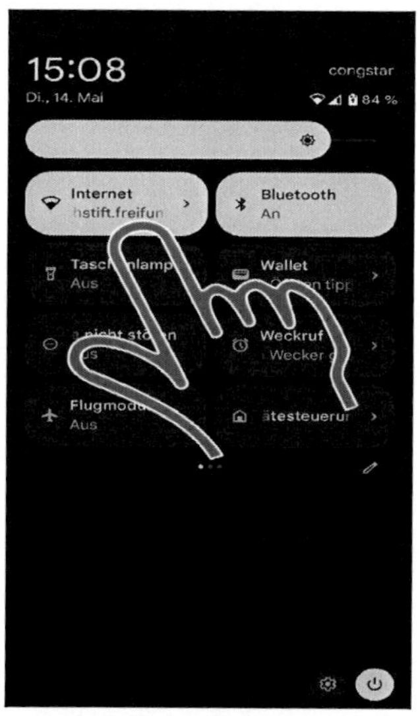

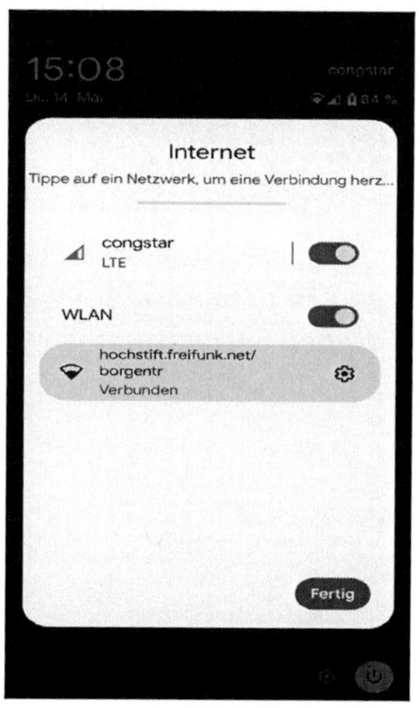

➊➋ Bei einigen Schaltleisten ruft kurzes Antippen der Schaltleiste ein Popup-Menü beziehungsweise die zugehörige Anwendung auf.

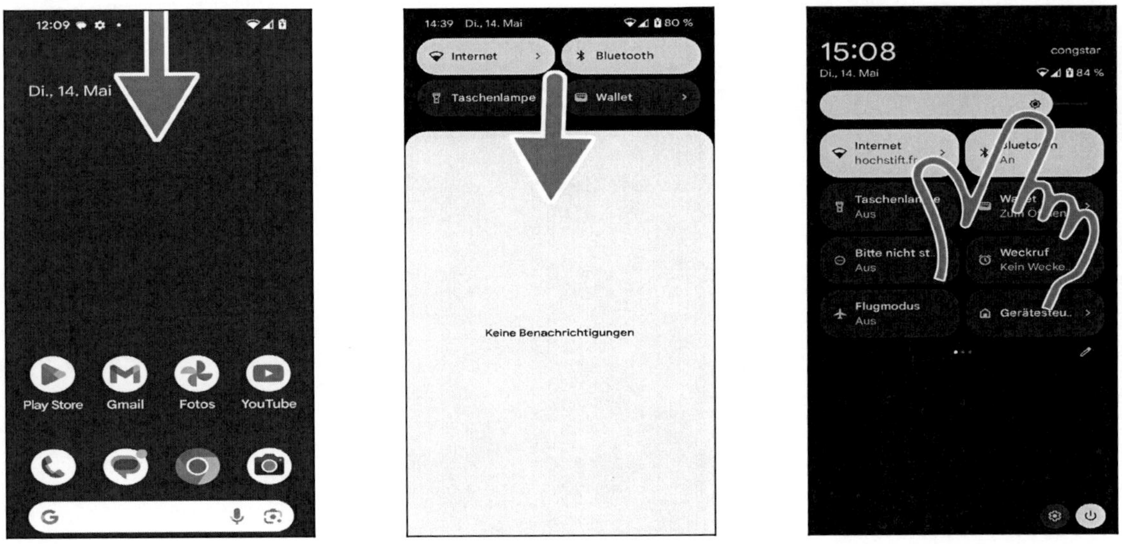

➊➋➌ So legen Sie die Displayhelligkeit fest: Öffnen Sie das Benachrichtigungsfeld und wischen darüber nach unten. Sie können nun die Helligkeit über den Regler am oberen Bildschirmrand einstellen.

4.11 Längs- und Querdarstellung

In manchen Situationen ist es sinnvoll, die Displaydarstellung zu drehen, beispielsweise, wenn Sie den Webbrowser nutzen. Dazu brauchen Sie nur das Gerät in Ihrer Hand zu drehen, denn über den Bewegungssensor weiß das Handy jederzeit, in welcher Position Sie das Gerät halten. In manchen Anwendungen stehen nach dem Drehen zusätzliche Bedienelemente zur Verfügung.

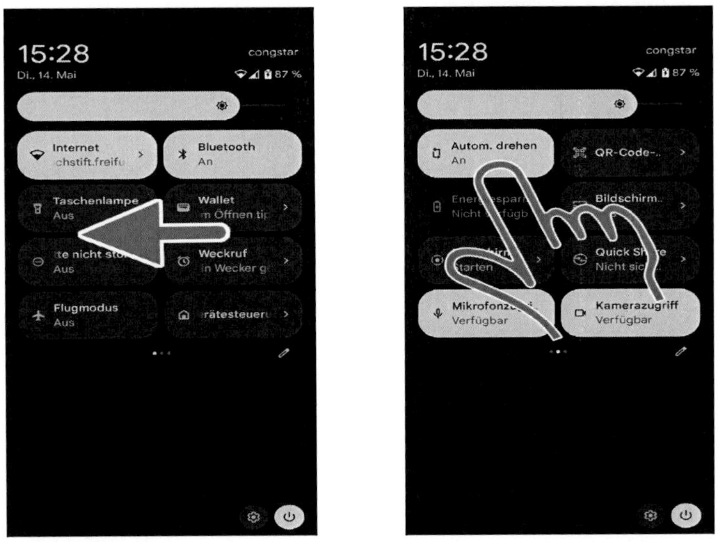

➊➋ Damit der Bildschirm sich passend zur Halteposition dreht, muss das das automatische Drehen eingeschaltet sein. Im erweitertern Benachrichtigungsfeld wischen Sie nach links für die zweite Bildschirmseite, wo Sie *Autom. drehen* aktivieren.

❶❷ Beispiel: Galerie-Anwendung im Hochformat und wenn man das Gerät um 90 Grad dreht.

4.11.1 Intelligente automatische Drehung

Sofern Sie die automatische Drehung aktiviert haben, dürfte schon aufgefallen sein, dass diese nicht immer schnell auf die Änderung der Halteposition reagiert. Google bietet deshalb eine Optimierung an, die Sie aber selbst aktivieren müssen.

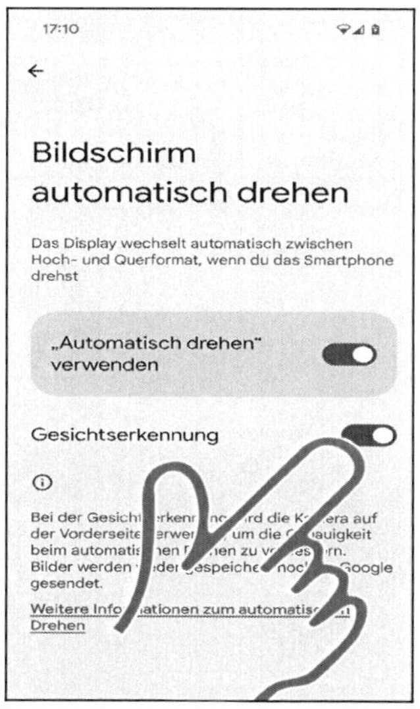

❶ Öffnen Sie das erweiterte Benachrichtigungsfeld, dann tippen und halten Sie den Finger auf *Automatisch drehen*, bis der Konfigurationsbildschirm erscheint.

❷ Es muss natürlich *„Automatisch drehen" verwenden* aktiviert sein. Aktivieren Sie zusätzlich Gesichtserkennung. Künftig nutzt das Handy die Kamera für die Ermittlung der Halteposition.

4.12 Menü

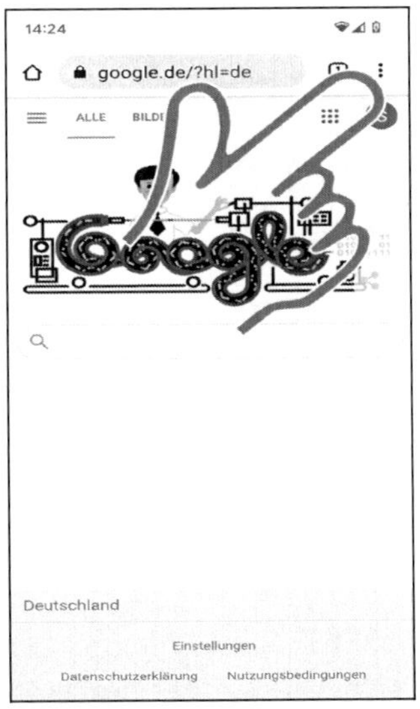

❶❷ In vielen Anwendungen – hier der Webbrowser – finden Sie zusätzliche Funktionen in einem Menü, das Sie über ein ⋮-Symbol aufrufen.

In diesem Buch finden Sie sehr häufig genaue Anweisungen, welchen Menüs Sie folgen müssen. *⋮/Einstellungen/Display* heißt zum Beispiel, dass Sie erst mit ⋮ das Menü aufrufen, dann auf *Einstellungen*, anschließend auf *Display* usw. gehen.

4.13 Die Einstellungen

Die *Einstellungen*, worin Sie alle wichtigen Parameter für die Bildschirmanzeige, die Signaltöne, Internetverbindungen usw. konfigurieren, spielen eine wichtige Rolle in diesem Buch.

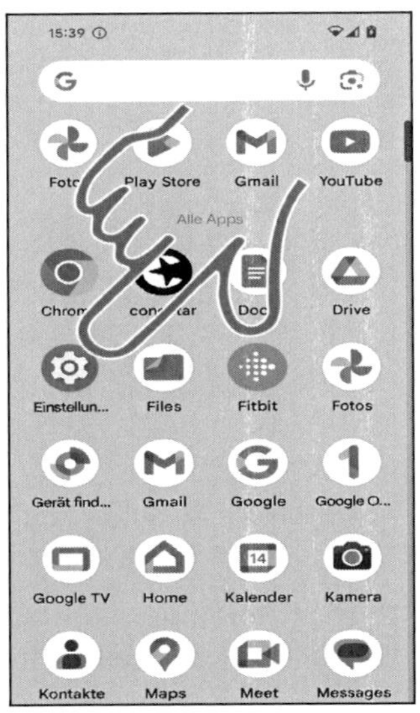

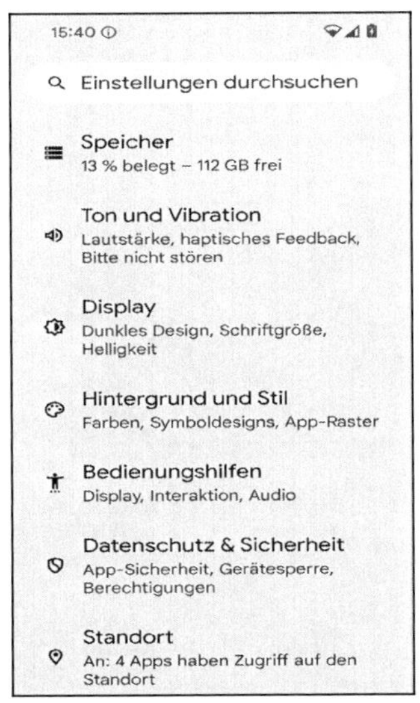

❶❷ Die *Einstellungen* finden Sie im Benachrichtigungsfeld unter ⚙ (Pfeil) und im Hauptmenü unter *Einstellungen.*

❸ In diesem Buch gehen jeweils die einzelnen Kapitel bei Bedarf auf die Menüs in den Einstellungen ein.

Die Einstellungen-Anwendung zeigt das zuletzt aufgerufene Menü an. Betätigen Sie ein- oder mehrmals die ◀-Taste, um ins Hauptmenü zurückzukehren.

4.14 Zuletzt genutzte Anwendungen

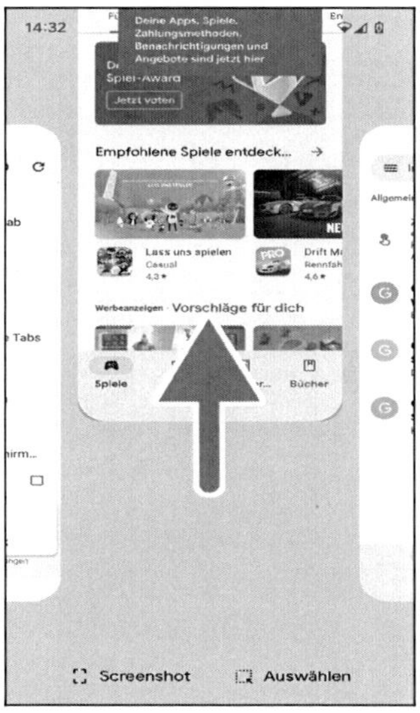

➊ Die zuletzt genutzten Programme erhalten Sie nach Betätigen der ■-Taste unterhalb des Displays angezeigt. Rollen Sie mit einer Wischgeste links/rechts durch die Programme und tippen Sie eines an, das Sie starten möchten.

➋ Ziehen Sie mit dem Finger einen Eintrag nach oben, um ihn aus der Liste zu entfernen.

> Wie bereits erwähnt, bringt Sie ein kurzer Druck auf die ●-Taste wieder auf den Startbildschirm zurück, wenn Sie sich gerade in einer anderen Anwendung befinden.

4.15 Hauptmenü

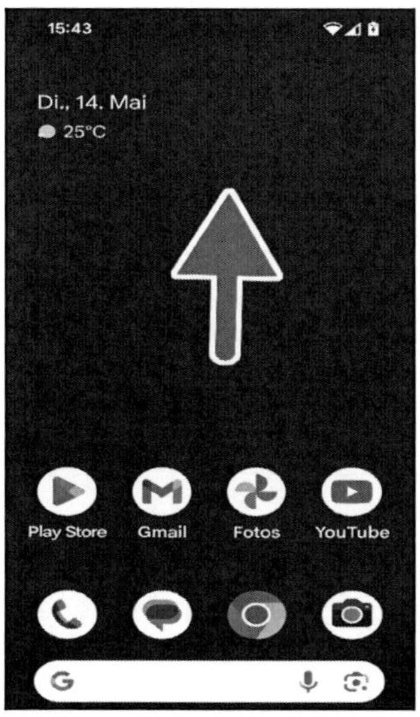

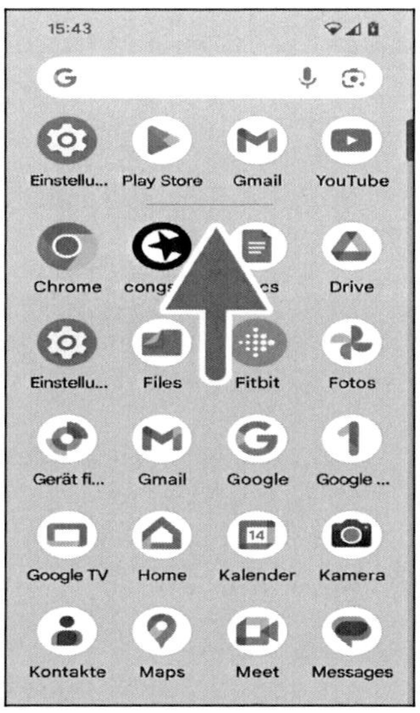

➊ Es ist natürlich weder möglich, noch sinnvoll, alle auf dem Handy vorhandenen Anwendungen direkt im Startbildschirm einzublenden. Deshalb können Sie mit einer Wischgeste nach oben im Startbildschirm auf das Hauptmenü umschalten.

➋ Mit einer Wischgeste auf dem Bildschirm blättern Sie in der Programmauflistung.

➌ Häufig genutzte Anwendungen listet das Handy zudem als erste auf (Pfeil).

4.16 Google-Suche

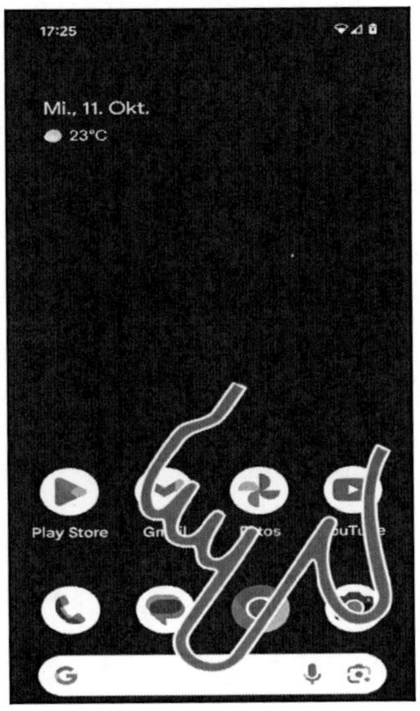

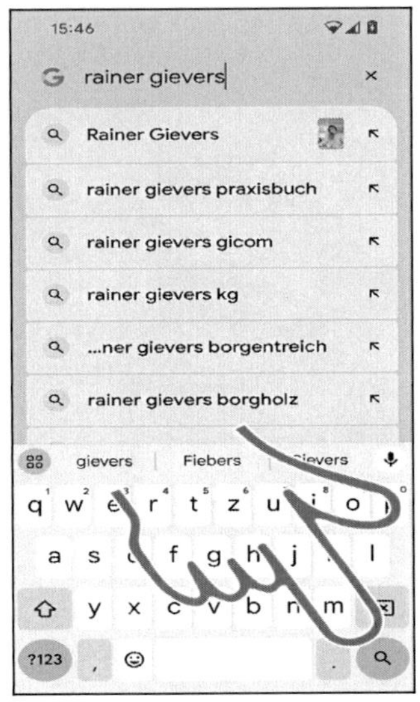

❶ Über die *Google*-Schaltleiste (Pfeil) starten Sie die globale Suche, mit der Sie alle Anwendungen, Termine, Kontakte usw. durchsuchen.

❷❸ Tippen Sie gegebenenfalls oben ins Eingabefeld. Schon während der Eingabe eines Suchbegriffs werden passende Fundstellen, beispielsweise Wortvorschläge aus der Google-Suchmaschine und Kontakteinträge aus dem Telefonbuch, aufgelistet. Die eigentliche Suche starten Sie mit 🔍 auf dem Tastenfeld (Pfeil).

❶❷ Blättern Sie mit einer Wischgeste durch die Suchergebnisse und tippen Sie eine Fundstelle an, um sie anzuzeigen.

❶ Rollen Sie dann mit dem Finger durch die Schaltleistenreihe am oberen Bildschirmrand und tippen Sie eine der Schaltleisten an.

❷ Beispiel für die Suchergebnisse nach Betätigen von *Bücher*.

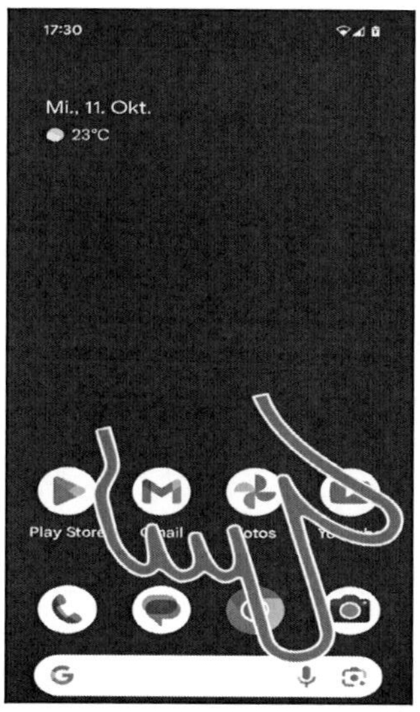

❶❷❸ Eine Besonderheit verbirgt sich hinter der 🎙-Schaltleiste (Pfeil): Sie können dann einfach einen oder mehrere Begriffe sprechen, nach denen Google anschließend im Internet sucht.

Weitere Spracheingabefunktionen stellt Kapitel *20 Google Assistant* vor.

Neben 🎙 befindet sich die 📷-Schaltleiste, worauf noch Kapitel *19.11Google Lens* eingeht.

Tipp: Halten Sie einfach den Ein-/Ausschalter auf der rechten Geräteseite einige Sekunden gedrückt, was ebenfalls die Sprachsteuerung aufruft.

Falls Sie sich fragen, wie Sie über den Ein-/Ausschalter Ihr Handy ausschalten, möchten wir auf nachfolgendes Kapitel *4.17 Handy ausschalten* verweisen.

4.17 Handy ausschalten

Auch wenn viele Anwender Ihr Handy über Nacht ausschalten, ist dies in der Praxis nicht sinnvoll. Wenn Sie Nachts nicht durch Anrufe oder Benachrichtigungen gestört werden möchten, dann empfehlen wir die im Kapitel *15.2 Ruhemodus (Bitte nicht stören)* beschriebene Funktion. Auch Funktionen wie der Wecker (siehe Kapitel *23.2.1 Alarm*) funktionieren natürlich nur, wenn das Handy eingeschaltetet ist.

Zum Ausschalten halten Sie den Ein-/Ausschalter und die Lautstärke-hoch-Taste auf der rechten Geräteseite gedrückt, bis ein Popup erscheint, in dem Sie *Ausschalten* antippen. Eventuell benötigen Sie dazu mehrere Versuche, denn die genutzten Tasten sind mehrfach belegt.

Langes Drücken des Ein-/Ausschalters schaltet das Handy später wieder ein.

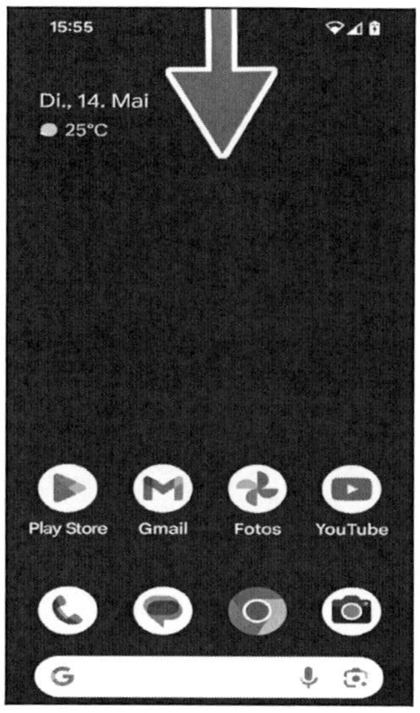

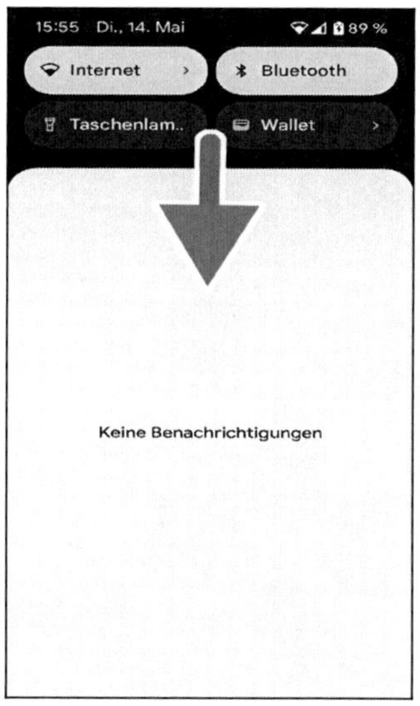

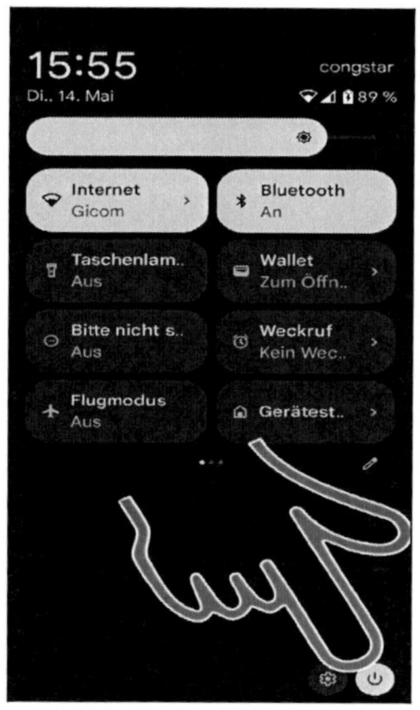

❶ Alternativ öffnen Sie zunächst das Benachrichtigungsfeld mit der Wischgeste vom oberen Bildschirmrand nach unten.

❷❸ Führen Sie über den Schaltleisten eine weitere Wischgeste nach unten durch für das erweiterte Benachrichtigungsfeld und betätigen Sie ⏻.

4.18 Medienlautstärke und Signaltöne

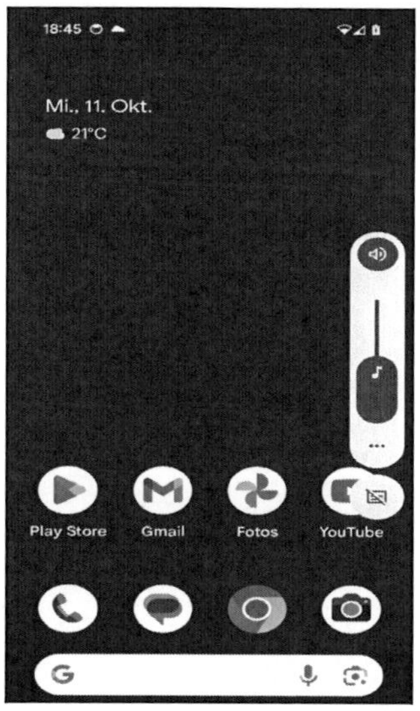

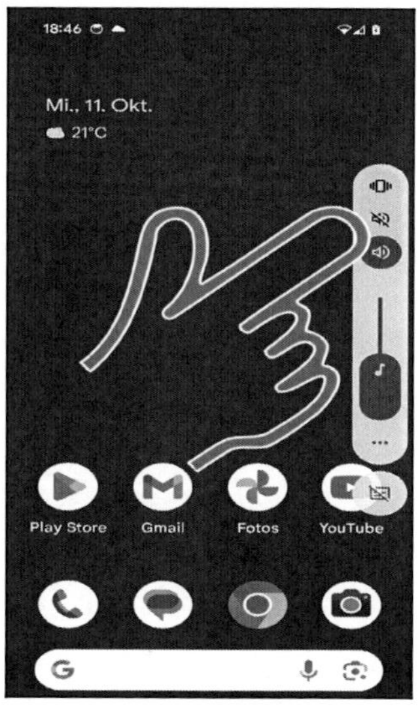

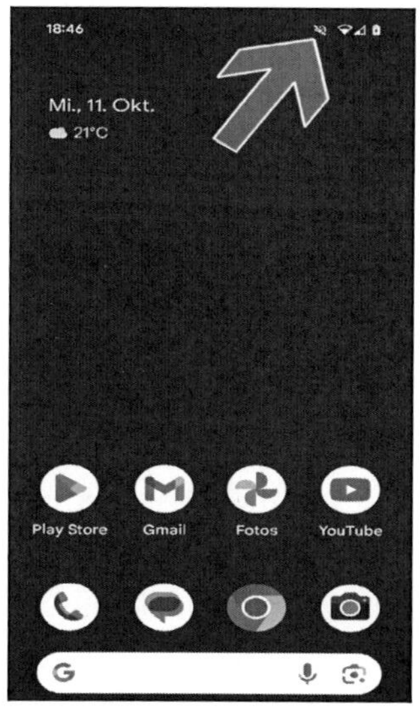

❶ Über die Lautstärketasten auf der rechten Geräteseite beeinflussen Sie die Medienlautstärke (beispielsweise von YouTube, YouTube Music oder der Audiowiedergabe im Webbrowser).

❷ Antippen der Schaltleiste über der Lautstärkeanzeige beeinflusst den Klingelton. Sie schalten damit um zwischen: Standard (🔊, Klingelton aktiv), Lautlos (🔇) und Vibration (📳).

❸ Ein Symbol (Pfeil) in der Titelleiste informiert über den aktiven Vibrationsmodus.

Der Wecker (siehe Kapitel *23.2 Wecker und Uhr*) ist im Lautlos- beziehungsweise Vibrationsmodus weiterhin aktiv.

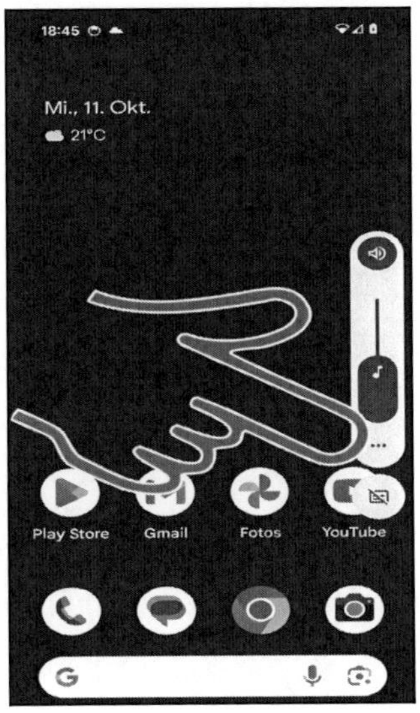

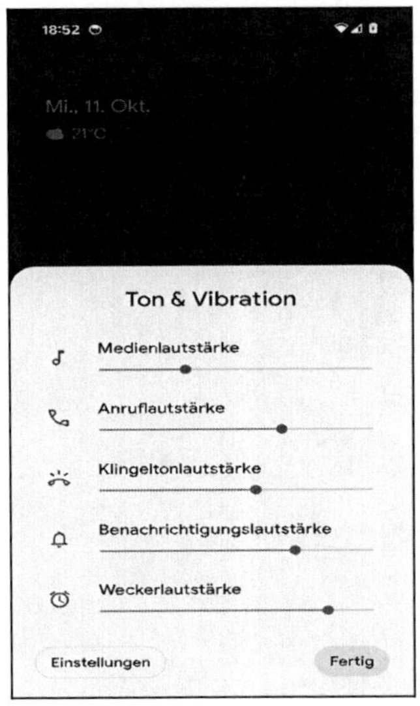

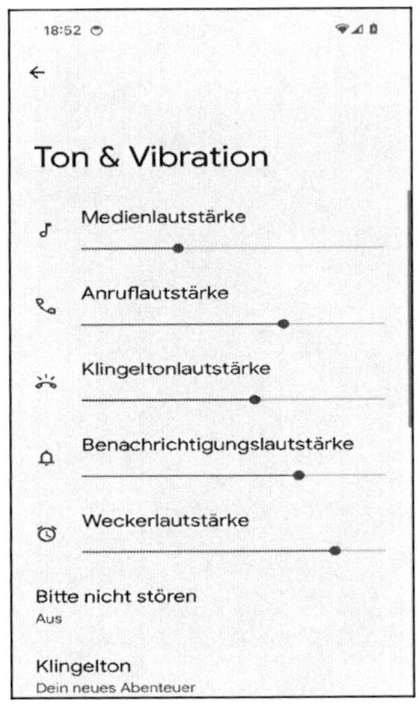

❶ Um die Lautstärke für den Klingelton, Benachrichtigungstöne usw. zu ändern, tippen Sie ••• (Pfeil) an.

❷ Sie ändern hiermit:

- *Medienlautstärke*: Stellt die Lautstärke bei Multimedia-Anwendungen, beispielsweise von YouTube oder Spielen ein.
- *Anruflautstärke*: Gesprächslautstärke.
- *Klingeltonlautstärke*: Der Klingelton bei eingehenden Anrufen.
- *Benachrichtigungslautstärke*: Signal bei neu vorhandenen E-Mails, SMS, WhatsApp-Nachrichten usw.
- *Weckerlautstärke*: Signalton des Weckers (siehe Kapitel *23.2 Wecker und Uhr*).

Die weiteren Optionen erhalten Sie nach Betätigen der *Einstellungen*-Schaltleiste (❸):

- *Bitte nicht stören*: Auf diese Funktion, welche zu bestimmten Zeiten alle Benachrichtigungen deaktiviert, geht Kapitel *15.2 Ruhemodus (Bitte nicht stören)* ein.
- *Klingelton*: Klingelton bei eingehenden Anrufen festlegen.
- *Automatische Untertitel*: Diese Funktion für Menschen mit Höreinschränkung ist derzeit nur im englischen Sprachraum verfügbar.
- *Automatische Klanganpassung*: Über das Mikrofon erfasst das Handy die Umgebungsgeräusche und passt den Klang an.
- *Now Playing*: Das Handy erkennt automatisch in der Umgebung abgespielte Musik und zeigt die Musiktitel in der Displaysperre an. Beachten Sie, dass dies die Akkulaufzeit reduziert.
- *Medien*: Nicht von Google dokumentiert.
- *Vibration und haptisches Feedback*:
  - *Vibration & haptisches Feedback verwenden*: Vibration ein-/ausschalten.
  - *Vibration bei Klingeln*: Eingehende Anrufe.
  - *Erst vibrieren, dann immer lauter klingeln*
  - *Vibration für Wecker*: Der Wecker vibriert zusätzlich bei einem Alarm (siehe Kapitel *23.2 Wecker und Uhr*).
  - *Haptisches Feedback*: Haptisches Feedback, wenn Sie Schaltleisten auf dem Bildschirm betätigen.
  - *Vibration für Medien*: Nicht von Google dokumentiert.
- *Standard-Benachrichtigungston*: Signal, das bei Benachrichtigungen, beispielsweise über neue SMS, WhatsApp-Nachrichten oder E-Mails abgespielt wird.

- *Standard-Weckton*: Auf den Wecker geht Kapitel *23.2.1 Alarm* ein.
- *Glasklare Anrufe*: Reduziert Hintergrundgeräusche beim Telefonieren (Geräuschunterdrückung)
- *Wähltastentöne*: Wenn Sie das Tastenfeld in der Telefon-Anwendung (siehe Kapitel *5 Telefonie*) nutzen, hören Sie jeweils einen Klickton.
- *Ton bei Displaysperre*: Signalton beim Aktivieren/Deaktivieren der Displaysperre.
- *Töne und Vibration beim Aufladen*: Ton bei Anschluss an das Netzteil.
- *Töne bei Berührung*: Diese hört man beim Antippen des Bildschirms.
- *Im Vibrationsmodus immer Symbol anzeigen*: Sofern Sie die Vibration aktiviert haben, erscheint in der Titelleiste ein Symbol, das Sie hiermit ausschalten.

Falls Sie eigene Musikdateien als Klingel- und Benachrichtigungstöne verwenden möchten, beachten Sie bitte Kapitel *28.9 Eigene Klingel- und Benachrichtigungstöne*.

4.19 Das Ausklappmenü

Ähnlich wie auf einem Windows PC haben auch auf dem Handy praktisch alle Programme damit zu kämpfen, die verfügbaren Funktionen in einer übersichtlichen Form bereitzustellen. Unter Windows hat sich dafür die Menüleiste eingebürgert. Weil auf dem Handy dagegen nur extrem wenig Bildschirmfläche verfügbar ist, nutzen die Anwendungen hier häufig das sogenannte Ausklappmenü.

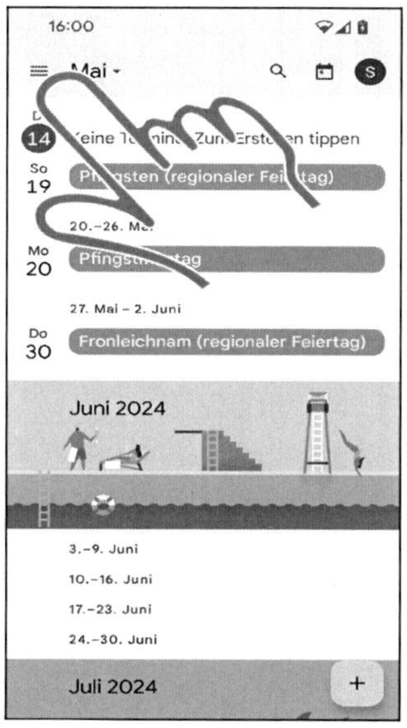

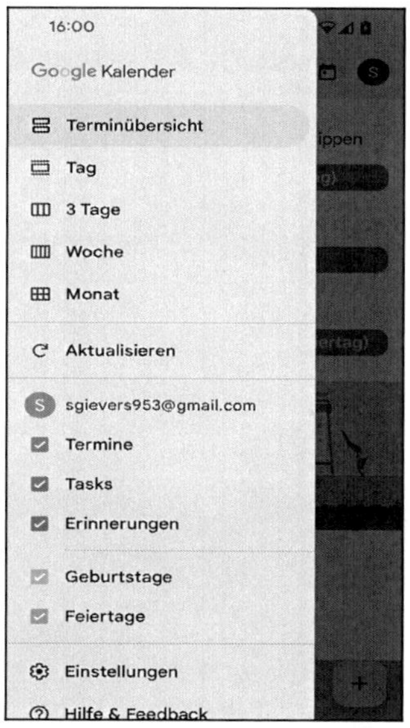

❶ Das Ausklappmenü rufen Sie beispielsweise im Kalender (siehe Kapitel *21 Kalender*) mit einem Antippen der ≡-Schaltleiste oben rechts (Pfeil) auf.

❷ Sie schließen das Ausklappmenü, indem Sie entweder darin eine Funktion auswählen oder die ◀-Taste unterhalb des Displays betätigen.

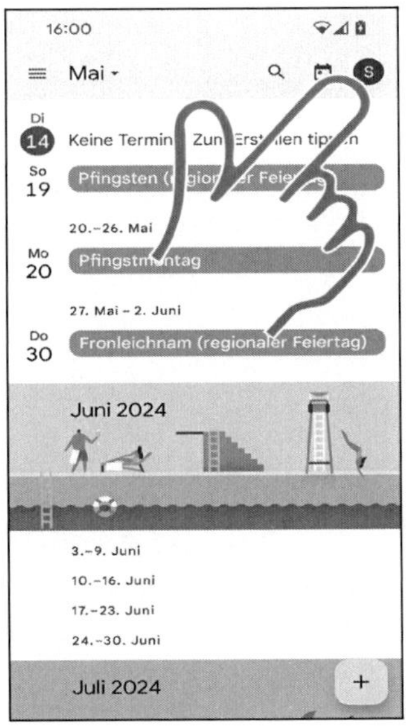

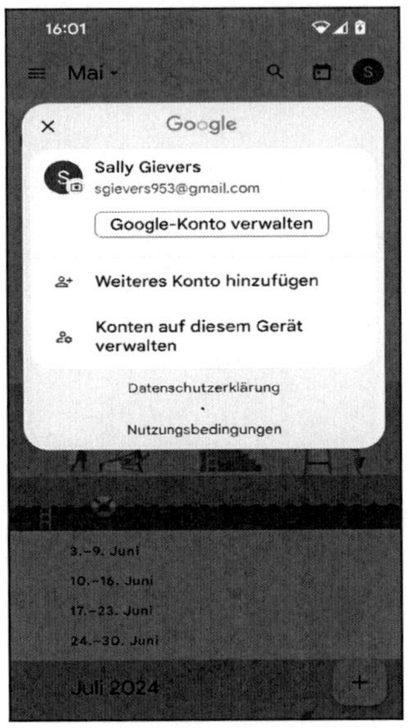

❶❷ Es gibt auch Anwendungen mit Ausklappmenüs, die Sie über das runde Kontosymbol oben rechts aufrufen.

4.20 Aktionen zulassen

Bei vielen der vorinstallierten Anwendungen auf dem Handy erscheint früher oder später ein Dialog, der Sie nach Ihrer Genehmigung fragt, eine Aktion durchführen zu dürfen.

❶ Im Beispiel benötigt ein Programm die Erlaubnis, Ihren Standort zu ermitteln.

❷ Die meisten vorinstallierten Programme bitten zudem einmalig um Erlaubnis, Benachrichtigungen zuzulassen. Hier sollten Sie immer *Zulassen* betätigen.

Bitte antworten Sie **immer** mit *Bei Nutzung der App, Immer zulassen, Zulassen* beziehungsweise *Aktivieren*. Andernfalls steht die betreffende Funktion im Programm nicht zur Verfügung. Manche Anwendungen beenden sich auch einfach, wenn Sie die Genehmigung verweigern.

5. Telefonie

Die Bedienungsführung des Handys ist so aufgebaut, dass Sie mit wenig Aufwand einen Kontakt anrufen können.

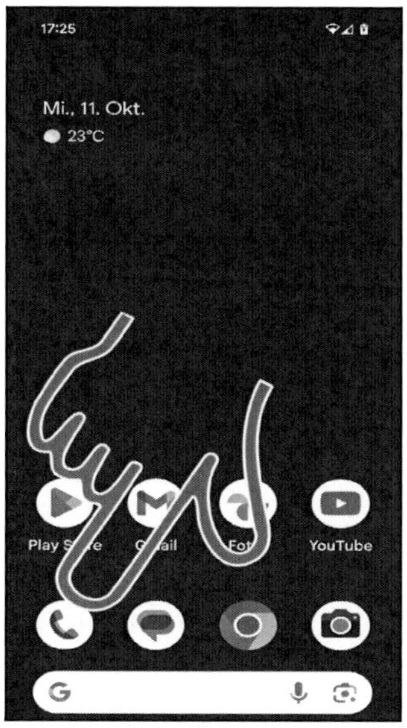

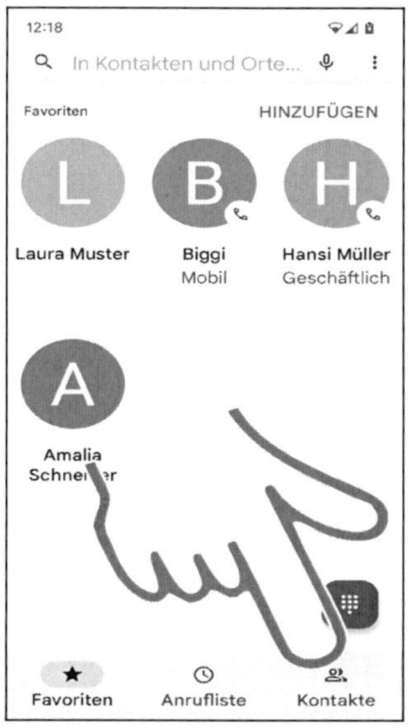

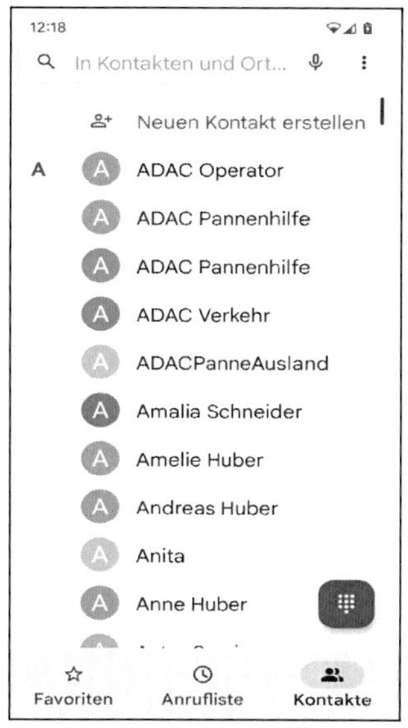

❶ Die Telefonoberfläche öffnen Sie im Startbildschirm mit der *Telefon*-Schaltleiste am unteren Bildschirmrand (Pfeil).

❷❸ Über die Register am unteren Bildschirmrand (Pfeil) schalten Sie um zwischen:

- ☆: *Favoriten*: Häufig genutzte Kontakte verwalten (siehe Kapitel *7.7 Favoriten*).
- 🕓: *Anrufliste*: Listet die ein- und ausgegangenen Anrufe auf.
- 👥: *Kontakte*: Startet das Telefonbuch (siehe Kapitel *7 Telefonbuch*).

5.1 Anruf durchführen

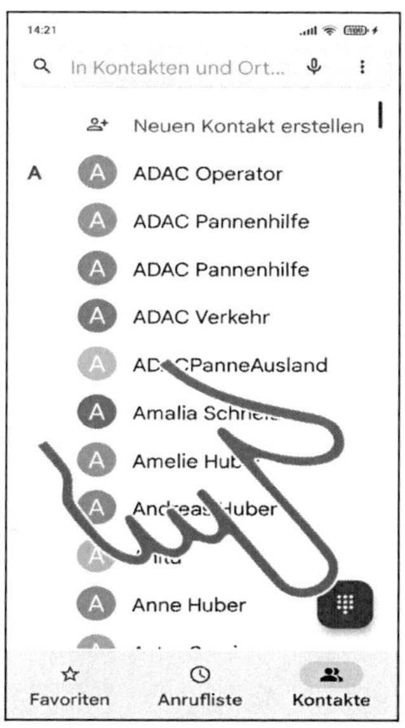

❶❷ Aktivieren Sie zunächst über die ⠿-Schaltleiste das Tastenfeld (die ◀-Taste an der Displayunterseite blendet das Tastenfeld wieder aus).

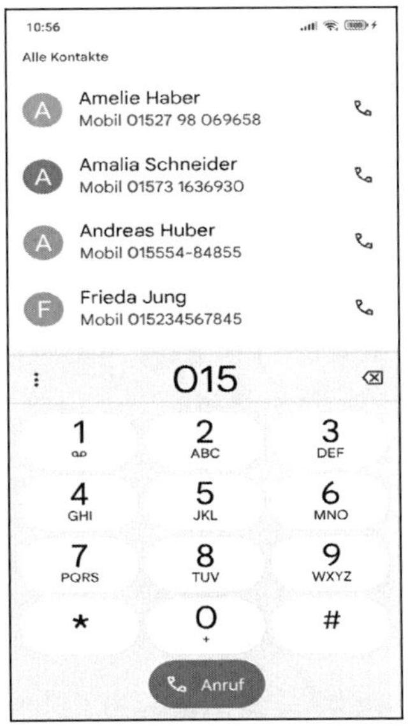

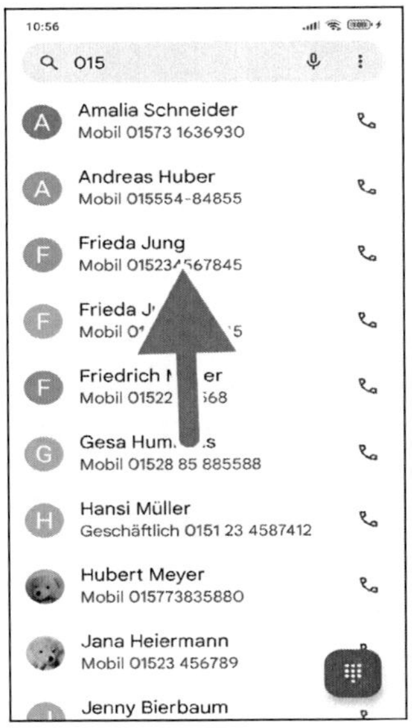

❶ Geben Sie jetzt die anzurufende Nummer über das virtuelle Tastenfeld auf dem Display ein. Mit der 📞-Schaltleiste wählen Sie die Nummer an. Sofern im Telefonbuch bereits Kontakte vorhanden sind, welche die eingegebene Rufnummer enthalten, erscheinen die gefundenen Kontakte oberhalb des Eingabefelds.

❷ In den Fundstellen blättern Sie mit einer vertikalen Wischgeste. Das Handy schaltet dann das Tastenfeld aus.

5.1.1 Suche

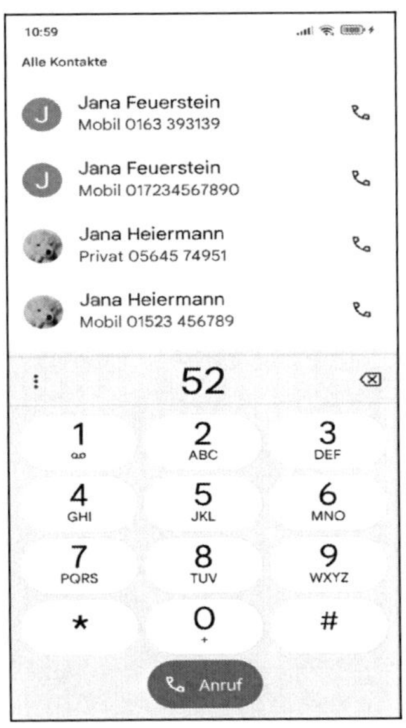

Auch eine direkte Namenssuche ist möglich. Tippen Sie dafür die Nummern ein, die den Buchstaben entsprechen (»2«=a, b, c; »3«=d, e, f; usw.). Betätigen Sie ⌫ neben dem Eingabefeld, um eine Fehleingabe zu löschen.

5.1.2 Letzte Rufnummer wählen

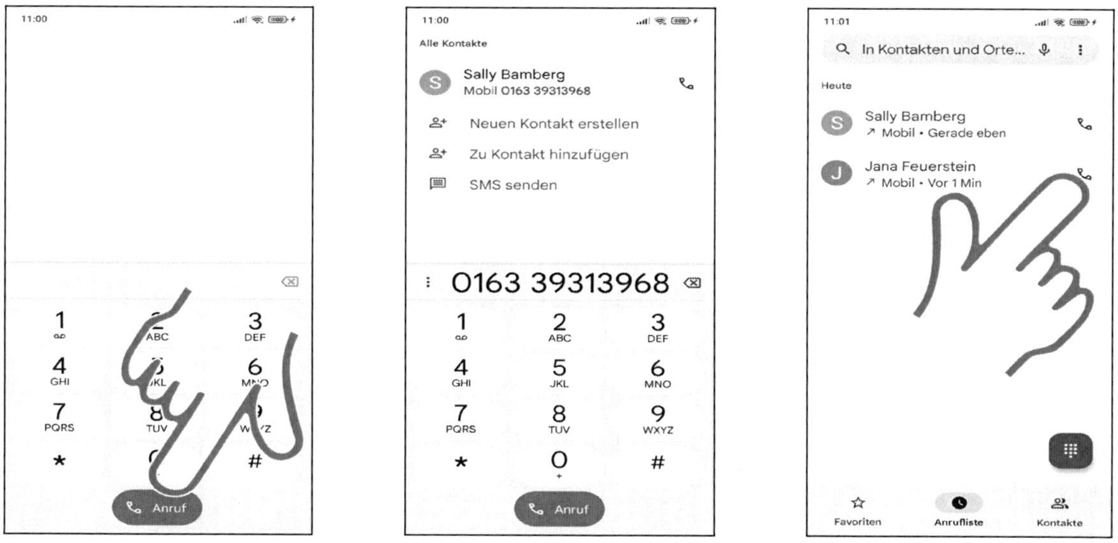

❶❷ Betätigen Sie die 📞-Schaltleiste, um die zuletzt gewählte Nummer in das Rufnummernfeld zu übernehmen.

❸ Alternativ tippen Sie einfach 📞 hinter einem Eintrag im Anrufprotokoll an.

5.1.3 Funktionen während eines Gesprächs

❶❷ Während des Gesprächs zeigt das Handy die angewählte Rufnummer beziehungsweise den Kontakt an. Betätigen Sie die ⠿-Schaltleiste (Pfeil), um das Tastenfeld zu aktivieren, was sinnvoll ist, wenn Sie DTMF (Tonwahl)-Töne benötigen, zum Beispiel für die Bedienung eines Anrufbeantworters oder einer Tonwahl-gesteuerten Service-Hotline. Betätigen der X-Schaltleiste oben links schließt das Tastenfeld später wieder.

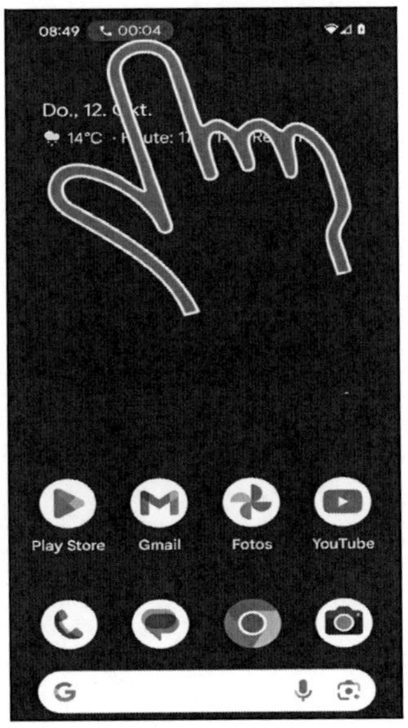

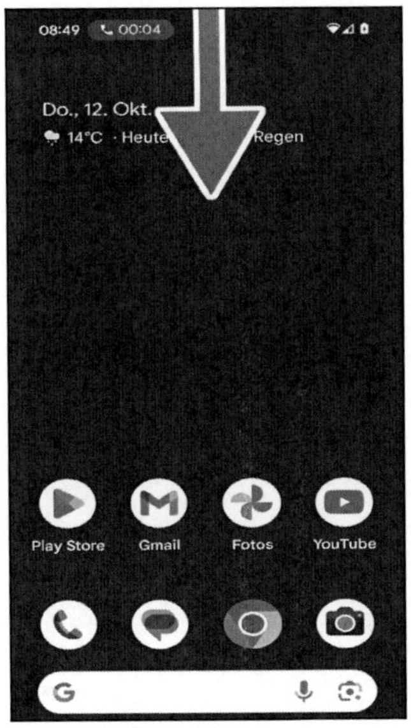

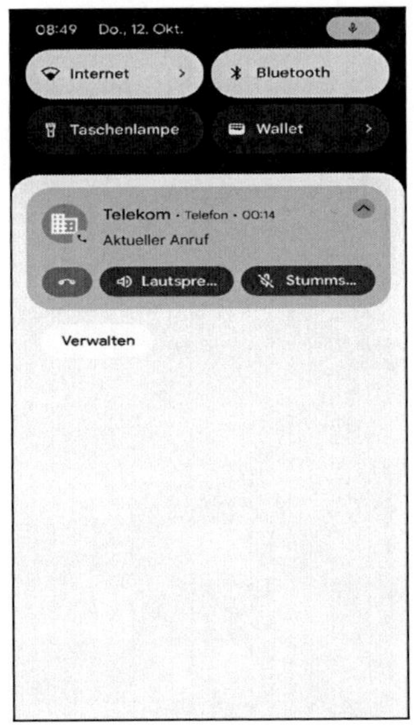

❶ Interessant ist die Möglichkeit, jederzeit während eines aktiven Gesprächs eine andere Anwendung zu nutzen. Dazu betätigen Sie die ●-Taste für den Startbildschirm. Sie können dann, wie gewohnt, diverse Anwendungen auf dem Handy starten, während das Gespräch im Hintergrund weiterläuft. Antippen des eingeblendeten Symbols (Pfeil) öffnet die Telefonoberfläche.

❷❸ Alternativ steuern Sie den aktiven Anruf über das Benachrichtigungsfeld (siehe Kapitel *4.10 Titelleiste und Benachrichtigungsfeld*).

❶ Weitere Funktionen während eines Gesprächs:

- *Wähltasten:* Tastenfeld einschalten.
- *Stumm*: Deaktiviert/aktiviert das Mikrofon, wobei man weiter hört, was der Gesprächsteilnehmer von sich gibt.
- *Lautsprecher*: Aktiviert/Deaktiviert die Freisprecheinrichtung.
- *Mehr* (❷):
  - *Halten*: Schickt den Anrufer in eine Warteschleife.
  - *Hinzufügen*: Dem Gespräch einen weiteren Teilnehmer hinzufügen, was aber nur funktioniert, wenn Ihr Handyvertrag Telefonkonferenzen beinhaltet.

5.1.3.a Hörerlautstärke

Während eines Gesprächs können Sie die Hörerlautstärke an Ihre Bedürfnisse anpassen. Drücken Sie einfach auf der rechten Geräteseite die Tasten Lautstärke-hoch/runter.

5.1.4 Anruf aus dem Telefonbuch

❶ Zum Anwählen eines Kontakts direkt in der Kontaktauflistung des Telefonbuchs (siehe Kapitel *7 Telefonbuch*) tippen Sie den Kontakt an.

❷ Tippen Sie auf die anzuwählende Nummer.

5.2 Mobilbox abrufen

Die Mobilnetzbetreiber bieten jedem Kunden eine »Mailbox« an, in der Anrufer wie auf einem Anrufbeantworter ihre Nachrichten hinterlassen können. Zum Abruf der Nachrichten wählen Sie entweder auf der Telefonoberfläche die Mailboxnummer, oder Sie nutzen die vom Handy angebotene Abruffunktion.

Zum Abruf der Mailbox tippen und halten Sie die »1«-Taste auf dem Telefontastenfeld, bis die Anwahl erfolgt.

Die Mailbox ist auf der Kurzwahl »1« vordefiniert. Normalerweise wird die Mailbox-Rufnummer korrekt eingerichtet, wenn Sie eine neue SIM-Karte einlegen und die automatisch erscheinende Konfigurationsaufforderung bestätigen. Falls Sie dennoch eine andere Mailboxrufnummer eintragen möchten, lesen Sie bitte im Kapitel *5.8 Anrufeinstellungen* weiter.

5.3 Anruf annehmen

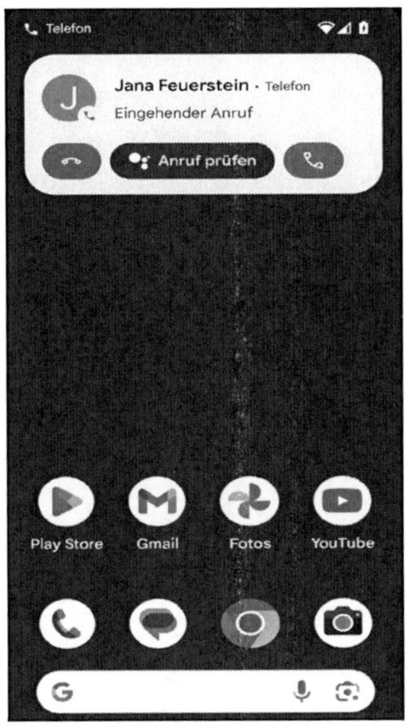

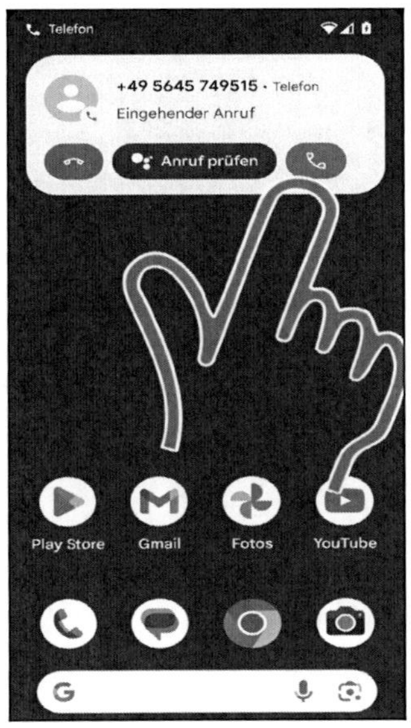

Auf eingehende Anrufe macht ein Popup aufmerksam. Es gibt dann zwei mögliche Anzeigen:

- Rufnummer ist nicht im Telefonbuch vorhanden: Das Handy zeigt nur die Rufnummer an (❶).
- Rufnummer ist im Telefonbuch vorhanden: Das Handy zeigt den Kontaktnamen an (❷).

❸ Tippen Sie wahlweise auf:

- : Der Anrufer hört ein »besetzt« oder wird auf Ihre Mailbox weitergeleitet.
- *Anrufer prüfen*: Der Anruf wird von einer Sprachansage begrüßt. Sie können dann entscheiden, ob Sie das Gespräch entgegennehmen möchten. Siehe Kapitel *5.3.1 Assistent*.
- , wenn Sie mit dem Anrufer sprechen möchten.

Betätigen der Lautstärke-leiser-Taste auf der rechten Geräteseite schaltet einen eingehenden Anruf stumm.

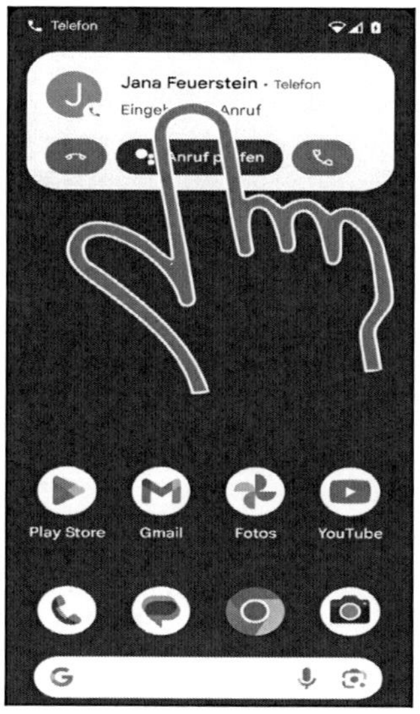

❶❷ Antippen des Popups (nicht der Schaltleisten!) öffnet die Vollbildansicht mit weiteren Optionen, auf die wir als Nächstes eingehen.

Wenn Sie bei ausgeschaltetem Display angerufen werden, erscheint sofort die Vollbildansicht.

❶❷ Zum Annehmen eines Gesprächs »schieben« Sie die grüne Schaltleiste mit einer Wischgeste nach oben. Während des Gesprächs stehen dann die gleichen Funktionen zur Verfügung, welche bereits im Kapitel *5.1.3 Funktionen während eines Gesprächs* vorgestellt wurden.

❸ Umgekehrt »schieben« Sie die grüne Schaltleiste nach unten, um einen Anruf zu blocken. Der geblockte Anruf landet trotzdem im Anrufprotokoll, sodass sie später zurückrufen können.

Betätigen Sie Antworten, um einen vorgegebenen Text an den Anrufer zu senden.

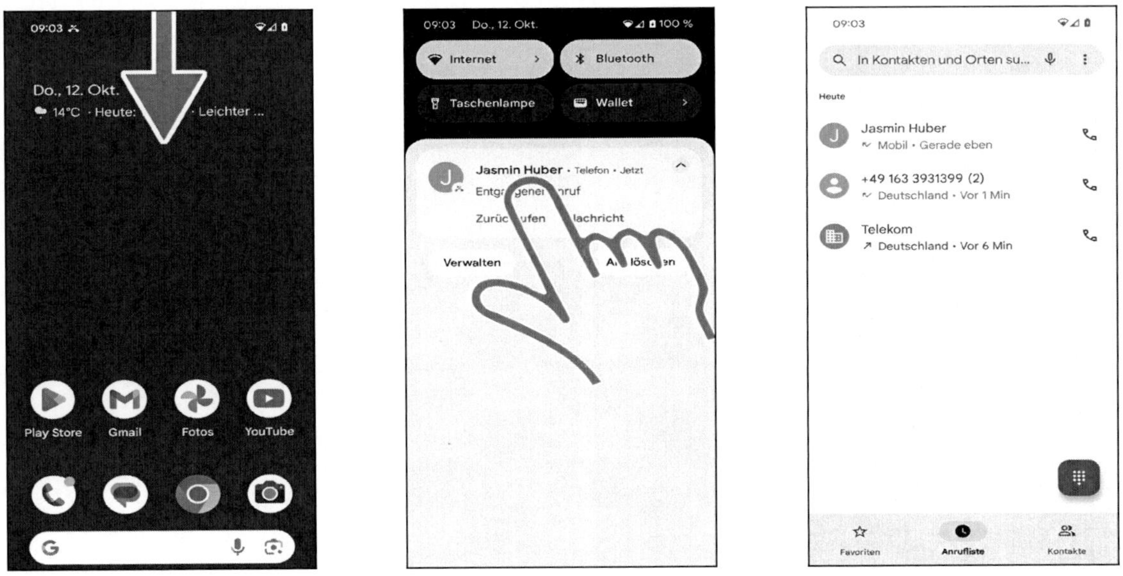

❶❷❸ Weitere Infos zum verpassten Anruf erhalten Sie, indem Sie das Benachrichtigungsfeld öffnen (Siehe Kapitel *4.10 Titelleiste und Benachrichtigungsfeld*). Tippen Sie den Listeneintrag an, um die Telefonoberfläche anzuzeigen.

> Wenn nur ein Anruf in Ihrer Abwesenheit stattgefunden hat, können Sie direkt aus dem Benachrichtigungsfeld über die Schaltleisten zurückrufen (*Zurückrufen*) oder eine SMS schreiben (*Nachricht*).

5.3.1 Assistent

Bei unbekannten Anrufern ist die Assistentenfunktion sinnvoll. Diese stellt dem Anrufer Fragen und Sie entscheiden anhand der Antworten, ob Sie das Gespräch annehmen oder beenden.

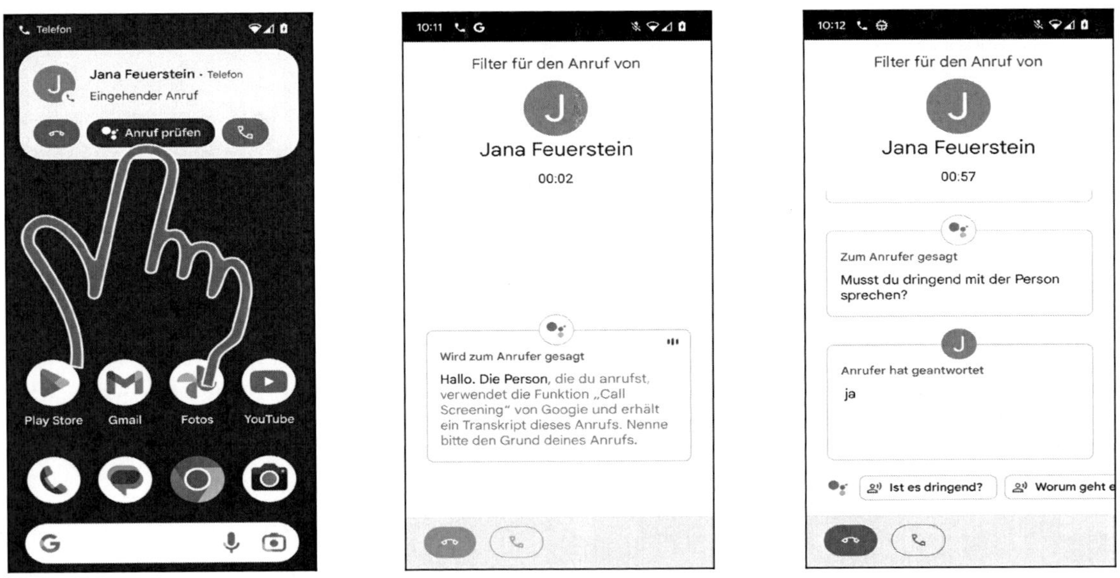

❶ Betätigen Sie *Anruf prüfen*.

❷ Das Handy nimmt den Anruf an und spielt eine Begrüßung ab.

❸ Betätigen Sie die Schaltleisten am unteren Bildschirmrand, beispielsweise *Ist es dringend?* Dem Anrufer wird die Frage angesagt, worauf die gesprochenen Antworten des Anrufers in Text übersetzt angezeigt werden. Wahlweise beenden Sie dann den Anruf mit der roten Schaltleiste oder nehmen ihn mit der grünen Schaltleiste an.

5.3.2 Mit SMS antworten

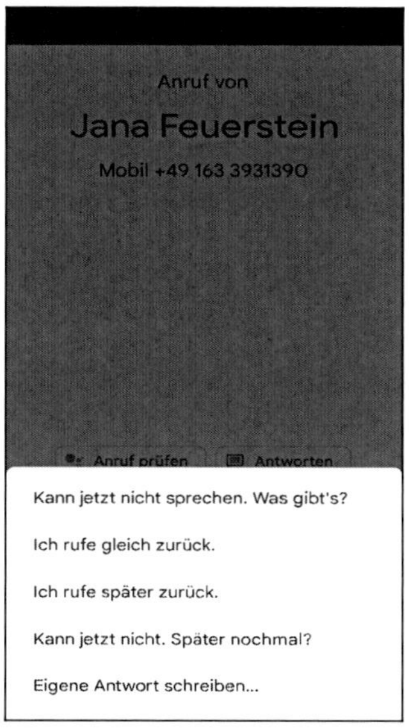

❶ Falls Sie gerade nicht sprechen können, betätigen Sie die *Antworten*-Schaltleiste.

❷ Wählen Sie dann eine Nachricht aus, die per SMS verschickt wird.

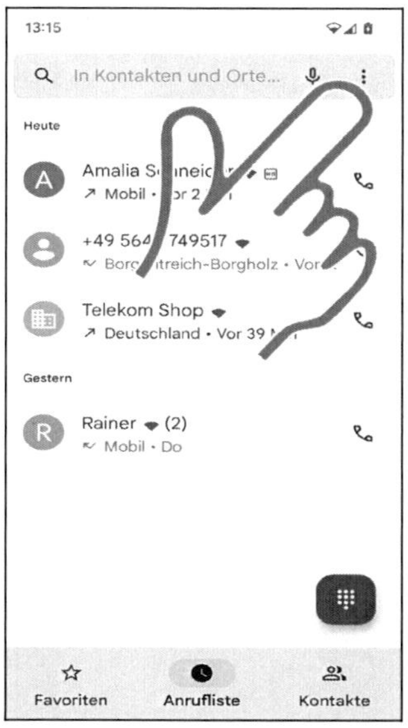

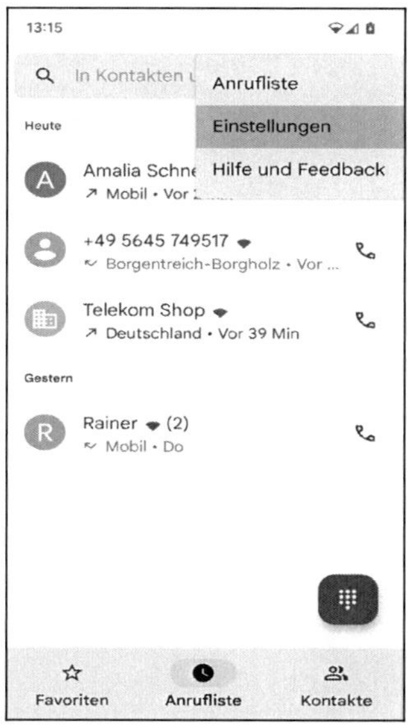

❶❷ Die vorgefertigten Nachrichten lassen sich anpassen. Rufen Sie dazu ⋮/*Einstellungen* in der Telefonie-Anwendung auf.

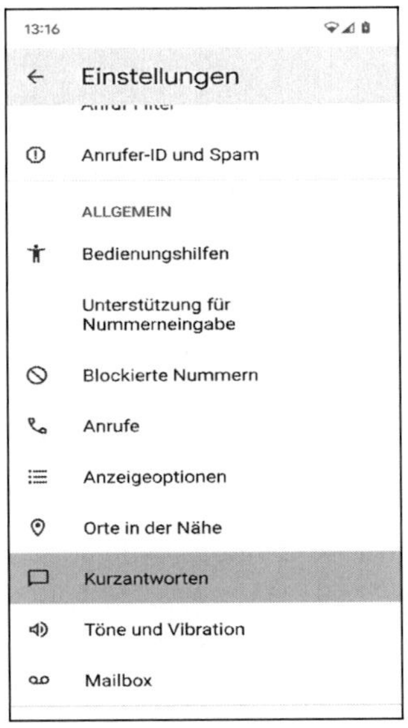

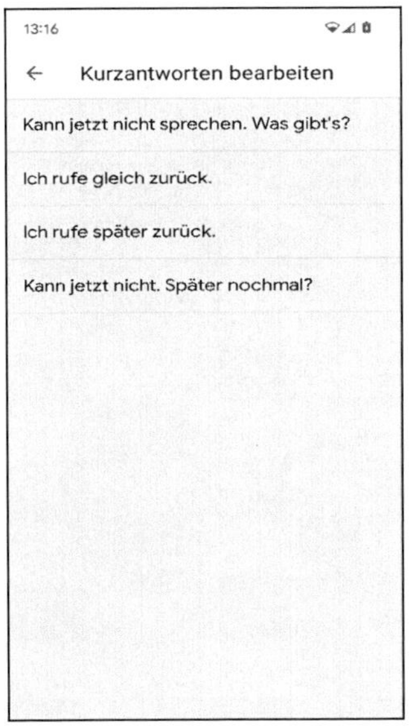

❶❷ Wählen Sie *Kurzantworten*. Tippen Sie einfach einen der vorgefertigten Texte an, den Sie ändern möchten.

5.3.3 Klingelton und Klingeltonlautstärke

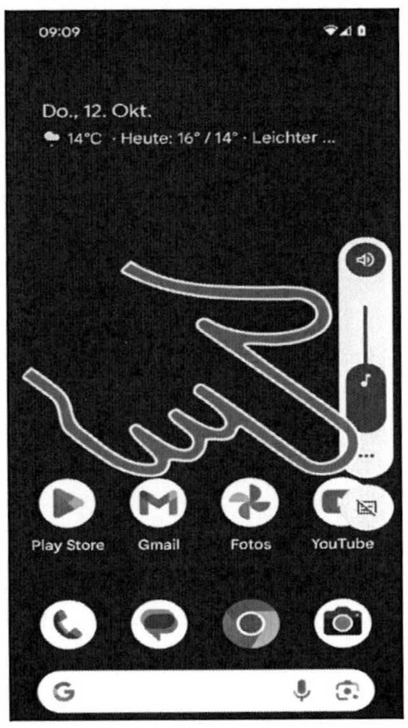

❶ So ändern Sie die Klingeltonlautstärke: Betätigen Sie eine der Lautstärketasten auf der rechten Geräteseite. Dann tippen Sie ••• (Pfeil) an.

❷ Hier verschieben Sie den Regler unter *Klingeltonlautstärke.*

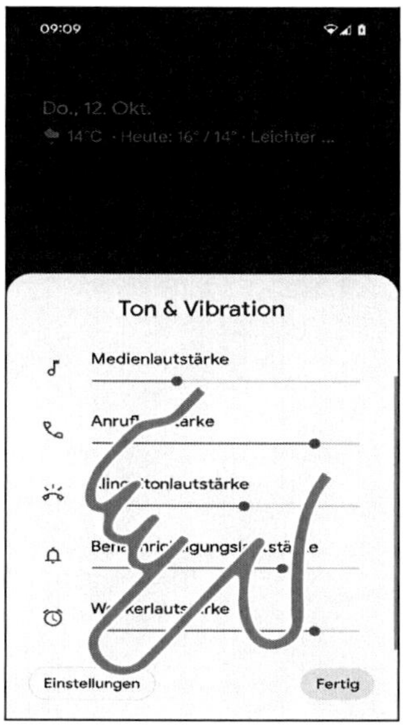

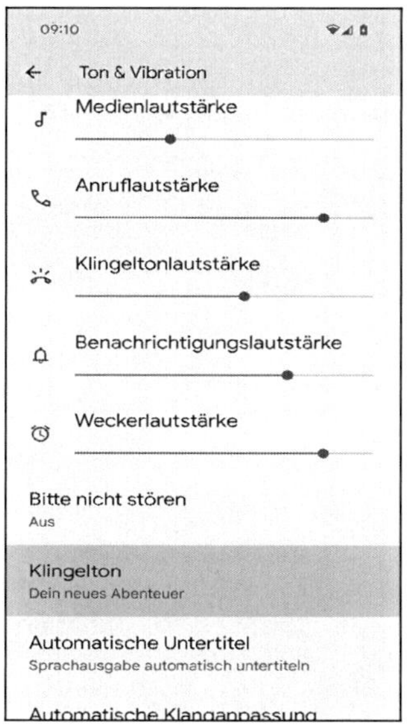

➊ Zum Ändern des verwendeten Klingeltons rufen Sie im Popup-Menü *Einstellungen* auf.

➋ Gehen Sie auf *Klingelton.*

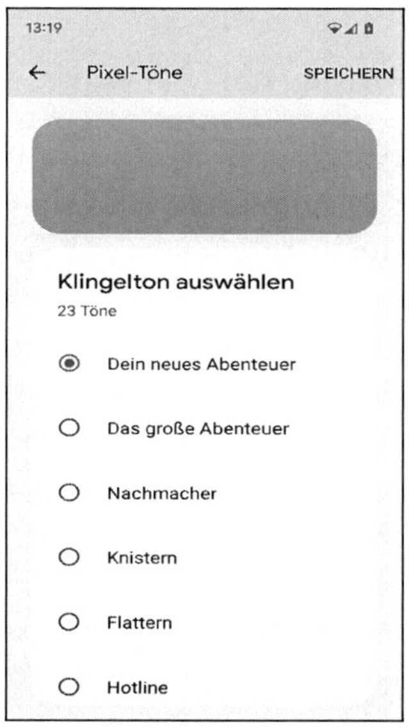

➊ Wählen Sie eine Kategorie aus.

➋ Stellen Sie den gewünschten Klingelton ein und schließen Sie den Bildschirm mit *SPEICHERN* (oben rechts).

Sie können auch jedem Kontakt einen eigenen Klingelton zuweisen, der dann statt dem Standard-Klingelton vom Handy verwendet wird. Siehe dazu Kapitel *7.5 Kontaktfoto und Klingelton*.

5.4 Anrufliste (Protokoll)

In der Anrufliste legt das Handy alle ein- und ausgegangenen Anrufe, auch die nicht entgegengenommenen, ab.

5.4.1 Anrufliste in der Telefonoberfläche

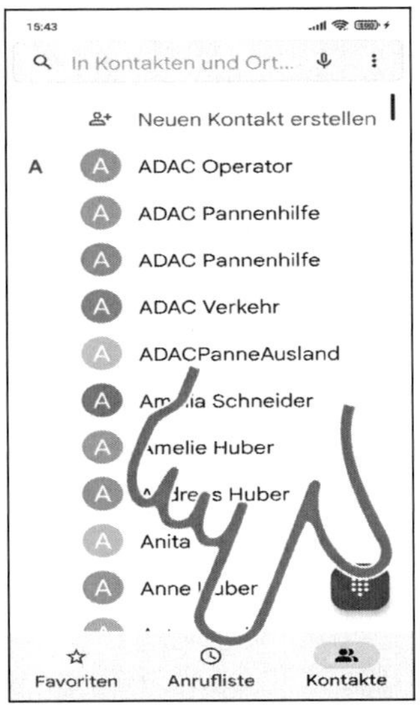

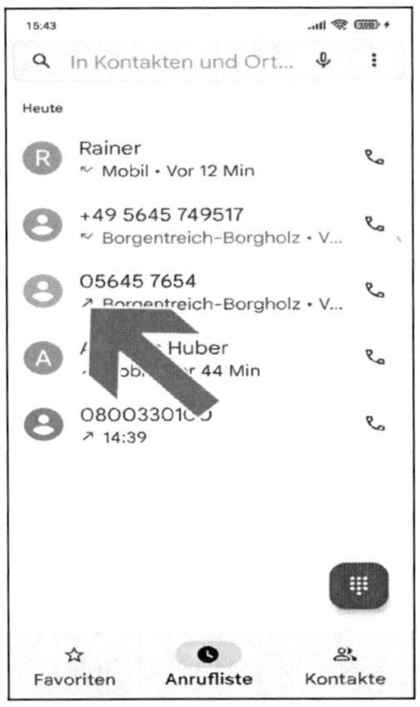

❶ Die Anrufliste aktivieren Sie über das 🕓-Register.

❷ Die Anrufe werden nach Tag sortiert aufgelistet. Dabei fasst das Handy Anrufe von und zu einer Rufnummer jeweils in einem Eintrag zusammen. Am Symbol (Pfeil) erkennen Sie jeweils die letzte Aktion:

- ↙: Angenommener Anruf
- ↗: Ausgehender Anruf
- ↖↗: Verpasster Anruf

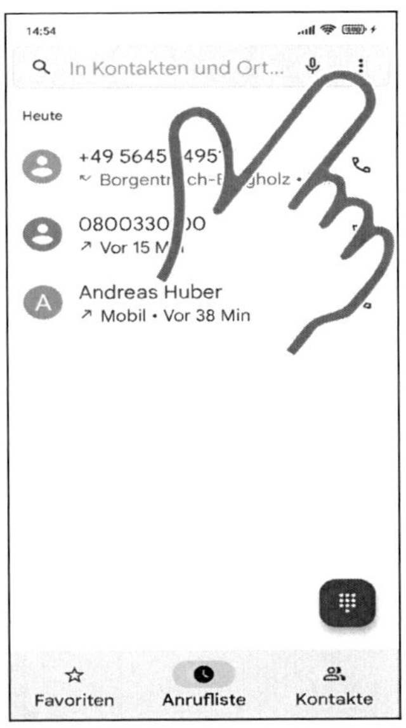

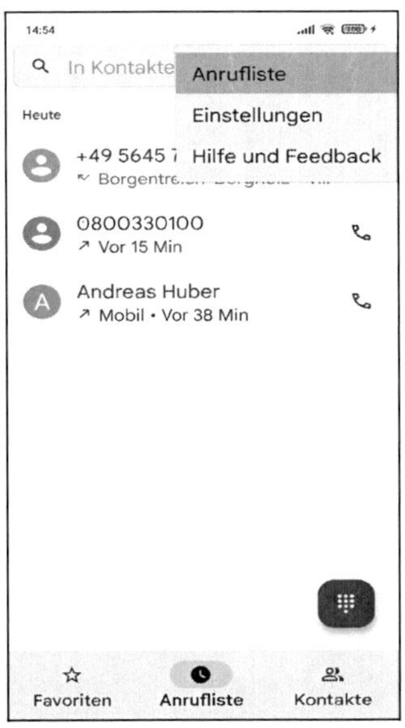

❶❷ Weitere Funktionen erhalten Sie über ⋮/*Anrufliste*.

❸ Sie können dann die Auflistung über *Verpasst* auf nicht entgegengenommene beschränken.

5.4.2 Anzeige verpasster Anrufe

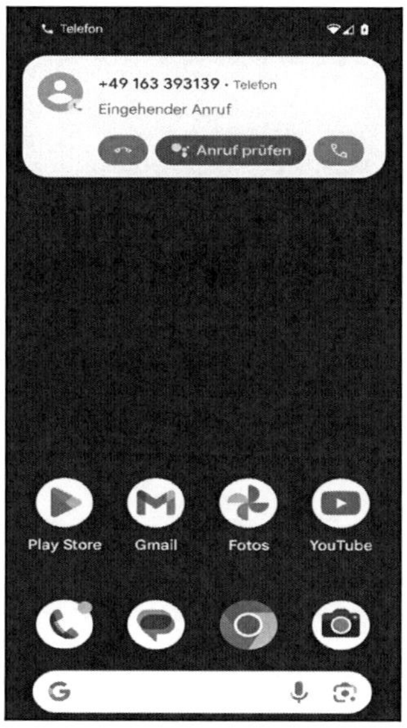

❶ Wenn Sie einen Anruf erhalten, zeigt das Handy noch für einige Sekunden ein Popup an, über das Sie den Anrufer zurückrufen oder ihm eine Nachricht (SMS) senden können.

❷ Infos über den verpassten Anrufer erhalten Sie, indem Sie das Benachrichtigungsfeld öffnen (siehe Kapitel *4.10 Titelleiste und Benachrichtigungsfeld*).

❶❷ Tippen Sie auf den Hinweis, um die Anrufliste in der Telefonoberfläche anzuzeigen.

5.4.3 Funktionen in der Anrufliste

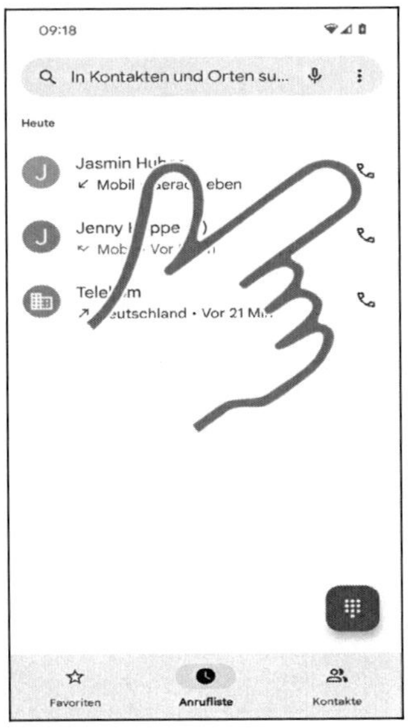

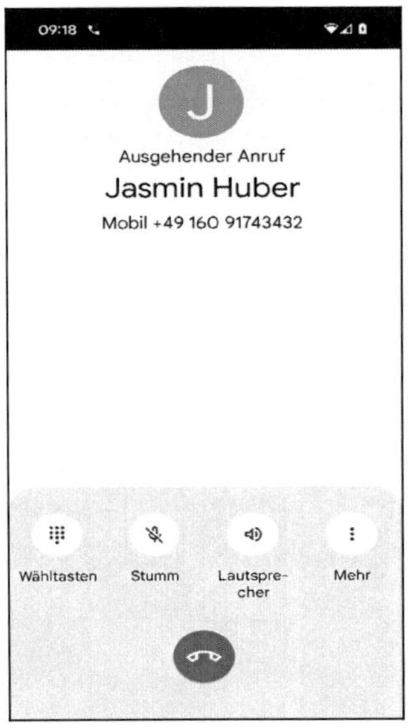

❶❷ Tippen Sie hinter einem Eintrag im Anrufprotokoll an, worauf der Anruf erfolgt.

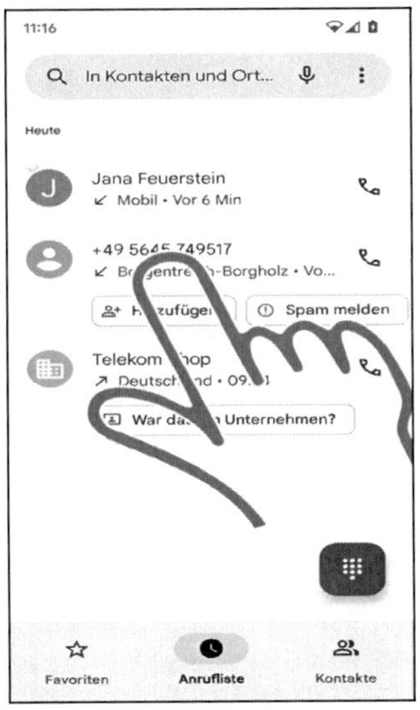

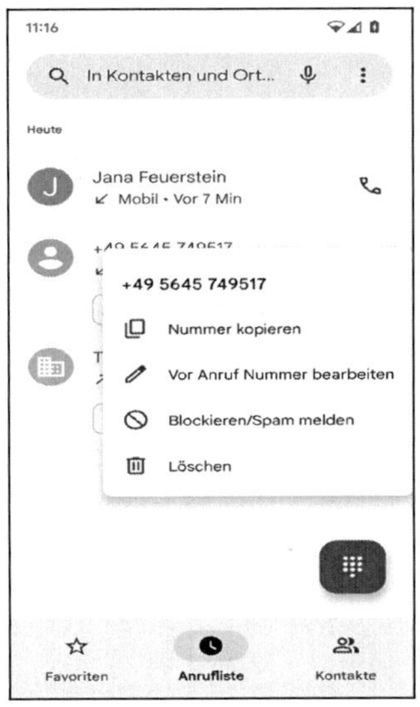

❶❷ Weitere Funktionen erhalten Sie, wenn Sie kurz mit dem Finger auf einen Eintrag tippen:

- *Kontakt hinzufügen*: Erstellt mit der Rufnummer einen neuen Kontakt im Telefonbuch oder fügt die Nummer dort einem Kontakt hinzu (siehe Kapitel *7 Telefonbuch*). Dieser Menüeintrag erscheint nur bei Rufnummern, die sich noch nicht im Telefonbuch befinden.
- *Nachricht senden*: Erstellt eine SMS (siehe Kapitel *6 SMS mit Messages*).
- *Verlauf aufrufen*: Listet alle ein- und ausgegangenen Anrufe zu einer Rufnummer auf.

❸ Halten Sie dagegen den Finger auf einem Eintrag gedrückt, so erscheint das Popup:

- *Nummer kopieren*: Kopiert die Rufnummer in die Zwischenablage, von der Sie sie später in einer anderen Anwendung wieder einfügen können. Siehe auch Kapitel *27.3 Texte kopieren, ausschneiden und einfügen*.
- *Vor Anruf Nummer bearbeiten*: Übernimmt die Rufnummer in die Telefonoberfläche, wo Sie sie noch bearbeiten können. Nützlich, wenn beispielsweise jemand in einer Firma unter einer Durchwahl nicht erreichbar ist und Sie dann die Zentrale anrufen möchten.
- *Blockieren/Spam melden*: Die Rufnummer landet in einer Sperrliste, worauf der Anrufer bei einem erneuten Anruf nur ein Besetztzeichen erhält. Siehe Kapitel *5.6 Filter gegen Belästigung (Sperrliste)*.

- *Löschen*: Eintrag aus der Anrufliste entfernen.

5.5 Flugmodus (Offline-Modus)

In manchen Umgebungen, zum Beispiel Flugzeugen und Krankenhäusern, ist der Einsatz eines Handys untersagt. Für diesen Fall können Sie die Telefon-Funktionalität deaktivieren. Im Flugmodus sind neben dem Telefon auch WLAN und Bluetooth abgeschaltet.

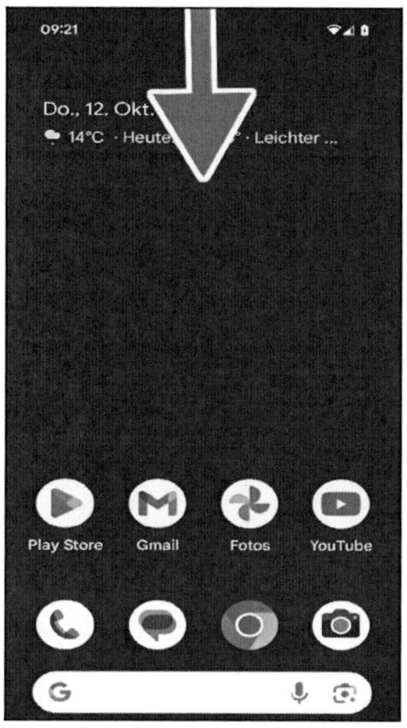

❶ Öffnen Sie das Benachrichtigungsfeld.

❷ Wischen Sie erneut auf den Schaltleisten nach unten für das erweiterte Benachrichtigungsfeld.

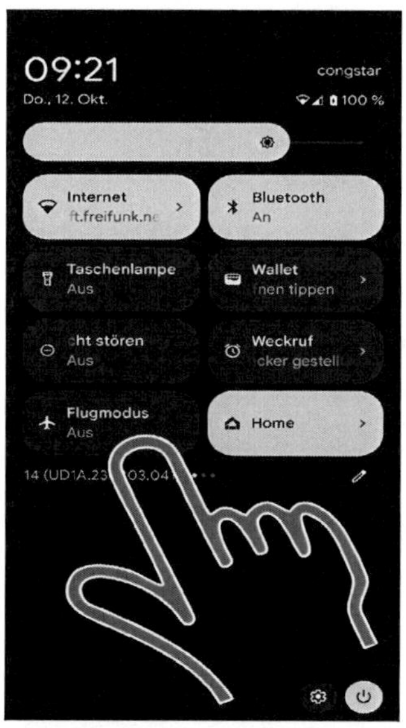

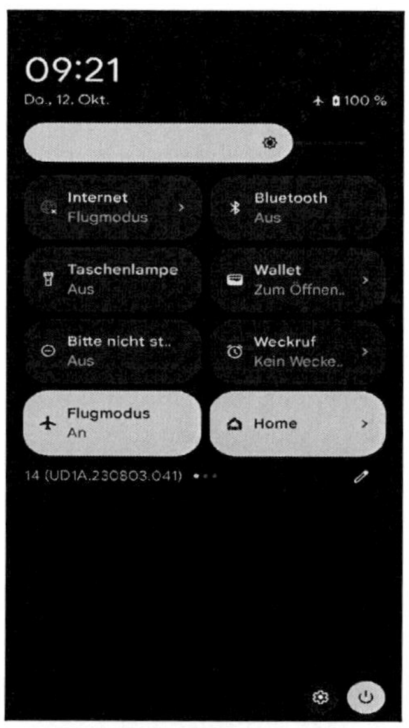

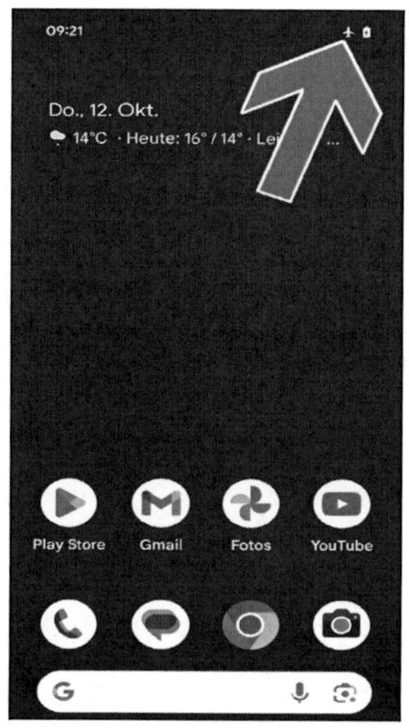

❶❷ Aktivieren Sie *Flugmodus*. Erneutes Antippen dieser Schaltleiste deaktiviert den Flugmodus wieder.

❸ Ein ✈-Symbol macht auf den aktiven Flugzeugmodus in der Titelleiste aufmerksam (Pfeil).

> Für den Netzbetreiber erscheint der Flugmodus technisch so, als ob Sie Ihr Handy ausgeschaltet haben.

5.6 Filter gegen Belästigung (Sperrliste)

Wer kennt es nicht? Immer wieder stören gewisse Leute mit ihren Anrufen... Damit Sie dauerhafte Ruhe finden, unterstützt das Handy eine Anrufer-Sperrliste (»Blacklist«). Neben den Anrufen werden dabei auch eingehende SMS herausgefiltert.

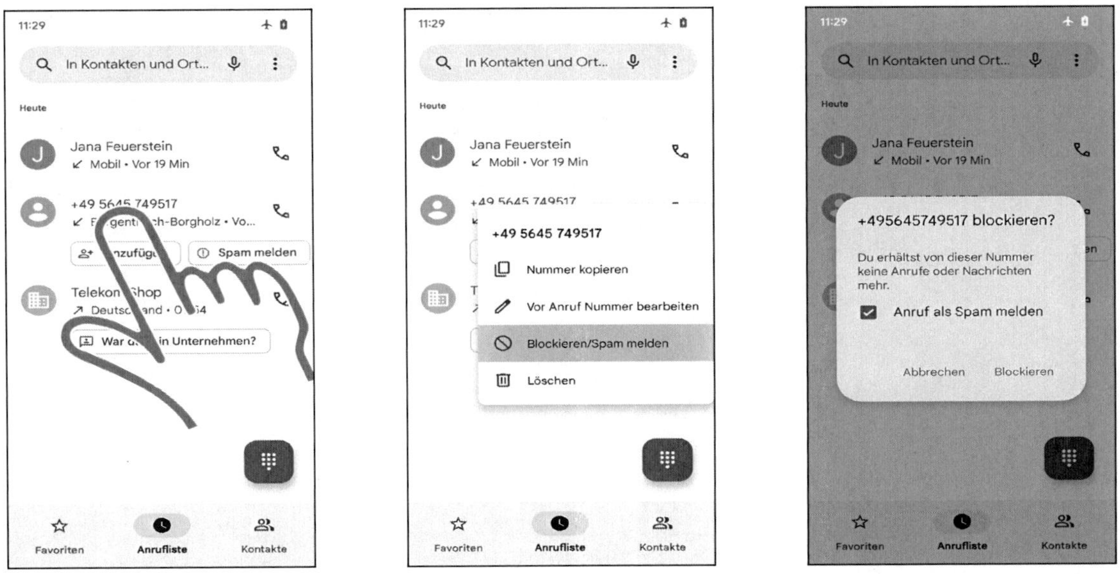

➊ Tippen und halten Sie den Finger auf einem Eintrag in der Anrufliste, bis das Popup erscheint.

➋➌ Gehen Sie auf *Blockieren/Spam melden* und schließen Sie das Popup mit *Blockieren*.

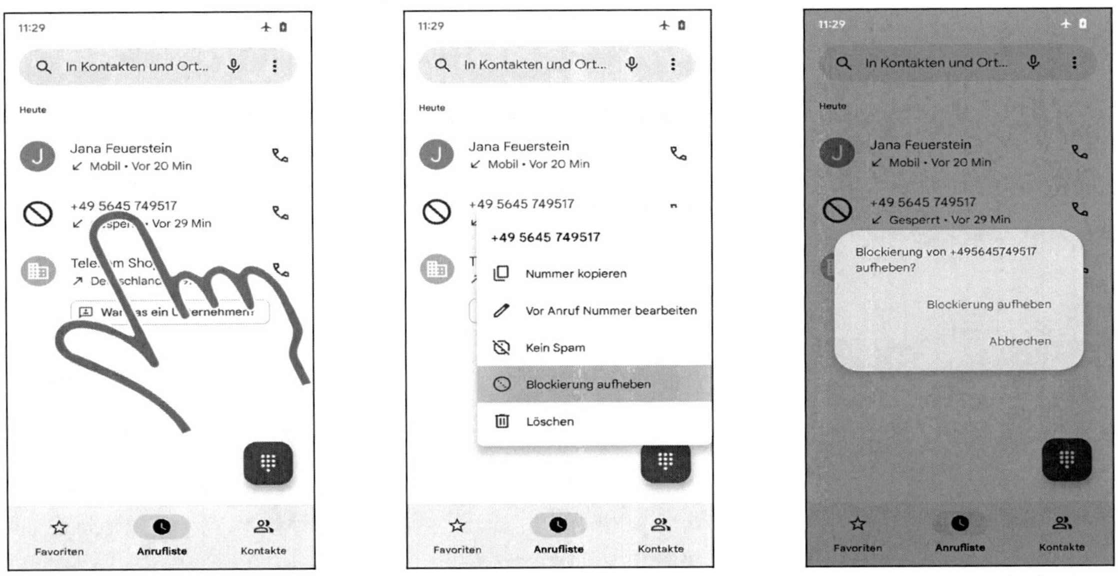

➊➋➌ Sie möchten die Blockierung wieder rückgängig machen? Dann tippen Sie erneut auf den Rufnummerneintrag und gehen auf *Blockierung aufheben*. Das Popup schließen Sie mit *Blockierung aufheben* beziehungsweise *Kein Spam*.

Geblockte Anrufe erscheinen nicht im Anrufprotokoll und ähnliches gilt auch für SMS, die ebenfalls geblockt werden und nicht in der SMS-Anwendung angezeigt werden.

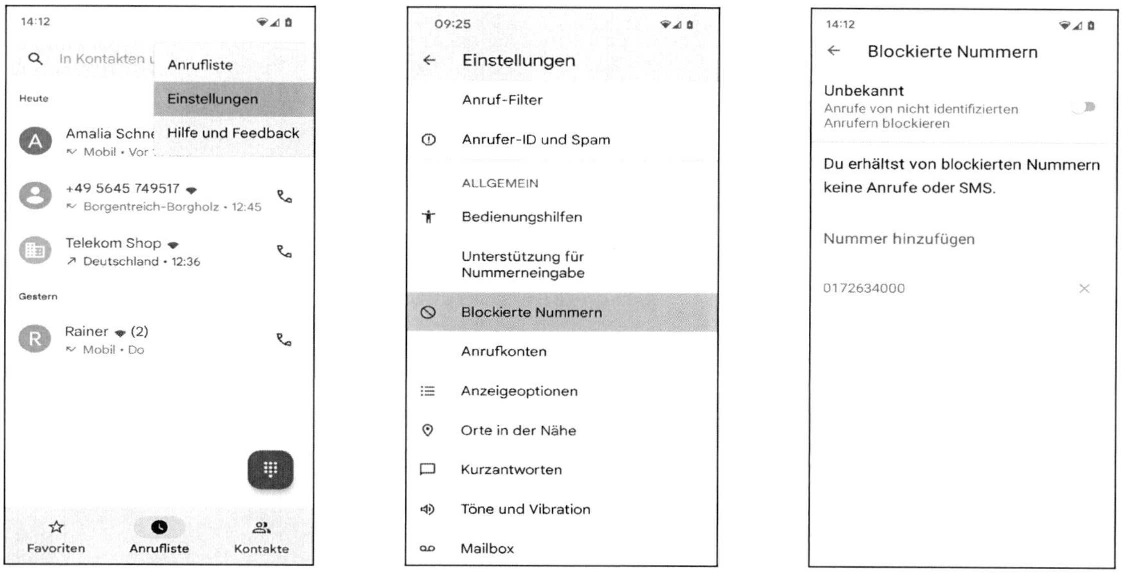

❶❷ ⋮*/Einstellungen/Blockierte Nummern* listet die gefilterten Anrufe und SMS auf.

❸ Hier können Sie weitere Rufnummern der Blockierliste hinzufügen oder jeweils mit der X-Schaltleiste eine Blockierung aufheben.

5.7 Favoriten

Die sogenannten Favoriten sind häufig angerufene Kontakte, die Sie deshalb im schnellen Zugriff haben möchten.

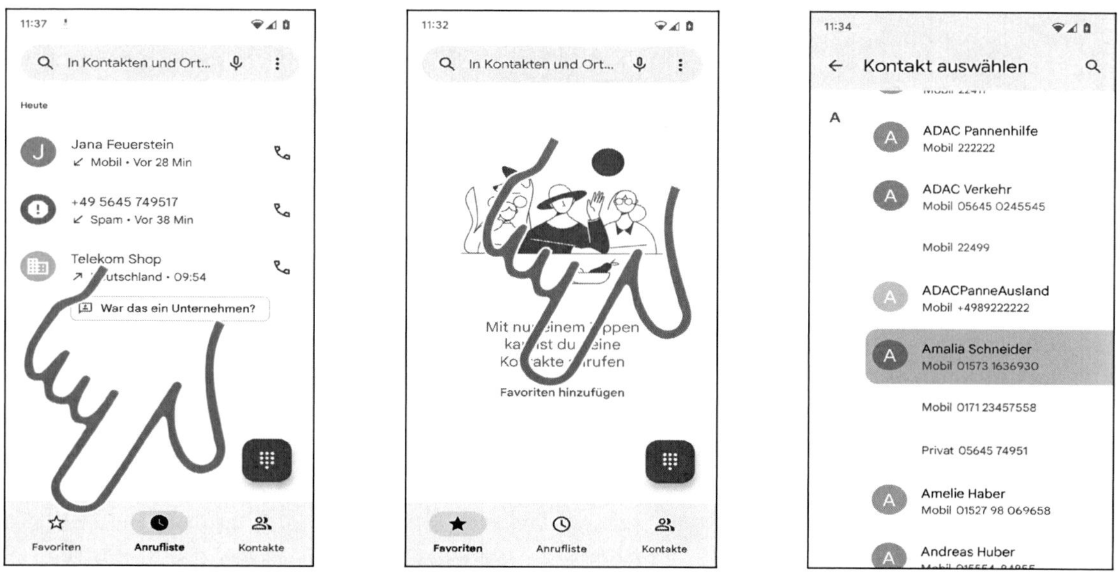

❶ Aktivieren Sie das *Favoriten*-Register.

❷ Wählen Sie *Favoriten hinzufügen.*

❸ In der Kontaktliste aus dem Telefonbuch wählen Sie einen Eintrag aus.

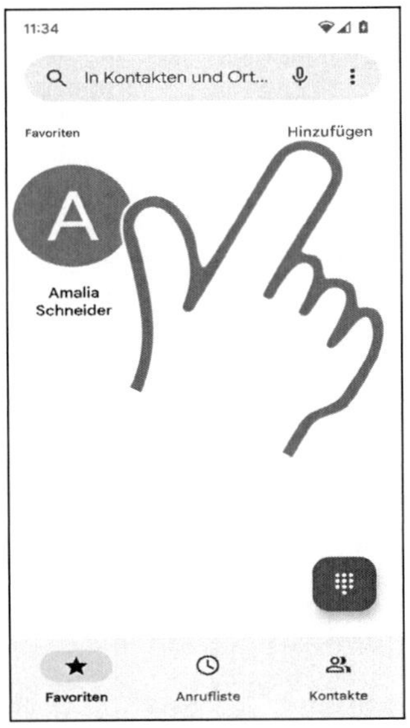

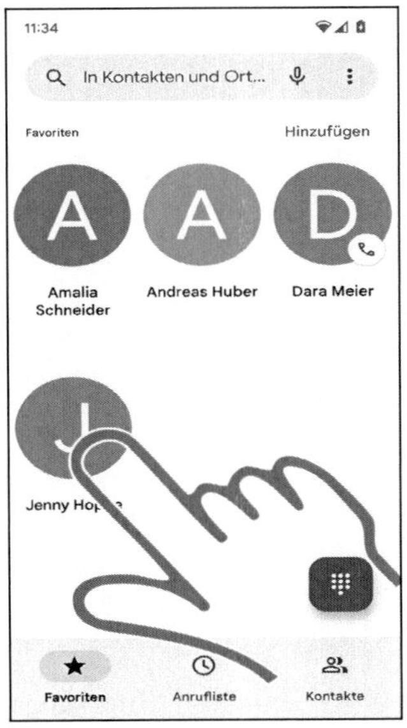

❶ Bei Bedarf markieren Sie über *HINZUFÜGEN* weitere Kontakte als Favoriten.

❷ So nutzen Sie die Favoriten: Tippen Sie einen Favoriten an, worauf der Anruf erfolgt.

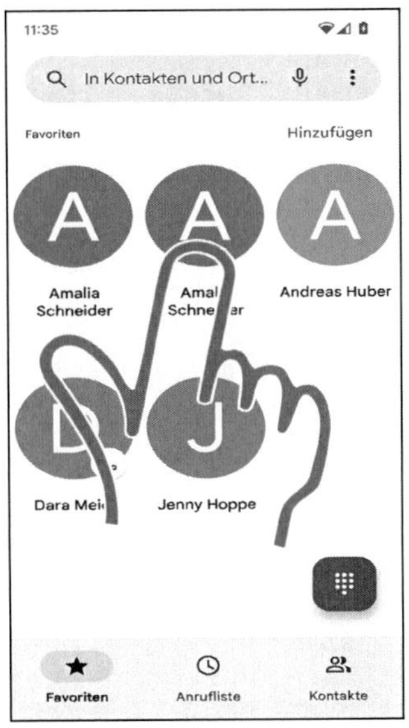

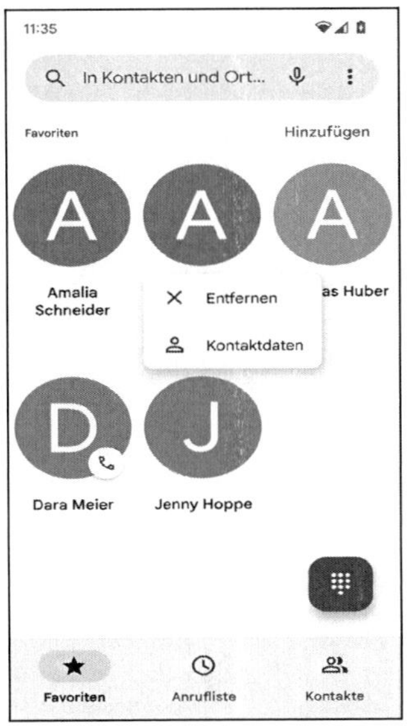

❶❷ Tippen und halten Sie den Finger über einem Favoriten für das Menü. *Entfernen* wirft einen Kontakt wieder aus den Favoriten (der Kontakt wird aber nicht aus dem Telefonbuch gelöscht und lässt sich später jederzeit wieder einfügen).

5.8 Anrufeinstellungen

In den Anrufeinstellungen finden Sie viele Funktionen, die meist nur selten benötigt werden, trotzdem aber sehr nützlich sein können.

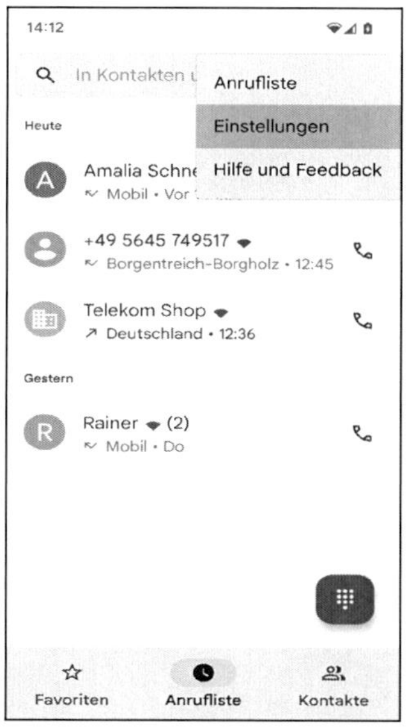

❶❷ Gehen Sie auf ⁝/*Einstellungen*.

Die Optionen:

Unter *VORSCHLÄGE*:

- *Anruf-Filter*: Informationen zu dem im Kapitel *5.3.1 Assistent* vorgestellten Anruf-Assistenten.
- *Anrufer-ID und Spam*: Über einen von Google betriebenen Dienst erfahren Sie, zu welcher Firma eine unbekannte Rufnummer gehört. Bei Anrufen von betrügerischen Rufnummern erhalten Sie zudem eine Warnung.

Unter *ALLGEMEIN*:

- *Bedienungshilfen*: Der *TTY-Modus* ist für Blinde mit separater Hardware gedacht.
- *Unterstützung für Nummerneingabe*: Die Telefonoberfläche fügt bei der Anwahl automatisch die Ländervorwahl hinzu, wenn Sie im Ausland telefonieren.
- *Blockierte Nummern*: Darauf geht Kapitel *5.6 Filter gegen Belästigung (Sperrliste)* ein.
- *Anrufkonten*: Verwaltet das sogenannte SIP-Konto und einige Anrufsignale.
- *Anzeigeoptionen*:
  - *Sortieren nach*: Die Sortierung ist nach Vor- oder Nachnamen möglich.
  - *Namensformat*: zur Auswahl stehen *Vorname zuerst* und *Nachname zuerst.*
  - *Dunkles Design*: Sie können die Bildschirmanzeige verdunkeln.
- *Kurzantworten*: Darauf geht Kapitel *5.3.2 Mit SMS antworten* ein.
- *Töne und Vibration*: Verzweigt auf das bereits im Kapitel *4.18 Medienlautstärke und Signaltöne* vorgestellte Menü.
- *Mailbox*: Konfiguriert die Mobilboxnummer sowie einige Benachrichtigungseinstellungen über neu vorliegende Sprachnachrichten.
- *Audio-Emoji*: Diese Funktion war bei Erscheinen dieses Buchs noch nicht aktiviert. Sie können damit während eines Telefonats über extra Schaltleisten sechs verschiedene Geräusche (Applaus, Lachen, Party, Weinen, Furzen, Trommelwirbel) abspielen.

Unter *ERWEITERT*:

- *Ansage der Anrufer-ID*: Bei eingehenden Anrufen erfahren Sie Namen beziehungsweise Rufnummer des Anrufers. Diese Funktion ist für Nutzer eines Headsets interessant, die sich damit den Blick auf das Handydisplay ersparen.
- *Phone umdrehen, um „Pssst" zu aktivieren*: Legen Sie das klingelnde Handy umgedreht auf einen Tisch, um es stumm zu schalten.

5.8.1 Anrufkonten

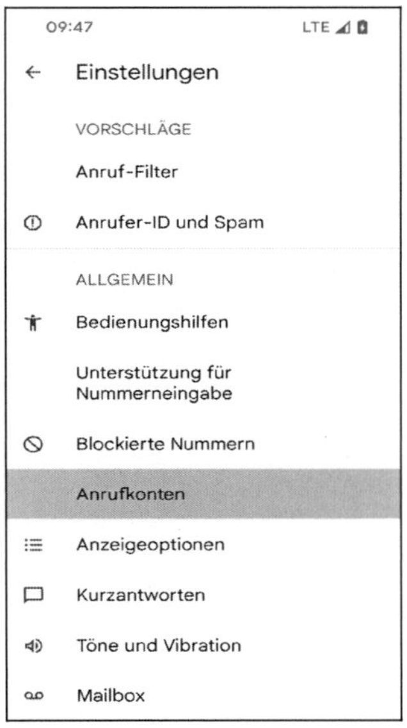

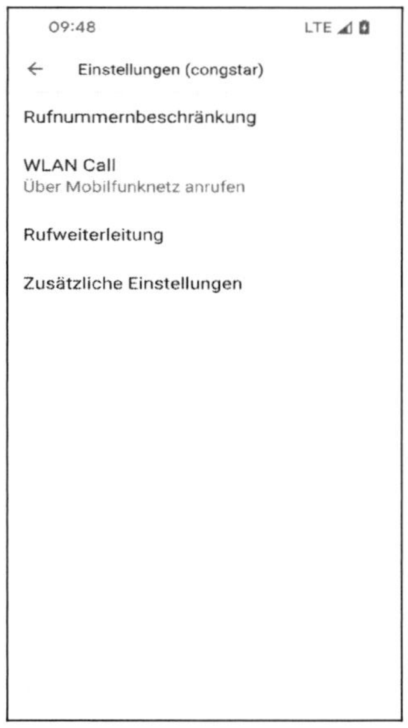

❶❷ *Anrufkonten* konfiguriert:

Unter *Einstellungen*:

- *(Name des Mobilfunkanbieters)*: Einstellungen anzeigen (❸):
  - *Rufnummernbeschränkung*:
    - *Rufnummernbeschränkung aktivieren*: Sie können festlegen, dass nur bestimmte Nummern angerufen werden können. Die vorgenommenen Einstellungen werden auf der SIM-Karte abgelegt; es wird die PIN2 benötigt, die für einige Mobilfunkverträge nicht bekannt ist.
    - *PIN2 ändern*: Die PIN2 wird für einige Spezialfunktionen des Netzbetreibers benötigt, aber nicht immer gibt der Netzbetreiber diese seinem Kunden bekannt.
    - *Zugelassene Rufnummern*: Listet die unter *Rufnummernbeschränkung aktivieren* eingegebenen Nummern.
  - *WLAN-Call*: Für Telefonie nutzt das Handy – sofern möglich – nicht die Mobilfunkverbindung, sondern WLAN. Dadurch können Sie auch an Standorten telefonieren, wo normalerweise kein Mobilfunkempfang möglich ist, beispielsweise in Stahlbetongebäuden. Eine gültige SIM-Karte muss aber trotzdem eingelegt sein.
  - *Rufweiterleitung*: Meistens nutzt man die Rufweiterleitung, um eingehende Anrufe auf die Mobilbox des Netzbetreibers umzuleiten. Sie können natürlich beispielsweise auch Ihre Festnetznummer eingeben. Beachten Sie aber, dass der Anrufer nur die Kosten für den Anruf zu Ihrer Mobilnetznummer, Sie dagegen die Weiterleitung bezahlen müssen. Weiterleitungen auf die Mailbox sind dagegen für Sie kostenlos.
  - *Zusätzliche Einstellungen*:
    - *Anrufer-ID*: stellt ein, ob von Ihnen Angerufene Ihre Rufnummer sehen (»Rufnummernübermittlung«). Zur Auswahl stehen *Netzwerk-Standardeinstellung* (vorgegebene Einstellung des Mobilnetzbetreibers), *Rufnummer unterdrücken* und *Rufnummer anzeigen*.
    - *Anklopfen*: Damit Sie während eines Gesprächs über einen weiteren eingehenden Ruf informiert werden, gibt es das Anklopfen-Merkmal: Geht, während Sie gerade ein Gespräch führen, ein weiterer Anruf ein, erscheint ein Hinweisdialog. Viele Handyverträge unterstützen leider kein Anklopfen.

Unter *Anrufe tätigen und annehmen*:

- *Telefonieren mit*: Standardmäßig laufen ausgehende Anrufe über Ihren Mobilfunkanbieter. Wählen Sie *Erst fragen*, damit das Handy Ihnen jeweils die Wahl zwischen Mobilfunkanbieter oder WLAN-Call geben soll.

6. SMS mit Messages

In der Messages-Anwendung (Messages = engl. »Nachrichten«) verwalten Sie Ihre SMS.

Dass inzwischen WhatsApp (siehe Kapitel *12 WhatsApp* die Nutzung von SMS erfolgreich ablösen konnte hat auch mit der Geldgier und Behäbigkeit der Mobilnetzbetreiber zu tun. Während WhatsApp kostenlos ist, wird jede SMS – je nach Vertrag – 9 Cent oder mehr berechnet. Trotzdem sollte man die SMS nicht völlig abschreiben, denn inzwischen wurde die SMS um RCS erweitert, das den Versand über das Internet vorsieht. Dabei fallen keine weitere Kosten an. Im Kapitel *6.3 RCS* gehen wir darauf noch näher ein. SMS haben auch weiterhin den Vorteil, dass jedes noch so einfache Handy dessen Empfang unterstützt.

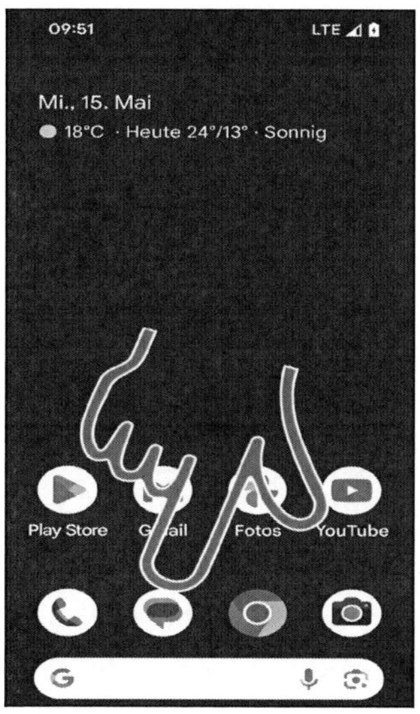

❶ Sie rufen die *Messages*-Anwendung aus dem Startbildschirm auf (Pfeil).

❷ Eventuell weißt Sie das Programm auf einige neue Funktionen hin – betätigen Sie dann einfach mehrmals *Weiter*, bis die Benutzeroberfläche erscheint.

❸ Andernfalls schließen Sie das Popup mit *Weiter als xxx.*

❶❷ Eventuell weist Sie das Programm zwischendurch auf einige neue Funktionen hin – betätigen Sie dann einfach *Nicht jetzt* oder *Ok,* bis die Benutzeroberfläche erscheint.

6.1 Nachrichtenanzeige

Die von älteren Handys gewohnte Aufteilung nach den Ordnern »Posteingang« und »Postausgang« gibt es hier nicht. Stattdessen werden alle Nachrichten nach Kontakt sortiert abgelegt.

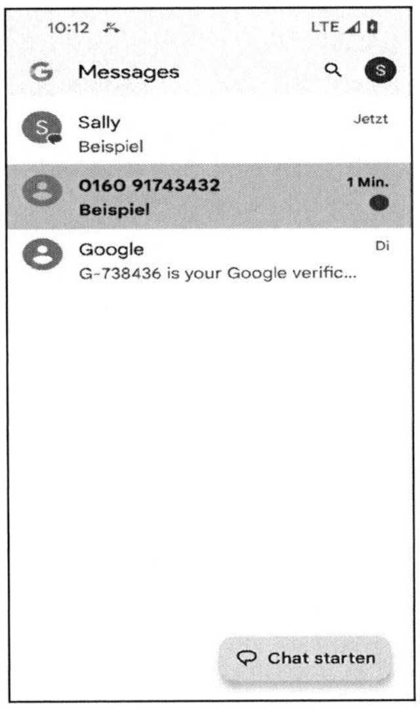

❶ Bereits im Hauptbildschirm zeigt die Messages-Anwendung alle Kontakte an, mit denen man geschrieben hat. Wählt man einen Kontakt aus, so zeigt das Handy alle empfangenen und gesendeten Nachrichten des Kontakts als Verlauf an.

❷ Wenn Sie mit einer Person bisher noch geschrieben haben beziehungsweise sich diese nicht in Ihrem Telefonbuch (siehe Kapitel *7 Telefonbuch*) befindet, dann erscheint ein Popup. Sie können damit die Rufnummer in Ihrem Telefonbuch speichern. In unserem Fall schließen wir das Popup mit ✕.

> Im weiteren Verlauf erfahren Sie, wie man die Nachrichtenverläufe verwaltet.
>
> Kontakte beziehungsweise Rufnummern mit noch ungelesenen Nachrichten sind in Fettschrift hervorgehoben.

❶❷ Tipp: Sie können die Anzeige mit einer Kneifgeste verkleinern/vergrößern. Dazu halten Sie zwei Finger auf das Display und ziehen diese zusammen oder auseinander.

6.2 Nachricht senden

SMS lassen sich beispielsweise aus dem Telefonbuch oder aus der Anrufliste senden.

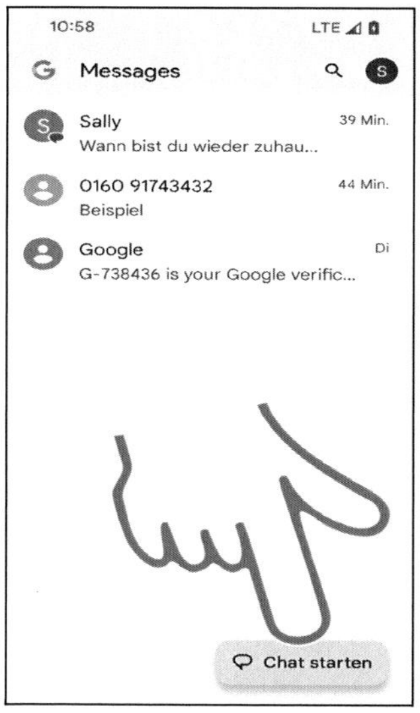

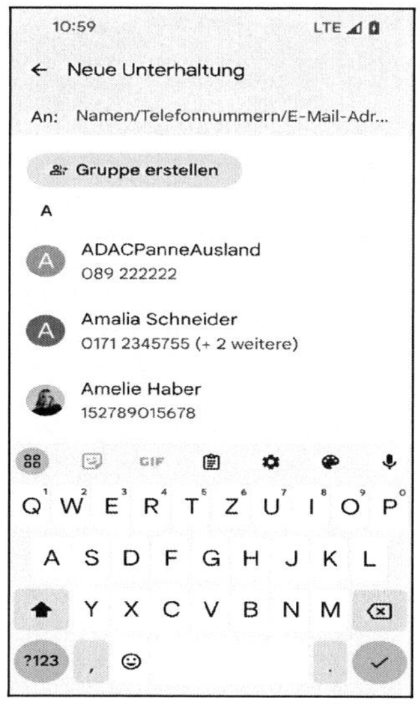

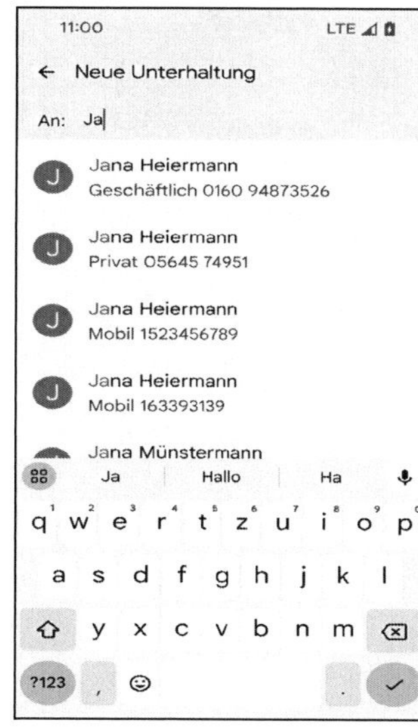

❶ Gehen Sie in der Messages-Anwendung auf *Chat starten*.

❷ Der Eingabebildschirm erscheint, wobei das Handy Rufnummern/Kontakte vorschlägt, mit denen Sie bereits geschrieben haben. Tippen Sie gegebenenfalls einen davon an.

❸ Alternativ tippen Sie in das *An*-Feld und geben Sie dort den Empfängernamen ein. Während der Eingabe listet das Handy alle Kontakte auf, in denen der Name vorkommt. Wählen Sie einen davon aus.

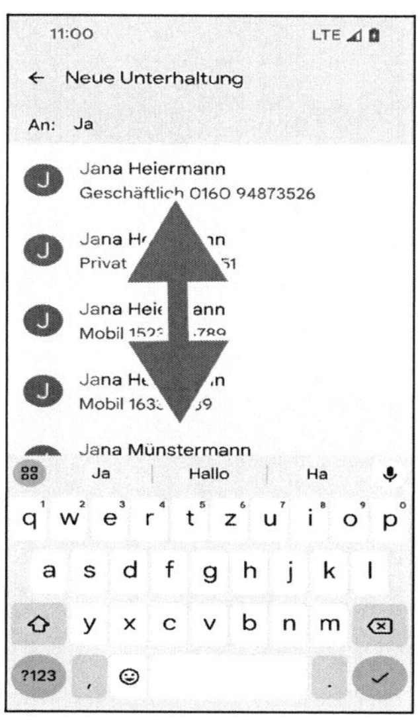

❶ Manchmal ist die Fundstellenliste sehr lang. In solchen Fällen tippen und halten Sie den Finger auf der Liste, danach ziehen Sie den Finger nach oben oder unten zum Durchrollen.

❷ Der von Ihnen in der Liste angetippte Kontakt erscheint im *An*-Feld.

❶❷ Sie möchten eine Rufnummer eingeben, die sich noch nicht im Telefonbuch befindet? Dann tippen Sie ins *An*-Feld und geben Sie diese einfach ein.

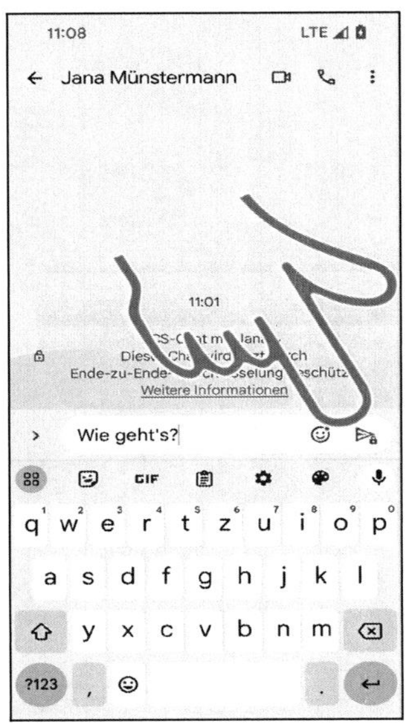

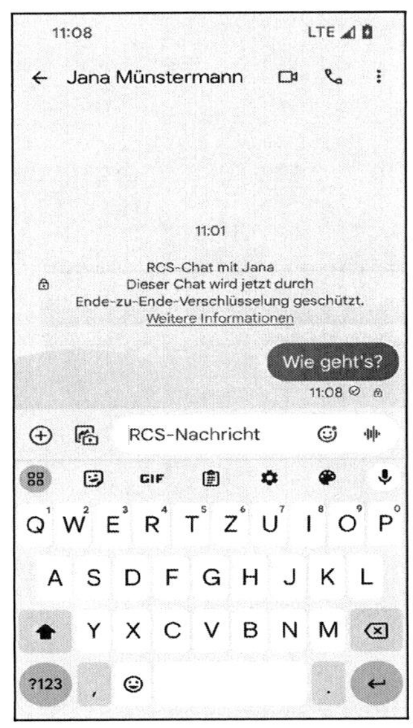

❶❷ Um den Nachrichtentext zu erfassen, müssen Sie zunächst in das *Textnachricht*-Feld tippen. Nach Betätigen der ⊳ -Schaltleiste (Pfeil) erfolgt der Versand und die Messages-Anwendung schaltet auf den Nachrichtenverlauf um.

❸ Zweimaliges Antippen der ▼- beziehungsweise ◀-Taste unterhalb des Bildschirms (beim ersten Antippen schließt sich das Tastenfeld) bringt Sie wieder in den Hauptbildschirm zurück.

6.2.1 Mehrere Empfänger eingeben

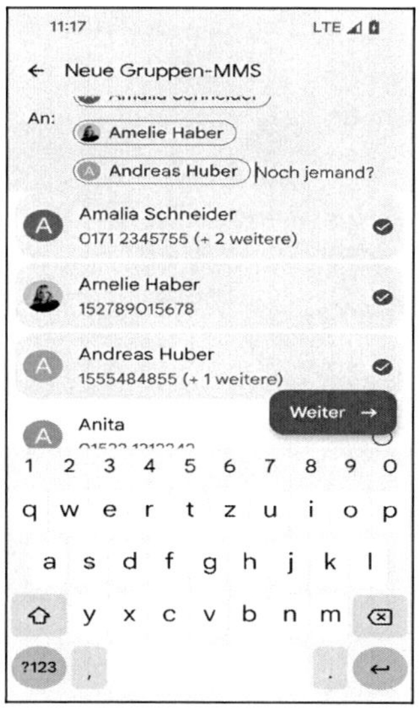

❶ Manchmal kommt es vor, dass eine Nachricht an mehrere Empfänger gehen soll. In diesem Fall tippen Sieauf *Gruppe erstellen* (Pfeil).

❷ Markieren Sie alle gewünschten Empfänger und gehen Sie auf *Weiter.*

❸ Zum Schluss vergeben Sie der Gruppe noch einen Namen und betätigen *Fertig.*

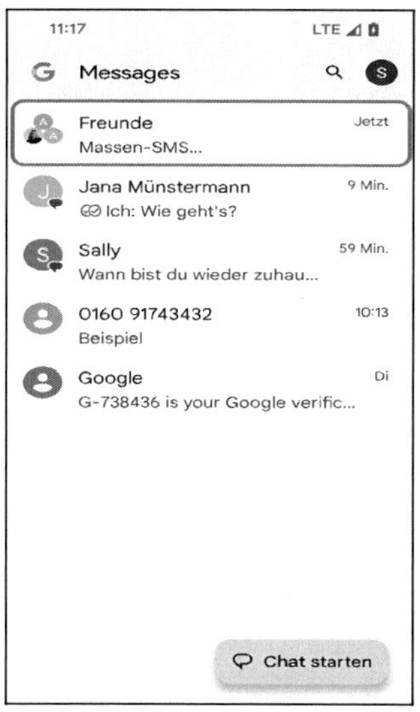

❶ Sie können nun die Nachricht erstellen und an alle Gruppenmitglieder versenden.

❷ In der Nachrichtenauflistung erscheint die Gruppe. Beachten Sie, dass Antworten auf Ihre Gruppen-SMS als einzelne Nachricht in der Auflistung erscheinen.

6.2.2 Kontakt aus Telefonbuch

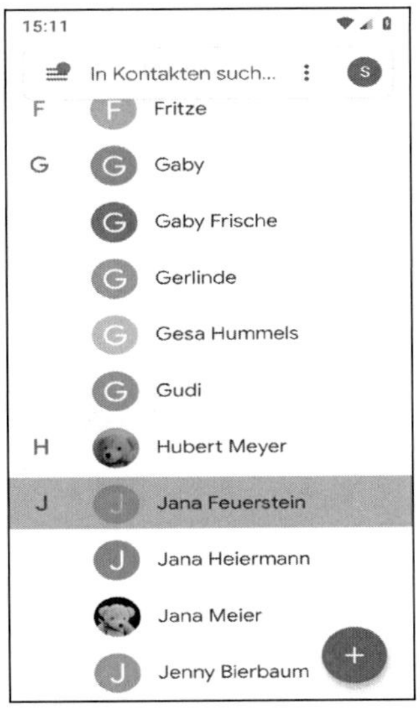

❶❷ Im einfachsten Fall tippen Sie im Telefonbuch (siehe Kapitel *7 Telefonbuch*) auf einen Kontakt, worauf die Kontaktdetails erscheinen. Tippen Sie auf .

6.2.3 Nachricht aus Nachrichtenverlauf

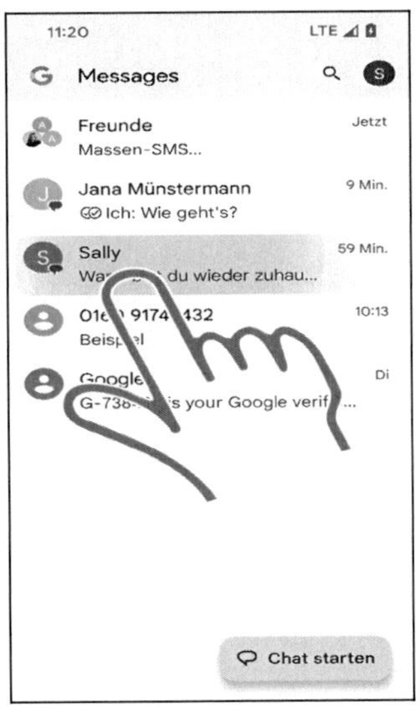

❶ Auch im Nachrichtenverlauf können Sie direkt eine Nachricht eingeben. Dazu tippen Sie den Verlauf an.

❷❸ Tippen Sie gegebenenfalls in das Eingabefeld und erfassen Sie Ihre Nachricht. Betätigen Sie nun . Damit ist Ihre SMS verschickt und eine weitere Sprechblase mit Ihrer Antwort erscheint im Nachrichtenverlauf.

Ihre SMS sollte nicht länger als 160 Zeichen sein. Wenn Sie dennoch einen längeren Text eingeben, erzeugt das Handy beim Versand automatisch mehrere Nachrichten, die beim Empfänger wieder zusammengesetzt werden. Der Netzbetreiber berechnet davon aber jede SMS einzeln, was zu sehr hohen Kosten führen kann.

6.2.4 Nachricht aus Anrufliste

In der Anrufliste der Telefonieoberfläche (siehe Kapitel *5 Telefonie*) ist ebenfalls der SMS-Versand möglich.

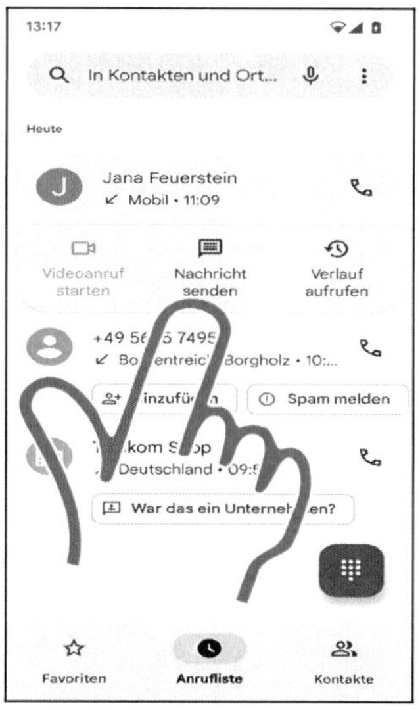

➊ Tippen Sie einen Eintrag an.

➋ Wählen Sie dann im Popup *Nachricht senden* aus.

SMS sind nicht nur ins Mobilnetz, sondern auch an Festnetznummern möglich. Wenn ein Festnetzanschluss mit SMS-fähigen Endgeräten (in der Regel DECT-Telefone) ausgestattet ist, lassen sich die Kurznachrichten dort abrufen und beantworten. Bei Festnetzanschlüssen ohne SMS-Unterstützung ruft eine Mailbox des Netzbetreibers an und liest die Kurznachricht vor.

6.2.5 Senden planen

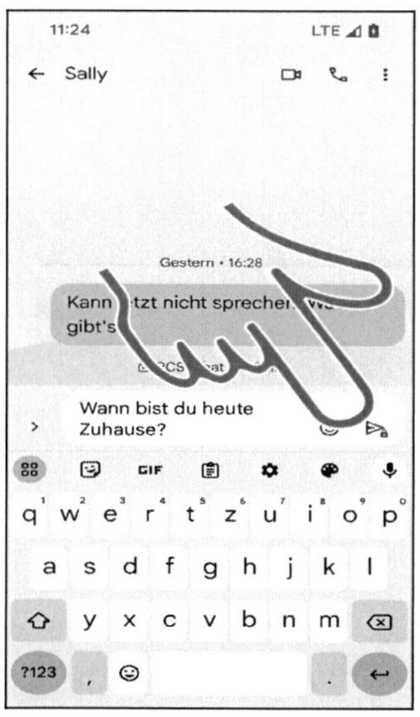

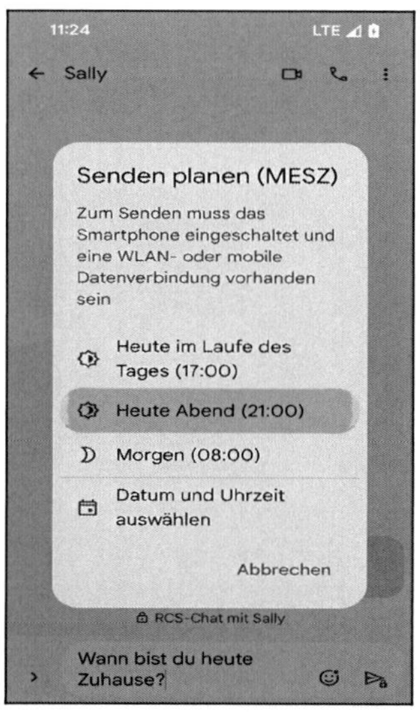

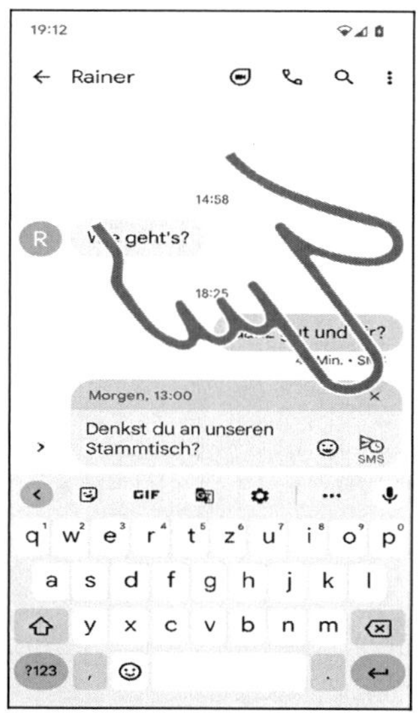

➊ Für das zeitverzögerte Senden tippen und halten Sie ⊳.

➋ Wählen Sie dann einen der angebotenen Zeitpunkte aus.

➌ Mit der ⊗-Schaltleiste entfernen Sie die Sendeverzögerung.

6.3 RCS

Bis vor ca. 5 Jahren deutete nichts darauf hin, dass die SMS einmal Konkurrenz durch WhatsApp, Telegram, Signal und andere sogenannte Messenger-Dienste erhalten könnte. Um ihren Profit zu optimieren, wurde von den Mobilnetzbetreibern sogar noch eine **SMS-Erweiterung eingeführt, die MMS**. Letztere bot zusätzlich die Möglichkeit, Fotos, kurze Videos und Dateien zu versenden, kostete aber bei in der Regel mindestens 0,39 Euro pro Nachricht. Deshalb konnte sich die MMS auch nie auf dem Markt durchsetzen, zumal der Dateiversand beispielsweise über WhatsApp oder E-Mail praktisch kostenlos ist. Inzwischen haben Vodafone die MMS-Unterstützung eingestellt, Telekom und O2 planen dies zum Ende 2024.

Als Reaktion auf WhatsApp & Co wurde deshalb **RCS (Rich Communication Services)** entwickelt. Sobald Sie mit jemanden SMS austauschen, dessen Endgerät ebenfalls RCS unterstützt, schaltet Ihr Handy automatisch in den RCS-Modus. Sie dürfen dann auch Fotos und andere Dateien dem Gesprächspartner senden beziehungsweise empfangen. Im Gegensatz zur SMS beziehungsweise MMS erfolgt die Kommunikation nicht über einen separaten Datenkanal, sondern über das Internet. Die übertragenen Daten rechnet Ihr Netzbetreiber daher auf Ihr im Mobilfunkvertrag inkludiertes Datenvolumen an.

RCS hat im Vergleich zur SMS den Nachteil, dass eine Internetverbindung vorhanden sein muss, was in vielen Gegenden nicht der Fall ist. SMS können Sie dagegen fast immer empfangen, sofern eine halbwegs stabile Mobilfunkverbindung besteht. Uns liegen leider keine Erfahrungen vor, ob bei Empfangsschwierigkeiten eine automatische Umschaltung von RCS auf SMS erfolgt, Sie können RCS allerdings in den Einstellungen deaktivieren (siehe Kapitel *6.8 Konfiguration*).

Für WhatsApp und die anderen Messenger-Dienste spricht im Vergleich zur RCS der größere Bedienkomfort. So lassen sich beispielsweise Fotos vor dem Senden noch bearbeiten. Auf jedem Handy sieht zudem die WhatsApp-Benutzeroberfläche gleich aus, während Sie sich beim Wechsel des Handyherstellers eventuell an eine neue SMS/RCS-Anwendung gewöhnen müssen.

❶ Ob Ihr Handy gerade RCS nutzt, lässt sich am Hinweis *RCS-Chat mit xxx* (Pfeil) erkennen. Im Eingabefeld steht zudem »*Chatnachricht*«.

❷ Unterstützt das Handy eine Kommunikationspartners dagegen nur SMS, so finden Sie den Hinweis *SMS/MMS-Austausch mit xxx (Pfeil).*

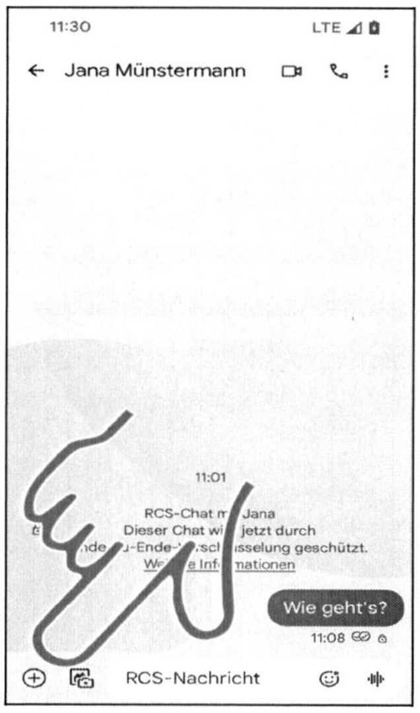

❶❷ Die Dateifunktionen rufen Sie im Nachrichteneditor über + beziehungsweise (Pfeil) auf.

Sofern das Handy Ihres Kommunikationspartners nur SMS unterstützt, sollten Sie nicht die Dateifunktionen verwenden. Die SMS wird dann in eine sogenannte MMS umgewandelt, dessen Versand Ihnen 0,39 Euro kostet!

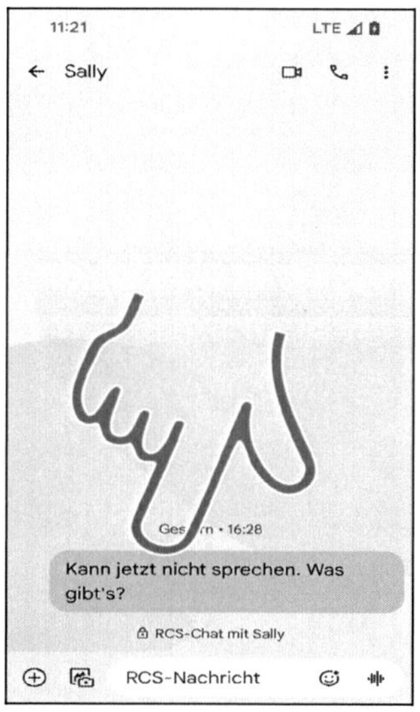

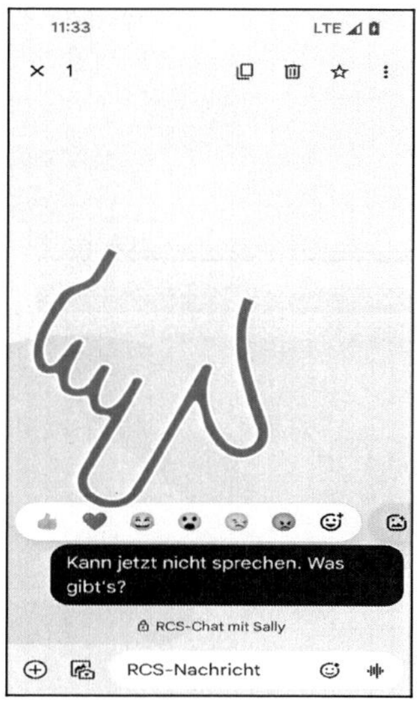

❶ Sie können Nachrichten auch mit einem sogenannten Emoticon beantworten. Dazu tippen und halten Sie mit dem Finger auf einer Nachricht, bis das Popup erscheint.

❷❸ Wählen Sie ein Emoticon aus, das dann unter der Nachricht angezeigt wird.

6.4 Entwürfe

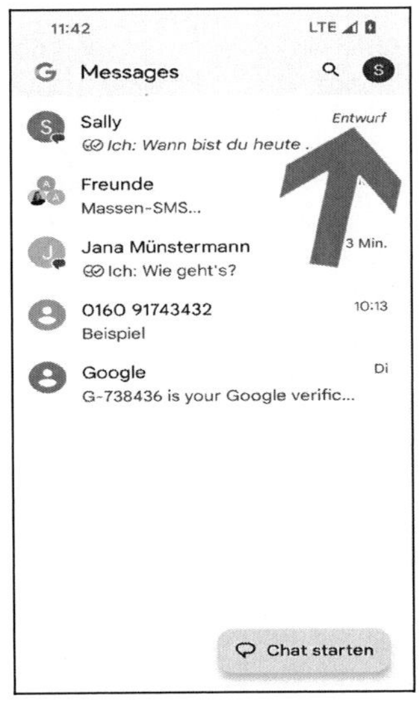

➊ Manchmal ist es notwendig, eine Nachricht, die man erst später absenden möchte, als Entwurf zwischenzuspeichern. In diesem Fall geben Sie die Nachricht wie gewohnt ein, betätigen dann aber die ◀-Taste (sofern das Tastenfeld eingeblendet ist, müssen Sie erst die ▼-Taste betätigen).

➋ Die Nachrichtenanwendung wechselt nun in den Hauptbildschirm zurück. Die zuvor erstellte SMS wurde nicht gesendet und *Entwurf* (Pfeil) weist auf den Entwurfsstatus hin. Zum Versenden tippen Sie den Nachrichtenverlauf erneut an und betätigen dann ➤ zum Senden.

6.5 Alte Nachrichten löschen

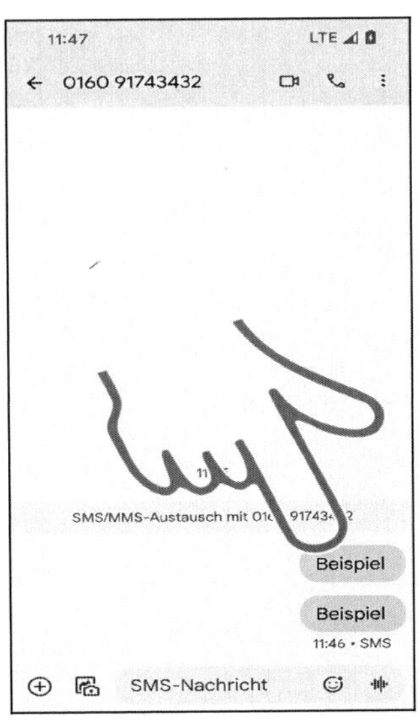

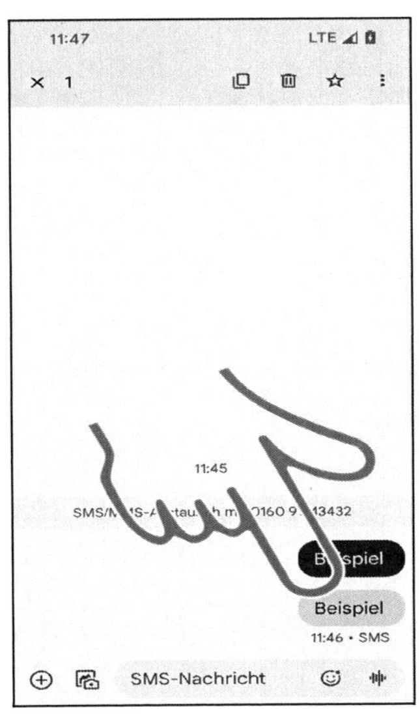

➊ Markieren Sie eine SMS zum Löschen, indem Sie den Finger darauf gedrückt halten, bis sie markiert ist (das Popup mit den sogenannten Emoticons können Sie ignorieren).

➋ Markieren Sie gegebenenfalls weitere SMS mit kurzem Antippen.

➌ Gehen Sie dann auf 🗑.

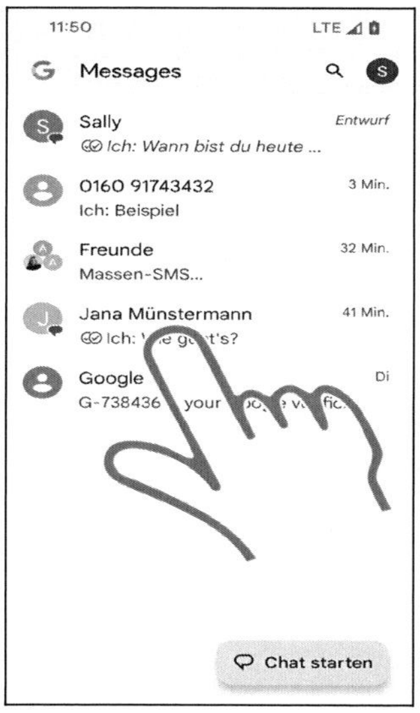

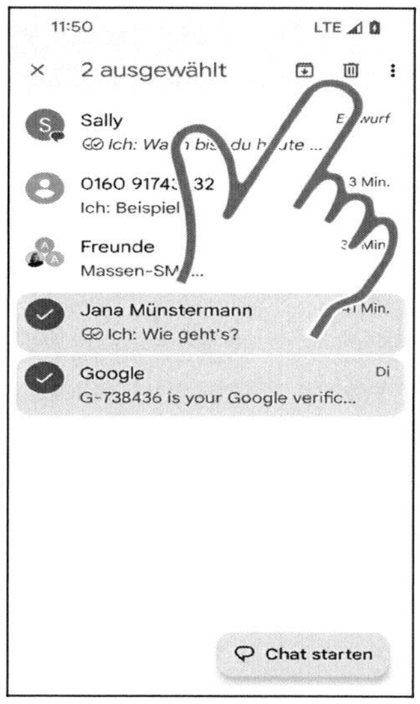

❶❷ Im Hauptmenü lassen sich einzelne oder mehrere Nachrichtenverläufe durch Tippen und Halten markieren und dann über 🗑 löschen.

6.6 Weitere Funktionen

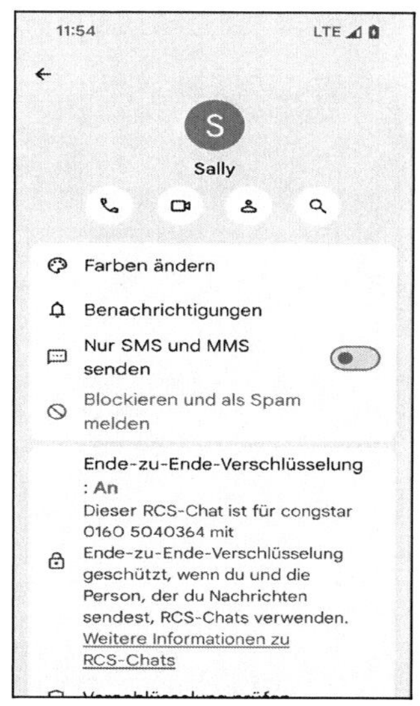

❶ Die Bedeutung der oberen Schaltleisten in einem Chat::

- 🎥: Videotelefonie über Google Meet. Darauf geht Kapitel *10.6 Meet* ein.
- 📞: Telefongespräch durchführen.
- 🔍: In der Unterhaltung suchen.

❷ Das ⋮-Menü:

- *Personen hinzufügen*: Weitere Teilnehmer dem Chat hinzufügen.
- *Details* (❸):
  - *Farben ändern*: Hintergrund- und Schriftfarbe für diesen Chat anpassen.
  - *Benachrichtigungen*: Stellen Sie die Benachrichtigungsform ein. Wir raten von Änderungen ab, weil Sie sonst keine Infos zu neu vorliegenden SMS erhalten.
  - *Nur SMS und MMS senden*: Wie im Kapitel *6.3 RCS* erläutert, schaltet das Handy automatisch auf die RCS-Funktion um, wenn Ihr Kommunikationspartner diesen Standard unterstützt. Möchten Sie weiterhin nur SMS senden, dann aktivieren Sie hier *Nur SMS und MMS senden*. Wir raten allerdings davon ab.
  - *Blockieren und als Spam melden*: Sie erhalten keine Anrufe und SMS mehr von der jeweiligen Person. (siehe Kapitel *6.7.1 Schwarze Liste*).

   - *Verschlüsselung prüfen*: Die Kommunikation über RCS erfolgt verschlüsselt, das heißt kein Dritter hat Zugriff auf die ausgetauschten Nachrichten. Vor dem Austausch wichtiger Nachrichten können Sie über die mit *Verschlüsselung prüfen* angezeigten Zahlenfolge die Sicherheit überprüfen. Bei Ihrem Gesprächspartner müssen dazu die gleichen Zahlen angezeigt werden.
- *Suchen:* In den ausgetauschten Nachrichten nach einem Text suchen.
- *Farben ändern*: Hintergrund- und Schriftfarbe für diesen Chat anpassen.
- *Archivieren*: Den Nachrichtenverlauf ins Archiv übernehmen. Wir gehen darauf nicht ein, weil Sie alte Nachrichten in der Regel löschen werden.
- *Löschen*: Nachrichtenverlauf entfernen.
- *Blockieren und als Spam melden*: Sie erhalten keine Anrufe und SMS mehr von der jeweiligen Person. (siehe Kapitel *6.7.1 Schwarze Liste*).
- *Hilfe & Feedback*

Abhängig vom Gesprächspartner, mit dem Sie Nachrichten austauschen, sieht das Menü etwas anders aus. Dies hängt davon ab, ob der Gesprächspartner ein modernes Smartphone oder nur ein einfaches »dummes« Hanndy nutzt.

6.7 SMS empfangen

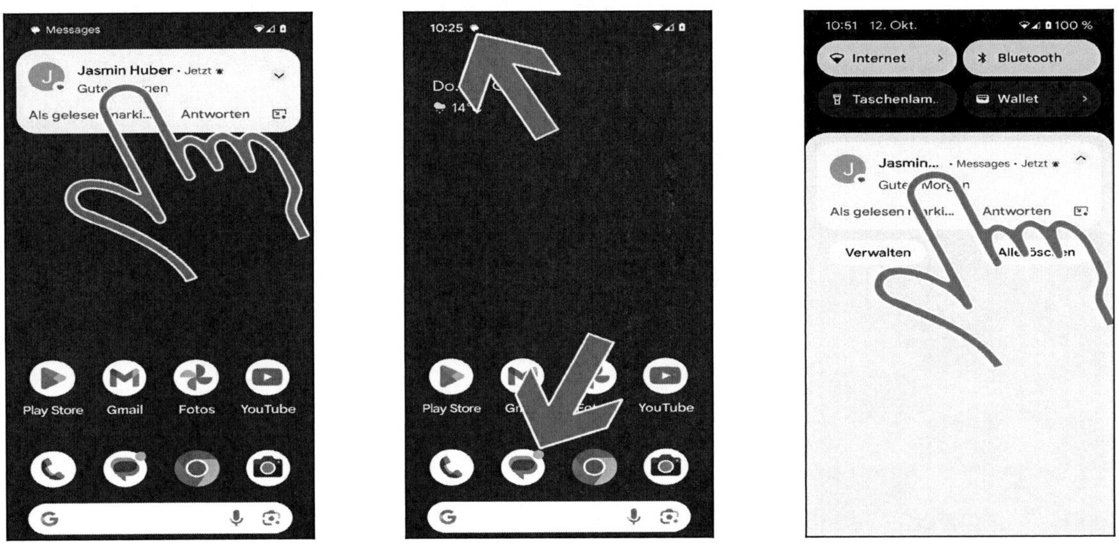

❶ Wenn Sie eine neue SMS erhalten haben, erscheint für einige Sekunden ein Popup, das Sie Antippen, um die Nachricht zu beantworten.

❷ In der Titelleiste zeigt das Handy ein 💬-Symbol an (Pfeil) und bei der Messaging-Anwendung erscheint ebenfalls eine Markierung (Pfeil).

❸ Alternativ erhalten Sie auch über das Benachrichtigungsfeld Infos zu den empfangenen Nachrichten. Das Benachrichtigungsfeld erscheint, wenn Sie den Finger auf die Titelleiste setzen und dann herunterziehen. Gehen Sie nun auf die Nachricht, was den zugehörigen Nachrichtenverlauf anzeigt.

6.7.1 Schwarze Liste

Sofern Sie Ihre Handynummer an viele Kontakte weitergeben, wird früher oder später der Zeitpunkt kommen, ab dem Sie SMS von einigen Leuten erhalten, die nur nerven. Solche Personen setzen Sie einfach auf die »schwarze Liste«.

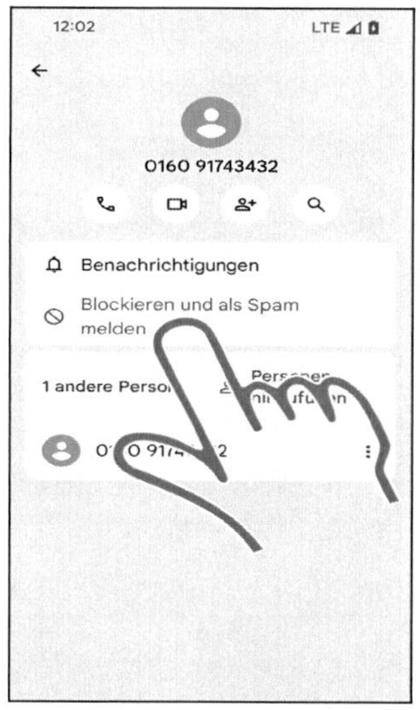

❶ Rufen Sie im Chat das ⋮-Menü auf.

❷ Wählen Sie *Details.*

❸ Nach Betätigen von *xxx blockieren und als Spam melden* landen künftig alle SMS des Absenders nicht mehr in der Messaging-Anwendung, sondern in der schwarzen Liste. Den folgenden Spam-Hinweis schließen Sie mit *OK*.

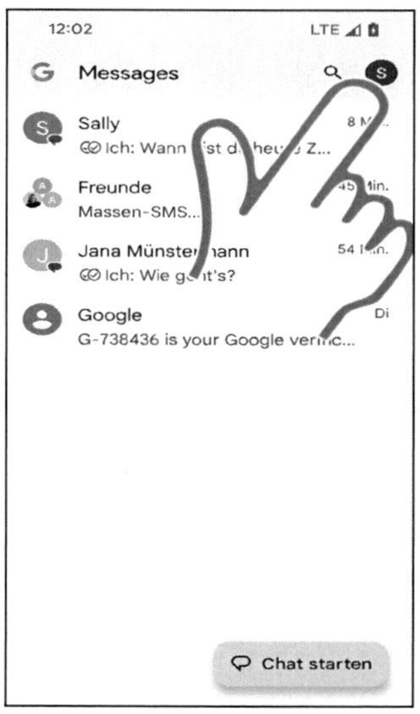

❶❷❸ Die schwarze Liste verwalten Sie, indem Sie durch Antippen des Kontosymbols das Ausklappmenü aktivieren und dort auf *Als Spam markiert* gehen.

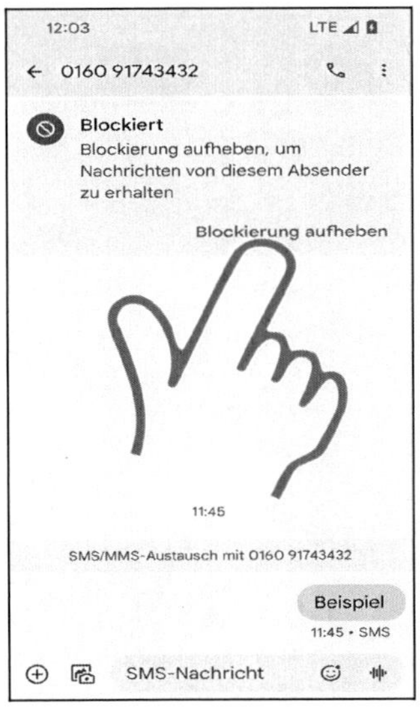

➊ Sie möchten wissen, was ein blockierter Kontakt geschrieben hat? Dann wählen Sie den zugehörigen Eintrag aus.

➋ Über *Blockierung aufheben* heben Sie die Filterung wieder auf.

6.8 Konfiguration

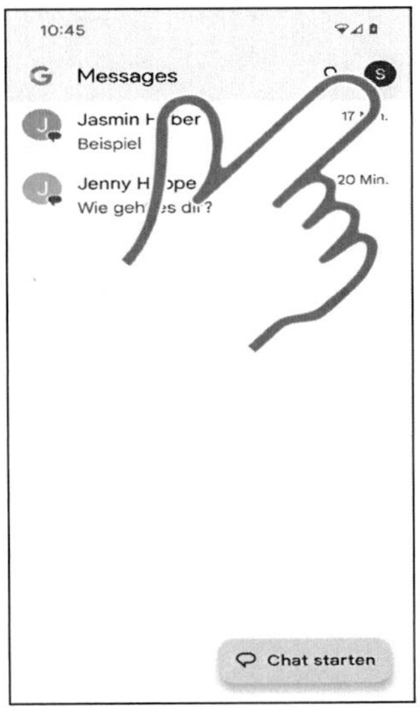

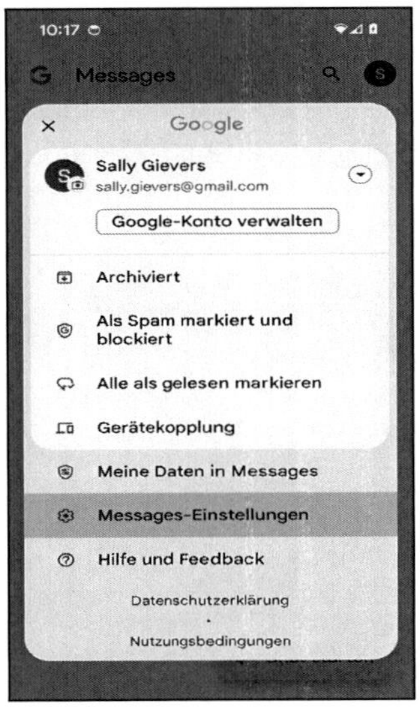

➊ Tippen Sie auf das runde Kontosymbol.

➋ Wählen Sie *Messages*-Einstellungen.

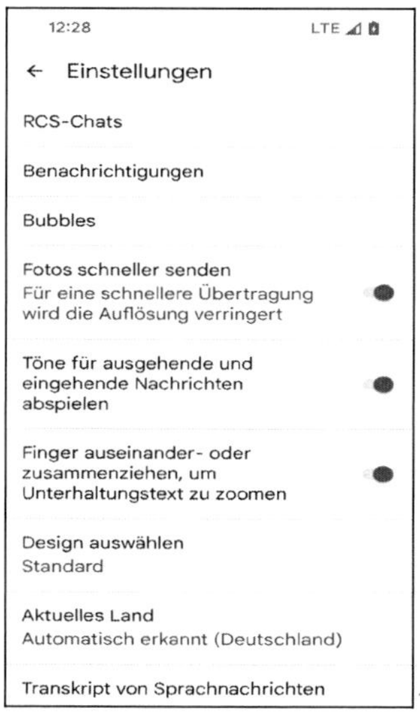

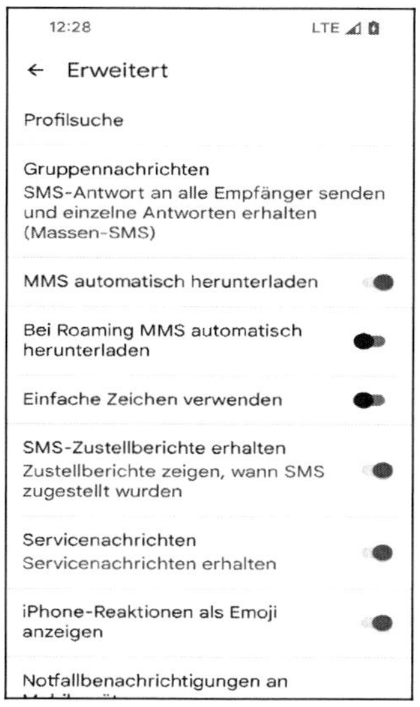

❶❷ Die SMS-bezogenen Optionen finden Sie im Hauptbildschirm unter ⋮/*Einstellungen*:

- *RCS-Chats*: Auf die Chatfunktion geht Kapitel *6.3 RCS* ein. Lassen Sie sie aktiviert.
- *Benachrichtigungen*: Legt fest, in welcher Form Sie über neue SMS informiert werden. Wir empfehlen, nichts zu ändern.
- *Bubbles*: In den sogenannten Blasen informiert das Handy über neue SMS. Hier sollten Sie nichts ändern.
- *Fotos schneller senden*: Reduziert die Auflösung von versandten Bildern.
- *Töne für ausgehende und eingehende Nachrichten abspielen*: Ein Signal weist auf erfolgreichen SMS-Versand hin.
- *Finger auseinander- oder zusammenziehen, um Unterhaltungstext zu zoomen*: Über die im Kapitel *6.1 Nachrichtenanzeige* beschriebene Kneifgeste können Sie die Anzeige verkleinern/vergrößern.
- *Aktuelles Land*: Die Messaging-Anwendung verwendet im Ausland automatisch ein geeignetes Mobilfunknetz.
- *Transkript von Sprachnachrichten*: Empfangene Sprachaufnahmen werden automatisch in Text übersetzt.
- *Vorschläge, intelligente Antworten, Vorschläge usw.*: Die Messages-Anwendung schlägt automatisch bei der Eingabe mögliche Antworten vor. Deaktivieren Sie *Intelligente Antwort* beziehungsweise *Vorschläge für Aktionen*, wenn Sie das stört.
- *Automatische Vorschau*: Ihnen zugesandte Webseitenlinks zeigt die Messages-Anwendung als Vorschaubild.
- *Spamschutz*: Filtert unerwünschte SMS, beispielsweise Werbung. In Deutschland spielen allerdings Werbe-SMS kaum eine Rolle.
- *Aktionen beim Wischen*: Wischen Sie auf einer Nachricht im Hauptmenü nach rechts oder links, um sie zu löschen oder zu archivieren.
- *Erweitert* (❸):
  - *Profilsuche*: Profilfoto festlegen, das dem Kommunikationspartner im Chat angezeigt wird.
  - *Gruppennachrichten*: Sofern Sie mehrere Empfänger in einer SMS angegebenen haben, erhalten alle Gruppenmitglieder ihre Nachrichten. Bitte beachten Sie, dass für jedes Mitglied der übliche SMS-Versandtarif anfällt, was sehr teuer werden kann.
  - *MMS automatisch herunterladen; Bei Roaming MMS automatisch herunterladen*: Auf die MMS geht dieses Buch nicht ein.
  - *Einfache Zeichen verwenden*: Lassen Sie die Voreinstellung deaktiviert. Diese Einstellung ist nur für fremdsprachliche Nachrichten eventuell nötig.

- *SMS-Zustellberichte verwenden*: Sie bekommen, sobald Ihre SMS beim Empfänger eingetroffen ist, einen Zustellhinweis.
- *Servicenachrichten*: Der Netzbetreiber sendet gegebenenfalls eine Konfigurationsnachricht, wenn Sie die SIM-Karte wechseln.
- *Notfallbenachrichtigungen für Mobilgeräte*: In vielen Ländern senden die Behörden über den sogenannten Cell-Broadcast Katastrophenhinweise. Dies ist seit einigen Jahren auch in Deutschland der Fall.
- *Nachrichten auf SIM-Karte*: Falls Sie ein alte SIM-Karte nutzen, finden Sie hier vielleicht noch einige dort gespeicherte SMS. Android unterstützt das Speichern von SMS auf SIM-Karte dagegen nicht.
- *Telefonnummer*
- *SMSC*: Hier sollten Sie nichts ändern, weil die Voreinstellungen zum Senden/Empfangen automatisch anhand der eingelegten SIM-Karte vorgenommen werden.

7. Telefonbuch

Das Telefonbuch speichert, wie der Name schon sagt, alle Kontakte und deren Rufnummern, E-Mail-Adressen und Adressen. Andere Anwendungen, beispielsweise die SMS-Anwendung und die Telefonoberfläche, greifen auf diese Daten zurück.

Ihre angelegten Kontakte werden dann im Google-Konto gesichert und lassen sich nach einem Zurücksetzen beziehungsweise Datenverlust jederzeit wieder herstellen.

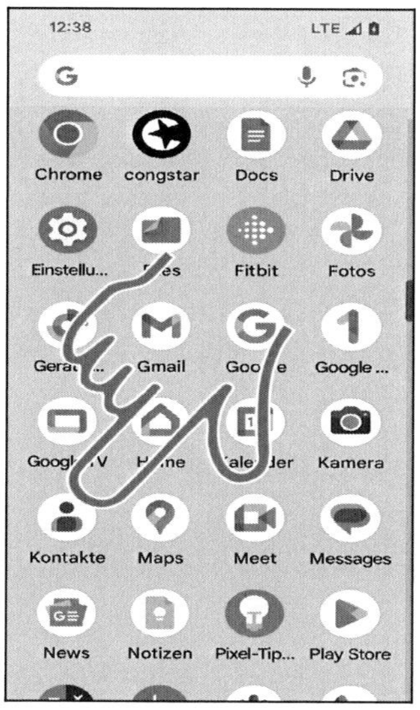

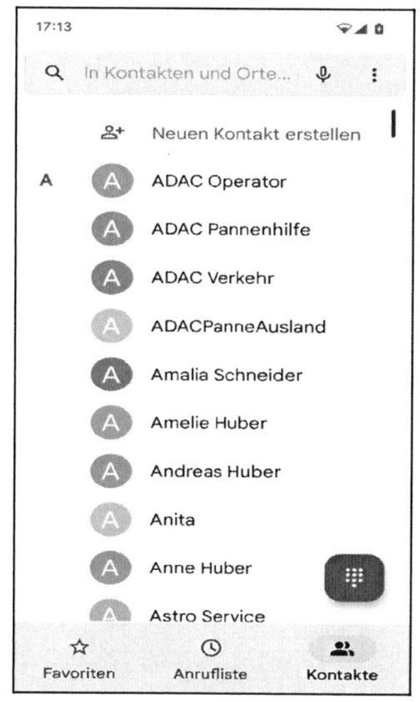

❶ So gelangen Sie ins Telefonbuch: Gehen Sie im Hauptmenü auf *Kontakte* (Pfeil).

❷❸ Alternativ aktivieren Sie in der Telefonoberfläche (siehe Kapitel *5 Telefonie*) das -Register (Pfeil). **Bitte beachten Sie aber, dass dann nicht alle in diesem Kapitel beschriebenen Funktionen zur Verfügung stehen.**

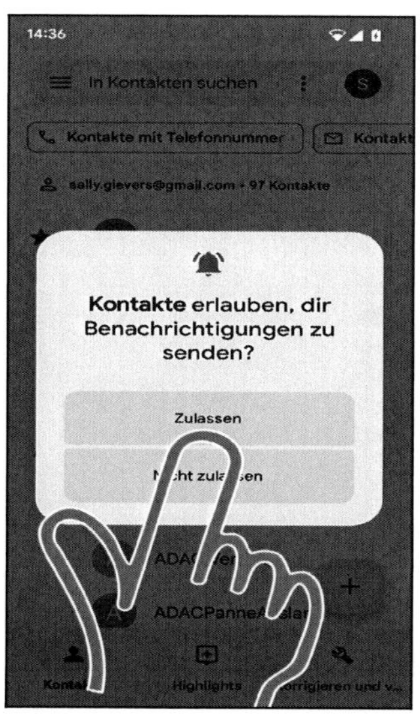

Das Popup beantworten Sie gegebenenfalls mit *Zulassen.*

Falls Sie aus Versehen die *Nicht zulassen*-Schaltleiste betätigen, ist das auch kein Beinbruch: Im Kapitel *28.1 Benachrichtigungen aktivieren* erfahren Sie, wie Sie diesen Fehler korrigieren.

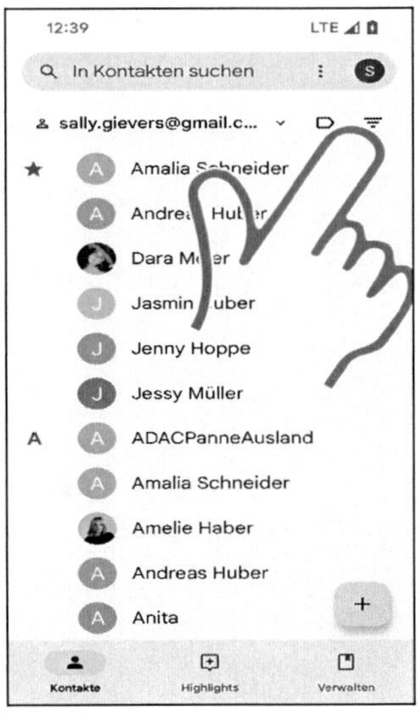

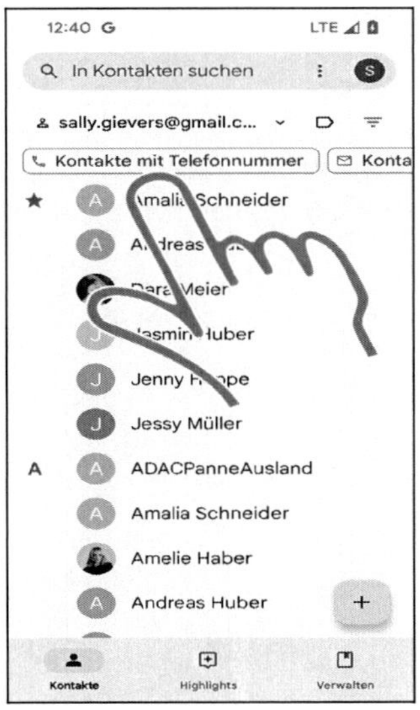

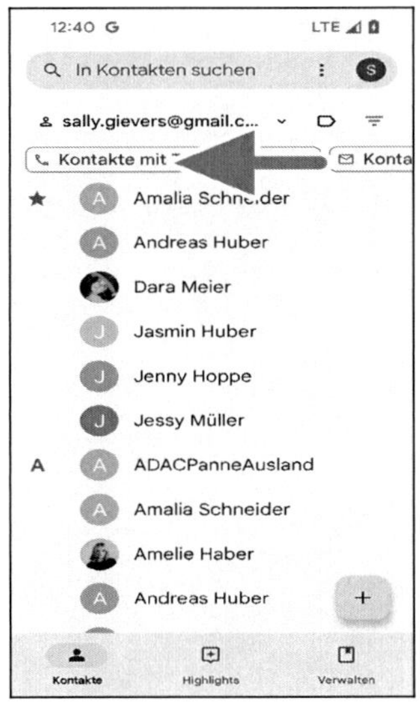

❶ Bei Bedarf beschränken Sie die Anzeige auf bestimmte Kontakte: Betätigen Sie dazu die ≂-Taste.

❷ Betätigen Sie dann beispielsweise *Kontakte mit Rufnummer.* Tippen Sie die jeweilige Schaltleiste erneut an, um wieder alle Kontakte anzuzeigen.

❸ Weitere Schaltleisten erreichen Sie mit einer Wischgeste.

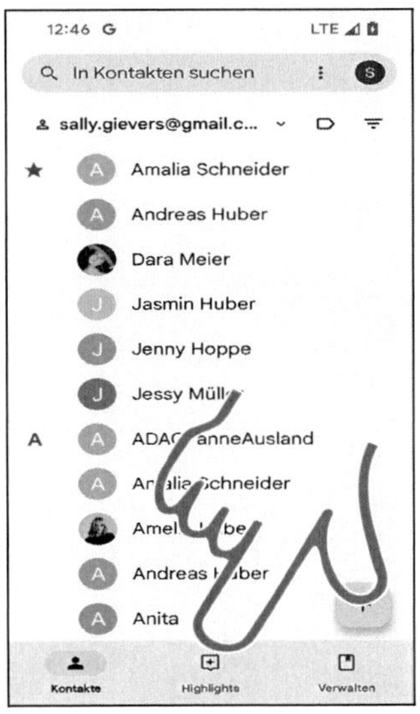

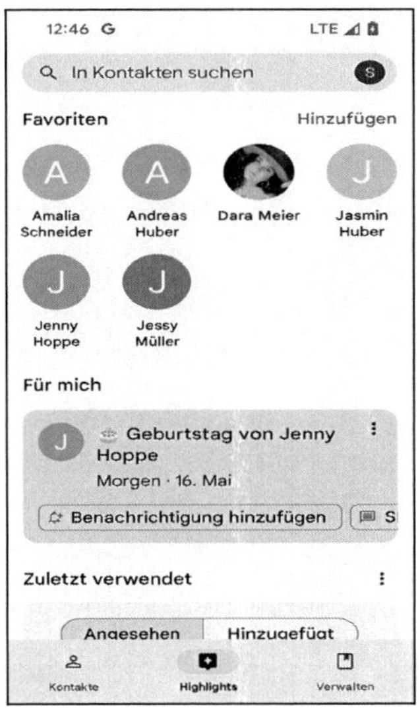

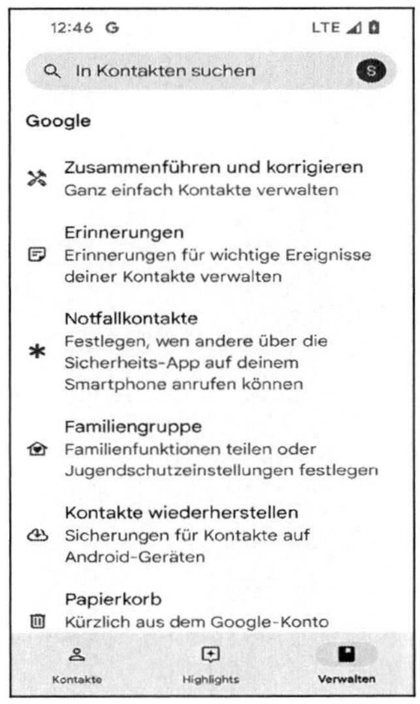

❶ Am unteren Bildschirmrand schalten Sie über die Register um zwischen:

- *Kontakte*: Auflistung aller Kontakte.
- *Highlights* (❷): Kontakte, die als Favoriten markiert beziehungsweise zuletzt angezeigt wurden, sowie deren Geburtstage.
- *Verwalten* (❸): Damit importieren Sie Beispielsweise Kontakte von einer eingelegten SIM-Karte oder führen doppelte Kontakte zu einem zusammen.

7.1 Kontakterfassung

Im Folgenden erfahren Sie, wie Sie Rufnummern im Telefonbuch speichern. Wie Sie dagegen Rufnummern auf der SIM-Karte ablegen erfahren Sie im Kapitel *7.4 Die SIM-Karte.*

7.1.1 Kontakt im Telefonbuch eingeben

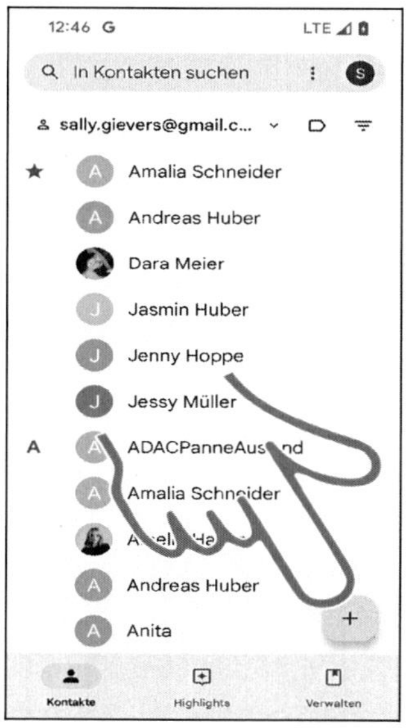

❶ Neue Kontakte werden über + (Pfeil) angelegt.

❷❸ Füllen Sie nun die Eingabefelder aus.

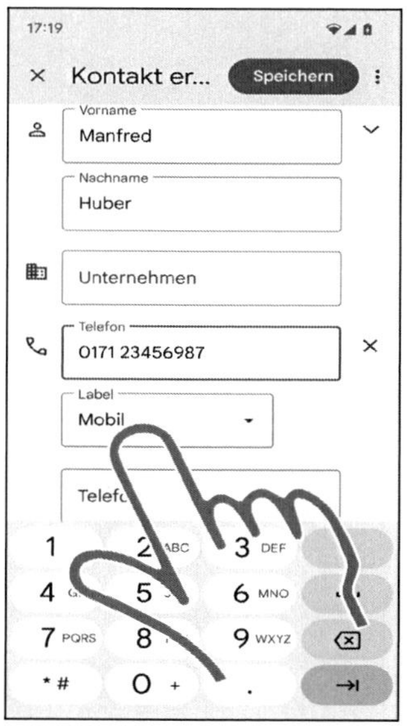

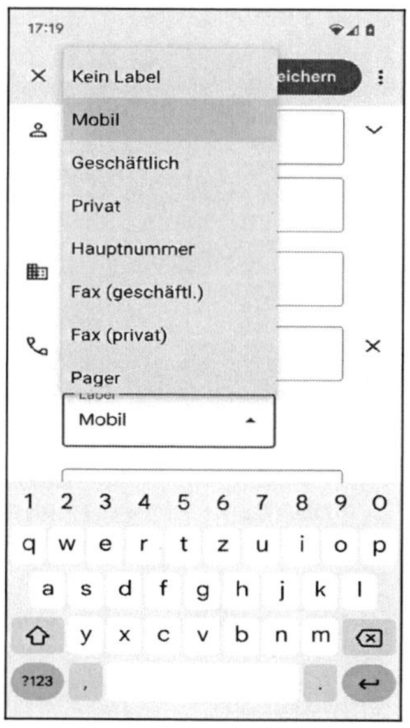

❶ Nachdem Sie eine Rufnummer eingegeben haben, tippen Sie auf den Rufnummerntyp (Pfeil).

❷ Stellen Sie die Art der Rufnummer ein, zum Beispiel *Privat.*

❸ Danach geben Sie die Nummer ein. Um das automatisch aufklappende Tastenfeld wieder zu schließen, betätigen Sie die ◀-Taste unterhalb des Bildschirms.

Betätigen Sie *Speichern* am oberen rechten Bildschirmrand, was den Kontakt ins Telefonbuch übernimmt.

Sie können beliebig viele Telefonnummern und E-Mail-Adressen erfassen. Sobald Sie eines dieser Eingabefelder ausgefüllt haben, blendet das Telefonbuch ein weiteres ein.

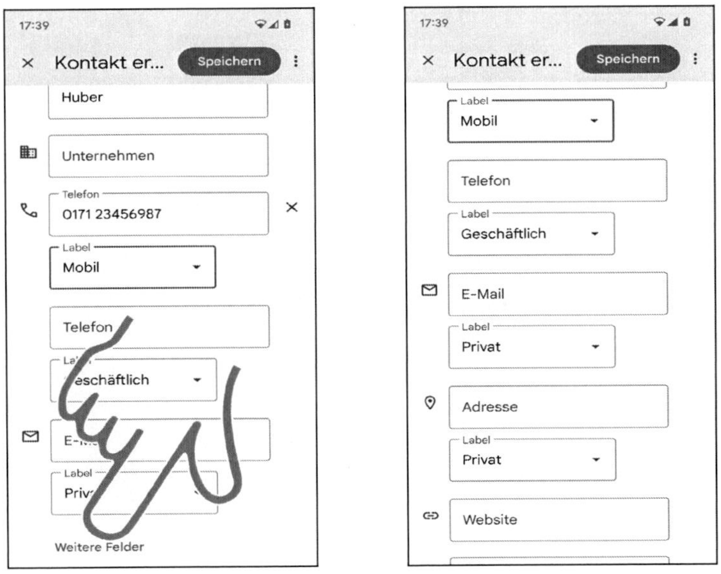

❶❷ Über *Weitere Felder* stehen bei Bedarf zusätzliche Datenfelder zur Verfügung.

7.1.2 Kontakt aus Telefonoberfläche übernehmen

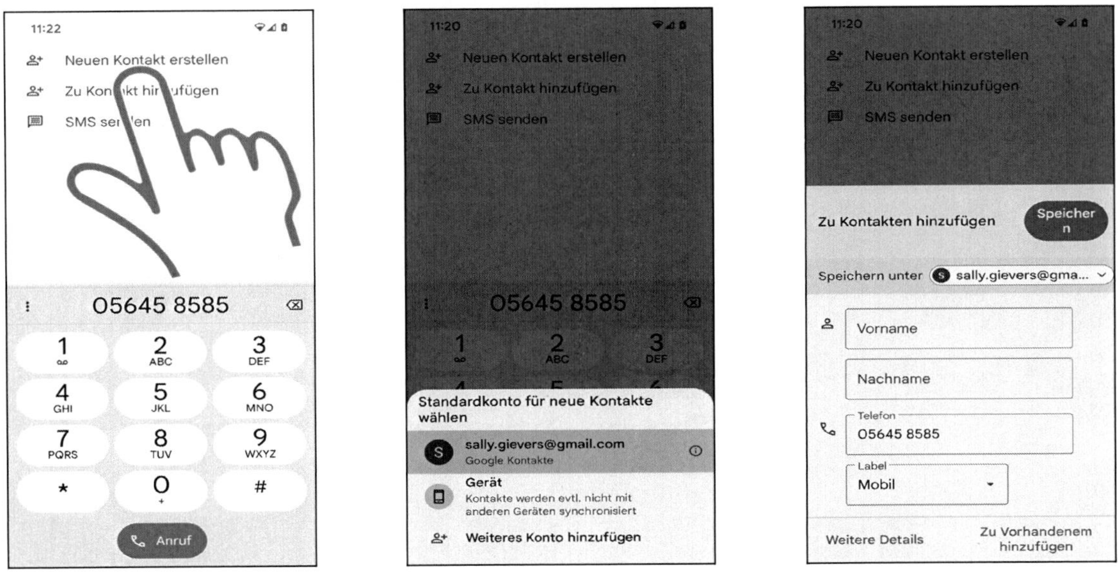

❶ Sie können in der Telefonoberfläche eine von Ihnen eingegebene Rufnummer über die *Neuen Kontakt erstellen* beziehungsweise *Zu Kontakt hinzufügen*-Schaltleiste (Pfeil) ins Telefonbuch übernehmen.

❷❸ Wählen Sie in der einmaligen Abfrage unbedingt Ihr Google-Konto aus!

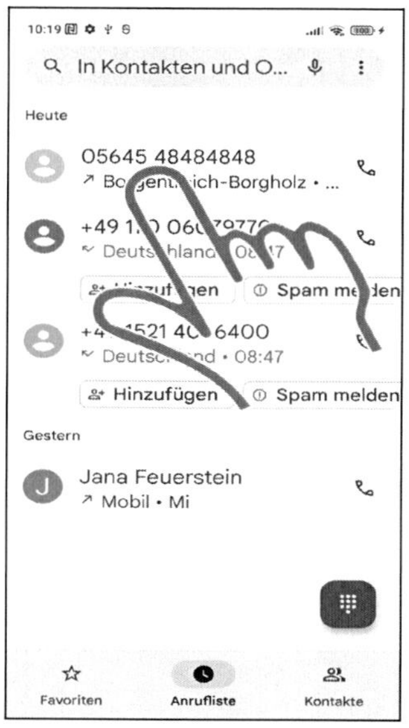

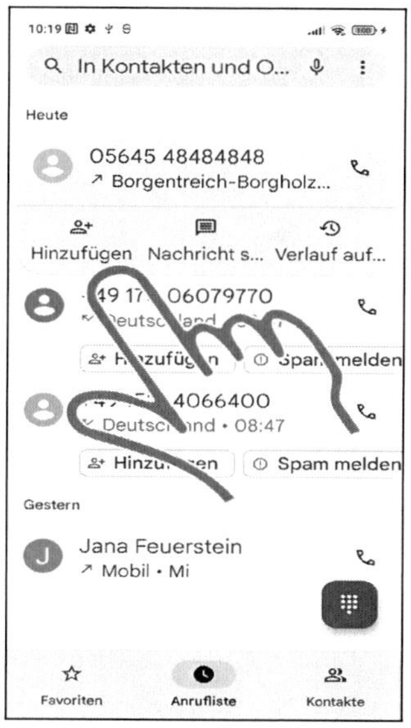

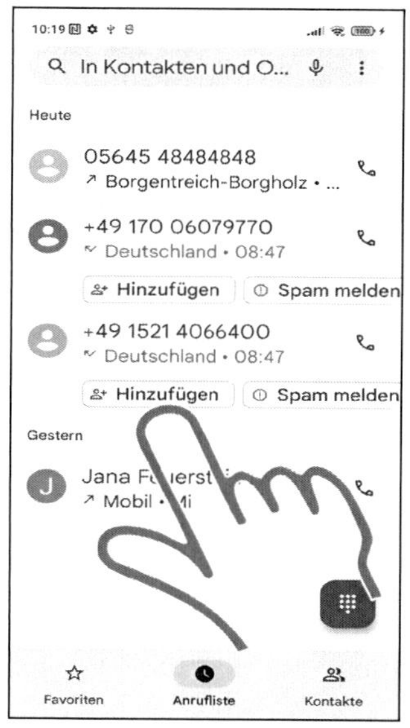

❶ Über die Anrufliste (siehe Kapitel *5.4 Anrufliste (Protokoll)*) der Telefonoberfläche ist es ebenfalls möglich, Rufnummern in die Kontaktverwaltung zu übernehmen. Tippen Sie dafür auf einen Rufnummereintrag.

❷ Wählen Sie *Kontakt hinzufügen* aus.

❸ Häufig steht auch die *Hinzufügen*-Schaltleiste direkt unter dem Nummerneintrag zur Verfügung.

7.2 Kontakt bearbeiten

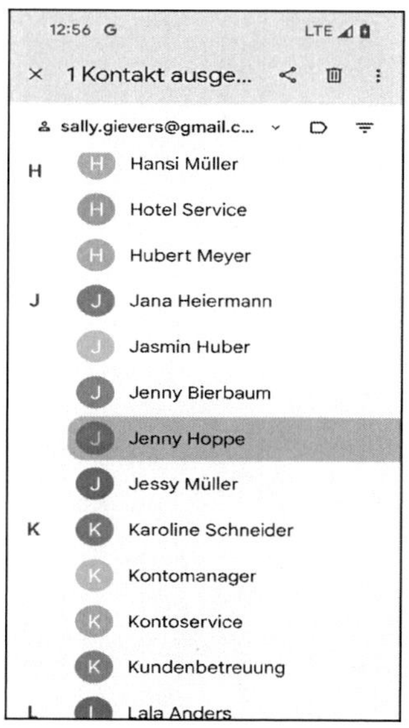

❶ Tippen Sie kurz einen Kontakt für die Kontaktdetails an.

❷❸ Betätigen Sie ✎, um den Kontakt zu ändern.

7.3 Listen- und Detailanzeige

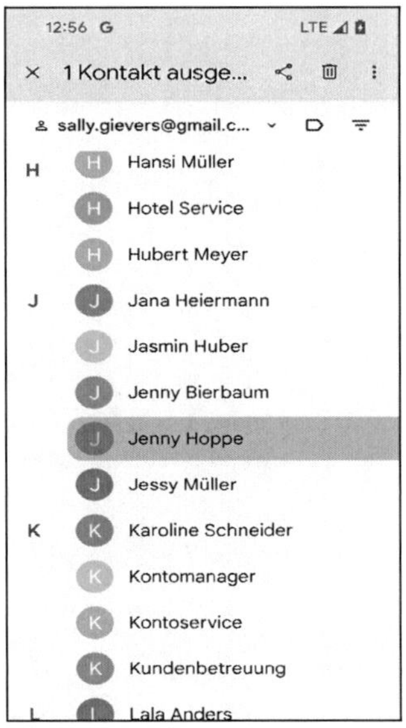

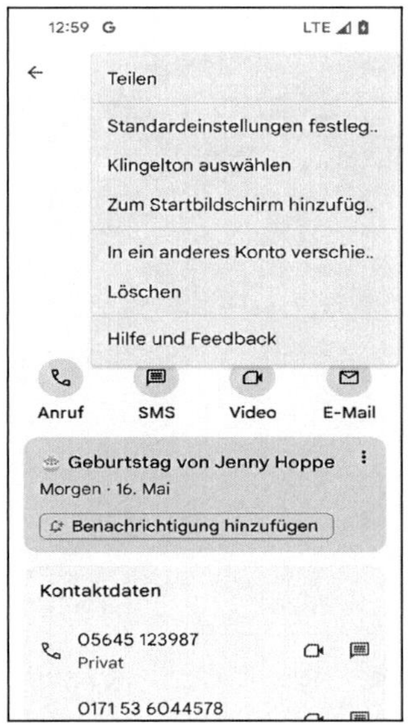

❶ Die Kontakte werden standardmäßig in einer alphabetisch sortierten Liste, nach Namen sortiert, angezeigt. Tippen Sie einen Eintrag an.

❷❸ Es erscheinen nun die Kontaktdetails. Das ⋮-Menü:

- *Teilen*: Kontakt per SMS (siehe Kapitel *6 SMS mit Messages*), E-Mail (siehe Kapitel *10Gmail*) oder Bluetooth versenden oder in Google Drive als Datei ablegen (siehe Kapitel *23.4 Google Drive*).
- *Standardeinstellungen festlegen*: Legen Sie fest, welche Rufnummer beispielsweise in der Suche der Telefonoberfläche angezeigt wird (siehe Kapitel *5.1.1 Suche*). Dieser Menüeintrag ist nur sichtbar, wenn ein Kontakt mehrere Rufnummern besitzt.
- *Klingelton auswählen*: Weist dem Kontakt einen eigenen Klingelton zu. Siehe Kapitel 7.5 Kontaktfoto und Klingelton.
- *Zum Startbildschirm hinzufügen*: Legt einen Schnellzugriff auf den Kontakt im Startbildschirm an.
- *In ein anderes Konto verschieben*: »Verschiebt« den Kontakt in den lokalen Gerätespeicher. Bitte beachten Sie, dass der Kontakt dann nicht mehr mit dem Google-Konto synchronisiert wird, weshalb wir davon abraten.
- *Löschen*
- *Hilfe & Feedback*: Die Google-Hilfeseiten.

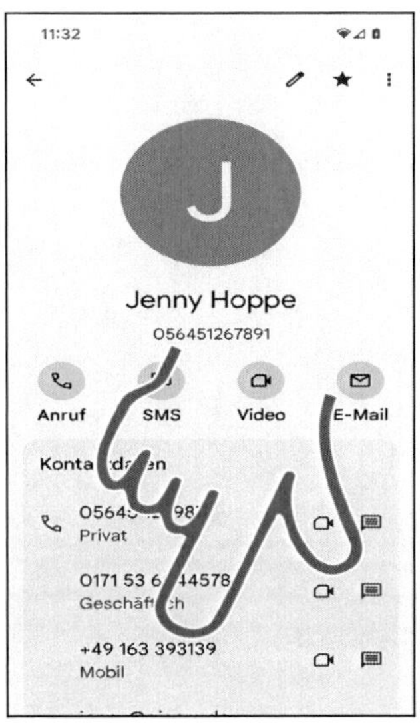

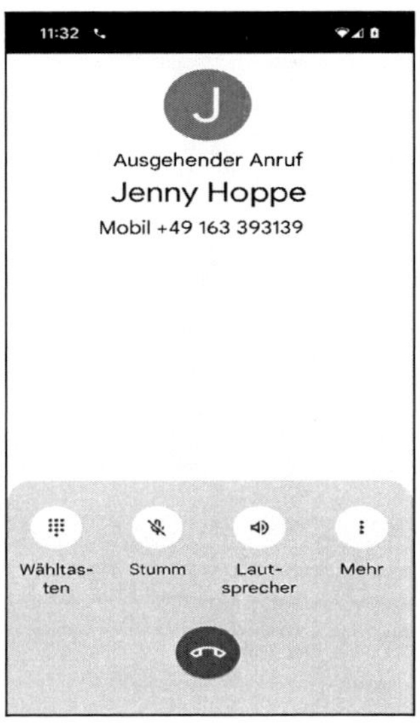

❶❷ Antippen einer Rufnummer (Pfeil) oder von ruft den Kontakt an beziehungsweise sendet eine SMS. E-Mails verschicken Sie durch Betätigen der E-Mail-Adresse.

7.3.1 Verknüpfung auf dem Startbildschirm

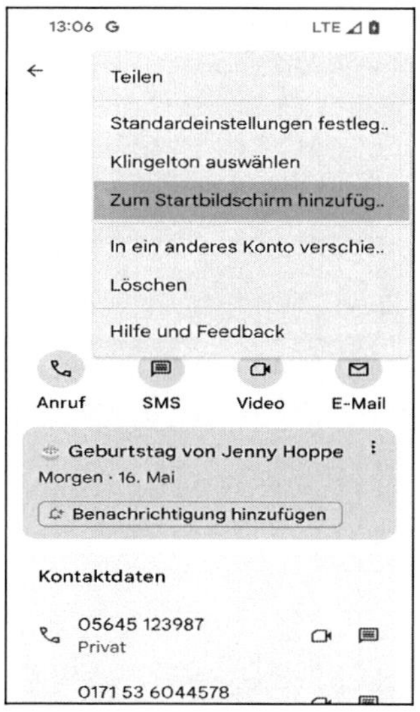

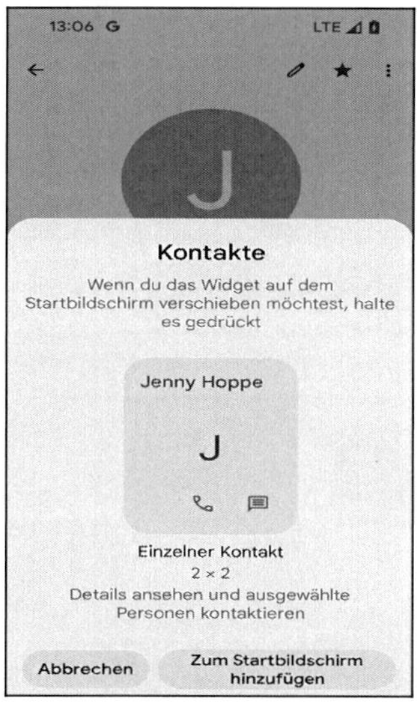

❶ Wählen Sie ⋮/*Zum Startbildschirm hinzufügen* aus.

❷ Schließen Sie das Popup mit *Zum Startbildschirm hinzufügen.*

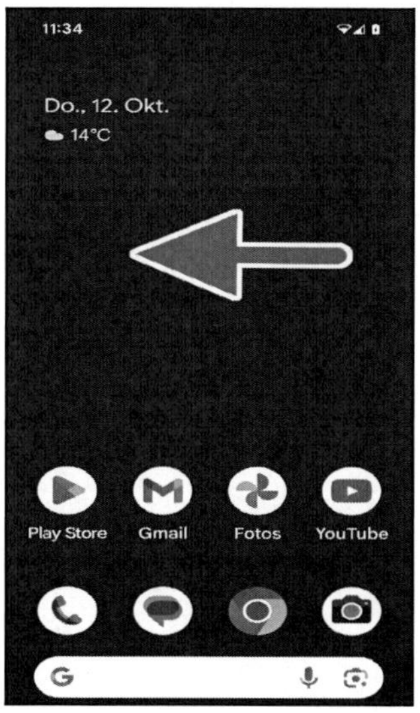

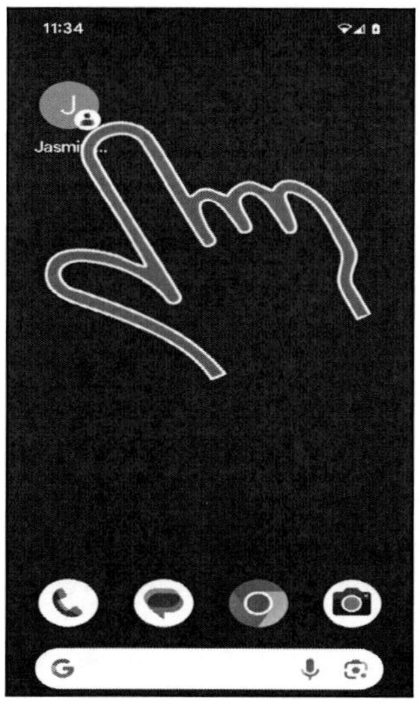

❶❷ Sie finden den Schnellzugriff auf der zweiten Seite des Startbildschirms. Wischen Sie dazu einmal von rechts nach links. Tippen Sie den Schnellzugriff für die Kontaktdetails an.

7.4 Die SIM-Karte

Im Telefonbuch werden die Telefonnummern auf der SIM-Karte (»SIM-Kontakte«) **nicht** angezeigt. Sie können die SIM-Kontakte allerdings ins Telefonbuch übernehmen.

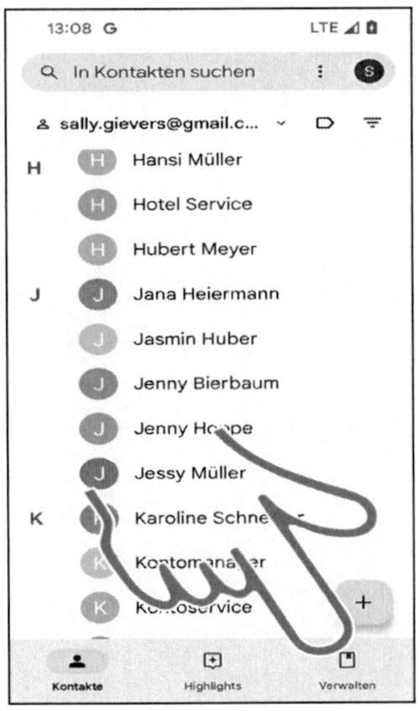

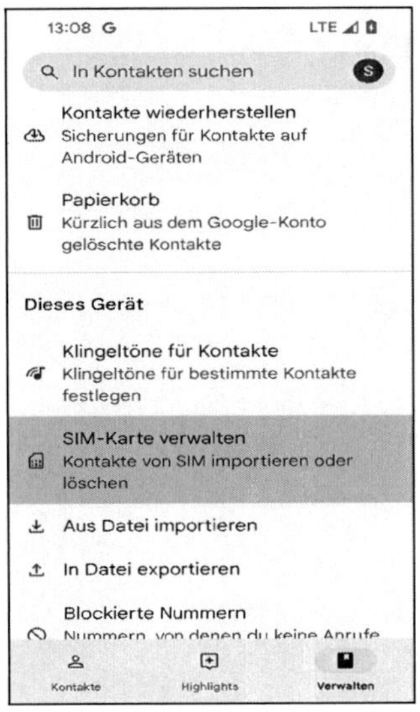

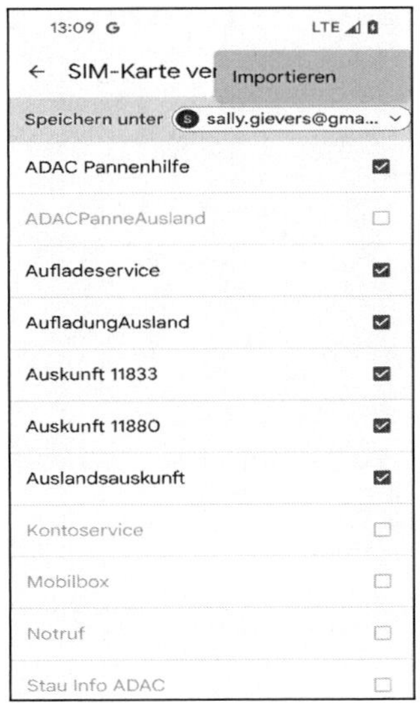

❶ Aktivieren Sie das *Verwalten*-Register am unteren Bildschirmrand.

❷ Gehen Sie auf *SIM-Karte verwalten*.

❸ Standardmäßig sind alle noch nicht ins Google-Konto übernommenen SIM-Kontakte markiert. Sie brauchen nur ⁝/*Importieren* aufzurufen. Bitte beachten Sie, dass Sie in der Regel die importierten Kontakte noch einzeln bearbeiten müssen, beispielsweise weil Namen in die falschen Eingabefelder übernommen werden.

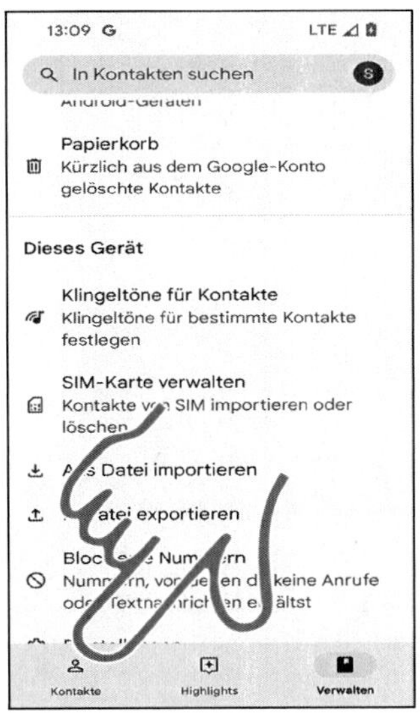

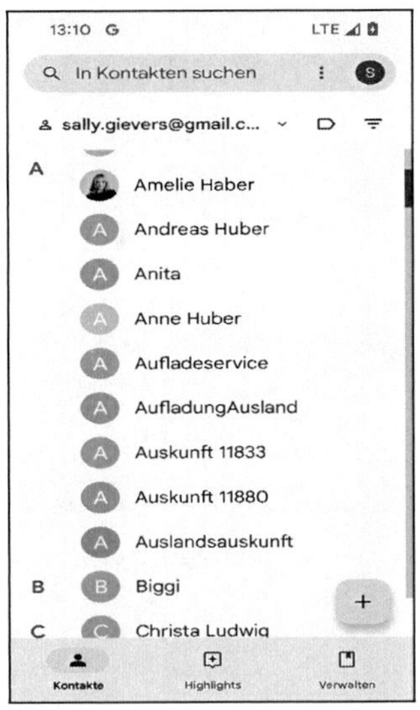

❶ Wählen Sie nun aus, ob die importierten SIM-Kontakte gelöscht werden sollen. Wir empfehlen *Behalten.*

❷❸ Anschließend bringt Sie *Kontakte* wieder in die standardmäßige Kontaktauflistung.

7.5 Kontaktfoto und Klingelton

Jedem Kontakt können Sie ein Kontaktfoto und einen Klingelton zuordnen, welche bei eingehenden Anrufen angezeigt, beziehungsweise abgespielt, werden.

➊ Um ein Kontaktfoto zuzuweisen, tippen Sie im Bearbeitungsbildschirm auf die Silhouette (Pfeil).

➋ Zur Auswahl stehen nun *Kamera* (Foto mit der Kamera-Anwendung erstellen) und *Galerie* (Verwenden eines bereits im Gerätespeicher vorhandenen Fotos), wovon wir Letzteres antippen.

➊ Wählen Sie ein Album aus, in unserem Beispiel möchten wir ein Foto verwenden, das mit der Kamera-Anwendung erstellt wurde.

➋ In der Fotoauflistung tippen Sie ein Foto an.

➌ Mit dem Finger können Sie nun den Bildausschnitt verschieben, oder falls nötig, mit einer Kneifgeste (zwei Finger auf den Bildschirm setzen und auseinander/zusammenziehen) den Bildausschnitt anpassen. Schließen Sie den Bildschirm mit *Auswählen*.

Vergessen Sie bitte nicht, dann die Kontaktänderung mit *Speichern* zu bestätigen.

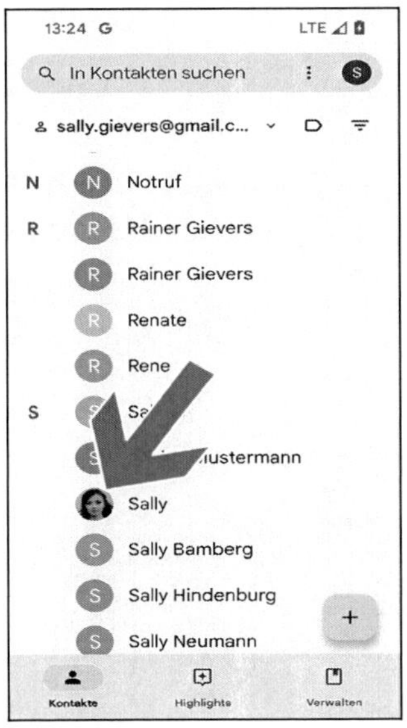

❶❷ In den Kontaktdetails und der Kontaktauflistung erscheint das Kontaktfoto.

Zum späteren Löschen eines Kontaktfotos tippen Sie dieses im Bearbeitungsbildschirm an und gehen auf *Foto entfernen.*

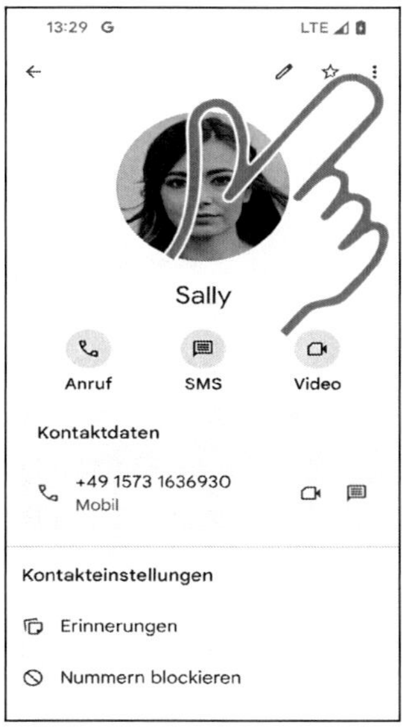

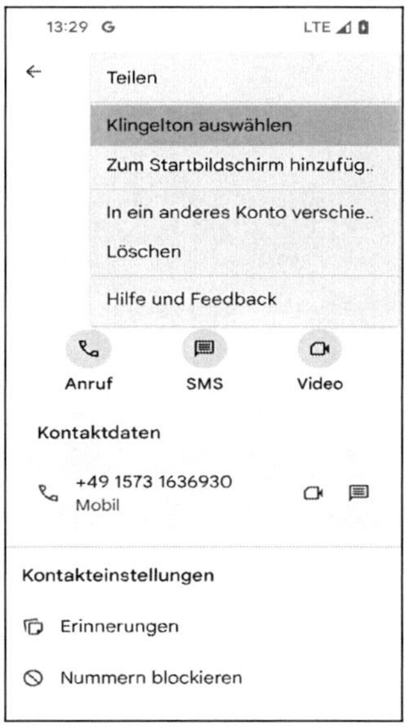

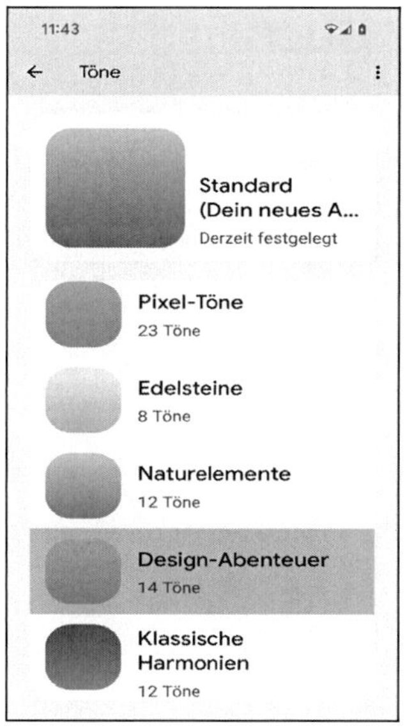

❶❷ Gehen Sie auf ⋮/*Klingelton auswählen.*

❸ Wählen Sie eine Kategorie, im Beispiel *Design-Abenteuer*, aus.

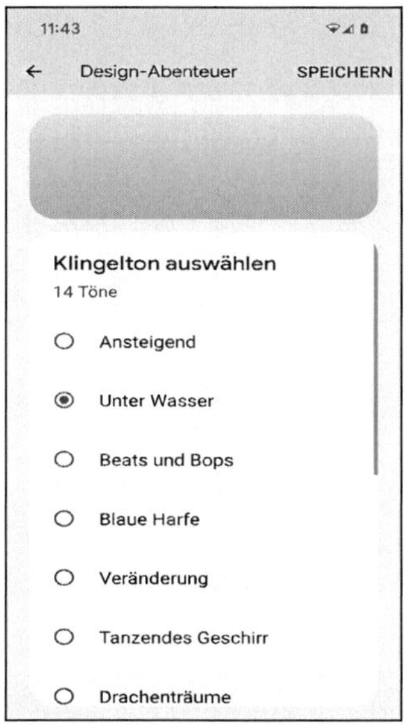

Stellen Sie einen Klingelton ein und betätigen Sie *SPEICHERN* (oben rechts)

Geht ein Anruf ein, wird das Kontaktfoto angezeigt und der zugehörige Klingelton abgespielt.

> Der kontaktabhängige Klingelton funktioniert natürlich nur, wenn der Anrufer seine Rufnummer nicht unterdrückt.

7.6 Suchen

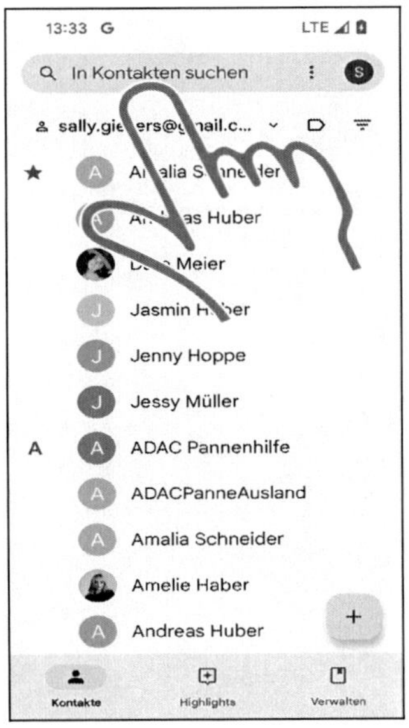

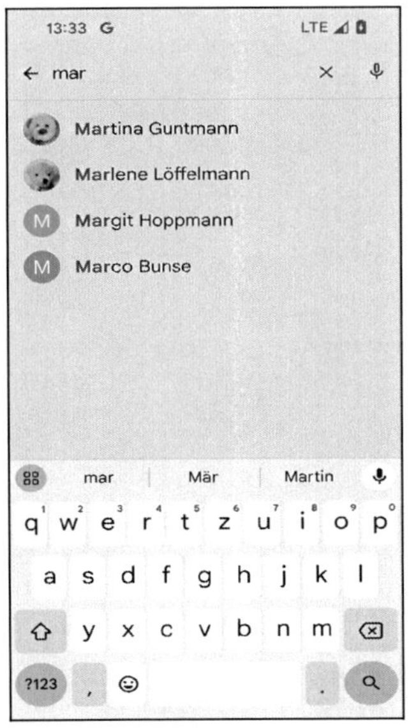

❶ Es ist nicht unbedingt notwendig, umständlich durch Halten und Ziehen des Fingers in der Kontaktauflistung zu blättern. Tippen Sie oben auf 🔍 (Pfeil) und geben Sie den aufzufindenden Namen ein.

❷ Zu den eingegebenen Buchstaben beziehungsweise Namen zeigt das Handy die passenden Kontakte an. Dabei werden Nach- und Vorname der Kontakte durchsucht. Tippen Sie eine der Fundstellen an, um dessen Details anzuzeigen. Die Suche beenden Sie mit der ✕-Schaltleiste neben dem Suchfeld.

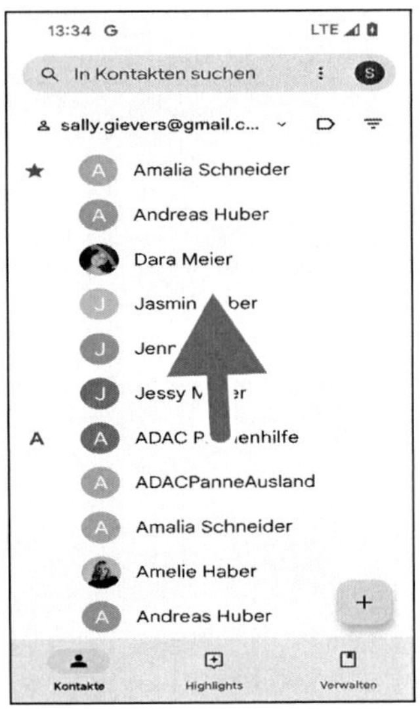

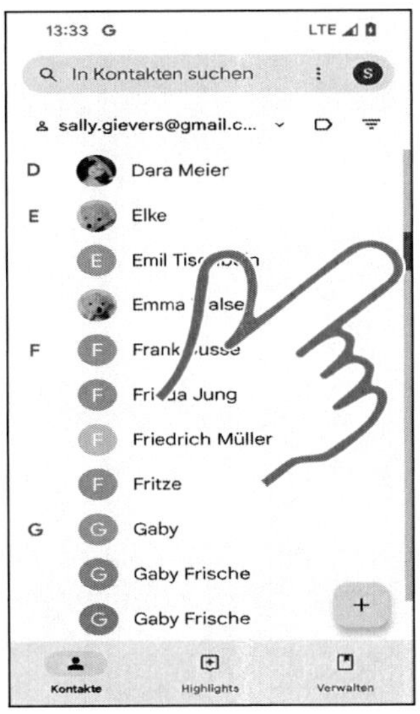

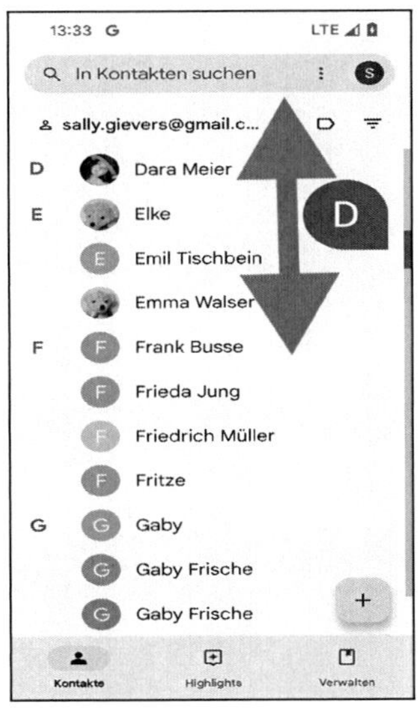

❶ Alternativ wischen Sie in der Kontaktauflistung nach oben.

❷❸ Es erscheint eine »Lasche«, die Sie mit dem angedrückten Finger nach oben/unten ziehen. Das Telefonbuch währenddessen den Anfangsbuchstaben an, zu dem Sie nach Loslassen des Fingers springen.

7.7 Favoriten

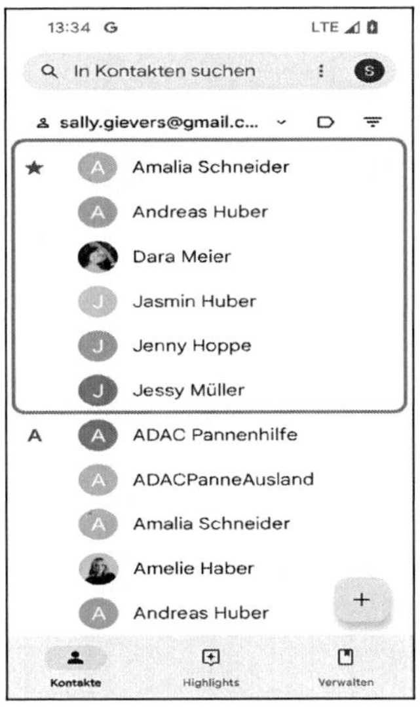

❶ Über ★ in den Kontaktdetails markieren Sie einen Kontakt als Favoriten. Durch erneutes Antippen lässt sich der Kontakt wieder aus der Favoritenliste nehmen.

❷ Alle Favoriten listet das Telefonbuch vor den eigentlichen Kontakten.

7.8 Weitere Funktionen

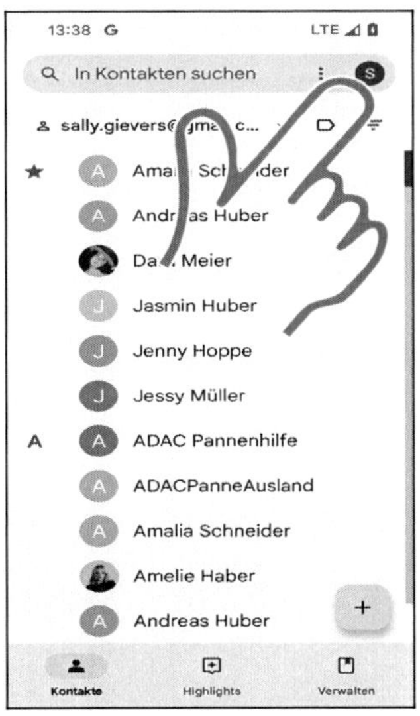

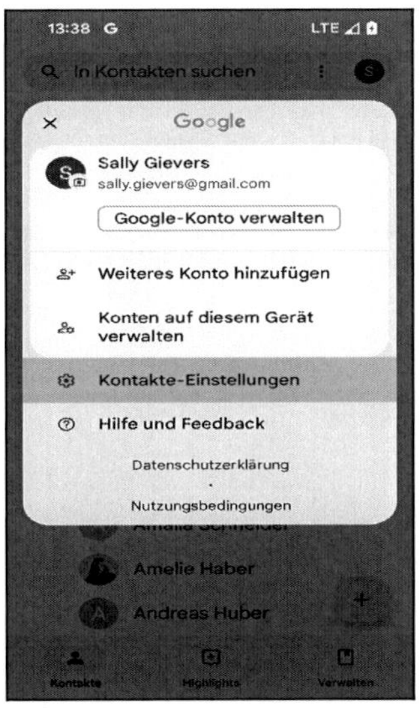

❶❷❸ Für die Einstellungen tippen Sie auf das runde Symbol (Pfeil) und gehen dann auf *Kontakte-Einstellungen*:

- *Synchronisierungseinstellungen für Google Kontakte*: In dem Menü legen Sie fest, welche Kontakte mit Ihrem Google-Konto synchronisiert werden. In der Regel sollten Sie hier nichts ändern.
- *Meine Informationen*: Legen Sie hier Ihre Kontaktdaten an, die Sie später anderen Personen senden können.
- *Konten*: Listet die verwendeten Google-Konten auf. Siehe Kapitel *14 Das Google-Konto*.

Unter *Anzeige*:

- *Sortieren nach*: Kontakte nach Vor- oder Nachname sortieren.
- *Namensformat*: Zur Auswahl stehen *Vorname zuerst* und *Nachname zuerst.*
- *Design*: Wählen Sie zwischen der normalen Anzeige oder einem dunklen Design, das Akkustrom spart. Standardmäßig wird Letzteres bei fast leerem Akku aktiviert. Siehe dazu auch Kapitel *28.11 Gerätedesign*.

Unter *Kontakte bearbeiten*:

- *Standardkonto für neue Kontakte*: Sofern Sie mehrere Google-Konten auf Ihrem Handy verwenden, wählen Sie hier aus, welche das Telefonbuch standardmäßig nutzt.
- *Phonetischer Name*: In einigen, insbesondere asiatischen, Ländern entspricht der geschriebene Name nicht dem Gesprochenen. Bei Bedarf blenden Sie den phonetischen Namen ein.
- *Änderungen rückgängig machen*: Falls Sie mal aus Versehen Kontakte geändert oder gelöscht haben, machen Sie dies hier wieder rückgängig.

8. Internet einrichten und nutzen

Ihr Pixel-Handy ist ein wahres Kommunikationsgenie. Sie können damit im Web surfen, E-Mails, SMS und MMS verarbeiten. Um die Konfiguration des Internetzugangs brauchen Sie sich in der Regel nicht zu kümmern, da dies vom Pixel-Handy automatisch erledigt wird.

Sie brauchen dieses Kapitel nicht durchzuarbeiten, um Internet über Ihren Mobilnetzbetreiber zu nutzen. Lesen Sie aber mindestens Kapitel *8.2 Umschaltung WLAN und Mobilfunk-Internet* durch, wo erklärt wird, wie Sie zwischen WLAN- und Mobilfunk-Internet umschalten.

8.1 Internetzugang einrichten

Alle Mobilfunknetzbetreiber haben heutzutage jeweils einen eigenen Internetzugang im Programm, der sich ohne Grundgebühr und vorherige Anmeldung nutzen lässt.

8.1.1 Tipps zum Internetzugang

Zwar können Sie bei allen Mobilfunkanbietern nach dem Einlegen der SIM-Karte sofort das Internet nutzen, empfehlenswerter ist es aber, sich nach einem geeigneten Mobilfunktarif mit Internetzugang umzusehen.

8.1.1.a Kostenfalle Standardvertrag

In den Standardverträgen wird der Internetzugang zeit- oder datenmengenabhängig abgerechnet, was selbst bei unregelmäßiger Nutzung schnell teuer wird. Besser dran ist man mit Internetpaketen, die teilweise nur 2 Euro pro Monat kosten und 512 Megabyte bis 1 Gigabyte Transfervolumen (»Traffic«) beinhalten. Überschreitet man das inkludierte Transfervolumen, so wird die Übertragungsgeschwindigkeit meist auf ein niedrigeres Niveau gedrosselt. Sie sollten auf jeden Fall die Vertragskonditionen Ihres Netzbetreibers genau studieren, um nicht in die Kostenfalle zu tappen.

8.1.1.b Die Alternative: WLAN

Heutzutage gibt es an vielen Orten beispielsweise Flughäfen, Hotels oder Bars, WLAN-Hotspots, über die Sie kostenlos online gehen können. Auch in Innenstädten findet man häufig »offene« WLANs, die kostenlos nutzbar sind, weil einige DSL-Kunden ihr WLAN absichtlich oder unabsichtlich unverschlüsselt zur Verfügung stellen. Im Kapitel *8.2 Umschaltung WLAN und Mobilfunk-Internet* erläutern wir Ihnen daher, wie Sie das Internet zwischen Mobilfunkverbindung und WLAN umschalten.

8.1.1.c Teuer! Teuer! Teuer!

WICHTIG: Das Pixel-Handy ist wegen seiner Kommunikationsfunktionen auf eine dauerhafte Internetverbindung über das Mobilfunkinternet angewiesen. Sofern Sie ihr Gerät im Handy-Shop erworben haben, wird Sie der Verkäufer mit Sicherheit darauf aufmerksam gemacht haben, dass ein Vertrag mit Internet-Flatrate notwendig ist. Nehmen Sie deshalb das Pixel-Handy am besten nicht in Betrieb, wenn Sie noch keine Internetflatrate bei Ihrem Mobilnetzbetreiber haben.

Zwar ist es möglich, die Option »*Mobile Daten*« zu deaktivieren (siehe Kapitel *8.2.2 Mobilfunk-Internet aktivieren/deaktivieren*), damit kein Mobilfunk-Internet genutzt wird, damit geht aber ein großer Teil des Charmes vom Pixel-Handy verloren.

8.1.2 Automatische Einrichtung

Sobald Sie das Handy nach dem Einlegen einer neuen SIM-Karte einschalten, werden alle Mobilnetz-abhängigen Einstellungen, darunter Mailbox, SMS-Konfiguration und mobiles Internet automatisch konfiguriert.

8.2 Umschaltung WLAN und Mobilfunk-Internet

Sie können einstellen, dass alle Internetverbindungen über WLAN oder eine Mobilfunkverbindung ablaufen. Beachten Sie aber, dass Sie unterwegs nur bei einer Mobilfunkverbindung immer das Internet nutzen können, da WLAN nur an bestimmten Orten, beispielsweise in Hotels, Bars, Flughäfen usw. zur Verfügung steht. Meist finden Sie an den mit WLAN ausgestatteten Orten auch entsprechende Hinweisschilder.

8.2.1 WLAN aktivieren/deaktivieren

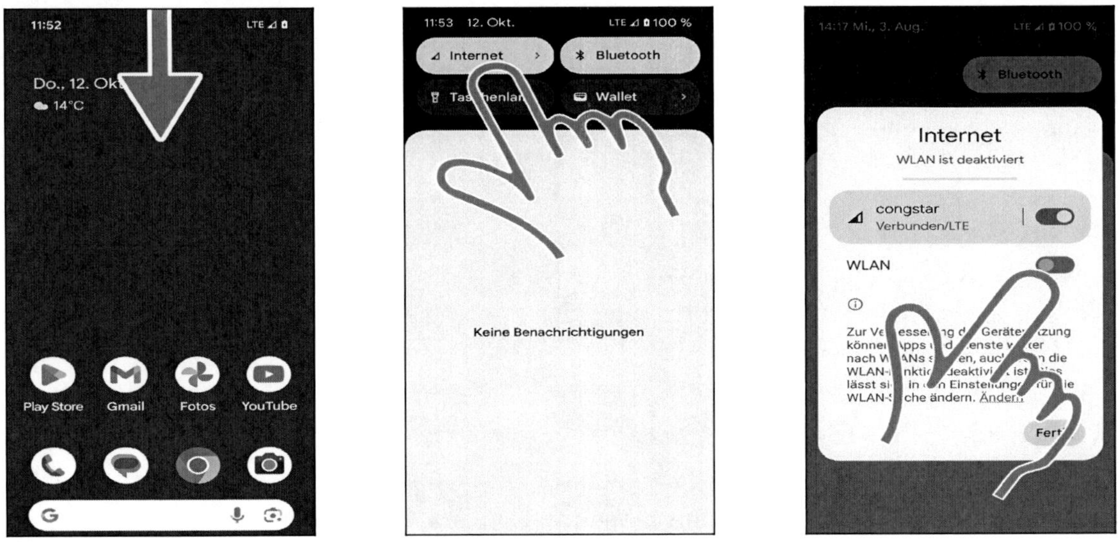

➊ Öffnen Sie mit einer Wischgeste das Benachrichtigungsfeld.

➋ Tippen Sie kurz auf die WLAN-Schaltleiste.

➌ Den *WLAN*-Schalter aktivieren Sie, was WLAN am Handy aktiviert.

➊ Falls mehr als drei WLAN-Zugangspunkte vorhanden sind – was sehr häufig der Fall ist – sollten Sie auf *Alle ansehen* gehen.

➋ Wählen Sie einen WLAN-Zugangspunkt aus, den Sie nutzen möchten.

➌ Sofern dieser verschlüsselt ist, fragt Sie das Pixel-Handy nach dem Passwort, das Sie eventuell vom WLAN-Betreiber erfragen müssen. Betätigen Sie *Verbinden*.

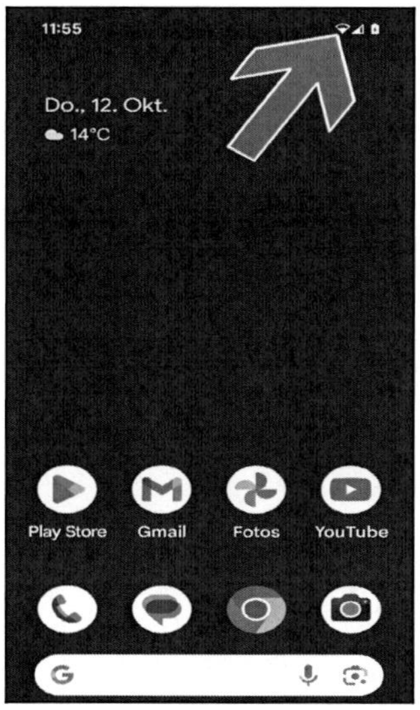

❶ Beim WLAN-Zugangspunkt erscheint nach einigen Sekunden der Hinweis *Verbunden*. Sie können nun Internet über WLAN nutzen. Über die ●-Taste verlassen Sie den WLAN-Bildschirm.

❷ Auf eine genutzte WLAN-Verbindung weist das ▼-Symbol in der Titelleiste hin (Pfeil).

Sofern Sie zuhause ein verschlüsseltes WLAN nutzen (was zu empfehlen ist!), haben Sie vielleicht das benötigte Passwort nicht parat. Rufen Sie in dem Fall auf einem PC oder Notebook, das mit dem WLAN verbunden ist, die Weboberfläche des WLAN-Routers auf und lassen Sie sich dort das Passwort anzeigen. Bei einer Fritz-Box müssten Sie beispielsweise *fritz.box* als Webadresse aufrufen und dann auf *WLAN/Sicherheit* gehen.

Weitere Hinweise zur WLAN-Nutzung finden Sie im Kapitel *9 WLAN*.

Wenn Sie WLAN am Pixel deaktivieren und dann nochmals eine Verbindung zu einem verschlüsselten WLAN aufbauen, wird das benötigte Passwort nicht erneut abgefragt.

Falls Sie sich bei der Passworteingabe vertan haben, erscheint eine Fehlermeldung. Wählen Sie dann den WLAN-Zugangspunkt erneut in der Liste aus und geben Sie das korrekte Passwort ein.

8.2.2 Mobilfunk-Internet aktivieren/deaktivieren

Haben Sie keinen Mobilfunkvertrag mit Datenflatrate, dann sollten Sie das Mobilfunk-Internet am Pixel-Handy ausschalten.

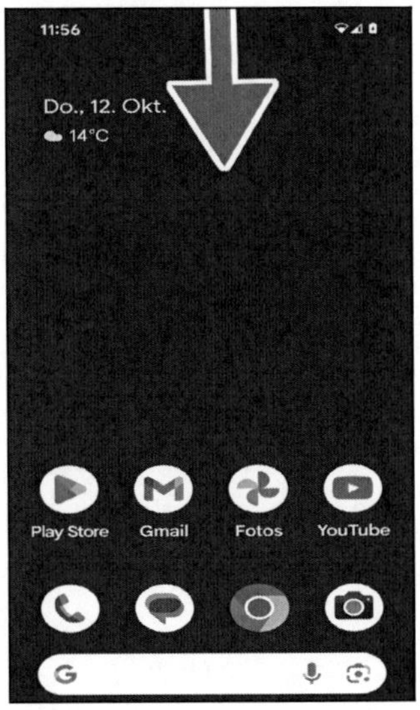

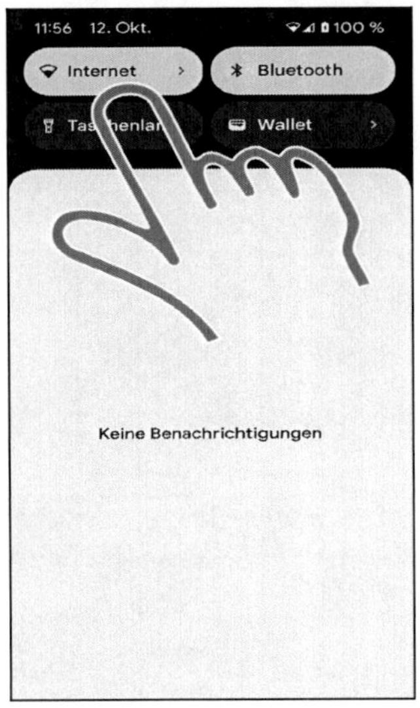

❶❷ Öffnen Sie – wie Sie es bereits gelernt haben – das Benachrichtigungsfeld und betätigen Sie die *Internet*-Schaltleiste.

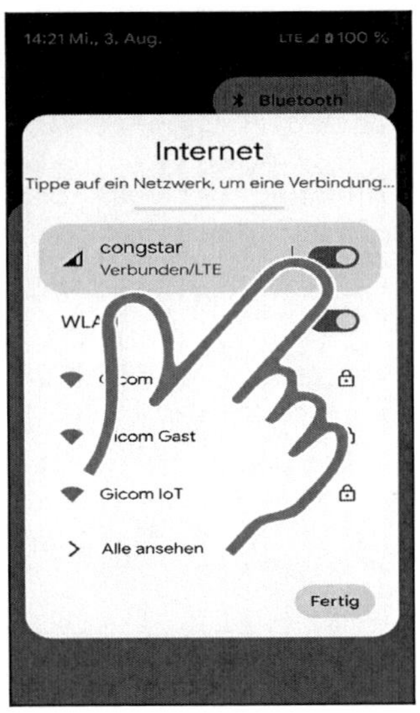

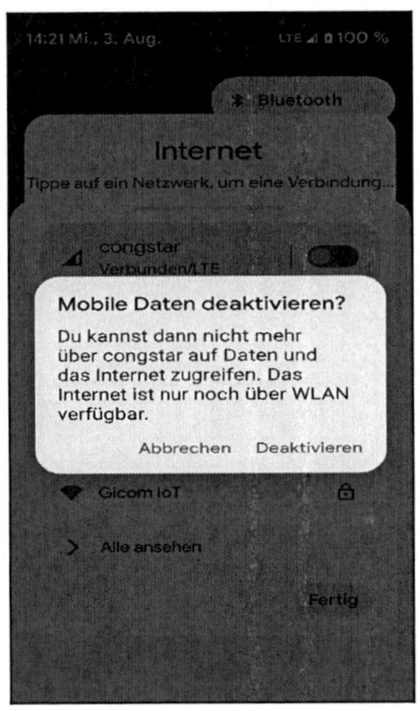

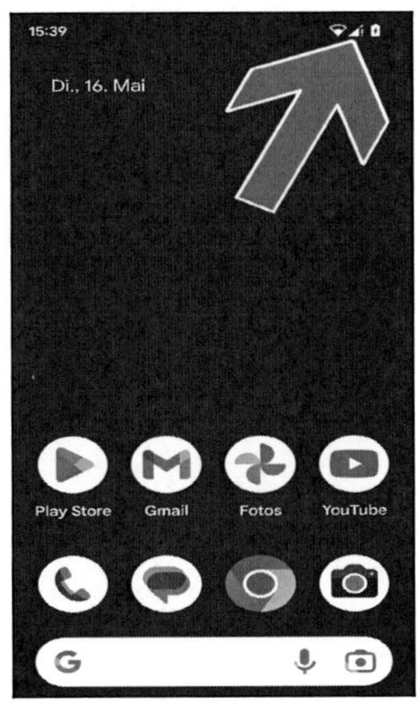

❶ Jetzt deaktivieren Sie den Schalter hinter dem Namen des Mobilnetzbetreibers.

❷ Die einmalige Sicherheitsabfrage beantworten Sie mit *Deaktivieren.* Das Mobilfunk-Internet ist damit ausgeschaltet. Auf dem gleichen Wege aktivieren Sie das Mobilfunk-Internet später wieder.

❸ Hinter dem Mobilfunk-Symbol in der Titelleiste weist ein »!« auf das deaktivierte Mobilfunk-Internet hin.

8.3 Empfangsstärke Mobilfunk und WLAN

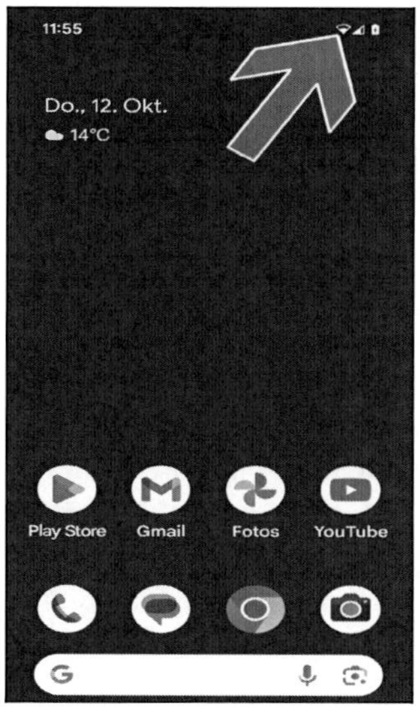

Für eine gute und unterbrechungsfreie Datenübertragung über WLAN oder Mobilfunknetz ist eine hohe Signalstärke jeweils Voraussetzung.

Die Signalstärke erkennen Sie an den Symbolen ▼ (für WLAN) und ◿ (für Mobilfunknetz) in der Titelleiste (Pfeil). Wenn die Symbole nicht voll ausgefüllt sind, besteht kein optimaler Empfang, das heißt, Sie befinden sich etwas weiter vom WLAN-Zugangspunkt/Mobilfunkmast entfernt oder ein Hindernis wie Berge oder Häuser stehen zwischen Ihnen und dem nächsten Mobilfunkmast. Die Balkenangaben sind naturgemäß recht ungenau, was aber meistens keinen Beinbruch darstellt.

9. WLAN

Schon seit einigen Jahrzehnten bieten verschiedene Hersteller Produkte zur drahtlosen Koppelung von Netzwerken an. War das Einsatzgebiet zuvor auf professionelle Anwender wie Telekommunikationsunternehmen beschränkt, die aus der Portokasse einige zehntausend Euro auf den Tisch legten, um noch teuere Erdleitungen zu vermeiden, so ist die Funkübertragung seit einiger Zeit auch für Privatanwender erschwinglich. Möglich gemacht haben dies die Einführung von weltweit gültigen Funkstandards für WLAN (Wireless Local Area Network) und die behördliche Freigabe von Frequenzen Gigahertz-Bereich. Die verschiedenen Standards zur Computervernetzung bezeichnet man auch als »Wireless Fidelity« oder kurz »Wifi«. WLAN wird im Privatbereich meist ausschließlich dazu genutzt, um PCs, Notebooks, Handhelds usw. ans Internet anzuschließen. Dazu benötigt man nur einen sogenannten WLAN-DSL-Router, wie er heute schon für weniger als hundert Euro zu haben ist. Unterwegs kann man auch sogenannte WLAN-Zugangspunkte (»WLAN-Hotspots«) nutzen, die man in zahlreichen Hotels, Flughäfen, Bars usw. findet. In Städten finden Sie zudem häufig »offene« WLAN-Zugangspunkte, bei denen absichtlich oder unabsichtlich Privatleute die Nutzung Ihres WLAN-Routers erlauben. Kommerzielle WLAN-Zugangspunkte sind dagegen häufig nur nach Bezahlung nutzbar. Dazu verwenden die Zugangspunkte eine Verschlüsselung, für die man ein Passwort eingeben muss.

9.1 WLAN-Verbindung aufbauen

In den meisten Haushalten und Büros ist heutzutage bereits ein WLAN anzutreffen, denn heute bekommt man mit der Einrichtung des DSL-Anschlusses auch gleich einen sogenannten WLAN-Router »hinterher geworfen«. Aktuelle Notebooks und fast alle Handys und Tablets wie das Pixel sind schon von Haus aus mit einem WLAN-Modul ausgestattet.

Wenn Sie das erste Mal WLAN nutzen, müssen Sie erst das WLAN-Modul am Pixel einschalten und dann eine Verbindung zum WLAN-Router (WLAN-Zugangspunkt) aufbauen, was in diesem Kapitel beschrieben wird.

Beachten Sie auch Kapitel *8.2 Umschaltung WLAN und Mobilfunk-Internet*, in dem erläutert wird, wie Sie zwischen WLAN- und Mobilfunk-Internet umschalten.

9.1.1 WLAN über die Einstellungen einrichten

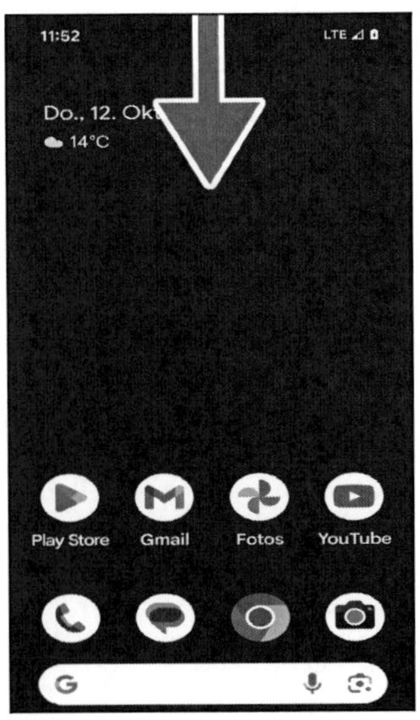

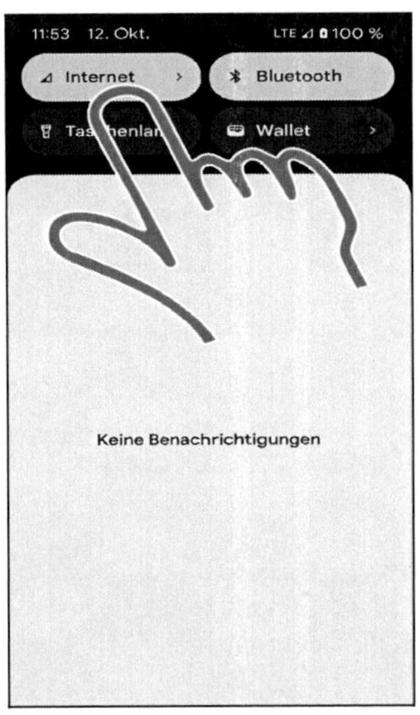

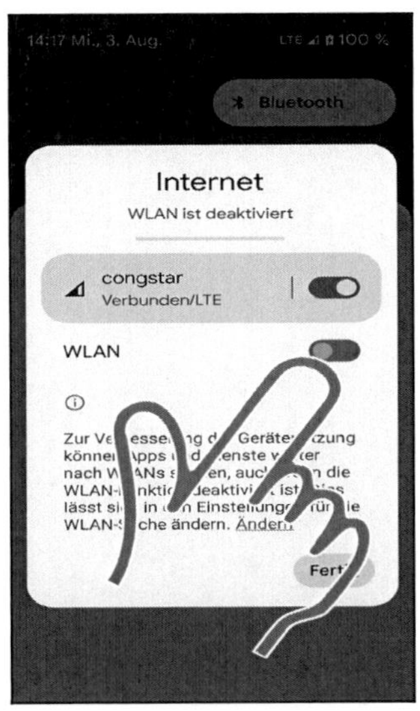

➊ Öffnen Sie mit einer Wischgeste das Benachrichtigungsfeld.

➋ Tippen Sie kurz auf die WLAN-Schaltleiste.

➌ Den *WLAN*-Schalter aktivieren Sie, was WLAN am Handy aktiviert.

❶ Falls mehr als drei WLAN-Zugangspunkte vorhanden sind – was sehr häufig der Fall ist – sollten Sie auf *Alle ansehen* gehen.

❷ Wählen Sie einen WLAN-Zugangspunkt aus, den Sie nutzen möchten.

❸ Sofern dieser verschlüsselt ist, fragt Sie das Pixel-Handy nach dem Passwort, das Sie eventuell vom WLAN-Betreiber erfragen müssen. Betätigen Sie *Verbinden*.

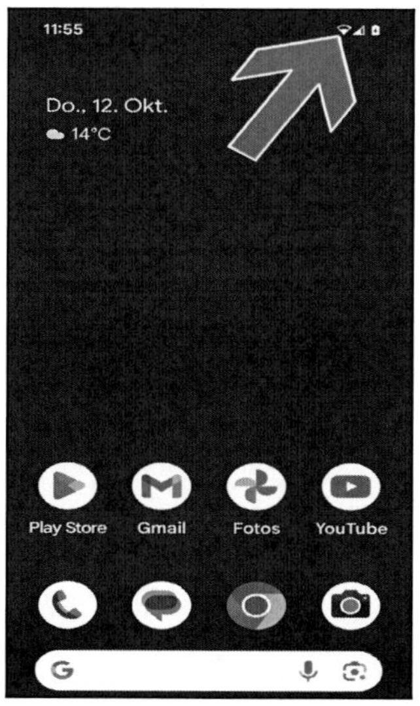

❶ Beim WLAN-Zugangspunkt erscheint nach einigen Sekunden der Hinweis *Verbunden*. Sie können nun Internet über WLAN nutzen. Über die ●-Taste verlassen Sie den WLAN-Bildschirm.

❷ Auf eine genutzte WLAN-Verbindung weist das ▼-Symbol in der Titelleiste hin (Pfeil).

Falls Sie sich bei der Passworteingabe vertan haben, erscheint eine Fehlermeldung. Wählen Sie dann den WLAN-Zugangspunkt erneut in der Liste aus und geben Sie das korrekte Passwort ein.

9.1.2 WLAN über QR-Code einrichten

Einige kommerzielle WLAN-Betreiber ersparen dem Nutzer das umständliche Eintippen des Passworts.

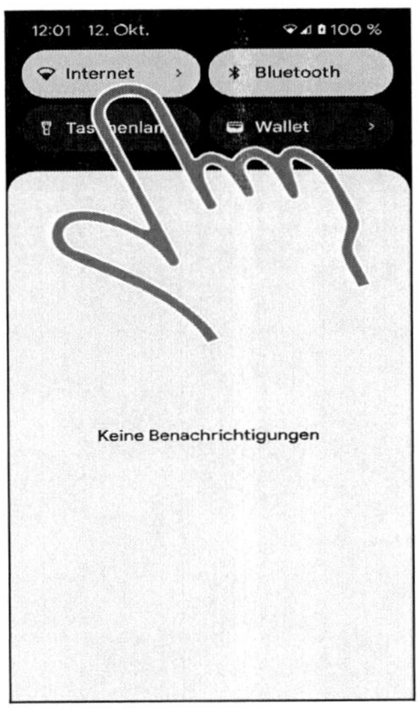

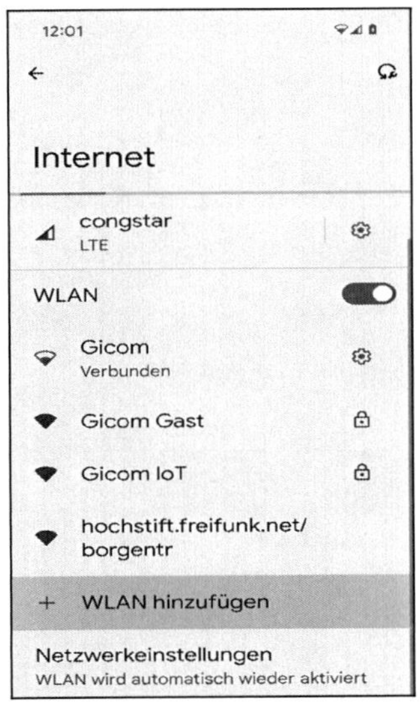

❶ Beispiel für einen WLAN-QR-Code, wie Sie ihn an manchen Orten auf Flyern oder Plakaten vorfinden.

❷❸ Öffnen Sie das Benachrichtigungsfeld, dann tippen und halten Sie den Finger auf der *Internet*-Schaltleiste, bis der WLAN-Bildschirm erscheint. Gehen Sie hier auf *WLAN hinzufügen*.

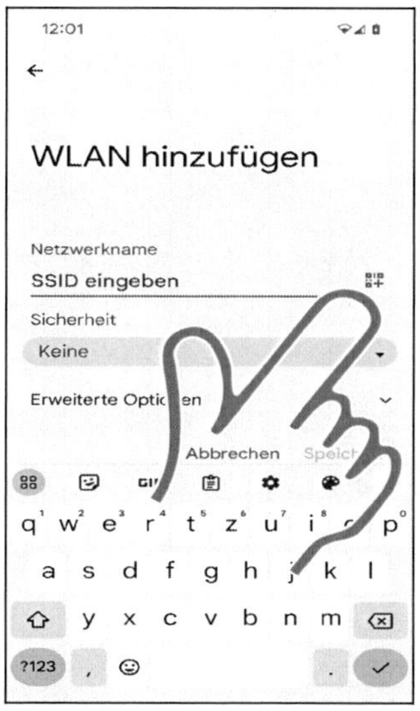

❶❷ Tippen Sie auf und halten Sie die Kamera auf den QR-Code. Die WLAN-Verbindung wird hergestellt.

9.2 WLAN-Zugangspunkte verwalten

Im *WLAN*-Menü wechseln Sie unter anderem zwischen den genutzten WLAN-Zugangspunkten.

❶ Öffnen Sie das Benachrichtigungsfeld, dann tippen und halten Sie den Finger auf der *Internet*-Schaltleiste, bis das Handy zur WLAN-Auflistung umschaltet.

❷ Sind mehrere WLAN-Zugangspunkte verfügbar, so können Sie sehr einfach zwischen diesen wechseln: Tippen Sie einfach auf einen der Zugangspunkte, worauf entweder nach dem zugehörigen Passwort gefragt oder sofort die Verbindung aufgebaut wird.

9.2.1 WLAN-Einstellungen

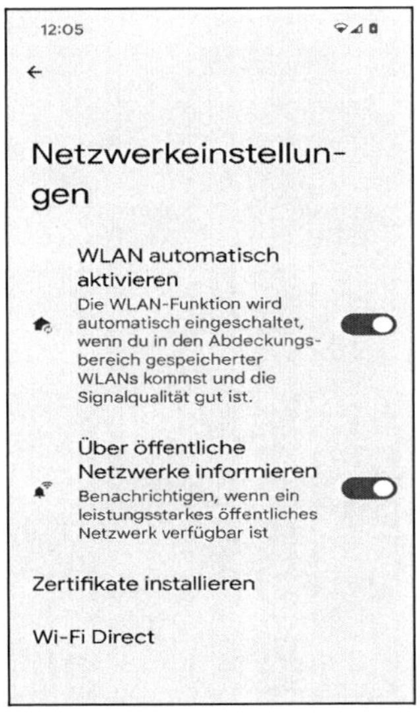

❶❷ Rufen Sie, wie bereits in den vorherigen Kapiteln beschrieben, das WLAN-Menü auf. Unterhalb der Auflistung der WLAN-Zugangspunkte finden Sie die Menüs:

- *Netzwerkeinstellungen*:
  - *WLAN automatisch aktivieren*: Wenn Sie WLAN am Handy ausgeschaltet haben, aktiviert es sich automatisch in der Nähe von WLAN-Zugangspunkten, die bereits mal mit dem Handy verbunden waren.
  - *Über öffentliche Netzwerke informieren*: Wenn Sie diese Option aktivieren, baut das Handy automatisch nach einer Sicherheitsabfrage eine Verbindung zu unverschlüsselten WLAN-Zugangspunkten auf.
  - *Zertifikate installieren*: Einige Programme benötigen spezielle Verschlüsselungszertifikate, beispielsweise in Unternehmensnetzwerken, welche Sie hiermit installieren.
  - *Wi-Fi Direct*: Dateiübertragung zu einem anderen Android-Gerät per WLAN. Weil dies per WhatsApp oder E-Mail einfacher ist, wird Wi-Fi Direct in der Praxis nie genutzt.

10. Gmail

Wie bereits im Kapitel *2.1 Das ist bei Android anders* erläutert, dient das von Ihnen angelegte Google-Konto – im Format *(Ihr Name)@gmail.com* auch als E-Mail-Adresse. Mit der in diesem Kapitel vorgestellten Gmail-Anwendung können Sie E-Mails senden, empfangen und verwalten.

❶ Gehen Sie im Startbildschirm oder Hauptmenü auf *Gmail.*

❷❸ Betätigen Sie beim ersten Start *OK* und dann *WEITER ZU GMAIL.*

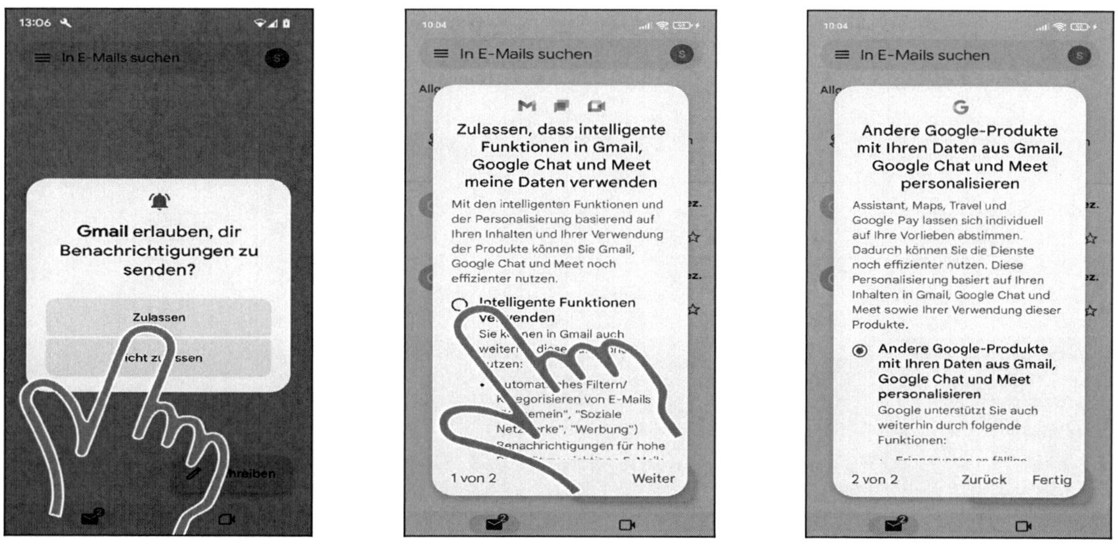

❶ Das einmalig angezeigte Popup beantworten Sie mit *Zulassen.* Falls Sie aus Versehen die *Nicht zulassen*-Schaltleiste betätigen, ist das auch kein Beinbruch: Im Kapitel *28.1 Benachrichtigungen aktivieren* erfahren Sie, wie Sie diesen Fehler korrigieren.

❷❸ Die folgenden Bildschirme erscheinen erst bei einem späteren Aufruf der Gmail-Anwendung: Aktivieren Sie *Intelligente Funktionen nutzen*, betätigen Sie *Weiter*, danach aktivieren Sie *Andere Google-Produkte mit Ihren Daten aus Gmail, Google Chat und Mett personalisieren* und gehen auf *Fertig.*

> Google wertet künftig die E-Mail-Inhalte aus und ordnet beispielsweise E-Mails den Kategorien *Werbung* oder *Soziale Netzwerke* zu.

10.1 Meet-Funktion

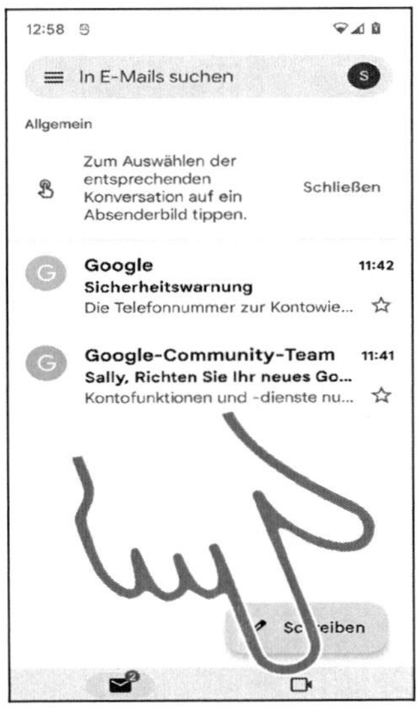

➊ Beim ersten Gmail-Aufruf erscheint ein Popup, das Sie mit *OK* schließen.

➋➌ Am unteren Bildschirmrand sind zwei Register vorhanden, mit denen Sie zwischen *E-Mail* und der Videokonferenzfunktion *Meet* umschalten. Wir gehen auf Letzteres noch im Kapitel *10.6 Meet* ein.

10.2 Gmail in der Praxis

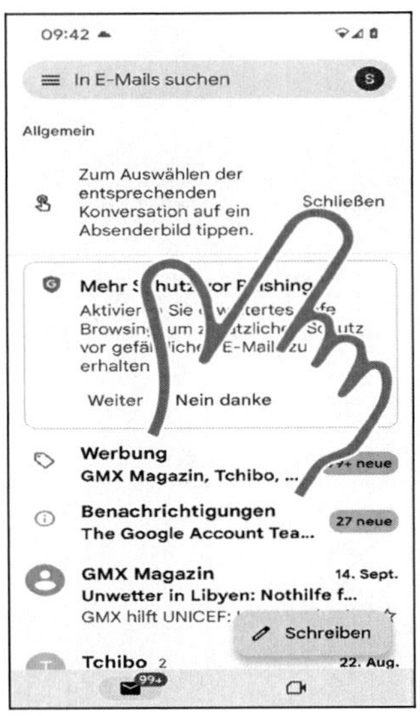

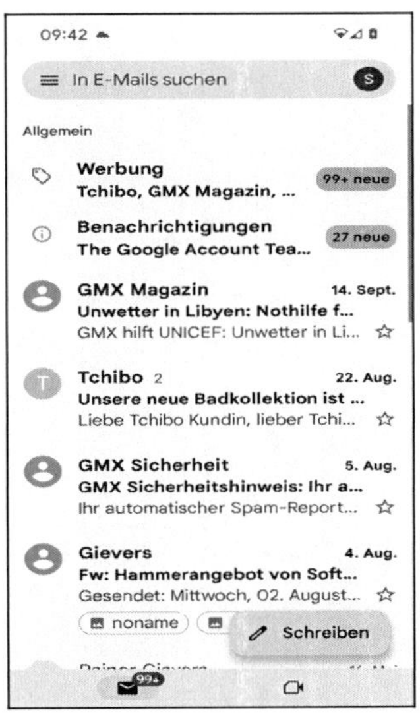

➊ Ab und zu erscheinen Hinweise, bei denen Sie einfach *Schließen* oder *Nein danke* betätigen.

➋ Die großen bunten Symbole vor den einzelnen Nachrichten enthalten jeweils den ersten Buchstaben des Absenders, im Beispiel also »G« für Google usw.

Bitten Sie Bekannte, Ihnen E-Mails an Ihr Gmail-E-Mail-Adresse (= Ihr Google-Konto) zu senden. Auf diesem Wege können Sie die folgenden Anweisungen direkt nachvollziehen.

10.2.1 E-Mails abrufen

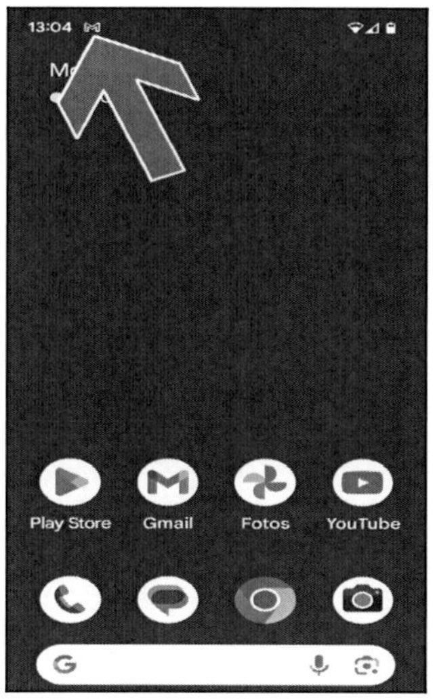

❶ Für die Synchronisierung der E-Mails in der Gmail-Anwendung mit dem E-Mail-Konto führen Sie eine Wischgeste von oben nach unten in der E-Mail-Oberfläche durch (dies ist in der Regel aber nicht nötig, weil neue Nachrichten automatisch abgerufen werden).

❷❸ Alternativ können Sie sich die neuen E-Mails auch auf einem weiteren Wege anzeigen: Wenn neue Nachrichten vorliegen, erscheint in der Titelleiste ein M-Symbol (Pfeil). Öffnen Sie das Benachrichtigungsfeld (siehe Kapitel *4.10 Titelleiste und Benachrichtigungsfeld*) und tippen Sie auf *x neue Nachrichten*, worauf der Gmail-Posteingang angezeigt wird. Sofern nur eine neue Nachricht empfangen wurde, zeigt Gmail diese statt des Posteingangs an. Auch das Archivieren (siehe Kapitel *10.3.3 Archivieren*) und Beantworten einer Nachricht ist direkt über zwei Schaltleisten im Benachrichtigungsfeld möglich.

Die Gmail-Anwendung arbeitet speicheroptimiert, das heißt beim Blättern in der Nachrichtenauflistung lädt sie automatisch die als nächstes anzuzeigenden Mails nach. Dies kann bei einer langsamen Mobilfunkverbindung manchmal einige Sekunden dauern. Sie sehen dann »*Konversationen werden geladen*«.

❶ Alle noch ungelesenen Nachrichten erscheinen in Fettschrift. Tippen Sie nun eine Nachricht an, die Sie lesen möchten.

❷ Die Bedeutung der Schaltleisten am oberen Bildschirmrand:

- (Archivieren): Entfernt eine Nachricht aus dem Posteingang, ohne sie zu löschen. Siehe auch Kapitel *10.3.3 Archivieren*.
- : Nachricht löschen.

- ✉ (Ungelesen): Setzt den Nachrichtenstatus auf »ungelesen« und schaltet wieder auf den Posteingang um.

❸ Über eine Kneifgeste (zwei Finger, beispielsweise Daumen und Zeigefinger, gleichzeitig auf das Display drücken), können Sie die Ansicht vergrößern/verkleinern. Verschieben Sie bei Bedarf dann mit dem Finger den angezeigten Bildschirmausschnitt. Alternativ tippen Sie zweimal schnell hintereinander auf den Nachrichtentext.

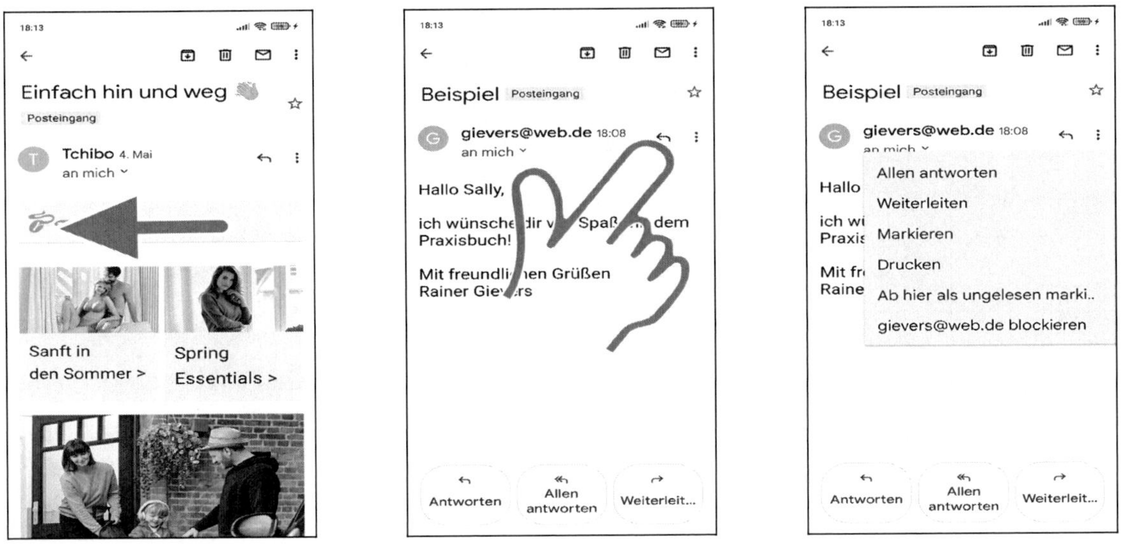

❶ Ziehen Sie mit angedrücktem Finger nach links/rechts, um zur nächsten älteren/neueren Nachricht zu blättern.

❷ Die ↰-Schaltleiste erstellt eine Antwort-Nachricht an den Absender.

❸ Das ⋮-Menü:

- *Allen antworten*: Sofern die E-Mail mehrere Empfänger enthält, können Sie Ihre Antwort-Nachricht an alle Empfänger senden. Wir raten davon aber ab, weil dies unter Umständen zu peinlichen Situationen führen kann, beispielsweise, wenn ein Kunde die interne Kommunikation eines Unternehmens zugesandt bekommt.
- *Weiterleiten*: Erstellt eine neue Nachricht mit dem Nachrichtentext.
- *Markieren; Markierung entfernen*: Markiert eine Nachricht als Favoriten beziehungsweise entfernt die Markierung wieder. Siehe Kapitel *10.3.6 Markierungen*.
- *Drucken*: Auf die Druckausgabe geht dieses Buch nicht ein.
- *Ab hier als ungelesen markieren*: Setzt den »Gelesen«-Status für diese und alle früher empfangenen Nachrichten wieder zurück.
- *xxx blockieren*: Künftig landen alle E-Mails des Absenders im *Spam*-Ordner.

Die Funktionen zum Antworten und Weiterleiten finden Sie auch am Ende der E-Mail.

10.2.2 Dateianlagen

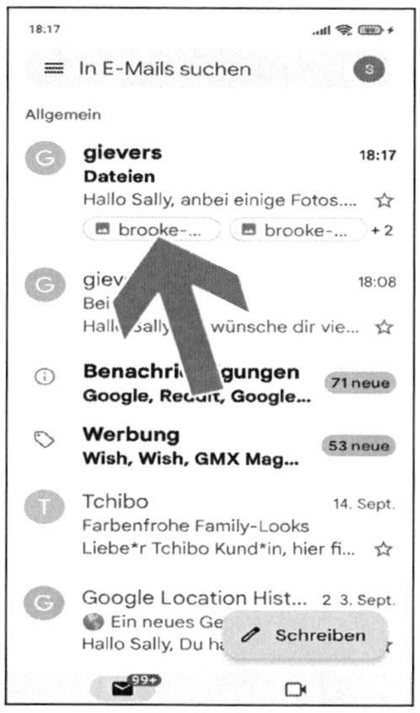

❶ Nachrichten mit Dateianlagen erkennen Sie am an den Symbolen (Pfeil) in der Nachrichtenauflistung.

❷❸ Bild-Dateianlagen zeigt Gmail in einer Vorschau. Tippen Sie sie jeweils für eine Vollbildanzeige an. Über ⁝/*Speichern* beziehungsweise ⁝/*Alle speichern* landen die Dateien im Gerätespeicher.

Heruntergeladene Dateianlagen landen im Verzeichnis *Download* auf dem Handy.

10.2.3 Labels

Labels haben bei Gmail die gleiche Funktion wie Ordner. Deshalb werden auch die klassischen E-Mail-Ordner *Postausgang, Entwürfe, Gesendet* usw. bei Gmail als »Label« bezeichnet. Man darf einer Mail mehrere Labels gleichzeitig zuweisen.

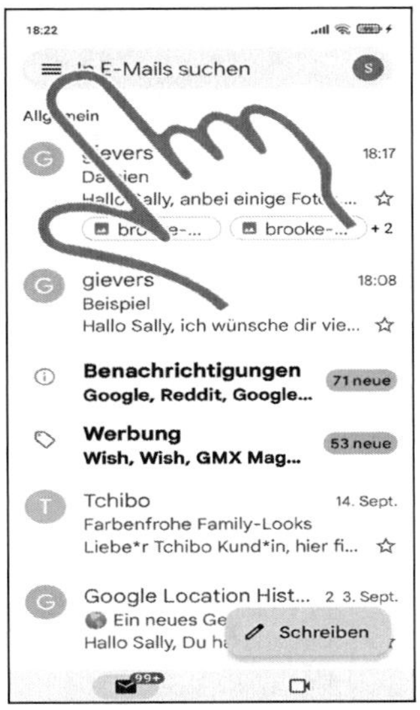

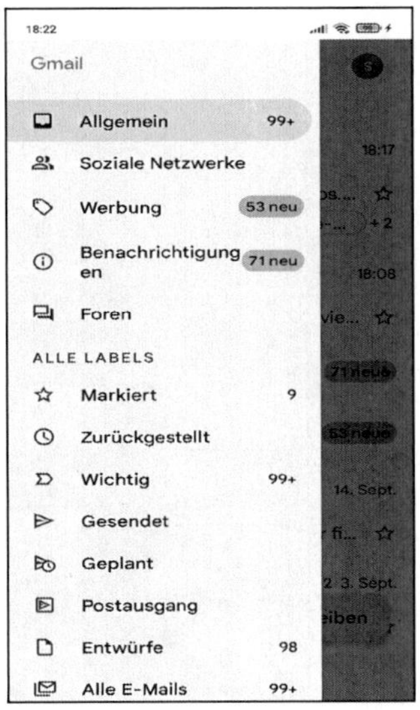

❶❷ Zur Anzeige der E-Mails eines Labels tippen Sie oben links (Pfeil) für das Ausklappmenü:

Die Nachrichten sind eingeteilt nach:

- *Alle Posteingänge*: Falls Sie mehrere Google-Konten nutzen, zeigen Sie diese alle zusammen an.
- *Allgemein:* Nachrichten von Freunden und Verwandten sowie sonstige Nachrichten, die nicht in einem der anderen Labels angezeigt werden.
- *Soziale Netzwerke*: E-Mails aus sozialen Netzwerken, Plattformen zum Teilen von Inhalten, Online-Partnervermittlungen, Spieleplattformen oder anderen sozialen Websites.
- *Werbung*: Werbeaktionen, Angebote und sonstige Werbe-E-Mails.
- *Benachrichtigungen:* Benachrichtigungen wie Bestätigungen, Belege, Rechnungen und Kontoauszüge.
- *Foren:* E-Mails aus Online-Gruppen, Diskussionsforen und Mailinglisten.

Unter *Alle Labels* finden Sie:

- *Markiert*: Der »Markiert«-Status kann Nachrichten oder Konversationen zugewiesen werden. Siehe dazu auch Kapitel *10.3.6 Markierungen*.
- *Zurückgestellt*: Sie können sich an Nachrichten, die Sie erst später bearbeiten wollen, erinnern lassen. Siehe Kapitel *10.3.2 Zurückstellen*.
- *Wichtig*: Gmail erkennt automatisch Nachrichten, die für Sie interessant oder wichtig sind und ordnet sie unter *Wichtig* ein. Siehe auch Kapitel *10.3.5 Wichtig-Ordner*.
- *Gesendet*: Versandte Nachrichten.
- *Postausgang*: Zum Versand bereitstehende Nachrichten.
- *Entwürfe*: Nachrichten, die bereits vorbereitet, aber noch nicht versandt wurden.
- *Alle E-Mails*: Zeigt alle Mails sortiert als sogenannte Konversationen an.
- *Spam*: Als Spam erkannte Mails.
- *Papierkorb*: Von Ihnen gelöschte Mails.

Tippen Sie ein Label, deren zugeordnete E-Mails Sie ansehen möchten, an.

❸ Am oberen Bildschirmrand (Pfeil) sehen Sie, in welchem Ordner Sie sich gerade befinden.

> Auf die Funktion der einzelnen Label gehen die folgenden Kapitel ein. Nicht genutzte Label blendet die Gmail-Anwendung aus.
>
> Befinden Sie sich in einem anderen Ordner als *Allgemein*, dann kehren Sie mit der ◀-Taste wieder zu *Allgemein* zurück.

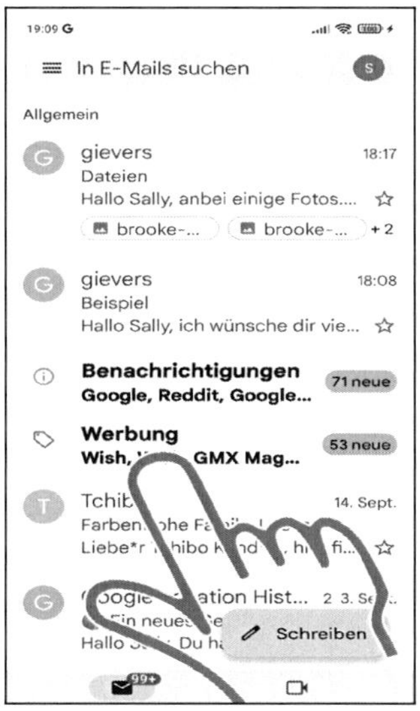

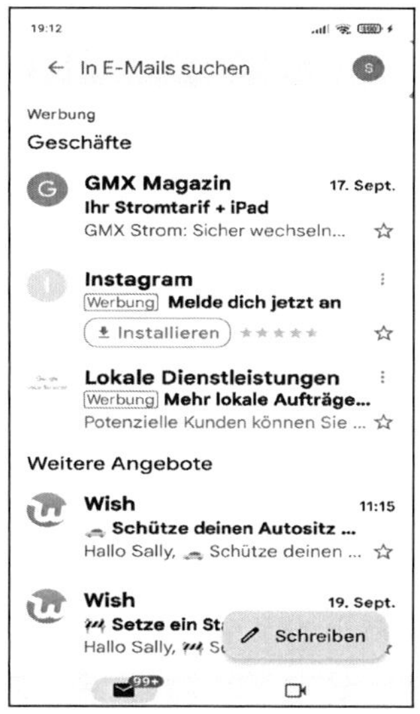

❶ Im Beispiel wurden E-Mails von Gmail automatisch dem Label *Werbung* zugewiesen (Markierung).

❷❸ Tippen Sie ein Label an, um dessen Inhalt aufzulisten.

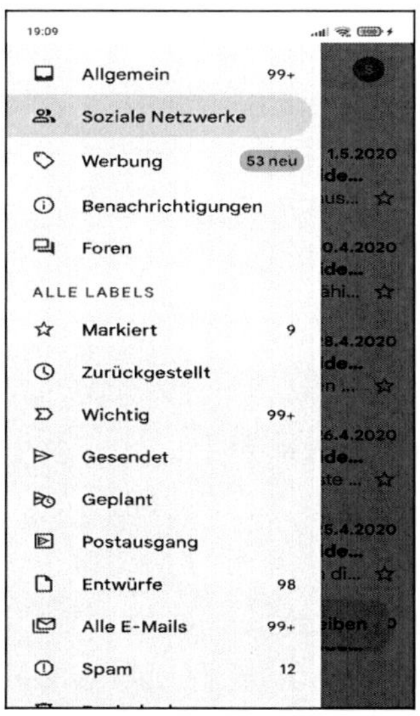

❶❷ Alternativ gehen Sie im Ausklappmenü auf das Label.

Die ◀-Taste bringt Sie wieder in die E-Mail-Gesamtansicht zurück.

10.2.4 E-Mails beantworten

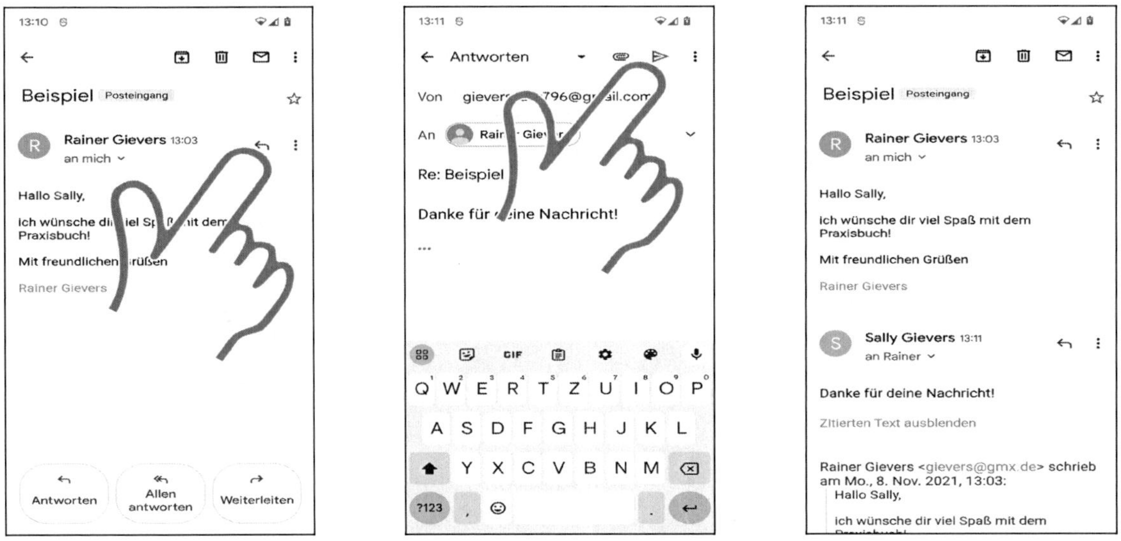

❶ Zum Beantworten einer gerade angezeigten E-Mail betätigen Sie einfach die ↩-Schaltleiste (Pfeil). Alternativ gehen Sie auf *Antworten* am Ende des E-Mail-Textes.

❷ Geben Sie nun den Nachrichtentext ein und betätigen Sie ▷. Es erscheint dann für einige Sekunden der Hinweis »*Nachricht wird gesendet*«, während die Nachricht verschickt wird.

❸ Die von Ihnen verschickte E-Mail erscheint unter dem Nachrichtentext der beantworteten. Verlassen Sie den Bildschirm mit der ◀-Taste.

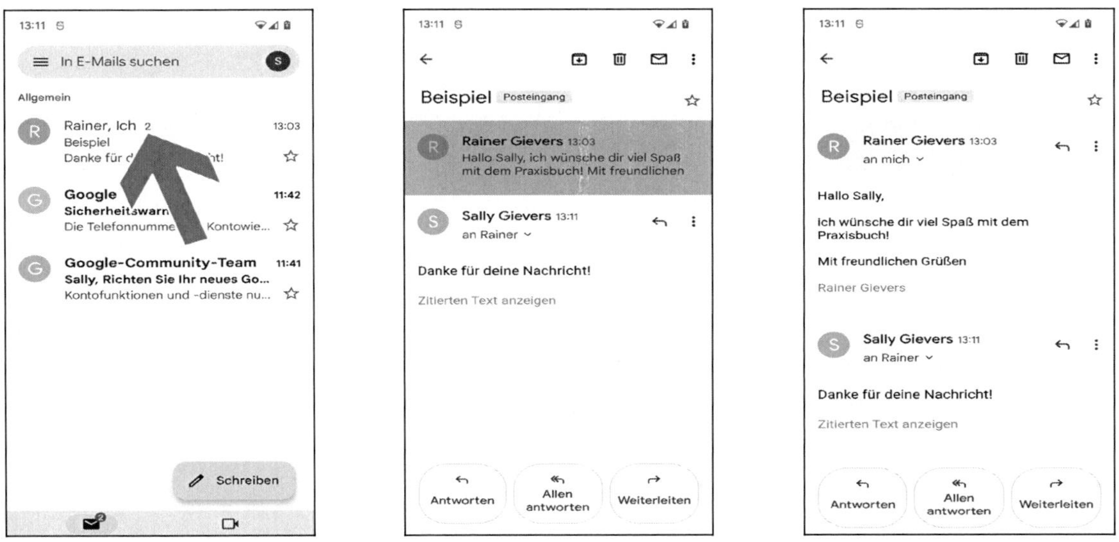

❶ Gmail verwaltet die Nachrichten als »Konversationen«, das heißt, alle Nachrichten, die Sie mit einem Kommunikationspartner austauschen, werden unter einem Eintrag zusammengefasst. Sie erkennen die Konversationen daran, dass beim Betreff ein »*ich*« und die Zahl der ausgetauschten Nachrichten erscheint. Tippen Sie den Betreff an, um die Konversation anzuzeigen.

❷❸ Es erscheinen Karteireiter mit den Nachrichten, die Sie mit dem Kommunikationspartner ausgetauscht haben. Tippen Sie einen Karteireiter an, um die zugehörige Nachricht auszufalten. Erneutes Antippen eines Karteireiters blendet die Nachricht wieder aus. Mit einer vertikalen Wischgeste können Sie zudem durch die aufgeklappten Nachrichten rollen.

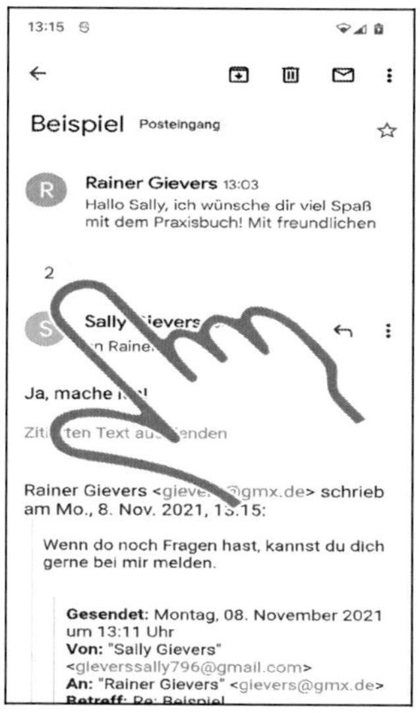

❶❷ Mitunter sind in einer Konversation sehr viele Nachrichten enthalten, die Gmail dann hinter einem Kreis-Symbol verbirgt (Pfeil). Tippen Sie darauf, um die Nachrichten einzublenden.

10.2.5 E-Mail neu schreiben

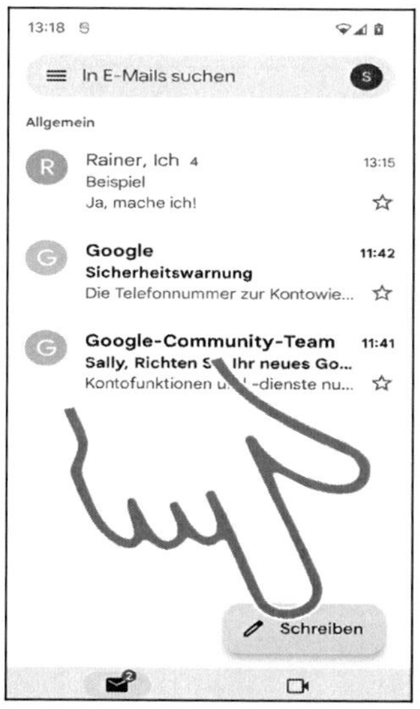

❶ Betätigen Sie die bunte *Schreiben*-Schaltleiste (Pfeil).

❷ Im *An*-Feld erfassen Sie nun den Empfänger.

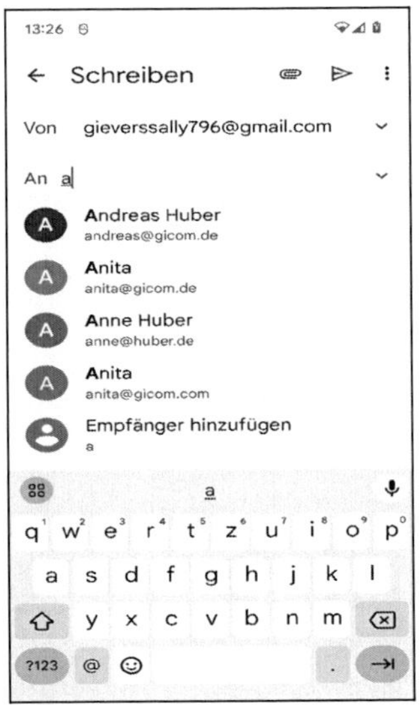

❶ Gmail sucht bereits bei der Eingabe des Kontaktnamens passende E-Mail-Adressen und listet diese auf. Tippen Sie einfach die Gewünschte an.

❷ Die E-Mail-Adresse landet im Empfängerfeld. Falls Sie einen weiteren Empfänger hinzufügen möchten, geben Sie diesen einfach dahinter ein. Geben Sie nun Betreff und Nachrichtentext ein und betätigen Sie ▷ (oben rechts) zum Senden.

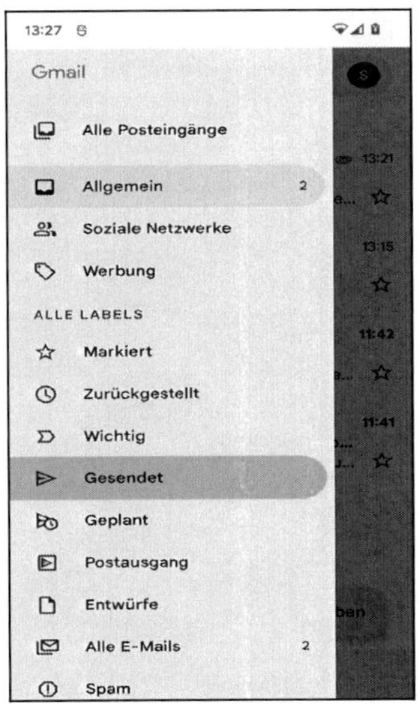

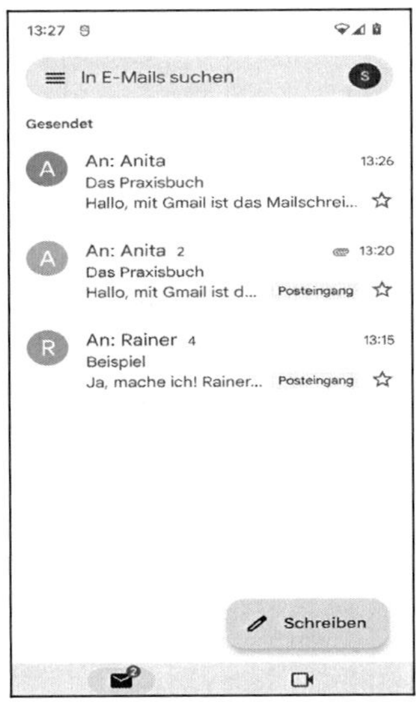

❶ Die versandte Mail finden Sie im *Gesendet*-Ordner. Aktivieren Sie dafür das Ausklappmenü (Pfeil).

❷❸ Wählen Sie *Gesendet* aus, worauf die versandten Nachrichten aufgelistet werden.

10.2.6 Weitere Funktionen bei der E-Mail-Erstellung

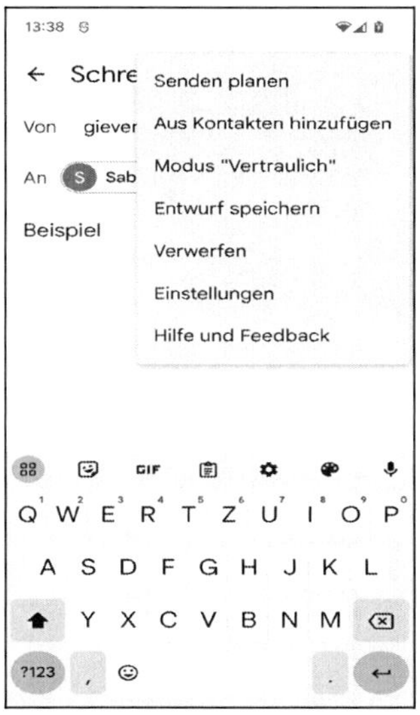

❶ Im E-Mail-Editor finden im ⁝-Menü folgende Optionen:

- *Senden planen*: E-Mail nicht sofort versenden, sondern zu einem anderen Zeitpunkt.
- *Aus Kontakten hinzufügen*: Weiteren Empfänger hinzufügen (nur wenn Sie sich gerade im Empfänger-Eingabefeld befinden).
- *Modus "Vertraulich"*: Damit schränken Sie den Handlungsspielraum des Empfängers ein. Dies kann die E-Mail nicht weiterleiten und benötigt zum Öffnen gegebenenfalls einen Sicherheitscode. Hat der Empfänger keine Gmail-Adresse, so erhält er einen Link, über den er die E-Mail auf der Gmail-Webseite öffnet.
- *Entwurf speichern*: Speichert die E-Mail als Entwurf. Siehe Kapitel *10.2.7 Entwürfe*.
- *Verwerfen*: Nachricht ohne zu senden verwerfen.
- *Einstellungen*: Die Einstellungen beschreibt bereits Kapitel *10.4 Einstellungen*.
- *Hilfe & Feedback* (❷): Ausführliche Hilfeseiten. Falls Ihnen etwas an Gmail auffällt, das Ihnen nicht gefällt können Sie es außerdem an Google senden.

10.2.6.a Cc/Bcc

❶❷ Über ✓ (Pfeil) hinter dem *An*-Eingabefeld aktivieren Sie zusätzliche Eingabefelder. Deren Bedeutung:

- *Cc*: Der Begriff Cc steht für »Carbon Copy«, zu deutsch »Fotokopie«. Der ursprüngliche Adressat (im *An*-Eingabefeld) sieht später die unter *Cc* eingetragenen weiteren Empfänger. Die *Cc*-Funktion ist beispielsweise interessant, wenn Sie ein Problem mit jemandem per E-Mail abklären, gleichzeitig aber auch eine zweite Person von Ihrer Nachricht Kenntnis erhalten soll.

- *Bcc*: Im *Bcc* (»Blind Carbon Copy«)-Eingabefeld erfassen Sie weitere Empfänger, wobei der ursprüngliche Adressat im *An*-Feld nicht mitbekommt, dass auch noch andere Personen die Nachricht erhalten.

10.2.6.b Dateianlage

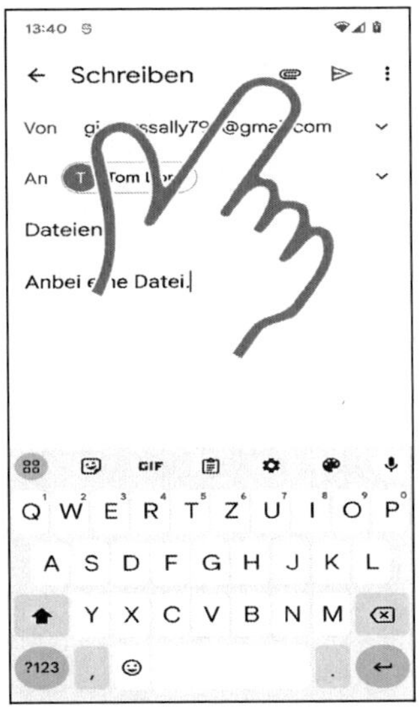

❶ Mit 📎 (Pfeil) fügen Sie Ihrer E-Mail eine Datei als Anhang hinzu.

❷ Wählen Sie dann aus:

- *Datei anhängen*: Eine beliebige Datei (zum Beispiel ein Word-Dokument).
- *Aus Drive einfügen*: Eine Datei aus dem Online-Speicherdienst Google Drive (siehe Kapitel *23.4 Google Drive*) übernehmen.

In unserem Beispiel gehen wir auf *Datei anhängen.*

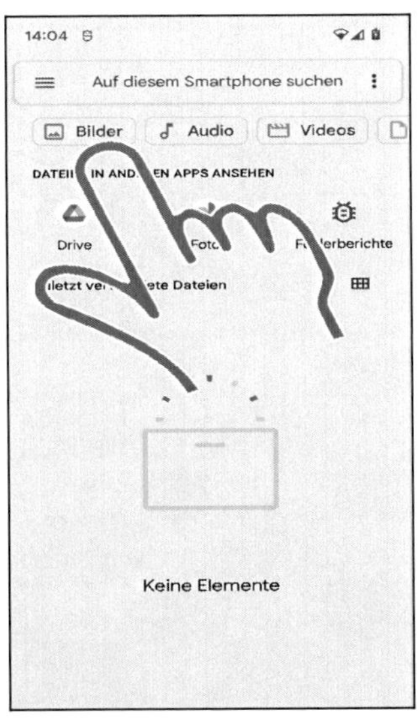

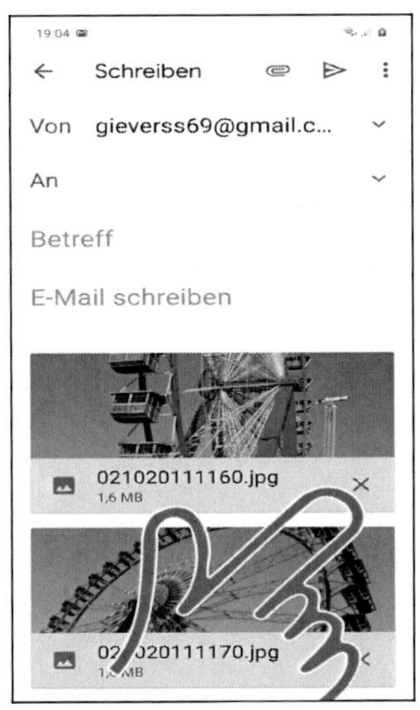

❶ Gmail listet die zuletzt auf das Gerät kopierten beziehungsweise genutzten Dateien auf, wovon Sie die gewünschte antippen. Alternativ wählen Sie einen Dateityp aus, in unserem Beispiel *Bilder*.

❷ Tippen und halten Sie den Finger über der ersten Datei, bis diese markiert ist, danach markieren Sie weitere Dateien durch kurzes Antippen. Betätigen Sie dann oben rechts im Bildschirm *Auswählen.*

❸ Zum Entfernen der Bilddatei tippen Sie auf die ✕-Schaltleiste (Pfeil).

10.2.7 Entwürfe

Manchmal kommt es vor, dass man eine fertige Nachricht erst später verschicken möchte. Dafür bietet sich die Entwürfe-Funktion an.

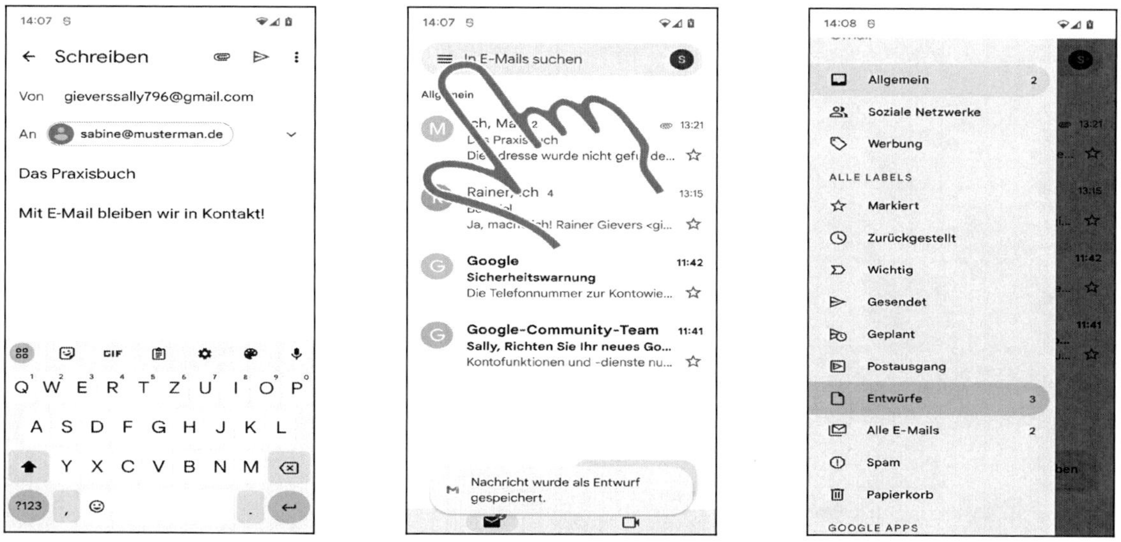

➊ Geben Sie die Nachricht wie gewohnt ein. Danach betätigen Sie zweimal die ▼- beziehungsweise ◀-Taste, worauf die Meldung »*Nachricht als Entwurf gespeichert*« erscheint und Gmail zur Nachrichtenübersicht zurückkehrt.

➋➌ Aktivieren Sie das Ausklappmenü und rufen Sie darin *Entwürfe* auf.

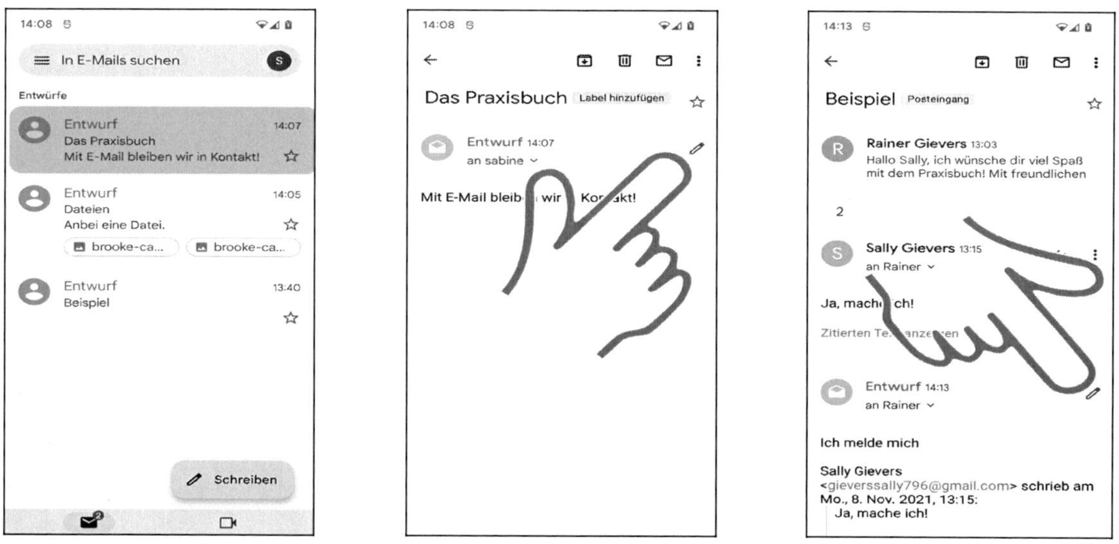

➊ Tippen Sie in der Auflistung des *Entwürfe*-Ordners eine Nachricht an, die Sie bearbeiten und später verschicken möchten.

➋ Zum Bearbeiten und späteren Senden des Entwurfs tippen Sie ✎ an.

➌ Eine Besonderheit gibt es bei Nachrichten, die man als Antwort geschrieben hat und dann als Entwurf speichert: In diesem Fall wird der Entwurf in die Konversation eingebettet und es erscheint dort der Hinweis »*Entwurf*«.

10.2.8 E-Mails löschen

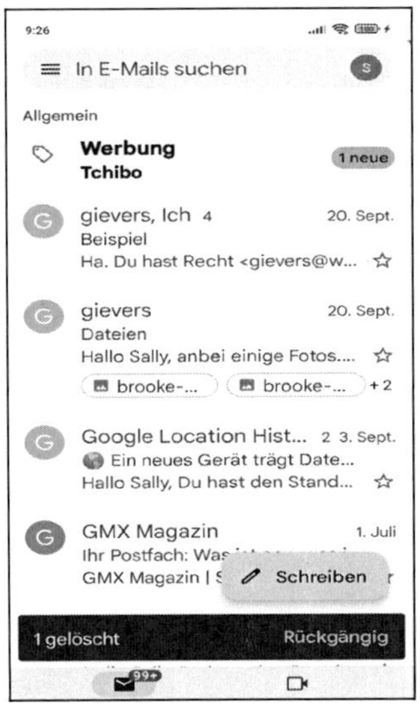

❶ Zum Entfernen einer E-Mail oder Konversation verwenden Sie in der E-Mail-Detailansicht .

❷ Die Nachricht ist dann entfernt und Gmail schaltet in den Posteingang um. Falls Sie sich mit dem Löschen vertan haben, ist es noch möglich, den Löschvorgang durch Antippen von *Rückgängig machen* am unteren Bildschirmrand rückgängig zu machen. Dieser Hinweis verschwindet allerdings, wenn Sie im E-Mail-Programm weiterarbeiten, also beispielsweise eine Nachricht öffnen oder den E-Mail-Ordner wechseln.

> Wenn Sie zum ersten Mal eine Nachricht löschen, fragt Sie das Handy, wie nach dem Löschen verfahren werden soll. Tippen Sie *Konversationsliste* an, damit Gmail dann in die Nachrichtenansicht zurückkehrt.

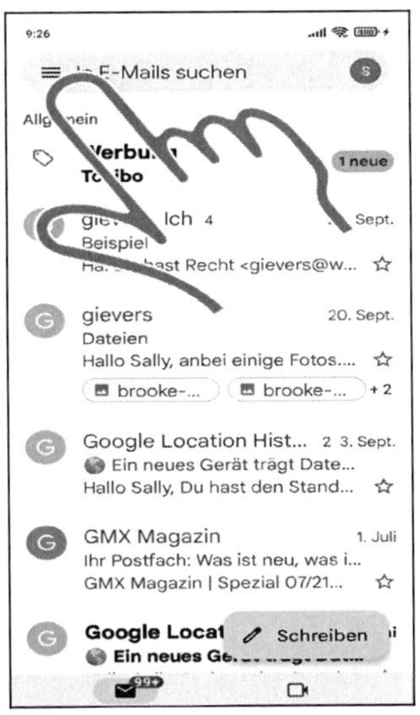

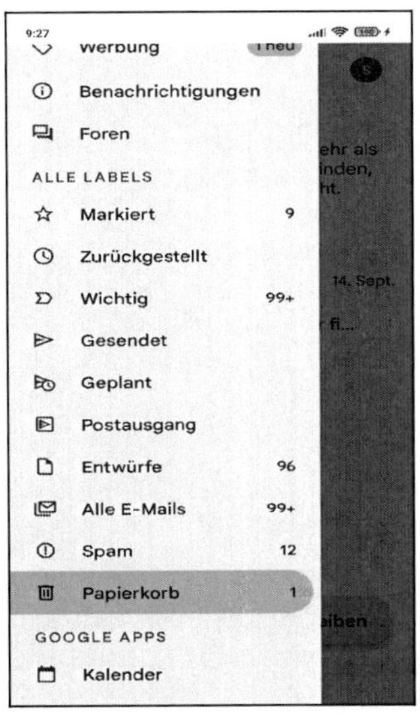

❶❷ Die gelöschten Mails sind aber noch nicht verloren, sondern werden im *Papierkorb*-Ordner zwischengespeichert. Diesen erreichen Sie, indem Sie ins Ausklappmenü gehen (Pfeil), dann das *Papierkorb*-Label auswählen.

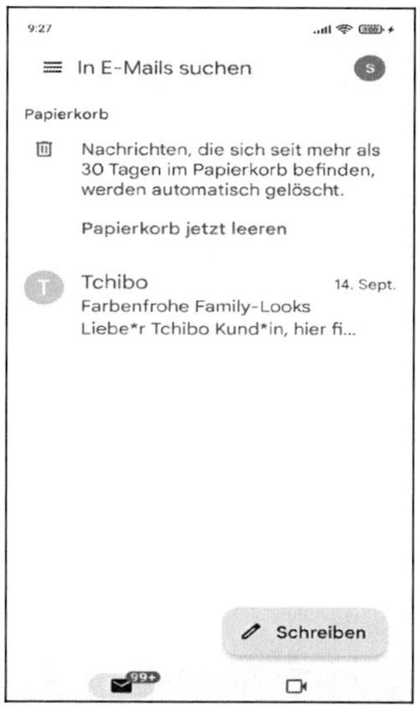

❶ Im Prinzip verhält sich der *Papierkorb*-Ordner ähnlich wie der *Posteingang*, das heißt sie können hier die Nachrichten noch einmal ansehen. Die gelöschten Nachrichten werden im Papierkorb für 30 Tage vorgehalten.

❷❸ Zum »Retten« einer Nachricht aus dem Papierkorb verschieben Sie sie einfach wieder in den Posteingang. Gehen Sie in der Nachrichtenansicht auf ⋮/*Verschieben nach* und wählen Sie *Allgemein* aus.

10.3 Weitere Funktionen

10.3.1 Nachrichten durchsuchen

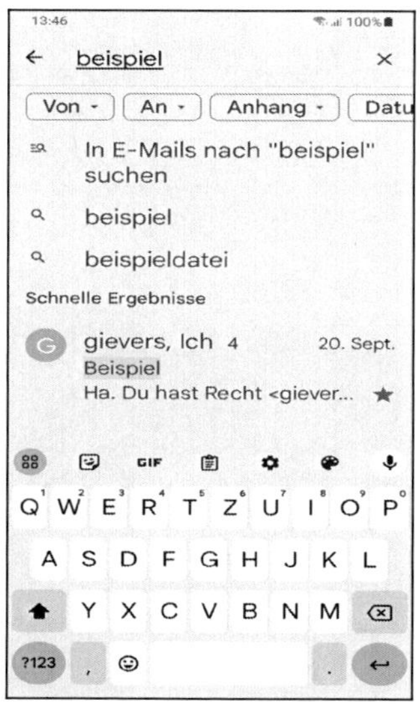

❶ Tippen Sie in das Eingabefeld am oberen Bildschirmrand, wenn Sie die Nachrichten eines Ordners durchsuchen möchten.

❷ Die 🔍-Taste (Pfeil) im Tastenfeld führt dann die Suche durch. Alternativ wählen Sie einen der Suchvorschläge aus.

❸ Tippen Sie eine Nachricht an, die Sie lesen möchten. Die ◀-Taste bringt Sie wieder in die Nachrichtenauflistung zurück.

10.3.2 Zurückstellen

Sie kennen das Szenario, dass Sie häufig Nachrichten erhalten, die zum aktuellen Zeitpunkt nicht relevant sind. Damit Sie nicht den Überblick verlieren, können Sie sie zurückstellen. Die jeweilige Nachricht verschwindet dann für einen einstellbaren Zeitraum aus dem Posteingang.

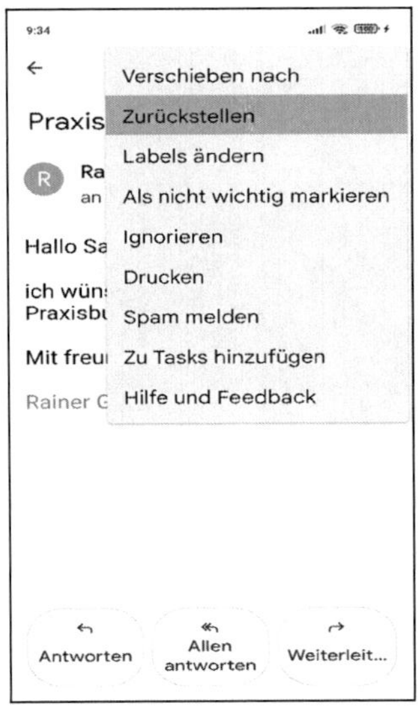

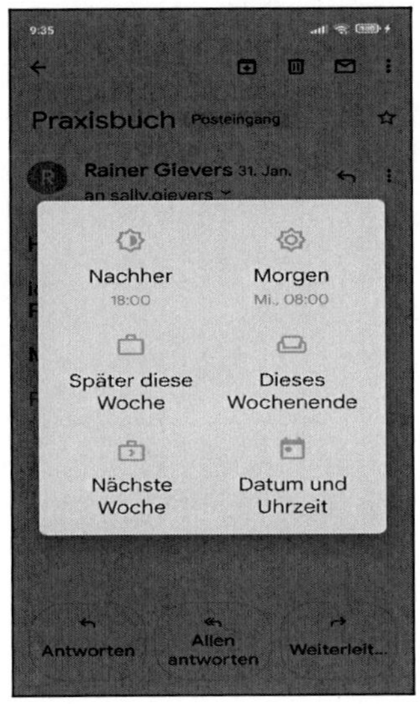

❶❷ In der Nachricht gehen Sie auf ⋮/*Zurückstellen.*

❸ Wählen Sie den Zeitraum aus. Die Nachricht verschwindet aus dem Posteingang und wird nach einiger Zeit wieder eingeblendet.

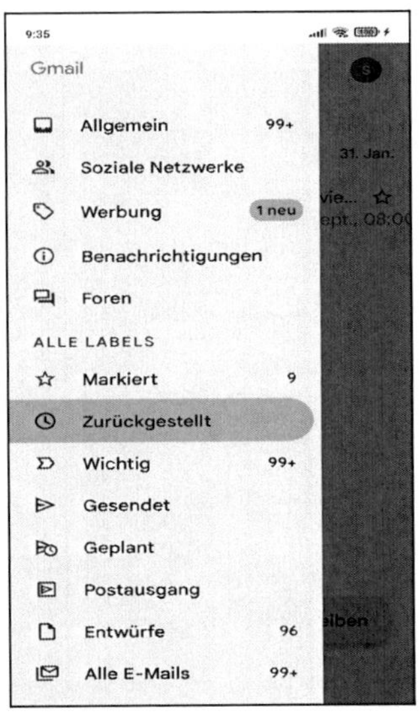

❶❷ Die zurückgestellten Nachrichten finden Sie im Ausklappmenü unter *Zurückgestellt.* Dort können Sie sie auch bearbeiten beziehungsweise beantworten.

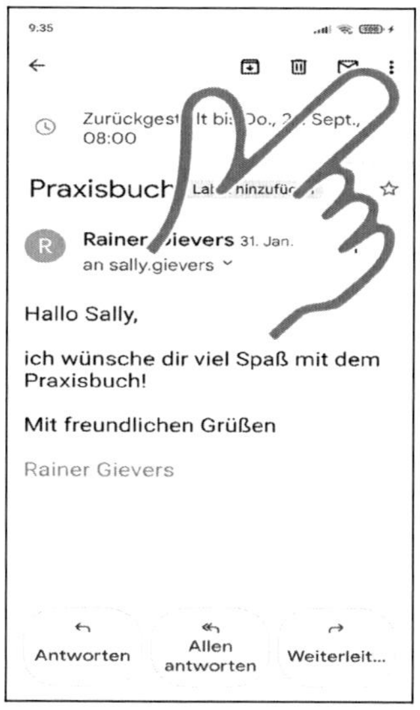

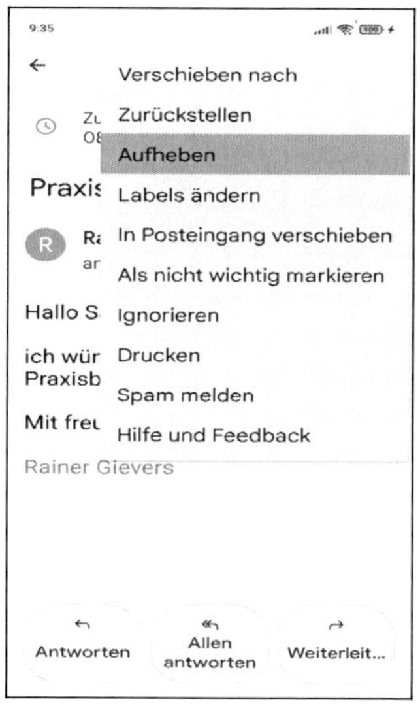

❶❷ Eine zurückgestellte Nachricht können Sie über ⋮/*Aufheben* vorzeitig wieder in den Posteingang zurückbefördern. Alternativ ändern Sie mit ⋮/*Zurückstellen* den Zurückstellungszeitpunkt.

10.3.3 Archivieren

Obwohl Gmail Nachrichten, die mit dem gleichen Empfänger ausgetauscht wurden als »Konversationen« in einem Eintrag zusammenfasst, kann der Posteingang unübersichtlich werden. Unwichtige Nachrichten/Konversationen lassen sich deshalb im Posteingang ausblenden, was mit der Archivieren-Funktion geschieht.

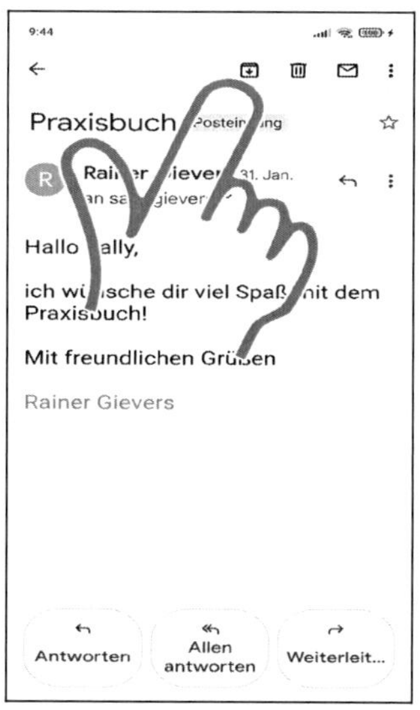

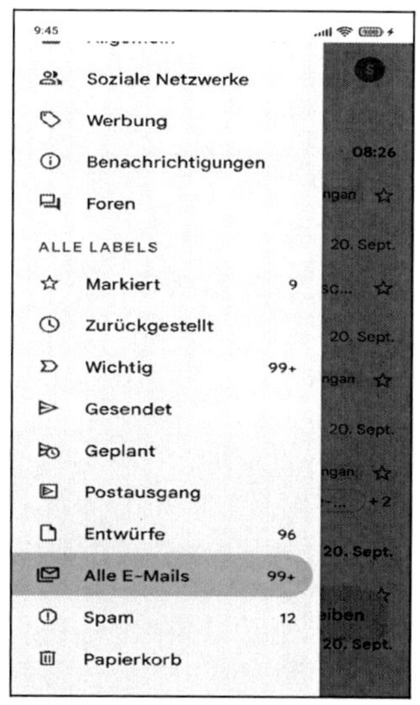

❶ Betätigen Sie in der E-Mail-Detailansicht ⊡ (Pfeil). Die Nachricht ist nun »archiviert« und Gmail schaltet wieder auf den Posteingang um.

❷ Zum Anzeigen der archivierten Nachrichten aktivieren Sie das Ausklappmenü.

❸ Wählen Sie *Alle E-Mails* aus.

Gmail zeigt nun alle Nachrichten, das heißt, neben den archivierten auch die aus *Entwürfe*, *Gesendet* usw. an.

Alle Nachrichten, die im Posteingang vorhanden sind, sind mit einem grauen »*Posteingang*« markiert.

Betätigen der ◀-Taste oder erneutes Aktivieren des Ausklappmenüs und Auswahl von *Allgemein* bringt Sie wieder in den Posteingang zurück.

Antwortet jemand auf eine archivierte Nachricht/Konversation, so verschiebt Gmail diese automatisch wieder in den Posteingang.

❶❷ Das Archivieren ist auch über eine Wischgeste in der Nachrichtenauflistung möglich. Wischen Sie dort einfach über einem E-Mail-Eintrag von rechts nach links beziehungsweise umgekehrt.

10.3.4 Unterdrücken

Die zuvor erwähnte Archivieren-Funktion mag zwar sehr praktisch sein, wenn Sie aber laufend Nachrichten einer Konversation (beispielsweise auf einer Mailing-Liste) erhalten, die Sie überhaupt nicht interessieren, ist es sehr lästig, immer wieder erneut die einzelnen Nachrichten zu archivieren.

Mit der Unterdrücken-Funktion lassen sich dagegen alle Nachrichten einer Konversation automatisch archivieren, das heißt, wenn neue Nachrichten in einer unterdrückten Konversation eingehen, werden diese automatisch ebenfalls archiviert. Sie sollten die Unterdrücken-Funktion aber vorsichtig einsetzen, weil Sie ja von neuen Nachrichten einer unterdrückten Konversation nichts mitbekommen. Dies ist aber meist nicht weiter schlimm, denn ist Ihre E-Mail-Adresse im Feld »*An*« oder »*Cc*« enthalten, wird die Konversation wieder in Ihren Posteingang eingeordnet. Sie verpassen also keine Nachrichten, die direkt an Sie adressiert sind.

❶❷ In der Nachrichtenansicht rufen Sie ⋮/*Ignorieren* auf. Die Nachricht/Konversation verschwindet aus dem Posteingang.

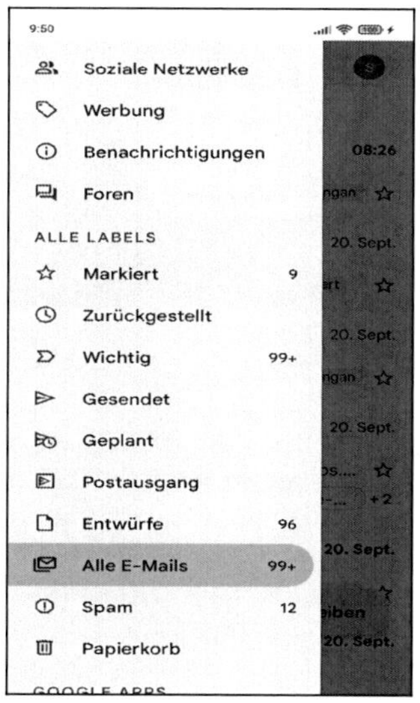

❶ Zum Anzeigen der ignorierten Nachrichten aktivieren Sie das Ausklappmenü (Pfeil).

❷ Wählen Sie *Alle E-Mails* aus.

❸ Unterdrückte Nachrichten sind mit dem Label *Ignoriert* markiert (Pfeil).

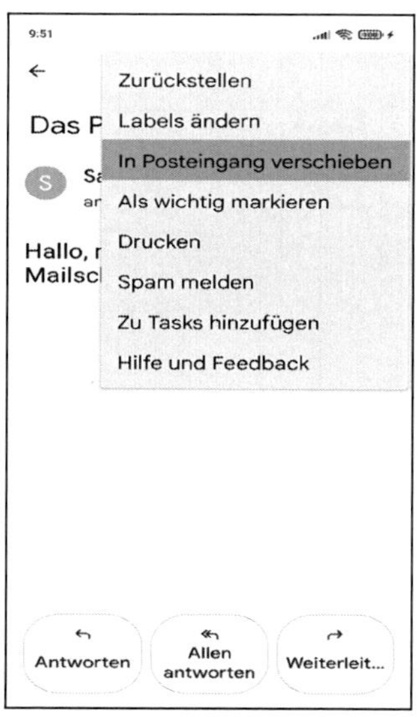

So verschieben Sie unterdrückte Nachrichten wieder in den Posteingang: Gehen Sie in die Nachrichtenansicht und rufen Sie ⋮/*In den Posteingang verschieben* auf.

10.3.5 Wichtig-Ordner

Erhalten Sie extrem viele Nachrichten, unterstützt Sie Gmail dabei, die lesenswerten von den weniger lesenswerten Nachrichten zu unterscheiden. Die Lesenswerten landen dann im *Wichtig-*Ordner. Aber wie funktioniert diese Filterung genau? Dazu schreibt Google in seiner Online-Hilfe (*support.google.com/mail/answer/186543*):

Gmail berücksichtigt automatisch eine Reihe von Signalen, um festzustellen, welche eingehenden Nachrichten wichtig sind, unter anderem:

- An wen Sie E-Mails senden: Falls Sie viele E-Mails an Thomas senden, sind E-Mails von Thomas höchstwahrscheinlich wichtig.
- Welche Nachrichten Sie öffnen: Nachrichten, die Sie öffnen, sind höchstwahrscheinlich wichtiger als ungeöffnete Nachrichten.
- Welche Themen Ihre Aufmerksamkeit wecken: Falls Sie Nachrichten über Fußball immer lesen, ist eine E-Mail zum Thema Fußball höchstwahrscheinlich wichtig.
- Welche E-Mails Sie beantworten: Falls Sie Nachrichten von Ihrer Mutter immer beantworten, sind ihre Nachrichten an Sie höchstwahrscheinlich wichtig.
- Wie Sie die Funktionen "Markieren", "Archivieren" und "Löschen" verwenden: Nachrichten, die Sie markieren, sind höchstwahrscheinlich wichtiger als Nachrichten, die Sie ungeöffnet archivieren.

❶❷ Über ⋮/*Als wichtig markieren*, beziehungsweise ⋮/*Als nicht wichtig markieren* in der Nachrichtenansicht nehmen Sie Einfluss auf die automatische Einordnung weiterer E-Mails vom gleichen Absender.

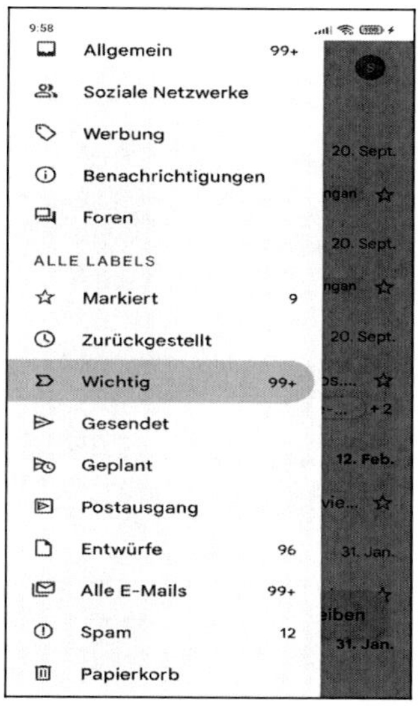

❶❷❸ Möchten Sie, dass Gmail nur die als wichtig eingestuften Nachrichten auflistet, dann rufen Sie das Ausklappmenü auf und wählen *Wichtig*. Umgekehrt zeigen Sie mit *Allgemein* wieder alle Nachrichten an.

10.3.6 Markierungen

Nachrichten, die für Sie wichtig sind, heben Sie einfach durch Markierung mit einem »Stern« hervor.

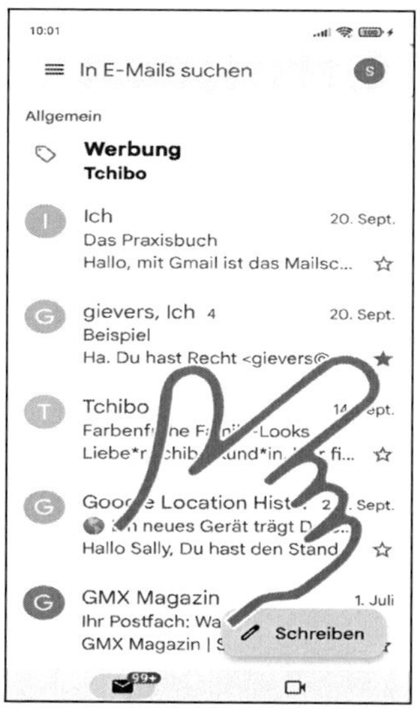

❶ Um einen Stern zu setzen, tippen Sie einfach den ausgeblendeten Stern hinter einer Nachricht an. Ein zweites Antippen deaktiviert den Stern wieder.

❷ Auch in der Nachrichtenanzeige können Sie den Stern setzen/entfernen (Pfeil).

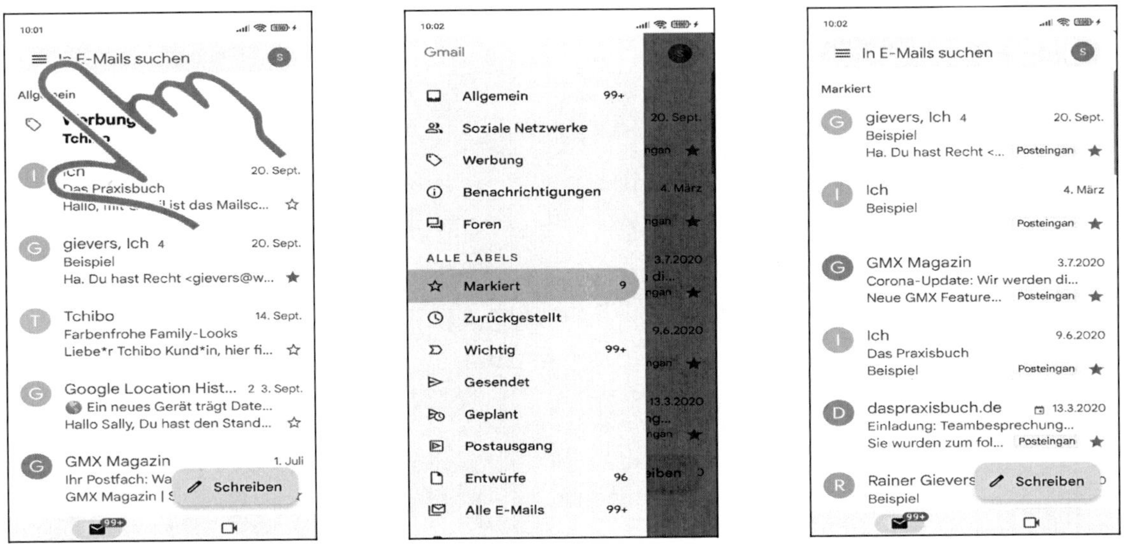

❶❷❸ Die Anzeige beschränken Sie mit *Markiert* im Label-Ausklappmenü auf die markierten Nachrichten.

10.3.7 Spam

Unter Spam versteht man unerwünschte Werbemails. Abhängig davon, ob Sie Ihre E-Mail-Adresse irgendwo mal auf einer Website hinterlassen haben oder durch Zufall ein Spam-Versender Ihre Gmail-Adresse mit Ausprobieren erraten hat, können pro Tag einige dutzend oder hundert Werbemails in Ihrem E-Mail-Konto auflaufen. Damit Ihre wichtige Kommunikation nicht im ganzen Spam untergeht, verfügt Ihr Gmail-Konto über einen automatischen Spam-Filter. Alle Spam-Mails landen dabei im *Spam*-Ordner.

Damit Google weiß, was für Sie Spam ist, müssen sie die unerwünschten Mails einzeln als Spam markieren.

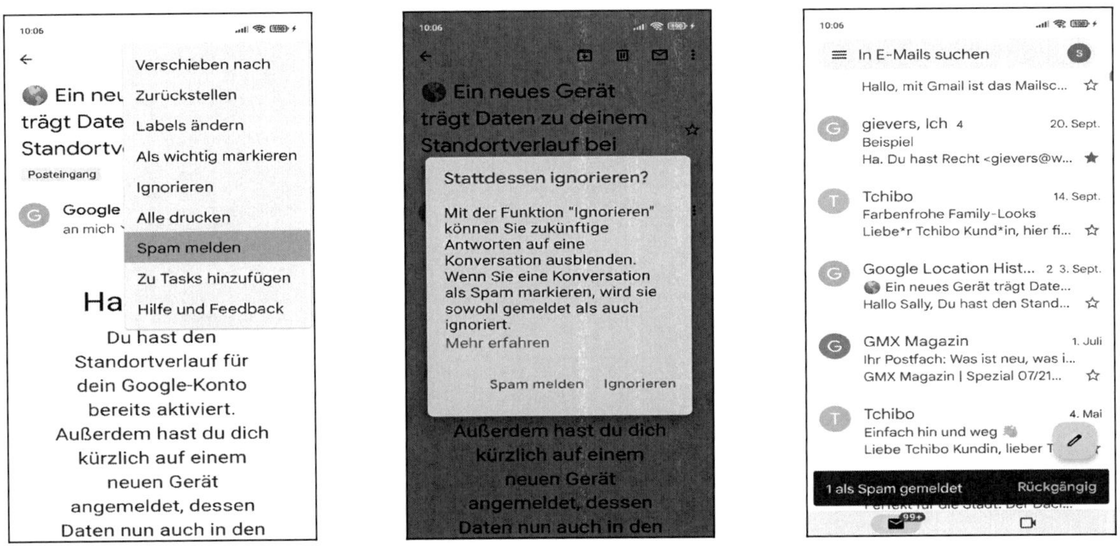

❶ Rufen Sie in der Nachrichtenansicht ⁝/*Spam melden* auf.

❷ Beim ersten Mal werden Sie in einem Popup gefragt, ob Sie *Spam melden und Nachrichten löschen* oder nur *Spam melden möchten*. Wir empfehlen Letzteres, weil sonst nie mehr E-Mails des jeweiligen Absenders erhalten.

❸ Die betreffende Nachricht wird aus dem *Posteingang* entfernt und landet im *Spam*-Ordner.

Nutzen Sie ⋮/*Phishing melden*, wenn Sie eine Spam-Nachricht erhalten, mit deren Hilfe Dritte Daten beispielsweise zum Aufruf einer möglicherweise gefährlichen Webseite auffordern. Beliebt sind dabei unter anderem vorgeschobene Warnungen vor Kontosperrungen, weshalb man seine Kontodaten eingeben müsse. Weitere nützliche Hinweise zum wichtigen Thema »Phishing« finden Sie online unter *support.google.com/mail/answer/8253*.

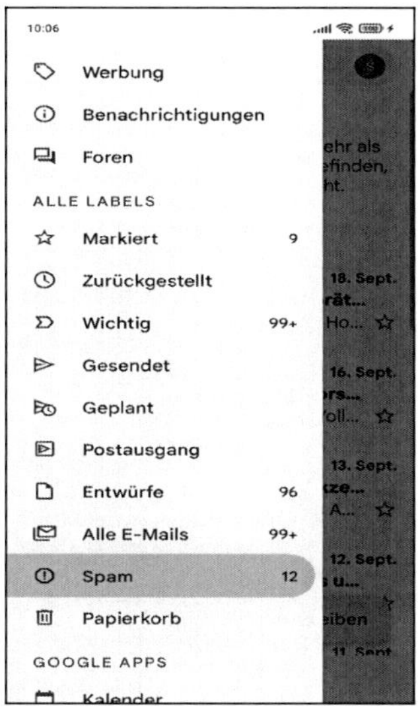

❶❷❸ So zeigen Sie den *Spam*-Ordner an: Aktivieren Sie das Label-Ausklappmenü, worin Sie *Spam* auswählen.

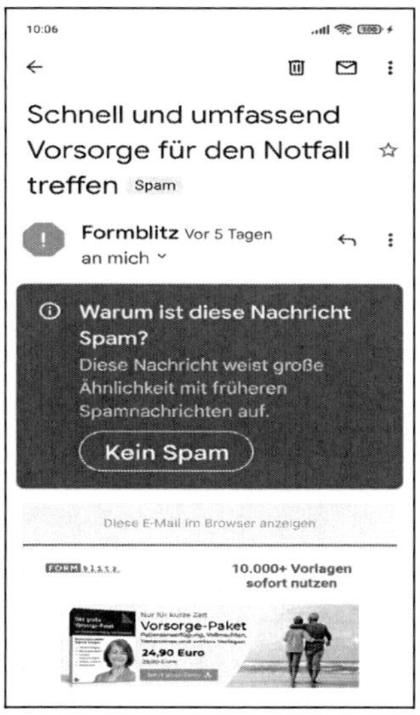

Wenn Sie meinen, dass eine Nachricht doch kein Spam ist, dann rufen gehen Sie in die Nachricht und betätigen die *Kein Spam*-Schaltleiste.

Es ist sehr **wichtig**, dass im *Spam*-Ordner wirklich nur unerwünschte Mails enthalten sind. Gmail vergleicht nämlich eingehende Nachrichten mit denen im Spam-Ordner und ordnet sie als Spam ein, wenn eine große Ähnlichkeit besteht. Schauen Sie deshalb ab und zu mal in Ihren *Spam*-Ordner, um falsche Einordnungen wieder rückgängig zu machen.

10.3.8 Stapelvorgänge

Wenn eine Aktion, wie Label ändern, Löschen, Markierung hinzufügen usw. auf mehrere Nachrichten anzuwenden ist, verwenden Sie die Stapelvorgänge.

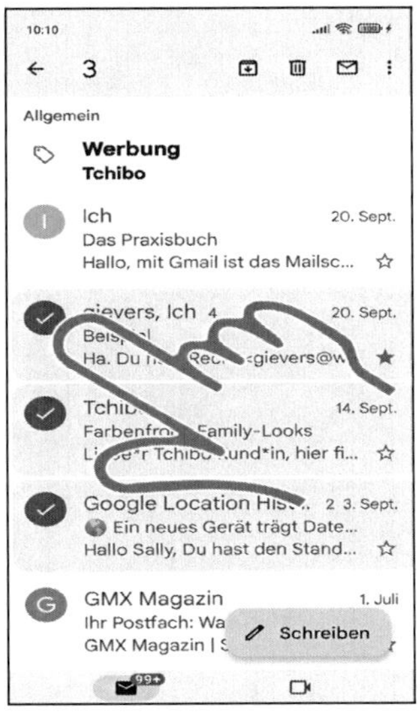

❶ Zum Markieren tippen Sie auf die bunten Symbole vor den Nachrichten. Über die Schaltleisten am oberen Bildschirmrand können Sie dann die Nachrichten archivieren, löschen, einem Label zuweisen, auf gelesen/ungelesen setzen oder als Favoriten markieren.

❷ Den Markierungsmodus verlassen Sie gegebenenfalls mit der ←-Schaltleiste (Pfeil). Alternativ betätigen Sie die ◀-Taste.

> Die Funktion »Stapelvorgänge« können Sie in den Einstellungen über *Kontrollkästchen ausblenden* deaktivieren, siehe Kapitel *10.4 Einstellungen*.

10.3.9 Wischgeste zum Archivieren

❶ Mit einer Wischgeste nach links oder rechts über einer Nachricht archivieren Sie diese.

❷ Über die *Rückgängig*-Schaltleiste können Sie den Vorgang wieder zurücksetzen.

> Welche Aktion die Wischgeste durchführt, legen Sie in ⁝*/Einstellungen/Allgemeine Einstellungen* fest. Gehen Sie dort auf *Gmail-Standardaktion*, bei der Sie die Wahl zwischen *Löschen* und *Archivieren* haben.

10.4 Einstellungen

10.4.1 Allgemeine Einstellungen

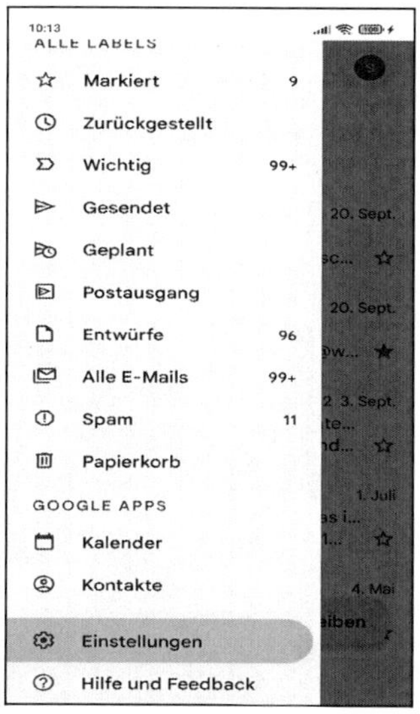

❶❷❸ Rufen Sie zunächst *Einstellungen* im Ausklappmenü auf und gehen dann auf *Allgemeine Einstellungen*.

- *Design*: Schaltet die Bildschirmanzeige um zwischen heller und invertierter Darstellung. Letzteres ist sinnvoll, wenn Sie das Handy in einer dunklen Umgebung nutzen, um nicht geblendet zu werden. Siehe auch Kapitel *28.11 Gerätedesign*.
- *Standardaktion für Benachrichtigungen:* Nicht von Google dokumentiert.
- *Benachrichtigungen verwalten*: Hier können Sie einstellen, ob bei eingegangenen Nachrichten ein Signalton ertönt und ein Hinweis in der Titelleiste erscheint. Wir raten davon ab, Änderungen an den Voreinstellungen vorzunehmen.
- *Konversationsansicht*: Wenn Sie E-Mails beantworten beziehungsweise jemand auf Ihre E-Mails antwortet, so fasst Gmail diese in einer sogenannten Konversation zusammen.
- *Kompaktheitsgrad der Konversationsliste*: Wählen Sie die Auflistung im Posteingang aus:
  - *Standard*: Zeigt die Kontaktsymbole vor den Nachrichten und enthaltene Dateianhänge an.
  - *Normal*: Dateianhänge werden nicht in der Auflistung angezeigt.
  - *Schmal*: Verzichtet auf die Kontaktsymbole in der Auflistung.
- *Aktionen beim Wischen*: Konfiguriert die Wischgeste (siehe *10.3.9 Wischgeste zum Archivieren*). Wählen Sie aus, was passiert, wenn Sie in der Nachrichtenauflistung auf einem Eintrag nach links oder rechts wischen. Standardmäßig ist *Archivieren* aktiv.
- *Navigation unten ausblenden*: Nicht von Google dokumentiert.
- *Standardaktion beim Antworten*: Sofern in einer beantworteten Nachricht mehrere weitere Empfänger enthalten sind, können Sie diesen mit der *Allen-Antworten*-Option neben dem ursprünglichen Empfänger ebenfalls Ihre Antwort-Mail zukommen lassen. Wir raten allerdings davon ab, *Allen Antworten* zu aktivieren, da sonst Außenstehende Ihre E-Mails erhalten könnten, die nicht für sie bestimmt sind.
- *Nachrichten automatisch anpassen*: Normalerweise zeigt die Gmail-Anwendung alle Nachrichten in Originalgröße an, sodass Sie im Nachrichtentext mit dem Finger rollen müssen. Aktivieren Sie *Nachrichten autom. anpassen*, wenn stattdessen die Nachrichten auf Bildschirmbreite verkleinert werden sollen.
- *Automatisch fortfahren*: Konfiguriert, wie sich Gmail verhält, wenn Sie eine Nachricht archivieren oder löschen. Standardmäßig landen Sie dann wieder in der Nachrichtenauf-

listung (*Konversationsliste*).

- *Weblinks in Gmail öffnen*: Die Anzeige von angetippten Links erfolgt nicht in einem Webbrowser, sondern direkt in der Gmail-Anwendung.

Unter *Aktionsbestätigungen:*

- *Vor dem Löschen bestätigen; Vor dem Archivieren bestätigen; Vor dem Senden bestätigen*: Die Aktionen Archivieren, Löschen und Senden erfolgen bei Gmail ohne Rückfrage. Falls Sie das stört, aktivieren Sie hierüber die Sicherheitsabfrage.

10.4.1.a Kompaktheitsgrad der Konversationsliste

Die Unterschiede zwischen *Standard* (❶) und *Schmal* (❷) bei der Option *Kompaktheitsgrad der Konversationsliste.*

10.4.2 Konto-Einstellungen

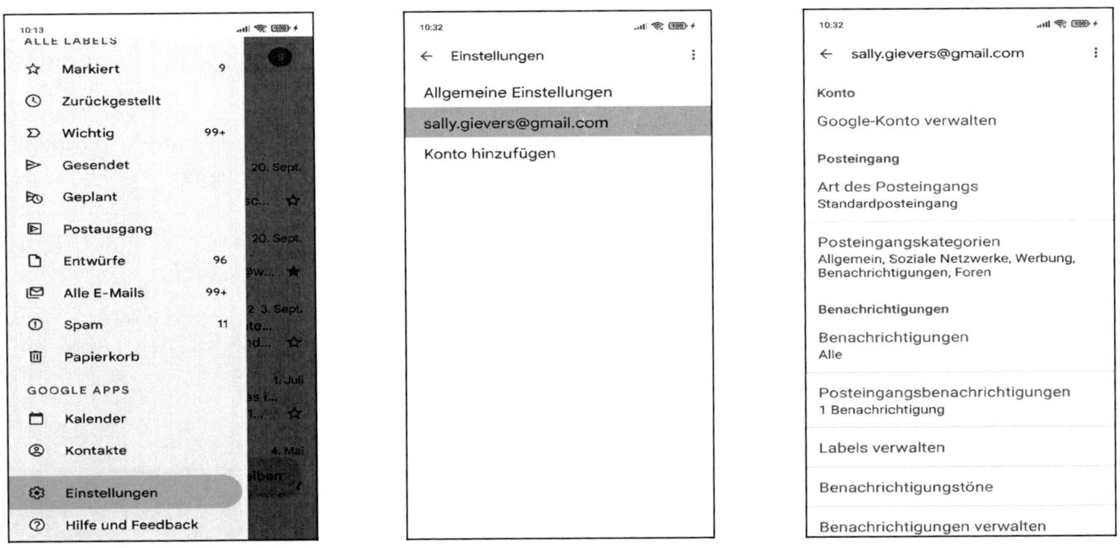

❶ Aktivieren Sie das Ausklappmenü und wählen Sie *Einstellungen*.

❷❸ Über *(Ihr Google-Konto)* konfigurieren Sie:

Unter *Konto*:

- *Google-Konto verwalten*: Diverse Sicherheitseinstellungen, die nichts mit der Gmail-Anwendung zu tun haben.

Unter *Posteingang:*

- *Art des Posteingangs*: Wählen Sie darin *Sortierter Eingang*, dann zeigt Gmail nicht mehr alle erhaltenen Nachrichten an, sondern nur solche, die als *Wichtig* markiert sind (siehe dazu Kapitel *10.3.5 Wichtig-Ordner*).

- *Posteingangskategorien:* Gmail sortiert Werbung, Nachrichten sozialer Netzwerke usw. automatisch unter bestimmte Label ein. Siehe auch Kapitel *10.4.2.b Automatisch zugewiesene Labels*.

Unter *Benachrichtigungen*:

- *Benachrichtigungen*: Wenn neue Nachrichten empfangen wurden, meldet Gmail dies in der Titelleiste. Deaktivieren Sie *E-Mail-Benachrichtigung*, um diese Benachrichtigungen auszuschalten.
- *Posteingangsbenachrichtigungen*: Benachrichtigungseinstellungen für Gmail.
    - *Labelbenachrichtigungen*: Muss aktiv sein, damit Sie Gmail über neue Nachrichten informiert.
    - *Bei jeder E-Mail benachrichtigen*: Nicht von Google dokumentiert.
- *Labels verwalten*: Legen Sie fest, welche Label mit Ihrem Gmail-Konto synchronisiert werden. Normalerweise brauchen Sie hier nichts zu ändern.
- *Benachrichtigungstöne*: Wählen Sie aus, auf welche Art Sie über neue E-Mails benachrichtigt werden.
- *Benachrichtigungen verwalten*: Hier können Sie einstellen, ob bei eingegangenen Nachrichten ein Signalton ertönt und ein Hinweis in der Titelleiste erscheint. Wir raten davon ab, Änderungen an den Voreinstellungen vorzunehmen.

Unter *Allgemein*:

- *Chat*: Die Chat (engl. Gespräch)-Funktion dient dem Austausch von Textnachrichten, ähnlich WhatsApp.
- *Standardaktion beim Antworten*: Die Voreinstellung *Antworten* sollten Sie nicht ändern. In E-Mails können mehrere Empfänger enthalten sein, die ihre Antwort, ebenfalls erhalten, wenn Sie *Allen antworten* einstellen. Dies kann den unerwünschten Effekt haben, dass Außenstehende Ihre Nachricht erhalten.
- *Mobile Signatur*: Die Signatur ist ein Text, den Gmail automatisch beim Erstellen einer neuen Nachricht einfügt. Nutzen Sie sie, um den Empfängern Ihrer E-Mails auf weitere Kontaktmöglichkeiten per Telefon, oder ähnlich hinzuweisen.
- *Konversationsansicht*: Wenn Sie E-Mails beantworten beziehungsweise jemand auf Ihre E-Mails antwortet, so fasst Gmail diese in einer sogenannten Konversation zusammen.
- *Intelligente Funktionen und Personalisierung*: Wertet den E-Mail-Kontext aus, um automatisiert E-Mails in die Kategorien *Soziale Netzwerke, Werbung und Benachrichtigungen* einzuordnen.
- *Intelligente Funktionen und Personalisierung in anderen Google-Produkten*: Nutzt die Daten aus Ihren E-Mails in anderen Google-Anwendungen. Beispielsweise werden Restaurant-Reservierungen in Google Maps (siehe Kapitel *13 Google Maps*) angezeigt oder Google Assistant (siehe Kapitel *20 Google Assistant*) weist auf die Fälligkeit von Rechnungen hin.
- *Paketverfolgung*: Nicht von Google dokumentiert.
- *Intelligentes Schreiben*: Gmail lernt von Ihren Eingaben und macht Ihnen nach einiger Zeit Textvorschläge, die Sie übernehmen können.
- *Intelligente Antwort*: Wenn Sie eine Nachricht anzeigen, schlägt Gmail automatisch drei mögliche Antworten vor. Diese sind vom Nachrichtenkontext abhängig. Derzeit funktioniert diese Funktion nur in englischer Sprache.
- *Abwesenheitsnotiz*: Ein sehr nützliches Feature, wenn Sie mal nicht erreichbar sind und Personen, die Ihnen geschrieben haben, automatisch über Ihre Abwesenheit informieren möchten.

Unter *Meet*:

- *Google Meet-Tab für Videoanrufe anzeigen*: damit deaktivieren Sie die zwei Register *E-Mail* und *Meet* am unteren Bildschirmrand in der Benutzeroberfläche.
- *Weitere Diagonoseinformationen*: Sendet Meet-Nutzungsdaten an Google.
- *Datennutzung beschränken*: Reduziert die übertragenen Daten, falls Ihr Mobilfunkvertrag die monatliche Datenmenge begrenzt.
- *Anrufe ohne Teilnehmer verlassen*: Anrufe ohne Teilnehmer werden nach einiger Zeit automatisch beendet.
- *Unterwegs-Modus automatisch*: Nicht von Google dokumentiert.
- *Klingelton*: Klingelton, wenn Sie über Google Meet zu einem Gespräch eingeladen werden.

Unter *Automatische Erinnerungen*:

- *Antworten und abklären*: Gmail erkennt den Nachrichtenkontext und macht Ihnen Beantwortungsvorschläge. Zur Zeit wird diese Funktion nur im englischen Sprachraum unterstützt.

Unter *Tipps im Posteingang:*

- *Einstellungen für Inbox-Tipps*: Bei einigen Massen-E-Mail-Sendungen blendet Gmail eine Schaltleiste ein, über die Sie sich aus dem E-Mail-Verteiler abmelden.

Unter *Datenverbrauch:*

- *Gmail synchronisieren*: Diese Schaltleiste führt Sie in die Kontenverwaltung, welche Kapitel *14.2 Google-Konto entfernen* beschreibt, worin Sie unter anderem den Datenabgleich mit dem Google-Konto steuern. Für die meisten Nutzer dürfte es aber keinen Sinn machen, dort den E-Mail-Abruf vom Google-Mail-Konto zu deaktivieren.
- *E-Mails: Zu synchronisierende Tage*: Legt fest, wie lange empfangene Nachrichten von der Gmail-Anwendung aufbewahrt werden. Ältere Nachrichten werden natürlich nicht gelöscht, sondern sind weiterhin über die Weboberfläche von Gmail (*mail.google.com*) im Webbrowser anzeigbar.
- *Anhänge herunterladen*: Dateianhänge sind häufig mehrere Megabyte groß, weshalb diese nur automatisch heruntergeladen werden, wenn eine WLAN-Verbindung besteht. Lassen Sie diese Option am Besten aktiviert, da sonst beim Öffnen von Dateianhängen längere Wartezeiten entstehen.
- *Bilder*: Standardmäßig lädt Gmail immer alle eingebetteten Bilder aus dem Posteingang herunter und zeigt diese an. Dies betrifft vor allem Werbe-E-Mails von Unternehmen (Newsletter, u.ä.). Sie können aber auch diese Einstellung auf *Vor dem Anzeigen erst fragen* stellen, sodass Sie die Bilderanzeige in jeder betroffenen E-Mail erst bestätigen müssen.
- *Dynamische E-Mails aktivieren*: Der Absender Mail kann interaktive Inhalte in einer E-Mail bereitstellen, beispielsweise Kataloge, die man durchblättern kann oder editierbare Dokumente. In der Praxis machen nach unseren Informationen nur einige wenige Werbetreibende Unternehmen davon Gebrauch.

10.4.2.a Abwesenheitsnotiz

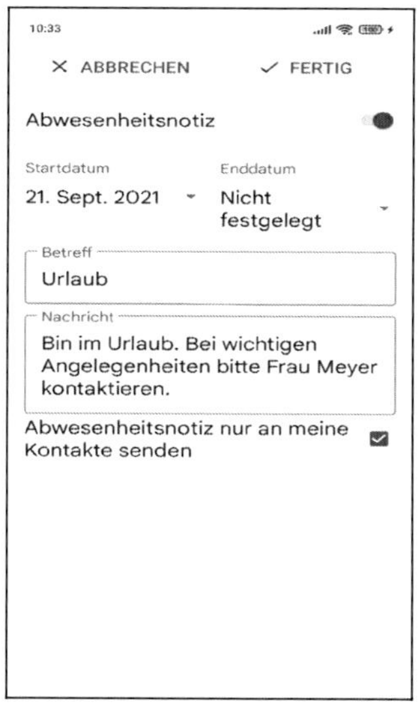

❶❷ Unter *Abwesenheitsnotiz* geben Sie einen Text ein, der während des eingestellten Zeitraums an alle E-Mail-Sender geschickt wird. Aktivieren Sie *Nur an meinen Kontakte senden*, damit nur Ihnen bekannte (im Telefonbuch gespeicherte) Kontakte die Abwesenheitsnotiz erhalten. Vergessen Sie nicht, zum Schluss die Abwesenheitsnotiz über den Schalter oben rechts zu aktivieren!

10.4.2.b Automatisch zugewiesene Labels

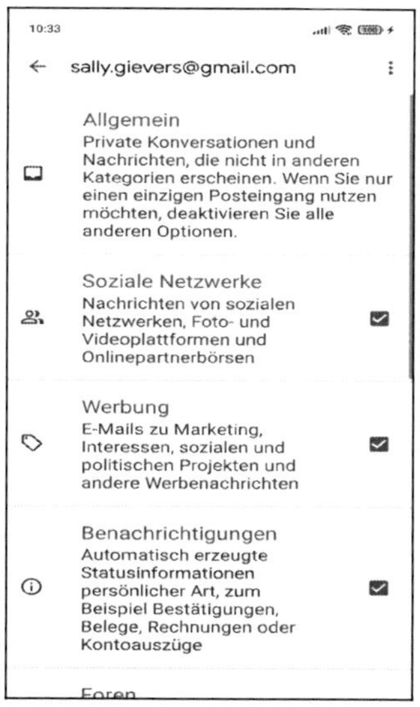

❶❷ Gmail weist Nachrichten, die von einem bestimmten Typ sind, automatisch Labeln zu. Dazu zählen laut Google:

- *Allgemein*: Nachrichten von Freunden und Verwandten sowie sonstige Nachrichten, die nicht in einem der anderen Tabs angezeigt werden
- *Werbung*: Werbeaktionen, Angebote und sonstige Werbe-E-Mails
- *Soziale Netzwerke*: E-Mails aus sozialen Netzwerken, Plattformen zum Teilen von Inhalten, Online-Partnervermittlungen, Spieleplattformen oder anderen sozialen Websites
- *Benachrichtigungen*: Benachrichtigungen wie Bestätigungen, Belege, Rechnungen und Kontoauszüge
- *Foren*: E-Mails aus Online-Gruppen, Diskussionsforen und Mailinglisten.

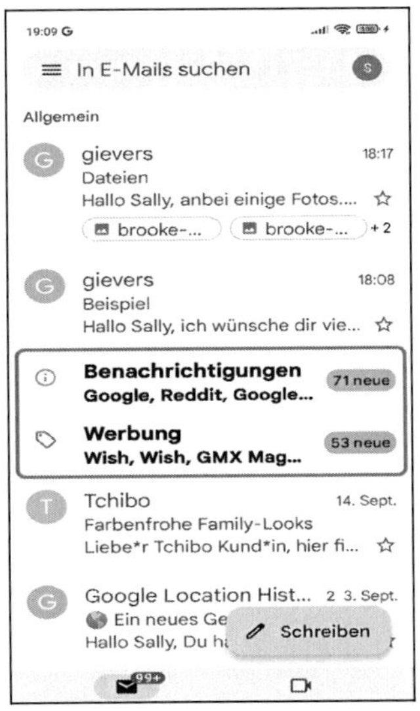

Die automatisch zugewiesenen Labels listet Gmail als erstes im Ausklappmenü auf. Labels, die keine Nachrichten enthalten, werden ausgeblendet.

Haben Sie dagegen alle automatisch zugewiesenen Labels deaktiviert, ordnet Gmail die empfangenen Nachrichten dem Label *Posteingang* zu.

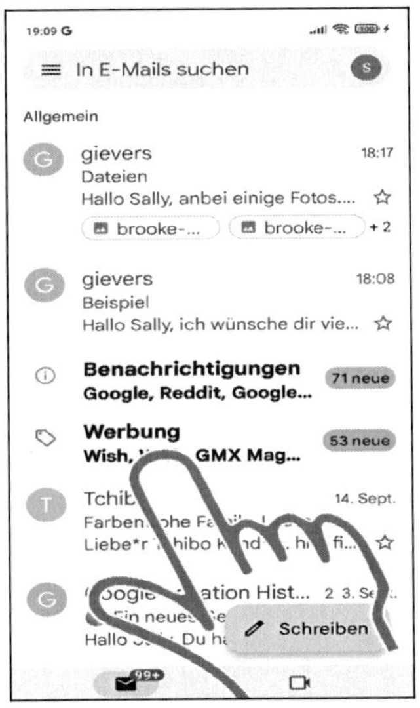

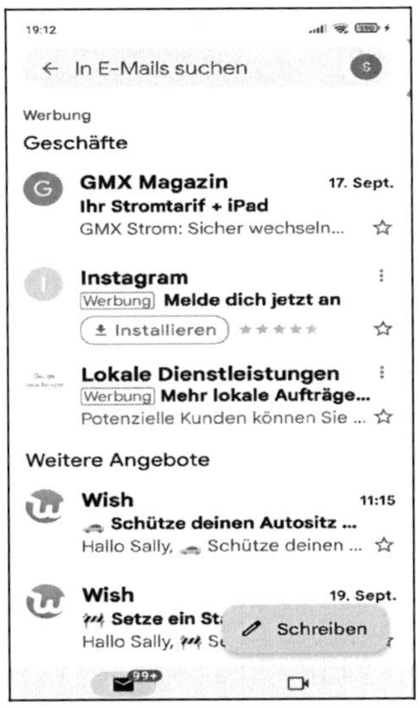

❶❷ Der *Allgemein*-Ordner erscheint sehr aufgeräumt, wenn die automatisch zugewiesenen Labels aktiv sind. Schaltflächen weisen dann im Allgemein-Ordner auf neu vorhandene Nachrichten in den Labels hin. Wählen Sie ein Label aus, um die zugewiesenen Nachrichten anzuzeigen.

10.5 Zugriff auf Gmail vom Startbildschirm

Auf dem Pixel-Handy lässt sich ein direkter Zugriff auf die Gmail-Ordner/Labels vom Startbildschirm aus einrichten.

Beachten Sie zu den Widgets auch Kapitel *4.8.2 Widgets*.

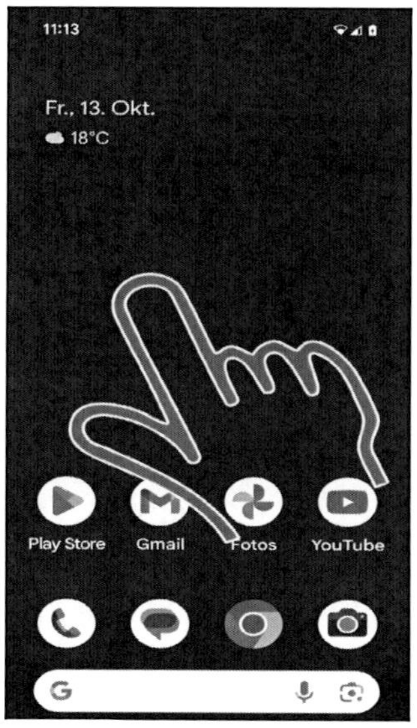

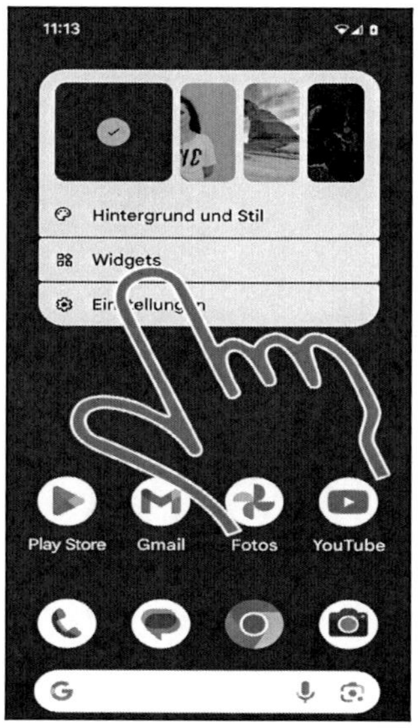

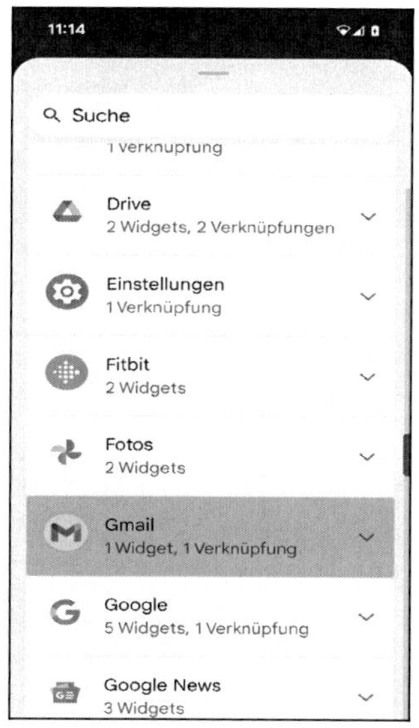

➊ Blättern Sie mit einer Wischgeste nach links oder rechts im Startbildschirm zu einem noch freien Bildschirm beziehungsweise entfernen Sie nicht benötigte Widgets (siehe auch Kapitel *4.8.2 Widgets*). Halten Sie den Finger auf eine freie Position im Startbildschirm gedrückt, bis das Popup erscheint

➋ Hier wählen Sie *Widgets* (Pfeil).

➌ Blättern Sie mit Wischgesten durch die Widgets-Kategorien, wovon Sie nun *Gmail* auswählen.

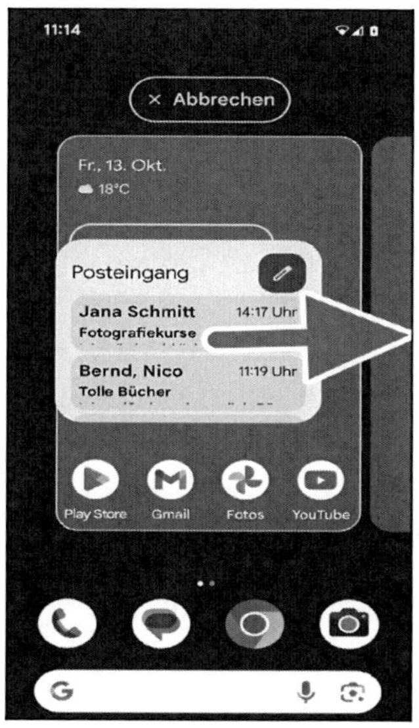

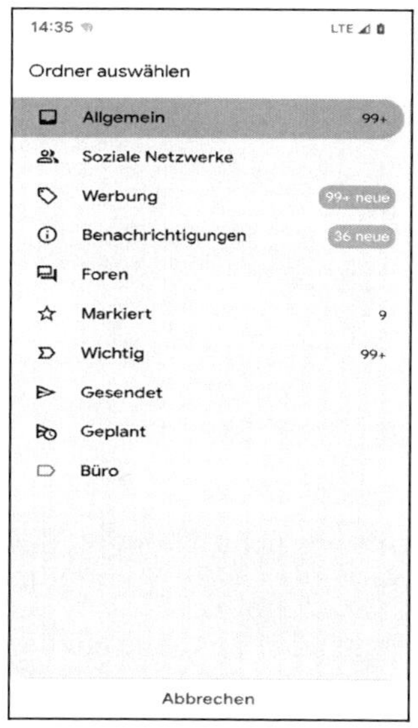

➊ Zur Auswahl stehen *Gmail* und *Gmail-Label*. Während *Gmail* die empfangenen E-Mails direkt im Startbildschirm anzeigt, können Sie über das *Gmail-Label* die Gmail-Anwendung starten und dort den Posteingang anzeigen lassen. In unserem Beispiel wählen Sie *Gmail* aus, indem Sie den Finger darauf gedrückt halten.

➋ In unserem Beispiel möchten wir das Widget nicht auf der aktuellen Startbildschirmseite anlegen, sondern auf einer neuen Seite. Deshalb ziehen wir das Widget an den rechten Rand, worauf die nächste Bildschirmseite angezeigt wird. Dies wiederholen Sie nochmals. Lassen Sie den Finger dann los.

➌ Wählen Sie einen Ordner, idealerweise *Allgemein*, aus.

❶ Betätigen Sie die ◀-Taste, damit die Markierung verschwindet.

❷ Das Widget ist angelegt.

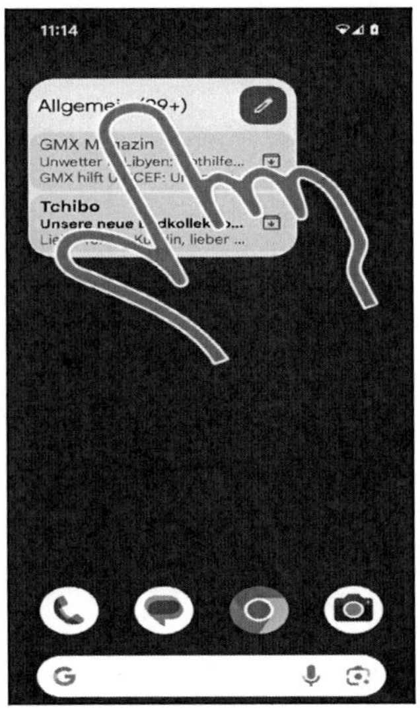

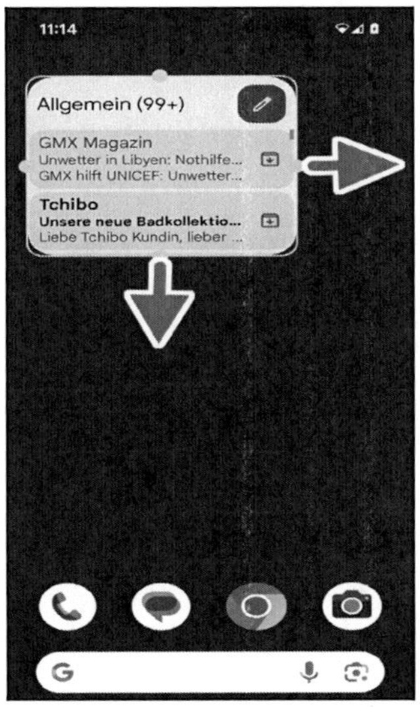

❶ Anschließend soll die Widget-Größe angepasst werden. Deshalb tippen und halten Sie den Finger auf dem Widget und lassen dann los.

❷ Ziehen Sie an den Seiten die Ränder nach außen. Schließen Sie mit der ●-Taste den Vorgang ab.

Auch nachträglich ist jederzeit eine Größenänderung des Gmail-Widgets möglich, indem Sie den Finger auf dem Widget halten, bis es hervorgehoben ist und dann loslassen.

➊➋ Zur Anzeige der Bildschirmseite mit dem Gmail-Widget wischen Sie im Startbildschirm einfach mehrfach nach links.

10.6 Meet

Meet (engl. »Treffen«) ist eine Videotelefonielösung für bis zu 100 Teilnehmer (in der Profiversion werden bis zu 250 Teilnehmer unterstützt). Videotelefonie hat gegenüber normalen Telefonaten den Vorteil größerer Intimität, da man sich ja von Angesicht zu Angesicht sieht. Kosten fallen übrigens keine an, denn die Übertragung erfolgt über das Internet.

Damit andere mit Ihnen über Meet kommunizieren können, müssen sie Gmail auf Ihrem Handy installiert haben. Die ist bei Android immer der Fall; auf dem iPhone muss Gmail aus dem App Store installiert werden. Alternativ nutzt man Meet im Webbrowser, wobei der jeweilige PC mit Kamera und Mikrofon ausgestattet sein muss. Ideal sind dafür deshalb Notebooks, die meistens bereits damit ausgestattet sind.

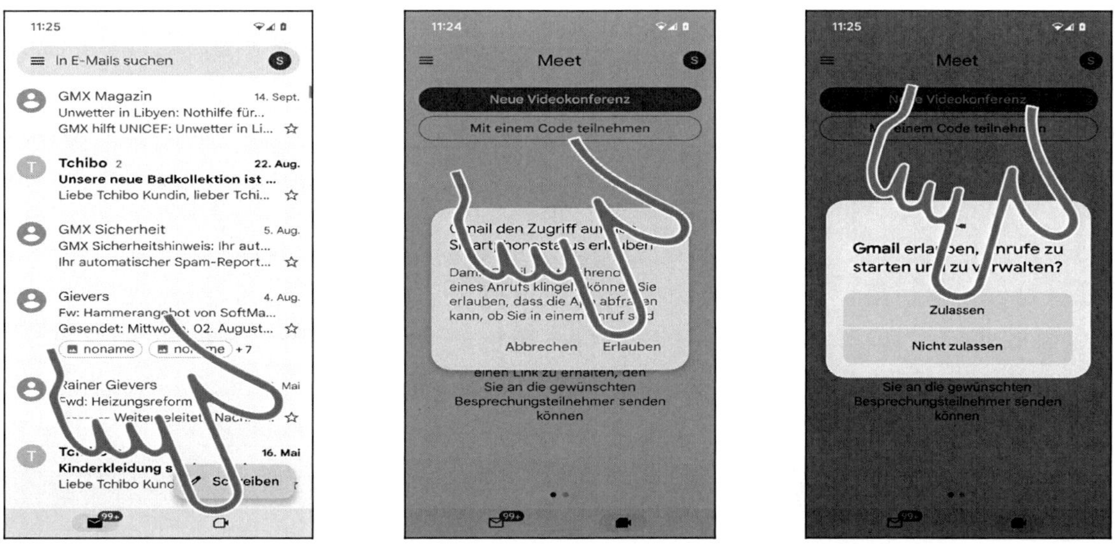

➊➋➌ Wenn Sie das erste Mal das *Meet*-Register aktivieren, erscheint ein Popup. Betätigen Sie darin *Erlauben* und dann *Zulassen*. Sie verhindern damit, dass Ihre Meet-Anrufe durch andere Anrufe gestört werden.

10.6.1 Videokonferenz einleiten

❶ Aktivieren Sie das *Meet*-Register.

❷ In unserem Fall möchten wir selbst ein Videotelefonat beginnen und gehen daher auf *Neue Videokonferenz.*

❸ Wählen Sie *Sofortbesprechung starten.* In den zwei einmalig angezeigten Popups wählen Sie *Bei Nutzung der App.*

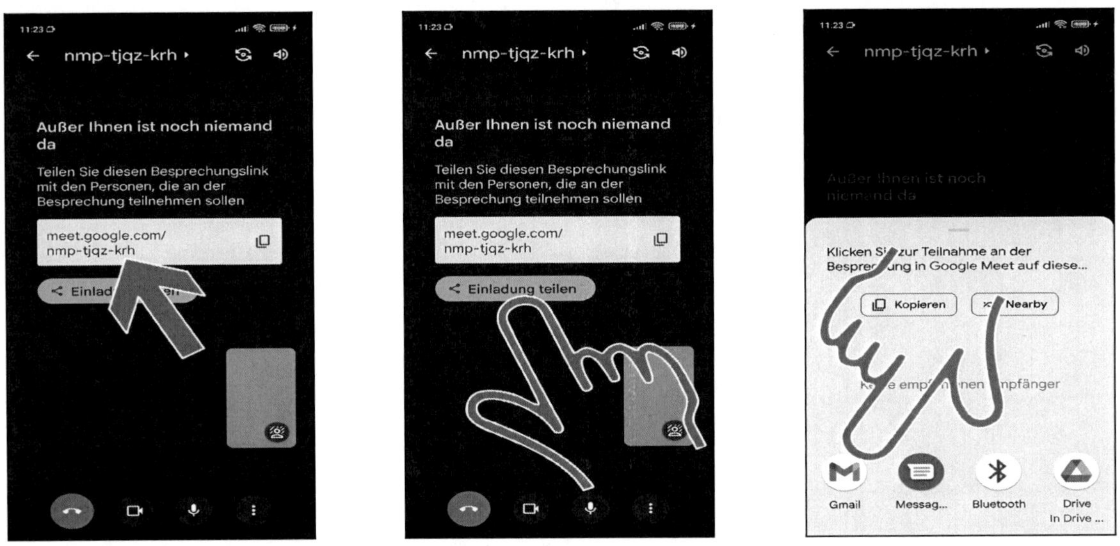

❶ Sie erhalten eine Webadresse angezeigt, über die andere Personen teilnehmen können (Pfeil).

❷❸ Wenn Sie möchten, geben Sie die Webadresse über *Einladung teilen* beispielsweise per E-Mail weiter.

Die angezeigte Webadresse *meet.google.com/xxx-xxx-xxx* enthält übrigens den Freigabecode, in unserem Beispiel *nmp-tjqz-krh.* Darauf kommen wir noch zurück.

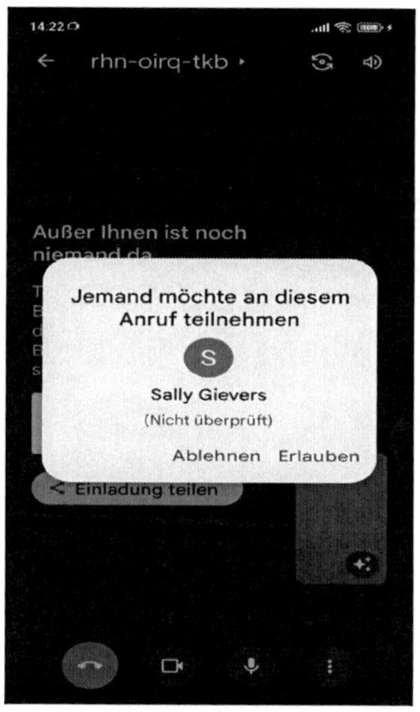

➊ Sobald jemand anders sich an Ihrer Videokonferenz anmeldet, müssen sie ihn erst mit *Erlauben* freigeben.

➋ Über die vier Schaltleisten am unteren Bildschirmrand steuern Sie das Telefonat:

- Auflegen (Videokonferenz beenden)
- Eigenes Kamerabild ein/ausschalten
- Mikro ein/ausschalten

Achtung: Machen Sie die anderen Teilnehmer darauf aufmerksam, dass sie ihr Mikro immer ausgeschaltet lassen und es erst aktivieren, wenn sie sprechen. Danach sollten sie es wieder ausschalten. Es kommt sonst zu sehr unangenehmen Rückkopplungen.

10.6.2 An Videokonferenz teilnehmen

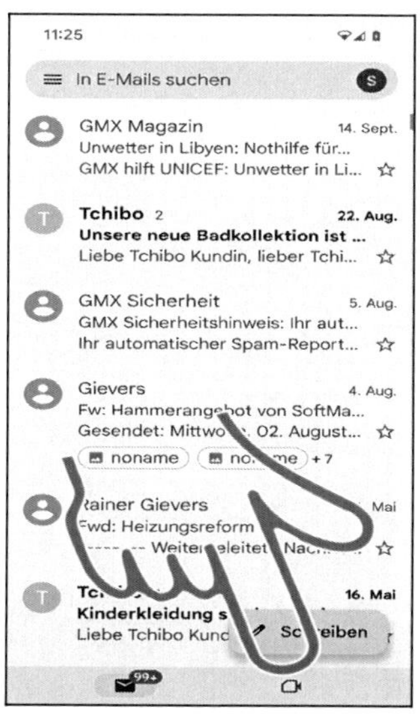

➊➋ So nimmt jemand Ihre Videokonferenz an: Nach dem Gmail-Aufruf aktiviert er das *Meet*-Register und betätigt *Mit einem Code teilnehmen.*

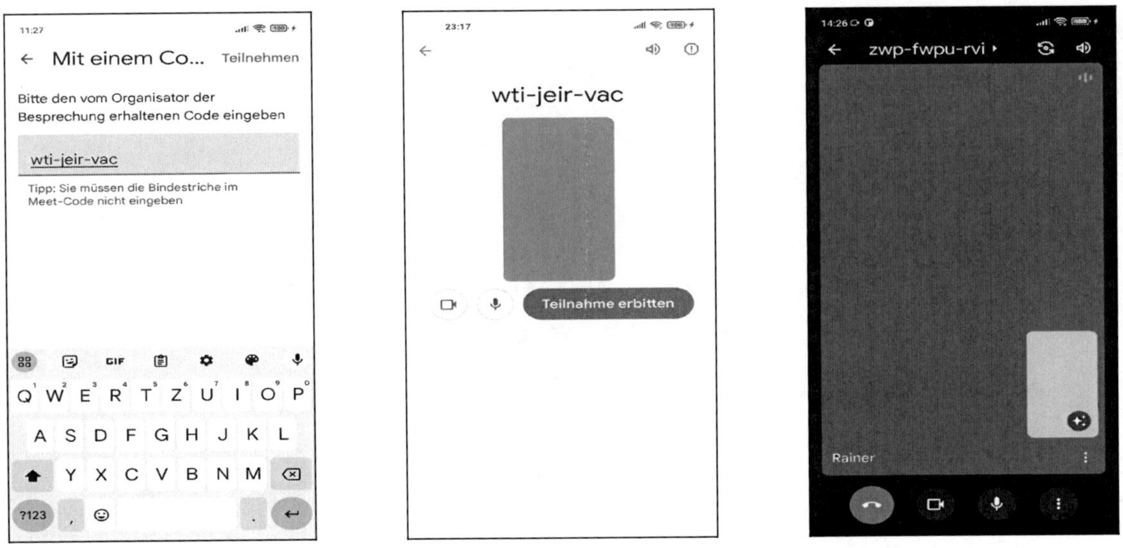

➊ Nun ist der oben erwähnte Code einzugeben und *Teilnehmen* zu betätigen.

➋➌ *Teilnahme erbitten* aktiviert die Videokonferenz.

11. Chrome-Webbrowser

Den Chrome-Browser werden Sie vermutlich bereits auf dem PC nutzen.

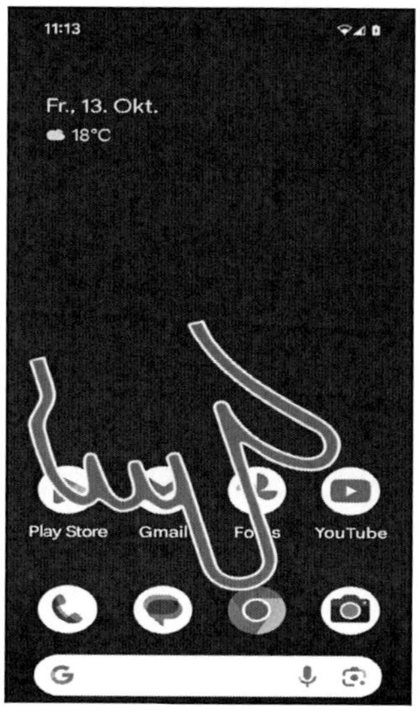

➊ Rufen Sie im Startbildschirm *Chrome* auf.

➋ Beim ersten Aufruf gehen Sie auf *Als xxx fortfahren.*

➌ Betätigen Sie *Ja, bitte*.

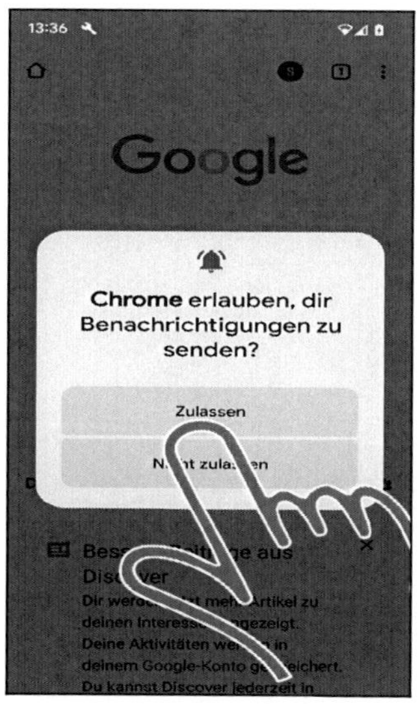

➊➋ Das einmalige Popup schließen Sie mit *Weiter.* Betätigen Sie dann *Zulassen.*

Falls Sie aus Versehen die Nicht zulassen-Schaltleiste betätigen, ist das auch kein Beinbruch: Im Kapitel *28.1 Benachrichtigungen aktivieren* erfahren Sie, wie Sie diesen Fehler korrigieren.

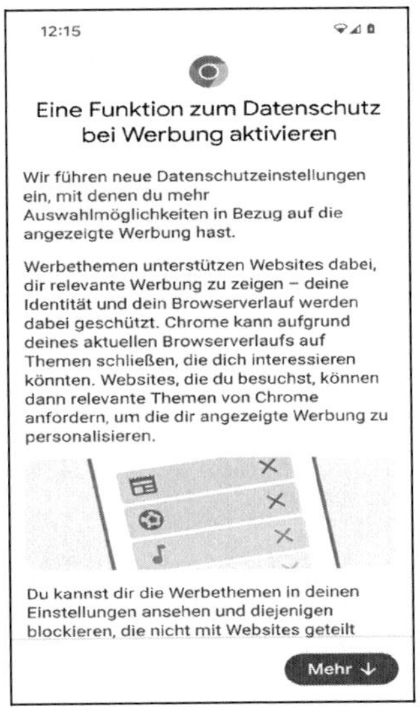

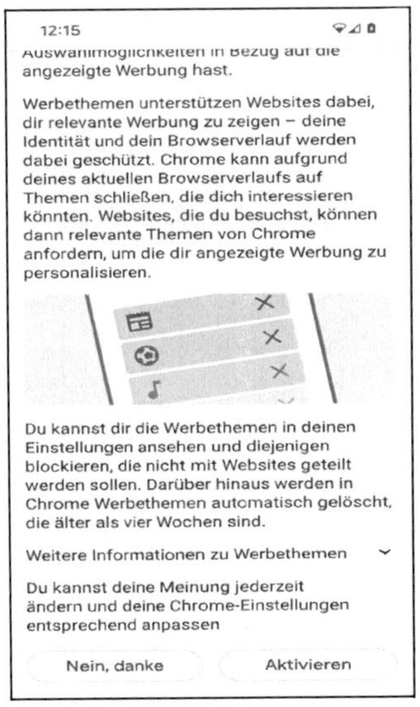

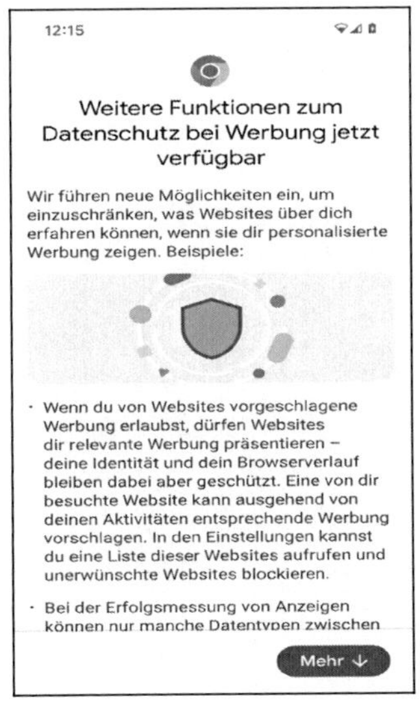

❶❷ Zwischendurch fragt der Chrome-Browser, ob Sie Datenschutzfunktionen aktivieren möchten. Betätigen Sie *Mehr* und dann *Aktivieren.*

❸ Die folgenden Hinweise schließen Sie mit *Mehr* und *OK.*

11.1 Erster Start

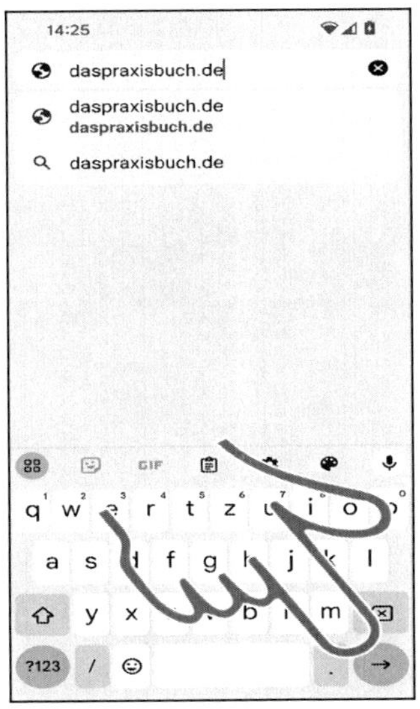

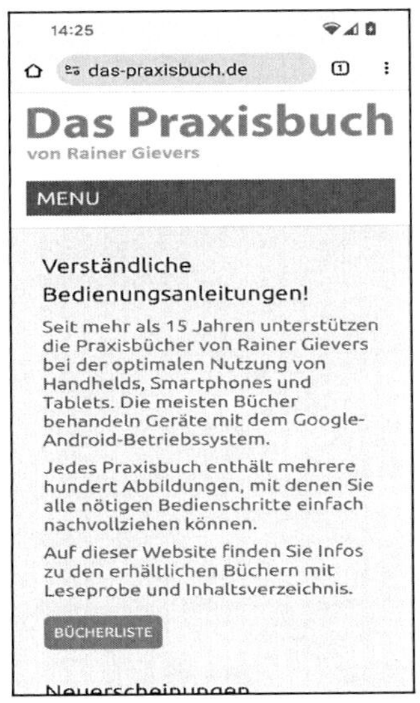

❶ Tippen Sie ins das Eingabefeld.

❷❸ Geben Sie einen Suchbegriff oder eine Webadresse ein und betätigen Sie die →-Taste auf dem Tastenfeld. Alternativ wählen Sie einen der Vorschläge in der Auflistung an.

11.2 Weitere Nutzung

❶ Das Adressfeld steht Ihnen immer am oberen Bildschirmrand zur Verfügung. Tippen Sie einfach dort hinein, wenn Sie eine andere Webseite aufrufen möchten.

❷❸ Wird eine umfangreichere Webseite angezeigt, müssen Sie später eventuell erst mit dem Finger auf dem Bildschirm nach unten ziehen (Wischgeste), um die Adressleiste anzuzeigen. Tippen Sie dann in das Eingabefeld.

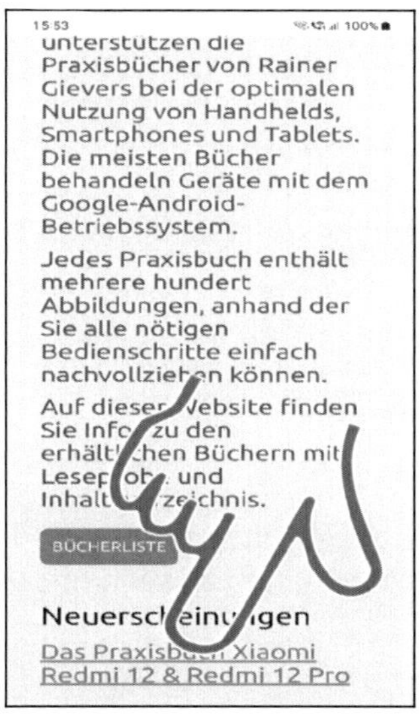

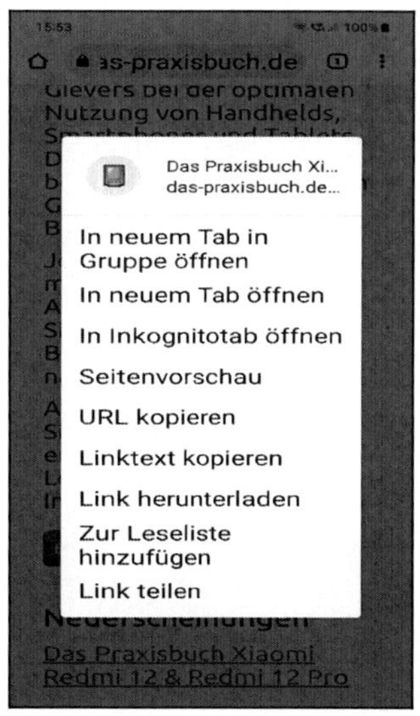

❶ Durch »Kneifen« ändern Sie die Anzeige: Tippen und halten Sie Mittelfinger und Daumen gleichzeitig auf dem Bildschirm und ziehen Sie beide auseinander, was in die Webseite hereinzoomt. Ziehen Sie dagegen die beiden Finger zusammen, zoomen Sie wieder heraus. Es ist egal, ob Sie nun vertikal oder waagerecht »kneifen«.

❷ Einem Link folgen Sie, indem Sie ihn antippen.

❷ Tippen und halten Sie den Finger über einem Link für weitere Funktionen:

- *In neuem Tab in Gruppe öffnen*: Öffnet den Link in einem neuen Browser-Tab als Gruppe. Diese werden separat von den »normalen« Browser-Tabs verwaltet. Siehe Kapitel *11.3 Tabs*.
- *In neuem Tab öffnen*: *Öffnet den Link in einem neuen Browser-Tab.*
- *In Inkognito-Tab öffnen*: Öffnet den Link im privaten Modus, bei der alle Cookies oder andere Daten wieder gelöscht werden, wenn man den Tab später schließt.
- *Seitenvorschau*: Verlinkte Seite in einem Vorschaufenster anzeigen.
- *URL kopieren; Linktext kopieren*: Kopiert die Webadresse beziehungsweise den Linktext

in die Zwischenablage, von wo man sie später in andere Anwendungen wieder einfügt.

- *Link herunterladen*: Speichert die Webseite auf dem Gerät im Verzeichnis *download.*
- *Zur Leseliste hinzufügen*: Der Chrome-Browser fügt die Webseite den Lesezeichen hinzu, sodass Sie sie später noch aufrufen können. Siehe Kapitel *11.7 Leseliste.*
- *Link teilen*: Webadresse an jemand anders per E-Mail, Bluetooth usw. senden.

Verwenden Sie die ◀-Taste, um zur letzten angezeigten Seite zurückzukehren. Beachten Sie aber, dass der Browser verlassen wird, wenn Sie die ◀-Taste drücken, während die zuerst aufgerufene Seite angezeigt wird.

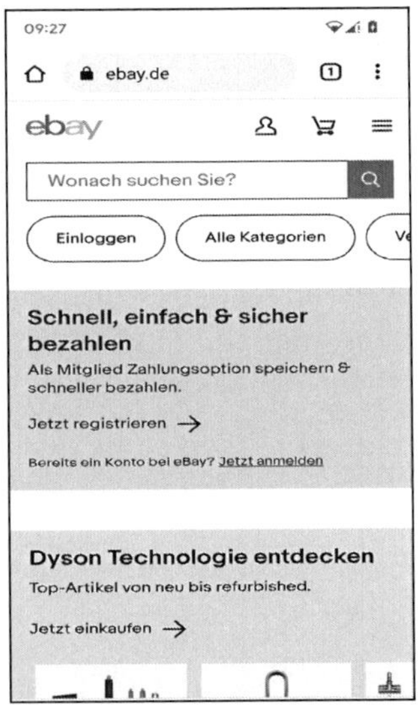

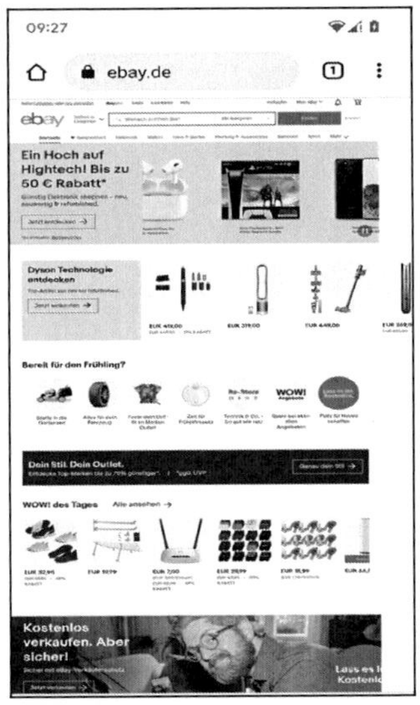

❶ Viele Websites werten den verwendeten Browser aus und optimieren dann die Webseiten für die Besucher entsprechend. Ein gutes Beispiel ist Ebay, wo man mit Smartphones und Tablets nur eine vereinfachte und funktionsbeschränkte Weboberfläche zu sehen bekommt.

❷❸ Eine vollwertige Anzeige erhalten Sie im Browser, wenn Sie ⁝/*Desktopwebsite* aktivieren. Beachten Sie, dass sich dann die Ladezeiten erhöhen.

11.3 Tabs

Jeder PC-Webbrowser bietet die Möglichkeit, mehrere Webseiten gleichzeitig anzuzeigen, wobei die sogenannten Tabs zum Einsatz kommen. Dies ist auch mit dem Chrome-Browser möglich.

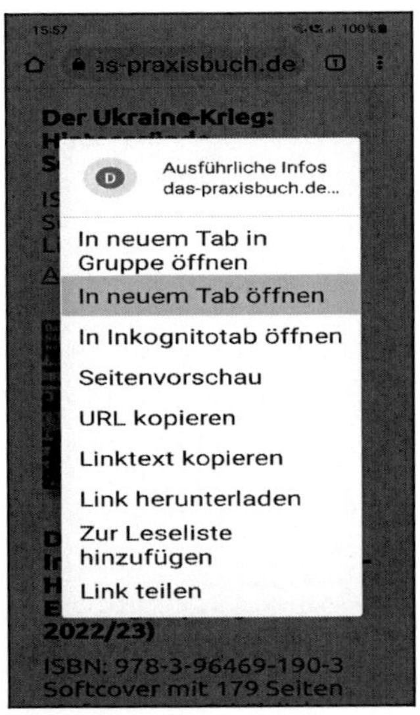

❶ Im einfachsten Fall öffnen Sie einen neuen Tab, indem Sie den Finger auf einem Link gedrückt halten, bis das Popup erscheint.

❷ Wählen Sie darin *In neuem Tab öffnen.*

❶❷ Tippen und halten Sie einen Finger über ①, bis das Popup erscheint. Wählen Sie dann *Neuer Tab.*

❸ Im Eingabefeld erfassen Sie dann eine Webadresse oder Suchbegriffe.

Einen leeren Tab öffnen Sie alternativ mit ⋮/*Neuer Tab*.

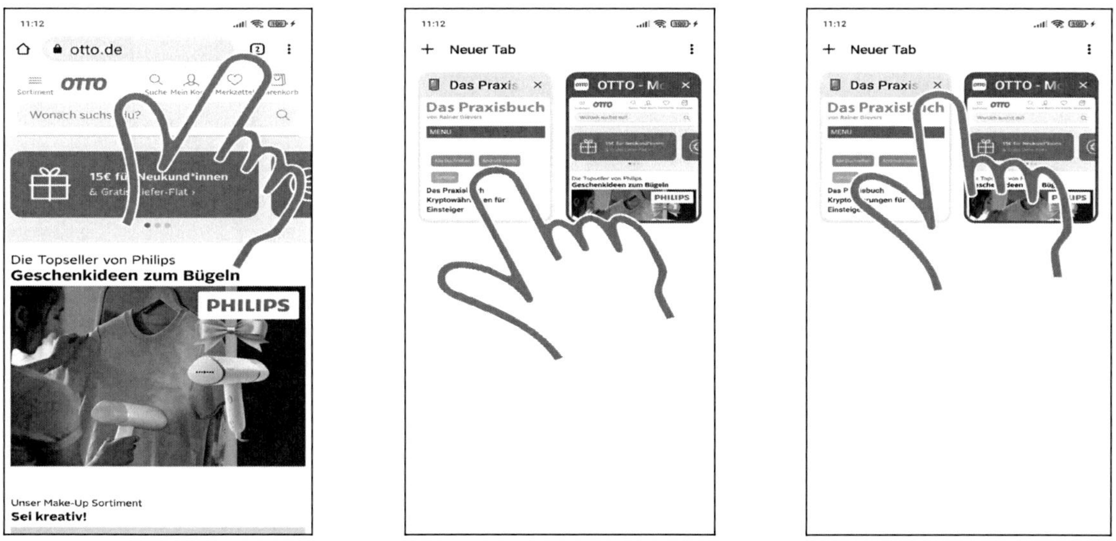

❶ Die geöffneten Tabs zeigt dann die ②-Schaltleiste (Pfeil) an.

❷ Tippen Sie einen Tab an, den Sie wieder im Browser anzeigen möchten.

❸ Die ✕-Schaltleisten löschen Tabs.

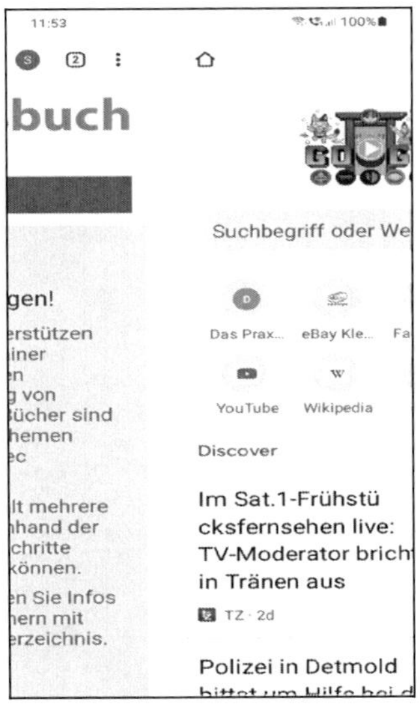

❶❷ Auch mit einer Wischgeste über die Adressleiste ist der Wechsel zwischen den Tabs möglich.

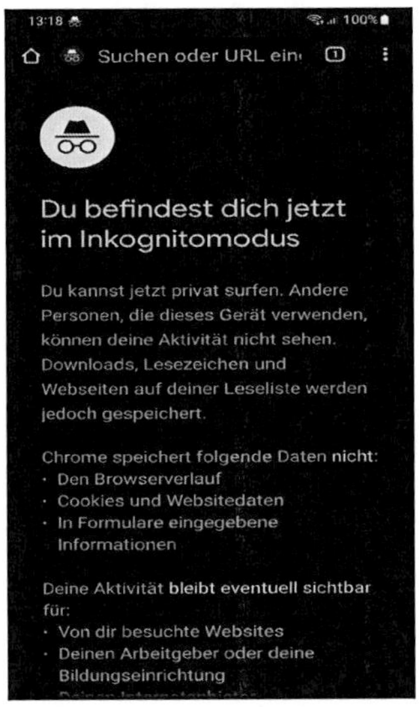

❶❷ Eine Besonderheit ist der Inkognito-Modus, den Sie über ⋮/*Neuer Inkognito-Tab* aktivieren: In diesem Tab surfen Sie anonym, das heißt, der Browser speichert nach Verlassen des Inkognito-Tabs keine Daten und löscht von Websites angelegte Cookies.

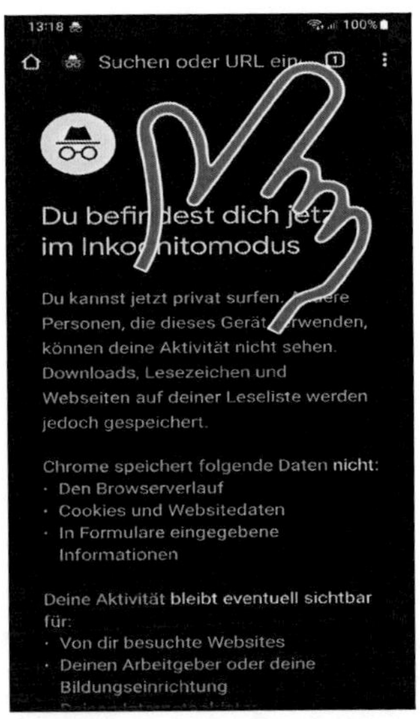

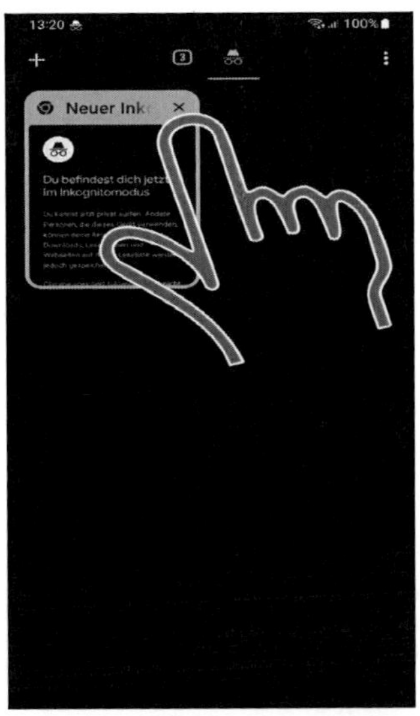

❶❷ Den Inkognito-Modus verlässt man, indem Sie die 2-Schaltleiste (Pfeil) antippen und dann die X-Schaltleiste betätigen.

11.4 Gruppen-Tabs

Die Gruppen-Tabs verwaltet der Chrome-Browser separat von den im vorherigen Kapitel vorgestellten Tabs.

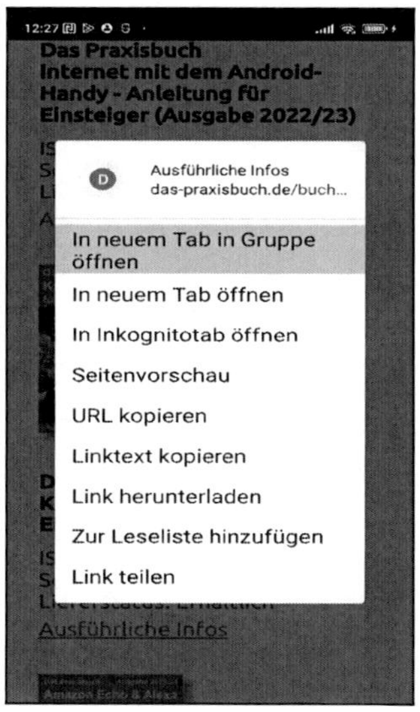

❶❷ Tippen und halten Sie einen Finger über dem Link, bis das Popup-Menü erscheint. Wählen Sie dann *In neuem Tab in Gruppe öffnen*. Der Browser-Tab wird im Hintergrund geöffnet.

Einen leeren Tab öffnen Sie mit ⋮/*Neuer Tab*.

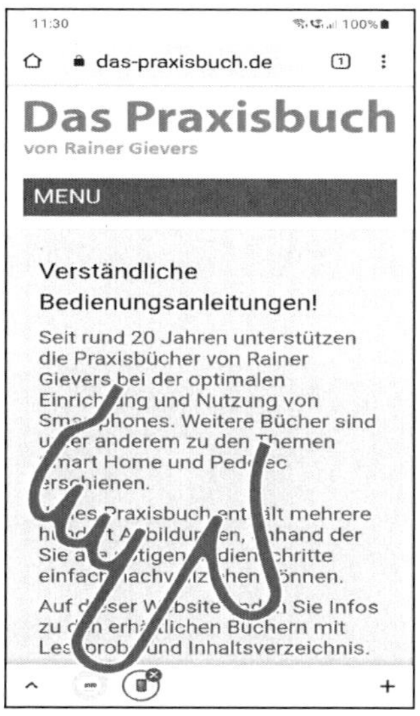

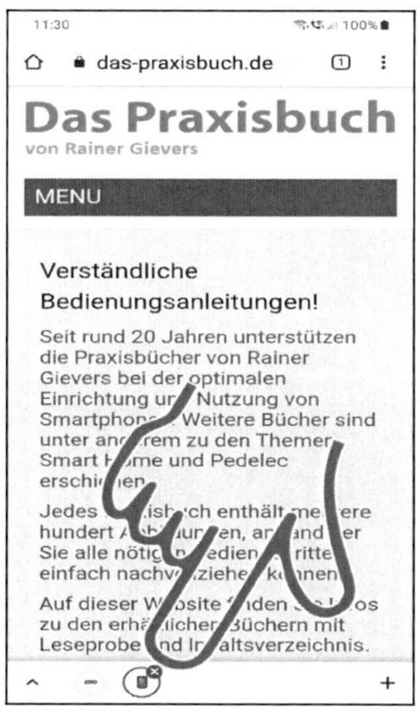

❶ Zwischen den Tabs wechseln Sie über die Schaltleisten am unteren Bildschirmrand.

❷ Den jeweils aktiven (gerade angezeigten) Tab löschen Sie mit der ✕-Schaltleiste.

❸ Einen leeren Tab fügt ✚ hinzu.

11.5 Lesezeichen

Häufig besuchte Webseiten werden Sie als sogenanntes Lesezeichen abspeichern, damit Sie die entsprechende Webadresse nicht immer neu eingeben müssen. Stattdessen rufen Sie einfach das Lesezeichen auf.

❶ So speichern sie ein Lesezeichen: Aktivieren Sie das ⋮-Menü und tippen Sie darin ★ an. Das Lesezeichen wird angelegt.

❷❸ Falls Sie es noch bearbeiten möchten (zum Beispiel einen anderen Namen geben) dann betätigen Sie *Bearbeiten*. Schließen Sie den Bildschirm über die ←-Schaltleiste oben links.

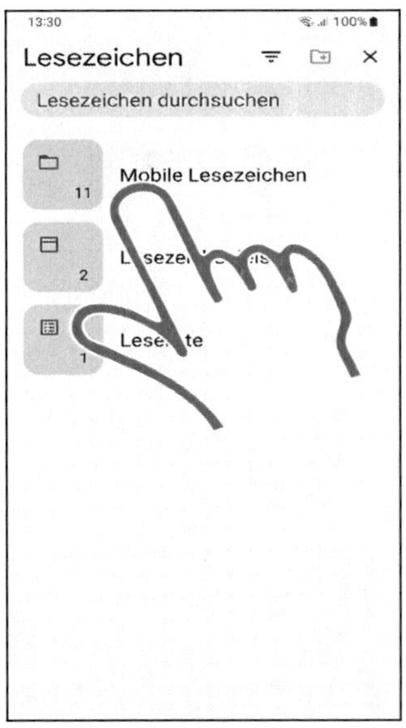

❶ Mit ⋮/*Lesezeichen* öffnen Sie die Lesezeichenverwaltung.

❷ Gehen Sie auf *Mobile Lesezeichen*, sofern Sie sich noch nicht darin befinden.

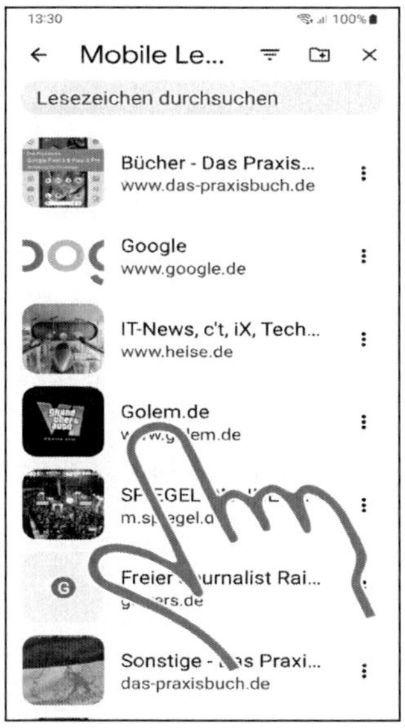

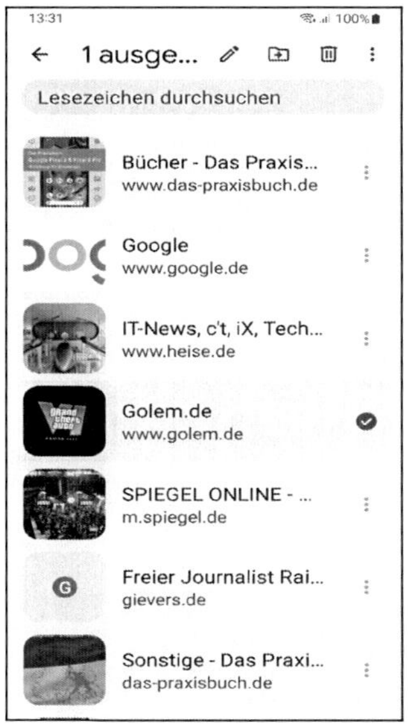

❶ Tippen Sie in der Lesezeichenverwaltung ein Lesezeichen an, damit die zugehörige Webadresse im Browser geladen wird.

❷ Halten Sie den Finger über einem Lesezeichen für den Markierungsmodus gedrückt. Bei Bedarf können Sie nun weitere Lesezeichen durch kurzes Antippen markieren. Die Bedeutung der Schaltleisten:

- ✎: Lesezeichen bearbeiten (es darf nur ein Lesezeichen markiert sein).
- ⮚: Lesezeichen in einen anderen Ordner verschieben. Auf die Ordner-Funktion geht dieses Buch nicht ein.
- 🗑: Lesezeichen löschen.

Die ◀-Taste beendet den Markierungsmodus.

Die Lesezeichen werden mit Ihrem Google-Konto synchronisiert, das heißt, wenn Sie sich auf einem anderen Android-Gerät bei Ihrem Google-Konto anmelden, sind dort im Browser Ihre Lesezeichen verfügbar.

11.6 Dateien herunterladen

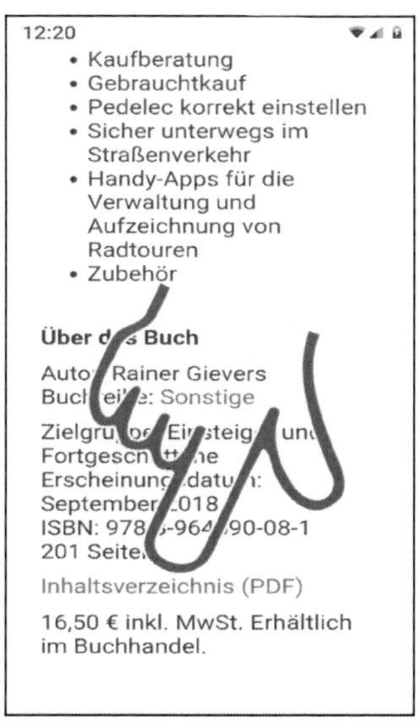

❶❷ Wenn Sie einen Link antippen, der auf eine Datei verweist, lädt der Browser diese automatisch herunter und öffnet sie im passenden Programm.

Alle heruntergeladenen Dateien landen im Verzeichnis *Download* im Gerätespeicher.

Nach dem Download fragt Sie das Pixel eventuell nach dem Programm, mit dem Sie die Datei öffnen möchten. Dies geschieht immer dann, wenn mehr als eine vorinstallierte Anwendung den gleichen Dateityp verarbeiten kann. Wählen Sie eine der Optionen aus.

11.7 Leseliste

Sie stoßen häufig auf interessante Webseiten, die Sie später mal genauer durchlesen möchten, weil Sie gerade keine Zeit haben. Webseiten, die Sie ohnehin nur einmal ansehen und dann nie wieder benötigen, werden Sie nicht dauerhaft als Lesezeichen speichern wollen. In diesem Kapitel stellen wir mit der Leseliste eine Alternative dazu vor.

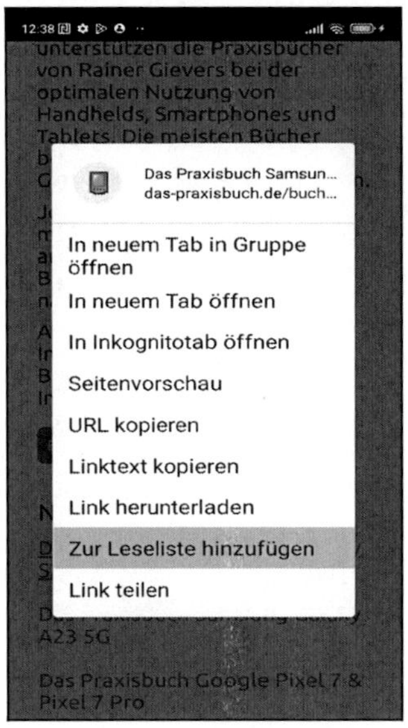

❶❷ Halten Sie den Finger über einem Link gedrückt, dessen zugehörige Webseite Sie speichern möchten. Im Popup wählen Sie *Zur Leseliste hinzufügen.*

❶❷ Mit ⁝/*Lesezeichen* öffnen Sie die Lesezeichenverwaltung.

❸ Falls nicht die Lesezeichenübersicht angezeigt wird, gehen Sie auf ←.

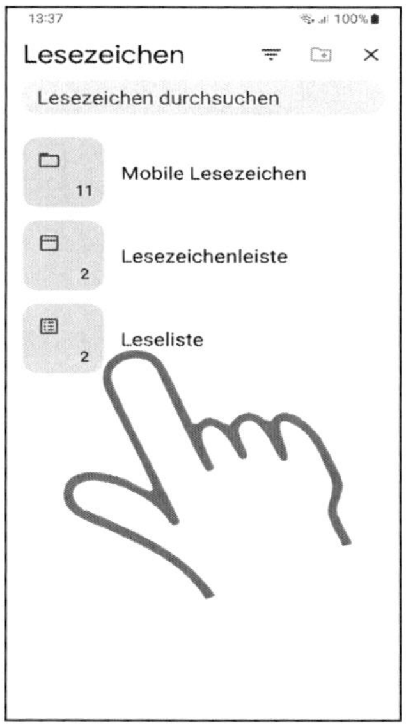

❶ Gehen Sie auf *Leseliste*.

❷ Wählen Sie eine Webseite in der Liste aus, die Sie ansehen möchten.

11.8 Zum Suchen tippen

Die »Zum Suchen tippen«-Funktion liefert zu von Ihnen in Webseiten markierten Wörtern Suchergebnisse.

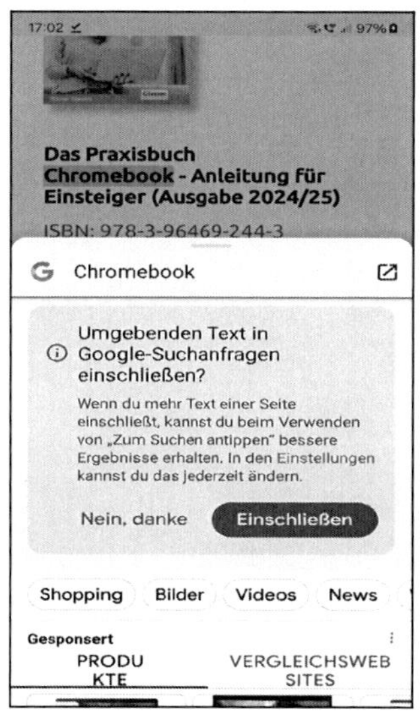

❶ Tippen und halten Sie den Finger auf einer Webseite über einem Wort, zu dem Sie mehr wissen möchten.

❷ Am unteren Bildschirmrand gehen Sie dann auf den Begriff.

❸ Betätigen Sie die *Einschließen*-Schaltleiste.

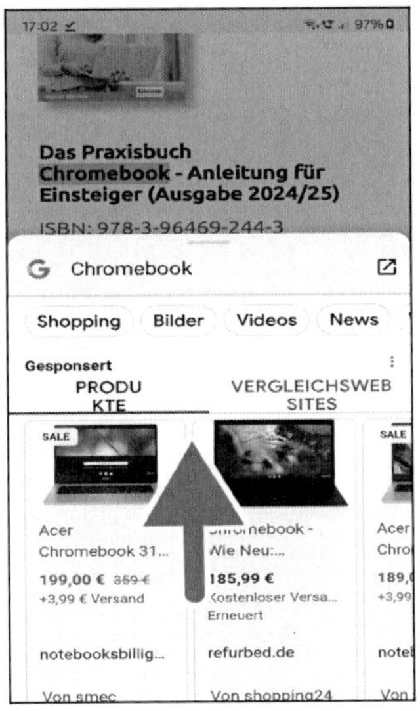

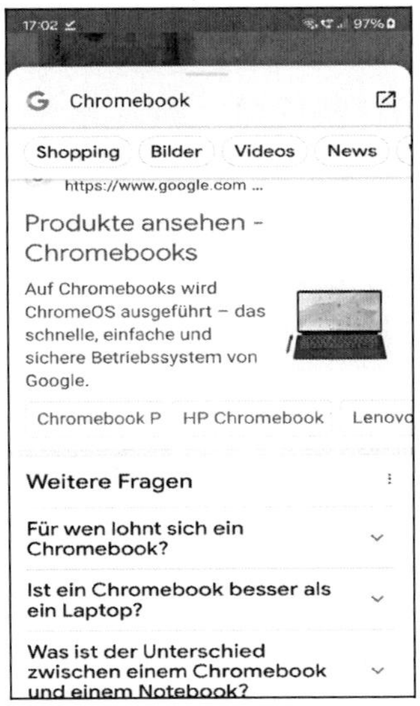

❶❷ Der Webbrowser zeigt die Google-Suchergebnisse an. Ziehen Sie diese mit einer Wischgeste nach unten, um sie zu schließen, oder nach oben, was sie im Vollbildschirm anzeigt.

11.9 Einstellungen

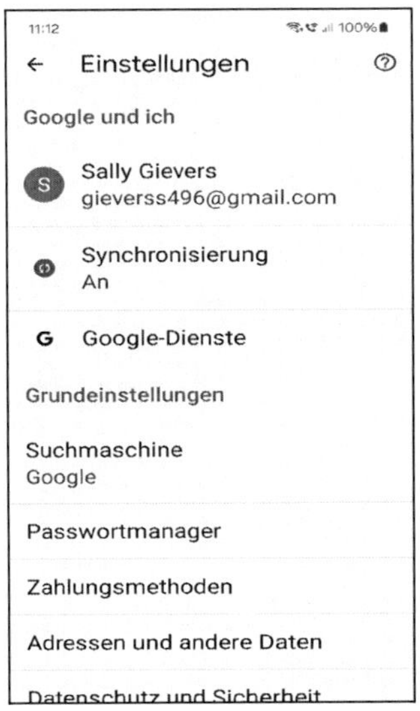

❶ Für die Browserkonfiguration gehen Sie auf ⁝/*Einstellungen*.

❷ Die hier angebotenen Optionen:

- *(Ihr Konto)@gmail.com*: Verwaltet die Synchronisation der Lesezeichen mit Ihrem Google-Konto.
- *Synchronisierung*: Hier können Sie festlegen, welche Daten im Google-Konto abgelegt werden. Die Option *Alles synchronisieren* sollten Sie nicht ändern.
- *Google-Dienste* (❸):
    - *Anmeldung in Chrome zulassen*: Muss aktiv sein, damit Lesezeichen und Einstellungen des Chrome-Browsers in Ihrem Google-Konto gesichert werden.
    - *Helfen, die Funktionen und die Leistung von Chrome zu verbessern:* Legt fest, ob der Chrome-Browser anonyme Nutzungsberichte an Google senden darf, die Google dann für Optimierungen verwendet.
    - *Suchanfragen und das Surfen verbessern*: Überträgt alle Ihre besuchten Webseiten an Google.
    - *Suchvorschläge verbessern*: Google macht anhand Ihrer Eingaben in der Adressleiste Vorschläge für möglicherweise passende Webseiten.

    - *Zum Suchen antippen*: Infos zu einem angetippten Begriff anzeigen. Siehe Kapitel *11.8 Zum Suchen tippen.*

Unter *Grundeinstellungen*:

- *Suchmaschine*: Stellt die zu verwendende Suchmaschine ein (die Suche erfolgt automatisch, wenn Sie einen Begriff in der Browser-Adresszeile eingeben).
- *Passwortmanager*: Verwaltet alle Passwörter, die zwischengespeichert und das nächste Mal automatisch eingefügt werden. Sofern das Motorola von mehreren Personen genutzt wird, sollten Sie diese Option deaktivieren.
- *Zahlungsmethoden*: Wenn Sie online einkaufen, füllt Ihnen der Chrome-Browser automatisch Eingabefelder aus, in denen nach Ihrer Kreditkarte gefragt wird. Weil in Europa meistens per Überweisung oder PayPal bezahlt wird, macht dieses Menü keinen Sinn.
- *Adressen und andere Daten*: Die hier erfassten Texte mit Ihren Adressdaten schlägt der Browser automatisch vor, wenn Sie in ein passendes Eingabefeld tippen (zum Beispiel Adressfelder in einem Online-Shop).
- *Datenschutz und Sicherheit*: Löschen Sie hier vom Chrome-Browser gespeicherte Daten und stellen Sie ein, ob der Browser bei der Adresseingabe Vorschläge macht.
- *Sicherheitscheck*: Überprüft, ob der Chrome-Browser aktuell ist und ob Ihre Passwörter sicher sind.
- *Benachrichtigungen*: Die Benachrichtigungen sollten Sie nicht ändern, zumal sie ohnehin nur selten stattfinden.
- *Design*: Anzeige zwischen dunkel und hell umschalten. Standardmäßig verwendet der Browser die Systemeinstellung.

Unter *Erweitert:*

- *Startseite*: Die Startseite lädt der Chrome-Browser beim ersten Aufruf. Sie können hier eine beliebige andere Webseite einstellen.
- *Bedienungshilfen*: Standardschriftgröße bei den angezeigten Webseiten.
- *Website-Einstellungen*: Cookies, Übermittlung des Standorts, JavaScript usw. zulassen.
- *Sprachen*: Bei jedem Abruf einer Webseite übermittelt der Chrome-Browser die gewünschte Sprachversion, in der Regel *Deutsch*. Einige Websites werten dies aus und stellen dann die deutsche Sprachversion zur Verfügung.
- *Downloads*: Legen Sie fest, in welchem Verzeichnis heruntergeladene Dateien (siehe Kapitel *11.6 Dateien herunterladen*) abgelegt werden.
- *Über Google Chrome*

11.9.1 Datenschutz und Sicherheit

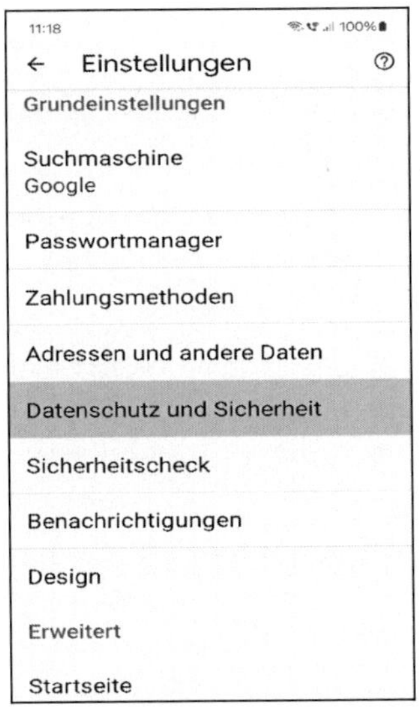

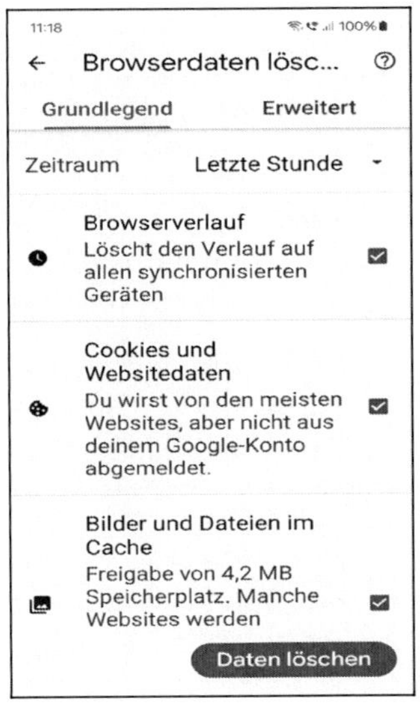

❶❷ Das *Datenschutz und Sicherheit*-Menü konfiguriert:

- *Browserdaten löschen*: Darauf gehen wir unten ein.
- *Datenschutz-Leitfaden*: Ein Assistent unterstützt Sie bei der Konfiguration des Browsers.
- *Drittanbieter-Cookies*: Webseiten können im Inkognito-Modus aus Datenschutzgründen keine Cookies speichern. Auf den Inkognito-Modus geht Kapitel *11.3 Tabs* (am Ende des Kapitels) ein.
- *Datenschutz bei Anzeigen*: Google plant eine umstrittene Umstellung bei Werbung auf Webseiten. Künftig können Sie selbst festlegen, welche Daten für Werbezwecke verwendet werden.
- *"Do Not Track'-Anfrage senden"*: Der Browser sendet an aufgerufene Webseiten einen Befehl, dass diese keine Benutzerdaten auswerten darf (beispielsweise für Werbung). In der Praxis hat dies aber keine Auswirkungen, weil sich kein Webseitenbetreiber daran hält.
- *Seiten vorab laden*: Der Browser lädt alle verlinkten Webseiten vorab, die Sie vermutlich als nächstes durch Antippen öffnen.
- *Inkognito-Tabs beim Verlassen von Chrome sperren*: Wenn den den Chrome-Browser verlassen, werden Inkognito-Tabs automatisch gesperrt und erst nach Eingabe einer PIN oder per Fingerabdruck wieder freigegeben. Dazu muss die Gerätesperre des Handys aktiviert sein.

Unter *Sicherheit*:

- *Safe Browsing*: Schützt Sie vor Angriffen durch bösartige Webseiten. Die Voreinstellung sollten Sie nicht ändern.
- *Immer sichere Verbindungen verwenden*: Der Aufruf Websites ohne Unterstützung von verschlüsselten Verbindungen wird mit einem Warnhinweis quittiert. Wir raten von der Aktivierung dieser Option ab, da sie keine zusätzliche Sicherheit bietet, denn fast alle Websites, die Verschlüsslung unterstützen, schalten automatisch beim ersten Aufruf darauf um.
- *Sicheres DNS verwenden*: Das DNS-Protokoll wird verwendet, um Websites im Internet zu finden und anzuzeigen (Umsetzung von Website-Namen in IP-Adressen). Sie sollten die Voreinstellung nicht ändern.
- *Smartphone als Sicherheitsschlüssel*: Nicht von Google dokumentiert.
- *Auf Zahlungsmethoden zugreifen*: Nicht von Google dokumentiert.

❸ Rufen Sie *Browserdaten löschen* auf für das Auswahlmenü:

- *Browserverlauf*: Die Adressen einmal besuchter Seiten speichert der Browser zwischen und zeigt sie dann als Auswahl an, wenn Sie eine ähnliche Webadresse in der Adresszeile angeben.

- *Cookies und Websitedaten*: Cookies sind Daten, die von Webseiten auf Ihrem Gerät abgelegt werden, um Sie bei einem späteren Besuch wiedererkennen zu können. Es dürfte nur sehr selten Sinn machen, die vom Browser angelegten Cookies zu löschen.
- *Bilder und Dateien im Cache*: Zwischengespeicherte Dateien.

Nachdem Sie die gewünschten Optionen eingestellt haben, betätigen Sie *Daten löschen*.

11.9.2 Bedienungshilfen

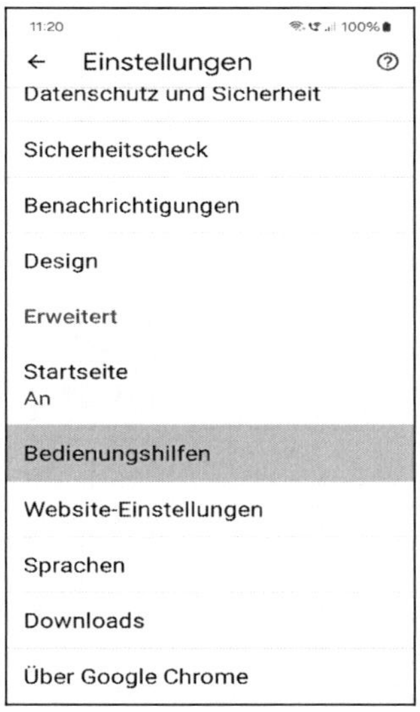

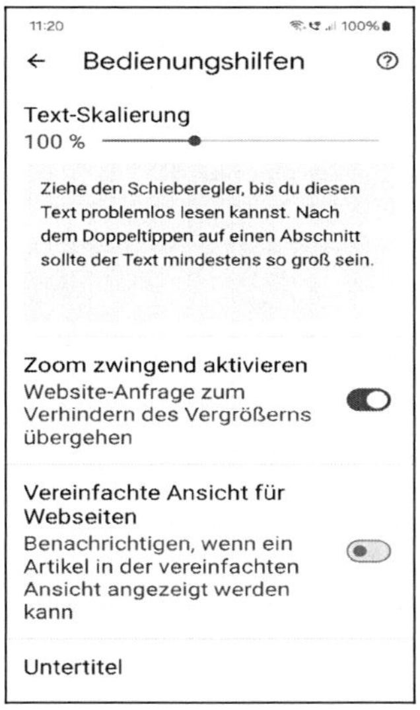

❶❷ Das *Bedienungshilfen*-Menü sind für Personen mit eingeschränkter Sehkraft gedacht:

- *Text-Skalierung*: Vergrößert die Textdarstellung.
- *Zoom zwingend aktivieren*: Manche für Handys optimierte Webseiten lassen sich nicht durch Doppeltippen oder eine Kneifgeste vergößern. Wenn Sie das stört, aktivieren Sie diese Option.
- *Vereinfachte Ansicht für Webseiten*: Sofern eine Webseite bestimmte Merkmale aufweist, können Sie über eine Schaltleiste neben der Adressleiste auf eine reine Textansicht umschalten.
- *Untertitel*

11.9.3 Website-Einstellungen

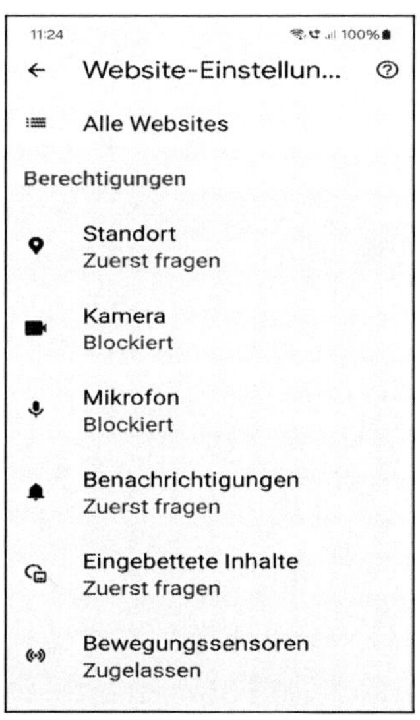

❶❷ In den Website-Einstellungen legen Sie fest, welche Daten oder Funktionen von Ihnen besuchte Websites nutzen dürfen. Sie sollten die Voreinstellungen nicht verändern.

11.10 Lesezeichen auf dem Startbildschirm

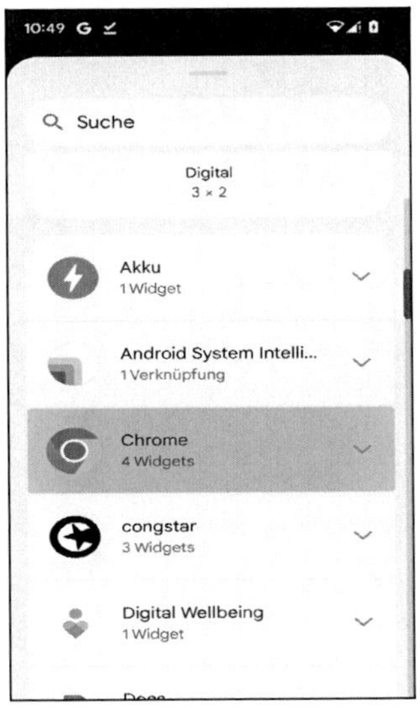

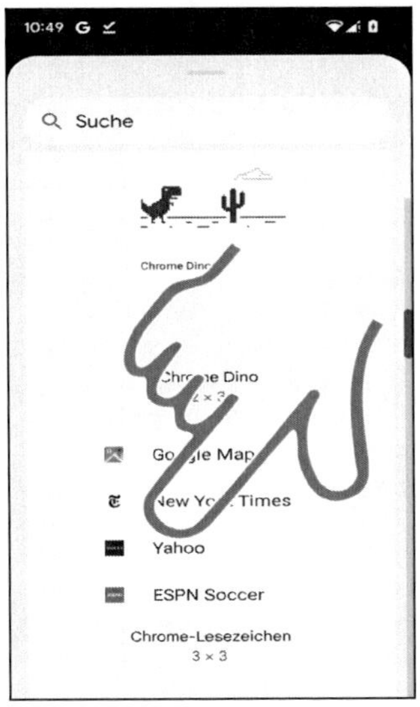

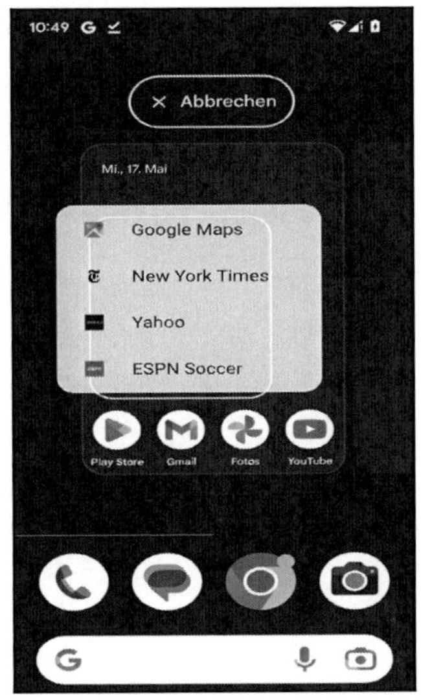

❶❷ Der schnelle Aufruf von Lesezeichen aus dem Startbildschirm ist über das *Chrome-Lesezeichen*-Widget aus der Chrome-Kategorie möglich. Wie Sie Widgets auf dem Startbildschirm anlegen, erfahren Sie im Kapitel *4.8.2 Widgets*.

❸ Das Chrome-Widget ist aktiv.

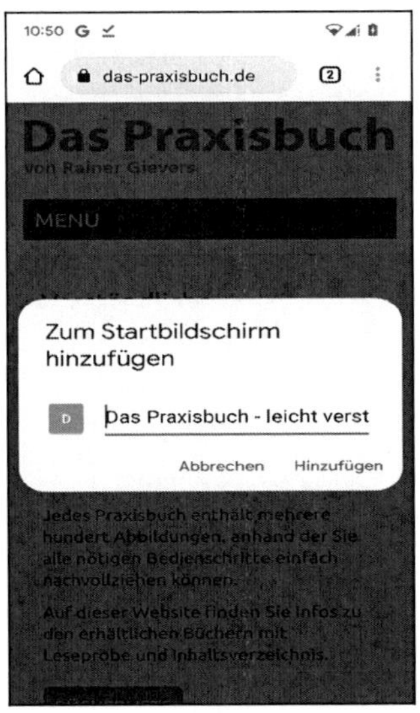

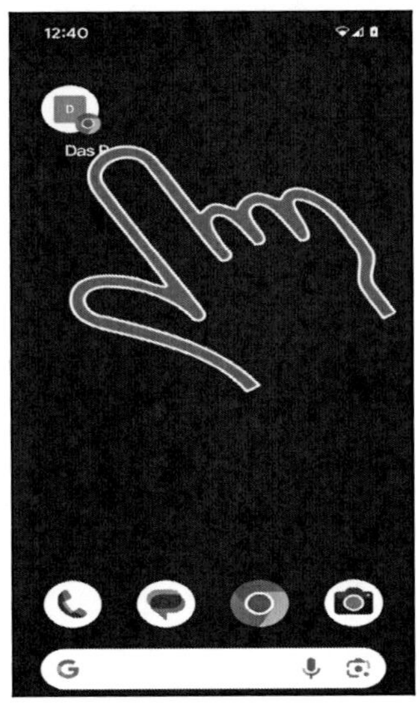

❶❷ Alternativ rufen Sie ⋮/*Zum Startbildschirm hinzufügen* auf, während eine Webseite angezeigt wird. Ändern Sie gegebenenfalls den Namen und betätigen Sie *Hinzufügen* und dann *Zum Startbildschirm hinzufügen.*

❸ Die Webseite können Sie nun direkt über den Schnellzugriff im Startbildschirm aufrufen.

12. WhatsApp

Die Funktionsweise von WhatsApp ähnelt dem SMS-Versand, wobei allerdings eine Internetverbindung benötigt wird. Es fallen deshalb keine weiteren Kosten an.

Nutzer von WhatsApp müssen sich nicht mit einem Login und Passwort bei WhatsApp anmelden, sondern identifizieren sich durch ihre Handynummer. Dies bringt leider den Nachteil mit sich, dass eine Verwendung nur über Handys und Tablets mit SIM-Karte möglich ist.

12.1 Erster Start

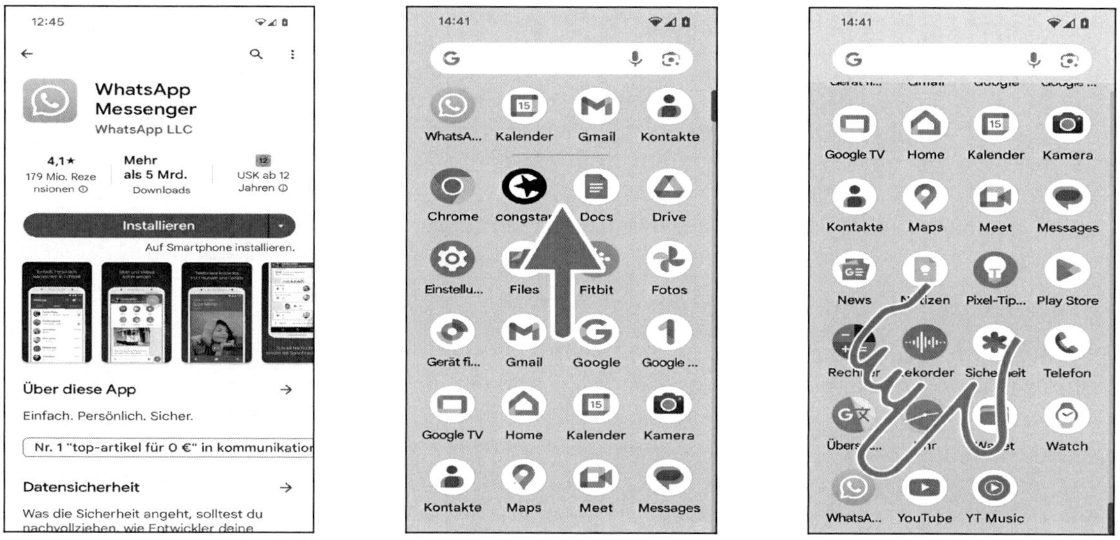

❶ Suchen und installieren Sie *WhatsApp Messenger* aus dem Google Play Store (siehe Kapitel *17 Play Store*).

❷❸ Sie finden das installierte Programm im Hauptmenü. Blättern Sie gegebenenfalls mit einer Wischgeste durch die Programme. Dort starten Sie dann *WhatsApp.*

❶ Beim ersten Start bestätigen Sie mit der grünen Schaltleiste die genutzte Sprache.

❷ Dann gehen Sie auf *Zustimmen und fortfahren.*

❸ Schließen Sie die zwei folgenden Popups mit *Zulassen.*

❶ Dann müssen Sie sich erst beim WhatsApp-Netzwerk identifizieren, was über eine SMS geschieht. Geben Sie Ihre Handynummer ein und schließen Sie den Vorgang mit der *Weiter*-Schaltleiste ab.

❷ Betätigen Sie die Sicherheitsabfrage mit *OK.*

❸ Die Authentifizierung erfolgt über einen Telefonanruf im Hintergrund. Sie müssen deshalb hier *Weiter* und in den folgenden Popups zweimal *Zulassen* betätigen.

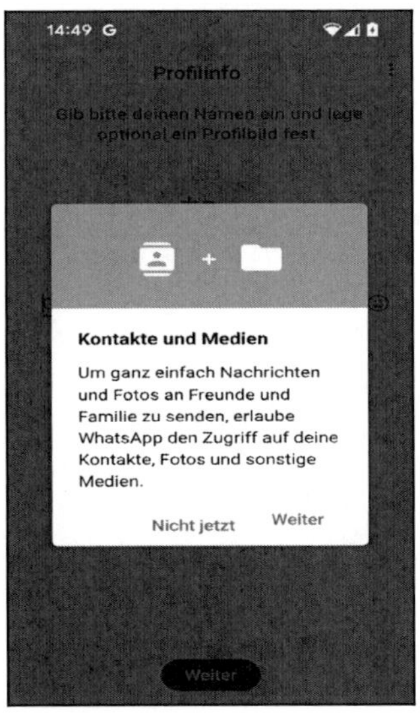

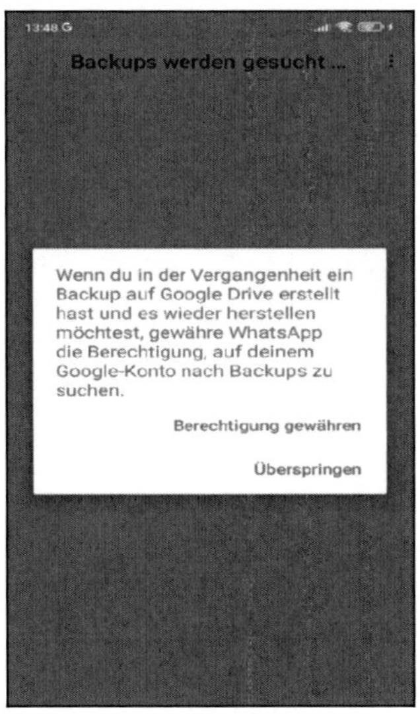

❶ Betätigen Sie *Weiter*. Schließen Sie die folgenden Popups mit *Zulassen* beziehungsweise *Vollen Zugriff erlauben.*

❸ Falls Sie bisher noch kein WhatsApp genutzt hatten, betätigen Sie hier *Überspringen*, sonst *Berechtigung gewähren.*

❶❷ Betätigen Sie dreimal *Zulassen* beziehungsweise *Vollen Zugriff erlauben*.

❸ Erfassen Sie Ihren Namen und tippen Sie auf *Weiter.*

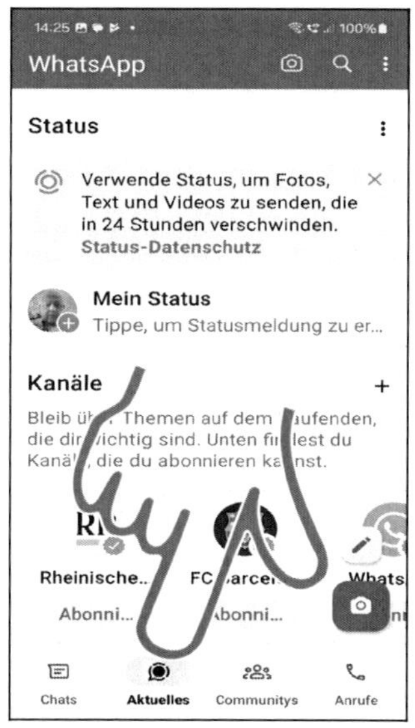

❶ Das Angebot, eine E-Mail-Adresse zu hinterlegen, können Sie mit *Überspringen* ablehnen.

❷ Sie können nun das Programm nutzen!

❸ Die Register am unteren Bildschirmrand schalten um zwischen:

- *Chats*: Schreiben Sie mit anderen WhatsApp-Nutzern. Dabei ist es auch möglich, Sprachaufnahmen und Dateien zu versenden.
- *Aktuelles*: Stellen Sie ein Foto beziehungsweise einen Text ein, den andere für eine bestimmte Zeitspanne zu Gesicht bekommen.
- *Communitys*: Verwaltet Gruppen, in denen sich mehrere WhatsApp-Nutzer austauschen können.
- *Anrufe*: Sie können mit anderen WhatsApp-Nutzern telefonieren. Dabei baut das Handy keine Sprachverbindung über das Mobilfunknetz auf, sondern die Sprachübertragung erfolgt über das Internet. Deshalb fallen keine Telefonkosten an.

12.2 Nachrichten schreiben

Damit Sie einer anderen Person per WhatsApp schreiben können, muss er sich mit seiner Handynummer in Ihrem Telefonbuch (siehe Kapitel *7 Telefonbuch*) befinden. Außerdem ist es notwendig, auf seinem Handy oder Tablet ebenfalls WhatsApp zu installieren.

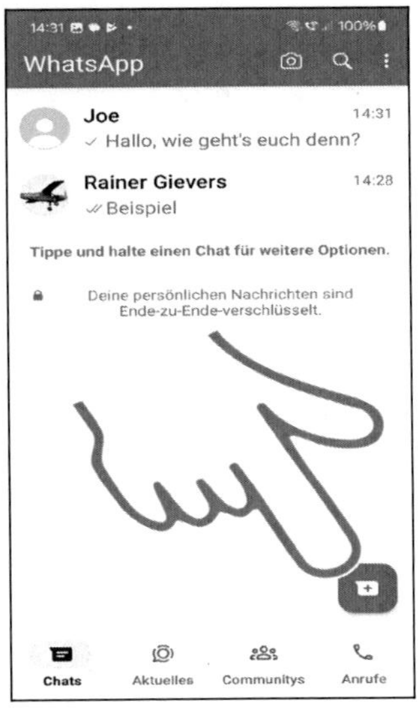

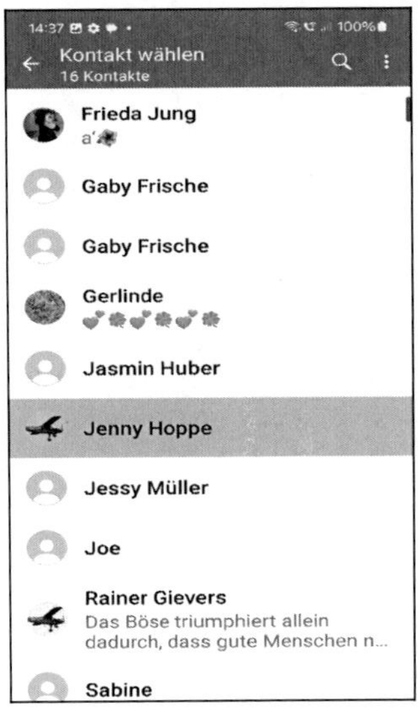

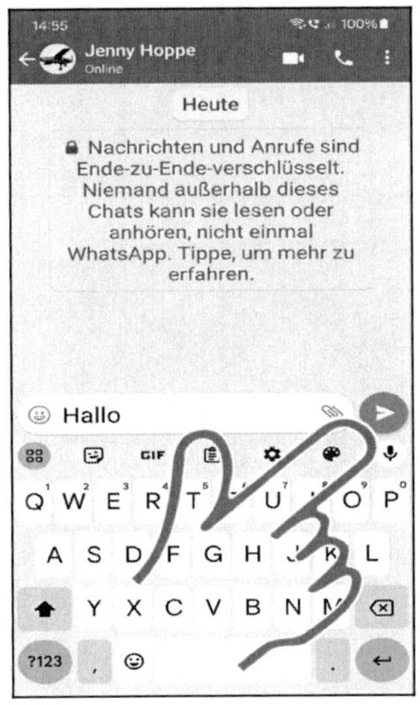

❶ Betätigen Sie ⊞.

❷ WhatsApp listet alle Kontakte auf, die das soziale Netzwerk nutzen, aus denen Sie einen auswählen.

❸ Nach Eingabe eines Textes versenden Sie ihn mit ➤.

❶ Ein Haken hinter jeder Ihrer Nachrichten informiert über den Versandstatus:

- ✓: Nachricht wurde erfolgreich versandt, aber noch nicht dem Empfänger zugestellt (beispielsweise weil er sich in einem Funkloch befindet oder sein Handy abgestellt hat).
- ✓✓: Der Doppelhaken erscheint zunächst grau, sobald die Nachricht den Empfänger erreicht. Hat der Empfänger sie gelesen, wir der Doppelhaken blau eingefärbt.

❷ Der Hinweis »online« beziehungsweise das Datum (Pfeil) informiert am oberen Bildschirmrand darüber, ob und wann der Empfänger zuletzt online war.

12.3 Nachrichten empfangen

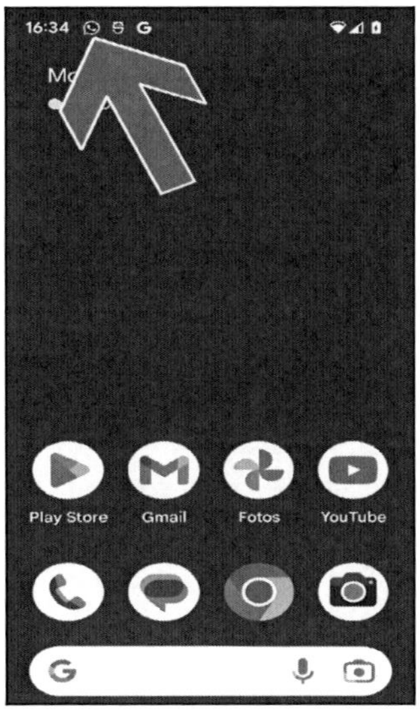

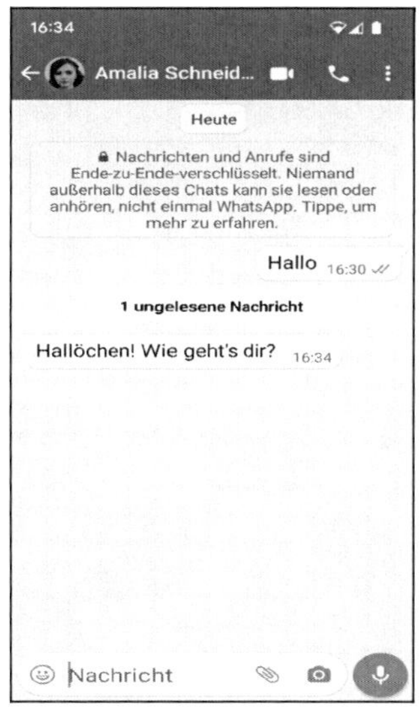

➊ Sie müssen die WhatsApp-Anwendung nicht permanent geöffnet haben, denn auch wenn Sie gerade nicht damit arbeiten, informiert Sie das Pixel mit akustischem Signal und Hinweis in der Titelleiste (Pfeil) über neu vorliegende Nachrichten.

➋➌ Antippen der Nachricht öffnet die Konversation in der WhatsApp-Anwendung. Alternativ gibt WhatsApp einige Standardantworten vor, von denen Sie einfach eine Antippen.

12.4 Weitere Funktionen

➊➋ Auf die Konversationen mit Ihren Kontakten greifen Sie über die Auflistung im Hauptmenü zu.

❶ Besonders beliebt ist die Option, Fotos oder Sprachaufnahmen zu verschicken, was über die Schaltleisten am unteren Bildschirmrand (Pfeil) erfolgt.

❷❸ Beim Fotoversand knipsen Sie zunächst mit der runden Schaltleiste (Pfeil) ein Bild, danach erfolgt mit ➤ der Versand.

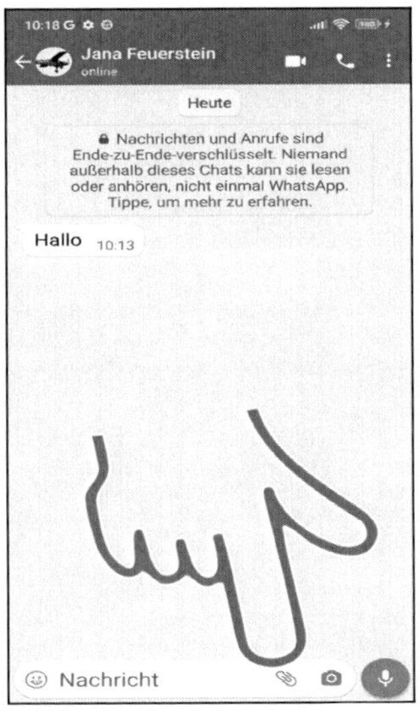

❶❷ Andere Dateien, darunter auch bereits auf dem Handy vorhandene Fotos, verschicken Sie dagegen über die 📎-Schaltleiste.

12.5 Telefonie über WhatsApp

Wie bereits erwähnt, bietet WhatsApp eine Telefonie-Funktion, welche über das Internet statt über eine Mobilfunk-Sprachverbindung erfolgt und deshalb kostenlos ist.

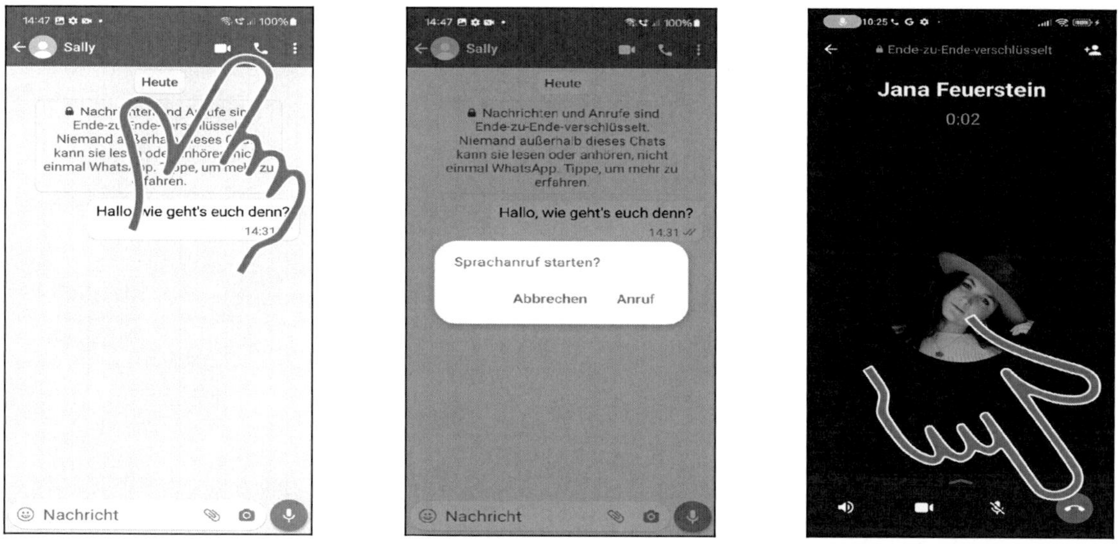

❶❷ Anrufe führen Sie jederzeit in einem Chat über die 📞-Schaltleiste (Pfeil) durch (die Schaltleiste daneben dient Videoanrufen). Schließen Sie die folgenden Popups mit *Anruf* beziehungsweise *Bei Nutzung der App*.

❸ Die rote Schaltleiste im unteren Bildschirmdrittel beendet später das Gespräch.

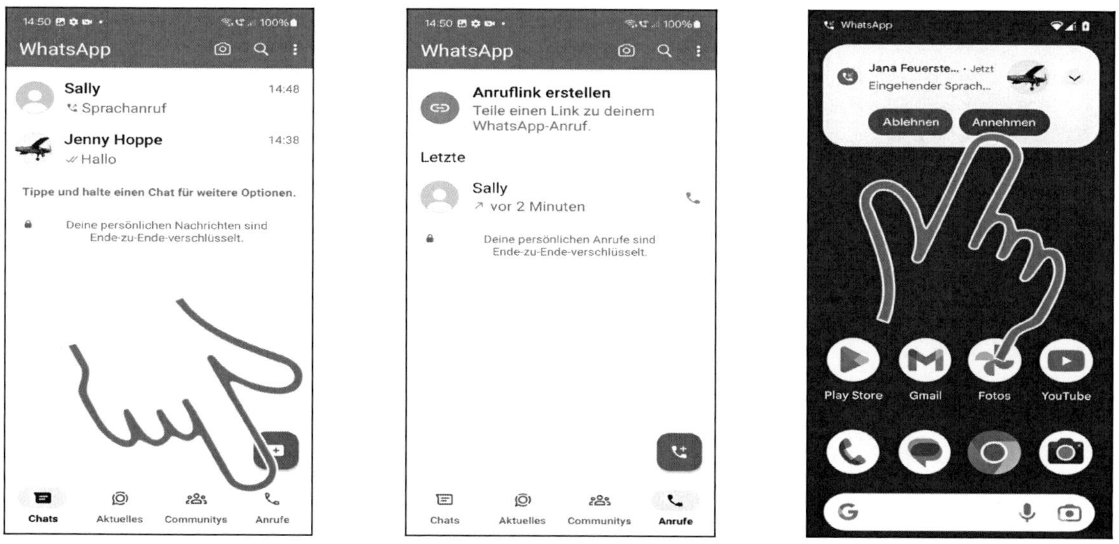

❶❷ Die durchgeführten Anrufe listet das *Anrufe*-Register (Pfeil) auf.

❸ Nehmen Sie eingehende Anrufe über *Annehmen* im Popup am oberen Bildschirmrand an.

12.6 Videotelefonie über WhatsApp

Die Videotelefonie ähnelt der oben vorgestellten Telefonie, allerdings sehen Sie die beiden Kommunikationspartner. Dadurch wird das Gespräch persönlicher.

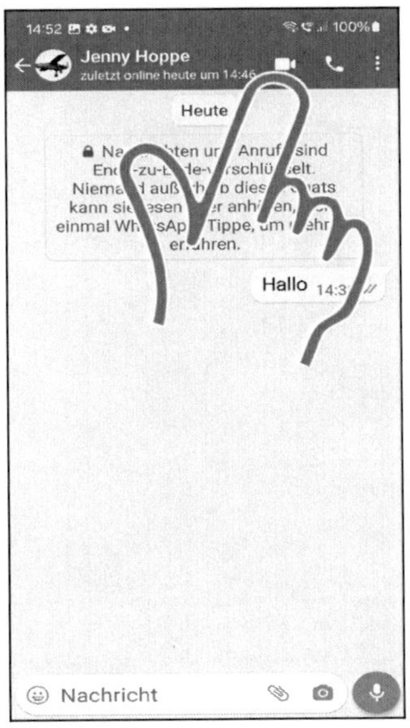

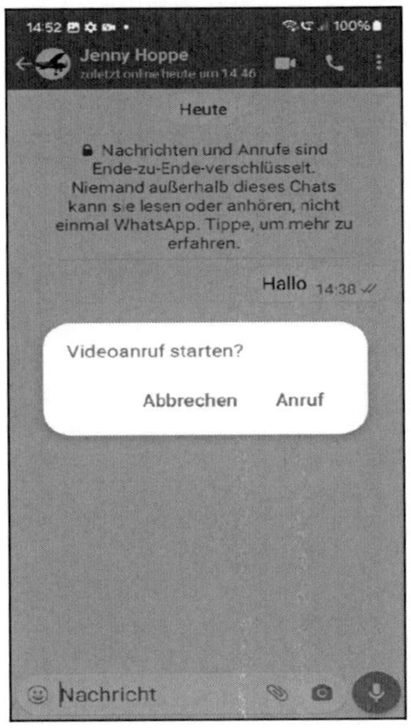

❶❷ Betätigen Sie die -Schaltleiste und bestätigen Sie mit *ANRUF*. Die folgenden Abfragen beantworten Sie mit *WEITER* beziehungsweise *Bei Nutzung der App*.

❶ Während Sie warten, dass der Angerufene annimmt, sehen Sie bereits Ihr eigenes Videobild.

❷ Antippen Ihres Videobilds bringt Ihr eigenes Bild in den Vordergrund, während das Bild Ihres Gegenübers als »Briefmarke« erscheint.

Die Schaltleisten am unteren Bildschirmrand:

- : Videoanzeige umschalten
- : Eigenes Videobild ausschalten
- : Eigenes Video stumm schalten

❸ Die rote Schaltleiste beendet das Gespräch.

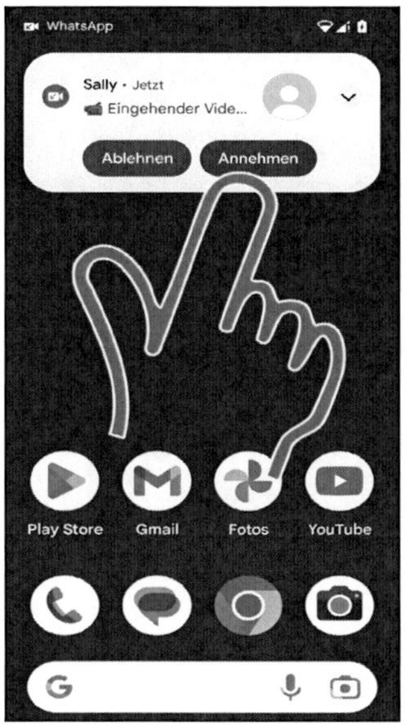

Das Handy informiert über eingehende Videoanrufe mit einem Popup. Betätigen Sie dort *Annehmen.*

12.7 Eigene Kontaktinfos

Sie haben die Möglichkeit, Ihr eigenes WhatsApp-Konto zu personalisieren.

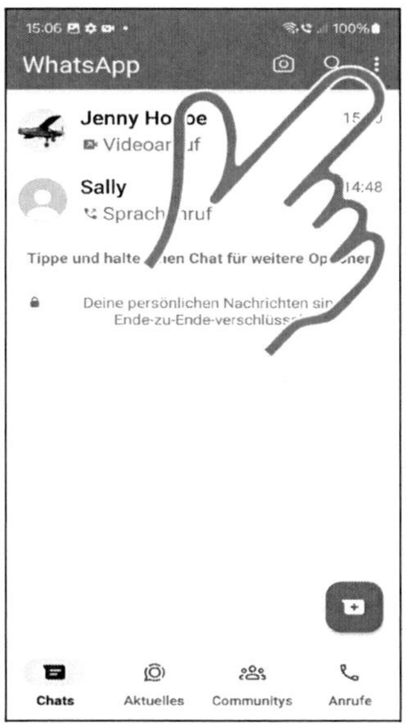

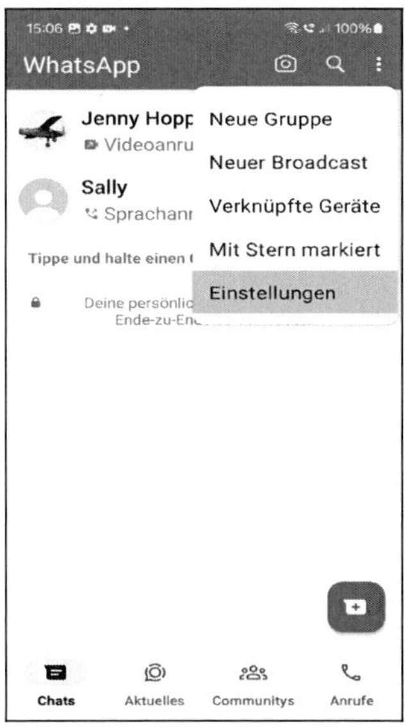

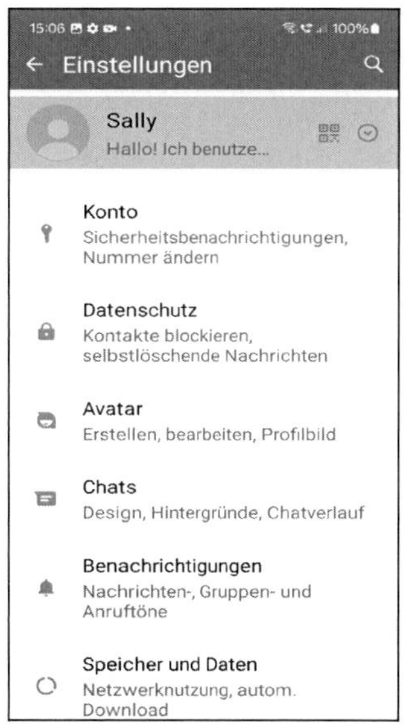

❶❷ Rufen Sie ⋮/*Einstellungen* auf.

❸ Hier gehen Sie auf das erste Menü.

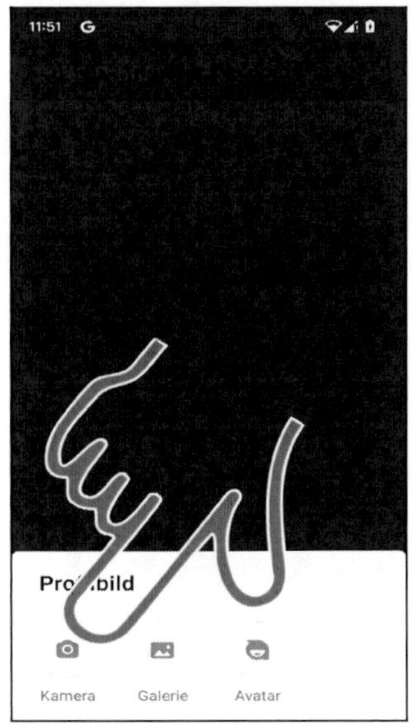

➊ In diesem Bildschirm können Sie bei Bedarf Ihren Namen (den Sie bei der Ersteinrichtung von WhatsApp eingegeben hatten) ändern. Unter *Info* erfassen Sie weitere Infos, beispielsweise Hinweise zur Erreichbarkeit oder über Ihre Person.

➋ Sie möchten Ihr Foto bei WhatsApp hinterlegen, damit Gesprächspartner sofort wissen, wer Sie sind? Dann tippen Sie oben ins runde Kontaktsymbol.

➌ Folgende Optionen stehen zur Auswahl:

- *Kamera*: Foto mit der Kamera erstellen.
- *Galerie*: Ein bereits zuvor geknippstes Foto verwenden.
- *Avatar*: Eine Art Comicfigur erstellen.

In unserem Beispiel verwenden wir *Kamera.*

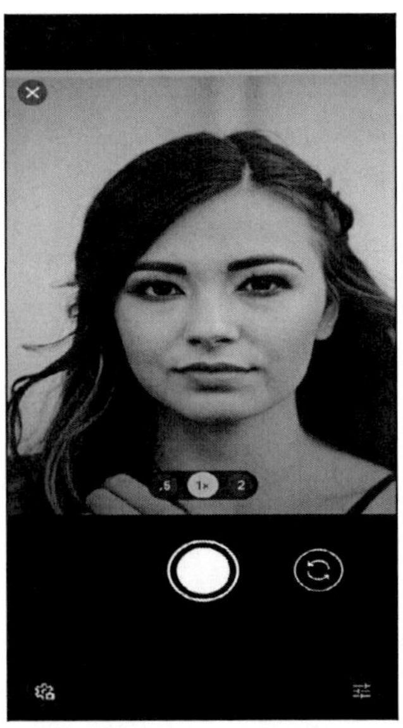

➊ Halten Sie die Kamera auf das Motiv und betätigen Sie die weiße Schaltleiste.

➋ Falls Sie mit dem Foto nicht zufrieden sind, tippen Sie auf ⮌, sonst erneut auf die weiße Schatleiste.

➊ Verschieben Sie die Begrenzungen auf den gewünschten Bildausschnitt und gehen Sie auf *Fertig.*

➋ Das Profilfoto ist nun bei allen Ihren Gesprächspartnern sichtbar.

13. Google Maps

Google Maps zeigt nicht nur Straßenkarten, sondern auch Satellitenansichten an und dient als mobiles Navigationsgerät. Beachten Sie, dass Google Maps die Kartenausschnitte jeweils aus dem Internet lädt, also eine WLAN- oder Mobilfunkverbindung bestehen muss.

Google Maps können Sie auch auf dem Desktop-PC im Webbrowser nutzen: Geben Sie dort *maps.google.de* als Webadresse ein.

13.1 Google Maps nutzen

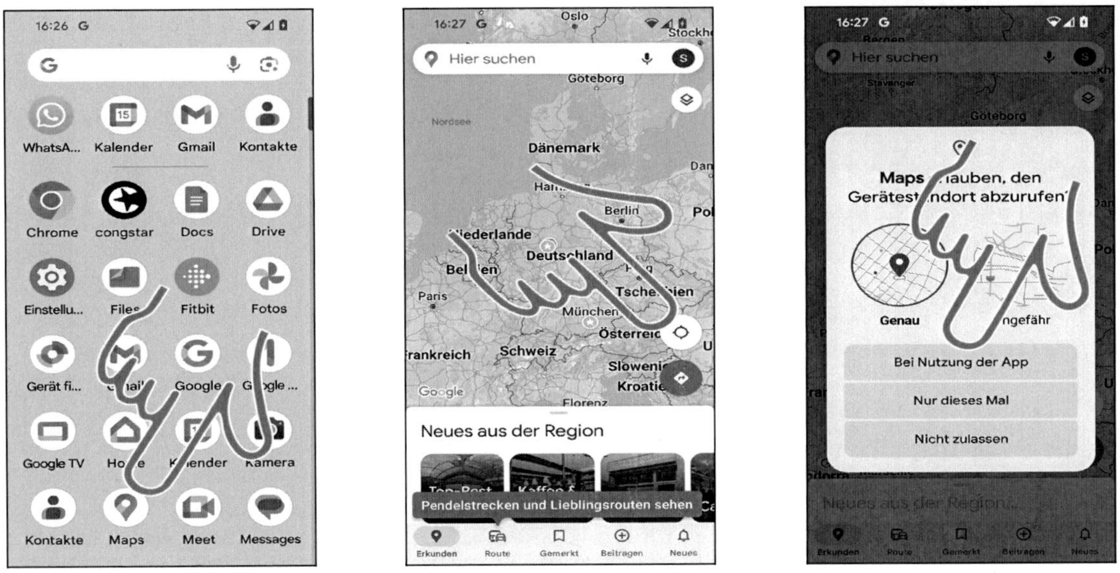

❶ Gehen Sie auf *Maps* im Hauptmenü.

❷❸ Damit Google Maps Ihre Position auswerten kann, müssen Sie dies erst gestatten. Dazu tippen Sie auf ⊙ und wählen *Bei Nutzung der App.*

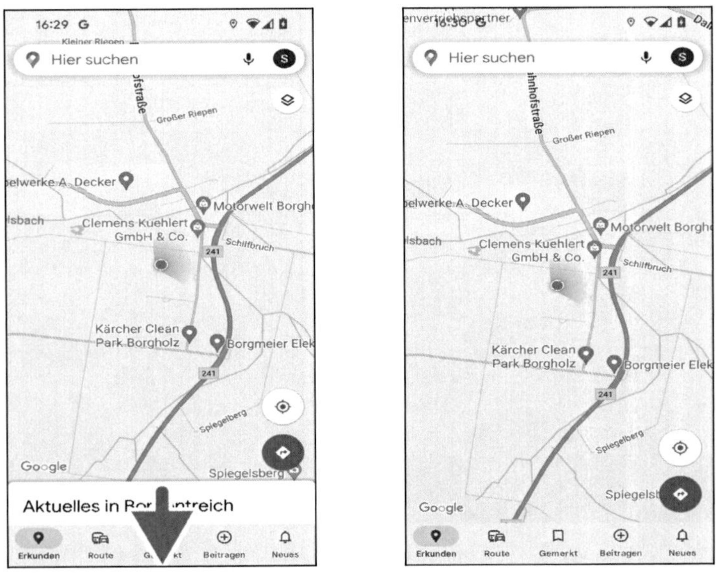

❶❷ Schließen Sie das Ausklappmenü mit einer Wischgeste nach unten.

Bitte wundern Sie sich nicht, falls bei Ihnen die Benutzeroberfläche zunächst etwas anders aussieht. Nach einiger Zeit führt Google ein Update durch, das die Bedienoberfläche verändert.

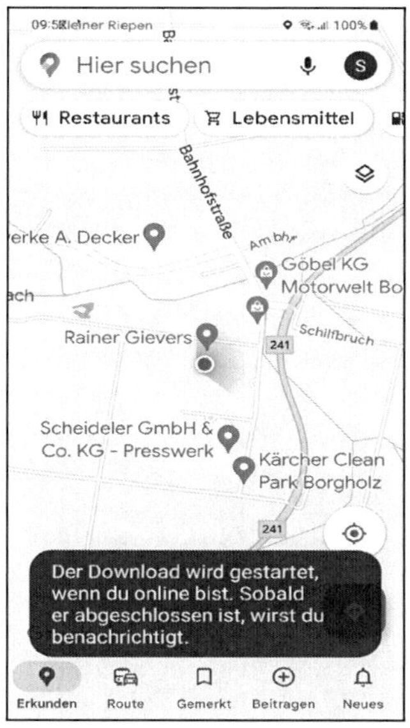

❶❷ Nach einiger Nutzungszeit erscheint der Bildschirm *Google Maps ist jetzt schneller und funktioniert auch offline*. Hier sollten Sie *Google Maps beschleunigen* antippen. Die Anwendung speichert nun Kartendaten zwischen, sodass Sie auch bei unterbrochener Internetverbindung damit navigieren können.

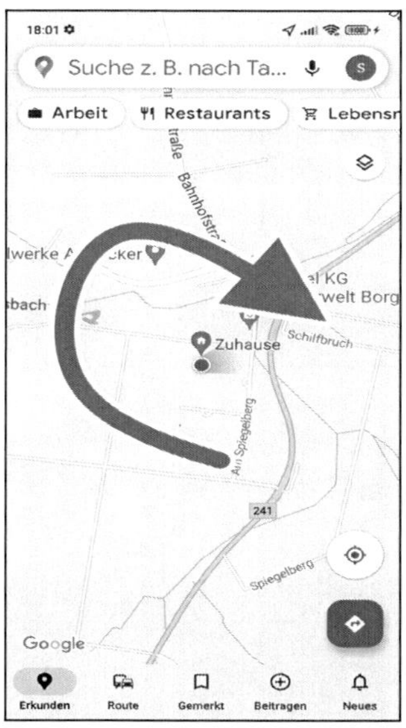

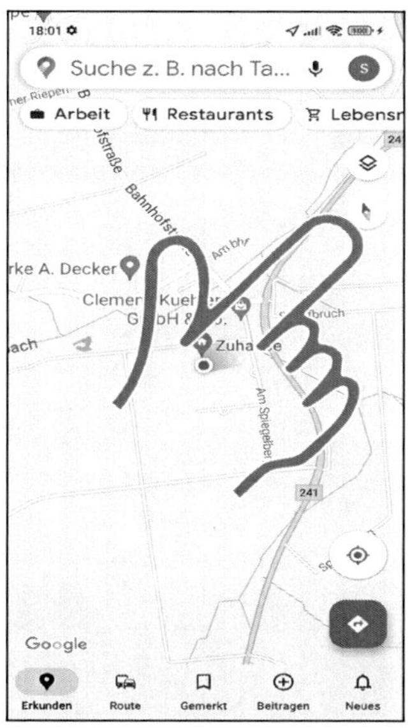

❶ Bei Google Maps ist Norden standardmäßig oben. Fußgänger dürften deshalb die Drehfunktion begrüßen: Tippen Sie mit zwei Fingern, zum Beispiel Daumen und Zeigefinger, auf das Display und drehen Sie beide Finger dann um sich selbst. Der Kartenausschnitt dreht sich mit. Als Fußgänger richten Sie so den Kartenausschnitt genau in Gehrichtung aus.

❷ Eine Kompassnadel oben rechts zeigt nun die Nord/Süd-Achse an. Tippen Sie darauf, richtet sich der Kartenausschnitt wieder nach Norden aus.

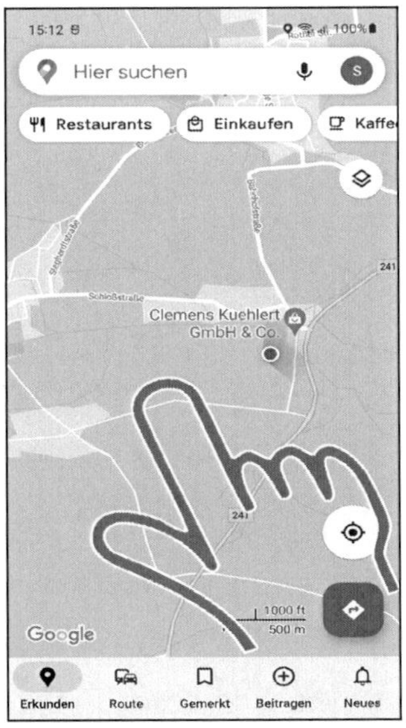

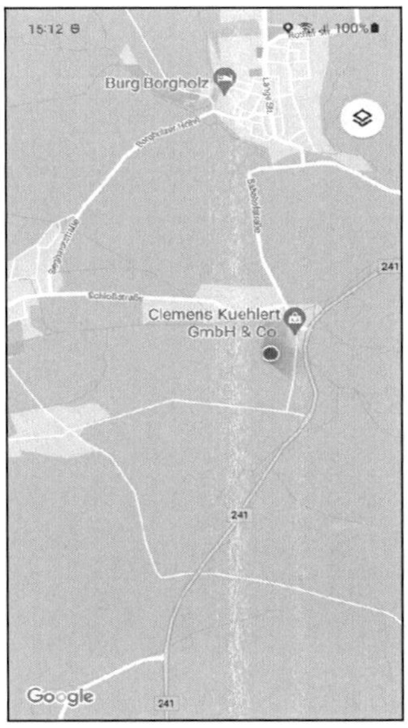

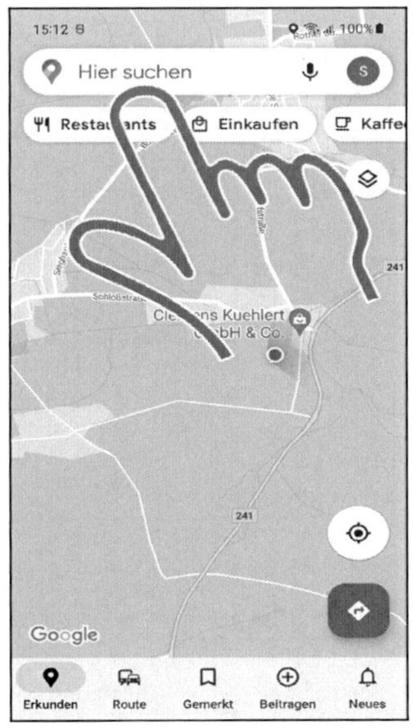

❶❷ Kurzes Tippen in die Karte – auf einen Bereich ohne Beschriftungen oder Symbole – blendet die Bedienelemente ein/aus.

❸ Die Bedienelemente:

- Suchfeld (Pfeil): Nach Orten, Firmen, Adressen oder Sehenswürdigkeiten suchen.
- 🎙 (Sprachsteuerung): Sprechen Sie einen Ort oder einen Point of Interest, nach dem Google Maps suchen soll.
- ⊙ (»Mein Standort«, unten rechts im Bildschirm): Zeigt nach Antippen Ihre vom GPS-Empfänger ermittelte Position auf der Karte an. Dazu muss allerdings der GPS-Empfang (siehe nächstes Kapitel) aktiviert sein.
- ◆ (»*Los*«): Plant eine Route und gibt Ihnen eine Wegbeschreibung.

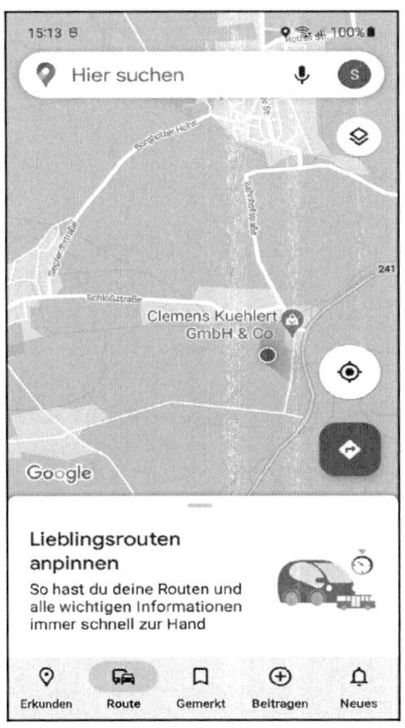

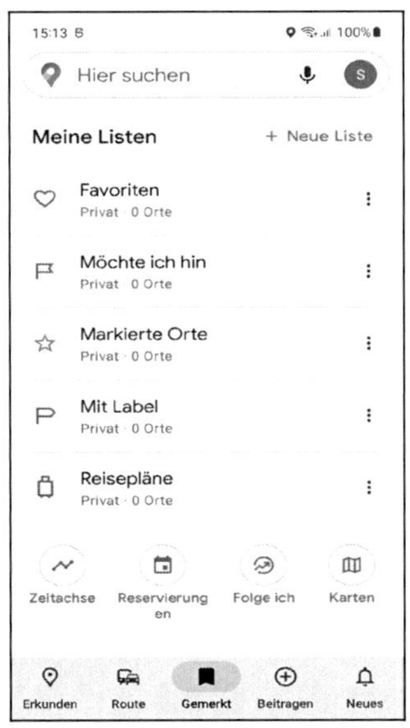

❶ Die Register am unteren Bildschirmrand:

- *Erkunden*: Die standardmäßige Kartenanzeige.
- *Pendeln* (❷): Hinterlegen Sie in Google Maps Ihre Heim- und Arbeitsadresse, dann werden Sie hier über Fahrzeit und optimale Route informiert.
- *Gemerkt* (❸): Verwaltet die von Ihnen als Favoriten markierten Points of Interest, worauf Kapitel *13.8.1 Markierungen* noch eingeht.
- *Beiträge*: Google legt großen Wert auf Nutzerbeteiligung. Beispielsweise dürfen Sie fehlerhafte Daten melden und Rezensionen zu Restaurants, Läden usw. schreiben.

- *Neues*: Weist auf besondere Ereignisse und Veranstaltungen für Ihren Standort hin.

Für die in diesem Buch beschriebene Kartennutzung aktivieren Sie das *Erkunden*-Register.

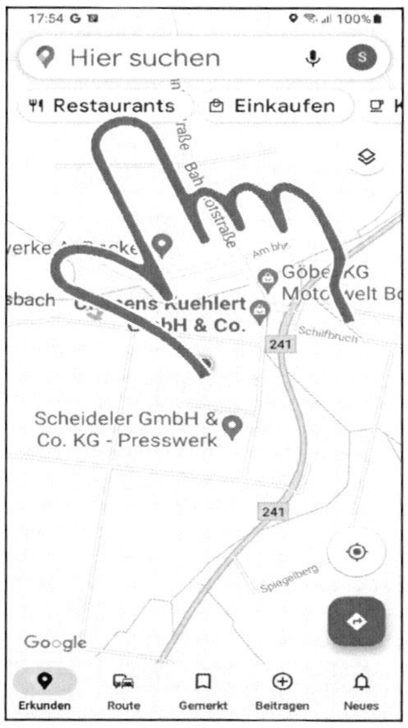

❶❷ Google Maps kennt fast alle Firmen, Geschäfte und Gastronomiebetriebe. Die Schaltleisten am oberen Bildschirmrand listen diese auf – aber darauf kommen wir noch später (Kapitel *13.8 Google Local*).

13.2 Eigene Position

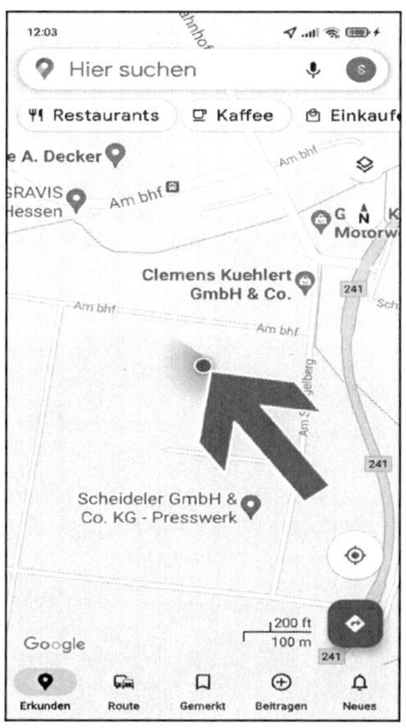

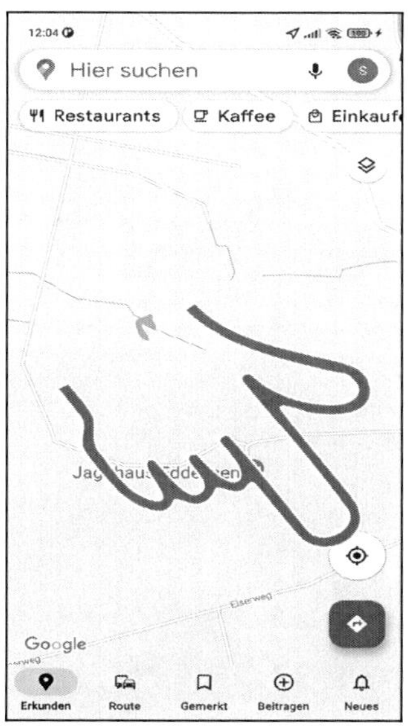

❶ Vielleicht ist Ihnen schon der kleine blaue Punkt aufgefallen, der Ihren aktuellen Standort anzeigt. Der vom blauen Punkt ausgehende Schweif zeigt Ihre ungefähre Blickrichtung (genauer: die Richtung, in die Sie das Handy halten) an.

❷ Sie haben mit Wischgesten die Kartenansicht geändert? Dann bringt Sie einmaliges Antippen von ⊕ wieder zum aktuellen Standort zurück.

❸ Beim ersten Mal wird Sie das Handy zur Kompasskalibrierung auffordern, dem Sie nachkommen sollten. Betätigen Sie danach *Fertig*.

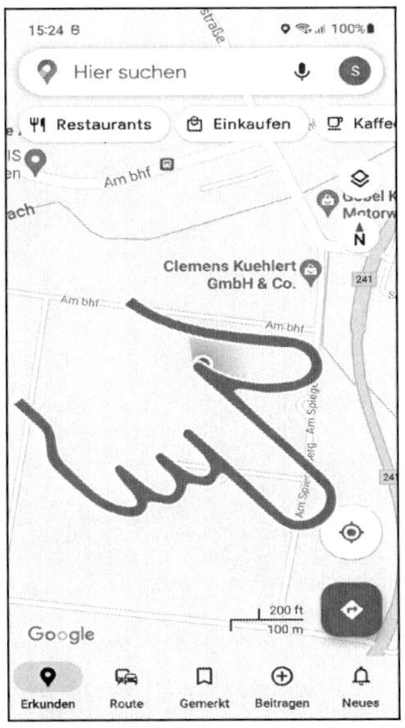

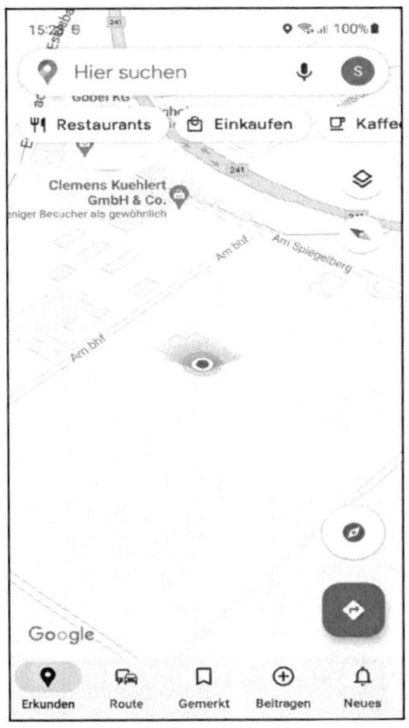

❶❷ Falls Sie zu Fuß unterwegs sind, dürfte die sogenannte isometrische Ansicht für Sie interessant sein: Tippen Sie auf ◉, worauf sich die Bildschirmanzeige an die Richtung orientiert, in die Sie das Handy halten. Betätigen von ⊘ schaltet wieder auf die Standardansicht um.

13.3 Parken

Falls Sie häufiger an verschiedenen Orten mit Ihrem Auto parken müssen, dürften Sie manchmal nach Ihrem Gefährt später länger gesucht haben. Abhilfe schafft die Parken-Funktion von Google Maps.

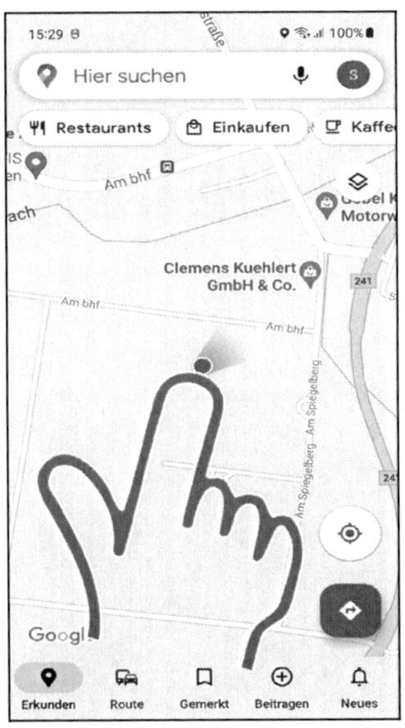

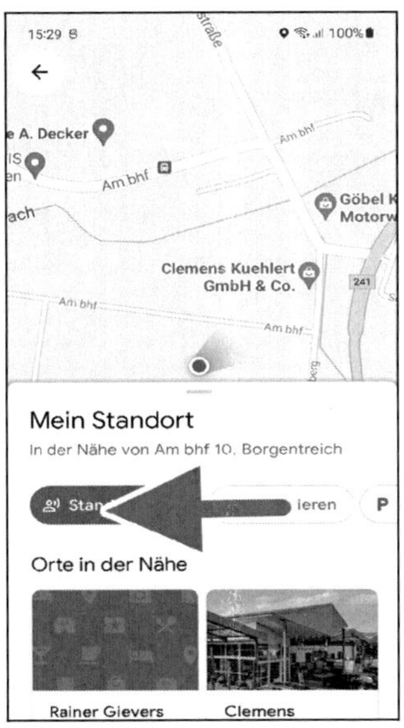

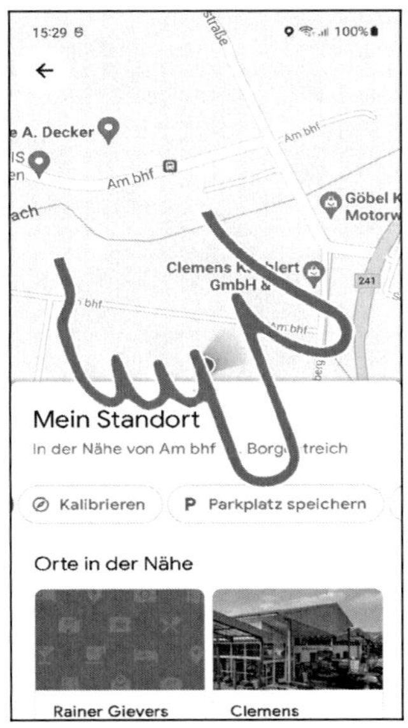

❶ Tippen Sie auf die blaue Standortanzeige.

❷❸ Wischen Sie auf den Schaltflächen nach links und gehen Sie auf *Parkplatz speichern.*

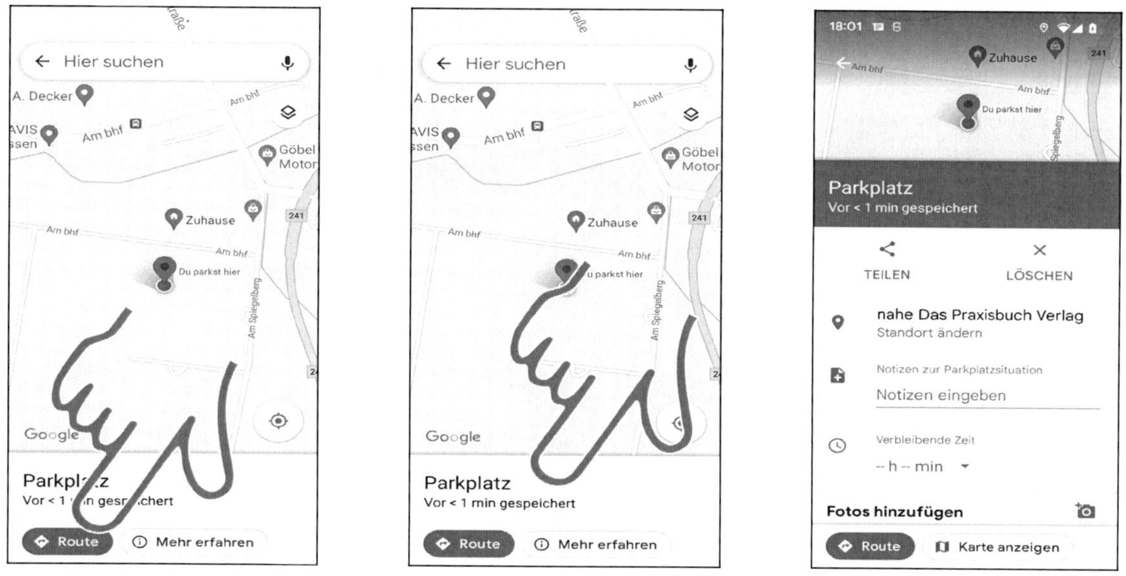

❶ Google Maps informiert mit einer Markierung in der Karte über Ihren Parkplatz. *ROUTE* am unteren rechten Bildschirmrand führt Sie später wieder zu Ihrem Gefährt zurück.

❷❸ Antippen von *Parkplatz* öffnet das Menü, in dem Sie unter *Verbleibende Zeit* einen nützlichen »Wecker« einstellen, damit Sie kein Strafticket erhalten. *LÖSCHEN* beendet die Parkplatz-Funktion.

13.4 Kartenausschnitt auf dem Gerät speichern

Google Maps hat gegenüber normalen Navis den Vorteil, immer tagesaktuelle Karten bereitzustellen, welche aus dem Internet nachgeladen werden. Problematisch wird es nur, wenn man das Handy unterwegs nutzt, da dann ja das Fehlen des WLAN-Empfangs die Kartenaktualisierung verlangsamt, denn häufig steht dann nur eine langsame Mobilfunkverbindung zur Verfügung, mit der Google Maps kaum Spaß macht. Deshalb unterstützt Google Maps die lokale Speicherung der Kartendaten auf dem Gerät.

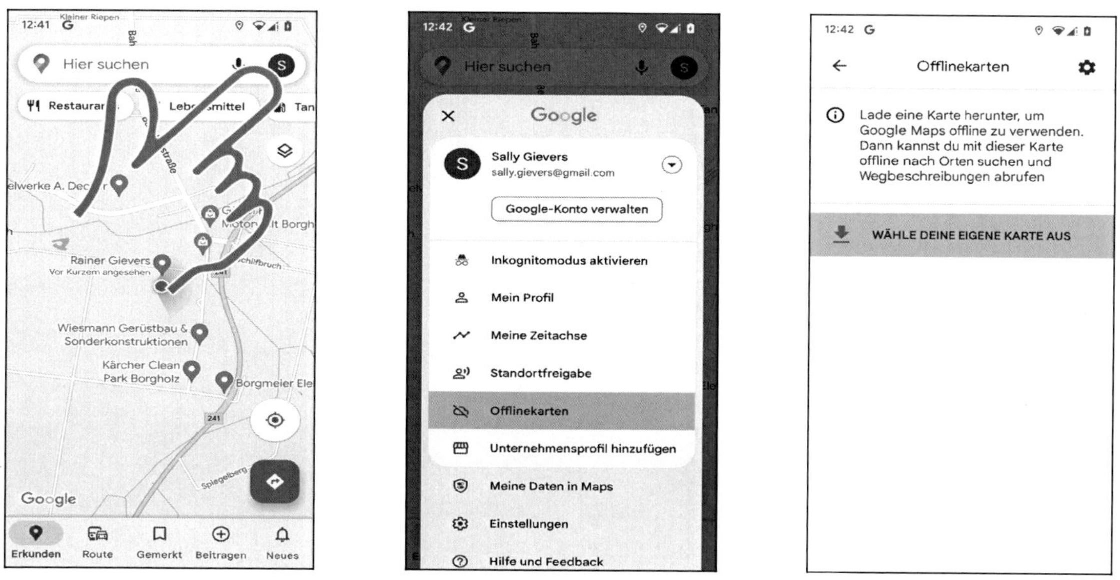

❶ Tippen Sie auf das runde Kontosymbol.

❷ Rufen Sie *Offlinekarten* auf.

❸ Tippen Sie auf *WÄHLE DEINE EIGENE KARTE AUS.*

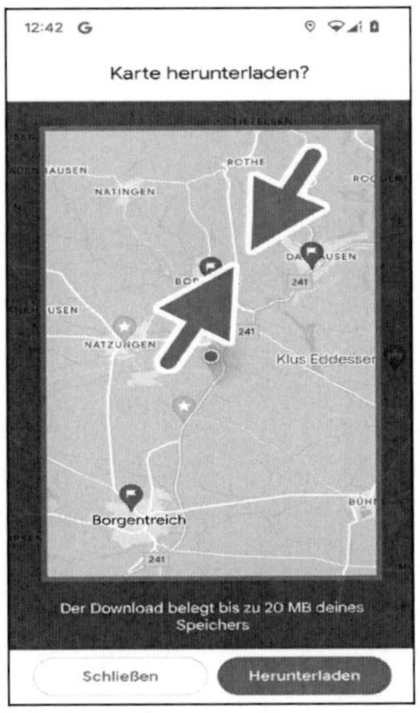

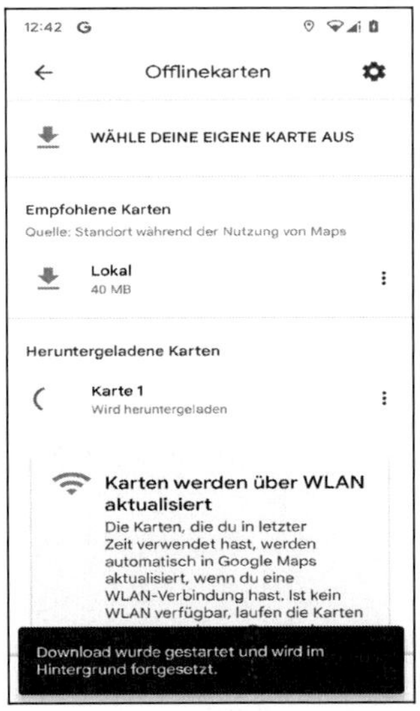

❶❷ Die Größe des lokal gespeicherten Kartenausschnitts stellen Sie ein, indem Sie den Kartenausschnitt vergrößern, beziehungsweise verkleinern (mit zwei Fingern auf das Display halten und dann beide auseinander-/zusammenziehen). Betätigen Sie dann *HERUNTERLADEN*. Schließen Sie den Bildschirm mit der ◀-Taste. Während des Herunterladens können Sie ganz normal mit Ihrem Handy weiterarbeiten.

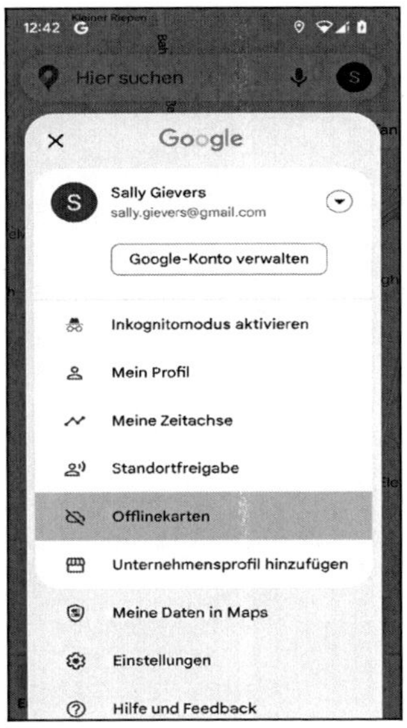

❶ So aktualisieren beziehungsweise löschen Sie die Kartendaten: Tippen Sie auf das runde Kontosymbol.

❷ Rufen Sie *Offlinekarten* auf.

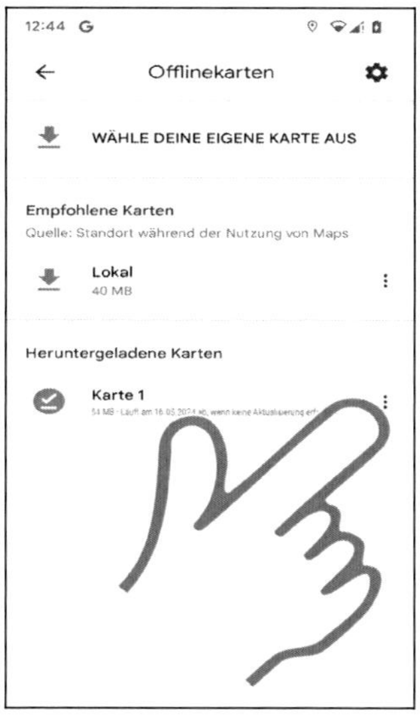

❶❷ Öffnen Sie das ⋮-Menü. Sie können die Kartendaten nun löschen oder aktualisieren.

13.5 Suche

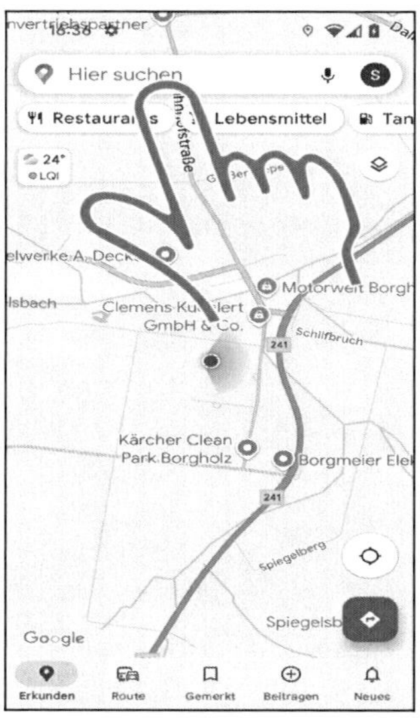

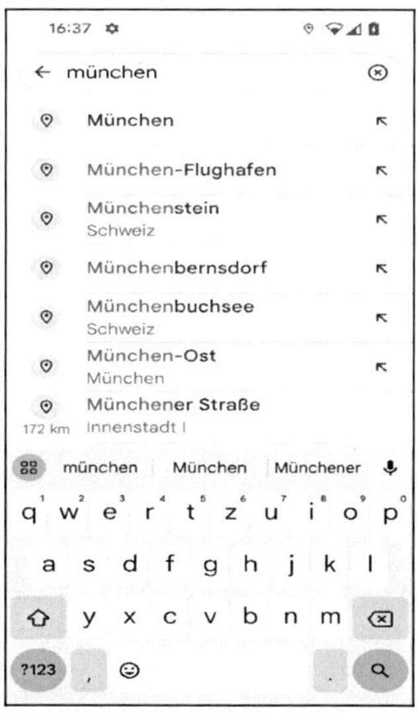

❶ Gehen Sie ins Suchfeld (Pfeil), um Adressen oder Sehenswürdigkeiten (Points of Interest) aufzufinden.

❷ Geben Sie eine Adresse ein und bestätigen Sie mit 🔍 im Tastenfeld. Google Maps macht hier während der Eingabe auch Vorschläge, die Sie direkt auswählen können.

➊ Google Maps zeigt die Adresse mit einer Markierung in der Karte an. Am unteren Bildschirmrand erscheint ein Ortshinweis, daneben die Fahrtzeit mit dem Auto. Tippen Sie auf den Ortshinweis (Pfeil).

➋ Es öffnet sich ein Dialog mit weiteren Bedienelementen:

- *Route*: Fahrtrouten vorschlagen.
- *Starten:* Zum Ort navigieren (siehe Kapitel *13.6 Navigation*).
- *Speichern*: Den Ort als Favorit speichern. Siehe Kapitel *13.8.1 Markierungen*.
- *Teilen*: GPS-Position als Web-Link per Bluetooth, SMS oder E-Mail versenden.

➊ Häufig findet Google Maps auch mehrere Orte oder Points of Interest, die dann aufgelistet werden. Führen Sie in der Liste eine Wischgeste von unten nach oben durch, um die Listeneinträge zu durchblättern. Tippen Sie einen Eintrag für weitere Infos an.

➋➌ Umgekehrt schließen Sie die Liste, indem Sie (gegebenenfalls mehrfach) von oben nach unten wischen, worauf Sie wieder zur Kartenansicht gelangen. Hier stellt Google Maps alle Fundstellen mit Symbolen dar. Wenn Sie weitere Infos über einen Point of Interest haben möchten, tippen Sie ihn an.

Tipp 1: Geben Sie im Suchfeld auch die Postleitzahl ein, wenn zu vermuten ist, dass eine gesuchte Stadt mehrfach vorkommt.

Tipp 2: Möchten Sie beispielsweise wissen, welche Sehenswürdigkeiten es in einer bestimmten Region/Stadt gibt, dann wechseln Sie zuerst den entsprechenden Kartenausschnitt (Sie können auch die Stadt suchen) und geben dann im Suchfeld einen allgemeinen Begriff wie »Museum« ein.

Zum Löschen der Suchergebnisse in der Karte tippen Sie oben rechts neben dem Suchfeld die ✕-Schaltleiste an.

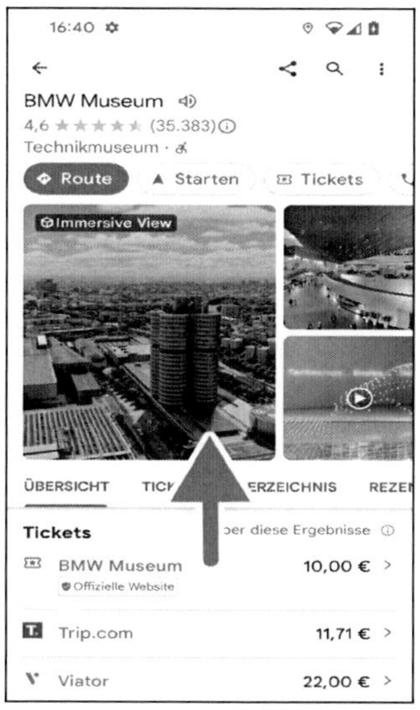

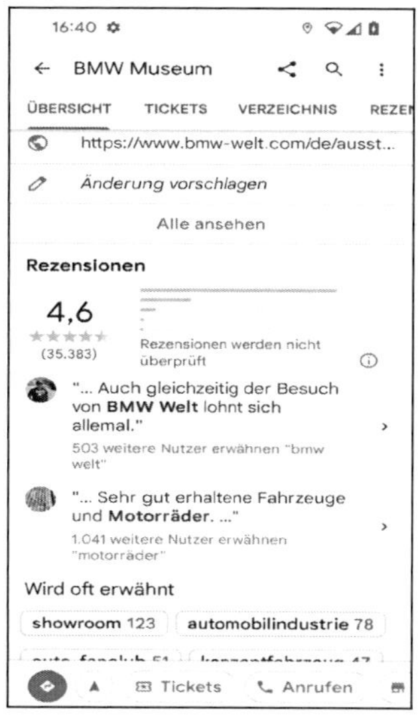

➊ Tippen Sie in der Auflistung am unteren Bildschirmrand für weitere Infos zum Standort, Öffnungszeiten, Bewertungen usw.

➋➌ Weitere Infos stehen Ihnen mit einer Wischgeste von unten nach oben zur Verfügung.

✕ (Pfeil) beendet die Suche.

13.6 Navigation

Google Maps Navigation stellt eine vollwertige Alternative zu normalen Autonavigationsgeräten dar, wobei man allerdings den Nachteil in Kauf nehmen muss, dass laufend Kartenmaterial aus dem Internet nachgeladen wird. Man kommt also um einen Datenvertrag, den viele Netzbetreiber für wenige Euro anbieten, nicht vorbei. Dafür ist allerdings das Kartenmaterial immer auf dem aktuellsten Stand. Für den Praxiseinsatz empfiehlt sich der Kauf einer Universal-Halterung für das Auto.

13.6.1 Routenplaner

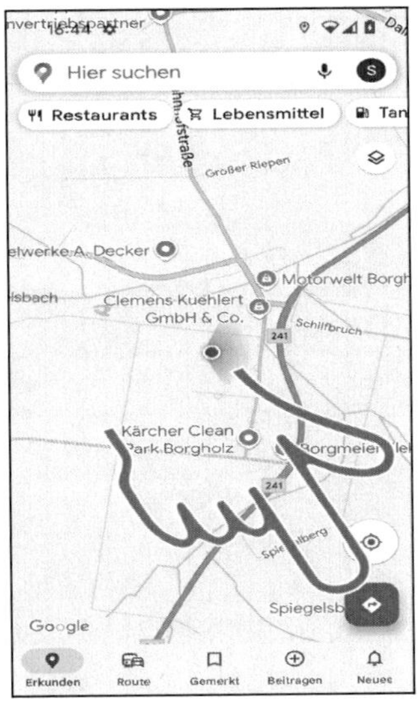

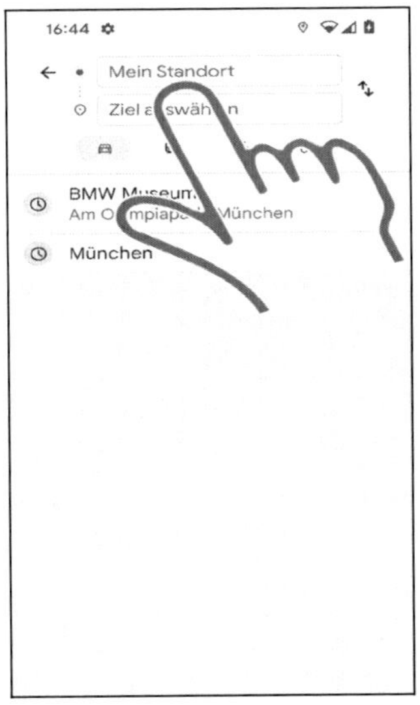

❶ ◆ (Pfeil) berechnet den optimalen Fahrtweg zwischen zwei Orten.

❷❸ Tippen Sie auf das erste Eingabefeld *Mein Standort*. **Achtung:** Dies ist nur nötig, wenn Sie nicht Ihren aktuellen Standort (der per GPS ermittelt wird), als Ausgangspunkt verwenden möchten. Geben Sie anschließend den Startort ein. Betätigen Sie 🔍 auf dem Tastenfeld oder wählen Sie einen der Vorschläge unter dem Eingabefeld aus.

> **Wichtig:** Wenn Sie tatsächlich anschließend navigieren möchten, müssen Sie ***Mein Standort*** **leer lassen**, weil sonst nur eine Routenvorschau möglich ist.

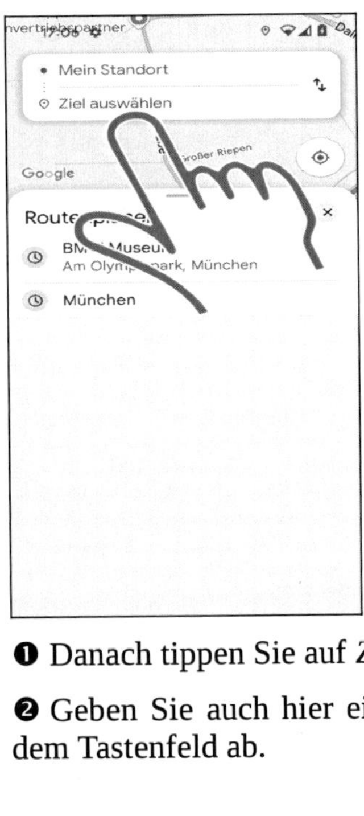

❶ Danach tippen Sie auf *Ziel auswählen.*

❷ Geben Sie auch hier eine Adresse beziehungsweise eine Stadt ein und schließen mit 🔍 auf dem Tastenfeld ab.

❶❷ Die Route wird berechnet und angezeigt. Bei längeren Strecken existieren häufig Alternativrouten, die Sie durch Antippen in der Kartenansicht auswählen.

Hinweis: Die farbigen Strecken (schwarz, rot, orange oder grün) weisen auf die aktuelle Verkehrslage hin. Die Daten stammen von anderen Android-Handys, welche in anonymer Form ihre Position und Geschwindigkeit an Google-Server übermitteln, woraus Google den Verkehrsfluss berechnet.

❶❷ Über die Piktogramme (Pfeil) wählen Sie die Art Ihres Fahrzeugs (Auto, öffentliche Verkehrsmittel, Fußgänger oder Fahrrad), was direkte Auswirkungen auf die empfohlene Route hat.

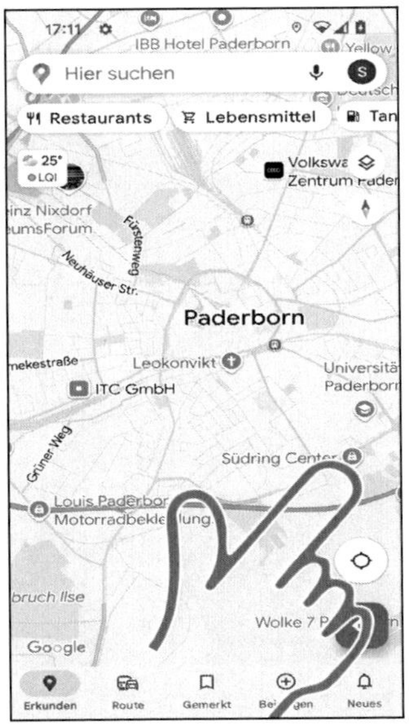

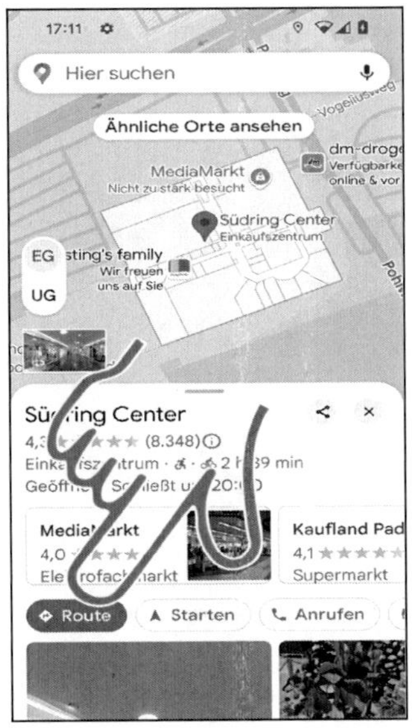

❶ Alternativ tippen und halten Sie den Finger auf einem Point of Interest beziehungsweise Kartenbereich, bis am unteren Bildschirmrand das Popup erscheint.

❷ Danach gehen Sie auf *Route*, worauf der zuvor im Popup angezeigte Ort als Zielort übernommen wird. Wählen Sie, falls nötig wie zuvor bereits beschrieben, einen der Routenvorschläge aus.

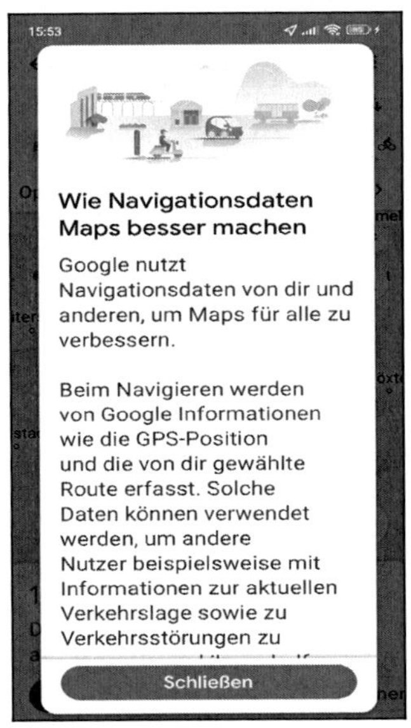

❶ Betätigen Sie *Starten*, worauf Google Maps in den Navigationsmodus wechselt.

❷ Schließen Sie den Hinweis mit *OK*.

❸ Beim ersten Aufruf der Navigationsfunktion macht Sie Google auf die Datenverwendung aufmerksam. Gehen Sie auf *Schließen*.

> Da die Navigation innerhalb von Google Maps abläuft, stehen dort viele der bereits ab Kapitel *13 Google Maps* beschriebenen Funktionen zur Verfügung. Zum Beispiel können Sie mit angedrücktem Finger den Kartenausschnitt verschieben, oder durch »Kneifen« mit zwei Fingern im Kartenmaterial heraus- und hineinzoomen.
>
> Praktisch: Ist ein Unternehmen, Restaurant oder eine Freizeitattraktion zur Ankunftszeit bereits geschlossen, erfolgt ein entsprechender Hinweis.
>
> Eine Streckenänderung während der Navigation ist nicht möglich. Sie müssen für diesen Fall den Navigationsmodus mit der ✕-Taste unten links beenden und dann die Routenplanung erneut aufrufen.

13.6.2 Navigation in der Praxis

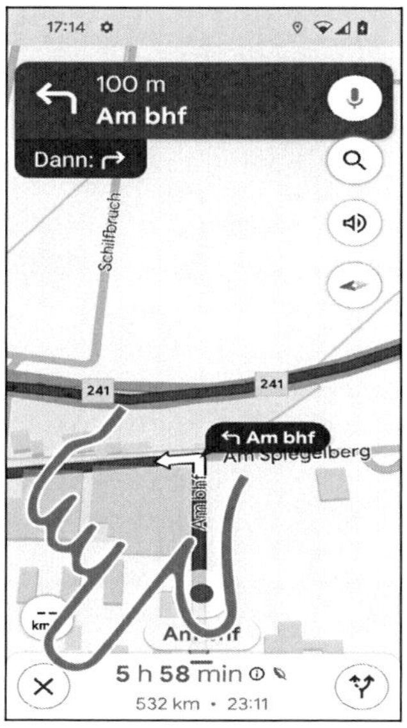

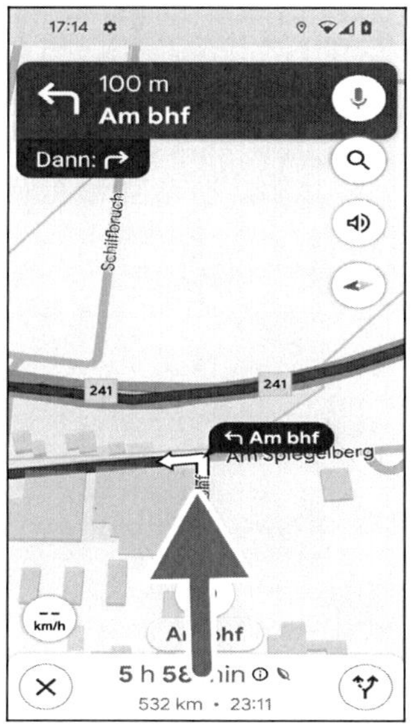

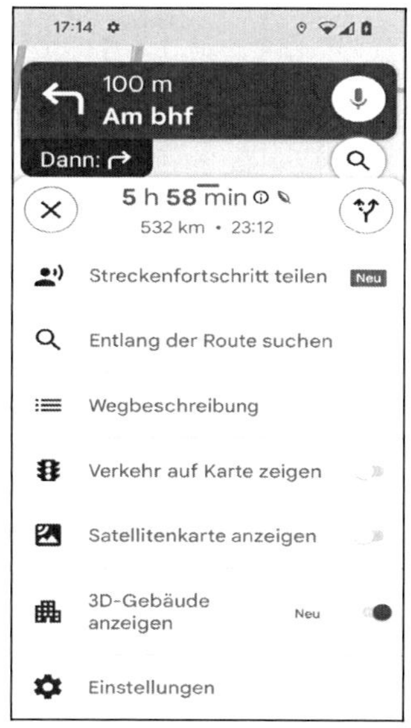

❶ ✕ (unten links) beendet die Navigation.

❷❸ Wischen Sie auf der Fahrtzeitanzeige nach oben für weitere Optionen (alternativ tippen Sie einmal auf die Fahrzeit):

- *Streckenfortschritt teilen*: Ausgewählte Personen sehen Ihre aktuelle Position.
- *Entlang der Route suchen*: Lassen Sie sich Tankstellen, Restaurants usw. in Routennähe auf der Karte anzeigen.
- *Wegbeschreibung*: Auflistung der Fahrtanweisungen
- *Verkehr auf Karte anzeigen*: Google Maps informiert in der Karte mit Symbolen über das Verkehrsgeschehen.
- *Satellitenkarte anzeigen*: Satellitenbild einblenden. Beachten Sie, dass dabei das aus dem Internet übertragene Datenvolumen stark ansteigt!
- *3D-Gebäude anzeigen*: Die eingeblendeten Gebäude erleichtern die Orientierung.
- *Einstellungen*: Darauf gehen wir unten ein.

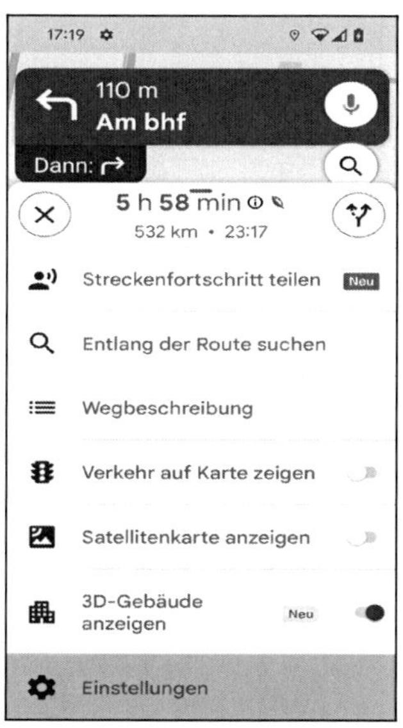

❶❷ Im *Einstellungen*-Menü finden Sie die Optionen:

Unter *Ton und Sprache*:

- *Stumm*: Wählen Sie aus, wie gesprächig die Navigation abläuft.
- *Lautstärke der Sprachführung*: Die Lautstärke lässt sich in drei Stufen einstellen.

- *Stimmenauswahl*: Stellt die verwendete Sprache ein.
- *Sprachausgabe über Bluetooth*: Die Navigationsanweisungen werden über ein Bluetooth-Gerät abgespielt (siehe Kapitel *25.2 Bluetooth-Headset/Freisprecheinrichtung verwenden*).
- *Sprachnavigation bei Anrufen*: Auch während Sie Telefonieren erfolgen Sprachanweisungen durch Google Maps.
- *Audiosignale abspielen*: Nicht von Google dokumentiert.
- *Testton abspielen*: Prüfen Sie die Lautstärke der Sprachanweisungen.
- *Google Assistant-Einstellungen; "OK Google"-Erkennung*: Legen Sie fest, ob und wie die im Kapitel *20 Google Assistant* beschriebene Sprachsteuerung auch während der Navigation aktiv ist.
- *Standardmedienanbieter für Assistant*: Wählen Sie eine Musikanwendung aus, die während der Navigation aktiv ist.

Unter *Routenoptionen* können Sie bestimmte Strecken von der Navigation ausschließen:

- *Autobahnen vermeiden*
- *Mautstraßen vermeiden*
- *Fähren vermeiden*
- *Kraftstoffsparende Routen bevorzugen*: Es werden Routen bevorzugt, die aufgrund der nötigen Fahrweise Sprit sparen. Dazu werden beispielsweise Strecken mit vielen Ampeln und zähflüssigem Verkehr gemieden.
- *Motortyp*: Wählen Sie einen Motortyp Ihres Autos aus, für den die Routenvorschläge optimiert werden.

Unter *Kartendarstellung*:

- *Farbschema*: Google Maps schaltet automatisch – abhängig von der Uhrzeit – zwischen Tag- und Nachtansicht um. Letztere verwendet eine dunkle Farbgebung, um Blendung im dunklen Auto zu vermeiden.
- *Entfernungseinheiten:* Entfernungsangaben in der Sprachausgabe beziehungsweise in den Bildschirmanzeigen richten sich nach dem Land, in dem Sie sich befinden. Bei Bedarf können Sie aber auch *Kilometer* oder *Meilen* fest einstellen.
- *Norden immer oben*: Kartenansicht folgt nicht Richtungsänderungen. Wir raten von dieser Einstellung ab.
- *3D-Gebäude anzeigen*: Die eingeblendeten Gebäude erleichtern die Orientierung.

Unter *Schnellinfos zur Info beim Navigieren*:

- *Aktualisierte voraussichtliche Ankunftszeiten...*: Google Maps informiert Sie über die Ankunftszeit und über den Zeitpunkt der nächsten Abzweigung.

Unter *Optionen für Kraftfahrzeuge:*

- *Tachometer*: Blendet die aktuelle – per GPS ermittelte – Geschwindigkeit ein.
- *Benachrichtigungen beim Fahren*: Nicht von Google dokumentiert.

Unter *Fußwegoptionen*:

- *Live View*: Im Fußgängermodus zeigt Google Maps Fotos von Straßenansichten an.
- *Detailierte Sprachführung*: Diese Funktion ist nur bei der Fußgängernavigation aktiv.

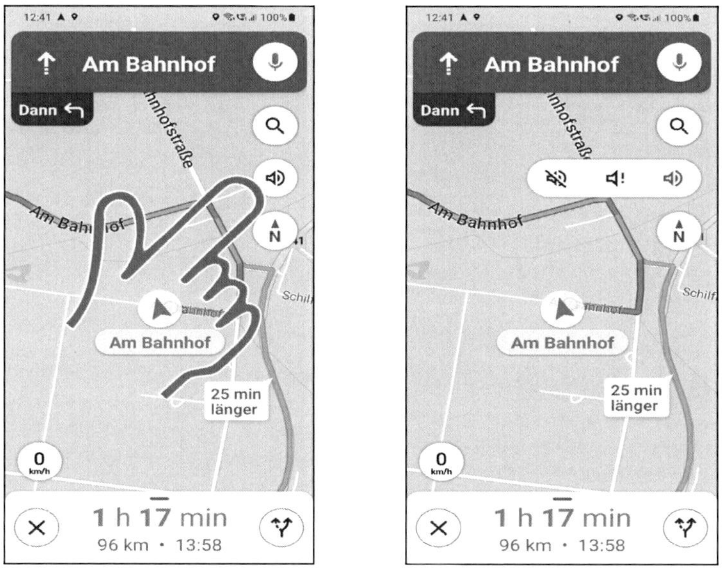

❶❷ 🔊 (Pfeil) klappt zwei Schaltleisten aus, mit denen Sie die Sprachausgabe abschalten oder nur Benachrichtigungen zulassen (beispielsweise »*Kein Empfang*«) oder alle Ansagen wieder erlauben.

13.6.3 Schnelle Navigation

Die Strecke zwischen Wohnort und Arbeit dürften die meisten Anwender am häufigsten fahren. Während Pendler, die nur wenige Kilometer zur Arbeitsstelle zurücklegen, dafür kein Navi brauchen, sieht es für längere Strecken anders aus. Häufig lohnt es sich dann die Navigation über Google Maps, weil es das aktuelle Verkehrsgeschehen berücksichtigt.

13.6.3.a Ersteinrichtung

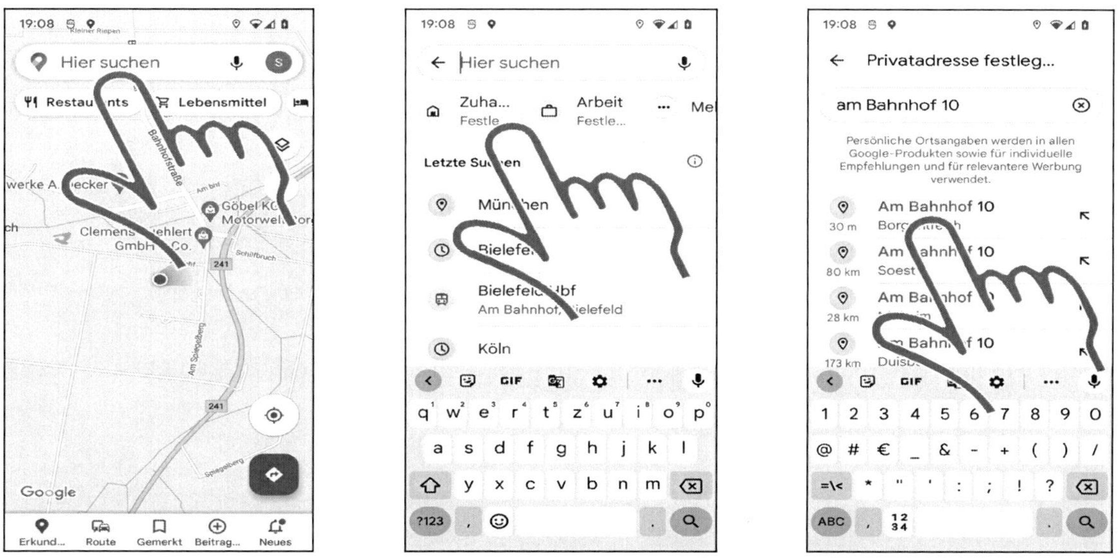

❶ Tippen Sie ins Suchfeld.

❷❸ Hier gehen Sie auf *Zuhause* und erfassen Ihre Privatadresse im Format »Straße Hausnummer PLZ Ort«. Google Maps schlägt unter dem Eingabefeld passende Adressen vor, von denen Sie eine auswählen können.

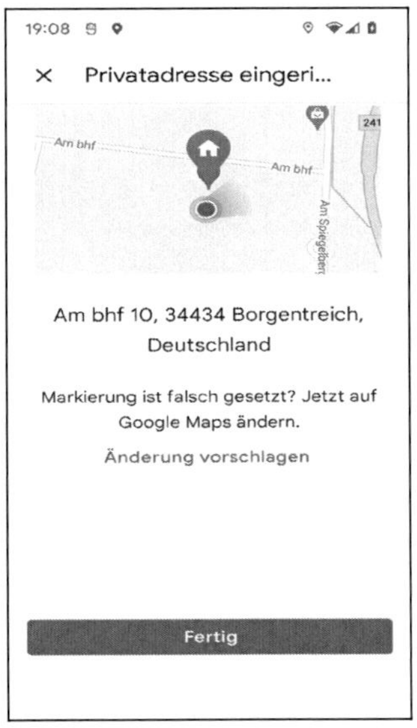

❶ Schließen Sie den Bildschirm mit *Fertig.*

❷ Sie befinden sich wieder im Suchbildschirm, wo Sie auf *Arbeit* gehen und die Adresse Ihres Arbeitsplatzes erfassen.

❸ Verlassen Sie den Bildschirm mit der ◀-Taste.

13.6.3.b Praxiseinsatz

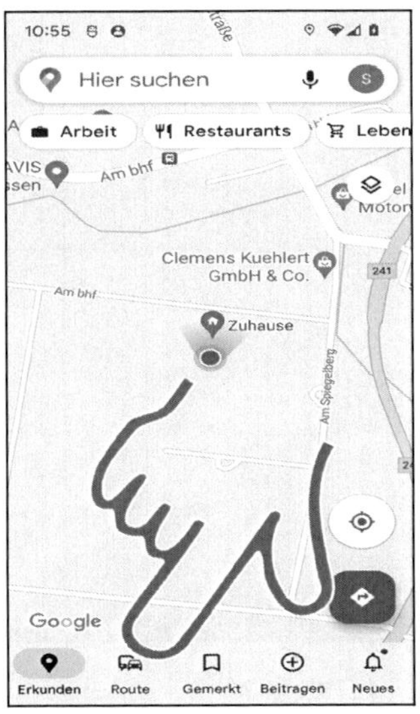

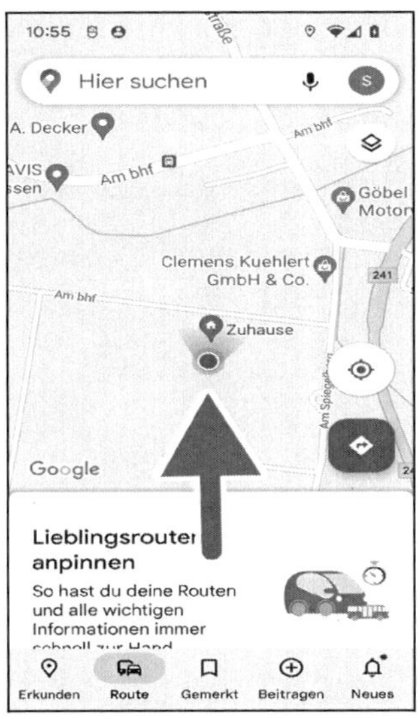

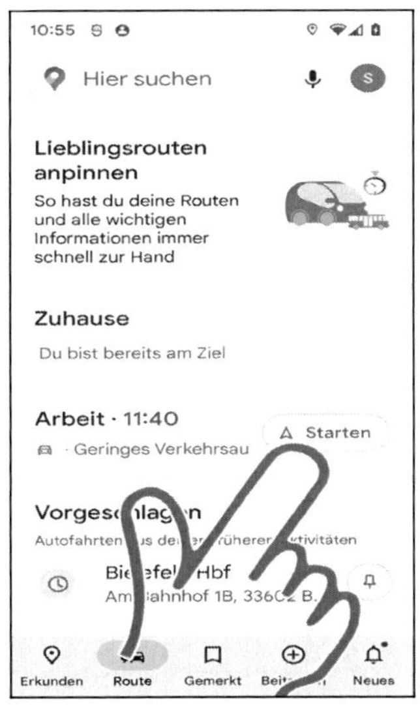

❶❷ Zum Navigieren gehen Sie unten auf *Route* und wischen vom Popup aus nach oben.

❸ Betätigen Sie *Starten*, worauf die Navigation startet.

13.6.3.c Pendelstrecke ändern

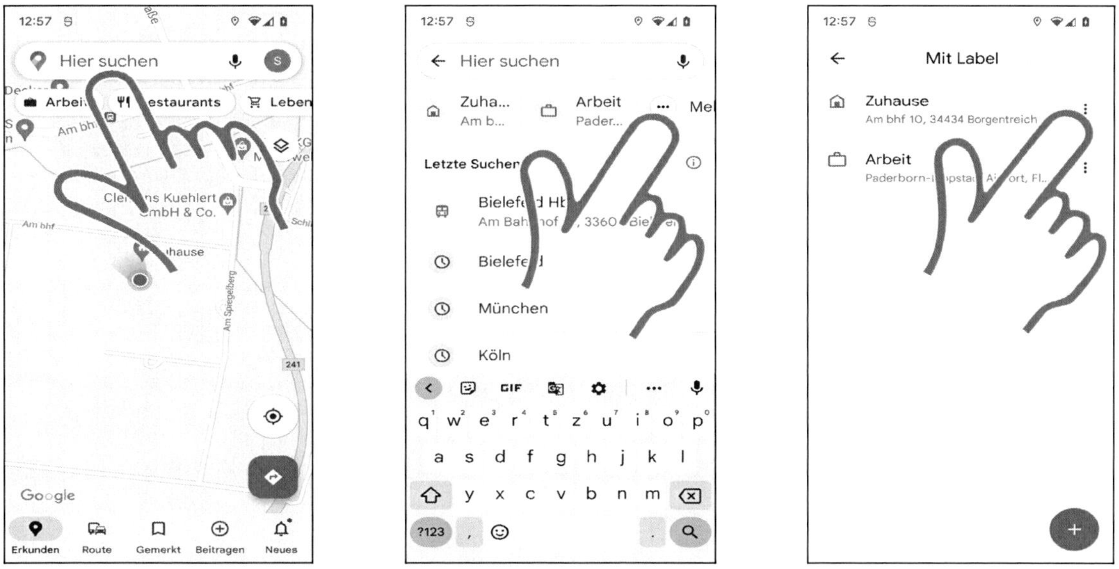

❶ Gehen Sie ins Suchfeld.

❷ Wählen Sie *Mehr* aus.

❸ Aktivieren Sie hinter Zuhause beziehungsweise *Arbeit* das ⋮-Menü.

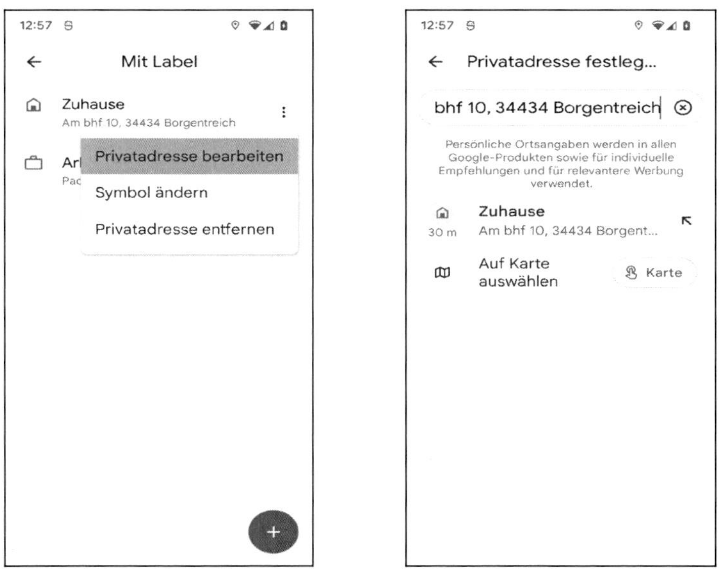

❶❷ Nach der Auswahl von *Privatadresse bearbeiten* geben Sie eine andere Adresse ein.

13.7 Ansichten

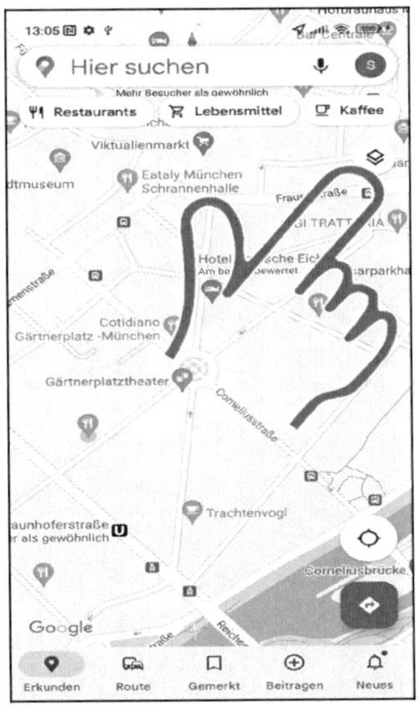

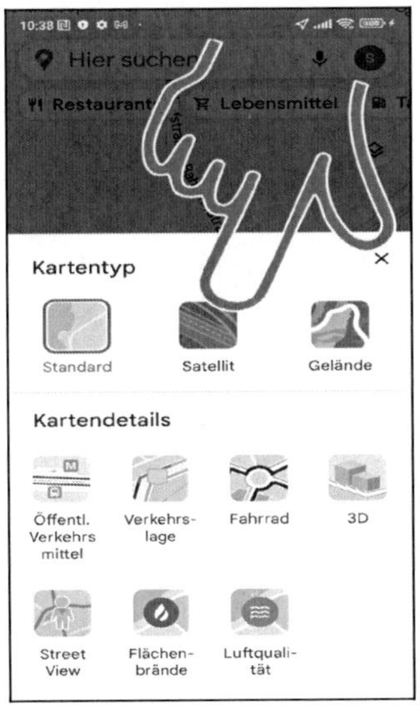

❶❷ Aktivieren Sie über ◈ (Pfeil) das Menü, worin Sie auf *Satellit* gehen. Die Satellitenansicht ist insbesondere dann praktisch, wenn man sich genau orientieren will, weil die normale Kartenansicht kaum Hinweise auf die Bebauung und markante Geländemerkmale gibt.

❸ Das Popup-Menü schließen Sie mit der ◀-Taste – alternativ tippen Sie auf einen Kartenbereich neben dem Popup.

> Um die eingestellten Ansichten wieder auszuschalten, tippen Sie einfach im Popup erneut darauf.
>
> Die Optionen *Flächenbrände* und *Luftqualität* werden in Deutschland nicht unterstützt.
>
> Beachten Sie, dass die Satellitenansicht auf einige Jahre alten Luftbildern basiert. Sensible Zonen und Gebäude, darunter Militär- und Regierungsgebäude, sind teilweise digital verfälscht, damit potenzielle Angreifer keine Planungsgrundlage erhalten.

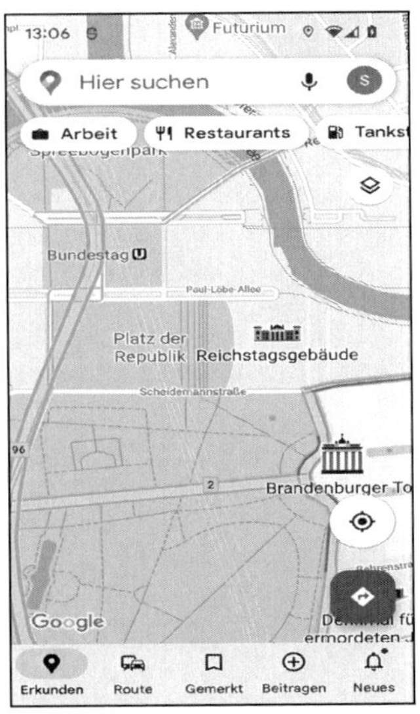

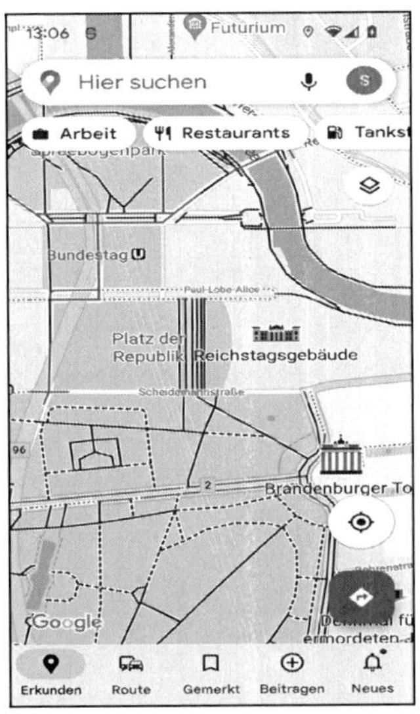

❶ *Verkehrslage* aus dem Dialog blendet die aktuelle Straßenlage in der Kartenanzeige ein, wobei das Verkehrsgeschehen mit orange/rot (zähflüssig/Stau) oder grün (freie Fahrt) bewertet wird. Für die Staudaten, welche Google Maps im Minutentakt aktualisiert, wertet Google das Bewegungsprofil von Android-Handys aus. Jedes Android-Gerät sendet ja in anonymisierter Form im Minutenabstand seine aktuelle, per GPS ermittelte Position an die Google-Server, woraus sich dann ein Bewegungsmuster errechnen lässt.

❷ Verwenden Sie *Fahrrad* aus dem Dialog, um Fahrradtouren anhand der ausgewiesenen Fahrradwege zu planen.

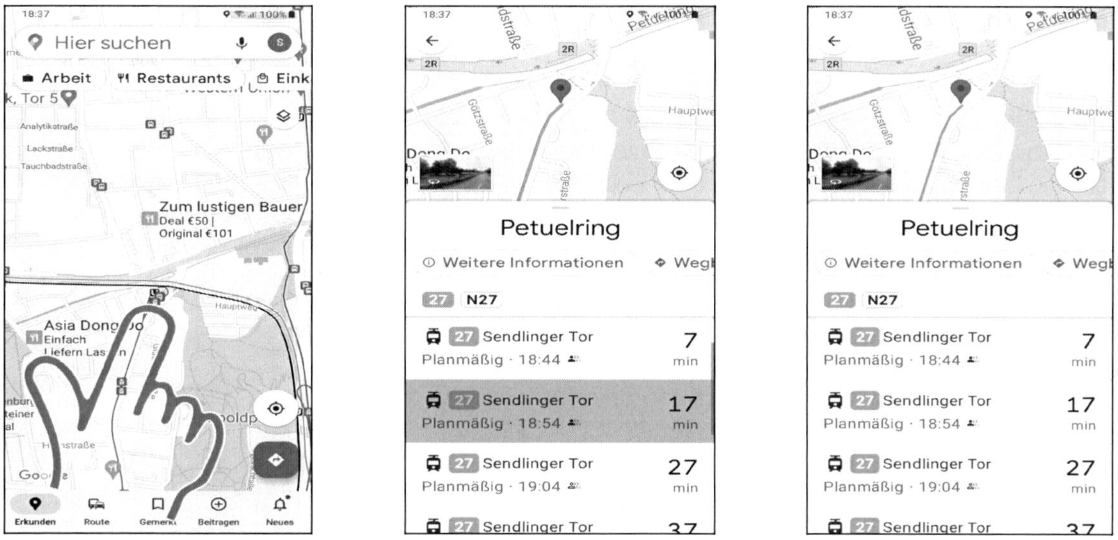

❶ Ebenfalls praktisch ist die Ansicht *ÖPV/ÖPNV*. Google Maps zeichnet dann alle Routen und Haltestellen öffentlicher Verkehrsmittel ein. Tippen Sie auf eine Haltestelle in der Kartenansicht.

❷❸ Tippen Sie eine Linie an, zu der Sie die Route erfahren möchten.

13.8 Google Local

Der Suchmaschinenbetreiber Google führt eine riesige Datenbank mit den Standorten von »Points of Interest« (POIs), darunter Unternehmen, Sehenswürdigkeiten, Restaurants usw. Wenn Sie eine Suche, beispielsweise nach »Restaurant«, in Google Maps durchführen, greift Google Maps auf diese Datenbank zurück und listet die Fundstellen auf. Mit einem Fingerdruck kann man sich dann die Position eines Restaurants in der Karte, sowie weitere Infos, darunter auch Kundenbewertungen, Öffnungszeiten und Telefonnummern anzeigen. Diese Suche beschreibt bereits Kapitel *13.5 Suche*. Google Local vereinfacht die Suche und arbeitet mit Google Maps zusammen, um die Kartenposition anzuzeigen.

Tipp: Sofern Sie eine Firma betreiben und noch nicht bei Google Local gelistet werden, sollten Sie sich unter der Webadresse *www.google.de/local/add* kostenlos registrieren und Ihre Daten hinterlegen. Alternativ gehen Sie im Ausklappmenü von Google Maps auf *Fehlenden Ort hinzufügen.*

❶ Die Funktionen von Google Local stehen automatisch nach Antippen der Suchleiste zur Verfügung.

❷ Sie haben nun zwei Möglichkeiten; Entweder geben Sie einen Suchbegriff ein oder Sie wählen Sie eine der vorgegebenen Kategorien aus.

❸ Blättern Sie mit einer Wischgeste und wählen Sie einen Eintrag aus, zu dem Sie mehr Infos wünschen. Alternativ beschränken Sie über die Filter am oberen Bildschirmrand jeweils die Anzeige auf eine bestimmte Kategorie, beispielsweise *Jetzt geöffnet* oder *Top bewertet*.

> Etwas simpler ist die Option, einfach in den Kartenbereich zu wechseln, für den Sie Points of Interest suchen (zum Beispiel mit der im Kapitel *13.5 Suche* beschriebenen Suchfunktion), die Suche mit ✕ beenden, die Suchleiste erneut antippen und dann eine der Schaltleisten, beispielsweise für *Restaurants* zu betätigen.
>
> Alle Points of Interest erscheinen zudem direkt in der Karte, wenn Sie tief genug hereinzoomen.

❶ Häufig gesuchte Handels- und Gastronomiebetriebe zeigen die Schaltleisten am oberen Bildschirmrand an. Mit einer Wischgeste nach links/rechts blättern Sie darin.

❷❸ Tippen Sie den gesuchten Begriff, im Beispiel *Kaffee*, für die Auflistung aller Cafés an.

13.8.1 Markierungen

Points of Interest, die Sie häufiger benötigen, können Sie für spätere Verwendung markieren. Die Markierungen werden dann in Ihrem Google-Konto und nicht nur lokal auf Ihrem Pixel gespeichert.

❶ In der Detailansicht setzen Sie eine Markierung durch Betätigen von ☐ (Pfeil).

❷ Anschließend wählen Sie die Favoriten-Art aus.

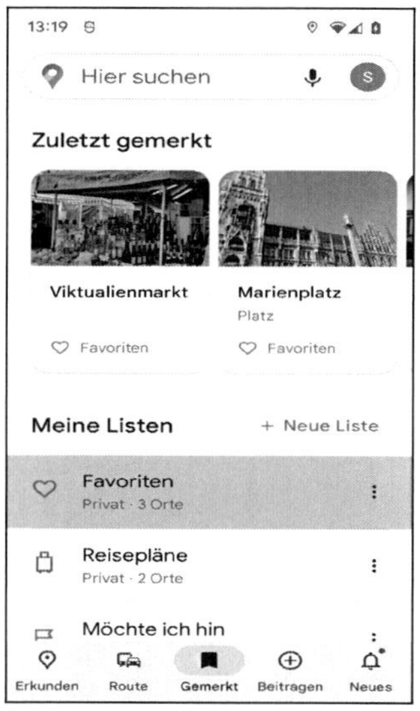

❶ Die von Ihnen gespeicherten Orte finden Sie im *Gemerkt*-Register.

❷❸ Wählen Sie einen Favoritentyp aus, worauf Sie die Favoritenauflistung erhalten.

13.9 Adressen aus dem Telefonbuch

Google verknüpft alle von Ihnen auf dem Handy verarbeiteten Daten. Dies trifft auch auf Ihre Kontakte zu, die in Google Maps angezeigt werden.

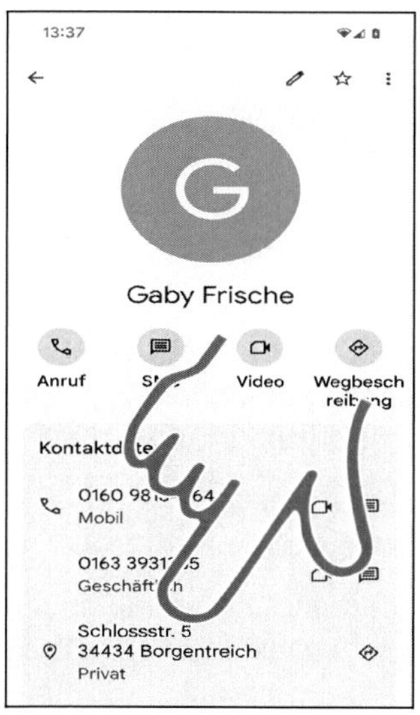

❶❷ Haben Sie zu einem Kontakt im Telefonbuch eine Adresse hinterlegt, dann können Sie direkt dort hin navigieren, indem Sie diese antippen.

13.10 Einstellungen

❶ Tippen Sie auf das runde Profilsymbol.

❷ Gehen Sie auf *Einstellungen*.

❸ Die verfügbaren Optionen:

- *App-Sprache*: Voreingestellt ist Deutsch.
- *Einstellungen für Offlinekarten*: Google Maps hält sein Kartenmaterial nicht auf dem Handyspeicher vor, sondern lädt es aus dem Internet. Damit das Kartenmaterial auch zur Verfügung stehet, wenn Sie mal keinen Internetzugang haben (zum Beispiel bei der Navigation wichtig), sollten Sie die Offline-Einstellungen aktiviert haben.
  - *Offlinekarten automatisch aktualisieren*: Durch die Aktualisierung berücksichtigt Google auch das aktuelle Verkehrsgeschehen und gesperrte Straßen in der Navigation.
  - *Offline-Karten automatisch herunterladen*: Lädt Kartendaten automatisch bei Bedarf herunter. Dies geschieht, sobald Sie sich einen Kartenausschnitt ansehen oder die Navigationsfunktion verwenden.
  - *Downloadeinstellungen*: Falls dies Ihr Mobilfunkvertrag hergibt, können Sie Aktualisierung von Offline-Karten (siehe Kapitel *13.4 Kartenausschnitt auf dem Gerät speichern*) nicht nur über WLAN, sondern auch über Mobilfunkinternet durchführen lassen.
  - *Über die Offlinefunktion von Maps*: Weitere Informationen anzeigen.
- *Nur WLAN*: Hiermit reduzieren Sie die über eine Mobilfunkverbindung heruntergeladene Datenmenge. Beachten Sie, dass dann unterwegs keine Kartenanzeige erfolgt. Sie sollten die Option deshalb nicht aktivieren.
- *Design*: Das Aussehen der Benutzeroberfläche lässt sich zwischen einem hellen und dunklen Design umschalten. Siehe auch Kapitel *28.11 Gerätedesign*.
- *Adressen bearbeiten*: Legen Sie für die einfachere Routenberechnung (siehe Kapitel *13.6 Navigation*) Heim- und Arbeitsadresse fest. Diese werden dann bei der Routeneingabe vorgeschlagen.
- *Videoeinstellungen*: Nicht von Google dokumentiert.
- *Einstellungen für gespeicherte Fahrten*: Nicht von Google dokumentiert.
- *Google-Standorteinstellungen*: Diverse Einstellungen für Google Local, auf die Kapitel *13.8 Google Local* eingeht.
- *Persönliche Inhalte*: Darauf gehen wir weiter unten ein.
- *Bedienungshilfen-Einstellungen*: Barrierefreie Merkmale werden für Rollstuhlfahrer in der Karte hervorgehoben.

- *Tipps zur Standortgenauigkeit*: Sofern das Handy Ihre Position nicht exakt orten kann, gibt das Gerät hier Hinweise.
- *Google Maps-Verlauf:* Listet alle Orte auf, nach denen Sie gesucht beziehungsweise zu denen Sie navigiert haben. Auch als Favoriten markierte Orte (siehe Kapitel *13.8.1 Markierungen*) werden hier aufgelistet.
- *Elektrofahrzeug-Einstellungen*: Sofern Sie ein E-Auto nutzen, stellen Sie hier den Ladestecker ein. Google Maps weist dann in der Karte auf passende Ladestationen hin.
- *Benachrichtigungen*: Informiert über Veranstaltungen (zum Beispiel Sportereignisse), welche die Verkehrssituation in Ihrer Nähe beeinflussen.
- *Chat*: Nicht von Google dokumentiert.
- *Entfernungseinheiten*: Sie können die Anzeige zwischen Meilen und Kilometer umschalten.
- *Maps in Satellitenansicht starten*: Die Satellitenansicht benötigt eine schnelle Internetverbindung und verbraucht in kurzer Zeit ein hohes Datenvolumen, weshalb wir von deren Nutzung abraten.
- *Maßstab auf der Karte anzeigen*: Informiert beim Zoomen in der Karte über den gerade aktiven Kartenmaßstab.
- *Navigationseinstellungen:* Hier können Sie nur über *Karte neigen* festlegen, dass während der Navigation (siehe Kapitel *13.6 Navigation*) die Karte leicht geneigt dargestellt wird.
- *Einstellungen verwalten*: Legen Sie Themen fest, die Sie besonders interessieren oder nicht interessieren, sodass Google Maps dies bei den Navigationsvorschlägen berücksichtigen kann.
- *Gebietseinstellungen verwalten*: Zu den hier vorgenommenen Eingaben erhalten Sie später später in Google Maps gegebenenfalls Vorschläge.
- *Schütteln, um Feedback zu senden*: Falls Sie Verbesserungsvorschläge haben oder auf einen Programmfehler stoßen, können Sie ihn den Entwicklern melden.
- *Infos & Hilfe*
- *Aus Google Maps abmelden*: Über das Menü wechseln Sie das Google-Konto, in dem Google Maps Ihre Nutzungsdaten ablegt.

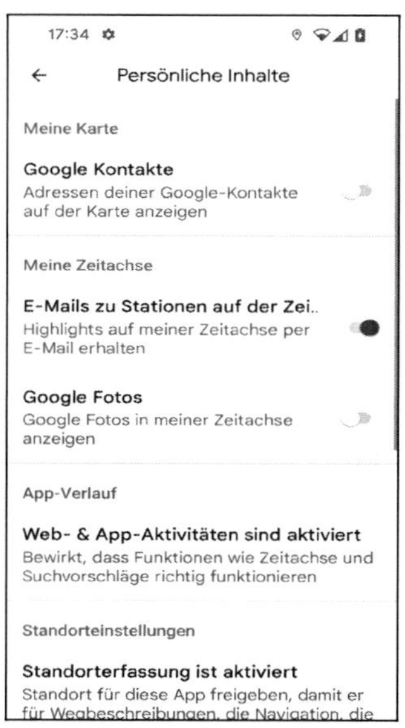

❶❷ Die Optionen in *Persönliche Inhalte* beziehen sich zum großen Teil auf die sogenannte Zeitachse. Dies ist eine Funktion, die genau auflistet, wo Sie sich zu bestimmten Zeitpunkten befunden haben. Wegen des damit verbundenen Eingriffs in Ihre Privatsphäre müssen Sie die Zeitachse erst im Ausklappmenü unter *Meine Zeitachse* aktivieren, bevor Sie sie nutzen können.

Unter *Meine Karte*:

- *Google-Kontakte*: Sofern Sie bei Ihren Kontakten im Telefonbuch (siehe Kapitel *7 Telefonbuch*) eine Adresse eingegeben haben, erscheinen diese in Google Maps.

Unter *Meine Zeitachse:*

- *E-Mails zu Stationen auf der Zeitachse*: Falls es neues zu Standorten gibt, die Sie mal besucht haben, erhalten Sie eine E-Mail.
- *Google Fotos*: Fotos, die Sie mit der Kamera erstellt haben, werden in der Zeitachse eingeblendet.

Unter *App-Verlauf:*

- *Web- & App-Aktivitäten sind aktiviert*: Steuert, welche Aktivitäten in der Zeitachse verzeichnet werden.

Unter *Standorteinstellungen:*

- *Standorterfassung ist aktiviert; Standortverlauf ist aktiviert*: Erlaubt die Speicherung Ihres Standorts in der Zeitachse.
- *Gesamten Standortverlauf löschen; Bestimmten Zeitraum im Standortverlauf löschen*: Verwaltet Ihren Standortverlauf, der in der Zeitachse erscheint.
- *Standortverlauf automatisch löschen*: Nach Verstreichen des von Ihnen ausgewählten Zeitraums (3 Monate, 18 Monate oder nie) löscht Google automatisch die aufgezeichneten Standortdaten.

Unter *Profileinstellungen*:

- *Eigene Beiträge in meinem Profil anzeigen*: Google erlaubt die Bewertung von Geschäften und Institutionen. Von Ihnen geschriebene Bewertungen erscheinen in der Karte.

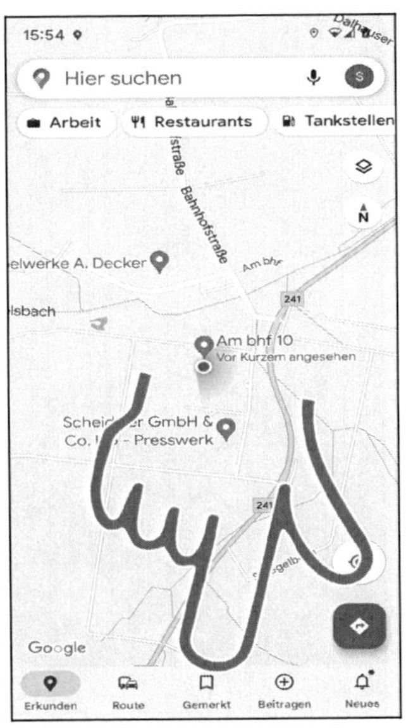

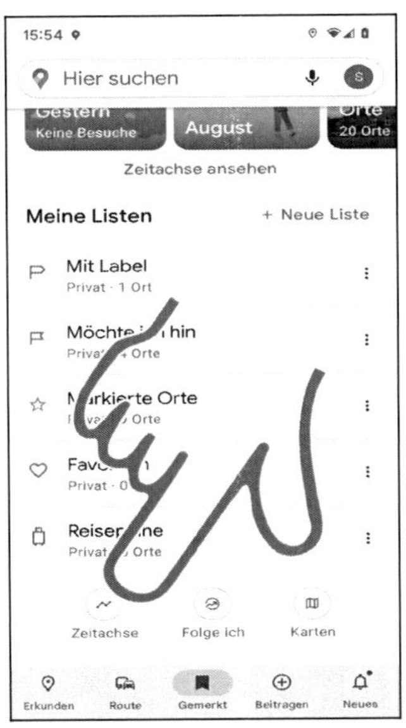

❶❷❸ Die oben erwähnte Zeitachse finden Sie im *Gemerkt*-Register unter *Zeitachse*.

14. Das Google-Konto

Google betreibt im Internet zahlreiche kostenlose Online-Dienste, wovon natürlich die Google-Suchmaschine die bekannteste ist. Weitere Web-Anwendungen sind unter anderem Gmail (E-Mail), Google Maps (Karten und Navigation), YouTube (Videos) und Google Fotos (Bilder und Videos). Android bietet mit den gleichnamigen Anwendungen die Möglichkeit, Googles Web-Anwendungen direkt auf dem Handy zu nutzen.

Damit Sie Fotos, Dokumente, Kontakte, Termine usw. auf verschiedenen Geräten (PC-Webbrowser, Android-Handy und Android-Tablet) nutzen können, hat Google das sogenannte **Google-Konto** ersonnen: Sie sind dabei permanent mit Ihrem Google-Konto auf dem Tablet/Handy angemeldet. Legen Sie beispielsweise auf dem Handy einen neuen Kontakt oder einen neuen Termin an, so wird dieser im Google-Konto gespeichert und steht auch auf allen anderen Android-Geräten und dem PC-Webbrowser zur Verfügung. Der dazu nötige Datenabgleich erfolgt automatisch über Googles Internetserver im Hintergrund. Einzige Voraussetzung ist, dass Sie auf den anderen Geräten ebenfalls mit Ihrem Google-Konto angemeldet sind.

Ein anderes Beispiel: Sie können tagsüber während der Arbeit auf dem Handy E-Mails mit der Gmail-Anwendung verarbeiten, am Abend loggen Sie sich auf dem Desktop-PC-Webbrowser in die Gmail-Oberfläche ein und sehen den gleichen Nachrichtenstand wie auf dem Handy.

Auch wenn Sie kein Fan von Google sind, kommen Sie nicht darum herum, ein Google-Konto zu eröffnen, denn Sie benötigen es spätestens, wenn Sie über den Google Play Store (siehe Kapitel *17 Play Store*) weitere Spiele oder Anwendungen auf dem Gerät installieren wollen.

14.1 Einrichtung in einer Google-Anwendung

Wenn Sie eine Google-Anwendung wie Gmail, Play Store usw. starten, werden Sie aufgefordert, sich mit Ihrem Google-E-Mail-Konto anzumelden, sofern Sie dies nicht schon vorher getan hatten. Die Anmeldung mit der Gmail-Adresse ist nur einmalig notwendig. Danach können sie Gmail, Google Play Store usw. ohne erneute Anmeldung nutzen.

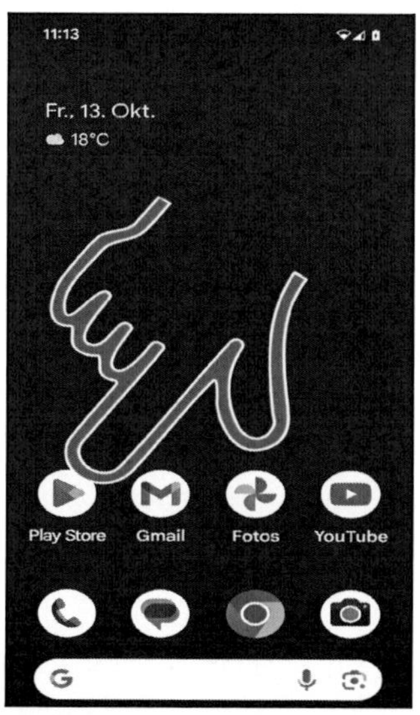

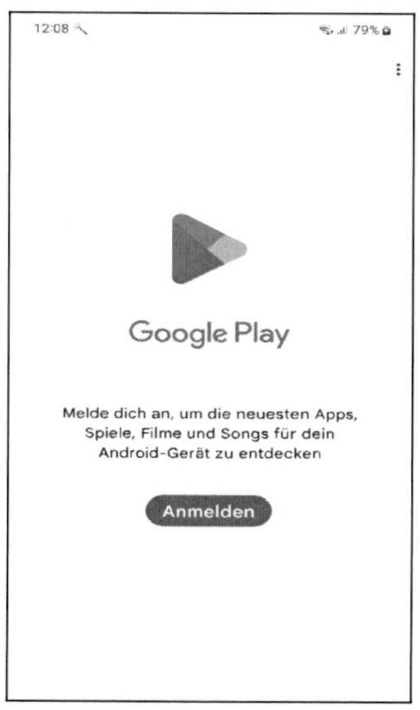

❶ Starten Sie jetzt eine Anwendung, die ein Google-Konto benötigt, im Beispiel *Play Store,* aus dem Startbildschirm.

❷ Betätigen Sie *Anmelden.*

Falls direkt die Benutzeroberfläche des Programms angezeigt wird, ohne dass Ihre Kontodaten abgefragt werden, dann haben Sie bereits die nur einmalig notwendige Anmeldung durchgeführt, beispielsweise bei der Inbetriebnahme (siehe Kapitel *3 Erster Start*).

❶❷ Nach Antippen des entsprechenden Eingabefelds erfassen Sie Ihr Google-Konto und betätigen Sie *Weiter* (falls Sie die *Weiter*-Schaltleiste nicht sehen, müssen Sie das Tastenfeld mit der ▼-Taste schließen).

❸ Erfassen Sie das Passwort Ihres Google-Kontos und gehen Sie auf *Weiter.*

Sie brauchen nur den ersten Teil Ihrer Google-Mail-Adresse vor dem »@« einzugeben, denn »@gmail.com« wird automatisch ergänzt, wenn Sie ins Passwortfeld wechseln.

Die Anmeldung mit der Gmail-Adresse ist nur einmalig notwendig. Danach können sie Gmail, Google Play Store usw. ohne erneute Anmeldung nutzen.

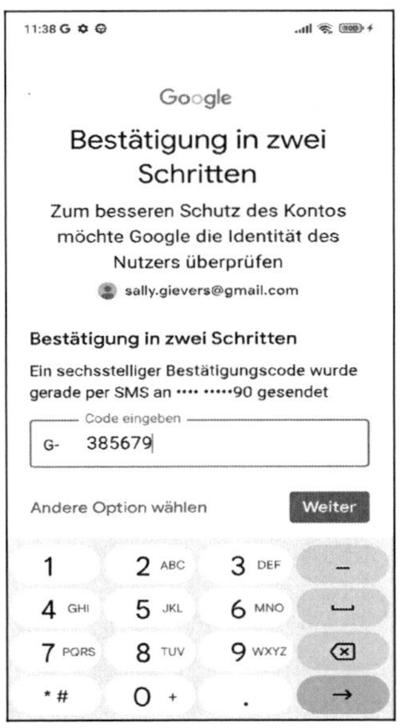

❶ Google möchte sicherstellen, dass kein Unbefugter Ihr Google-Konto nutzt. Deshalb müssen Sie nun eine Authentifizierung durchführen. Dazu müssen Sie auf einem anderen Android-Gerät die Anmeldung bestätigen, was aber nur funktioniert, wenn Sie dort mit Ihrem Google-Konto angemeldet sind. In unserem Beispiel haben wir uns für die dritte Option entschieden: Der Code wird per SMS an unsere Handynummer gesendet. Die Handynummer hat Google bei der Erstanmeldung Ihres Google-Kontos erfahren.

❷ Den empfangenen Code geben Sie ein und betätigen *Öffnen (auf dem Tastenfeld)* beziehungsweise *Weiter.*

➊ Betätigen Sie *Ich stimme zu.*

➋ Im nächsten Bildschirm wischen Sie einmal nach oben und gehen auf *Akzeptieren.*

➌ Die Play Store-Anwendung (siehe Kapitel *17 Play Store*) startet und lässt sich jetzt nutzen.

14.2 Google-Konto entfernen

Es dürfte nur sehr selten nötig sein, das eigene Google-Konto zu entfernen. Alle in Ihrem Google-Konto im Internet hochgeladenen Daten bleiben erhalten und werden auf einem anderen Gerät wieder hergestellt, wenn Sie sich dort erneut mit dem gleichen Google-Konto anmelden.

Falls Sie vorhaben, Ihr Handy an einen Dritten abzugeben, dann sollten Sie nicht Ihr Google-Konto vom Gerät entfernen, weil sich dann noch alle Daten im Gerätespeicher befinden, sondern das Handy, wie im Kapitel *28.6 Handy zurücksetzen* beschrieben, komplett auf den Werkszustand zurücksetzen.

➊ Rufen Sie *Einstellungen* im Hauptmenü auf.

➋➌ Rollen Sie mit einer Wischgeste durch die Menüauflistung und gehen Sie auf Passwörter & *Konten* und dann auf Ihr Google-Konto.

Die *Einstellungen*-Anwendung zeigt das zuletzt genutzte Menü an. Falls Sie hier eine andere Bildschirmanzeige haben, betätigen Sie einfach mehrfach die ◀-Taste unterhalb des Bildschirms.

❶❷ Betätigen Sie *Konto entfernen* und im Popup erneut *Konto entfernen*.

15. Benutzeroberfläche optimal nutzen

In diesem Kapitel werfen wir einen Blick auf die zahlreichen Optionen, mit denen Sie das Pixel-Handy an Ihre Bedienweise anpassen.

15.1 Bildschirmanzeige anpassen

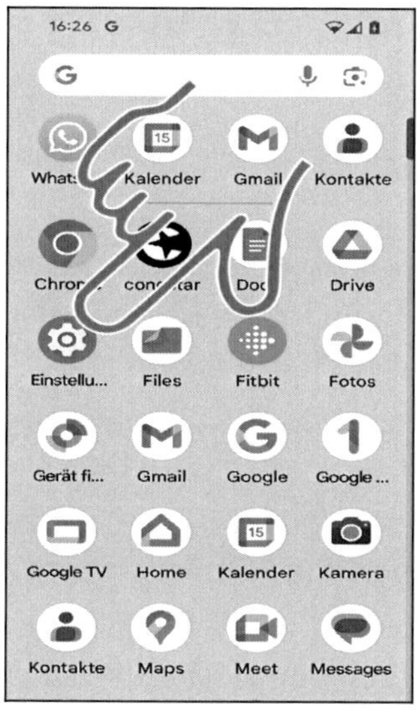

❶❷ In *Einstellungen/Display* konfigurieren Sie die Bildschirmanzeige.

Hinweis: Die Einstellungen-Anwendung zeigt immer das zuletzt genutzte Menü an. Betätigen Sie gegebenenfalls mehrfach die ◀-Taste unterhalb des Displays, um in das Hauptmenü zurückzukehren.

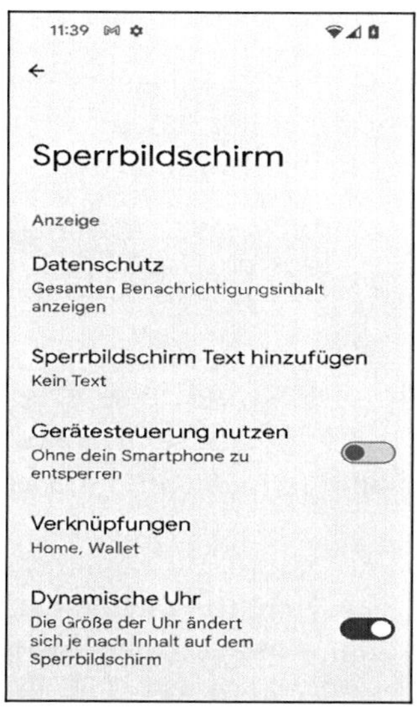

❶ Die verfügbaren Optionen:

Unter *Helligkeit*:

- *Helligkeit:* Diese können Sie einfacher über den Helligkeitsregler im Benachrichtigungsfeld anpassen.
- *Automatische Helligkeit*: Über einen Lichtsensor wertet das Handy die Umgebungshelligkeit aus und passt die Displayhelligkeit an.

Unter *Displaysperre*:

- *Sperrbildschirm* (❷): Hier legen Sie die Anzeige für die Displaysperre beziehungsweise Gerätesperre fest (dieser erscheint, wenn Sie das ausgeschaltete Display wieder einschalten):

- *Datenschutz*: Wählen Sie aus, ob alle Benachrichtigungen oder keine auf dem Sperrbildschirm angezeigt werden. Für Rechtsanwälte und andere Geheimnisträger kann es sinnvoll sein, die Benachrichtigungen zu deaktivieren.
- *Sperrbildschirm Text hinzufügen*: Das Handy zeigt einen von Ihnen erstellten Text auf dem Sperrbildschirm an. Sinnvoll ist die Angabe einer Adresse oder Rufnummer, damit ein Finder Ihnen das Handy wieder zurückgeben kann, falls Sie es mal verlieren.
- *Gerätesteuerung nutzen*: Nicht von Google dokumentiert.
- *Verknüpfungen*: In der Gerätesperre verfügbare Funktionen.
- *Dynamische Uhr*: Nicht von Google dokumentiert.
- *Now Playing*: Da s Handy analysiert permanent Hintergrundgeräusche und zeigt in der Gerätesperre erkannte Musiktitel an. Aus Datenschutzgründen und wegen des damit verbundenen Akkuverbrauchs raten wir dringend von der Nutzung ab!
- *Zeit und Informationen immer anzeigen*: Auch im ausgeschalteten Zustand zeigt das Handy weiterhin einige wichtige Infos wie Uhrzeit, Datum, Wetter und Benachrichtigungen an. Damit verbunden ist ein erhöhter Stromverbrauch.
- *Durch Tippen auf dem Bildschirm Display aktivieren*: Zweimaliges Displayantippen schaltet den Sperrbildschirm an.
- *Beim Hochheben Display aktivieren*: Anheben des Handys von einem Tisch schaltet das Display mit dem Sperrbildschirm ein.
- *Display bei Benachrichtigungen aktivieren*: Bei Benachrichtigungen, zum Beispiel über neu empfangene SMS, E-Mails oder WhatsApp-Nachrichten, schaltet sich das Display ein.

- *Display automatisch ausschalten*: Nach der eingestellten Zeitspanne schaltet sich das Display aus. Alternativ betätigen Sie dafür den Ein/Ausschalter.

Unter *Darstellung*:

- *Dunkles Design*: Standardmäßig passt das Handy automatisch die Darstellung der Bedienelemente an die Farbe des Hintergrunds an. Sie können hier aber auch selbst *Hell* oder *Dunkel* festlegen. Darauf geht noch Kapitel *28.11 Gerätedesign* ein.
- *Bildschirmschoner*: Stellt die in der Displaysperre sichtbaren Bildschirmelemente ein.
- *Anzeigegröße und Text*: Wählen Sie zwischen mehreren Schriftgrößen, die in den Menüs und Anwendungen zum Einsatz kommen.
- *Navigationsmodus*: Das Handy bietet wahlweise eine Bedienung mit Wischgesten oder über die Navigationstasten am unteren Bildschirmrand an. Bei der Ersteinrichtung haben Sie die Navigationstasten aktiviert (siehe Kapitel *4.2 Erste Einrichtung*).

Unter *Farbe*:

- *Nachtlicht*: Blaues Licht wird von vielen Personen als unangenehm empfunden, weshalb man das Handy veranlassen kann, einen Teil des blauen Farbspektrums herauszufiltern. Das Display sieht dann leicht gelbstichig aus. Die Filterung lässt sich ebenso frei einstellen wie auch eine Zeitsteuerung, falls Sie nur Abends ein gelbliches Display bevorzugen.
- *Farben*: Die Farbdarstellung lässt sich anpassen. Wir empfehlen allerdings, die Voreinstellung *Adaptiv* beizubehalten.

Unter *Andere Displaysteuerelemente*:

- *Bildschirm automatisch drehen*: Bewegungssensoren erkennen, wann Sie das Handy gedreht halten und passen die Bildschirmanzeige an. Diese Einstellung können Sie einfacher über das Benachrichtungsfeld vornehmen (siehe Kapitel *4.10.1 Schaltleisten im Benachrichtigungsfeld*).
- *Smooth Display*: Für eine ruckelfreie Darstellung passt das Handy automatisch die Bild-

wiederholrate an. Sie sollten die Einstellung nicht ändern.

- *Displayschutzmodus*: Sofern Sie eine Displayschutzfolie verwenden – was eigentlich nicht nötig ist – sollten Sie die Berührungsempfindlichkeit hochsetzen.

Die *Display automatisch ausschalten*-Option hat großen Einfluss auf die Akkubetriebsdauer, weshalb Sie sie nicht zu hoch einstellen sollten. Beachten Sie, dass die Displayhelligkeit, die Sie über den Regler im Benachrichtigungsfeld einstellen, ebenfalls enormen Einfluss auf die Akkubetriebsdauer hat.

15.1.1 Bildschirmschoner

Der sogenannte Bildschirmschoner ist aktiv, wenn Sie Ihr Handy an einer Stromquelle, sei es Netzteil, PC oder optionale Dockingstation anschließen. Standardmäßig erscheint die Uhrzeit.

Als PCs vor Jahrzehnten noch mit röhrenbasierten Monitoren ausgestattet waren, konnte sich der Bildschirminhalt in der Phosphorschicht der Bildröhre einbrennen. Deshalb aktivierte sich nach einigen Minuten der Bildschirmschoner, welcher den Monitor dunkel schaltete oder Farbwechsel anzeigte. Bei modernen PCs wird dagegen meistens das Display abgeschaltet, um Energie zu sparen. Die Gefahr, dass sich der über längere Zeit angezeigte Bildschirminhalt »einbrennt« ist bei modernen Displays eher als gering einzustufen.

❶ Gehen Sie auf *Bildschirmschoner.*

❷❸ Blättern Sie mit einer Wischgeste durch die angebotenen Optionen: Zur Auswahl stehen *Uhr, Farben* (Farbverlauf), sowie *Fotos*. Aktivieren Sie die gewünschte Option.

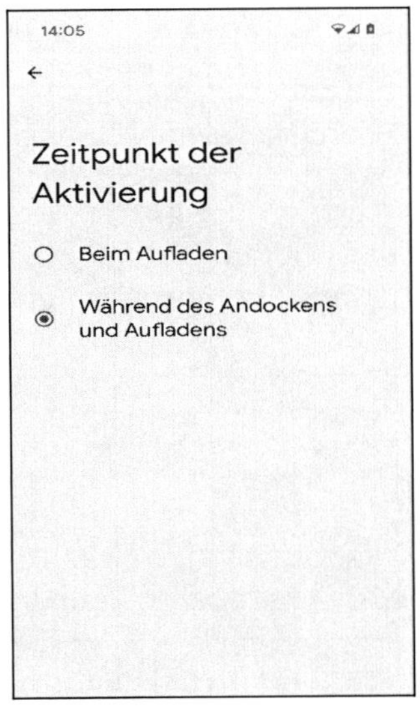

❶❷ *Zeitpunkt der Aktivierung* legt fest, unter welchen Bedingungen der Bildschirmschoner aktiv ist.

15.2 Ruhemodus (Bitte nicht stören)

In bestimmten Fällen, beispielsweise, wenn man außerhalb seiner Arbeitszeit keine Anrufe annimmt, ist es sinnvoll, die Signaltöne des Pixel zu deaktivieren. Damit Sie nicht am nächsten Morgen vergessen, die Signaltöne wieder einzuschalten, besitzt das Handy dafür eine Zeitsteuerung. Der Ruhemodus ist eine interessante Alternative zum abendlichen Ausschalten des Handys, wie Sie es vielleicht mit ihrem alten Handy gehalten haben.

Der Ruhemodus bietet unzählige Optionen, die fast jede Situation abbilden. Leider ist deshalb die einmalige Einrichtung nicht ganz so einfach.

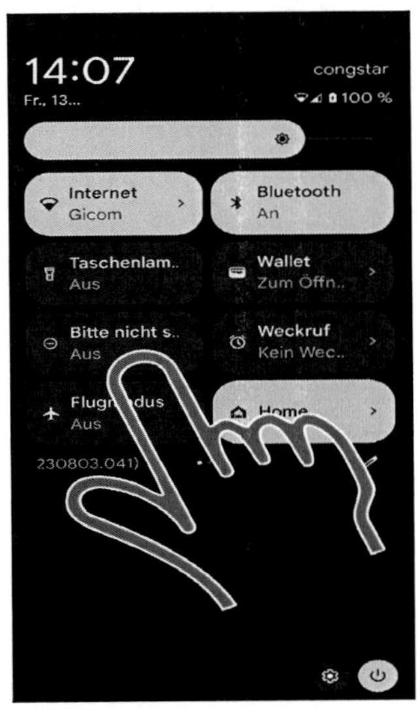

❶❷ Öffnen Sie das erweiterte Benachrichtigungsfeld, dann tippen und halten Sie auf *Bitte nicht stören* für die Einstellungen.

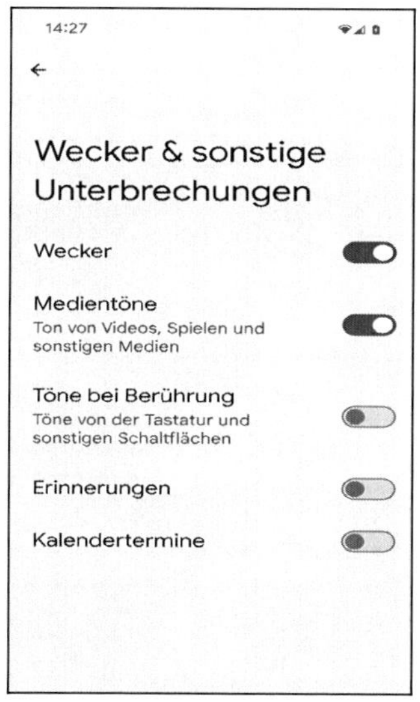

❶ Unter *Was den „Bitte nicht stören"-Modus unterbrachen kann* legen Sie fest, ob und welche Anrufe, SMS oder WhatsApp-Benachrichtigungen nicht unterdrückt werden (bitte führen Sie jetzt noch **keine** Änderungen an den Einstellungen durch):

- *Personen*:
  - *Nachrichten*: Hier legen Sie fest, ob Nachrichten von bestimmten Kontakten gefiltert werden oder nicht.
  - *Anrufe*: Wählen Sie aus, ob alle Anrufe, nur Kontakte, nur markierte Kontakte (siehe Kapitel *7.7 Favoriten*) oder keine Anrufe zugelassen sind. *N*
- *Apps*: Legen Sie Programme fest, deren Benachrichtigungen im Benachrichtigungsfeld den Nicht stören-Modus beenden.
- *Wecker und sonstige Unterbrechungen* (❷):
  - *Wecker*: Auf den Wecker geht Kapitel *23.2 Wecker und Uhr* ein. Es ist natürlich sinnvoll, dass der Wecker auch im Nicht stören-Modus funktioniert.
  - *Medientöne*: Audio von Videos, Spiele und anderen Medien muss ebenfalls aktiviert bleiben.
  - *Töne bei Berührung*: Audioausgabe beim Betätigen von Schaltleisten.
  - *Erinnerungen; Kalendertermine*: Erinnerungen und Termine verwalten Sie in der im Kapitel *21 Kalender* beschriebenen Anwendung.

Unter *Allgemein*:

- *Zeitpläne*: Situationsabhängig stehen drei verschiedene Zeitsteuerungen für die Nicht stören-Funktion zur Verfügung, beispielsweise für die Schlafenszeit, Besprechungen bei denen Sie nicht gestört werden möchten (*Termine*) und wenn Sie gerade ein Spiel nutzen.
- *Gültigkeit der Schnelleinstellungen*: Unabhängig von der Zeitsteuerung dürfen Sie den Nicht stören-Modus auch jederzeit zwischendurch von Hand einschalten. Das kann beispielsweise bei spontanen Besprechungen der Fall sein. Wir gehen darauf noch ein.
- *Anzeigeoptionen für ausgeblendete Benachrichtigungen*:
  - *Kein akustisches Signal bei Benachrichtigungen*: Das Handy unterdrückt jeglichen Hinweis (Hinweis: Die Menübeschriftung ist sehr missverständlich).
  - *Kein optisches oder akustisches Signal bei Benachrichtigungen*: Es erfolgt kein Hinweis mittels Popup, aber im Benachrichtigungsfeld.
  - *Benutzerdefiniert*: Wählen Sie selbst aus, ob und wo Benachrichtigungen erfolgen. Nur für erfahrene Anwender empfohlen.

15.2.1 Zeitsteuerung konfigurieren

Die vielen Einstellmöglichkeiten beim Ruhemodus sind erst einmal verwirrend, was aber kein Wunder ist, weil damit auch seltene Spezialfälle abgedeckt werden. In der Praxis dürften Sie dagegen vornehmlich die Zeitsteuerung nutzen, das heißt, der Ruhemodus schaltet sich an bestimmten Wochentagen zu bestimmten Uhrzeiten – in der Regel spät abends – ein und früh morgens wieder aus.

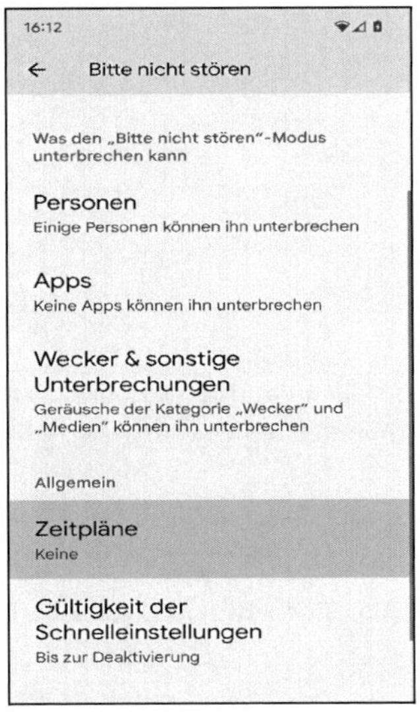

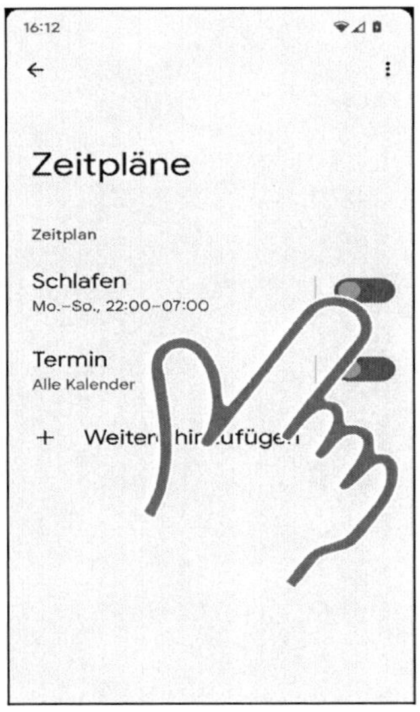

❶ Gehen Sie auf *Zeitpläne*.

❷ Aktivieren Sie *Schlafen*.

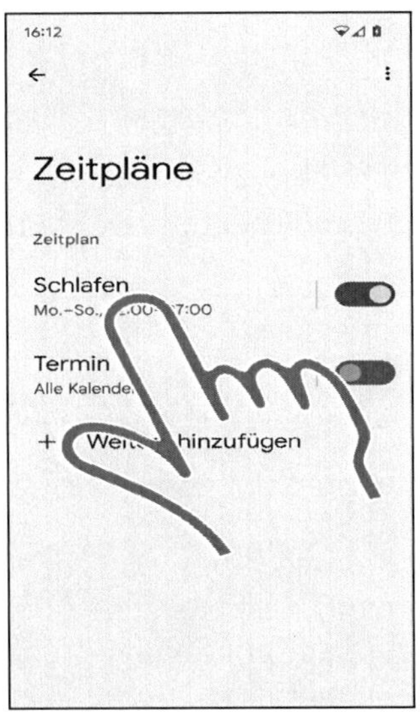

❶ Tippen Sie auf den *Schlafen*-Eintrag.

❷ Legen Sie die »Ruhezeit« fest, in der Sie keine Störungen wünschen:

- *Tage*: Die betroffenen Wochentage.
- *Startzeit*: Beginn der störungslosen Zeit.
- *Schlusszeit*: Uhrzeit, ab der alle Benachrichtigungen wieder eingeschaltet werden.
- *Weckruf kann Schlusszeit außer Kraft setzen*: Wenn der Wecker (siehe Kapitel *23.2.1 Alarm*) ertönt, deaktiviert das Handy automatisch den Ruhemodus.
- *„Bitte nicht stören"-Verhalten*: Verwendung der Standardeinstellungen (empfohlen, siehe oben) oder von selbst definierten Einstellungen.

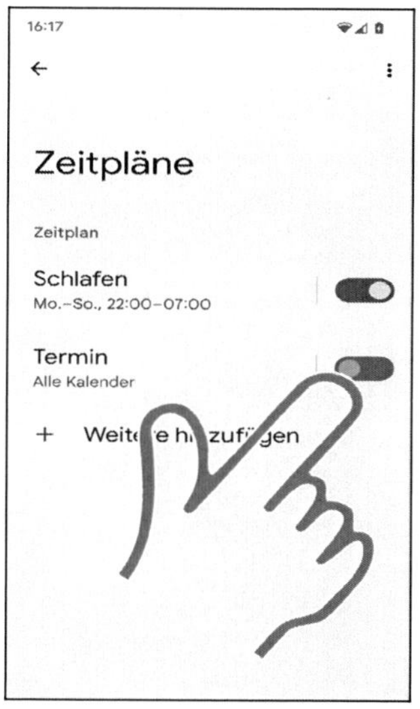

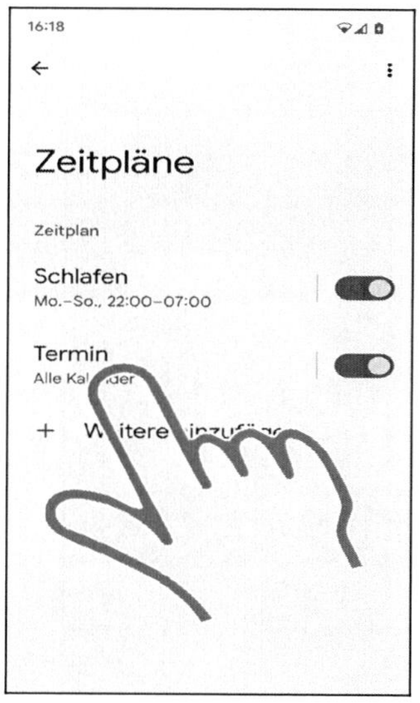

❶ Nutzen Sie den Kalender für Ihre Terminverwaltung (siehe Kapitel *21 Kalender*), dann sollten Sie auch *Termin* aktivieren. Künftig geht das Handy während Sie einen Termin haben, automatisch in den Ruhemodus und schaltet ihn nach Terminablauf auch wieder ab.

❷❸ Gehen Sie auf *Termin*. Die Einstellungen:

- *Während Terminen aus diesem Kalender*: Nur sinnvoll verwendbar, sofern Sie neben Ihrem Google-Konto noch weitere Konten im Kalender verwenden.
- *Bei folgenden Antworten*: Diese Option nutzen Anwender in Unternehmen, deren Kalenderkonten miteinander verknüpft sind.
- *„Bitte nicht stören"-Verhalten*: Verwendung der Standardeinstellungen (empfohlen, siehe oben) oder von selbst definierten Einstellungen.

15.2.2 Manuelle Nicht stören-Funktion

Neben der im vorherigen Kapitel *15.2.1 Zeitsteuerung konfigurieren* beschriebenen Zeitschaltung unterstützt das Handy auch das spontane Aktivieren der Nicht stören-Funktion. Interessant ist dies beispielsweise, wenn Sie für eine Stunde ungestört arbeiten möchten oder gerade in einer wichtigen Besprechung sind.

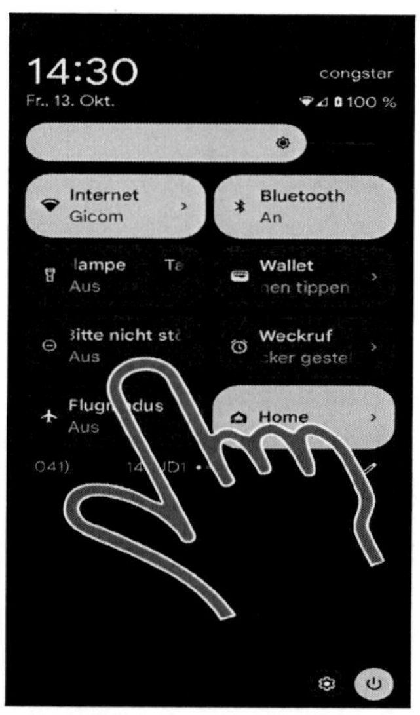

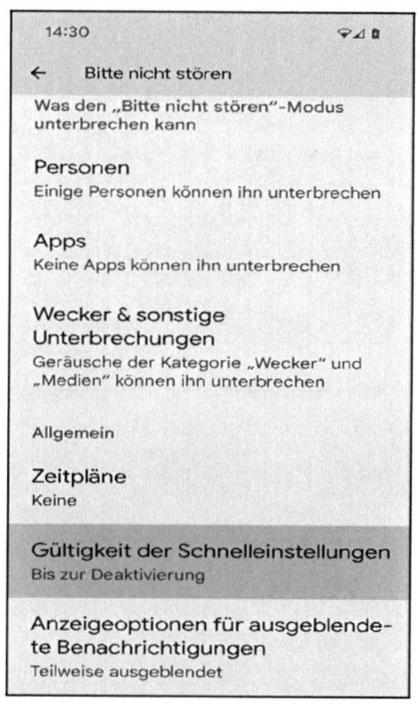

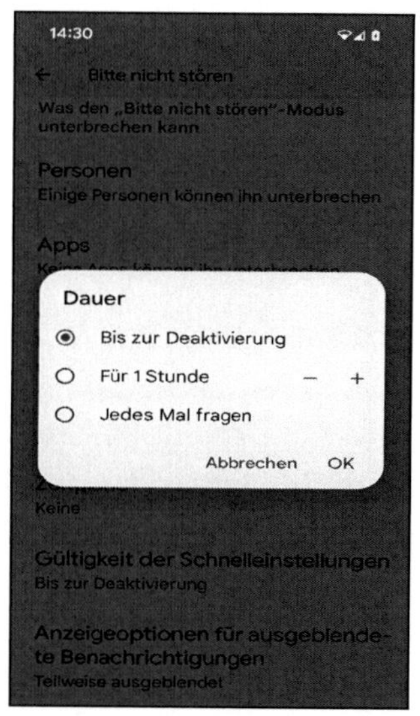

❶ Zunächst sollten Sie eine wichtige Einstellung ändern: Öffnen Sie das Benachrichtigungsfeld, dann tippen und halten Sie auf *Bitte nicht* stören für die Einstellungen.

❷ Gehen Sie auf *Gültigkeit der Schnelleinstellungen.*

❸ Die Option *1 Stunde* aktivieren Sie als Nächstes – bei Bedarf lässt sich über dahinterstehenden Schaltleisten die Zeitspanne im Stundentakt verlängern. Schließen Sie mit *OK* ab.

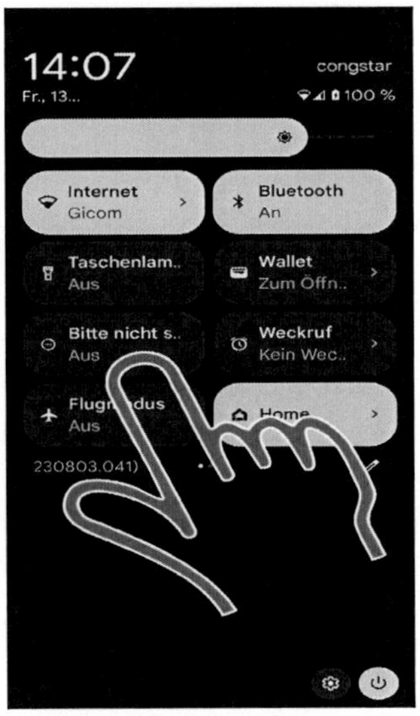

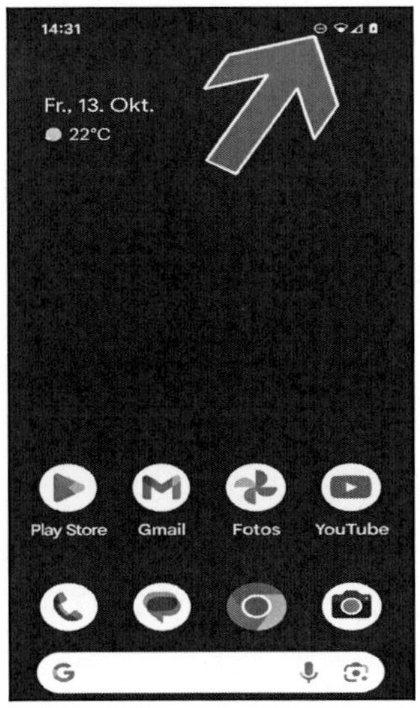

❶ »*Bitte nicht stören*« aktivieren/deaktivieren Sie über die entsprechende Schaltleiste im Benachrichtigungsfeld. Zuvor hatten wir ja die Zeitspanne auf *1 Stunde* gestellt, das heißt, nach einer Stunde deaktiviert sich der Nicht stören-Modus wieder. Alternativ betätigen Sie einfach die *Bitte nicht stören-Schaltleiste* erneut, was den Ruhemodus vorzeitig deaktiviert.

❷ Ein ⊖-Symbol weist in der Titelleiste (Pfeil) auf den aktiven »Nicht stören«-Modus hin.

15.3 Schnellaufruf

Einige vorinstallierte Anwendungen unterstützen ein Menü, über das Sie sehr einfach häufig benötigte Funktionen erreichen. Probieren Sie einfach, wie unten beschrieben, aus, ob die von Ihnen verwendeten Anwendungen das Menü besitzen.

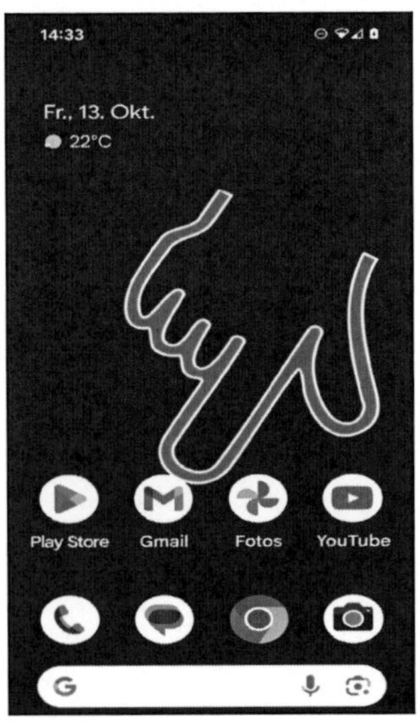

❶❷ Beispiel *Gmail*-Anwendung: Tippen und halten Sie den Finger auf dem Programmsymbol im Startbildschirm oder Hauptmenü, worauf das Schnellmenü erscheint.

15.4 Gestensteuerung

Den Bewegungssensor, das berührungsempfindliche Display und ausgefuchste Software versetzen das Handy in die Lage, bestimmte Gesten in Aktionen umzusetzen. Allerdings werden Sie viele der unterstützten Bewegungssteuerungen wohl nie nutzen, da sie einfach zu umständlich sind, oder gewohnte Abläufe stören.

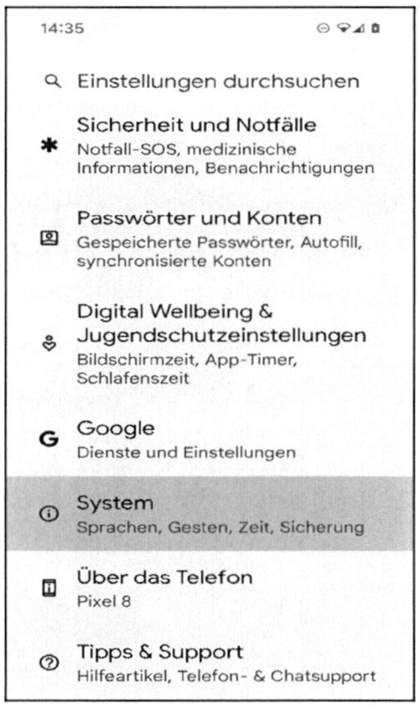

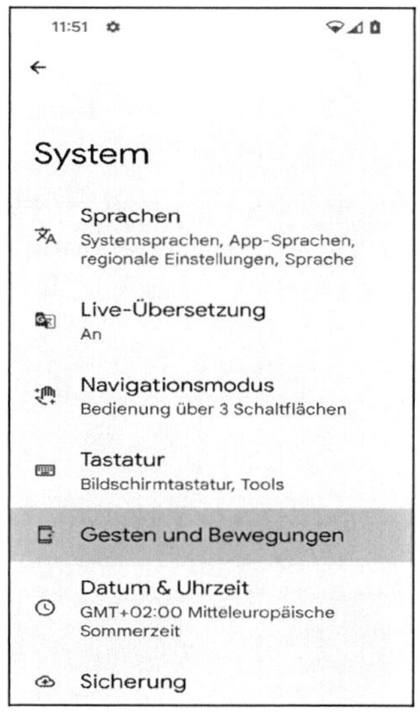

❶ Rufen Sie die *Einstellungen* aus dem Hauptmenü auf.

❷❸ Gehen Sie auf *System/Gesten und Bewegungen.*

Hinweis: Die Einstellungen-Anwendung zeigt immer das zuletzt genutzte Menü an. Mehrfaches Betätigen der ◀-Taste unterhalb des Displays bringt Sie in das Hauptmenü zurück. Danach können Sie das gewünschte Menü aufrufen.

❶ Die Gesten:

- *Schnelltippen, um Aktionen zu starten* (❷): Tippen Sie zweimal schnell hintereinander auf die Geräterückseite, um eine Aktion auszulösen:
  - *Screenshot erstellen*: Erstellt eine Bildschirmkopie. Siehe Kapitel *28.5 Screenshots (Bildschirmkopien).*
  - *Digitalen Assistenten aufrufen*: Ruft die im Kapitel *20 Google Assistant* beschriebene Sprachsteuerung auf.
  - *Medien wiedergeben oder pausieren*: Steuert die Medienwiedergabe, beispielsweise von YouTube (siehe Kapitel *23.3 YouTube*) oder YouTube Music (siehe Kapitel *22 Musik*).
  - *Kürzlich geöffnete Apps ansehen*: Entspricht der ■-Taste unterhalb des Displays, mit der Sie die zuletzt genutzten Programme anzeigen.
  - *Benachrichtigungen anzeigen*: Öffnet das Benachrichtigungsfeld.
  - *Taschenlampe ein-/ausschalten*: LED auf der Geräterückseite ein/ausschalten.

  - *App öffnen*: Wählen Sie ein Programm aus, das geöffnet werden soll.
  - *Stärkeres Tippen erforderlich*: Verringert die Tippempfindlichkeit und verhindert so versehentliches Auslösen der gewählten Funktion.

- *Kamera schnell öffnen*: Zweimaliges schnelles Betätigen des Ein-/Ausschalters öffnet die Kamera-Anwendung (siehe Kapitel *18 Kamera*). Dies funktioniert auch, wenn das Display ausgeschaltet oder die Displaysperre aktiv ist.
- *Für Selfie-Modus Handgelenk drehen*: In der Kamera-Anwendung schaltet das zweimalige Drehen des Handys auf die Front (Selfie)-Kamera um. Sie ersparen sich damit das Betätigen der entsprechenden Schaltleiste in der Kamera-Anwendung.
- *Durch Tippen auf den Bildschirm Display* aktivieren: Tippen Sie das ausgeschaltete Display zweimal schnell an, damit die Displaysperre (siehe Kapitel *4.1 Displaysperre*) angezeigt wird.
- *Beim Hochheben Display* aktivieren: Displaysperre kurz anzeigen, wenn Sie das Handy von einem Tisch aufnehmen.
- *Einhandmodus*: Mit einer Wischgeste »rollen« Sie den Bildschirm nach unten, sodass Sie das Handy mit einer Hand bedienen können. Sie müssen dafür zuvor festlegen, mit welcher Taste Sie den Einhandmodus ein- beziehungsweise ausschalten.
- *Ein-/Aus-Taste gedrückt halten*: Standardmäßig ruft langes Drücken des Ein-/Ausschalters auf der rechten Geräteseite den Google Assistant auf. Alternativ aktivieren Sie stattdessen das Ein/Aus-Menü.
- *Phone umdrehen, um "Pssst" zu aktivieren*: Legen Sie das Handy mit dem Display zuerst auf den Tisch, um Anrufe und Alarmtöne stumm zu schalten.

❶❷ Wählen Sie jeweils einen Menüpunkt aus und aktivieren Sie den Schalter, damit die gewünschte Funktion zur Verfügung steht.

15.5 Circle to Search

Ihr Handy bietet bereits eine Suchfunktion, die den Inhalt von Fotos (siehe Kapitel *19.11 Google Lens*) auswertet, sowie eine Kontextsuche für Webseitentexte (*11.8 Zum Suchen tippen*). Die Funktion »Circle to Search« (engl. »umkreisen für Suche« geht noch einen Schritt weiter, da sie jederzeit zu jedem beliebigen Bildschirmausschnitt eine Suche durchführen kann.

❶❷ Tippen und halten Sie die ●-Taste unterhalb des Bildschirms, bis der Circle to Search-Hinweis erscheint, den Sie mit *Circle to Search ausprobieren* schließen.

❸ Sie haben nun zwei Möglichkeiten: Entweder tippen Sie einfach ein Objekt auf dem Bildschirm an oder Sie markieren es, indem Sie es mit dem angedrückten Finger umkreisen.

❶❷ In diesem Fall listet Google das baugleiche E-Bike direkt im ersten Suchergebnis auf. Tippen Sie es an für weitere Infos.

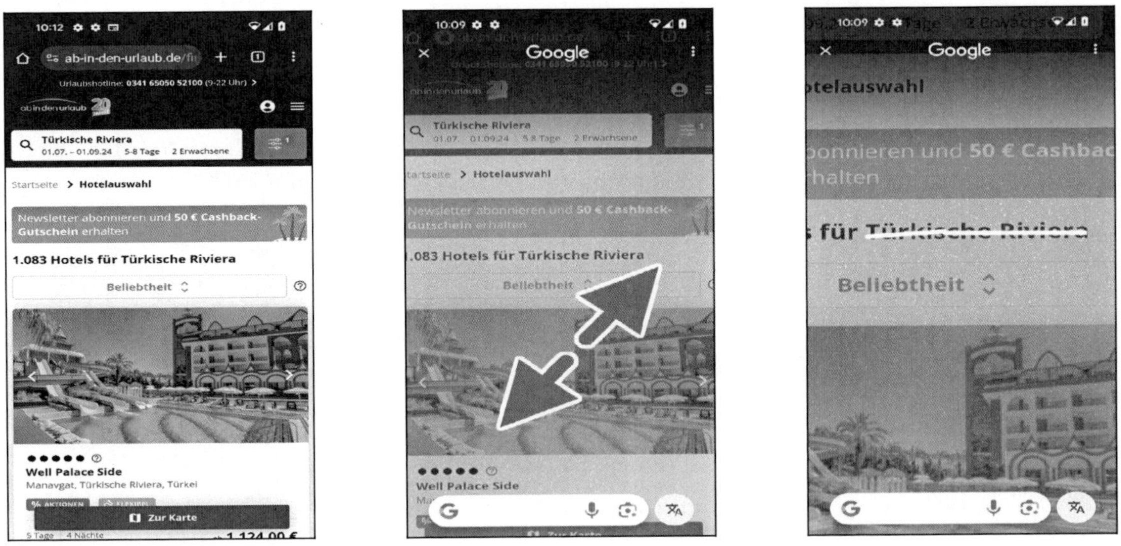

➊ Ein weiteres Beispiel: Angenommen, Sie möchten einen Urlaub buchen und haben gerade ein Angebot im Browser geöffnet. Jetzt benötigen Sie aber weitere Infos zum vorgeschlagenen Urlaubsort. Tippen und halten Sie wieder die ●-Taste unterhalb des Bildschirms, bis sich Circle to Search meldet.

➋ Damit Sie besser markieren können, führen Sie eine Kneifgeste aus (zwei Finger auf das Display halten und dann beide auseinander ziehen). Den Bildausschnitt verändern Sie mit einer Wischgeste.

➌ Markieren Sie den Text, im Beispiel *Türkische Riviera*«, indem Sie ihn durchstreichen. Google weiß dann, wonach zu suchen ist und zeigt sofort passende Ergebnisse an.

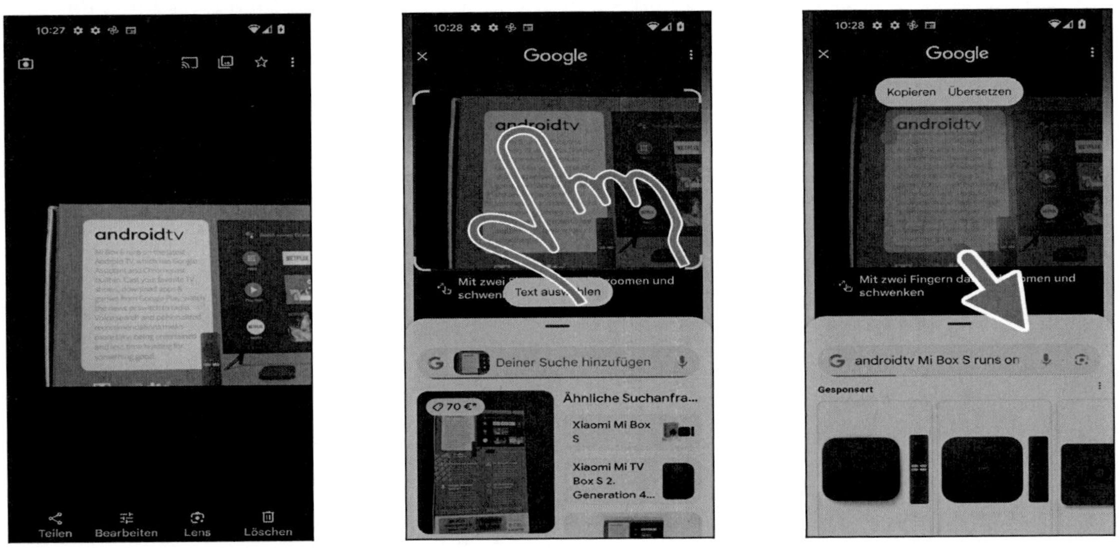

➊ Ein weiteres Beispiel: Sie haben einen fremdsprachlichen Text, beispielsweise ein Schild oder eine Verpackung, fotografiert, den Sie sich (siehe Kapitel *19 Google Fotos*) anzeigen.

➋ Rufen Sie Circle to Search auf, dann tippen Sie den Text an.

➌ Verschieben Sie die »Lasche« mit dem Finger über den gesamten Text.

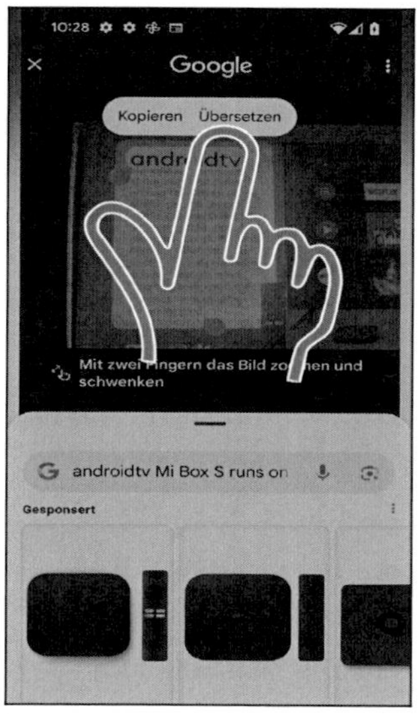

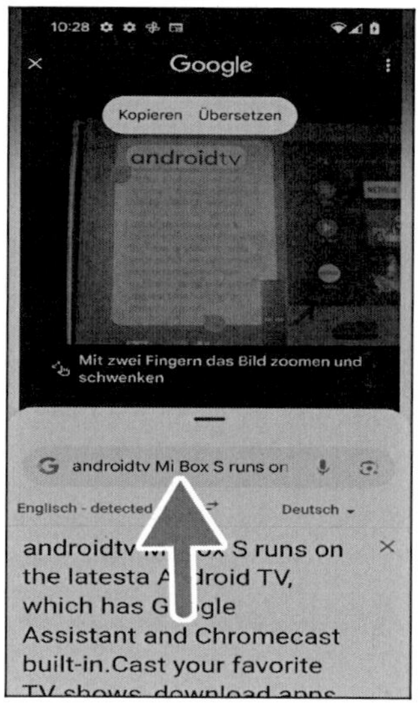

❶ Betätigen Sie *Übersetzen.*

❷❸ Blättern Sie mit einer Wischgeste zur Übersetzung.

16. Gerätespeicher

Der Speicher des Pixel-Handys ist in zwei Bereiche unterteilt:

- *Telefonspeicher*: Hier speichert das Gerät beispielsweise Kontaktdaten, Termine, Programme und sonstige Verwaltungsinformationen.
- *Gerätespeicher*: Freier Speicherbereich von 128 beziehungsweise 256 Gigabyte für Fotos, Programme usw. Dieser Speicher ist fest im Gerät enthalten und lässt sich nicht austauschen.

Im Gegensatz zu vielen anderen Handys ist eine Erweiterung durch (Micro-SD-) Speicherkarten nicht vorgesehen.

16.1 Optionen nach PC-Anschluss

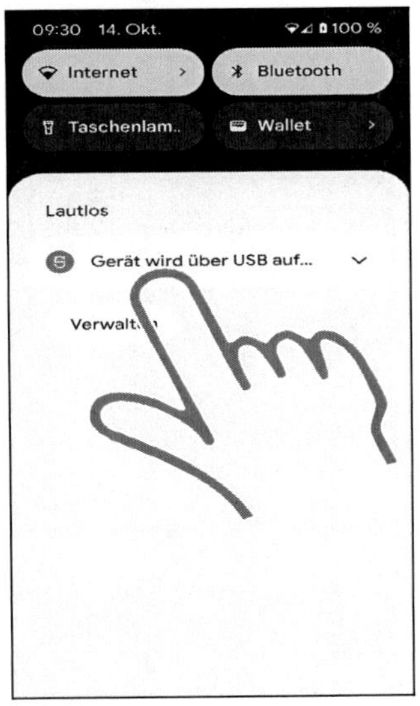

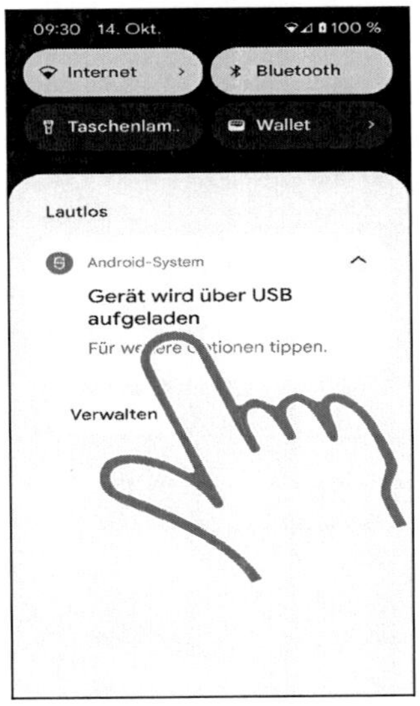

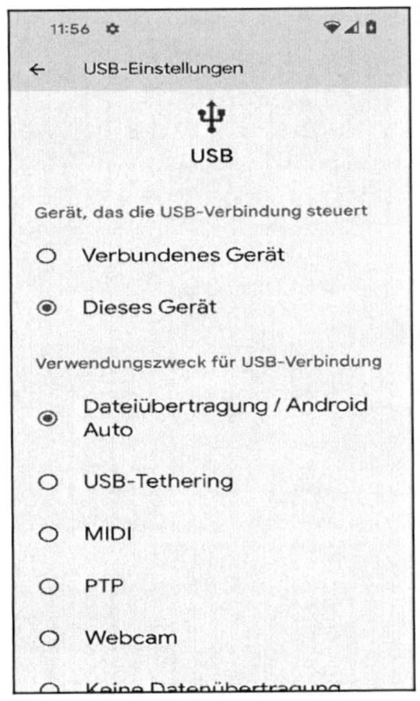

❶❷❸ Nach dem PC-Anschluss erscheint im Benachrichtigungsfeld der Hinweis *Gerät wird über USB aufgeladen*. Tippen Sie zweimal darauf für die Einstellungen:

Unter *Gerät, das die USB-Verbindung steuert*:

- *Verbundenes Gerät*: Der angeschlossene PC erhält vollen Zugriff auf Ihr Handy. Wir raten davon ab.
- *Dieses Gerät*: Auf dem Handy legen Sie selbst fest, ob und wie Daten übertragen werden.

Unter *Verwendungszweck für USB-Verbindung*:

- *Dateiübertragung/Android Auto*: Sie haben Zugriff auf alle Dateien, die sich auf dem Handy befinden.
- *USB-Tethering*: Das Handy stellt seinen Internetzugang einem PC wie eine Netzwerkkarte zur Verfügung. Folgen Sie danach den Hinweisen/Dialogen des PCs für die weitere Einrichtung.
- *MIDI*: Das Pixel als Musikgerät über die MIDI-Schnittstelle nutzen. Dafür benötigen entsprechende Software.
- *PTP*: Meldet das Handy als Digitalkamera am PC an. Sie haben vom PC aus nur Zugriff auf die Fotos/Videos, die Sie mit der Kamera-Anwendung des Handys erstellt hatten.
- *Webcam*: Das Handy wird am PC als Kamera registriert und lässt sich mit entsprechender Software als hochwertige Webcam einsetzen. Beachten Sie, dass Sie die Webcam-Funktion nach dem PC-Anschluss im Benachrichtigungsfeld des Handys freigeben müssen.
- *Keine Datenübertragung*: Das Handy wird nur geladen.

Damit Sie auf alle Dateien im Gerätespeicher des Handys zugreifen können, müssen Sie die Option *Dateiübertragung/Android Auto* aktiviert haben!

16.2 Speicherzugriff unter Windows

Im Desktop von Windows klicken Sie auf die Ordner-Schaltleiste am unteren Bildschirmrand.

Gehen Sie dort links im Verzeichnisbaum unter *Dieser PC* auf den Gerätenamen des Pixel-Handys. Der Gerätespeicher erscheint unter *Interner gemeinsamer Speicher*.

Falls zwar das Pixel-Handy im Verzeichnisbaum auftaucht, aber nur ein leeres Verzeichnis enthält, dann haben Sie vergessen, den PC auf dem Handy freizugeben. Wie die PC-Freigabe funktioniert, haben wir bereits zu Kapitelanfang beschrieben.

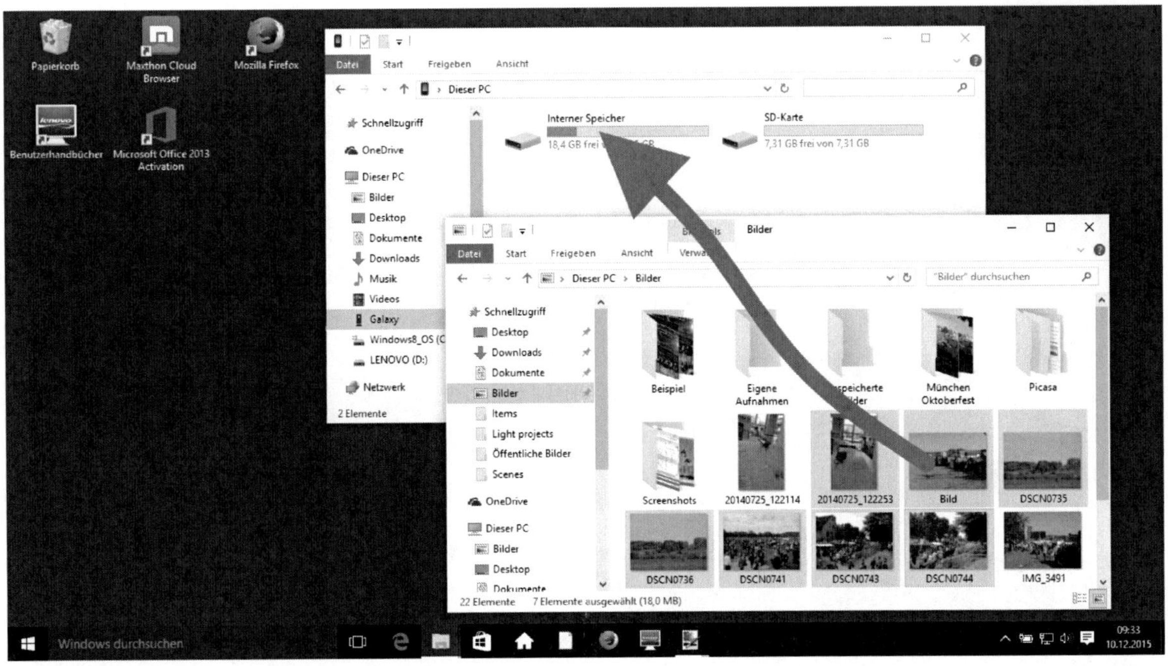

Tipp: Ziehen Sie auf dem PC einfach die markierten Dateien mit der Maus aus dem Fenster auf das Pixel. Das Handy speichert die Dateien dann automatisch im richtigen Verzeichnis. Bilder landen beispielsweise in *Pictures*.

16.3 Speicherverwaltung

❶❷ Für die Speicherverwaltung rufen Sie den Startbildschirm auf, gehen auf *Einstellungen* und wählen *Speicher*.

❸ Der Bildschirm informiert Sie über den belegten Platz im Gerätespeicher.

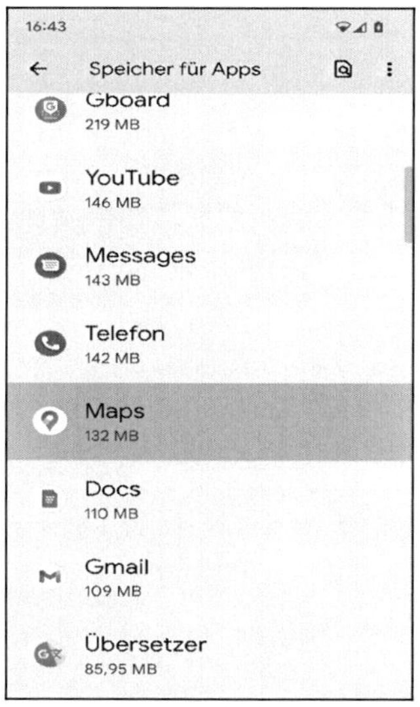

❶ Wählen Sie einen Eintrag aus für detaillierte Infos, im Beispiel auf *Sonstige Apps.*

❷❸ Zu jedem Programm informiert das Handy über den belegten Speicherplatz. Es besteht zwar die Möglichkeit, hier Daten über *Speicherinhalt* löschen beziehungsweise *Cache* leeren zu entfernen, wir raten aber davon ab. Die Gefahr, dass dabei wichtige Programmfunktionen beeinträchtigt werden, ist zu groß.

> Die Speicherplatzfreigabe ist leider meistens nicht besonders hilfreich. Die größten Speicherplatzfresser sind aus dem Play Store installierte Programme – insbesondere Spiele – sowie mit der Kamera-Anwendung (siehe Kapitel *18 Kamera*) erstellte Fotos/Videos. Kopieren Sie am besten Fotos und Videos regelmäßig auf einen PC und löschen Sie sie dann auf dem Handy. Falls Sie sich dies nicht zutrauen, gibt es bestimmt jemand in Ihrem Bekanntenkreis, der Ihnen dabei hilft.
>
> Nicht benötigte Programme sollten Sie, wie im Kapitel *17.2 Programme deinstallieren* beschrieben, löschen, um Speicherplatz freizugeben.

16.4 Verzeichnisse

Die Anwendungen auf dem Pixel-Handy legen bei Bedarf die von ihnen benötigten Verzeichnisse selbst an. Wir weisen in diesem Buch in den jeweiligen Kapiteln darauf hin, falls Sie selbst mal ein Verzeichnis anlegen müssen. Beachten Sie bitte, dass Android bei Verzeichnis- und Dateinamen – im Gegensatz zu Windows auf dem PC – zwischen Groß- und Kleinschreibung unterscheidet.

Die wichtigsten Verzeichnisse:

- *DCIM*: Enthält die mit der Kamera (Kapitel *18 Kamera*) aufgenommenen Fotos und Videos.
- *Download*: Aus E-Mails (siehe Kapitel *10.2.2 Dateianlagen*) gespeicherte Dateien; im Webbrowser (siehe Kapitel *11.6 Dateien herunterladen*) gespeicherte Dateien.
- *Ringtones; Notifications; Alarms*: In diesen Verzeichnissen legt man zusätzliche Klingel- und Benachrichtigungstöne ab (siehe Kapitel *28.9 Eigene Klingel- und Benachrichtigungstöne*).

17. Play Store

Die mitgelieferten Programme auf Ihrem Handy decken bereits die wichtigsten Anwendungsfälle ab. Weitere Anwendungen und natürlich Spiele können Sie bei Bedarf über den sogenannten Play Store nachinstallieren, der mehrere Millionen (!) Programme enthält. Sie finden wirklich zu jedem noch so exotischen Anwendungsfall ein passendes Programm. Neudeutsch spricht man statt von Programmen auch von **Apps**, es ist damit aber das selbe gemeint.

Etwa Zweidrittel aller Programme sind kostenlos beziehungsweise finanzieren sich über eingeblendete Werbung. Im Vergleich zu PC-Software sind die kostenpflichtigen Android-Programme in der Regel mit Preisen von unter 5 Euro recht günstig.

Der Play Store ist leider sehr unübersichtlich, weil Sie dort neben Anwendungen auch Spiele und Ebooks herunterladen beziehungsweise erwerben können.

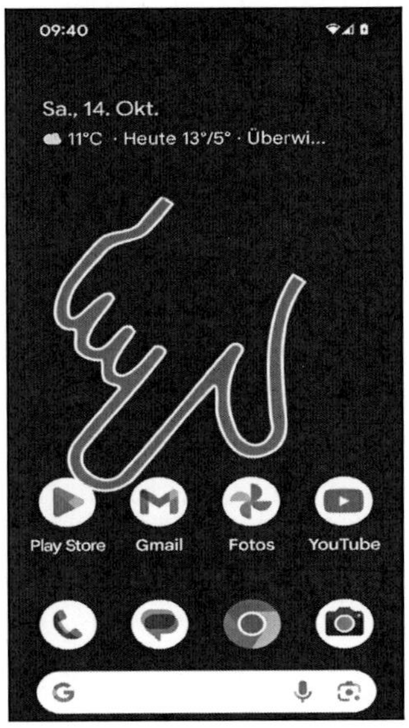

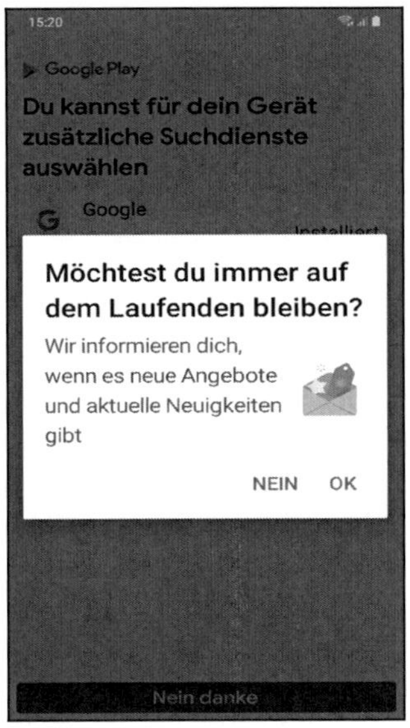

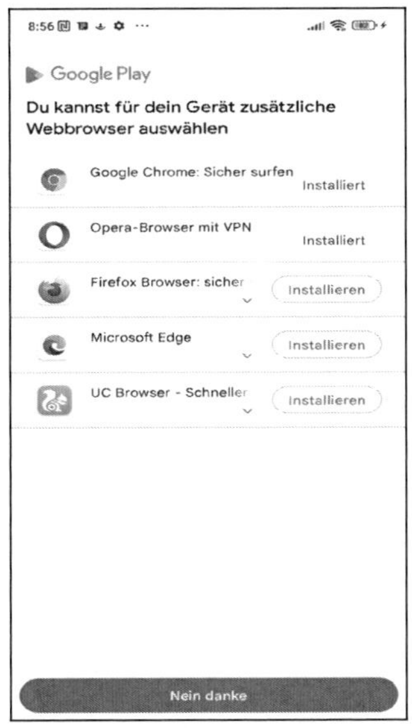

❶ Sie finden den *Play Store* im Startbildschirm und Hauptmenü.

❷❸ In den einmalig angezeigten Bildschirme und Popups betätigen Sie jeweils mit *Nein, Nein danke, OK* beziehungsweise *Später.* Die Reihenfolge und Art der Popups kann bei Ihnen abweichen.

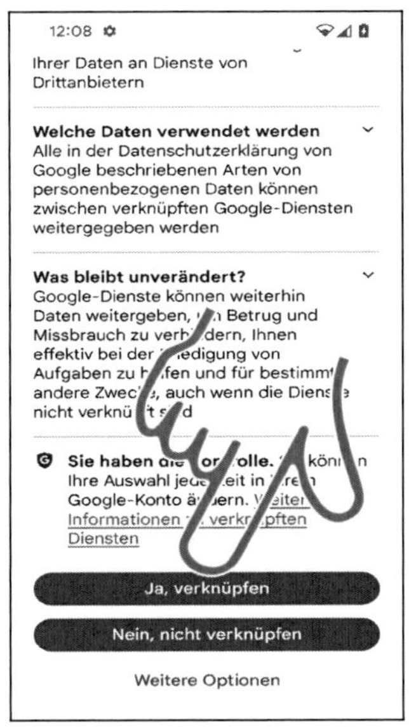

❶ Google unterliegt als marktberrschendes Unternehmen strikten EU-Regeln bezüglich Datenschutz und Wettbewerbsbedingungen. Betätigen Sie, wenn das Popup *Einige Google-Dienste sind nicht verknüpft* erscheint, die *Jetzt starten*-Schaltleiste.

❷❸ Blättern Sie mit einer Wischgeste durch die Hinweise und betätigen Sie *Ja verknüpfen.*

❶❷ Über die Register am unteren Bildschirmrand schalten Sie im Angebot um zwischen *Spiele*, *Apps* (Anwendungen) und *Bücher* (Ebooks).

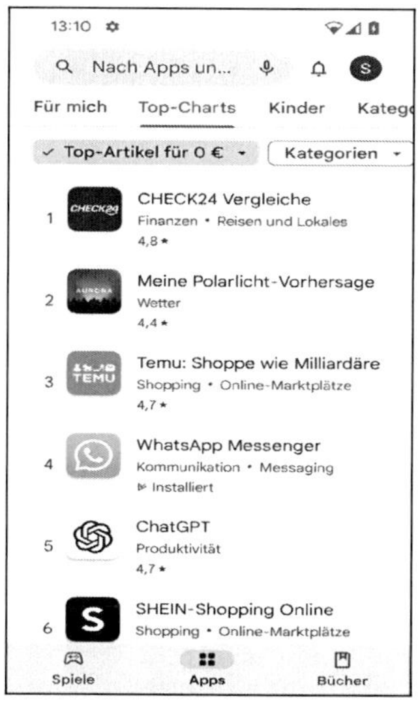

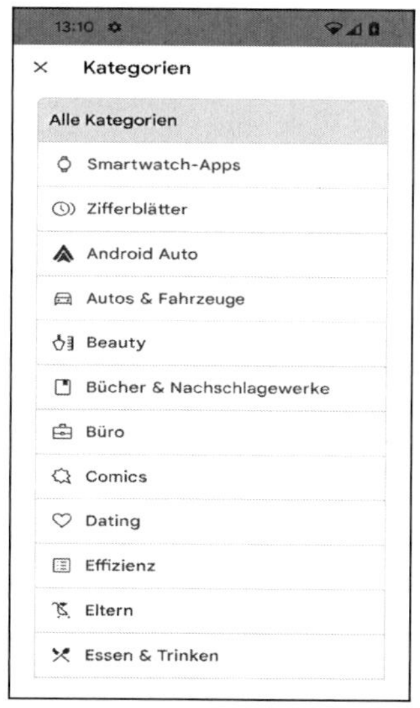

❶ Die Benutzeroberfläche besitzt mehrere Register, über die Sie mit den Schaltleisten (Pfeil) wechseln:

- *Für mich*: Von Google zusammengestellte Empfehlungen.
- *Top-Charts* (❷)
- *Kinder*: Für Kinder und Jugendliche empfohlene Spiele und Anwendungen.
- *Kategorien* (❸): Alle Programme sind im Play Store nach Kategorien sortiert, die Sie einfach nach interessanten Anwendungen oder Spielen durchblättern können. Bitte beachten Sie, dass in den Kategorien auch viele Programme zu finden sind, welche keinerlei Nutzwert haben.

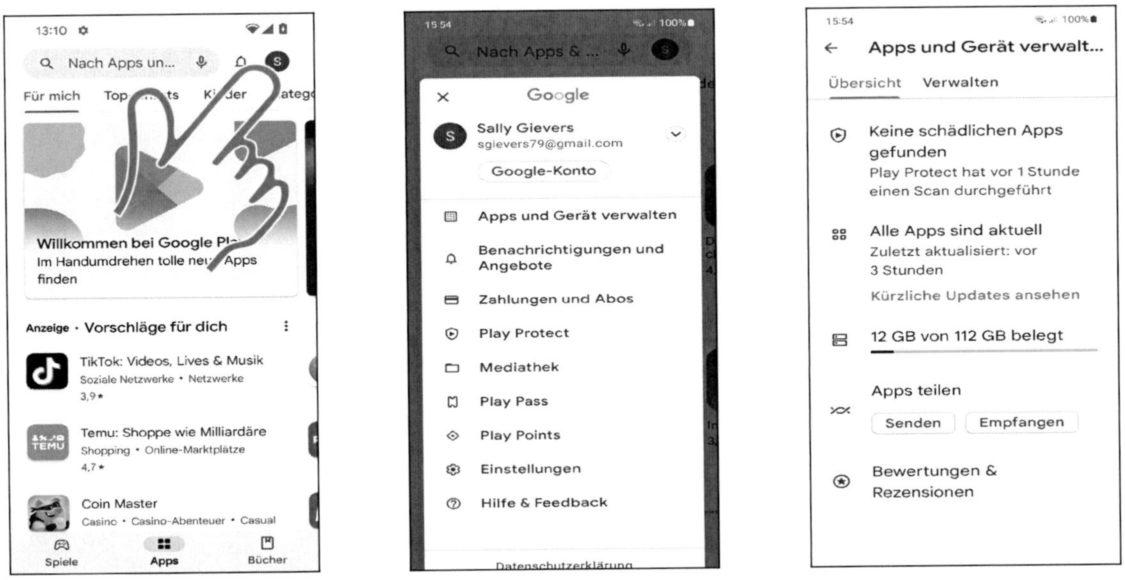

❶❷ Betätigen Sie im Hauptmenü S oben rechts für das Ausklappmenü. Die Menüpunkte:

- *(Ihr Konto)@gmail.com*: Das Google-Konto, mit dem Sie angemeldet sind.
- *Apps und Gerät verwalten*: Zeigt die von Ihnen installierten Programme an und ermöglicht diese wieder zu deinstallieren. Außerdem sehen Sie hier, ob Updates zu installierten Programmen im Play Store vorliegen (❸).
- *Benachrichtigungen und Angebote*: Hier finden Sie Hinweise auf Sonderangebote im Play Store.
- *Zahlungen und Abos*: Einige Programme, beispielsweise aus dem Lernbereich, können »abonniert« werden, das heißt man muss regelmäßige Zahlungen leisten. Die Abos verwalten Sie in diesem Menü.
- *Play Protect*: Google überprüft Ihre installierten Programme auch nach der Installation auf Schadfunktionen. So wird beispielsweise verhindert, dass teure Telefonnummern angerufen oder Ihre persönlichen Daten ausgelesen werden. Sie sollten Play Protect deshalb nie deaktivieren.
- *Mediathek*: Die von Ihnen im Play Store erworbenen Ebooks und Spielfilme.
- *Play Pass*: Google bietet ein kostenpflichtiges Abo für 4,99 Euro/Monat an, in dessen Rahmen Sie einige Anwendungen und Spiele kostenlos nutzen dürfen.
- *Play Points*: Die Play Points sind ein Kundenbindungsprogramm, für das Sie sich anmelden müssen. Für jeden Kauf im Play Store erhalten Sie Punkte, die Sie später für Rabatte nutzen.
- *Einstellungen*: Auf die Einstellungen geht Kapitel *17.5 Einstellungen* ein.

17.1 Programme installieren

❶❷ Gehen Sie auf die Suchleiste im Hauptbildschirm und geben Sie den Suchbegriff ein. Es werden der Name und die Beschreibung aller Programme durchsucht. Bereits während der Eingabe listet der Play Store einige Fundstellen auf, Sie können alternativ aber auch mit 🔍 im Tastenfeld eine Volltextsuche durchführen.

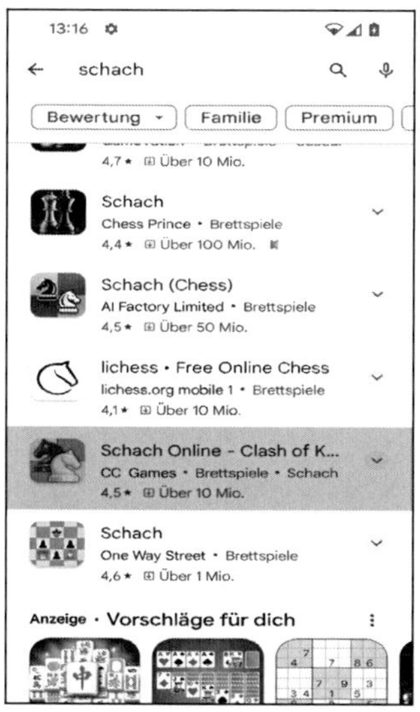

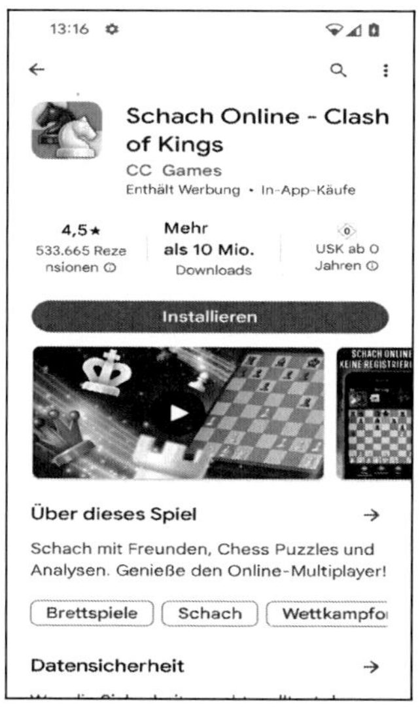

❶ Die Fundstellen werden mit Namen, Bewertung und Preis aufgelistet. Tippen Sie eines der angebotenen Programme an.

❷ Neben einer ausführlichen Beschreibung finden Sie hier die Bewertungen von anderen Benutzern, Infos zum Entwickler mit der Möglichkeit, seine weiteren Programme im Play Store anzuzeigen, sowie Kontaktmöglichkeiten zum Entwickler. Betätigen Sie *Installieren*, um das Programm auf dem Handy zu installieren. Der Download erfolgt anschließend im Hintergrund.

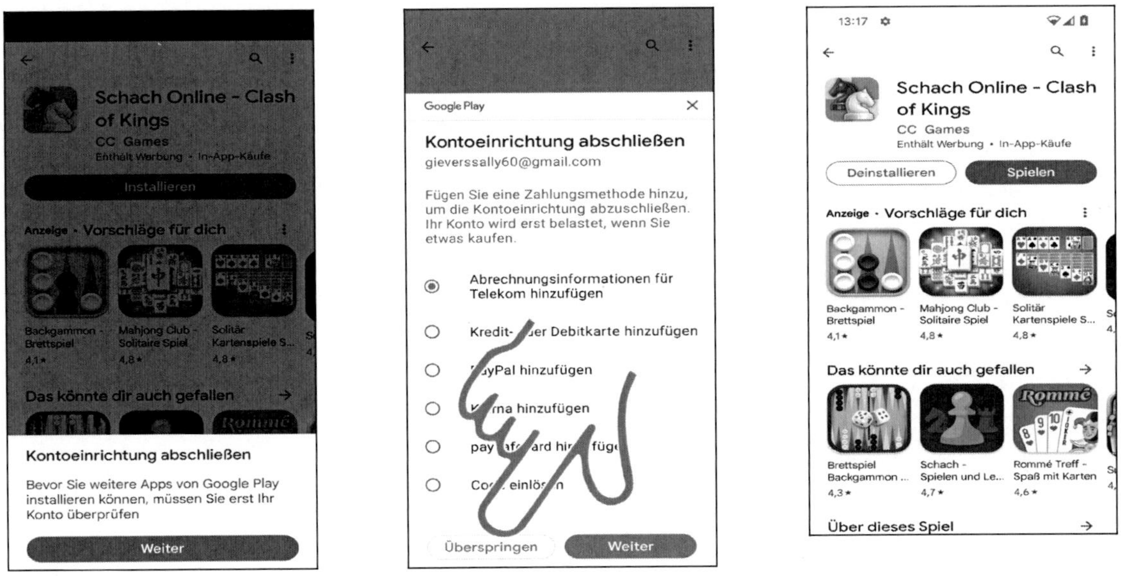

❶❷ Wenn Sie das erste Mal ein Programm installieren, erscheint einmalig der Hinweis *Kontoeinrichtung abschließen*. Betätigen Sie dann *Weiter* und dann *Überspringen*. Wie Sie kostenpflichtige Programme installieren, erläutert noch Kapitel *17.6 Softwarekauf im Google Play Store*.

Die Installation erfolgt im Hintergrund. Wenn Sie anderweitig das Handy nutzen möchten, dürfen Sie also die Play Store-Anwendung verlassen.

❸ Alternativ warten Sie, bis die Installation abgeschlossen ist und starten dann das Programm über die grüne Schaltleiste *Spielen* beziehungsweise *Öffnen*.

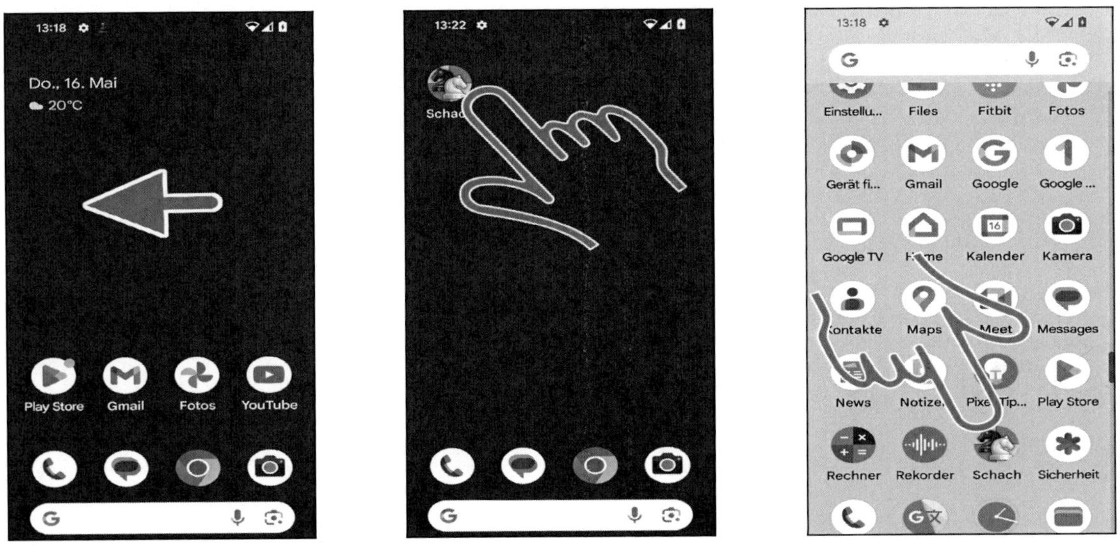

❶❷ Sie finden das neu installierte Programm auf der zweiten Seite des Startbildschirms.

❸ Alternativ rufen Sie das neue Programm im Hauptmenü auf.

17.2 Programme deinstallieren

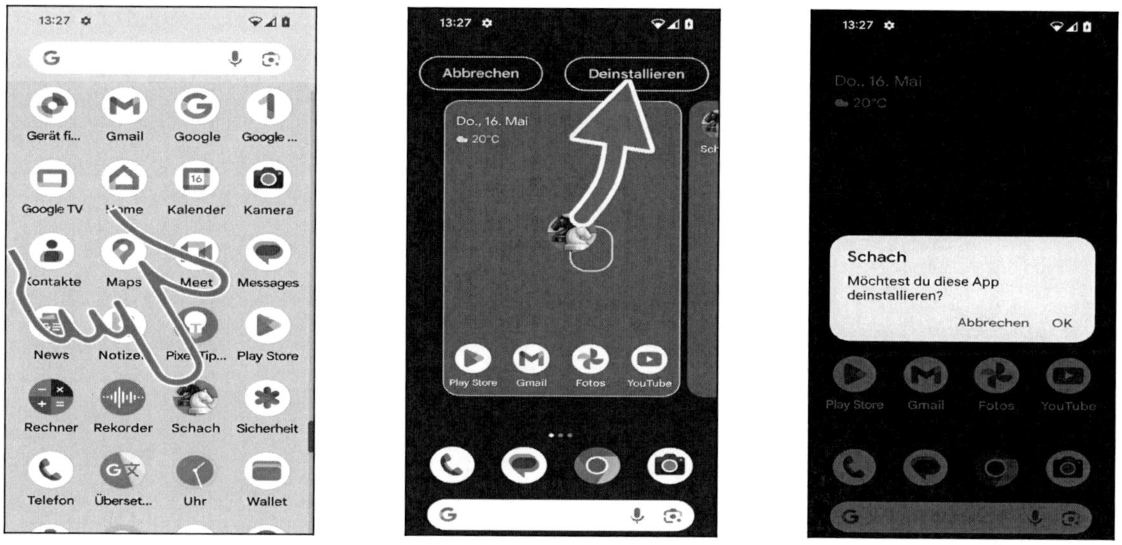

❶❷ Tippen und halten Sie den Finger auf einem Programm-Symbol im Hauptmenü oder Startbildschirm gedrückt, anschließend ziehen Sie es nach oben. Das Handy schaltet auf den Startbildschirm um, worin Sie auf *Deinstallieren* ziehen.

❸ Beantworten Sie die Sicherheitsabfrage mit *OK*.

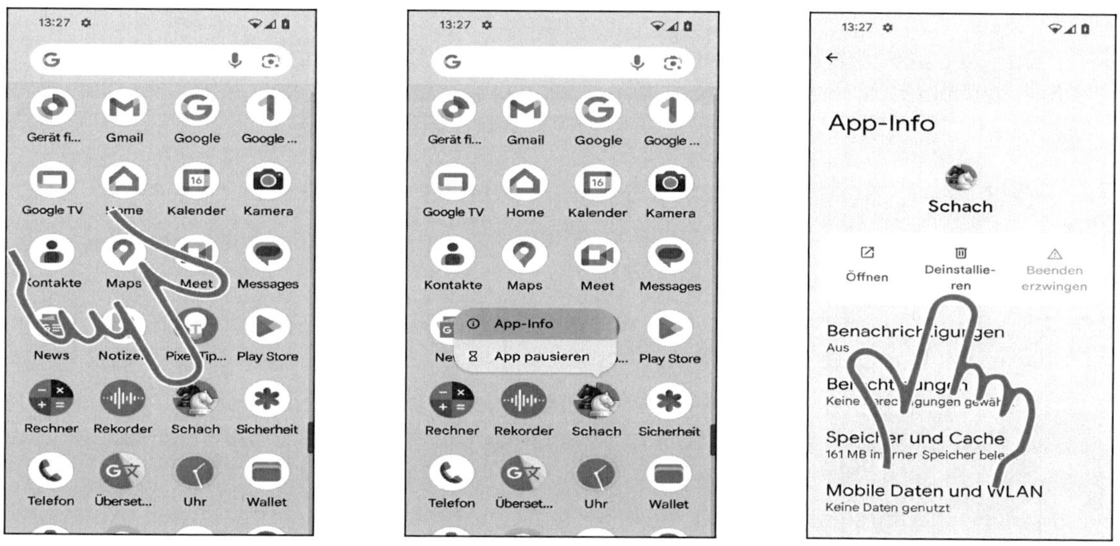

❶❷❸ Alternativ halten Sie den Finger auf dem Programm-Symbol gedrückt, bis das Popup erscheint, in dem Sie *App-Info* betätigen. Gehen Sie dann auf *Deinstallieren.*

17.3 Ausgeblendete Navigationstasten

Bei Programmen, die den sogenannten Vollbildmodus unterstützen, werden die Navigationstasten automatisch deaktiviert.

❶❷ Bei diesem Spiel blendet das Handy die Navigationstasten aus. Wischen Sie von unten außerhalb des Displays nach oben, worauf die Navigationstasten wieder eingeblendet werden.

Bei Spielen erscheint zusätzlich eine -Schaltleiste, die das sogenannte Streaming einrichtet. Damit übertragen Sie Ihre Spiele live auf YouTube, damit Ihnen dabei andere zusehen können.

17.4 Gute von schlechter Software unterscheiden

- Häufig geladene (und damit meist gute) Software findet in den Kategorien Bestseller, Top-Charts, Empfohlene usw. Eingang.
- Auch wenn Sie die Suchfunktion nutzen, erscheinen in der Auflistung zuerst die am häufigsten heruntergeladenen Programme.
- Zusätzlich finden Sie bei jedem Programm eine Sterne-Bewertung sowie Kommentare der Nutzer. Insbesondere bei Kaufprogrammen (die Sie ja nicht vorab testen können) sollten Sie sich die Nutzerbewertungen durchlesen.
- Manche Kaufprogramme sind auch in funktionsbeschränkter Form kostenlos (als sogenannte »Freeware«) im Play Store erhältlich, sodass man zumindest einen groben Überblick über deren Tauglichkeit erhält. Es gibt übrigens häufig auch Programme, die sowohl kostenlos, als auch als Kaufversion erhältlich sind. Die kostenlose Version finanziert sich dann meistens durch Werbebanner. Werbebanner haben allerdings den Nachteil, häufig aus dem Internet Daten nachzuladen (irgendwoher müssen die Werbebanner ja kommen) und teilweise den GPS-Empfänger zu aktivieren. Letzteres dient dazu, dem Nutzer für sein Land optimierte Werbung anzuzeigen. Leider reduziert sich dadurch die Handy-Akkulaufzeit...
- Die Softwareentwickler bestimmen selbst ob ihre Programme für bestimmte Handys und Handys geeignet sind. Programme, die nicht auf Ihrem Handy funktionieren, werden erst gar nicht im Play Store anzeigt. Trotzdem werden Sie ab und zu auf Programme, insbesondere Spiele stoßen, die nicht gut angepasst sind, was sich u.a. in pixeliger Darstellung, verschobenen Schaltleisten, überstehenden Texten usw. bemerkbar macht. Falls Ihnen ein Programm trotzdem gefällt, sollten Sie einfach das Programm installiert lassen. Der Play Store meldet zu jeder installierten Software automatisch im Benachrichtigungsfeld, wenn ein Update vorliegt, das vielleicht die Probleme beseitigt.

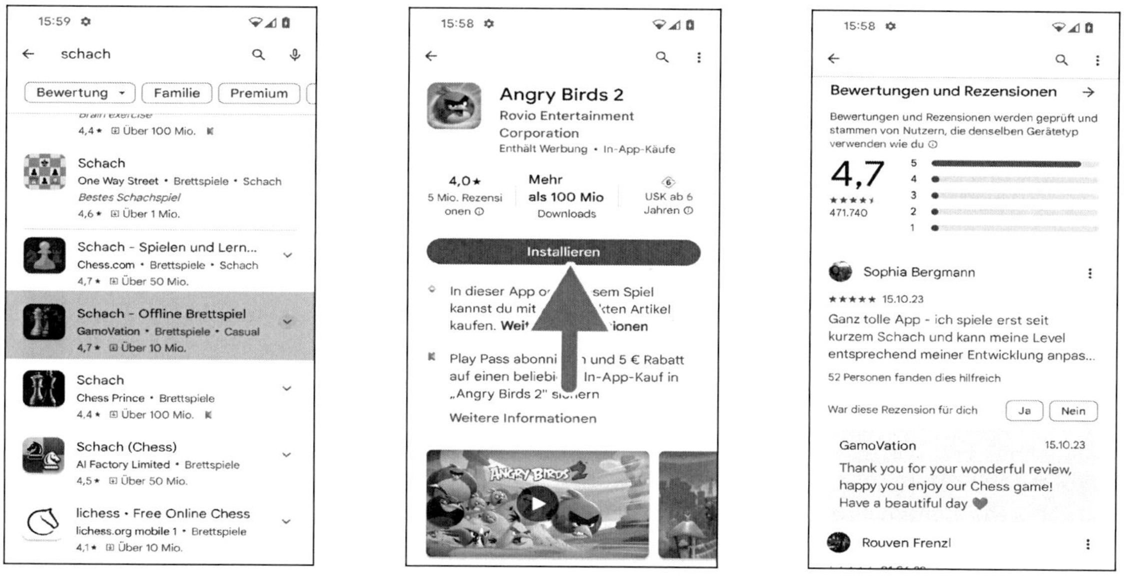

❶ Wählen Sie ein Programm in der Suchauflistung oder den Vorschlägen aus.

❷❸ Die Bewertungen erhalten Sie dann nach einer Wischgeste angezeigt.

Hohe Stern-Bewertungen und große Downloadzahlen führen manchmal auch in die Irre: Der Play Store fasst die weltweit auflaufenden Nutzerbewertungen zusammen. Beispielsweise wird ein Buchhaltungsprogramm, das in den USA entwickelt wurde, dort von den Anwendern hochgelobt und entsprechend bewertet werden, während es für deutsche Anwender nicht geeignet ist.

Einige Programme werden zudem nicht weiterentwickelt, weshalb unter Umständen eine hohe Bewertung heute nicht mehr gerechtfertigt wäre.

Der Play Store zeigt nur deutsche Bewertungstexte an. Es kann deshalb vorkommen, dass Sie bei einem international angebotenen Programm zwar viele Bewertungen, aber kaum Bewertungstexte sehen.

Tipp: Von vielen höherwertigen Programmen wird im Play Store eine kostenlose Version mit beschnittenen Funktionsumfang angeboten. Sie können so das jeweilige Programm schon vorab auf Herz und Nieren testen und anschließend die Vollversion erwerben.

17.5 Einstellungen

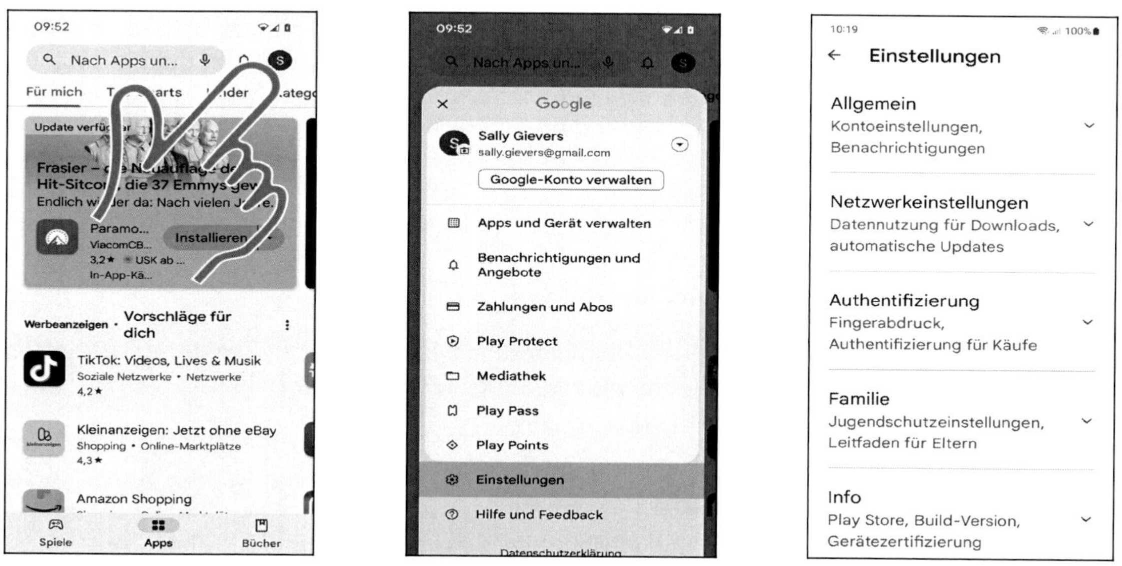

❶❷❸ Tippen Sie auf das runde Kontosymbol und gehen Sie auf *Einstellungen*:

Unter *Allgemein*:

- *Kontoeinstellungen*: Ihre E-Mail-Adresse und Herkunftsland.

- *Konto und Geräteeinstellungen*: Verwaltet die Zahlungsmethoden, die Sie für Käufe von Spielen und Anwendungen benötigen.
- *Benachrichtigungen*:
  - *Konto*: Über anstehende Abo-Abbuchungen oder Zahlungsprobleme werden Sie informiert.
  - *Updates verfügbar*: Wenn zu einem aus dem Play Store installiertem Programm Updates vorliegen, erhalten Sie eine Benachrichtigung.
  - *Updates abgeschlossen*: Sie erhalten einen Benachrichtigung, sobald ein Update im Hintergrund installiert wurde.
  - *Vorregistrierung; Deals und Werbeaktionen*: Sie erhalten eine Benachrichtigung, wenn Entwickler neue Programme auf den Markt bringen, die für Sie interessant sein könnten.
- *Bevorzugte Downloadvariante für Apps*: Legen Sie fest, wie die Installation erfolgt:
  - *Über beliebiges Netzwerk*: Downloads erfolgen über Mobilfunkinternet, wenn kein WLAN zur Verfügung steht.
  - *Nur über WLAN*
  - *Jedes Mal fragen*: Wählen Sie aus, ob der Download über WLAN oder Mobilfunkinternet erfolgt.
- *Design*: Die Anzeige lässt sich zwischen *Hell* und *Dunkel* umschalten. Darauf geht bereits Kapitel *28.11 Gerätedesign* ein.
- *Google Play Instant*: Legen Sie fest, welchem Google-Konto die sogenannten Instant Apps zugeordnet werden. Instant Apps sind auf dem Handy installierte Programme, die sich auch über einem Link im Webbrowser aufrufen lassen. Derzeit haben Instant Apps noch keine große Bedeutung, zumal sie nicht alle Handys unterstützen.
- *Optimierung der App-Installation*: Liefert eine Nutzungsstatistik an Google, von der andere Nutzer in Form einer schnelleren Installation profitieren.

Unter *Netzwerkeinstellungen*:

- *Bevorzugte Downloadvariante für Apps*: Wählen Sie aus, ob das Herunterladen von neu zu installierenden Programmen über WLAN oder das Mobilfunkinternet zu erfolgen hat.
- *Apps automatisch aktualisieren*: Installierte Programme werden automatisch im Hintergrund aktualisiert,
- *Videos automatisch wiedergeben*: In der Produktvorschau sind ab und zu Videos eingebunden. Sie können hier festlegen, ob diese auch über Mobilfunkverbindungen wiedergegeben werden. Die Voreinstellung *Automatische Wiedergabe von Videos nur über WLAN zulassen* sollten Sie aber nicht ändern.

Unter *Authentifizierung*:

- *Authentifizierung für Käufe erforderlich*: Sie können die Programminstallation von einer vorher einzugebenden PIN abhängig machen.

Unter *Familie*:

- *Für Familienmediathek registrieren*: Die Familienmediathek ermöglicht es, Apps, Spiele, Ebooks, Filme und Serien mit bis zu 5 weiteren Personen zu teilen. In diesem Buch gehen wir nicht weiter darauf ein.
- *Jugendschutzeinstellungen*: Legen Sie fest, welche Programme und Medien der Play Store für jugendliche Nutzer ausblendet.
- *Leitfaden für Eltern*: Infos zur kinder- und jugendsicheren Nutzung des Play Stores.

Unter *Info*: Diverse technische Informationen zum Play Store.

17.6 Softwarekauf im Google Play Store

Viele Programme im Play Store sind kostenpflichtig, wobei als Zahlungsmethode neben einer Kreditkarte auch Paypal (ein Zahlungsdienstleister), die Handyrechnung (nicht bei allen Netzbetreibern möglich) und Gutscheine akzeptiert werden (auf Letztere geht Kapitel *17.7 Google-Gutscheine* noch genauer ein). Damit Sie nicht die »Katze im Sack« kaufen, lassen sich Käufe innerhalb von 2 Stunden rückgängig machen. Eine Rückgabe ist beim erneuten Kauf dann aber nicht mehr möglich. Die erworbenen Programme werden mit Ihrem Google-Konto verknüpft und lassen sich beim Gerätewechsel ohne erneuten Kauf herunterladen und installieren.

> Gekaufte Software lässt sich immer nur auf einem Gerät gleichzeitig nutzen.
>
> Beachten Sie bitte, dass manche Software nur für bestimmte Geräte angeboten wird. Insbesondere Spiele unterstützten nicht alle Android-Handys und Tablets. Problematisch sind auch Programme, deren Entwicklung eingestellt wurde und daher nicht für neue Geräte freigegebenen sind, obwohl sie darauf laufen könnten.

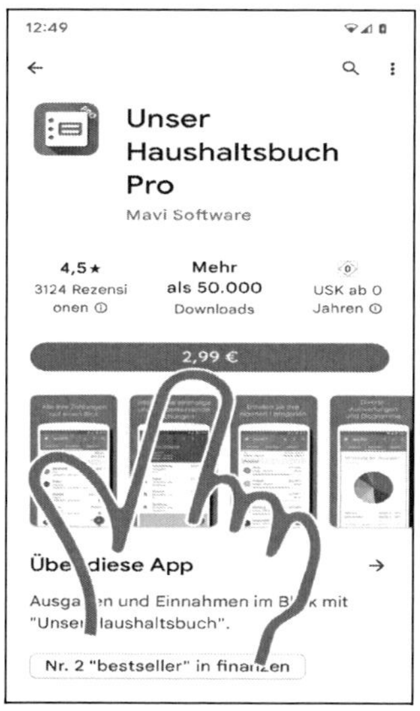

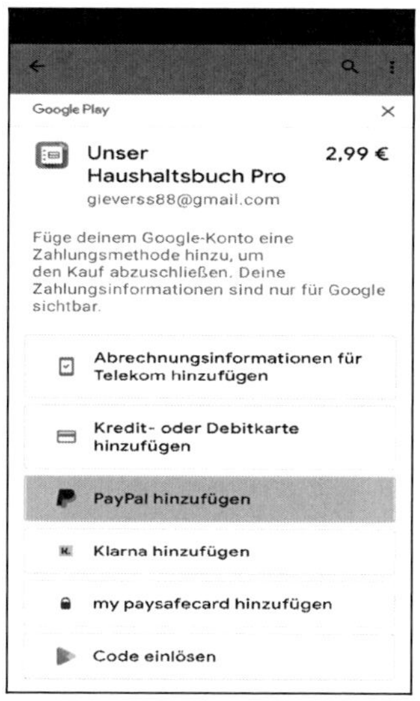

➊ Betätigen Sie bei einem Kaufprogramm die Preisschaltleiste (Pfeil).

➋ Wählen Sie nun eine der Zahlungsmethoden aus

- *Abrechnungsinformationen für xxx hinzufügen*: Die Zahlung erfolgt über Ihren Mobilnetzbetreiber und taucht dann auf Ihrer nächsten Mobilfunkrechnung auf. Beachten Sie bitte, dass nicht jeder Netzbetreiber mobile Zahlungen akzeptiert. Haben Sie beim Netzbetreiber »Inkasso von Dritten« deaktivieren lassen, ist ebenfalls kein Kauf über die Mobilfunkrechnung möglich.
- *Kredit- oder Debitkarte hinzufügen*: Zahlung über Ihre Kreditkarte.
- *Klarna hinzufügen*: Klarna ist ein unabhängiger Zahlungsabwickler, der verschiedene Bezahlmethoden unterstützt.
- *my paysafecard hinzufügen*: Nutzung eines aufladbaren Gutscheinkontos.
- *PayPal hinzufügen*: Zahlungsabwicklung über PayPal. Dieser Zahlungsabwickler wird bucht Rechnungen von Ihrem Bankkonto oder Ihrer Kreditkarte ab oder nutzt ein auf PayPal überwiesenes Guthaben. Siehe auch die PayPal-Website unter *www.paypal.com*.

In diesem Beispiel wählen wir *PayPal hinzufügen.*

➌ Bei PayPal müssen Sie sich beispielsweise mit dem PayPal-Konto anmelden. Folgen Sie den weiteren Anweisungen.

❶ Betätigen Sie *Kaufen*.

❷ Geben Sie das Passwort Ihres Google-Kontos ein und schließen Sie mit *Bestätigen* ab. Dies ist dann auch bei künftigen Käufen nötig.

❸ Einmalig erfolgt die Nachfrage, ob Sie jeden Kauf im Play Store mit Ihrem Passwort bestätigen möchten. Wir empfehlen aus Sicherheitsgründen *Ja, immer*. Schließen Sie das Popup mit *OK*. Gleiches gilt auch für das abschließende Popup.

Schließen Sie den Hinweis auf das kostenpflichtige Google Play Pass-Abo mit *Nein danke*.

17.6.1 Kauf rückgängig machen

Wie bereits erwähnt, können Sie einen Kauf noch bis zu 15 Minuten später wieder stornieren. Dies kann beispielsweise sinnvoll sein, wenn ein Programm nicht wie angegeben funktioniert.

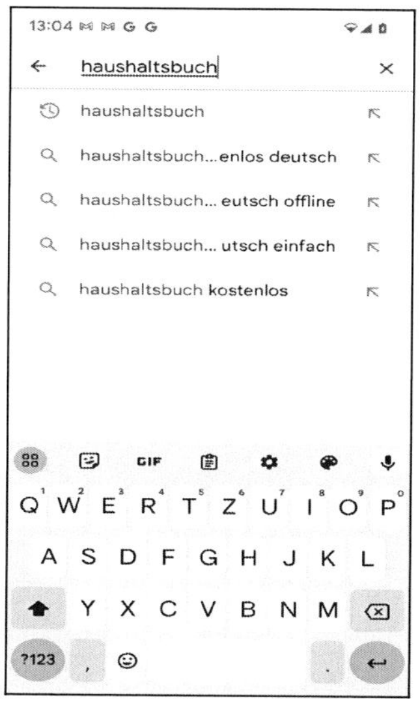

❶❷ Damit Sie die Erstattung erhalten, müssen Sie das betreffende Programm im Play Store suchen und anzeigen.

❸ Betätigen Sie *Erstatten.*

17.7 Google-Gutscheine

Es sind Gutscheine für den Google Play Store mit unterschiedlichen Beträgen bei diversen Tankstellen, in Supermärkten und Elektronikketten erhältlich.

❶❷ Tippen Sie auf das runde Kontosymbol oben rechts und gehen Sie auf *Einstellungen.*

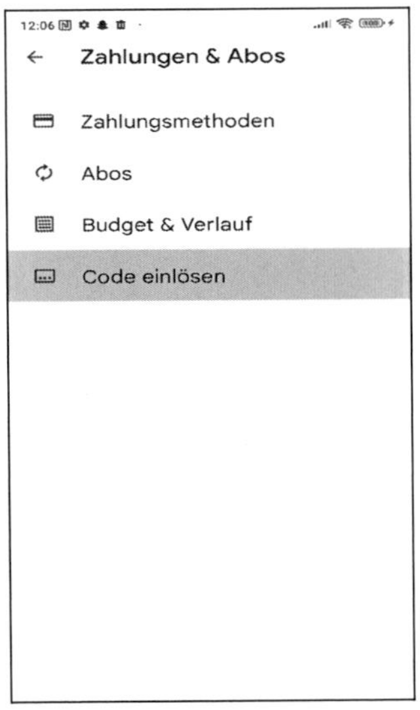

❶❷ Wählen Sie *Code einlösen.* Geben Sie dann den Code von der Karte ein.

❸ Wählen Sie gegebenenfalls während des Kaufvorgangs über *Zahlungsoptionen* das *Google Play*-Guthaben aus.

17.8 In-App-Käufe

Programmentwickler können sich grundsätzlich auf drei Arten finanzieren: Durch den Verkauf ihrer Programme, die Einblendung von Werbung oder durch ein Freemium-Modell (Wortspiel aus engl. Free = Frei und engl. Premium = kostenpflichtig). Freemium-Modelle kommen vorwiegend bei Computerspielen vor. Freemium heißt, dass das Programm kostenlos ist, Sie aber zusätzliche Inhalte oder Funktionen jederzeit erwerben dürfen. Dies können in einem Ballerspiel beispielsweise leistungsfähigere Waffen sein oder bei einem Fitness-Programm weitere Trainings. Für Kinder sind solche Programme ungeeignet, da sie die dadurch entstehenden Kosten nicht einschätzen können.

Damit wir uns nicht missverstehen: Grundsätzlich sind Freemium-Programme nicht immer schlecht, denn insbesondere bei Spielen leidet der Spaß nur geringfügig, wenn man auf In-App-Käufe verzichtet.

Gegenüber dem »normalen« Kauf im Play Store haben In-App-Käufe einige Nachteile (wörtlich übernommen von *support.google.com/googleplay/answer/1061913*):

- Es gibt kein zweistündiges Erstattungsfenster.
- Erstattungen werden im Allgemeinen nach dem Ermessen des App-Entwicklers gewährt.
- Für die Bereitstellung von In-App-Käufen sind die Entwickler zuständig.

18. Kamera

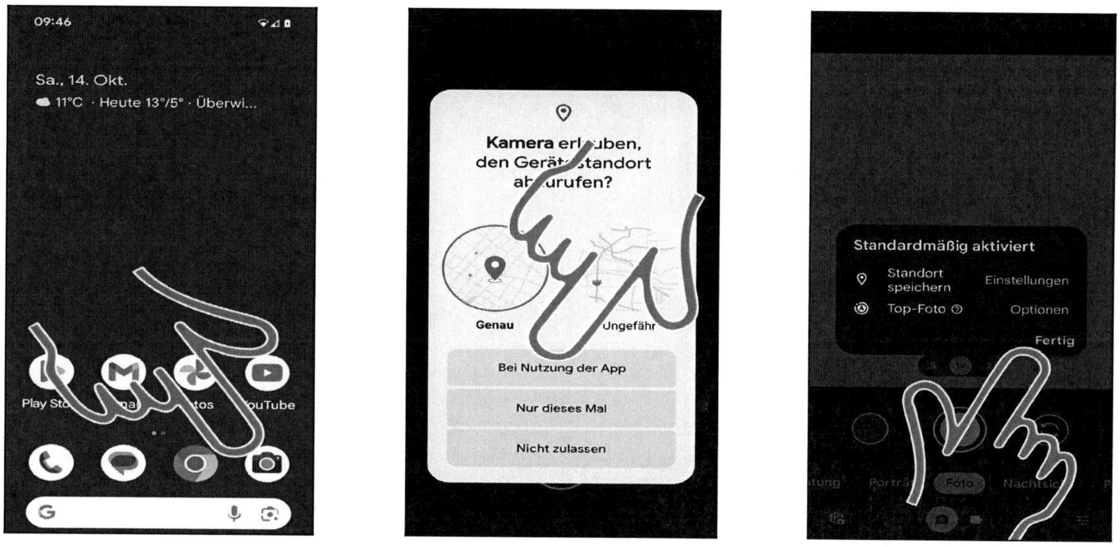

➊ Sie rufen die *Kamera*-Anwendung aus dem Startbildschirm auf.

Auch bei ausgeschaltetem Display oder wenn Sie sich gerade eine andere Anwendung auf dem Handy nutzen, ist der schnelle Kamera-Aufruf möglich: Betätigen Sie einfach zweimal schnell hintereinander den Ein-/Ausschalter auf der rechten Geräteseite.

➋ Falls Sie Standortabfrage erscheint, beantworten Sie sie mit *Bei Nutzung der App*.

➌ Auch das Popup schließen Sie gegebenenfalls mit *Fertig*.

18.1 Bildschirmausrichtung

Tipp: Die Kamera-Anwendung dürften Sie häufig auch für Panorama-Aufnahmen und Videos im Querformat nutzen. Für diesen Fall bietet es sich an, die automatische Bildschirmausrichtung einzuschalten.

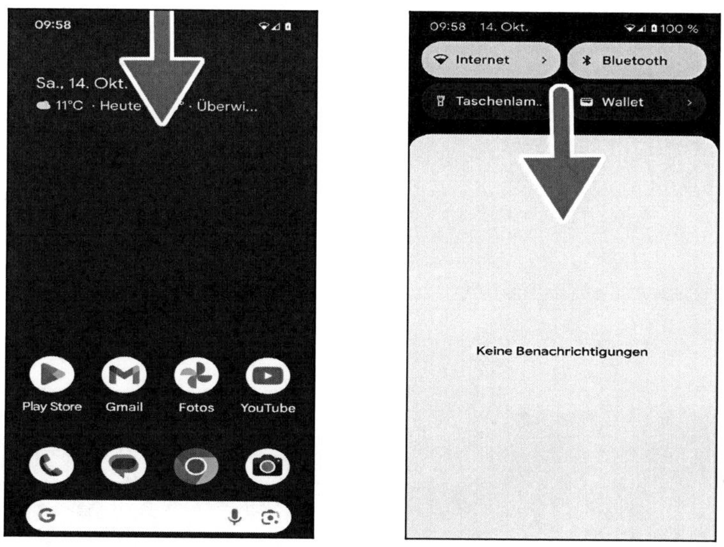

➊ Öffnen Sie mit einer Wischgeste das Benachrichtigungsfeld.

➋ Nun öffnen Sie das erweiterte Benachrichtigungsfeld mit einer Wischgeste über die Schaltleisten nach unten.

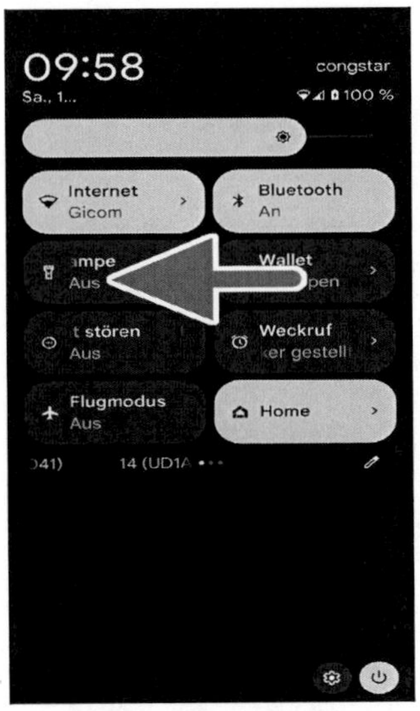

❶ Blättern Sie mit einer Wischgeste nach links.

❷ Aktivieren Sie *Automatisch drehen*. Künftig passt sich die Bildschirmausrichtung daran an, ob Sie das Handy aufrecht (zum Beispiel für Portraits) oder waagerecht (beispielsweise Landschaftsaufnahmen) halten.

Erneutes Betätigen von *Automatisch drehen* schaltet diese Funktion wieder ab.

18.2 Grundfunktionen

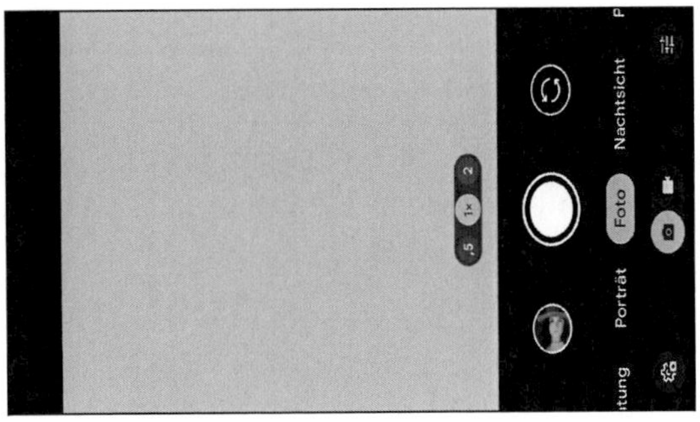

Die Schaltleisten rechts:

- (Vorschaufoto): Tippen Sie das Vorschaufoto an, um die letzte Aufnahme im Bildanzeiger zu öffnen.
- : Foto aufnehmen.
- : Zwischen Haupt- und Frontkamera umschalten.
- : Wechselt zwischen Foto- und Videomodus.

❶❷ Antippen der -Schaltfläche öffnet ein Popup mit weiteren Funktionen:

- *Mehr Licht*: Fotolicht (LED) ein/ausschalten, automatisches Fotolicht, permanentes Fotolicht.

- *Top-Foto*: Das Handy nimmt zusammen mit dem Foto eine kurze Fotosequenz auf. Anschließend wird Ihnen das beste Foto aus der Sequenz vorgeschlagen.
- *Timer*: Zeitverzögerte Aufnahme.
- *Verhältnis*: Fotoformat zwischen 16:9 und 4:3 umschalten. Wir empfehlen 4:3, falls Sie später mal Fotos drucken möchten.
- *Weitere Einstellungen*: Darauf geht Kapitel *18.4 Einstellungen* ein.

Schließen Sie das Popup durch Tippen auf einen Bildschirmbereich außerhalb des Popups.

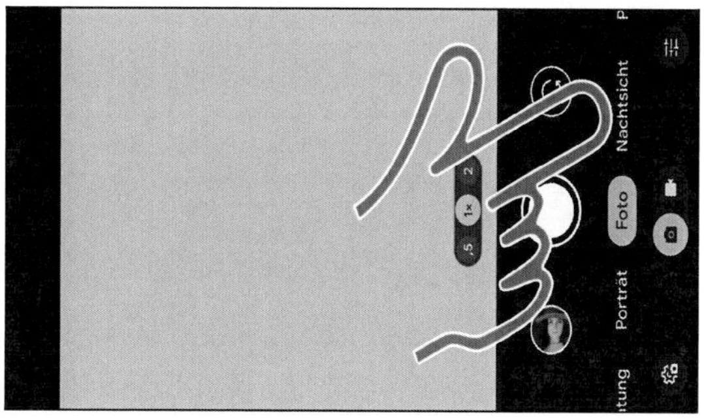

❶ Die Fotomodi (Pfeil) sind größtenteils selbsterklärend, weshalb wir nur auf einige wichtige in diesem Buch eingehen.

❷ Zur Modusauswahl wischen Sie einfach nach oben beziehungsweise unten oder wählen einen Modus durch Antippen des Registers aus.

- *Action-Foto*: Ein bewegtes Objekt, beispielsweise ein Fahrzeug, wird fokusiert und der Hintergrund unscharf gestellt.
- *Langzeitbelichtung*: Erstellt ein Foto, auf dem alle bewegten Objekte absichtlich unscharf sind.
- *Portrait*: Personenfotografie.
- *Foto:* Der Standard-Fotomodus.
- *Nachtsicht*: Fotos bei extrem schlechten Lichtbedingungen. Halten Sie dabei das Handy möglichst ruhig.
- *Panorama*: Setzt aus mehreren Einzelfotos ein Panorama zusammen.

18.3 Foto erstellen

❶ Tippen Sie zuerst auf den scharf zu stellenden Bereich im Sucher.

❷ Anschließend betätigen Sie die ◯-Schaltleiste auf der rechten Seite. Die Kamera speichert das Foto und kehrt sofort in den Fotomodus zurück.

Beim Fotografieren gibt es angesichts der vollautomatischen Aufnahmesteuerung eigentlich nicht viel zu beachten. Trotzdem ruinieren viele Anwender ihre Aufnahmen. Unsere Tipps: Wischen Sie vor jedem Fotografieren die Kameralinsen mit einem fuselfreien Tuch ab, damit Ihre Aufnahmen nicht durch »Nebel« entstellt werden. Zum Zweiten sollten Sie nach Möglichkeit Ihre Motive immer so fotografieren, dass die Sonne in Ihrem Rücken steht. Sie überfordern sonst die Belichtungssteuerung.

❶ Das erstellte Foto erscheint unten rechts als Vorschau. Tippen Sie es für die Vollbildschirmansicht an.

❷ Tippen Sie auf das Foto, um die Bedienelemente zu aktivieren:

- (links oben): Schaltet wieder auf die Kamera-Anwendung um.
- (rechts oben): Kamera-Verzeichnis in Google Fotos (siehe Kapitel *19 Google Fotos* anzeigen.
- : Menü mit weiteren Funktionen.
- : Foto versenden per Bluetooth, als E-Mail usw.
- : Fotoeffekt anwenden beziehungsweise Foto beschneiden.
- : Bilderkennung aufrufen (siehe Kapitel *19.11 Google Lens*).
- : Foto löschen.

Ältere/Neuere Fotos zeigen Sie mit einer Wischgeste nach links/rechts an.

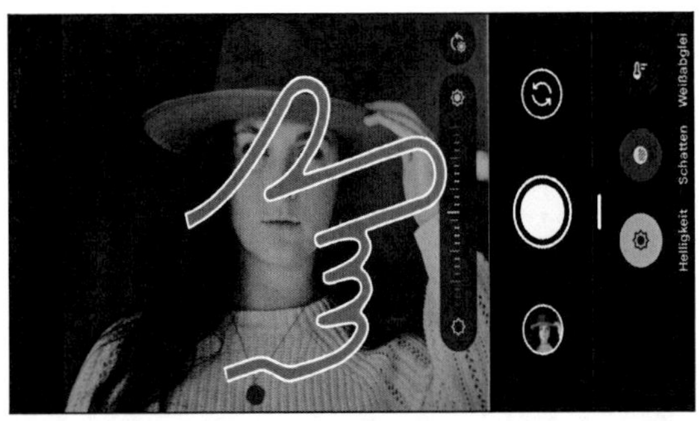

❶❷ Die Kamera nimmt Ihnen zwar Aufgaben wie Fokus, Blende, Belichtung usw. ab, in manchen Situationen möchten Sie aber vielleicht selbst eingreifen. Tippen Sie dazu auf . Über den Regler stellen Sie dann die Helligkeit ein.

Weitere Schaltleisten am rechten Rand stellen die Kontrast (*Schatten*) und den *Weißabgleich* ein.

18.4 Einstellungen

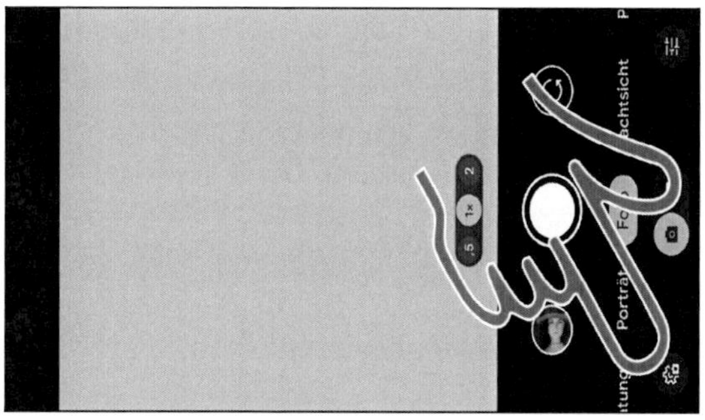
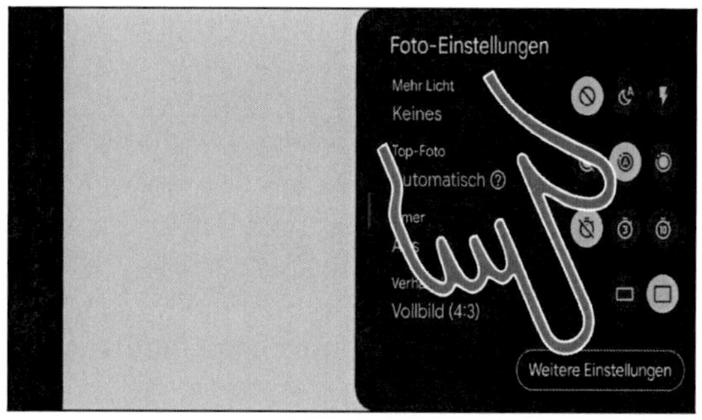

❶❷ Aktivieren Sie das *Popup* über die ⚙-Schaltleiste und gehen Sie auf *Weitere Einstellungen.*

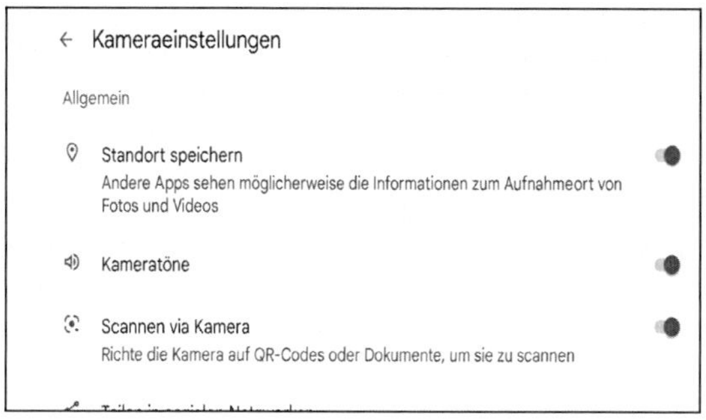

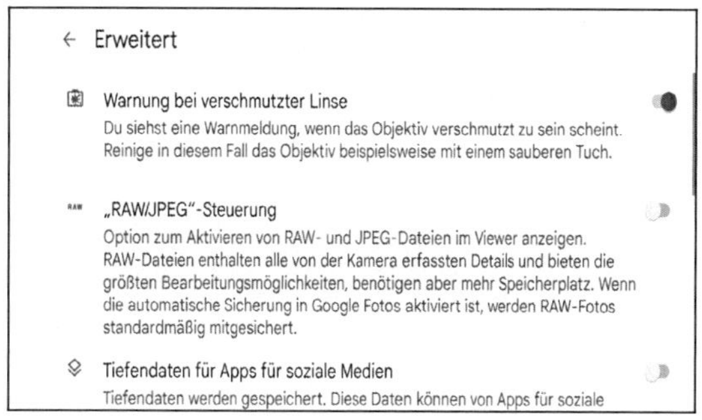

❶ Die Optionen:

Unter *Allgemein:*

- *Standort speichern*: Wenn eingeschaltet, werden in jedem Foto die GPS-Koordinaten Ihres aktuellen Standorts mitgespeichert. Später können Sie sich in der Google Fotos-Anwendung die Aufnahmeorte anzeigen lassen.
- *Kameratöne*: Knippsgeräusch deaktivieren.
- *Scannen via Kamera*: Halten Sie die Kamera auf einen QR-Code, worauf Sie die dort hinterlegte Webadresse im Browser aufrufen können.
- *Teilen in sozialen Netzwerken*: Sie können Fotos direkt aus der Kamera-Anwendung in sozialen Netzwerken teilen. Darauf geht Kapitel *18.5 Teilen in sozialen Netzwerken* ein.
- *Selfie-Timer per Handzeichen*: Halten Sie eine angehobene Hand in die Kamera, worauf automatisch der Timer ausgelöst wird. Dies funktioniert allerdings nur bei guten Lichtverhältnissen.
- *Tastenkürzel*: Konfiguriert die Tastenbedienung:
  - *Aktion für Lautstärketaste*: Sie haben die Wahl, ob Drücken einer der beiden Lautstärketasten auf der rechten Geräteseite den Auslöser bedient, zoomt oder die Lautstärke reguliert. Vorgegeben ist der Auslöser.
- *Oft fotografierte Gesichter*: In der Funktion *Top-Foto* stellt die Kamera automatisch auf »oft fotografierte Gesichter« scharf. Dazu analysiert und speichert das Handy in den anderen Fotomodi alle Gesichtsdaten direkt auf dem Gerät. Eine Datenübertragung an Google findet übrigens nicht statt.
- *Gerätespeicher*: Informiert über den freien Speicherplatz und über die automatischen Optimierungen für die Speichereinsparung. Darauf gehen wir unten genauer ein.
- *Erweitert* (❷): Bietet einige Funktionen, die Sie in der Praxis selten benötigen.
  - *Warnung bei verschmutzter Linse*: Es erscheint bei verdreckter Linse ein Hinweis.
  - *„RAW/JPEG"-Steuerung*: Erzeugt neben der üblichen JPEG-Fotodatei eine weitere Datei mit Rohdaten, die sich allerdings außerhalb des Handys nur von Spezialprogrammen anzeigen lässt. Darüber hinaus belegen die Rohdaten sehr viel Speicherplatz.

- ◦ *Tiefendaten für Apps für soziale Medien*: Wenn Sie die Funktion *Teilen in sozialen Netzwerken* nutzen, entfernt die Kamera-Anwendung automatisch aus Datenschutzgründen in den Fotos/Videos enthaltene Daten wie GPS-Standort oder Aufnahmeparameter.
- ◦ *Zeitraffer für Astrofotografie aktivieren*: Speichert weitere Dateien im Astrofotografie-Modus.
- ◦ *Timer-Licht*: Kamera-LED blinkt bei Verwendung des Timers.
- ◦ *Nuancenreiche Farbdarstellung in Fotos*: Diese Option sollten Sie deaktiviert lassen, weil damit unter Umständen die Farbdarstellung bei angezeigten Fotos verfälscht wird.

Unter *Komposition*:

- *Tipps zur Bildkomposition:* Abhängig vom Motiv erhalten Sie Fotovorschläge.
- *Rastertyp*: Blendet ein Raster ein, was besonders für Architekturfotografie interessant ist. Alternativ aktivieren Sie *Goldener Schnitt* für ästhetische Bilder.

Unter *Foto*:

- *Selfie wie in der Vorschau speichern*: Entspiegelt die mit der Frontkamera erstellten »Selfies« (engl. Kunstwort aus »self« = »selbst«).

Unter *Video*:

- *Videostabilisierung*: Gleicht kleine Ruckler aus.
- *Videos platzsparend speichern*: Speichert Ihre Videos in einem modernen Dateiformat, das wenig Speicherplatz benötigt. Beachten Sie bitte, dass nicht jedes Gerät solche Videos später abspielen kann.

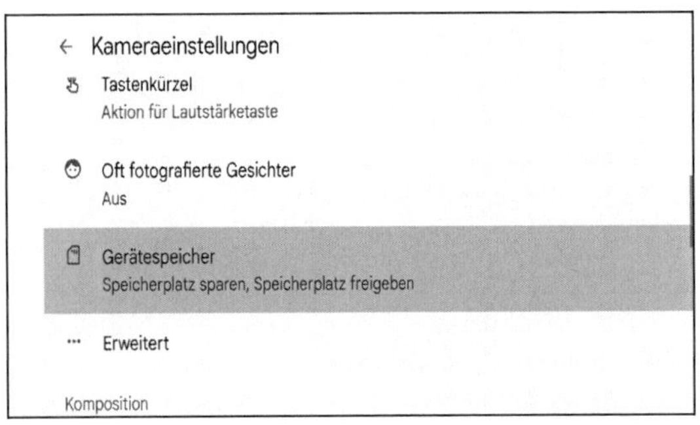

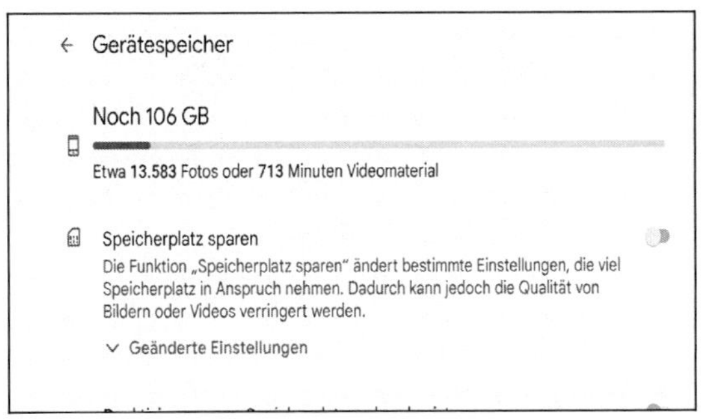

❶❷ Das *Gerätespeicher*-Menü informiert darüber, wieviele Fotos Sie machen können beziehungsweise die maximal verfügbare Videodauer. Sie gehen von einer intensiven Kamera-Nutzung aus? Dann sollten Sie *Speicherplatz sparen* aktivieren. Fotos und Videos werden dann unmerklich komprimiert.

18.5 Teilen in sozialen Netzwerken

Sie möchten ein mit der Kamera erstelltes Foto direkt in WhatsApp oder einem anderen sozialen Netzwerk verschicken? Dann empfehlen wir die in diesem Kapitel vorgestellte Funktion.

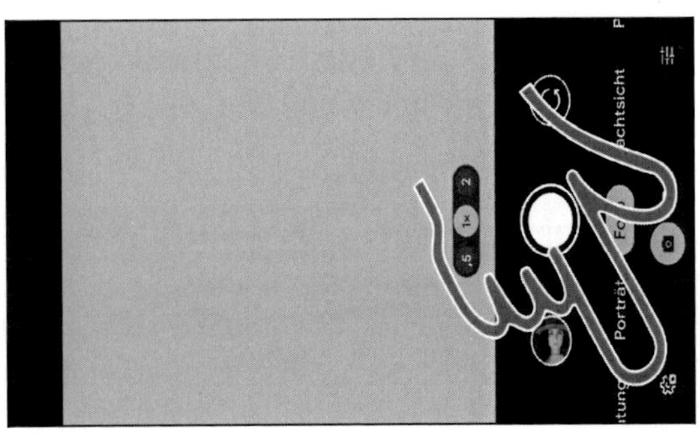

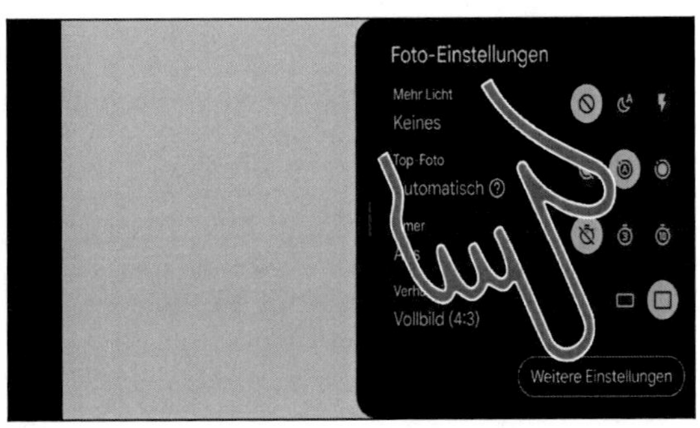

❶❷ Zuerst müssen wir die sozialen Netzwerke festlegen, in denen wir Fotos/Videos veröffentlichen möchten. Dazu aktivieren Sie das Popup über die ⚙-Schaltleiste und gehen Sie auf *Weitere Einstellungen.*

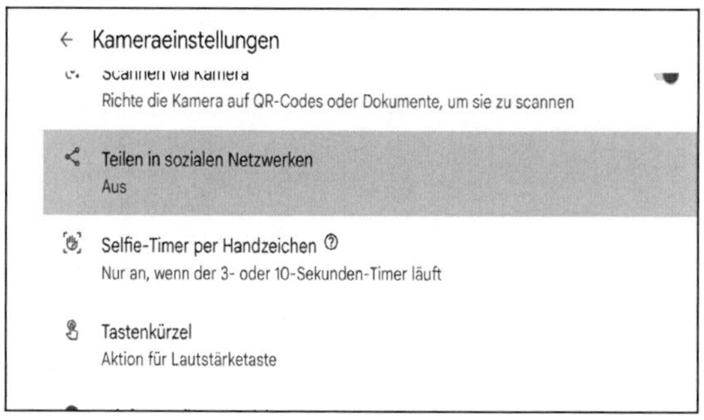

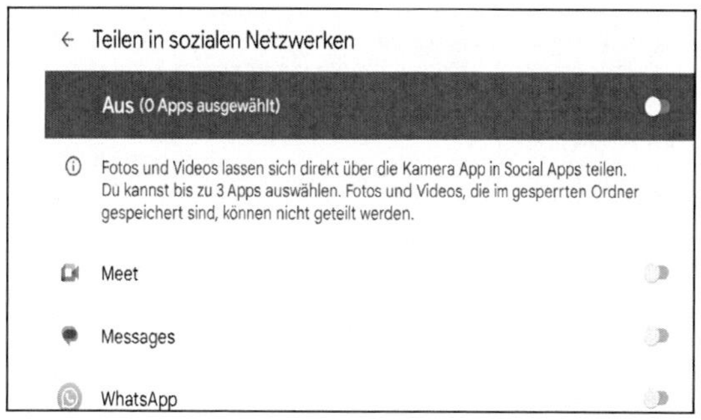

❶ Gehen Sie auf *Teilen in sozialen Netzwerken.*

❷ Deaktivieren Sie *Meet* (Chatprogramm von Google) und *Messages*. Aktivieren Sie *WhatsApp* beziehungsweise das von Ihnen genutzte soziale Netzwerk. Danach können Sie das Menü verlassen.

❶ Nach dem Fotografieren erscheint neben dem Vorschaufoto eine Lasche. Tippen Sie darauf.

❷ Wählen Sie nun das soziale Netzwerk, in unserem Beispiel *WhatsApp,* aus.

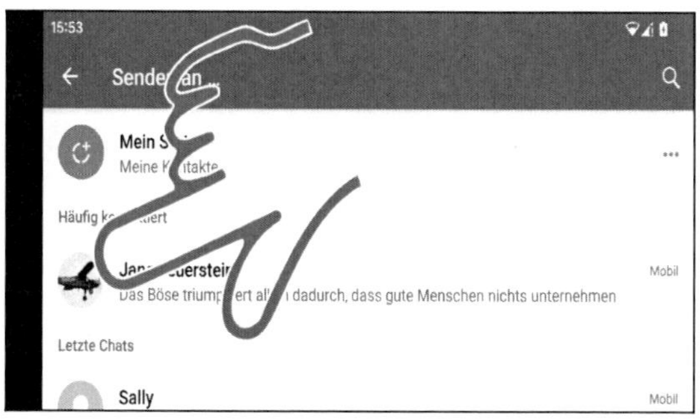

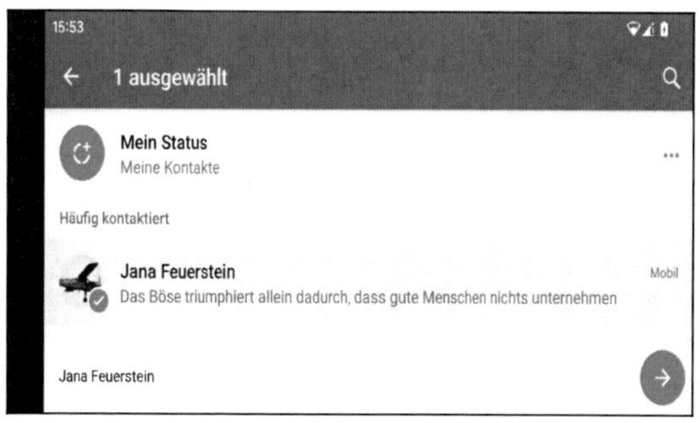

❶❷ Wählen Sie einen oder mehrere Kontakte aus und betätigen Sie zum Versenden die →-Schaltleiste unten rechts.

18.6 Zoom

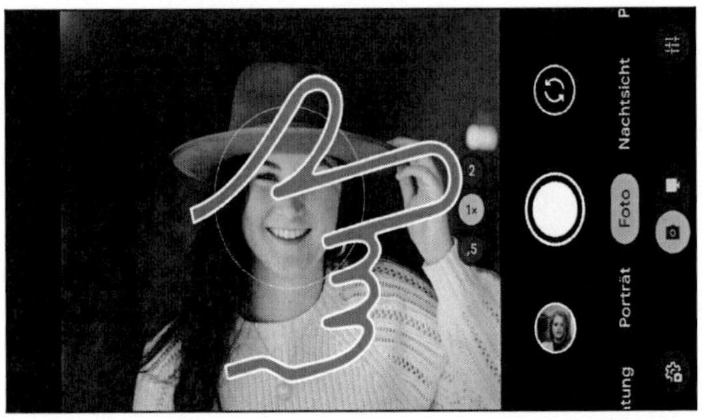

❶ Zoomen Sie mit einer Kneifgeste (zwei Finger gleichzeitig auf das Display halten und auseinander/zusammenziehen).

❷ Alternativ betätigen Sie eine der Zoom-Schaltleisten.

> Das Pixel-Handy besitzt einen optischen Zoom mit maximal 2-facher Vergrößerung. Von darüber hinausgehenden Zoomstufen raten wir ab, weil dann die Fotos per Software digital hochgerechnet werden und damit an Qualität verlieren.

18.7 Video-Funktion

❶ Aktivieren Sie den Videomodus über die ■-Schaltleiste (Pfeil). ◘ schaltet später wieder in den Fotomodus um.

❷ Über die ○-Schaltleiste (Pfeil) starten und stoppen Sie die Videoaufnahme.

Über ○ (Pfeil) können Sie jederzeit während der Videoaufnahme ein Foto erstellen.

> Viele Funktionen im Videomodus sind identisch zur Kamerafunktion, auf die bereits die vorhergehenden Kapitel eingehen.

19. Google Fotos

Das Pixel sichert alle Ihre mit der Kamera-Anwendung erstellten Fotos und Videos automatisch im Internet auf Google-Servern. Dabei werden die Mediendateien in Ihrem Google-Konto (siehe Kapitel *14 Das Google-Konto*) hinterlegt. Für Sie hat dies den Vorteil, auf jedem Android-Gerät, auf dem Sie mit Ihrem Google-Konto angemeldet sind, auf alle Ihre Fotos und Videos zugreifen zu können. Eine umständliche Datensicherung, beispielsweise vom Handy auf dem PC, ist deshalb nicht nötig.

19.1 Start und erste Einrichtung

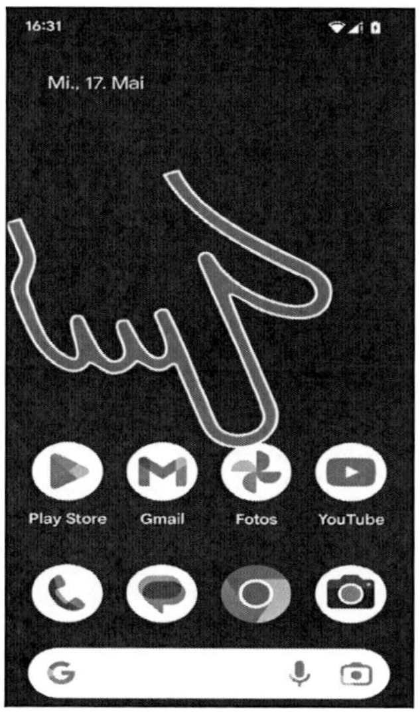

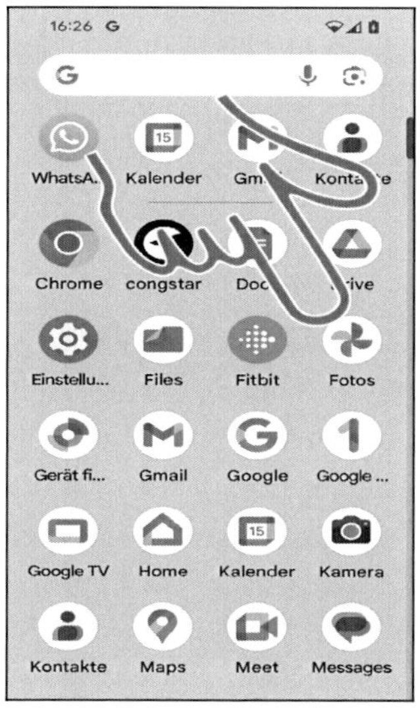

Rufen Sie *Fotos* im Startbildschirm (❶) oder Hauptmenü (❷) auf.

❸ Schließen Sie das Popup beim ersten Aufruf mit *Zulassen.*

❶ Bereits beim ersten Start der Foto-Anwendung müssen Sie der automatischen Weiterverarbeitung und Speicherung Ihrer Fotos/Videos auf Google-Servern mit *Jetzt starten* zustimmen. Sie können diese Einstellung jederzeit später widerrufen, wie Kapitel *19.10 Das Speicherlimit von Google* zeigt.

❷ Nach einiger Zeit erscheint diese Abfrage. Wenn Sie sehr häufig Personen fotografieren, sollten Sie die »Fotos nach Gesichtern gruppieren«-Funktion mit *Erlauben* aktivieren. Die Gesichtserkennungsdaten speichert die Google Fotos-Anwendung aus Datenschutzgründen auf dem Gerät und nicht im Internet auf Google-Servern.

❸ Schließen Sie den folgenden Hinweis mit der ◀-Taste.

> Die Gesichtserkennung können Sie jederzeit in den Einstellungen (siehe Kapitel *19.9 Einstellungen*) ein/auschalten.

19.2 Speicherplatz sparen

Google Fotos sichert Ihre Fotos/Videos automatisch auf Google-Servern im Internet. Der kostenlose Online-Speicher ist auf 15 Gigabyte begrenzt, was aber kein Beinbruch darstellt. Sollten Sie mal mehr als 15 Gigabyte an Fotos/Videos auf Ihrem Handy gespeichert haben, werden einfach weitere Dateien nicht mehr online gesichert. Im Kapitel *19.10 Das Speicherlimit von Google* beschreiben wir, wie Sie bei Bedarf zusätzlichen Speicherplatz bei Google mieten können.

Mit dem nachfolgenden Trick sorgen sie dafür, dass die Fotos-Anwendung Ihre Dateien komprimiert online sichert. Fotos werden dabei auf 16 Megapixel komprimiert, Videos in HD konvertiert. Laut Google reicht die Fotoqualität dann immer noch für Abzüge mit bis zu 60 × 40 cm aus.

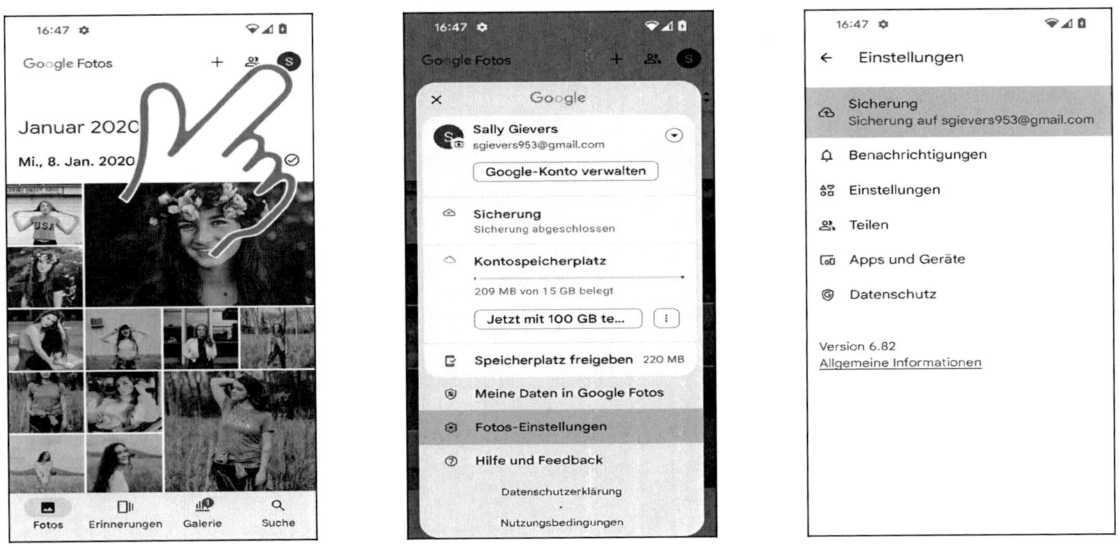

❶ Tippen Sie auf das Kontosymbol (Pfeil).

❷❸ Wählen Sie *Fotos-Einstellungen* und dann *Sicherung*.

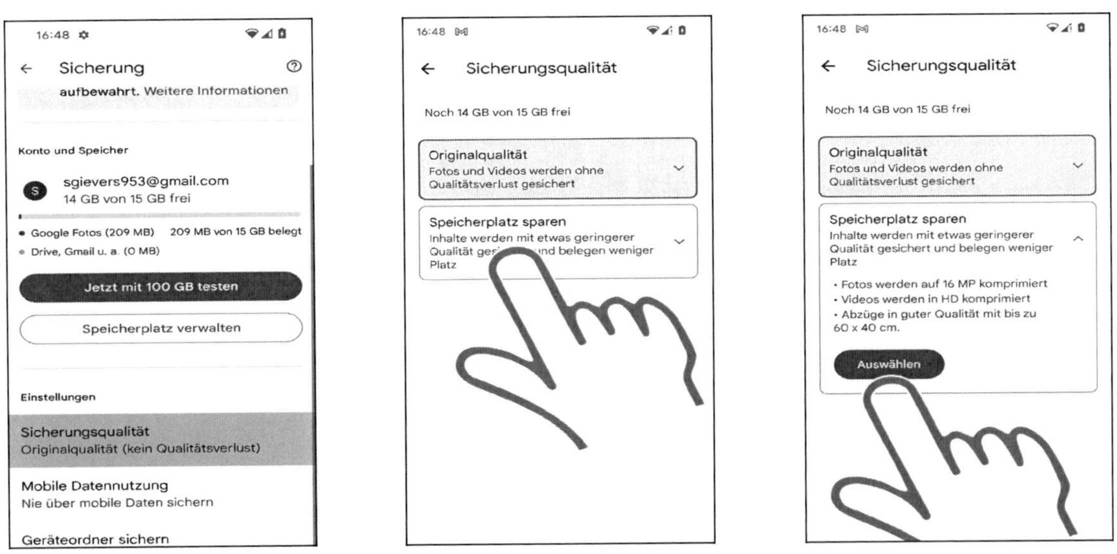

❶ Sofern *Sicherung* noch nicht aktiviert ist, müssen Sie diese Option aktivieren. Wählen Sie dann *Sicherungsqualität.*

❷❸ Gehen Sie auf *Speicherplatz sparen* und betätigen Sie *Auswählen.* Sie können dann den Bildschirm verlassen.

19.3 Die Benutzeroberfläche

❶ Die Register am unteren Bildschirmrand schalten um zwischen:

- *Fotos*: Verwaltet die auf Ihrem Gerät vorhandenen Fotos.
- *Erinnerungen* (❷): Im Hintergrund analysiert Google automatisch Ihre Fotos und listet hier die Interessantesten auf.
- *Galerie* (❸): Zeigt von Ihnen angelegte Alben, als Favoriten markierte und archivierte Fotos und Videos an.
- *Suchen* : Google Fotos erkennt Bildinhalte, beispielsweise ob ein Foto ein Tier, Personen oder Landschaft als Motiv enthält. Sie können im *Suchen*-Register nach diesen Eigenschaften suchen. Darüber hinaus gibt es einen Dokumentenscanner und diverse Kreativfunktionen für die Erstellung von Collagen, Animationen usw.

In der Regel nutzen Sie fast ausschließlich das *Fotos*-Register.

❶ Für die Vollbildansicht tippen Sie ein Foto in der Auflistung an.

❷ Die verfügbaren Funktionen:

- Doppeltippen (zweimal schnell hintereinander auf den Bildschirm tippen): Vergrößert/Verkleinert die Bildschirmdarstellung. Mit einer Wischgeste ändern Sie in der vergrößerten Ansicht den Bildschirmausschnitt.
- Kneifgeste (zwei Finger einer Hand gleichzeitig auf den Bildschirm setzen und dann auseinander/zusammenziehen, wie im Bild gezeigt): Bild vergrößern oder verkleinern.

❸ In der Normalansicht (keine Bildvergrößerung aktiv) können Sie mit einer Wischgeste nach rechts/links das nächste/vorherige Foto anzeigen.

Tippen Sie auf die ←-Schaltleiste oben links für die Rückkehr ins Hauptmenü. Alternativ betätigen Sie die ◄-Taste unterhalb des Displays.

Die Schaltleisten:

- : Foto per E-Mail, Bluetooth usw. senden.
- : Bild-Editor aufrufen, in dem Sie Farbe und Kontrast anpassen, sowie einige Bildeffekte anwenden können.
- : Bild mit Google Lens (siehe Kapitel *19.11 Google Lens*) analysieren.
- : Bild löschen.

❶❷ Das Menü (Pfeil) oder ein Wischen nach oben öffnet einen Bildschirm mit folgenden Schaltleisten (mit einer Wischgeste nach links können Sie die Schaltleisten durchrollen):

- *Zu Album hinzufügen*: Datei einem (dabei neu erstellten) Album zuweisen. In diesem Buch gehen wir nicht weiter darauf ein.
- *Ins Archiv verschieben*: Ins *Archiv* verschobene Fotos und Videos werden im *Fotos*-Register ausgeblendet. Sie finden das *Archiv* im *Galerie*-Register als eigenen Ordner.
- *Herunterladen; Vom Gerät löschen*: Da alle Dateien automatisch ins Google-Konto hochgeladen werden, können Sie sie vom Handy löschen – im Google-Konto bleiben sie erhalten. Ein späteres Herunterladen aus dem Google-Konto dürfte nur in Spezialfällen nötig sein.
- *Erstellen*: Video, Collage oder Foto mit Filmeffekt (animierter Hintergrund) erstellen.
- *Foto bestellen*: Fotodruck bei einem externen Dienstleiste bestellen.
- *In den gesperrten Ordner verschieben*: Google bietet einen passwortgesicherten Speicher für besonders sensible Fotos und Videos an.
- *Verwenden als*: Foto als Hintergrundbild von Start- und Sperrbildschirm (siehe Kapitel *4.8.3 Hintergrundbild*), als eigenes WhatsApp-Kontaktfoto (sofern das im Kapitel *12 WhatsApp* beschriebene Programm installiert ist) verwenden oder einem vorhandenen Kontakt zuweisen (siehe Kapitel *7.5 Kontaktfoto und Klingelton*).
- *Diashow*: Startet eine Diashow mit allen Fotos.
- *Drucken*: Auf die Druckausgabe geht dieses Buch nicht ein.

❸ Blättern Sie mit einer Wischgeste nach oben durch die weiteren Infos. Sofern der Standort mitgespeichert wurde, wird dieser in einer Karte angezeigt. Darunter finden Sie die Aufnahmeparameter.

❶❷ Eine Kneifgeste (zwei Finger auf das Display halten und dann zusammen- oder auseinanderziehen) in der Fotoansicht verkleinert beziehungsweise vergrößert die Ansicht.

19.3.1 Bildbearbeitung

Google Fotos liefert zahlreiche Werkzeuge für die Bearbeitung Ihrer Fotos mit. An dieser Stelle können wir leider nicht alle möglichen Funktionen vorstellen.

Beachten Sie bitte, dass Google einige Funktionen möglichweise in Zukunft nur noch Kunden anbietet, die ein kostenpflichtiges Speicherabo (siehe Kapitel *19.10.2 Google One*) abgeschlossen haben.

❶ Gehen Sie auf *Bearbeiten.*

❷ Mit einer Wischgeste wechseln Sie auf *Tools.*

❸ Die hier angebotenen Optionen:

- *Portrait-Beleuchtung*: Bei Personenfotos können Sie die Richtung des Lichteinfalls nachträglich ändern.
- *Hintergrundweichzeichner*: Zeichnet nachträglich den Hintergrund unscharf und hebt somit das Objekt im Vordergrund hervor.
- *Scharfzeichnen*
- *Magischer Radierer*: Entfernt unerwünschte Objekte oder Personen aus dem Foto.
- *Farbfokus*: Stellt den Hintergrund auf schwarzweiß um.

Abhängig vom Motiv bietet der Bildeditor andere Optionen an.

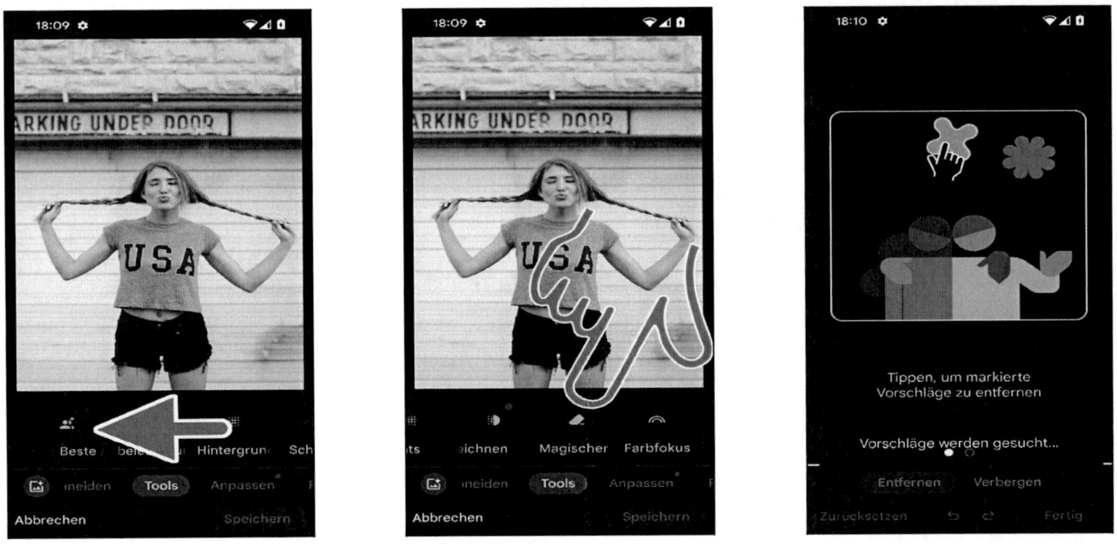

➊ Für unser Beispiel verwenden wir ein Foto mit einer Person im Bildhintergrund, die wir »heraus radieren« möchten. Rollen Sie mit einer Wischgeste durch die unteren Schaltleisten.

➋ Wählen Sie *Tools* und darin *Magischer Radierer*.

➌ Den einmaligen Hinweis schließen Sie mit *Weiter* beziehungsweise *Fertig*.

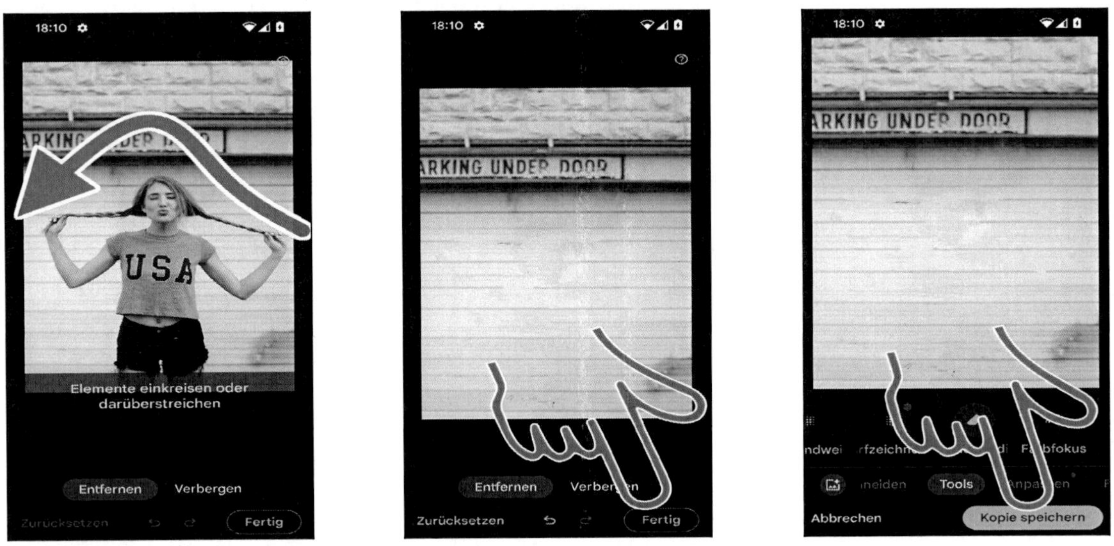

➊ Wischen Sie mit dem Finger sehr genau um die Person(en), welche darauf hin durch den Hintergrund ersetzt werden.

➋ Für den Fall, dass Sie mal einen Körperteil bei der Markierung übersehen haben, kehren mit *Zurücksetzen* zum Ursprungsbild zurück. Betätigen Sie *Fertig*.

➌ Schließen Sie den Vorgang mit *Kopie speichern* ab.

19.4 Medien verwalten

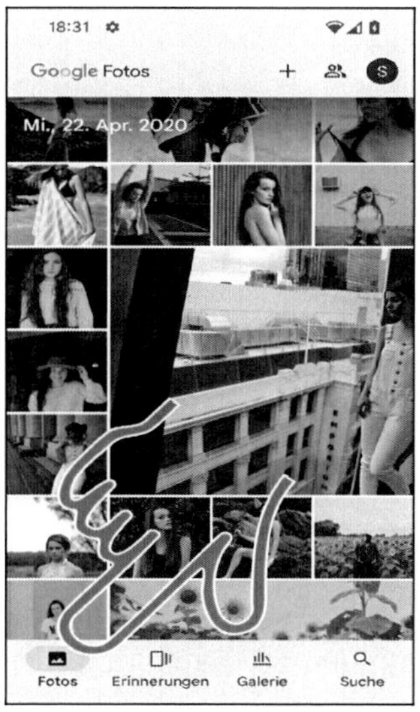

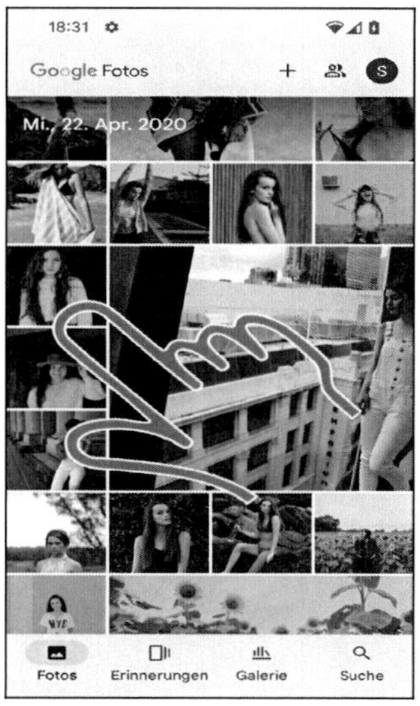

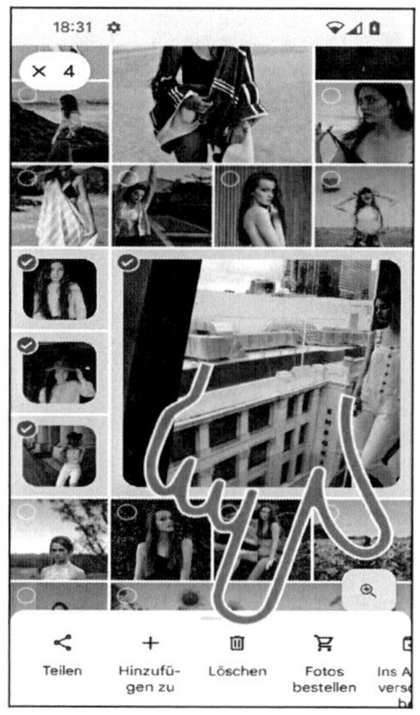

❶ Gehen Sie zunächst ins *Fotos*-Register.

❷ Tippen und halten Sie den Finger über einem Bild, bis es markiert ist und markieren dann durch kurzes Antippen die weiteren Bilder.

❸ Tippen Sie unten eine der Schaltleisten an, um die markierten Fotos beispielsweise zu senden oder löschen. Eine Besonderheit stellt die *Hinzufügen zu*-Schaltleiste dar, auf das Kapitel *19.5 Spezialfunktionen* noch eingeht.

19.4.1 Fotos und Videos löschen

❶ Gehen Sie wie oben beschrieben vor, um Fotos/Videos zu markieren und betätigen Sie dann *Löschen.*

❷ Betätigen Sie *In den Papierkorb.*

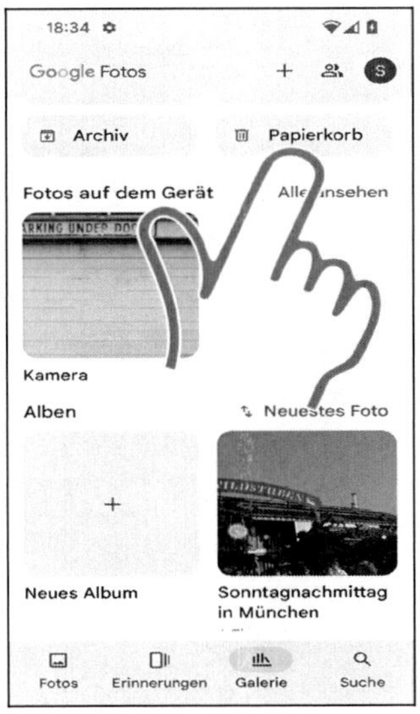

❶ Die »gelöschten« Dateien sind nicht sofort weg, sondern werden erst nach 60 Tagen automatisch entfernt. Zum Wiederherstellen gehen Sie ins *Galerie*-Register.

❷ Rufen Sie den *Papierkorb* auf.

❸ Markieren Sie nun alle Dateien, die Sie behalten möchten (den Finger auf der ersten Datei lange gedrückt halten, bis sie markiert ist, die weiteren Dateien dann mit kurzem Antippen markieren) und gehen Sie auf *Wiederherstellen.*

← (Pfeil) bringt Sie wieder in das Hauptmenü zurück.

❶❷ Alternativ tippen Sie eine Datei für die Vollbildansicht an und betätigen *Wiederherstellen.*

19.5 Spezialfunktionen

❶❷ Damit Sie auf die Spezialfunktionen zugreifen können, müssen Sie erst einige Fotos/Videos markieren. Dazu tippen und halten Sie den Finger über einer Datei, bis diese markiert ist. Anschließend markieren Sie mit kurzem Antippen weitere Dateien.

❸ Betätigen Sie *Hinzufügen zu.*

Ihre Dateien werden bei den in diesem Kapitel beschriebenen Funktionen teilweise auf Google-Servern verarbeitet. Deshalb werden sie im Google-Konto gesichert.

Die verfügbaren Funktionen:

- *Album*: Wählen Sie Fotos aus, die Sie dann einem Album zuweisen. Alben dürfen nicht mit den (Foto-)Verzeichnissen verwechselt werden, denn sie dürfen Fotos aus verschiedenen Verzeichnissen enthalten.
- *Geteiltes Album*: Geben Sie Bilder zur Ansicht für Dritte frei. Diese erhalten beispielsweise per E-Mail einen Link, über den sie ihre Bilder anzeigen können.
- *Highlights-Video*: Erstellt aus bis zu 50 Fotos ein Video mit Musikuntermalung.
- *Animation*: Erstellt aus mehreren Fotos eine sogenannte GIF-Datei, deren Inhalt automatisch auf jedem Gerät wie ein Film abgespielt wird.
- *Collage*: Fügt mehrere Fotos in einem Bild zusammen.
- *Foto mit Filmeffekt*: Erstellt aus dem markierten Foto ein Video, bei dem der Hintergrund animiert ist. Funktioniert ab besten mit Portrait-Fotos.

Unter *Alle Alben* listet Google Fotos die bereits erstellten Alben beziehungsweise Projekte.

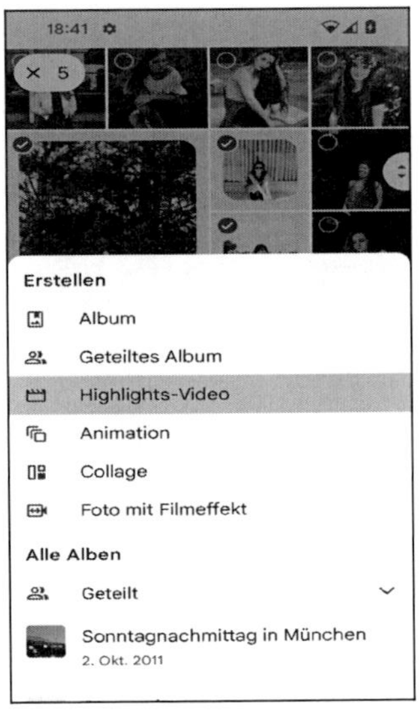

❶ In unserem Beispiel möchten wir aus den markierten Fotos ein *Highlights-Video* erstellen.

❷ Nach dem Bearbeiten – Sie können unter anderem Musik hinzufügen und die Abspieldauer einstellen – erstellt *Speichern* das Video.

❸ Sie befinden sich im *Kreationen*-Bildschirm, wo Sie das fertig Video abspielen.

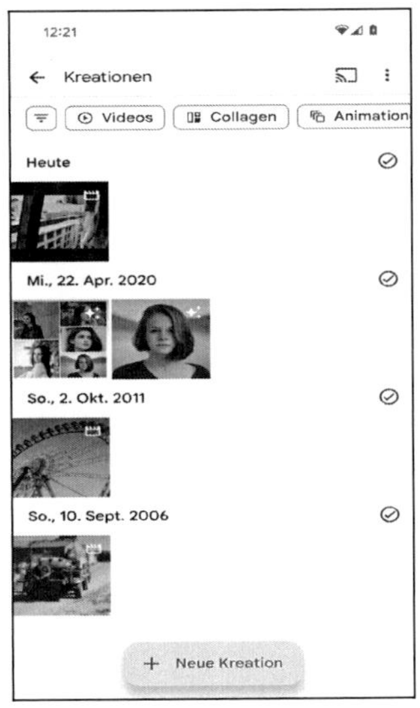

❶❷❸ Ihre »Projekte« finden Sie im *Galerie*-Register unter *Gespeicherte Kreationen.*

19.6 Suche

Eine Besonderheit von Google Fotos ist, dass Bildinhalte erkannt werden. Sie können daher in der Suche die aufzufindenden Fotos mit Wörtern beschreiben. Beispielsweise zeigt »Riesenrad« alle Fotos mit der Rummelplatzattraktion an. Weitere unterstützte Begriffe sind beispielsweise »Tanzen«, »Feier«, »Wald«, »Blumen«, »Kinder« usw.

Die Suche funktioniert nur, wenn Sie die Sicherung Ihrer Fotos im Google-Konto eingeschaltet haben. Grund dafür ist die Analyse der Bildinhalte auf Google-Servern. Siehe auch Kapitel *19.10 Das Speicherlimit von Google* .

❶ Gehen Sie ins *Suche*-Register.

❷ In unserem Fall haben wir das Handy bereits einige Monate genutzt, weshalb bereits viele Fotos von Google analysiert und zugeordnet wurden. Bei Ihnen dürfte es zunächst leer aussehen.

Unterhalb des Suchfelds werden mehrere Bereiche angezeigt:

- *Personen*: Erkannte Personen (siehe Kapitel *19.8 Gesichtserkennung*).
- *Dokumente*: Auf Fotos erkannte Beschriftungen und Dokumente.
- *Orte*: Fotoauflistung nach Aufnahmestandort (im Foto abgelegte GPS-Koordinaten).
- *Dinge*: Von Google anhand des Bildinhalts bestimmten Begriffen zugeordnete Fotos.
- … weitere Ordner, die automatisch zu ähnlichen Motiven erstellt werden.

❶ Tippen Sie einen Standort-Ordner an.

❷❸ Über die Schaltleisten am oberen Bildschirmrand grenzen Sie die angezeigten Motive ein.

19.7 Fotos teilen

Heutzutage dürften die meisten Fotos wohl direkt über WhatsApp (siehe Kapitel *12 WhatsApp*) verschickt werden. Google Fotos selbst unterstützt so etwas natürlich auch über die Teilen-Funktion.

❶ In der Vollbildansicht gehen Sie auf *Teilen.*

❷❸ Wählen Sie den Anwendung aus, im Beispiel Gmail, worauf das Bild als Anhang hinzugefügt wird.

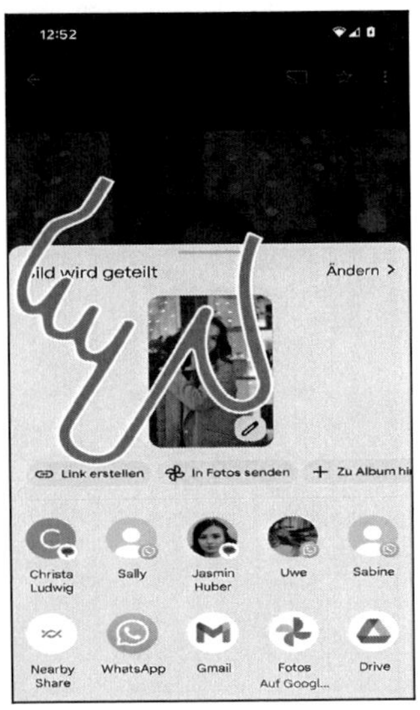

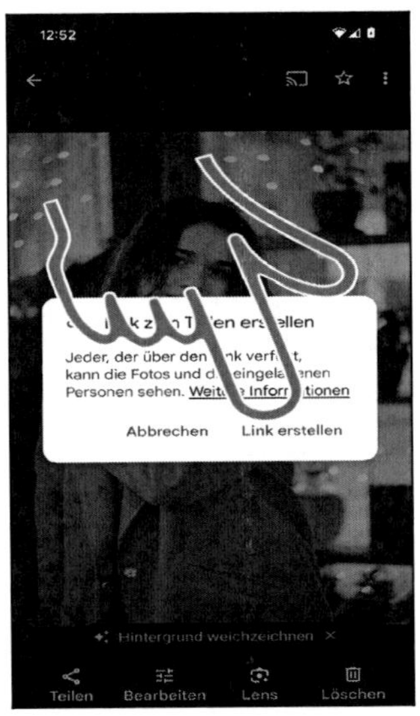

❶ Eine Besonderheit ist *Link teilen.*

❷❸ Nach Betätigen von *Link erstellen* wird eine Webadresse (Link auf die Datei) erstellt, den Sie anschließend beispielsweise per E-Mail versenden. Der Empfänger tippt beziehungsweise klickt dann den Link für die Bildanzeige in seinem Webbrowser an.

19.8 Gesichtserkennung

Google Fotos führt – sofern Sie dieses Feature aktiviert haben – automatisch eine Gesichts-erkennung durch. Dabei werden automatisch Alben zu jeder ausgewerteten Person erstellt. Die angefallenen Daten bleiben auf dem Handy und werden nicht an Google übertragen.

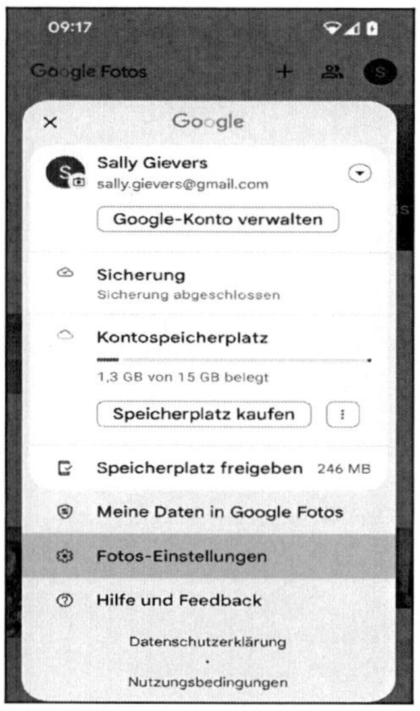

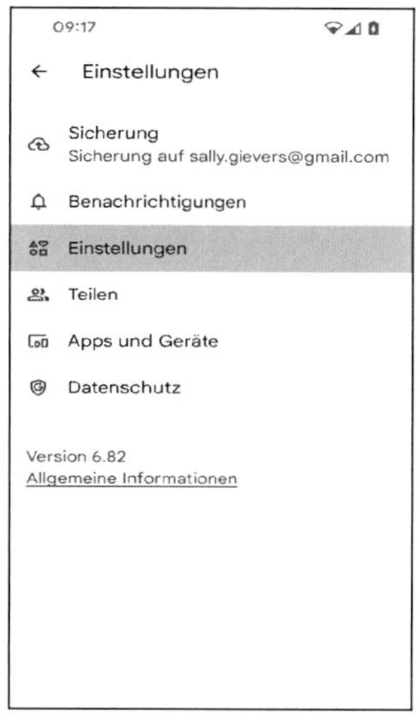

Bereits beim ersten Aufruf von Google Fotos hat Sie das Programm danach gefragt, ob Sie die Gesichtserkennung nutzen möchten. Falls Sie sich nicht sicher sind, ob diese aktiviert ist oder nicht, kontrollieren Sie die Einstellungen:

❶ Aktivieren Sie das Ausklappmenü, indem Sie das runde Kontosymbol antippen.

❷ Wählen Sie *Fotos-Einstellungen* aus.

❸ Gehen Sie auf *Einstellungen.*

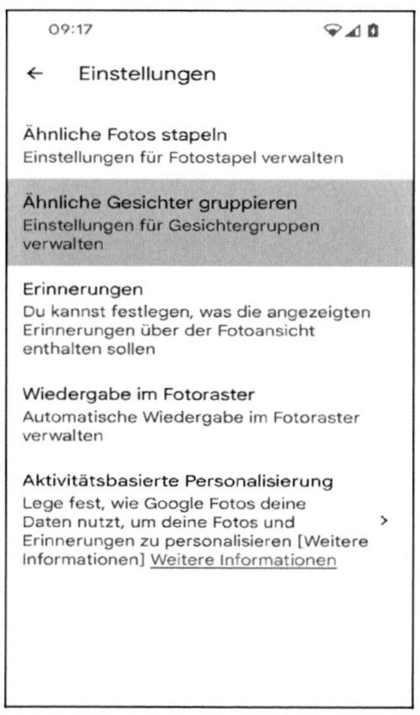

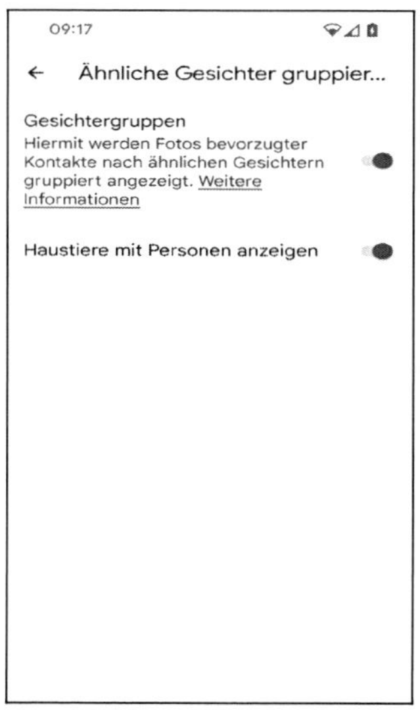

❶❷ Wählen Sie *Ähnliche Gesichter gruppieren* und stellen Sie sicher, dass *Gesichtergruppen* und *Haustiere mit Personen anzeigen* aktiv sind. Sie können nun das Menü verlassen.

19.8.1 Gesichter-Alben verwalten

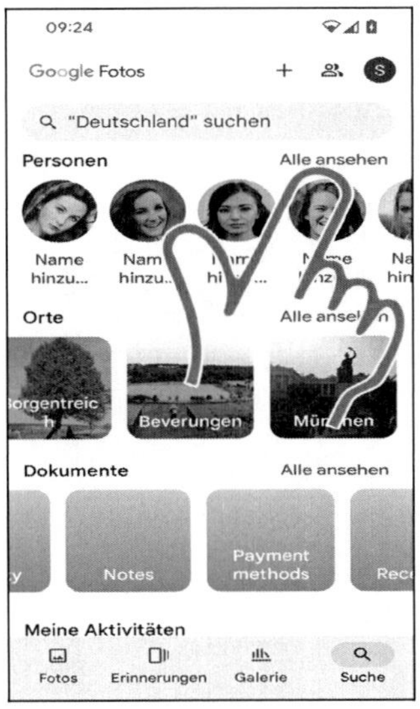

❶ Gehen Sie ins *Suchen*-Register.

❷ Tippen Sie neben *Personen* auf *Alle ansehen* – beachten Sie bitte, dass es mitunter einige Stunden dauert, bis hier die ersten Gesichter auftauchen.

❸ Tippen Sie eines der Gesichter an.

❶❷ Wenn Sie möchten, nutzen Sie die *Name hinzufügen*-Funktion für den jeweilige Personen-Ordner.

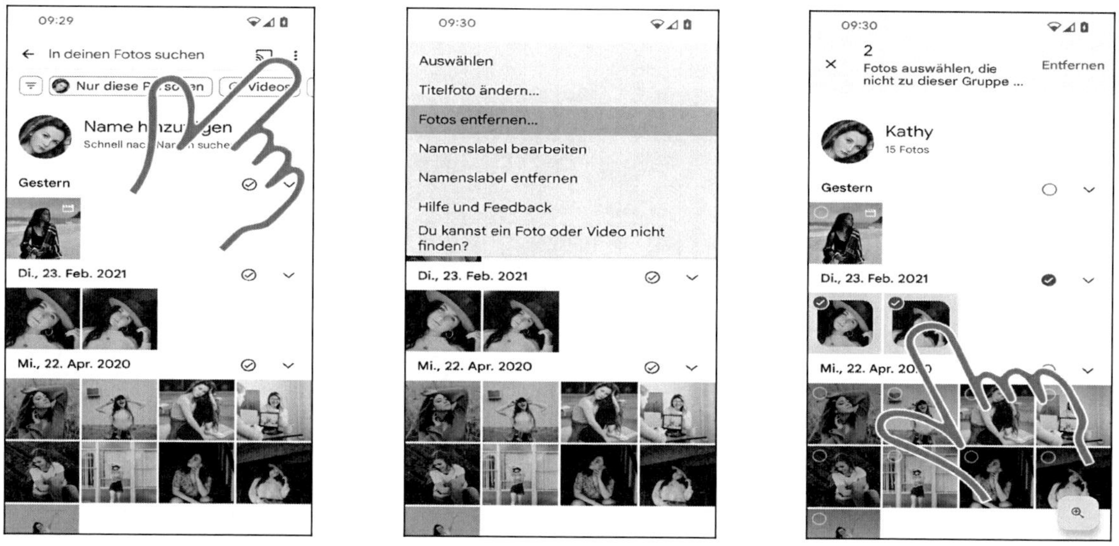

❶❷ Manchmal werden Personen nicht korrekt erkannt und müssen aus dem Ordner entfernt werden. Rufen Sie dazu ⁝/*Fotos entfernen* auf.

❸ Markieren Sie durch kurzes Antippen die aus dem Personen-Album zu entfernenden Bilder.

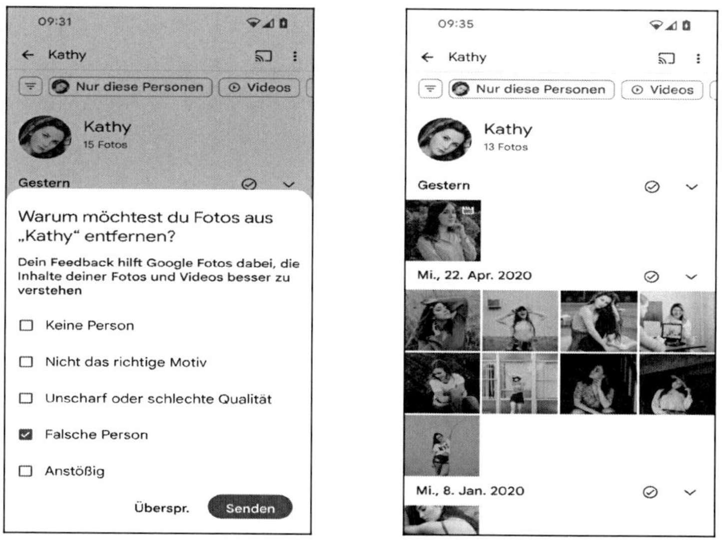

❶❷ Wenn Sie möchten, geben Sie im folgenden Popup an, warum Sie das Foto entfernen möchten und betätigen *Senden*. Sonst gehen Sie einfach auf *Überspr.*

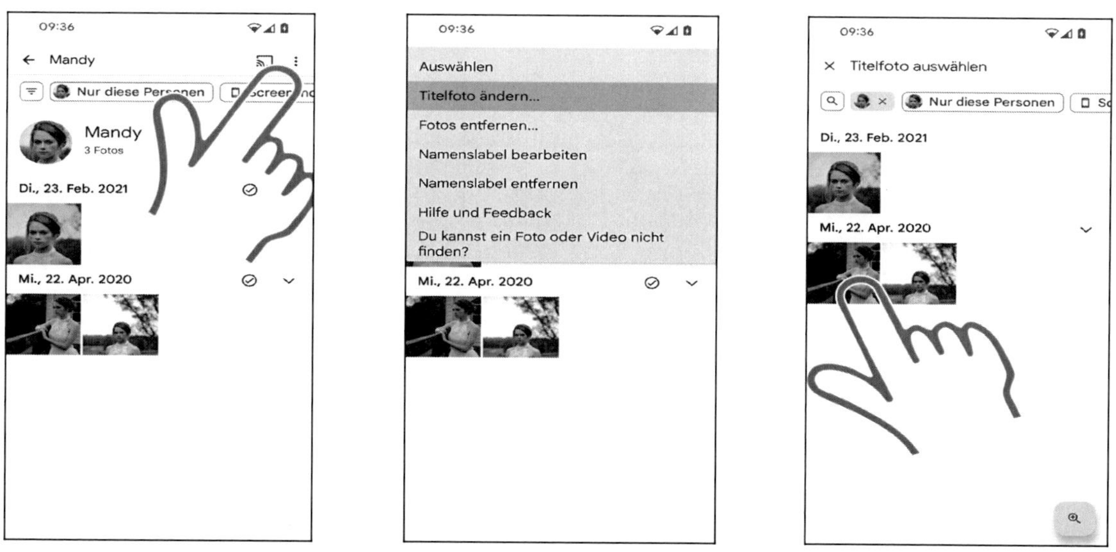

❶❷ Das in der Personenauflistung als »Titelfoto« verwendete Bild wählt Google selbst aus.

Falls es Ihnen nicht gefällt, rufen Sie ⁝/*Titelfoto ändern* auf.

❸ Tippen Sie das gewünschte Foto an.

❶❷ Das neue Titelfoto erscheint auch in der Personenauflistung (Pfeil).

19.9 Einstellungen

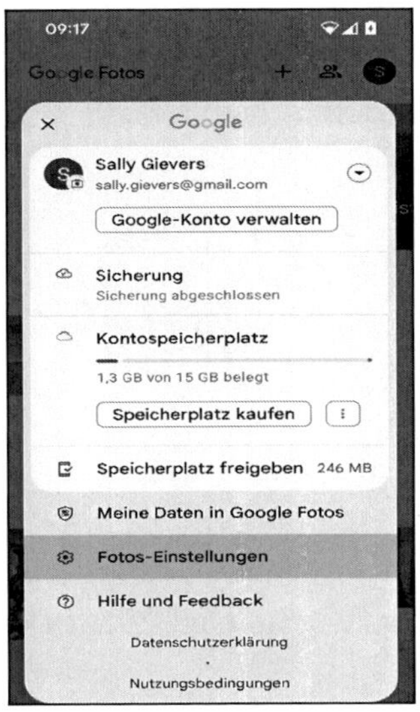

❶ Aktivieren Sie das Ausklappmenü, indem Sie das runde Kontosymbol antippen.

❷❸ Wählen Sie *Fotos-Einstellungen* aus. Die Parameter:

- *Sicherung*: Ruft die Synchronisationseinstellungen auf, auf die wir im Kapitel *19.10 Das Speicherlimit von Google* eingehen.
- *Benachrichtigungen*: Sie erhalten eine Benachrichtigung, sobald neue Fotos zum Freigeben an andere Personen zur Verfügung stehen. In diesem Buch gehen wir nicht weiter darauf ein.
- *Einstellungen*: Darauf gehen wir unten ein.
- *Teilen* bezieht sich auf das Senden von Fotos/Videos an Dritte – wir raten von der Verwendung wegen Bedenken zur Privatsphäre ab:
  - *Mit Partner teilen*: Eine andere Person erhält automatisch Zugriff auf Ihre Medien.
  - *Video aus Fotos mit Bewegtbild ausblenden*: Entfernt aus geteilten Fotos möglicherweise enthaltene Videodaten.
  - *Übersprungene Vorschläge; Benachrichtigungen*: Nicht von Google dokumentiert.

- *Apps und Geräte*:
  - *Dieses Gerät*: Sofern Sie die Option nutzen, Fotos und Videos in Ihr Google-Konto hochzuladen (siehe Kapitel *19.10 Das Speicherlimit von Google*), können Sie diese im Gerätespeicher löschen. Sie haben danach trotzdem noch Zugriff auf alle Ihre Dateien, die automatisch aus dem Google-Konto heruntergeladen werden, sobald Sie sie in Google Fotos anzeigen.
  - *Bilderrahmen*: Google unterstützt das Senden von Fotos an sogenannte digitale Bilderrahmen (Fotodisplays). Wir raten wegen des damit verbundenen Stromverbrauchs von solchen Produkten ab.
  - *Zugriff auf SD-Karte*: Das Pixel-Handy unterstützt keine SD-Karten, weshalb das Menü ohne Funktion ist.
  - *RAW-Editor*: Die Kamera-Anwendung kann im Pro-Modus Fotos als RAW-Dateien erstellen. Wählen Sie hier den für deren Bearbeitung genutzten Fotoeditor aus. RAW-Dateien bringen dem normalen Nutzer keinerlei Vorteile.
- *Datenschutz*: Google nimmt Rücksicht auf die Privatsphäre der Nutzer, die sehr stark Einfluss darauf nehmen dürfen, welche Daten in Google Fotos ausgewertet werden:
  - *Standortoptionen*: Wählen Sie aus, ob die Kamera-Anwendung beziehungsweise Google Fotos die Standortdaten (GPS-Koordinaten) in den Fotos speichert beziehungsweise auswertet. Da Google Fotos den Standort für die automatische Erstellung von »Standort-Alben« nutzt, sollten Sie hier nichts ändern.
  - *Google Lens*: Infos zur Datenverarbeitung mit Google Lens (siehe Kapitel *19.11 Google Lens*).
  - *Freigabeoptionen*: Ruft das zuvor beschriebene *Teilen*-Menü auf.
  - *Aktivitätsbasierte Personalisierung*: Bearbeitet die Datenschutzeinstellungen.
  - *Gesichtergruppen; Haustiere mit Personen anzeigen*: Aktiviert die automatische Gesichtserkennung, auf die dieses Buch nicht eingeht. Dazu werden Alben erstellt, die jeweils Bilder enthaltenen, die den Kontaktfotos in Ihrem Telefonbuch ähneln. Siehe auch Kapitel *19.8 Gesichtserkennung*.
  - *Bilderrahmen*: Der Handel verkauft sogenannte digitale Bilderrahmen, an die Google Ihre Fotos zur Anzeige senden kann. Wir raten wegen des Energieverbrauchs von solcher Hardware ab.

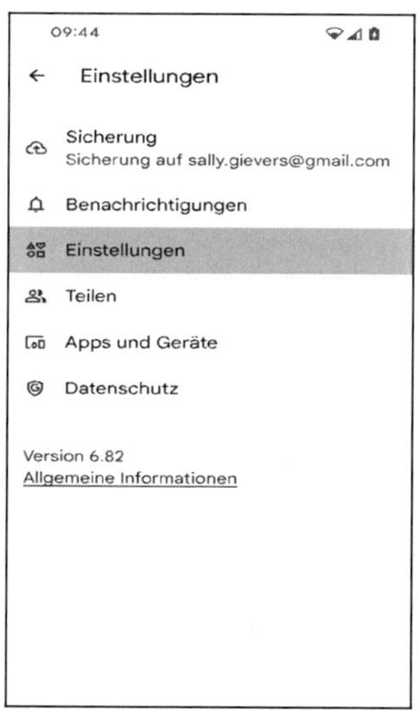

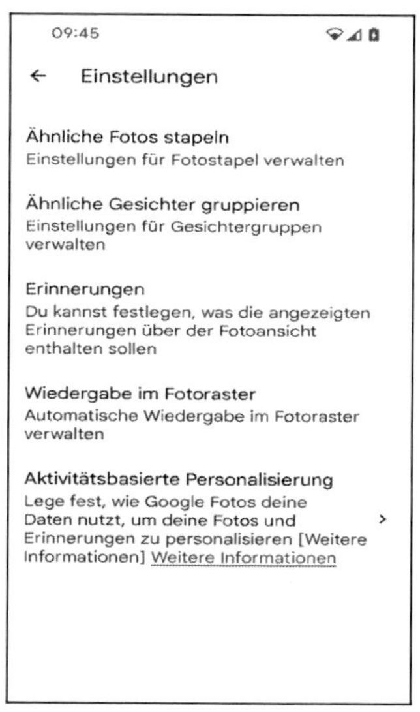

❶❷ *Einstellungen* konfiguriert:

- *Ähnliche Fotos gruppieren*: Fasst gleichartige Fotos automatisch in Alben zusammen.
- *Ähnliche Gesichter gruppieren*: Aktiviert die automatische Gesichtserkennung, auf die dieses Buch nicht eingeht. Dazu werden Alben erstellt, die jeweils Bilder enthaltenen, die den Kontaktfotos in Ihrem Telefonbuch ähneln. Siehe auch Kapitel *19.8*

Gesichtserkennung.

- *Erinnerungen*: Google Fotos erstellt automatisch »Erinnerungen«, also Fotoshows mit zeitlich oder örtlich zusammenhängenden Fotos.
- *Wiedergabe im Fotoraster*: Animierte Bilder und Videos spielt Google Fotos standardmäßig bereits in den Vorschaubildern ab.
- *Aktivitätsbasierte Personalisierung*: Datenschutzeinstellungen Ihres Google-Kontos.

19.10 Das Speicherlimit von Google

Vorweg gesagt: Falls Sie Ihr Handy hauptsächlich zum Telefonieren nutzen, müssen Sie sich nicht mit diesem Kapitel auseinander setzen. Verwenden Sie dagegen intensiv Gmail für Ihre E-Mails (siehe Kapitel *10 Gmail*) oder erstellen Sie viele Fotos/Videos mit der Kamera-Anwendung (siehe Kapitel *18 Kamera*), dann müssen Sie sich dagegen früher oder später mit dem Speicherplatz beschäftigen.

Zusammen mit Ihrem Google-Konto (siehe Kapitel *14 Das Google-Konto*) erhalten Sie 15 GB (Gigabyte) Speicherplatz auf den Google-Servern. Dieser wird von allen Google-Anwendungen (Gmail, Kontakte, Google Fotos, Google Maps, Chrome-Webbrowser, Google Drive…) auf Ihrem Handy genutzt.

Achtung: Es ist zu unterscheiden zwischen dem **Gerätespeicher**, der bei Ihrem Handy 128 GB oder 256 GB (Gigabyte) beträgt und dem **Speicherplatz Ihres Google-Kontos auf den Google-Servern**.

Die Datenspeicherung auf den Google-Servern läuft permanent automatisch im Hintergrund ab, weshalb Sie sich nicht damit beschäftigen müssen. Für Sie hat dies den angenehmen Effekt, dass Ihre Daten nicht verlorengehen können. Wenn Sie beispielsweise Ihr Handy verlieren oder es kaputt geht, kaufen Sie einfach ein neues und melden sich dort mit Ihrem Google-Konto bei der Ersteinrichtung an. Die Daten werden dann automatisch auf dem Handy wieder hergestellt.

Übrigens ist auch der Betrieb von mehreren Handys/Tablets mit einem Google-Konto möglich. Einzige Voraussetzung: Alle Geräte müssen Android als Betriebssystem verwenden. Wenn Sie nun auf einem Gerät beispielsweise einen neuen Kontakt im Telefonbuch anlegen, erscheint dieser auch auf allen anderen Geräten. Nicht unterstützt werden vom Google-Konto die Anwendungen von Dritten, die Sie aus dem Play Store installiert haben.

Wie erwähnt, stehen für Ihre Daten 15 GB (Gigabyte) Speicher zur Verfügung, die sich alle Google-Anwendungen teilen.

19.10.1 Speicherplatzinfo

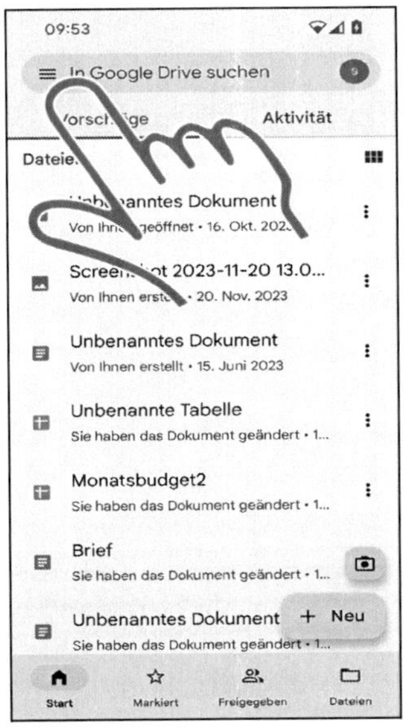

❶ So überprüfen Sie, wieviel Speicher im Google-Konto belegt ist: Im Hauptmenü gehen Sie auf

Drive.

❷ Öffnen Sie das Ausklappmenü.

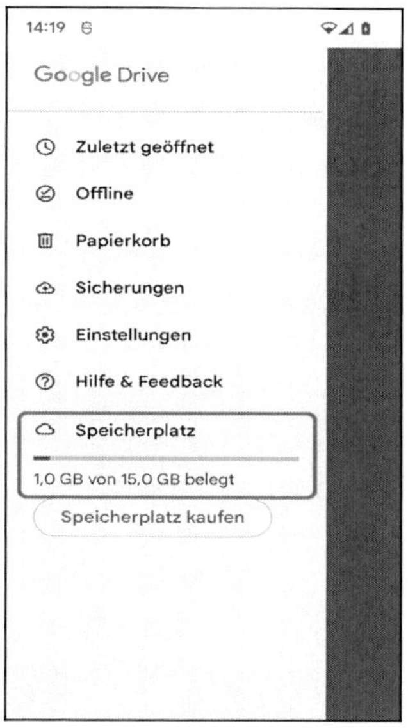

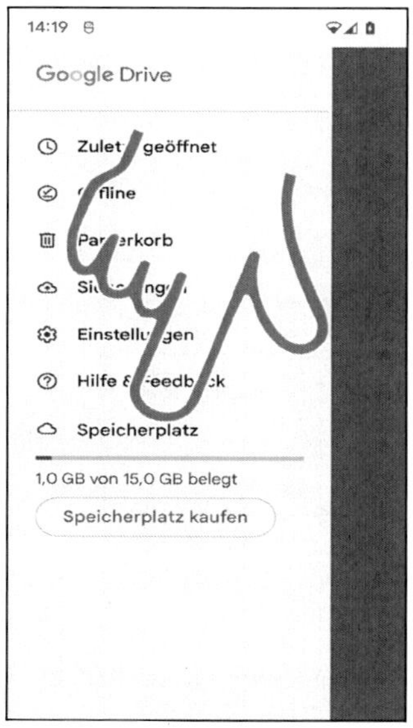

❶ In unserem Beispiel ist der Google-Speicher bereits mit 1 GB belegt.

❷ Antippen des Speicherhinweises öffnet eine Übersicht, in der Google die Anwendungen mit ihrem Speicherverbrauch auflistet.

❶❷ Gehen Sie auf *Weitere Details* für eine Speicherverbrauchsauflistung nach Anwendungen.

Unser Tipp: Damit Sie niemals in Speicherplatznöte beim Google-Konto geraten, sollten Sie nicht mehr benötigte E-Mails in Gmail (siehe Kapitel *10 Gmail*) immer sofort nach Kenntnisnahme löschen. Insbesondere E-Mails mit Dateianhängen (siehe Kapitel *10.2.2 Dateianlagen*) sind richtige Speicherfresser! Verzichten Sie auf die im Kapitel *10.3.3 Archivieren* vorgestellte Funktion.

19.10.2 Google One

Für die wenigsten Anwender dürfte das Angebot der hier vorgestellten Speicherplatzerweiterung Sinn machen. Zu Preisen zwischen 1,99 bis 9,99 Euro pro Monat lässt sich der Google-Speicherplatz auf 100 GB bis 2000 GB erweitern.

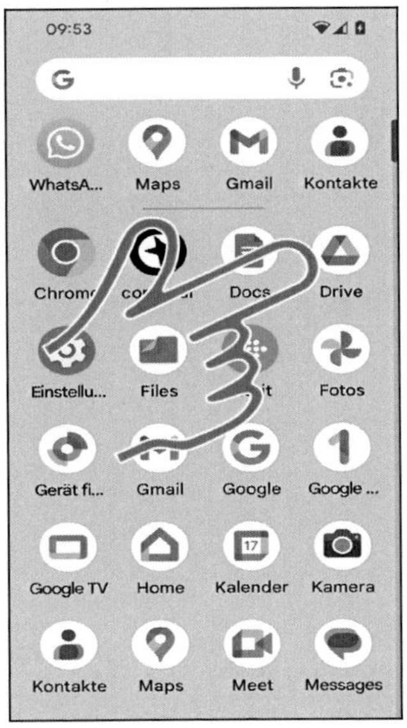

❶❷ Rufen Sie die Anwendung *Drive* auf und öffnen Sie das Ausklappmenü.

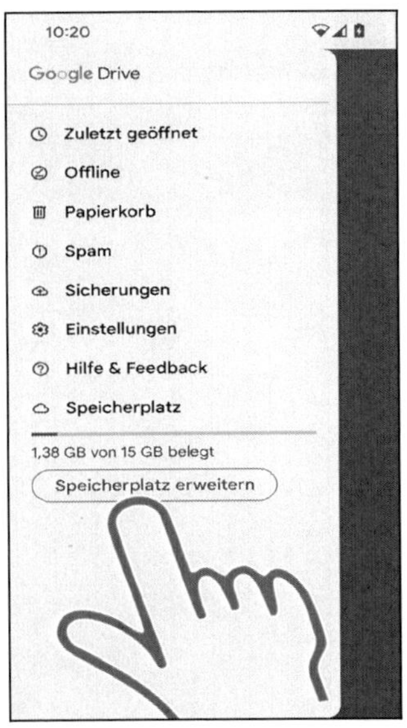

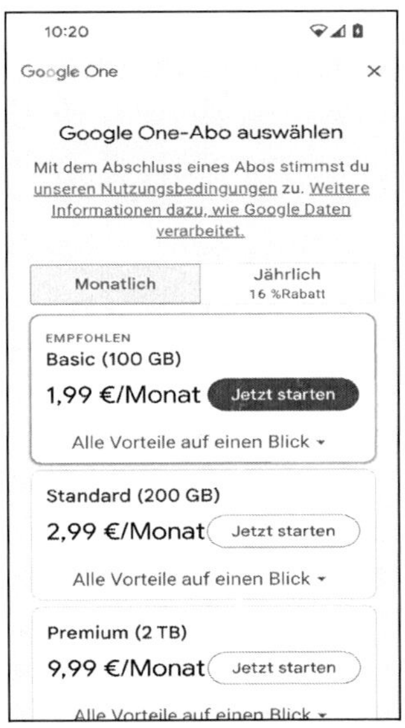

❶ Gehen Sie auf *Speicherplatz erweitern.*

❷ Wählen Sie einen Tarif und danach die Zahlungsmethode aus.

19.10.3 Speicherfunktion von Google Fotos ausschalten

Wie bereits im Kapitel *19.10.1 Speicherplatzinfo* beschrieben, empfehlen wir die Sicherung Ihrer Fotos und Videos im Google-Konto abzuschalten, sofern Sie nicht den Google One-Speichertarif gebucht haben. Das ist sehr einfach möglich.

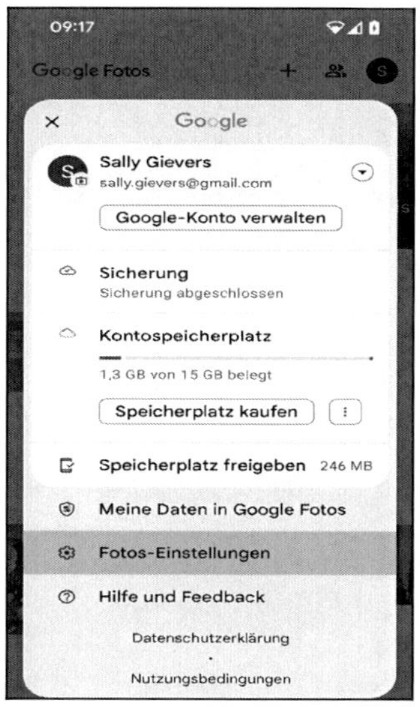

➊ Tippen Sie in Google Fotos auf das runde Kontosymbol.

➋ Wählen Sie *Fotos-Einstellungen.*

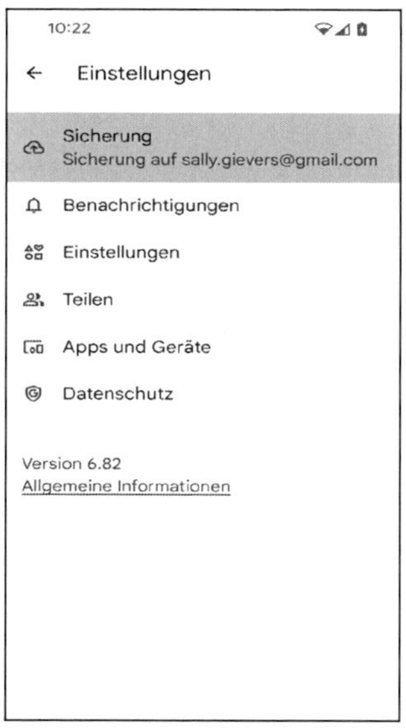

➊ Gehen Sie auf *Sicherung.*

➋ Deaktivieren Sie *Backup & Sync*, sofern es aktiv ist.

19.11 Google Lens

Google Lens analysiert Fotos und wertet Gegenstände, Orte, Barcodes und Texte aus. Je nach vermuteten Kontext schlägt Google Lens anschließend eine Aktion vor, beispielsweise bei Produkten eine Google-Suche nach der Produktbezeichnung. Weil Google Lens selbstlernend ist (»künstliche Intelligenz«), ändern sich mit der Zeit eventuell die Erkennungsergebnisse.

Laut Google werden unter anderem folgende Funktionen unterstützt:

- Visitenkarte: Telefonnummer oder Adresse für einen Kontakt speichern.
- Buch: Rezensionen oder andere Informationen abrufen.
- Sehenswürdigkeit oder Gebäude: Weitere Informationen recherchieren.
- Gemälde in einem Museum: Weitere Informationen recherchieren.
- Pflanze oder Tier: Weitere Informationen recherchieren.
- Flyer oder Plakat für Veranstaltung: Ereignis im Kalender hinzufügen.

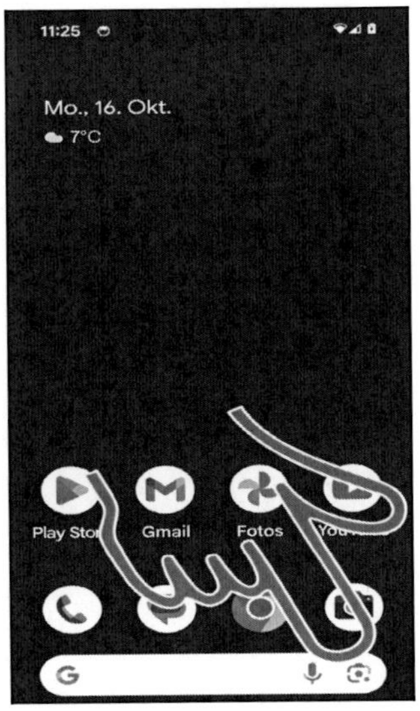

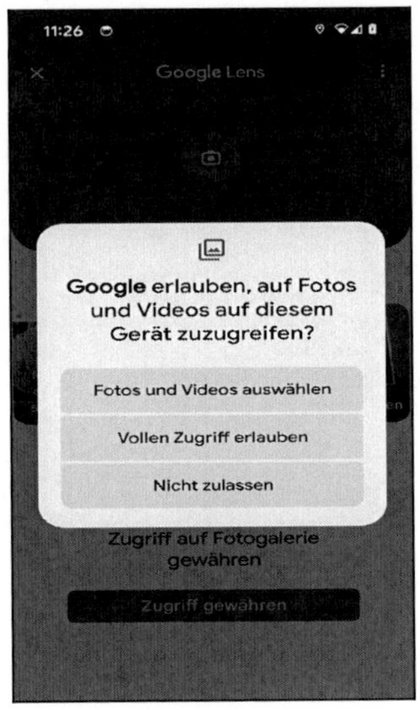

❶ Starten Sie die Google Lens-Funktion mit der -Schaltleiste im Startbildschirm.

❷❸ Betätigen Sie *Zugriff gewähren* und dann *Vollen Zugriff erlauben.*

Die ◀-Taste bringt Sie jederzeit in den Google Lens-Hauptbildschirm beziehungsweise in den Startbildschirm zurück.

Für die Auswertung des Livebilds von der Kamera gehen Sie auf *Mit der Kamera suchen* und dann auf *Kamera öffnen.*

19.11.1 Google Lens in Google Fotos

➊ Starten Sie die Google Lens-Funktion mit der -Schaltleiste in der Vollbildansicht.

➋➌ Mit einer Wischgeste blättern Sie durch die Google Lens-Ergebnisse. In diesem Beispiel hat Google automatisch nach Fotos gesucht, auf dem ähnliche Handtücher angezeigt werden.

Die ◀-Taste bringt Sie jederzeit in den Google Lens-Hauptbildschirm zurück.

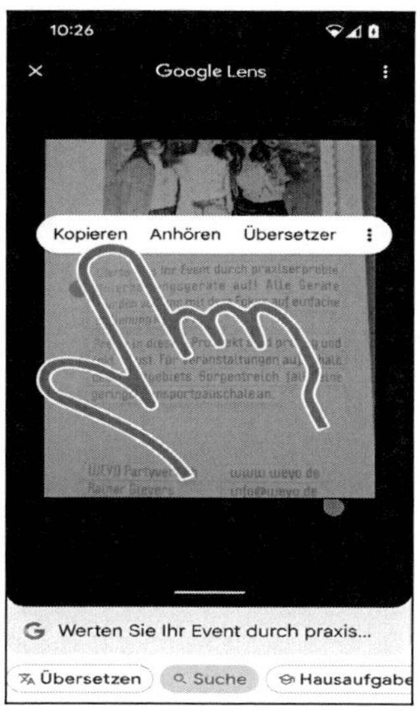

➊ Fotografierte Texte lassen sich ebenfalls weiterverarbeiten. Tippen Sie dazu auf *Text auswählen.*

➋ Betätigen Sie *Kopieren.* Danach fügen den Text, wie in Kapitel *27.3 Texte kopieren, ausschneiden und einfügen* gezeigt, in einer anderen Anwendung ein.

20. Google Assistant

Der Google Assistant (engl. für Assistent) ist eine intelligente Sprachsteuerung. Sie können darüber beispielsweise Termine anlegen, Kontakte anrufen oder im Internet suchen. Mittels künstlicher Intelligenz soll der Google Assistant nach und nach Ihre Vorlieben kennen lernen und entsprechend reagieren.

20.1 Einrichtung

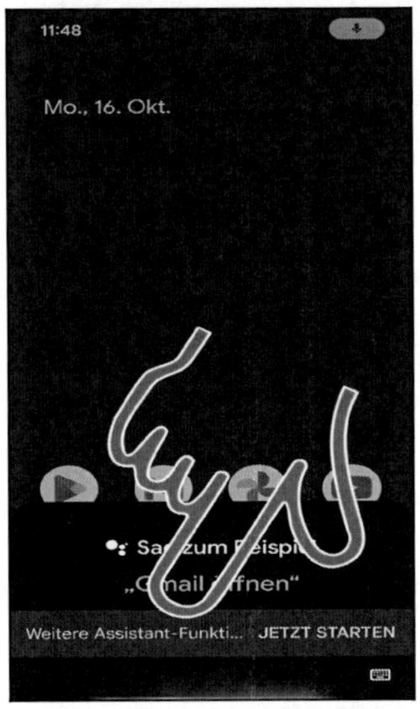

❶ Drücken und halten Sie den Ein-/Ausschalter, bis sich der Google Assistant meldet. Beim ersten Mal erscheint noch ein Bildschirm mit Hinweisen, wie Sie das Handy ausschalten können. Darauf geht bereits Kapitel *4.17 Handy ausschalten* ein. Betätigen Sie dann *OK.*

❷ Der Assistant öffnet sich. Betätigen Sie nun *Mehr Assistant-Funktionen aktivieren.* Falls diese Schaltleiste nicht erscheint, schließen Sie den Sprachassistenten und rufen ihn erneut mit Drücken und Halten des Ein-/Ausschalters auf.

> Die folgenden Einrichtungsschritte dürften bei Ihrem Handy abweichen, weil Google laufend Änderungen daran vornimmt. Im Zweifelsfall wählen Sie einfach die für Sie naheliegendste Option aus.

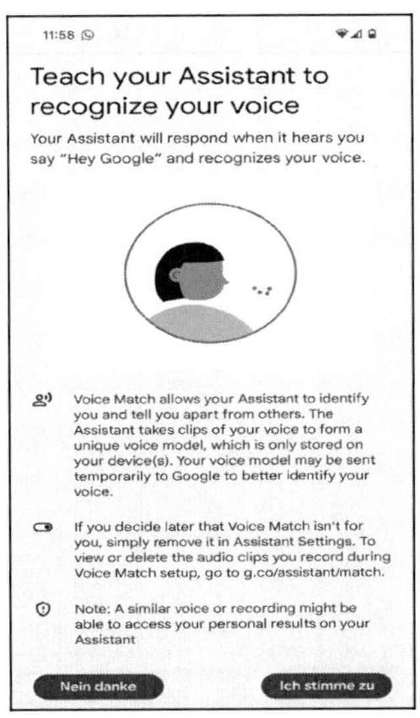

❶ Gehen Sie auf *Aktivieren.*

❷ Die folgenden Bildschirme schließen Sie jeweils mit *Aktivieren, Mehr, Weiter* beziehungsweise *Ich stimme zu.*

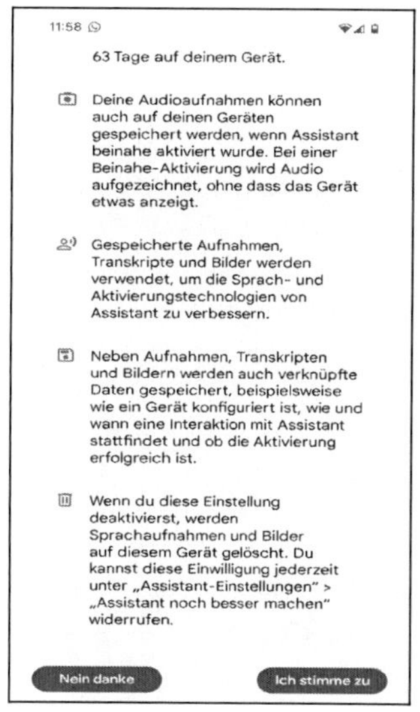

❶ Sprechen Sie mehrmals hintereinander die Texte nach, damit später die Spracherkennung optimal funktioniert.

❷ Betätigen Sie *Aufnahmen und Bilder auf deinen Geräten speichern.*

❸ Den Hinweis schließen Sie mit *Mehr* und *Ich stimme zu.*

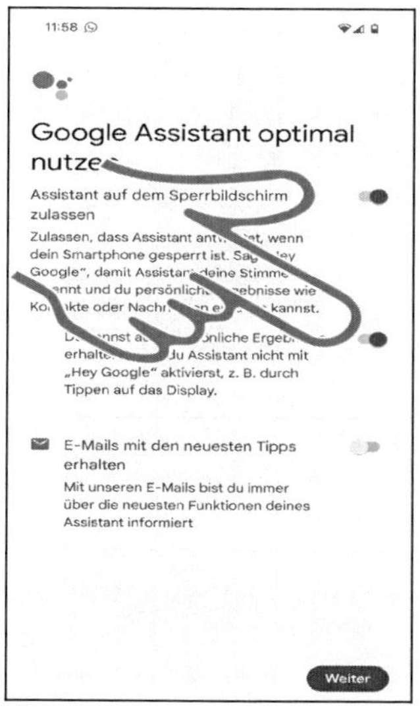

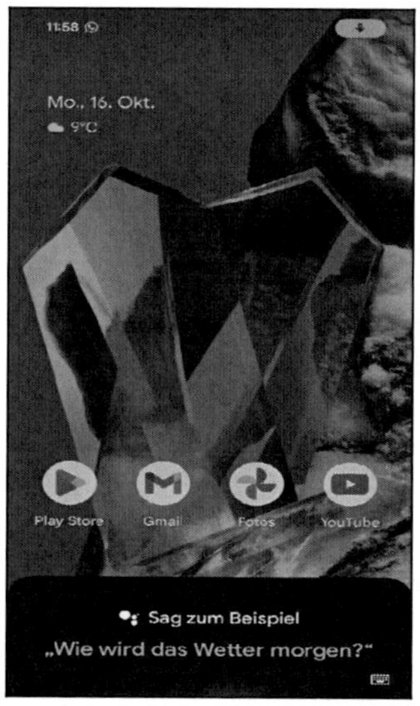

❶ Aktivieren Sie *Du kannst persönliche Ergebnisse erhalten* und gehen Sie auf *Weiter.*

❷ Der Google Assistant ist nun eingerichtet.

20.2 Aufruf

Künftig rufen Sie den Google Assistant auf zwei Wegen auf:

- Sie halten den Ein-/Ausschalter einige Sekunden gedrückt.
- Sie sprechen »*Ok Google*« oder »*Hey Google*«.

Die ◀-Taste unterhalb des Bildschirms beendet den Assistenten.

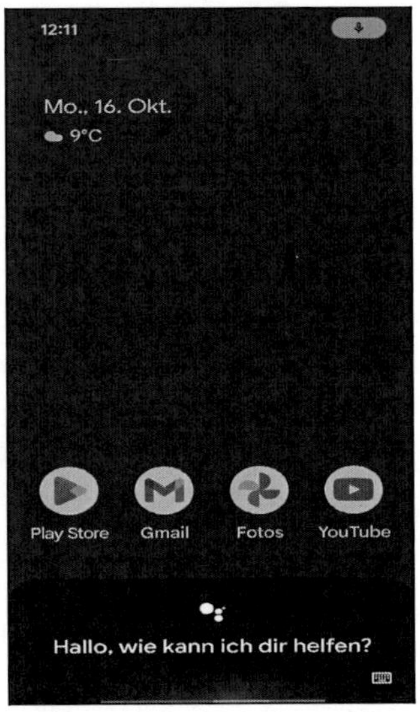

❶❷ Im Beispiel haben wir den Befehl »*Ok Google, wie wird das Wetter?*«.

20.3 Funktionen des Pixel-Handys steuern

Über den Google Assistant lassen sich auch Dinge erledigen, für die Sie sonst erst umständlich auf dem Bildschirm eine Anwendung starten müssten. Einige Beispiele sollen die Möglichkeiten verdeutlichen. Rufen Sie mit »Ok Google« den Assistenten auf und sprechen Sie einen Befehl (**fett** jeweils die Schlüsselwörter):

- »**E-Mail an** Sarah«: E-Mail-Editor starten, die E-Mail-Adresse des Kontakts *Dara* aus dem Telefonbuch als Empfänger übernehmen (❶).
- »Antonia **mobil anrufen**«: Kontakt auf Handynummer aus dem Telefonbuch anrufen.
- »Hamburg **ansteuern**«, »**Weg zu** Hamburg«, »**Weg zu** Brandenburger Tor«: Startet die Navigation in Google Maps, berechnet die Route zum Zielort und startet die Routenführung (❷).
- »**Karte von** Berlin«: Den genannten Ort in Google Maps anzeigen.
- »**Zeige mir** Flughäfen (Restaurants/Tankstellen/Museen/...) **in** Berlin«: Points auf Interest in der Karte anzeigen (❸).
- »**Spiele** Beatles«: YouTube oder MP3-Player starten und dort nach den Interpreten/Song suchen.
- »**Zeige** Beatles Yesterday **in YouTube**«: Bestimmten Song von Band/Interpret in der YouTube-Anwendung suchen und sofort abspielen.
- **Abbrechen**: Die gerade laufende Aktion vorzeitig beenden (alternativ betätigen Sie die ◀

-Taste oder Wischen auf dem Bildschirm einmal nach unten).

- **Was steht heute an**: Liefert die Uhrzeit, die Wettervorhersage und listet die anstehenden Termine auf.
- **Öffne Kontakte**: Telefonbuch anzeigen.

Die Spracherkennung beantwortet auch Ihre Fragen, die Sie am Besten möglichst kurz halten, da Google nur die Schlüsselworte und keine langen Sätze auswertet.

- »Wer ist Bundeskanzler in Deutschland«
- »Wetter in Berlin«
- »Wo ist der nächste Burger King«

> Sollte die Spracherkennung mal ein Wort oder einen Satz nicht erkennen, führt das Handy eine Google-Websuche durch.
>
> Eine aktuelle Liste aller unterstützten Sprachbefehle gibt es unseres Wissens von Google nicht.

Google gibt auf seiner Website selbst einige weitere Beispiele zu den Sprachbefehlen (hier wörtlich von der Webadresse *support.google.com/websearch/answer/2940021* übernommen). Wir geben hier nur diejenigen Sprachbefehle an, die bei uns im Test auch funktionierten:

- Wecker einstellen: "Wecker auf 7 Uhr einstellen"
- Erinnerung einrichten: "Erinnern an: um 18.00 Uhr Max anrufen" oder "Erinnern an: Eisdiele am Marienplatz testen"
- Termin im Google Kalender erstellen: "Erstelle einen Termin in meinem Kalender: Abendessen in München, Samstag um 19.30 Uhr"
- Freund anrufen: "Martina Müller anrufen" oder "Mama anrufen"
- SMS an einen Freund: "SMS an Stefan: Komme 5 Minuten später"
- E-Mail senden: "E-Mail senden an Kerstin: Betreff: neue Schuhe, Nachricht: Ich muss dir unbedingt meine neuen Schuhe zeigen"
- Routen abrufen: "Navigieren von Berlin nach Köln" oder "Wegbeschreibung von Berlin nach Frankfurt am Main"
- Orte in der Nähe finden: "Wo ist das nächste Café?"
- Nach der Uhrzeit fragen: "Wie spät ist es in London?"
- Nach dem Wetter fragen: "Wie ist das Wetter morgen Früh?"
- Interessante Antworten auf Fragen: "Wo wurde Albert Einstein geboren?" oder "Wie alt ist Beyonce?"
- Worte oder Sätze übersetzen: "Was heißt Gurke auf Spanisch?"
- Wort definieren: "Was bedeutet Adipositas?"
- Einheiten umrechnen: "Was sind 12 Zoll in Zentimeter?"
- Mathematische Gleichungen lösen: "Was ist die Wurzel aus 2209?"

Auch die Systemeinstellungen ändert die Sprachsteuerung:

- **Taschenlampe einschalten; Taschenlampe aussschalten**: Die Kamera-LED ein/ausschalten.
- **Bildschirm dunkler; Bildschirm heller**: Displayhelligkeit ändern.
- **Musik lauter/leiser**; **Klingelton lauter/leiser**: Lautstärke ändern.

❶❷ Sie möchten wissen, was der Assistent alles an Befehlen drauf hat? Dann sprechen Sie »*Was kannst du*«. Blättern Sie dann mit einer Wischgeste durch die Vorschläge und tippen Sie einen davon an, den Sie ausprobieren möchten.

21. Kalender

Der Kalender verwaltet Ihre Termine, die sich mit dem Google-Kalender synchronisieren lassen.

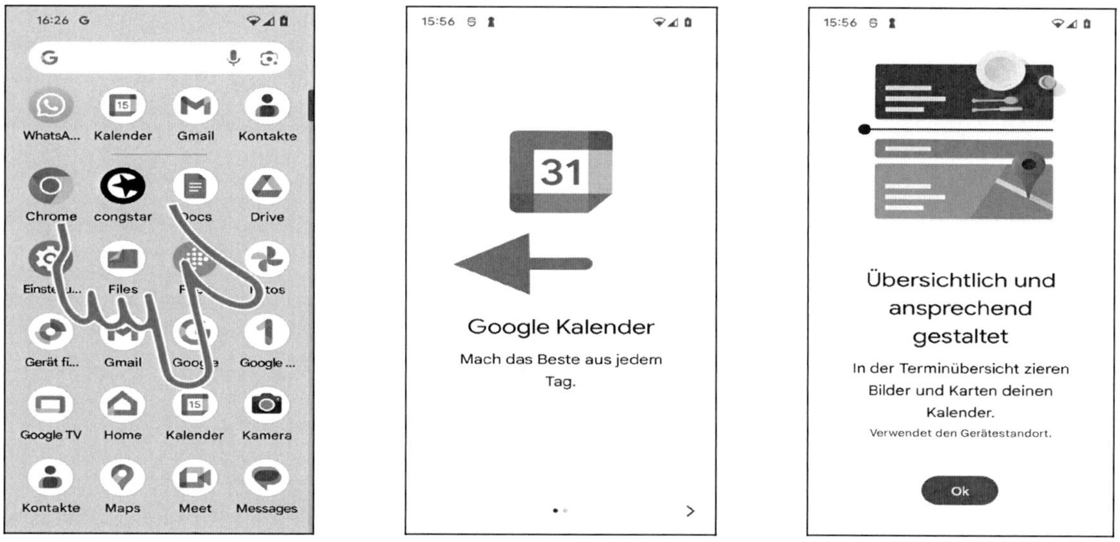

❶ Sie finden den *Kalender* im Hauptmenü (Pfeil).

❷❸ Wischen Sie mehrmals durch die Hinweisseiten und schließen Sie mit *Ok* ab.

21.1 Kalenderansichten

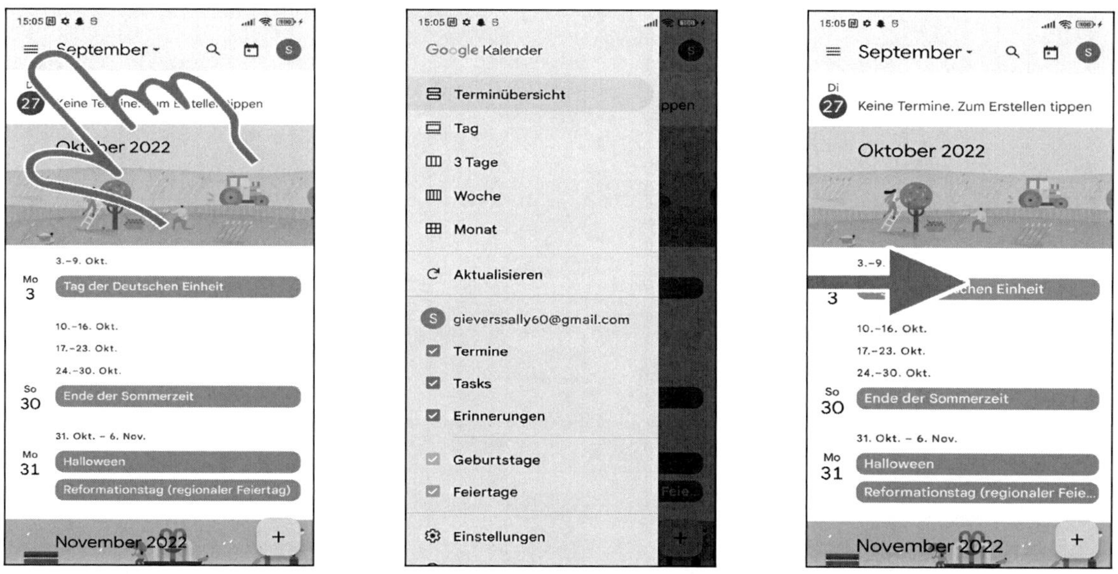

❶❷ Der Kalender zeigt beim Start standardmäßig die zuletzt genutzte Ansicht an. Um auf eine andere Kalenderansicht umzuschalten, aktivieren Sie über die Schaltleiste oben links im Bildschirm das Ausklappmenü und wählen einen der Menüeinträge aus.

❸ Das Ausklappmenü aktivieren/schließen Sie alternativ durch eine Wischgeste außerhalb des Displays nach rechts, beziehungsweise durch Wischen nach links.

21.1.1 Terminübersicht

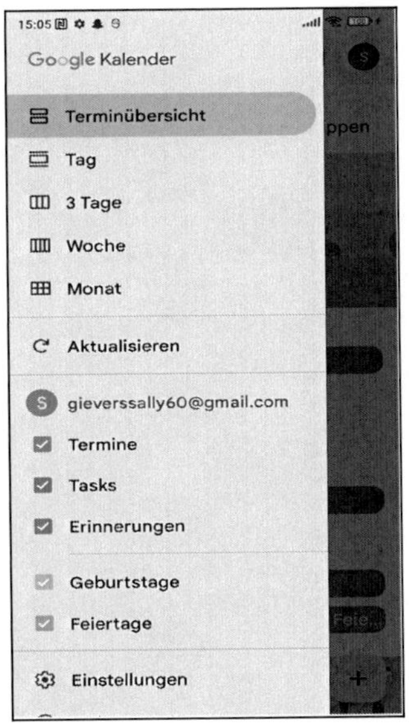

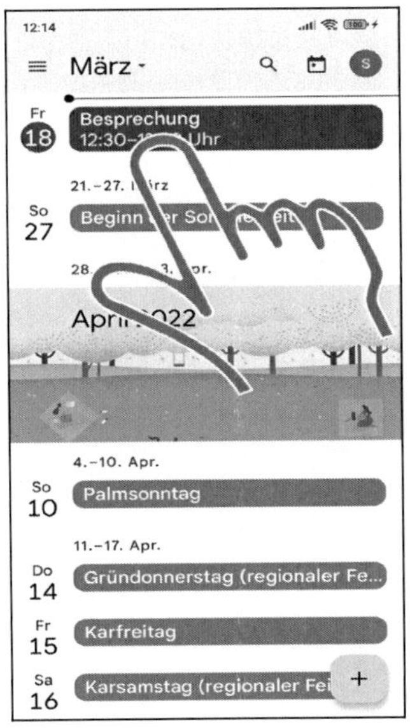

❶ Die Terminübersicht listet übersichtlich alle demnächst anstehenden Termine, sowie die Feiertage auf.

❷❸ Tippen Sie einen Eintrag für die Details an.

21.1.2 Monatsansicht

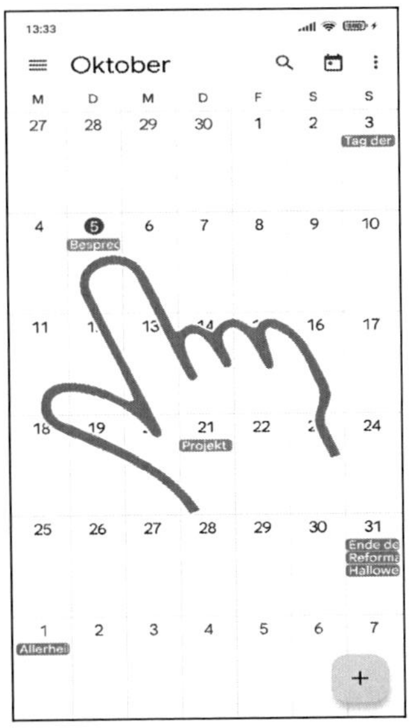

❶❷ Termine werden in den einzelnen Wochentagen angezeigt. Tippen Sie einen Tag an, zu dem Sie die Termine erfahren möchten.

21.1.3 Wochenansicht

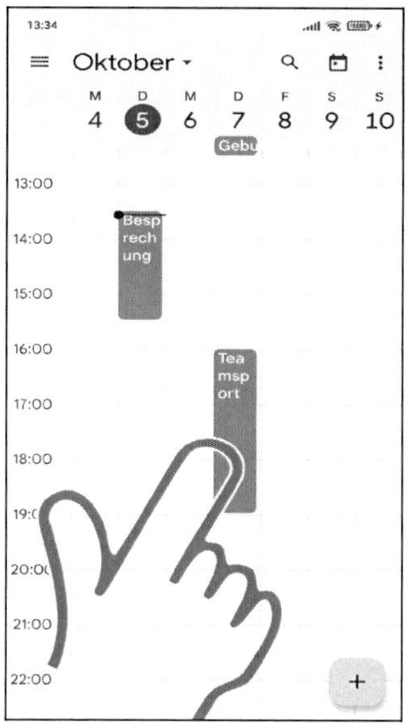

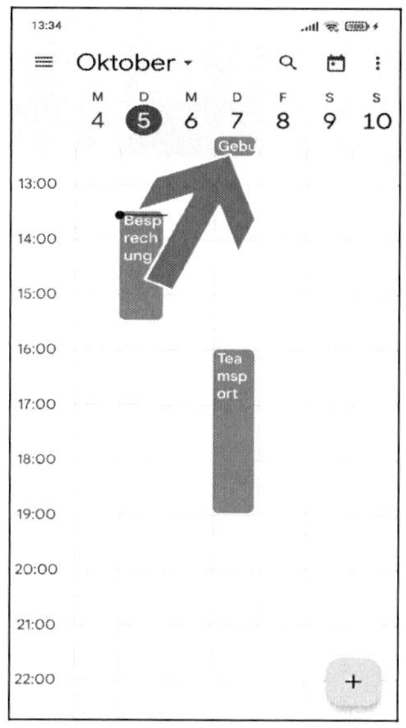

❶❷ In der Wochenansicht sind alle Termine als Balken auf einer Zeitachse angelegt. Man sieht auf diesem Wege sofort, ob und wo noch freie Zeiträume sind. Antippen eines Termins (Pfeil) zeigt diesen wiederum an.

❸ Ganztagstermine blendet der Kalender jeweils am oberen Bildschirmrand ein.

21.1.4 Tagesansicht

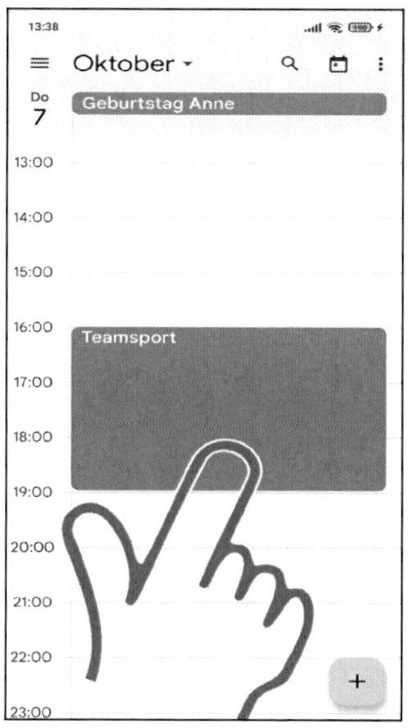

❶❷ Auch die Tagesansichten (*Tage* und *3 Tage*) stellen die Termine in einer Zeitachse dar. Tippen Sie einen Termin (Pfeil) an, worauf die Detailansicht erscheint.

21.2 Navigation im Kalender

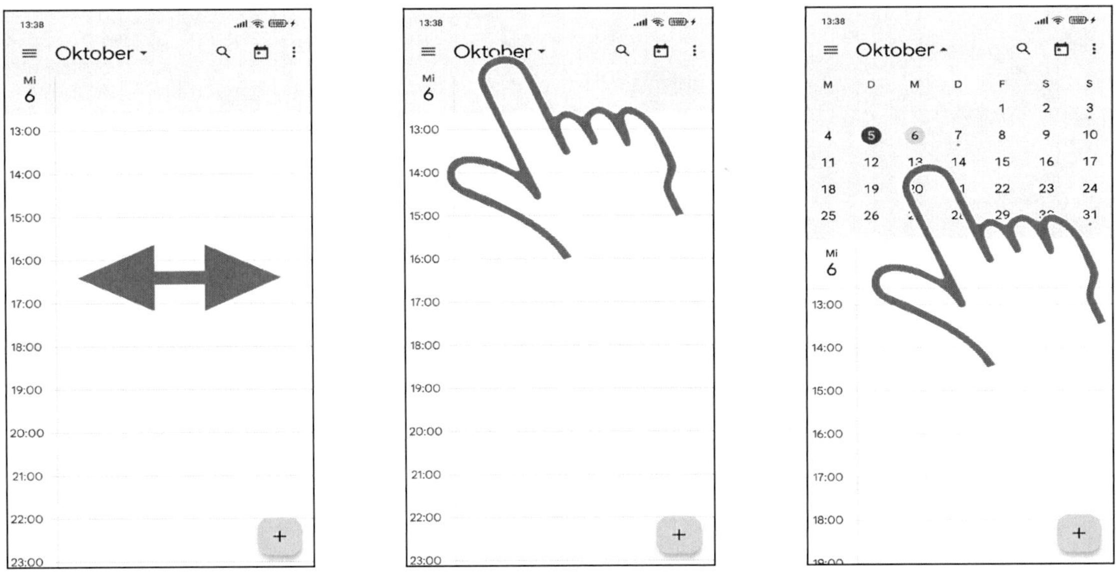

❶ Mit einer Wischgeste nach rechts/links blättern Sie vor oder zurück.

❷❸ Für den schnellen Sprung in ein bestimmtes Kalenderdatum aktivieren Sie das Auswahlmenü und tippen dort ein einen Monat an (nicht in der Monatsansicht möglich). Auch hier können Sie nach links/rechts wischen.

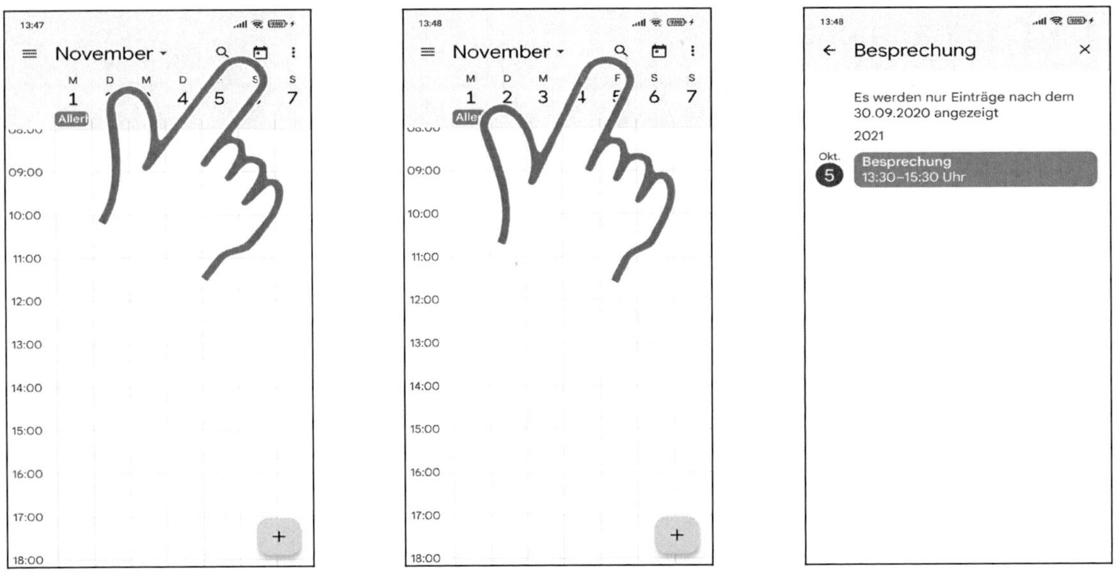

❶ in der Tages- und Wochenansicht schaltet 📅 (Pfeil) auf das aktuelle Datum um.

❷❸ 🔍 zeigt zum eingegebenen Suchbegriff alle Fundstellen an, die Sie durch Antippen aufrufen können.

21.3 Neuen Termin hinzufügen

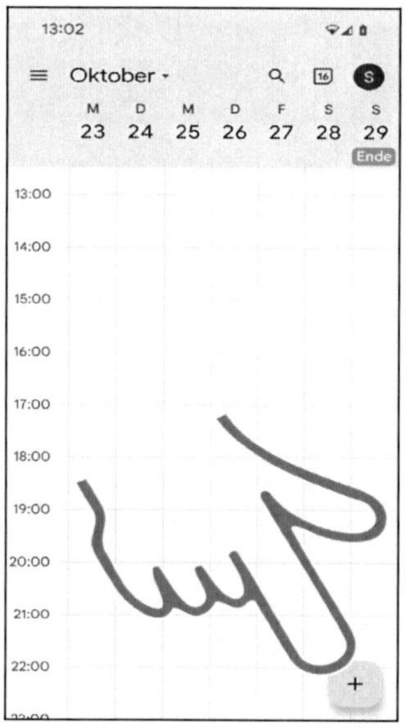

❶ In allen Kalenderansichten erzeugt die +-Schaltleiste einen neuen Termin.

❷ Anschließend wählen Sie aus:

- *Aufgabe*: Aufgaben sind meistens bis zu einem bestimmten Datum zu erledigen.
- *Termin*: Erstellt einen Kalendertermin, worauf wir im Folgenden genauer eingehen.

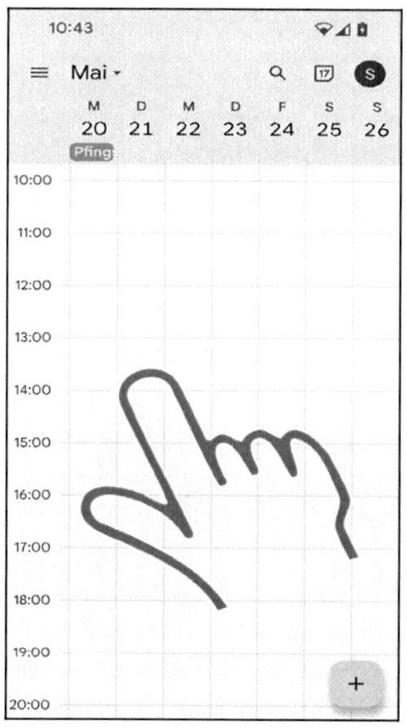

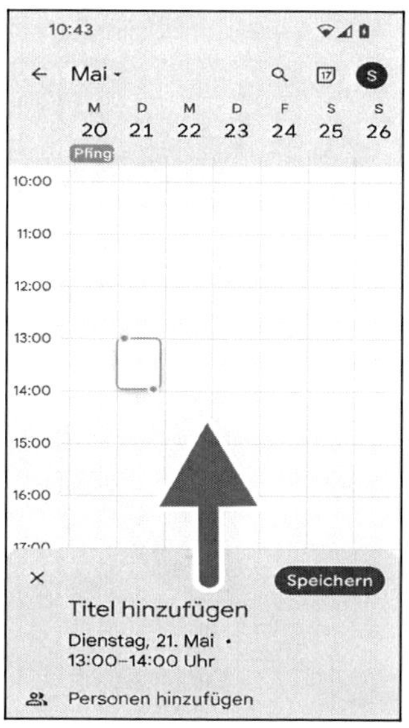

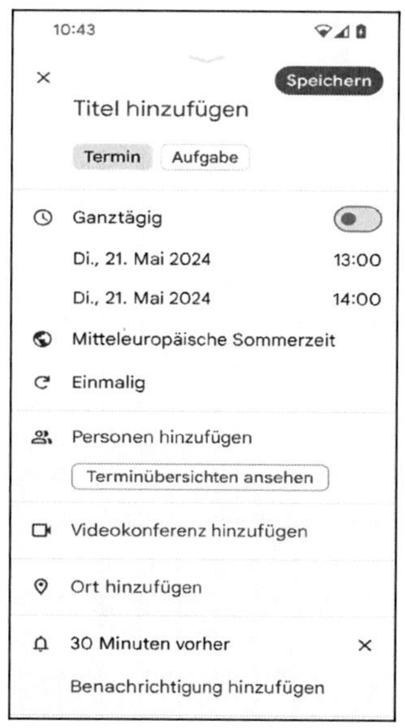

❶ Sie ersparen Sie übrigens etwas Arbeit, indem Sie in der Tages- oder Wochenansicht auf eine Uhrzeit tippen (Pfeil).

❷❸ Tag und Uhrzeit werden als Startzeit in den Termineditor übernommen. Mit einer Wischgeste öffnen Sie bei Bedarf den Eingabebildschirm.

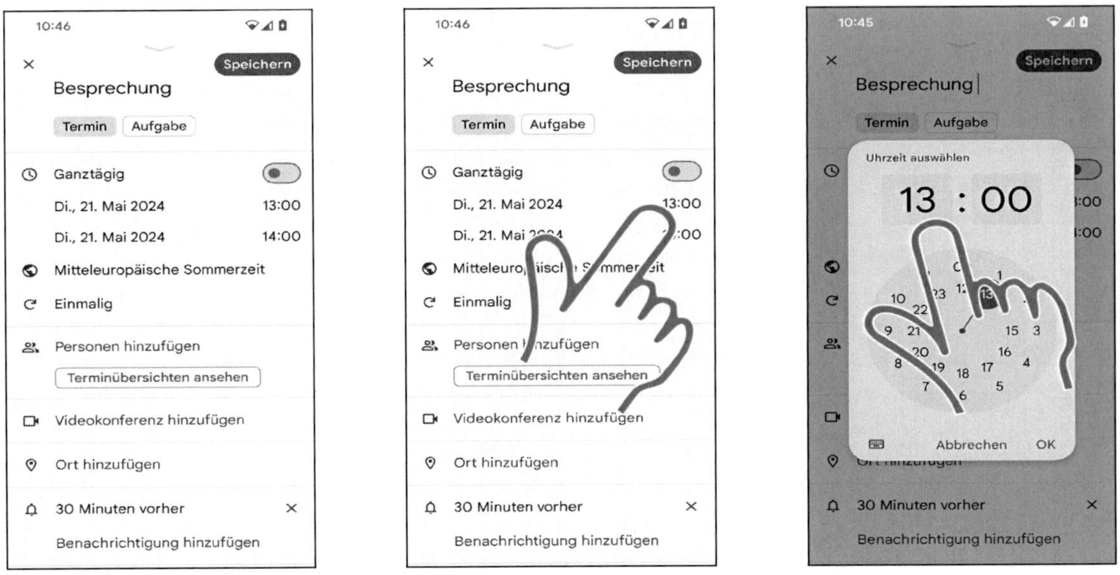

❶ Erfassen Sie im Bearbeitungsbildschirm die Termindaten.

❷ Tippen Sie jeweils Datum und Uhrzeit für den Terminstart und Terminende an.

❸ Nun wählen Sie nacheinander erst die Stunden, dann die Minuten aus und stellen Sie mit einer Wischgeste oder Antippen einer Zahl im Zahlenrad die Zeiten ein. Alternativ aktivieren Sie mit ⌨ (unten links im Popup) das Tastenfeld.

❶ Sofern es sich um einen Termin ohne feste Uhrzeit, beispielsweise einen Geburtstag, handelt, aktivieren Sie *Ganztägig*.

❷ Viele Termine sind keine einmaligen Angelegenheiten, sondern stehen regelmäßig an. Antippen von *Einmalig* öffnet ein Popup, worüber Sie die Wiederholung festlegen.

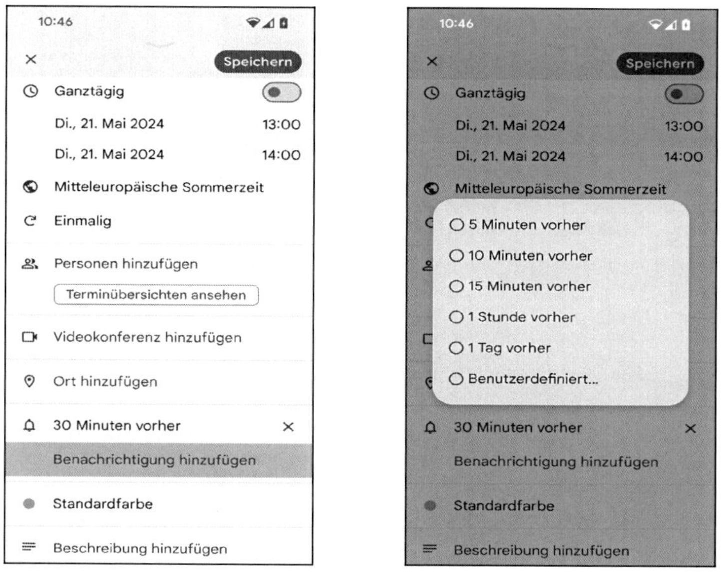

❶❷ Standardmäßig erfolgt die Terminbenachrichtigung 30 Minuten vorher (dies lässt sich pauschal festlegen, siehe Kapitel *21.5 Einstellungen*). Über *Benachrichtigung hinzufügen* legen Sie weitere Benachrichtigungen an.

Betätigen Sie anschließend *Speichern*.

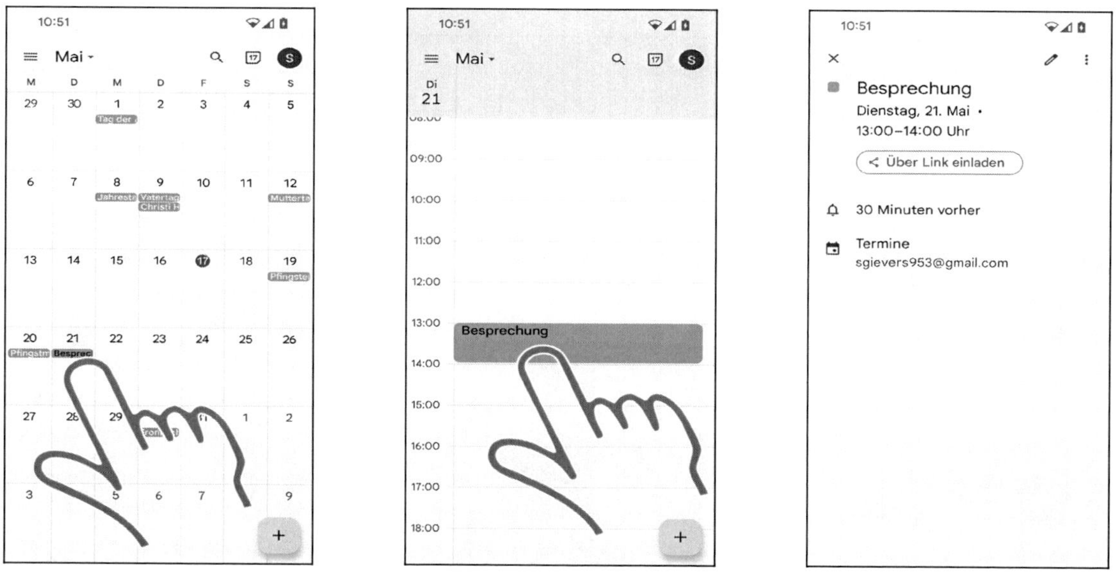

❶❷❸ Der Termin erscheint im Kalender. Im Beispiel der Monatsansicht tippen Sie auf das korrespondierende Datum und danach auf den Termineintrag für die Termindetails. Falls Sie ihn ändern möchten, betätigen Sie ✎.

21.3.1 Termine hervorheben

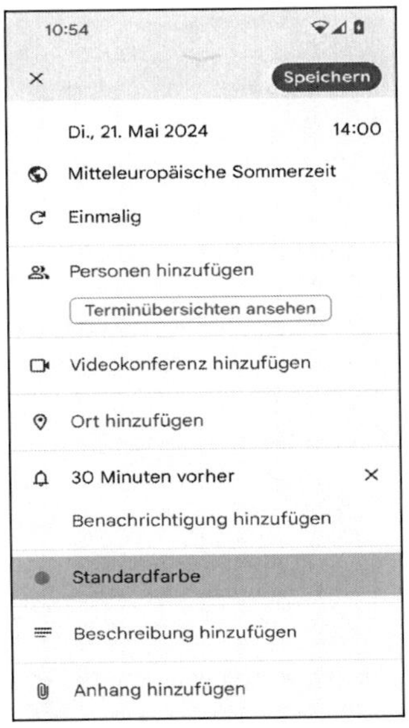

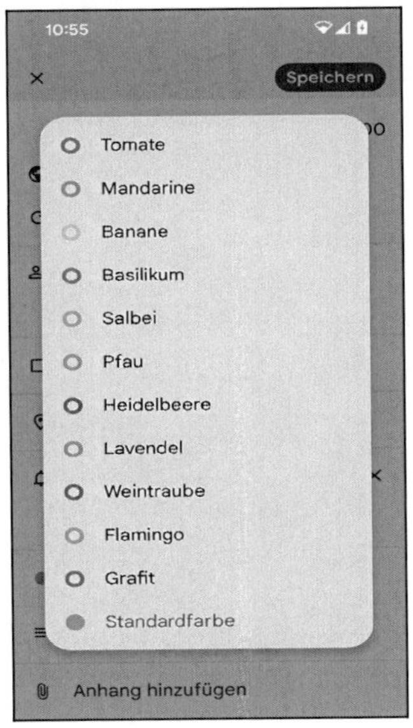

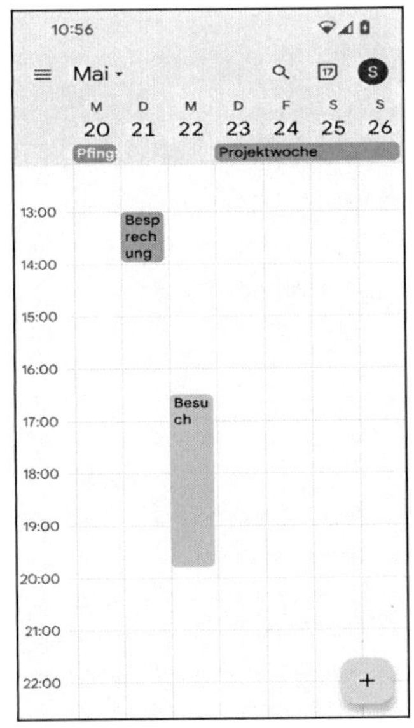

❶❷ Jeder Termin kann mit einer eigenen Farbe während der Terminbearbeitung/Terminerfassung versehen werden.

❸ Durch die verschiedenen Farben lassen sich beispielsweise wichtige Termine leichter von weniger wichtigen unterscheiden.

Die standardmäßig vorgegebene Terminfarbe lässt sich in den Einstellungen (siehe Kapitel *21.5 Einstellungen*) ändern.

21.4 Terminerinnerung

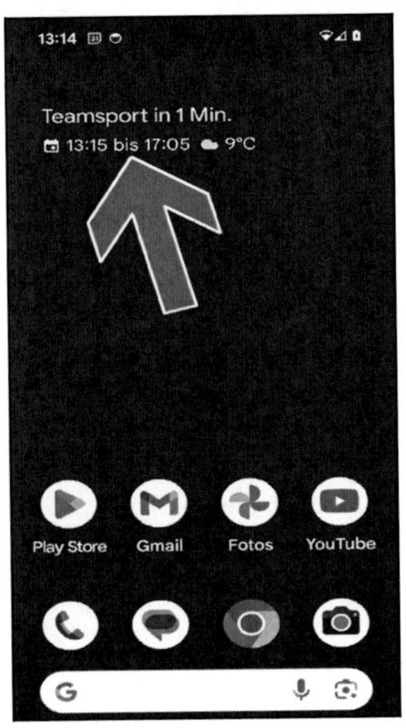

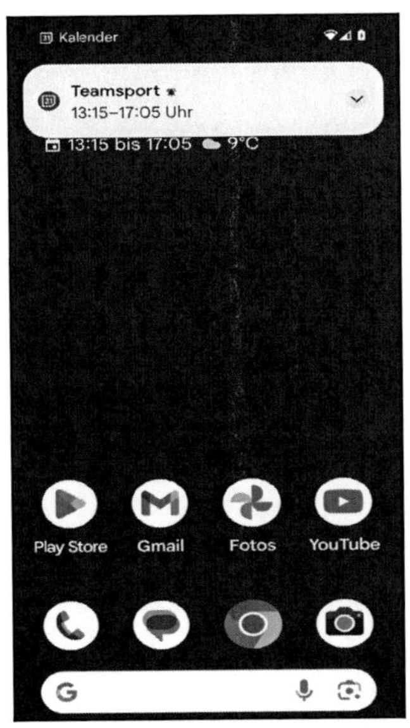

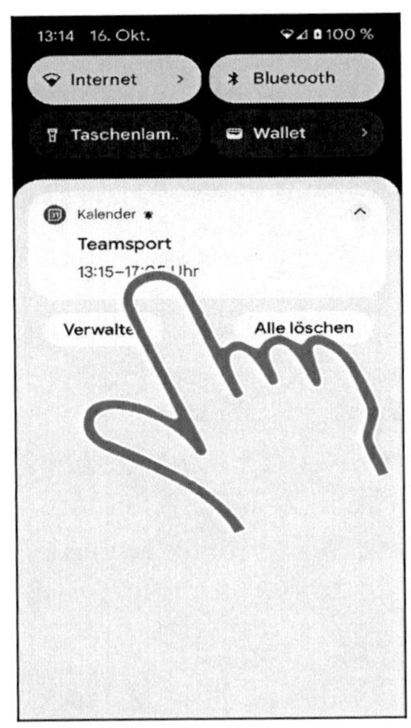

❶ Das Kalender/Wetter-Widget informiert über den nächstne anstehenden Termin.

❷ Ein Erinnerungston und ein Symbol informieren Sie dann über den Termin.

❸ Öffnen Sie das Benachrichtigungsfeld und gehen Sie auf den Terminnamen, was die Termindetails anzeigt oder führen Sie auf dem Termineintrag eine Wischgeste nach links oder rechts durch, um den Alarm zu deaktivieren.

Den Alarmton für Kalendertermine stellen Sie, wie im nächsten Kapitel gezeigt, ein.

21.5 Einstellungen

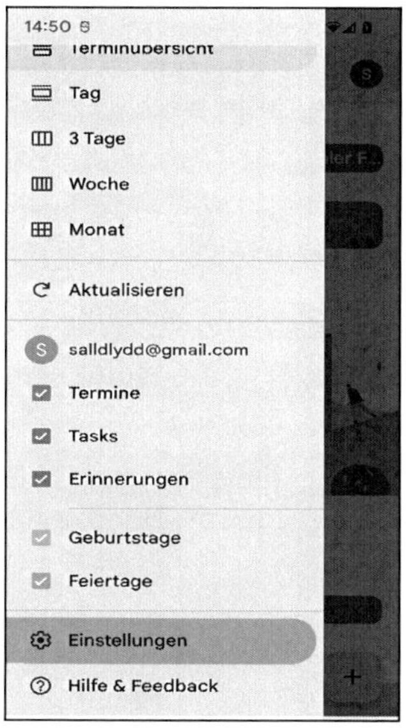

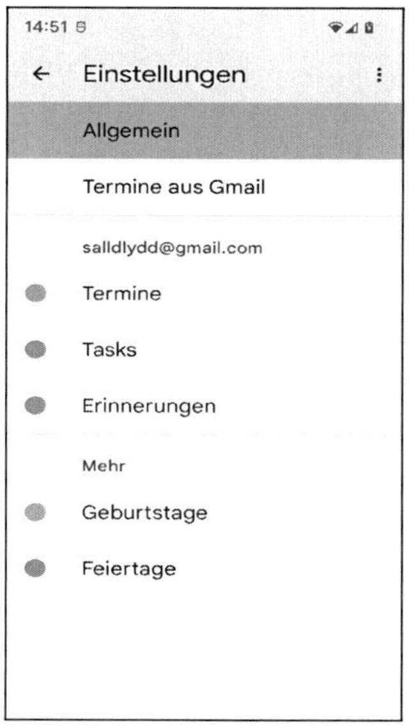

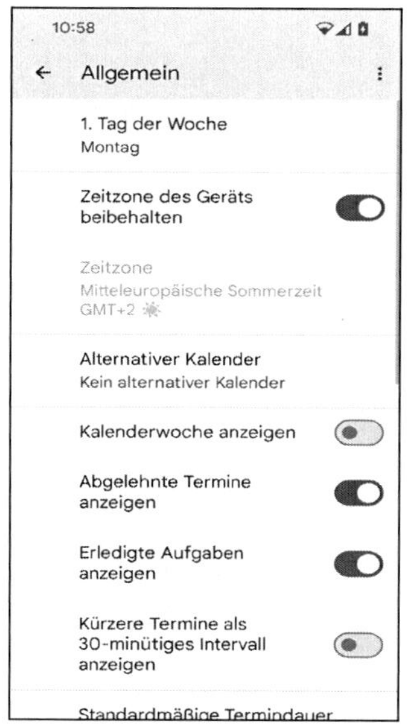

❶❷ Unter *Einstellungen* im Ausklappmenü konfigurieren Sie:

Unter *Allgemein* (❸):

- *1. Tag der Woche*: In manchen Kulturkreisen beginnt die Woche bereits am Samstag oder Sonntag, was Sie hier festlegen.
- *Zeitzone des Geräts beibehalten; Zeitzone*: Befinden Sie sich in einer anderen Zeitzone, so rechnet das Handy automatisch alle Termine von Mitteleuropäischer Zeit auf die besuchte Zeitzone um. Stellen Sie hier dagegen ein, in welcher Zeitzone Sie sich befinden, so erfolgt keine automatische Umrechnung der Terminzeiten.
- *Alternativer Kalender*: Blendet Feiertage von außereuropäischen Kulturen ein.
- *Kalenderwoche anzeigen*: Blendet die Kalenderwoche in der Wochenansicht am oberen linken Bildschirmrand ein.
- *Abgelehnte Termine anzeigen;*: Terminanfragen, die Sie ablehnen (in diesem Buch gehen wir nicht weiter darauf ein), blendet der Kalender aus.
- *Erledigte Aufgaben anzeigen*: Abgehakte Aufgaben werden nicht automatisch ausgeblendet.
- *Kürzere Termine als 30-minütiges Intervall anzeigen*: Kürzere Termine werden besonders hervorgehoben, damit man sie besser im Kalender sieht.
- *Standardmäßige Termindauer*: Neu von Ihnen erstellte Termine haben automatisch eine Dauer von 60 Minuten. Sie können hier aber auch einen anderen Zeitraum einstellen.
- *Videokonferenz hinzufügen*: Von Google nicht dokumentiert.
- *Design*: Sie können wahlweise eine Darstellung mit dunklem oder hellen Hintergrund wählen. Alternativ überlassen Sie dies dem Gerät. Siehe auch Kapitel *28.11 Gerätedesign*.

Unter *Benachrichtigungen*:

- *Auf diesem Gerät benachrichtigen*: Diese Einstellung sollte immer aktiv sein, weil Sie sonst nicht mehr über anstehende Termine informiert werden.
- *Kalenderbenachrichtigungen*:
    - *Benachrichtigungen anzeigen*: Sie sollten diese Option aktiv lassen, weil sonst keine Kalenderbenachrichtigungen erfolgen.
    - *Standard; Lautlos; Auf Bildschirm aufpoppen*: Legt fest, ob ein akustisches Signal oder ein Popup bei Terminfälligkeit erscheint.
    - *Erweitert*:

- *Ton*: Wählen Sie einen Erinnerungston selbst aus.
- *Vibration*: Bei Terminfälligkeit vibrieren.
- *App-Benachrichtigungspunkt anzeigen*: Blendet ein rundes Symbol bei der *Kalender*-Verknüpfung im Startbildschirm ein, wenn Termine fällig sind.
- *"Bitte nicht stören" ignorieren*: Auch im Nicht stören-Modus (siehe Kapitel *15.2 Ruhemodus (Bitte nicht stören)*) macht sich der Kalender bei Terminfälligkeit bemerkbar.
- *Zusätzliche Einstellungen der App*: Darauf sind wir bereits oben eingegangen.

• *Task-Benachrichtigungen*: Diese Einstellungen gelten für von Ihnen erstellte Aufgaben, auf die dieses Buch nicht eingeht.

• *Kurzantworten*: Diese Funktion kommt im Zusammenhang mit Besprechungsteilnehmern zum Einsatz, die Sie Ihren Terminen hinzufügen können. Dieses Buch geht nicht darauf ein.

21.5.1 Kalender

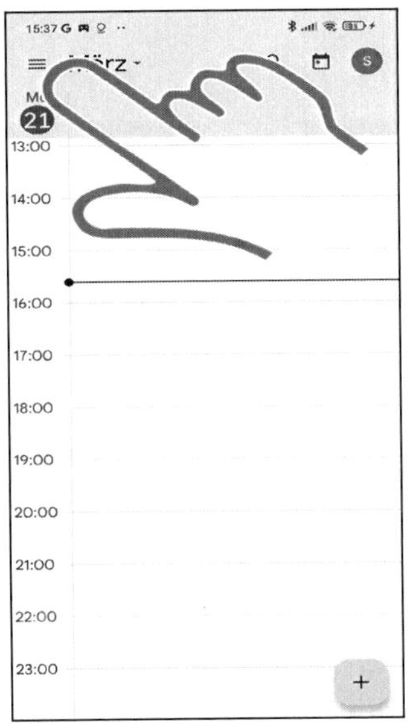

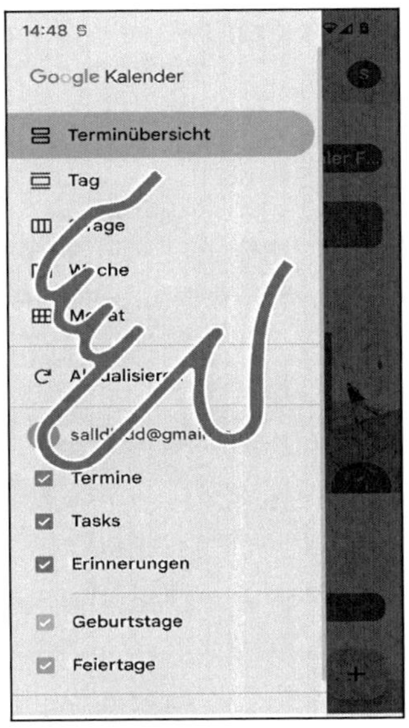

❶❷ Im Ausklappmenü stellen Sie über die Abhakkästchen unter *Kalender* ein, ob Termine, Feiertage oder Geburtstage im Kalender sichtbar sind.

21.6 Kalender im Startbildschirm

Das *Monat*- beziehungsweise *Terminübersicht*-Widget zeigt den Kalender auch im Startbildschirm an.

Die Widgets beschreibt bereits Kapitel *4.8.2 Widgets*.

22. Musik

Der Musikmarkt wurde in den letzten Jahrzehnten gleich mehrmals umgewälzt. Zunächst fand die Schallplatte in den 1980er Jahren mit der CD einen Nachfolger, ab den 2000er Jahren kam dann der Kauf von Songs über das Internet in Mode. Seit einigen Jahren revolutioniert allerdings das »Streaming« die Musiknutzung. Beim »Streaming« erfolgt die Wiedergabe direkt aus dem Internet, ohne dass der abgespielte Song lokal auf dem Gerät gespeichert wird. Ein Vorteil des Streamings ist die zentrale Ablage aller Songs auf einem Server, wobei die Wiedergabe auf jedem beliebigen Endgerät, vom PC bis zum Handy möglich ist – es wird nur eine Internetverbindung benötigt, die noch nicht einmal besonders schnell sein muss.

Beim Streaming zahlen Sie – je nach Anbieter – eine monatliche Pauschale von ca. 5 bis 15 Euro, haben dafür aber Zugriff auf mehrere dutzend Millionen (!) Songs. Es ist möglich, sich eigene Abspiellisten zusammenzustellen, einige Streaming-Dienste stellen zudem fertige Abspiellisten zur Verfügung, die jeden Musikgeschmack bedienen. Kündigen Sie ihr Streaming-Abo, dann verlieren Sie auch alle von Ihnen selbst angelegten Abspiellisten.

Einziger Nachteil des Streamings: Die Musik gehört nicht Ihnen und kann deshalb nicht ohne den Streaming-Anbieter genutzt werden. Sie dürfen zwar unter Umständen Musik für die Offline-Wiedergabe (ohne Internetverbindung) herunterladen, aber für die Wiedergabe der verschlüsselten Dateien müssen Sie dann trotzdem ein Abo mit dem Anbieter abgeschlossen haben. Je nach gewähltem Tarif ist zudem die gleichzeitige Wiedergabe auf ein einzelnes Gerät beschränkt. Läuft die Musik also gerade im Wohnzimmer, dann stoppt sie dort, sobald Sie die Wiedergabe auf dem Gerät in der Küche starten.

Neben Google sind auch noch Spotify, Apple, Deezer, Amazon und einige kleinere Anbieter im Streaming-Markt aktiv.

Die Musikwiedergabe erfolgt sehr flexibel entweder im Webbrowser auf dem PC, über smarte Lautsprecher (Google Home, Apple Homekit, Amazon Alexa usw.) oder die YouTube Music-App auf dem Handy.

22.1 Die Tarife von YouTube Music

- **YouTube Music**: Für diesen Dienst brauchen Sie sich nicht kostenpflichtig anzumelden oder irgendwas bezahlen, denn die Finanzierung erfolgt durch zwischendurch eingeblendete Werbung.
- **YouTube Music Premium**: Der günstigste Tarif kostet 10,99 Euro im Monat. Als Student können Sie bis zu ca. 4 Jahre den Tarif für 5,49 Euro pro Monat buchen. Jedes Jahr erfolgt dann eine Überprüfung.
- **YouTube Premium**: Falls Sie sehr häufig Videos auf YouTube (in der gleichnamigen App oder auf der Website) anschauen, dann dürfte YouTube Premium interessant sein. Auf YouTube gibt es dann keinerlei nervende Werbung und Sie erhalten Zugriff auf einige weitere exklusive Inhalte (»YouTube Originals«). Zur Anmeldung besuchen Sie *www.youtube.com/premium*. Die Kosten betragen 11,99 Euro.

22.2 YouTube Music-App

In diesem Buch können wir leider aus Platzgründen nur auf die wichtigsten Funktionen der YouTube Music-App eingehen. In der Regel werden Sie ausschließlich die Musikvorschläge nutzen, die bereits alle wichtigen Musikgeschmäcker bedienen.

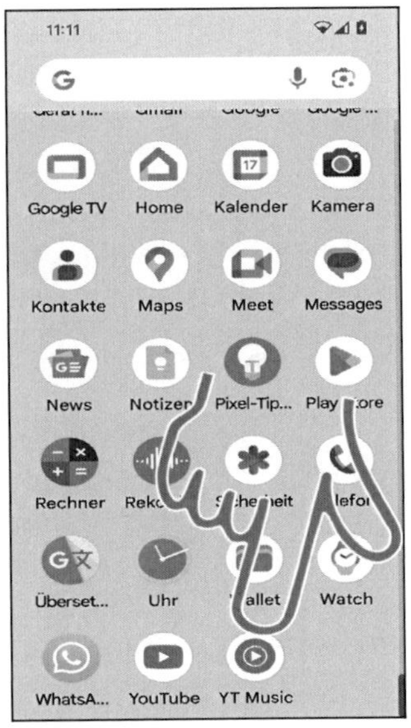

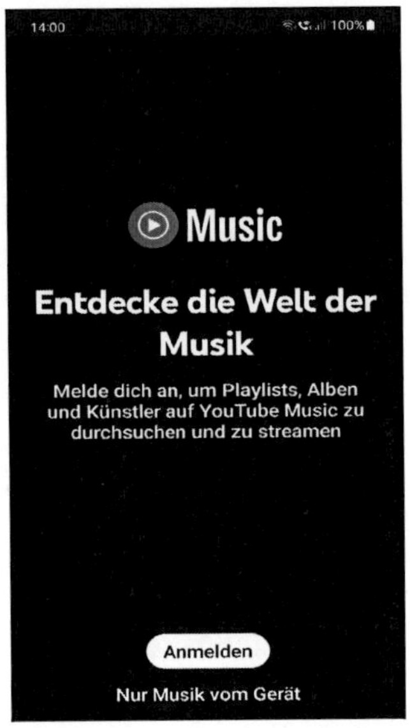

❶❷ Im Hauptmenü rufen Sie *YT Music* auf. Betätigen Sie gegebenenfalls *Anmelden.*

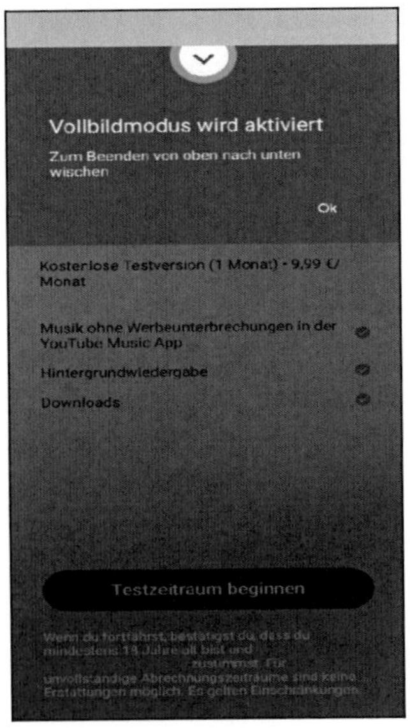

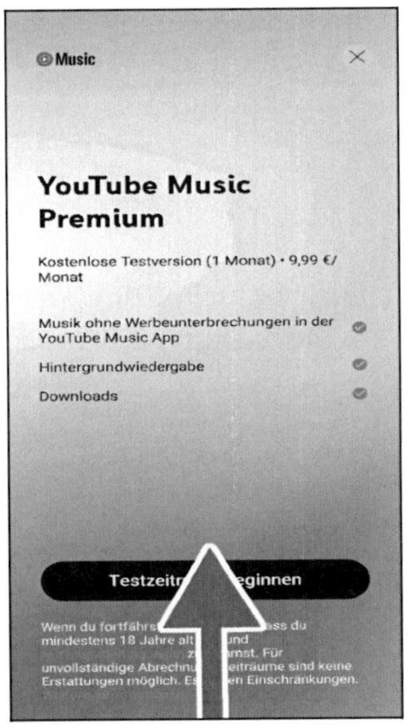

❶ Eventuell schaltet YouTube Music in den Vollbildmodus. Schließen Sie das Popup mit *OK.*

❷ Mit einer Wischgeste von unterhalb des Displays nach oben aktivieren Sie nun bei Bedarf die Navigationstasten.

➊ Zunächst sollen Sie die Grundfunktionen der App kennenlernen, weshalb wir im Abo-Bildschirm die X-Schaltleiste (Pfeil) antippen.

➋ Aktivieren Sie mit dem Finger Interpreten/Bands, deren Musik Sie interessiert und gehen Sie auf *Fertig*.

➌ Das folgende Popup schließen Sie mit *Zulassen*.

22.2.1 Grundfunktionen von YouTube Music

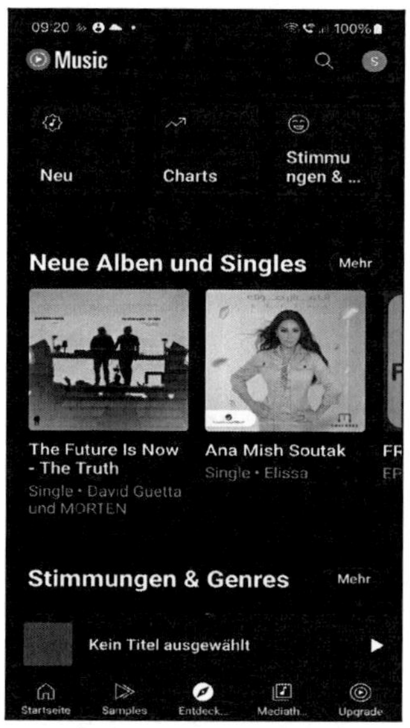

➊ Alle wichtigen Funktion verbergen sich in den Registern (Pfeil):

- *Start*: Schlägt ausgehend von Ihren Interessen und bisher abgespielten Songs passende Playlists und Songs vor.
- *Samples*: Stellt angesagte Musikvideos vor.
- *Entdecken* (➋): Angesagte Alben und Singles.
- *Bibliothek* (➌): Verwaltet Playlists, Alben, einzelne Musiktitel und Künstler, die Sie Ihrer Bibliothek hinzugefügt haben.
- *Upgrade*: Kostenpflichtiges YouTube Music-Abo aktivieren und verwalten. Darauf geht Kapitel *22.4 YouTube Music Premium* noch ein.

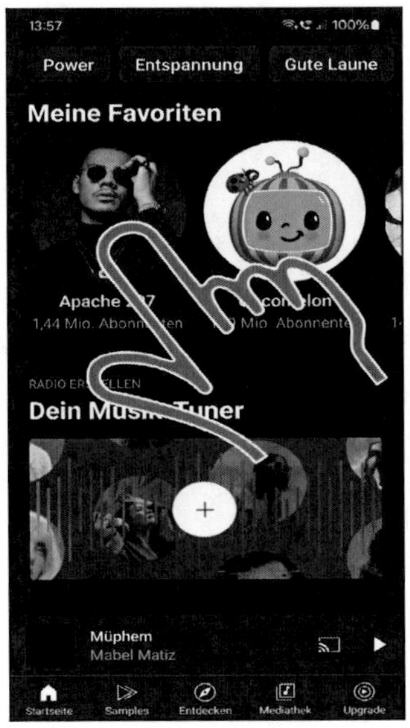

❶ In unserem Beispiel möchten wir im *Start*-Register vorgeschlagene Musik abspielen. Wischen Sie durch die Vorschläge.

❷ Tippen Sie auf einen der Interpreten/Bands.

❸ Wahlweise tippen Sie einen abzuspielenden Titel an oder betätigen *ZUFALLSMIX* oder *RADIO*, worauf die Wiedergabe startet.

❶ Schließen Sie gegebenenfalls den Hinweis auf YouTube Music Premium mit *NEIN DANKE*.

❷ Tippen Sie in einen beliebigen Bereich des Fortschrittsbalkens (Pfeil), wenn Sie zu einem bestimmten Punkt im abgespielten Song springen möchten.

Weitere Funktionen:

- ⏮ / ⏭: Zum vorherigen/nächsten Titel springen (dies ist auch über eine Wischgeste nach links oder rechts möglich).
- ▶ / ❚❚ : Starten/Pausieren der Wiedergabe.

Die kostenlose Musiknutzung finanziert Google durch Werbeclips, die zwischendurch vor den Songs abgespielt werden.

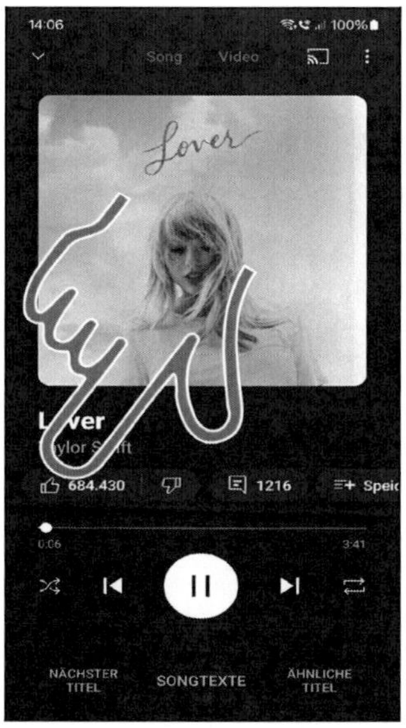

❶ Über die Schaltleisten (»Mag ich/Mag ich nicht«) markieren Sie Songs, die ihnen gefallen oder nicht gefallen. Je mehr Songs Sie auf diese Weise bewerten, desto besser sind die automatischen Musikvorschläge.

❷ Beim ersten Mal weist Sie die App mit einem Popup auf die Vorteile hin. Schließen Sie es mit *OK*.

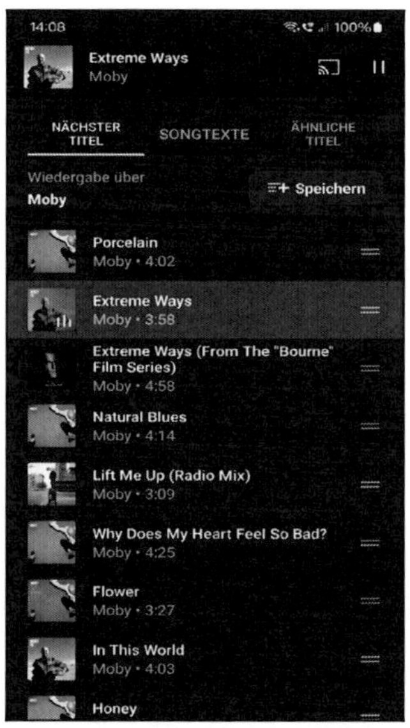

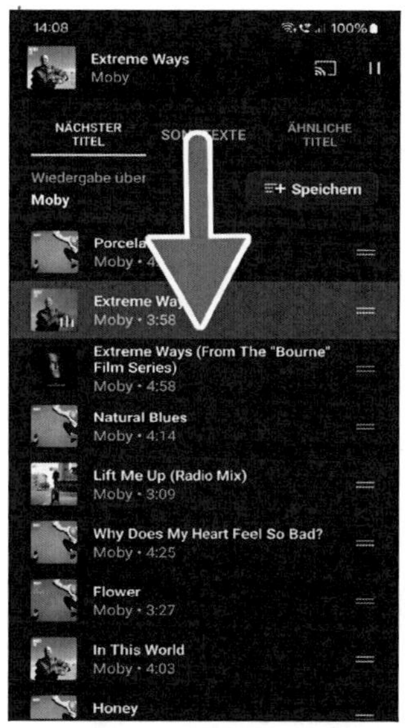

❶ Ihnen gefällt der gerade abgespielte Song eines Radios oder eine Playlist nicht? Dann wischen Sie im unteren Bildschirmrand nach oben.

❷ Antippen eines anderen Titels spielt ihn als Nächstes ab.

❸ Wischen über der »Lasche« nach unten schließt die Titelliste wieder.

❶❷ Eine Wischgeste nach unten im oberen Bildschirmdrittel minimiert das Wiedergabefenster auf einen kleinen Balken. Antippen des Titels schaltet auf das Wiedergabefenster um, ▮ pausiert und X beendet die Wiedergabe.

22.3 Radiosender

Der Begriff »Radiosender« ist etwas verwirrend, denn es handelt sich nicht um Sender, wie man sie vom klassischen Rundfunk kennt. Tatsächlich sind alle YouTube Music-Radiosender dynamische Playlists, welche sich an Ihre Hörgewohnheiten anpassen. Songs, die Sie überspringen, werden künftig nicht mehr so häufig oder überhaupt nicht mehr gespielt. Nach einiger Zeit spielt der jeweilige Radiosender nur noch Ihre Lieblingsmusik.

❶❷ Zu jeder Playlist existiert auch ein entsprechender Sender. Halten Sie einfach den Finger auf einer Playlist gedrückt, bis das Popup erscheint, in dem Sie auf *Radio starten* gehen.

❸ Die Wiedergabe startet.

Im Abspielbildschirm sind alle Funktionen verfügbar, die auch bereits Kapitel *22.2.1 Grundfunktionen von YouTube Music* vorstellt.

22.3.1 Favorisierte Songs

Jeder hat einen anderen Musikgeschmack. Damit Google Ihnen passende Songs/Alben/Interpreten vorschlagen kann und die angebotenen Radiosender nur Ihre Lieblingsmusik spielen, wertet Google einige »Signale« aus, wozu beispielsweise die abgespielten und übersprungenen Titel gehören.

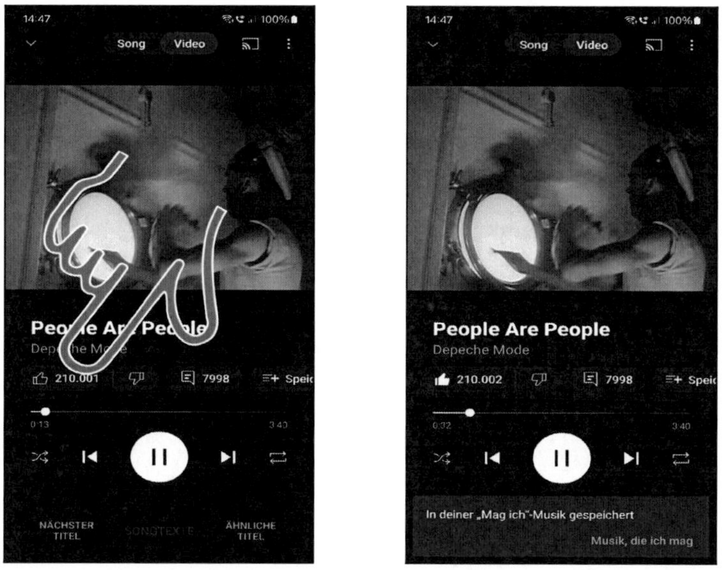

❶❷ Sie favorisieren einen Song mit . Die -Schaltleiste markiert dagegen einen Titel, der Ihnen nicht gefällt.

Je nach Nutzungsmuster wird YouTube Music schon nach einigen Tagen in den Radiosendern ausschließlich Ihre Lieblingsmusik spielen.

❶ Die favorisierten Songs finden Sie im *Mediathek*-Register, das Sie aktivieren.

❷ Gehen Sie auf *Musik, die ich mag*.

❶ Tippen Sie einen Titel an oder starten Sie die Wiedergabe über die weiße Schaltleiste.

❷ Ihnen gefällt ein Song nicht mehr? Dann gehen Sie auf .

22.3.2 Suche

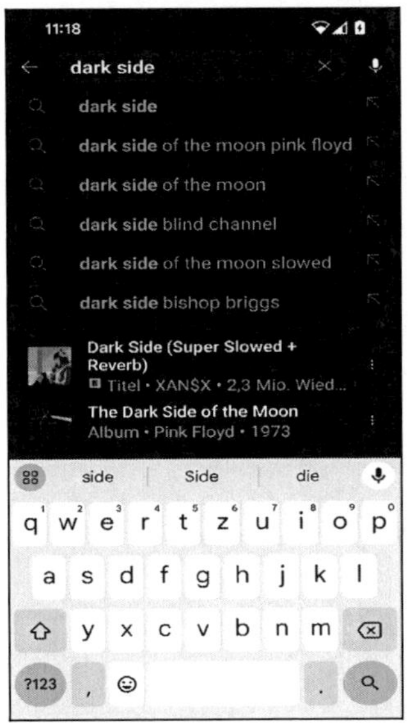

❶ Die Suchfunktion aktivieren Sie über .

❷ Bereits während der Eingabe erhalten Sie passende Vorschläge, wovon Sie einen auswählen.

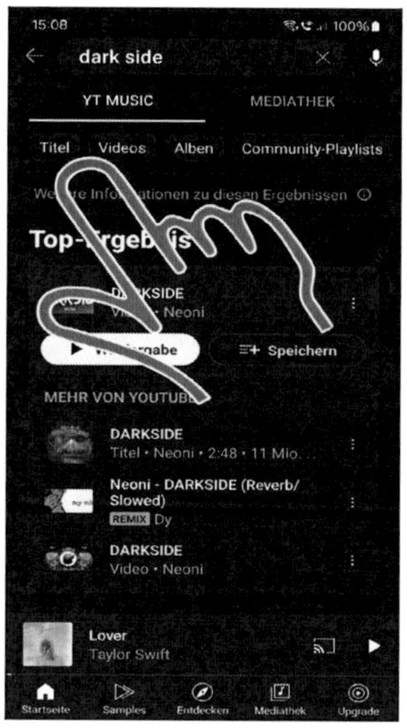

❶❷ Je nach Suchbegriff listet die App mehrere Tausend Ergebnisse auf. Mit den Schaltleisten (Pfeil) am oberen Bildschirmrand grenzen Sie die Suche ein. Wählen Sie dann einen Song, ein Album, Video oder Playlist aus, die dann abgespielt wird.

❸ In der Ergebnisliste wird bei einigen Alben und Songs ein »E« als »explicit« (Pfeil) angezeigt. Damit markiert Google Songs mit jugendgefährdenden Inhalten, beispielsweise Gewalt, Alkohol oder Sex.

22.4 YouTube Music Premium

Wie bereits erwähnt, kostet das Musikabo »YouTube Music Premium« standardmäßig 10,99 Euro im Monat. Dafür erhalten Sie folgende zusätzliche Funktionen:

- Keine lästige Werbung mehr.
- Wiedergabe im Hintergrund: Wenn Sie die App verlassen, läuft die Musik weiter.
- Musik herunterladen: Sie können Ihre Lieblingsmusik herunterladen, um Sie auch ohne Internetverbindung abzuspielen.
- Audiomodus: Die App spielt auch – sofern vorhanden – Musikvideos ab. Im Audiomodus wird davon nur die Audiospur abgespielt, was bei schlechter Internetverbindung vorteilhaft ist.

22.4.1 YouTube Music Premium-Abo aktivieren

❶ Tippen Sie auf *Upgrade.*

❷ Gehen Sie auf *Testzeitraum beginnen.*

❸Wählen Sie den Musiktarif aus. Falls Sie nur Musik auf dem Handy hören möchten, dürfte *Einzelperson* ausreichen. Sie können jederzeit später noch den Tarif wechseln beziehungsweise beenden. Betätigen Sie dann *Bestätigen.*

22.4.2 YouTube Music Premium-Abo verwalten

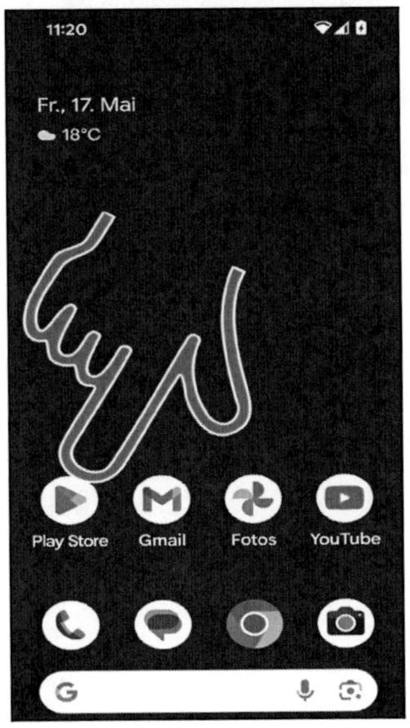

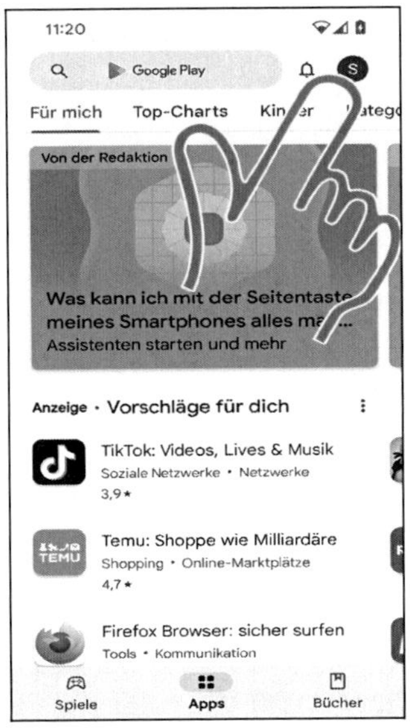

❶ Wir empfehlen, die zentrale Aboverwaltung des Play Stores zu nutzen. Rufen Sie dafür im Startbildschirm den *Play Store* auf.

❷ Tippen Sie oben rechts auf das runde Konto-Symbol.

❸ Wählen Sie *Zahlungen und Abos.*

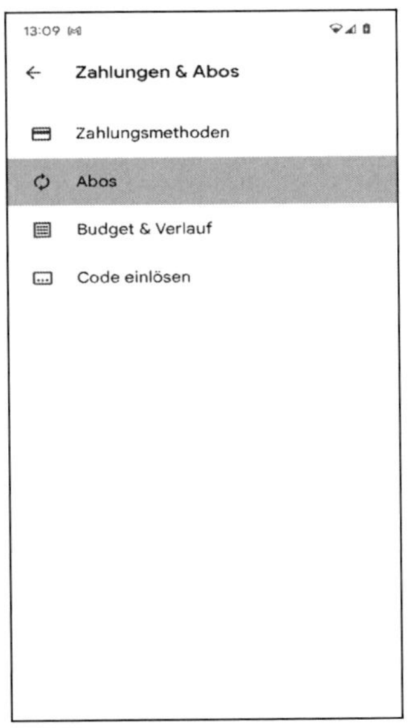

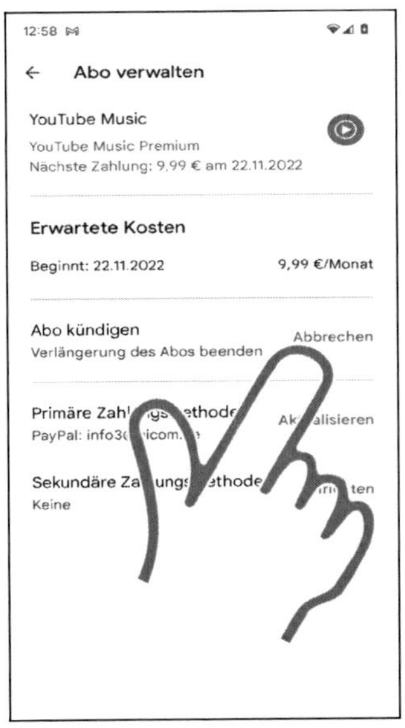

❶ Gehen Sie auf *Abos.*

❷ Hier werden alle aktiven Abos aufgelistet, in unserem Beispiel nur *YouTube Music. Abbrechen* kündigt das Abo (Sie dürfen es jederzeit später erneut abschließen, haben dann aber keinen kostenlosen Probemonat).

❸ Betätigen Sie hier *Weiter.*

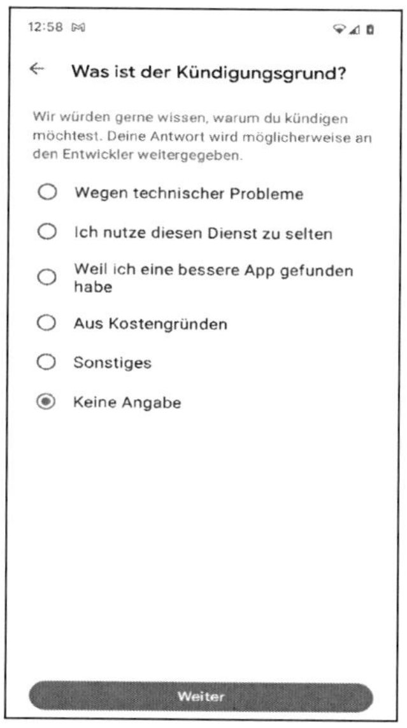

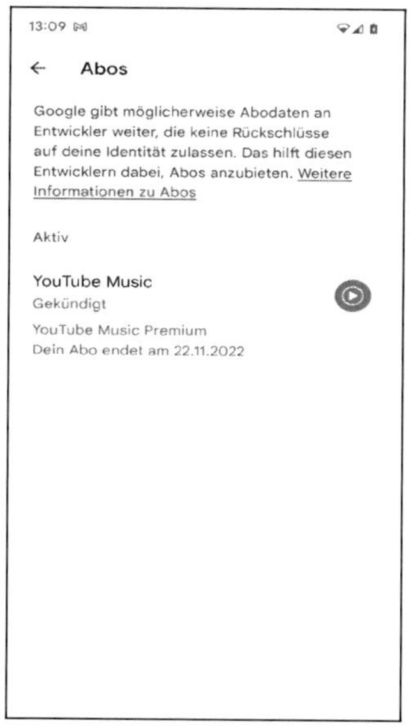

❶❷ Als Grund wählen sie einfach *Keine Angabe* und gehen auf *Weiter.* Damit ist das *YouTube Music*-Abo beendet. Wie oben erwähnt, haben Sie bei einer Kündigung innerhalb des Probemonats keine weiteren Kosten.

22.5 Welcher Song ist das?

Sie kennen sicher das Problem, ab und zu im Radio, TV, Kaufhaus oder Club einen unbekannten Song zu hören, der Ihnen gefällt. Den Songtitel herauszufinden gestaltete sich dann schwierig. Als Problemlösung bietet sich eine Automatik an, die anhand eines mitgehörten Ausschnitts Interpret, Titel und Album ermittelt.

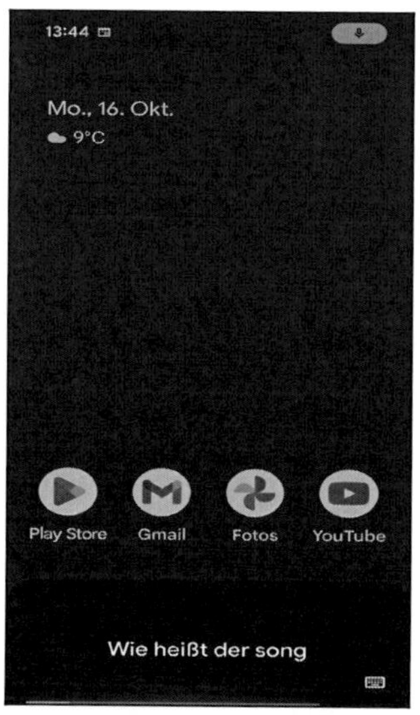

❶ Rufen Sie den Sprachassistenten mit »*Ok Google, wie heißt der Song?*« (siehe Kapitel *20 Google Assistant*) auf.

❷ Singen oder summen Sie das Lied vor, alternativ halten Sie das Handy in die Nähe des Radios, wo der Song gerade gespielt wird.

❸ Google analysiert nun die Musik und zeigt den Songtitel und Interpreten an.

23. Weitere Programme

23.1 Rechner

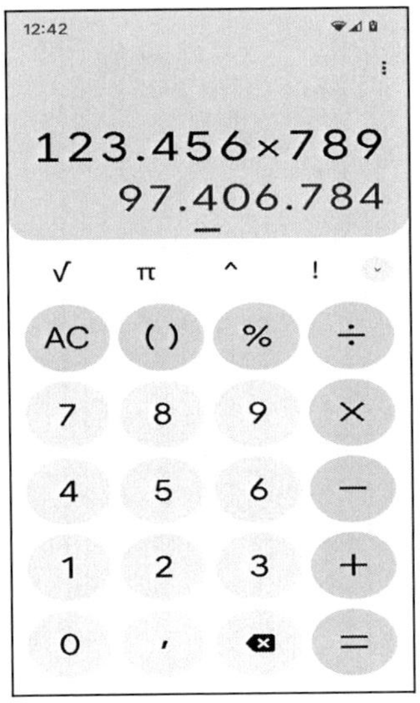

❶ Sie finden den *Rechner* im Hauptmenü.

❷ Alle Eingaben erfolgen in natürlicher Schreibweise. Das Rechenergebnis erhalten Sie dann nach Betätigen der »=«-Taste auf dem Tastenfeld.

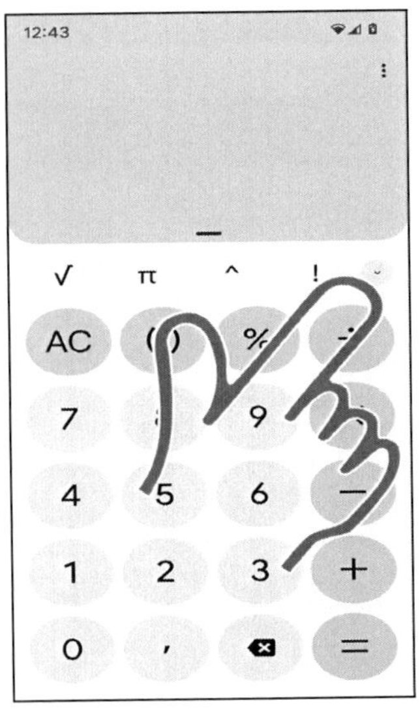

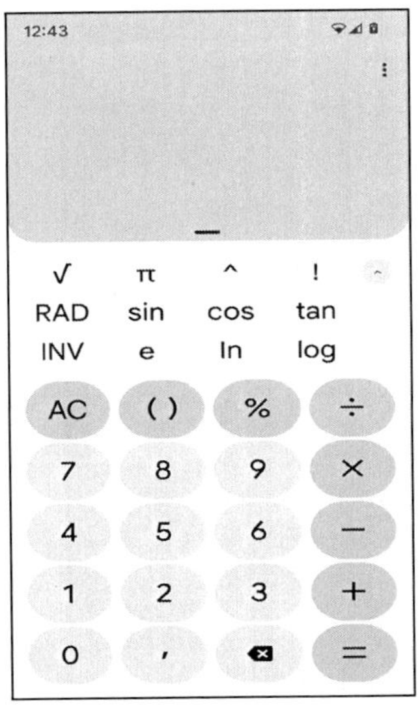

❶❷ Die ^-Schaltleiste (Pfeil) zeigt die technisch-wissenschaftlichen Funktionen an.

23.2 Wecker und Uhr

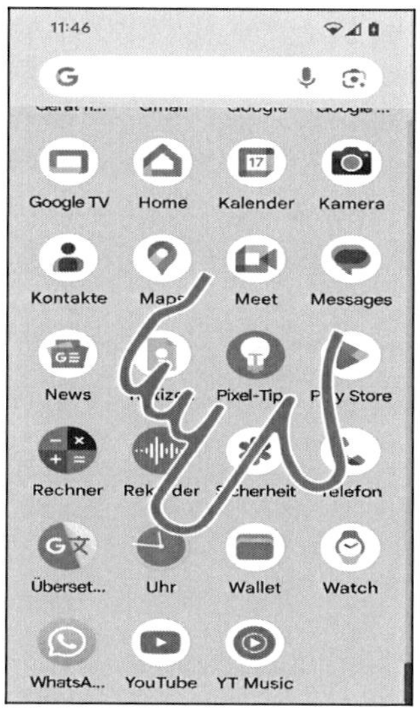

➊ Die *Uhr*-Anwendung starten Sie aus dem Hauptmenü.

➋ Über das Register am unteren Bildschirmrand schalten Sie zwischen den Funktionen der Uhr-Anwendung um: *Wecker, Uhr, Timer, Stoppuhr* und *Schlafenszeit*.

23.2.1 Alarm

➊ Aktivieren Sie das *Wecker*-Register.

➋ Tippen Sie auf +.

➌ Anschließend stellen Sie die Uhrzeit ein. Schließen Sie den Vorgang mit *OK* ab.

❶ Der Alarm ist eingerichtet und aktiv. Bei Bedarf legen Sie weitere Einstellungen fest:

- *M D M D F S S*: Dies sind die Wochentage, an denen der Alarm aktiv sein soll.
- *Standard*: Der verwendete Signalton.
- *Vibrieren*
- *Name*: Vergeben Sie dem Alarm bei Bedarf eine Bezeichnung.
- *Google Assistant-Ablauf*: Sie können über den Google Assistant automatisierte Abläufe durchführen lassen. In diesem Buch gehen wir nicht darauf ein.
- *Löschen*: Alarm entfernen.

❷ Der Schalter (Pfeil) aktiviert/deaktiviert den Alarm.

Wie man eigene Alarmtöne auf dem Handy einrichtet, erfahren Sie im Kapitel *28.9 Eigene Klingel- und Benachrichtigungstöne*.

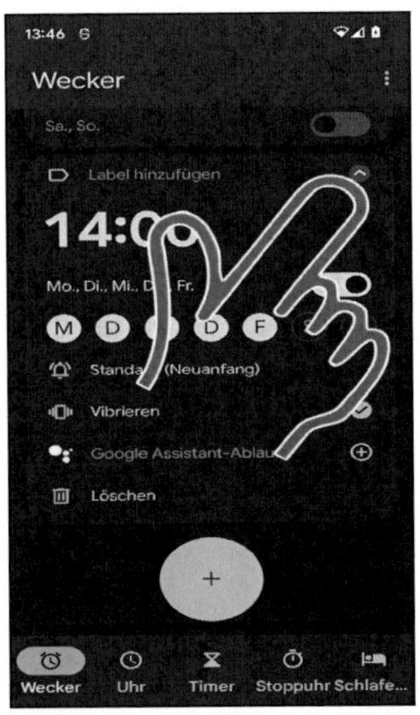

❶❷ In der Alarmübersicht klappen Sie über ⌃ (Pfeil) beziehungsweise ⌄ einen Alarm zu oder auf.

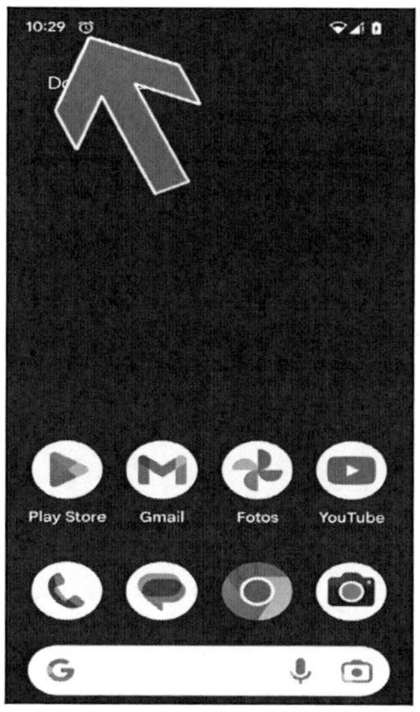

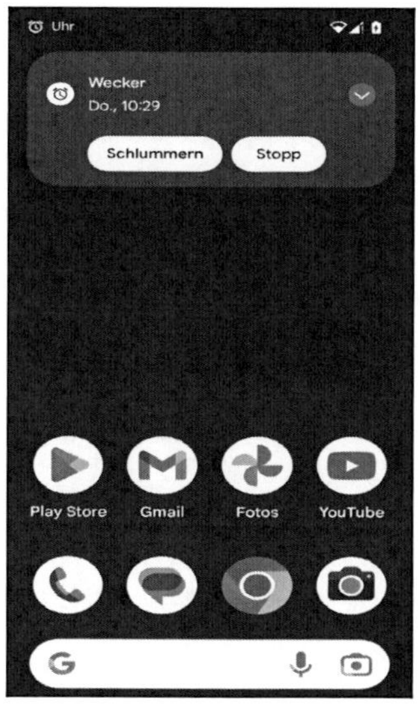

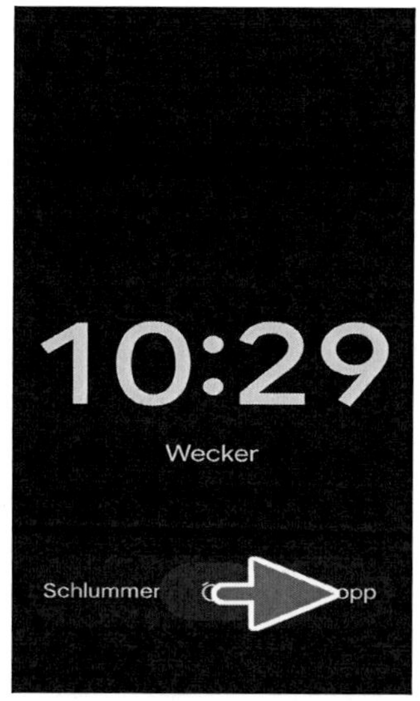

❶ Dass mindestens ein Alarm aktiv ist, erkennen Sie am ⏰-Symbol in der Titelleiste (Pfeil).

❷ Zum eingestellten Zeitpunkt ertönt der Alarm und ein Popup erscheint, in dem Sie entweder *Schlummern* (nach 10 Minuten erneut klingeln) oder *Stopp* betätigen.

❸ Alarm während Displaysperre: Ziehen Sie zum Beenden des Alarms den Schieber entweder nach links für die Schlummerfunktion oder nach rechts zum Abschalten.

23.2.2 Schlafenszeit

Für erholsamen Schlaf ist ein pünktliches Zubettgehen wichtig. Ihr Handy macht jeweils rechtzeitig auf die gewünschte Bettzeit aufmerksam und weckt Sie morgens pünktlich. Damit verbunden sind eine eingebaute Aktivitätstatistik (falls Sie während der Bettzeit das Handy nutzen) und ein automatisch aktivierter Nicht stören-Modus (alle Benachrichtigungen sind deaktiviert).

Einziger Nachteil der Schlafenszeit-Funktion: Sie müssen Sie einmalig korrekt einrichten.

❶❷ Aktivieren Sie *Schlafenszeit* und betätigen Sie *Starten.*

❸ Wählen Sie die Weckzeit und die Wochentage aus. Weitere Parameter:

- *Tageslichtwecker*: Das Handydisplay schaltet sich ein und wird langsam heller. Damit Sie eine Weckwirkung erhalten, muss das Handy natürlich direkt neben Ihrem Bett liegen.
- *Ton; Vibrieren*
- *Google Assistant-Ablauf*: Legen Sie Abläufe fest, die automatisch ausgelöst werden. Wir gehen in diesem Buch nicht weiter darauf ein.

Gehen Sie auf *Weiter.*

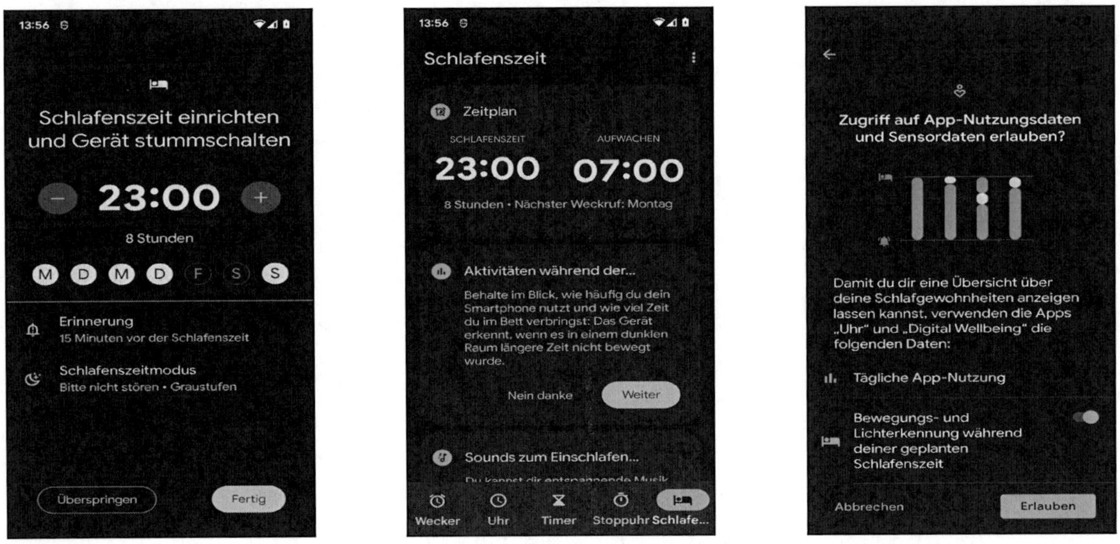

➊ Stellen Sie nun die übliche Schlafenszeit und die betreffenden Wochentage ein und betätigen Sie *Fertig.*

➋➌ Zum Schluss können Sie noch mit *Weiter* die Aktivitätsstatistik aktivieren. Das Handy erfasst dann die Zeiten während denen Sie in der Nacht das Handy benutzt haben. Dies ist praktisch für die Kontrolle des eigenen Verhaltens.

23.3 YouTube

Die YouTube-Anwendung bietet eine ähnliche Funktionalität wie das Videoportal, das Sie unter *www.youtube.com* im Web finden. Wir empfehlen, das Handy während der YouTube-Nutzung waagerecht zu halten, damit Sie die Videos in voller Displaygröße ansehen können.

YouTube lässt sich am besten im Querformat nutzen. Damit das Handy die Bildschirmausrichtung im Querformat erlaubt, müssen Sie eine Einstellung ändern.

➊ Öffnen Sie das Benachrichtigungsfeld und wischen Sie von den Schaltleisten aus nach unten für die erweiterte Ansicht.

➋ Blättern Sie mit einer Wischgeste nach links zur zweiten Bildschirmseite.

➌ Aktivieren Sie *Automatisch drehen.*

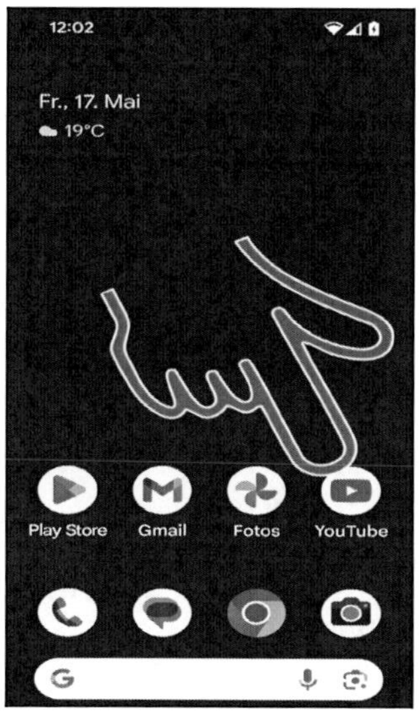

➊ Sie rufen *YouTube* im Startbildschirm auf.

➋ Alternativ finden Sie *YouTube* im Hauptmenü.

➌ Falls das Popup die Einwilligung für Benachrichtigungen abfragt, betätigen Sie *Zulassen.* Sie werden dann beispielsweise über neues Videos in den von Ihnen abonnierten Kanälen informiert.

Halten Sie das Handy nun waagerecht, worauf sich die Bildschirmanzeige anpasst.

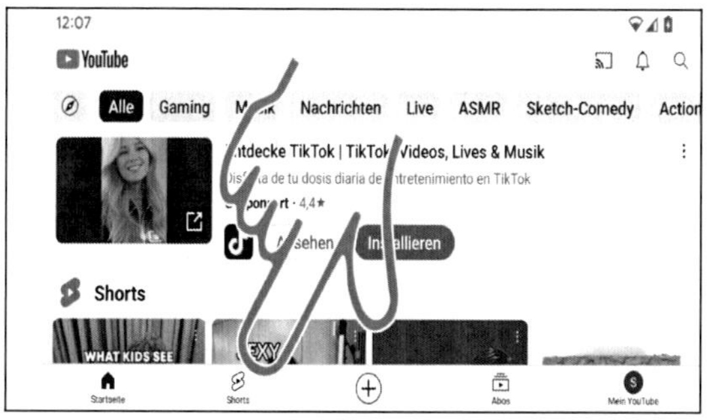

Über die Register schalten Sie um zwischen:

- *Start*: Startseite
- *Shorts*: »Shorts« (engl. »klein«) sind Kurzvideos mit maximal 60 Sekunden Dauer. Die Videos sind allerdings ein Ärgernis, da sie im Portrait-Modus ablaufen und man nicht in ihnen vor- oder zurückspulen kann!
- ⊕: Eigene Videos hochladen oder Video live streamen.
- *Abos*: Von Ihnen abonnierte Kanäle (=Anbieter).
- *Mein YouTube*:
  - *Verlauf*: Liste der bereits aufgerufenen Videos.
  - *Playlists*: Von Ihnen markierte Videos sowie zusammengestellte Playlists.
  - *Meine Videos*: Von Ihnen selbst hochgeladene Videos.
  - *Deine Filme & Serien*: Listet die von Ihnen erworbenen Filme und Kanäle auf.
  - *Premium-Mitglied werden*: Die werbefreie Nutzung ist über ein kostenpflichtiges Abo für 12,99 Euro pro Monat möglich. Im Tarif ist auch YouTube Music Premium (siehe Kapitel *22.1 Die Tarife von YouTube Music*) enthalten.
  - *Wiedergabezeit*: Nutzungsstatistik.

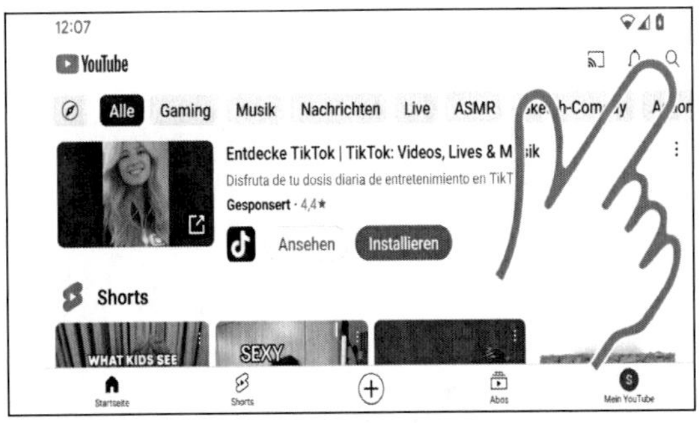

❶❷ Zum Auffinden von Videos tippen Sie oben auf 🔍, geben den Suchbegriff ein und betätigen 🔍 auf dem Tastenfeld. Tippen Sie in den Suchergebnissen das anzuzeigende Video an.

Die ersten Einträge in der Ergebnisliste sind meistens Werbung, durch die sich YouTube finanziert. Wischen Sie einfach nach oben, um die eigentlichen Suchergebnisse anzuzeigen.

❶❷ Die Wiedergabe erfolgt. Tippen Sie auf den Bildschirm, um Bedienelemente anzuzeigen. Die ◀-Taste bringt Sie wieder auf in das Hauptmenü. ⤡ (Pfeil) schaltet dagegen in ein kleines Videofenster um.

Bitte wundern Sie sich nicht, wenn ein Video nicht den gesamten Bildschirm ausfüllt, sondern ein schwarzer Rand bleibt. Bis vor 10 Jahren unterstützten TV-Sender und Aufnahmegeräte häufig nur das 3:4-Format (gelesen als »Länge zu Breite«), während heute 16:9 (HD-Format) üblich ist. Die von anderen YouTube-Nutzern hochgeladenen Videos im 3:4-Format stammen also aus älteren Quellen oder von veralteten Aufnahmegeräten.

❶❷ Navigationstasten werden standardmäßig ausgeblendet. Wischen einmal von außerhalb des Bildschirms nach links, um sie wieder anzuzeigen.

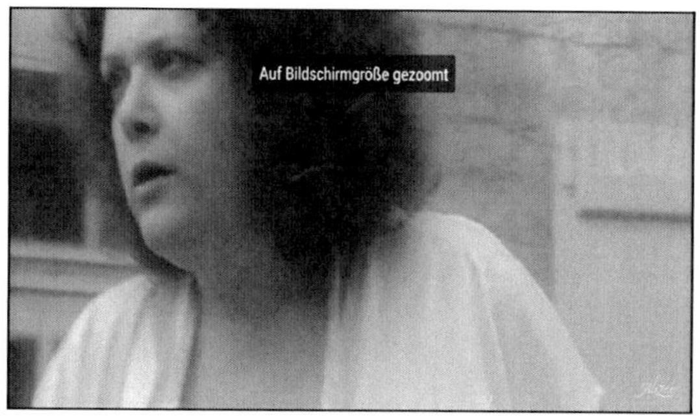

❶❷ Sogenannte HD-Videos (Bildschirmformat 16:9) können Sie mit einer Kneifgeste nach außen (Zeigefinger und Daumen auf den Bildschirm setzen und dann auseinander ziehen) vergrößern.

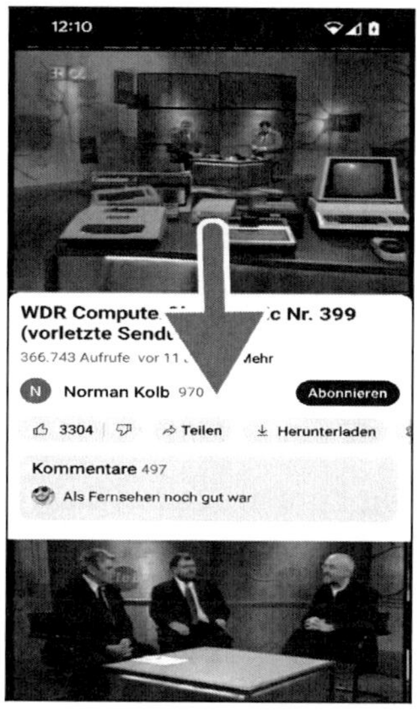

❶ Wenn Sie das Handy aufrecht halten, verkleinern Sie mit einer Wischgeste nach unten das Videofenster.

❷ Sie können dann in YouTube weiter stöbern, während das Video weiterläuft. ✕ beendet die Wiedergabe.

❸ Wischen nach oben vergrößert das Videofenster wieder.

23.4 Google Drive

Bei Google Drive handelt es sich um einen Online-Speicher, worin Sie beliebige Dateien ablegen. Das Arbeitsprinzip kennen Sie vielleicht schon vom Konkurrenten Dropbox. Google Drive ist mit Ihrem Google-Konto verknüpft.

Beachten Sie, dass Google Drive zwar 15 Gigabyte Online-Speicher zur Verfügung stellt, dieser aber mit anderen Google-Diensten wie Gmail (siehe Kapitel *10 Gmail*) und Google Fotos (siehe Kapitel *19 Google Fotos*) geteilt wird.

Die übliche Vorgehensweise:

1. Laden Sie von Ihrem Handy aus beliebige Dateien wie Fotos oder Office-Dokumente in Google Drive hoch.
2. Der Zugriff auf die Dateien lässt sich anschließend für andere Nutzer freigeben.
3. Über eine Weboberfläche (*drive.google.com*) ist auch die Dateiverwaltung über einen PC-Webbrowser möglich. Dort können Sie auch ein PC-Programm herunterladen, das Ihnen die Arbeit mit Google Drive erleichert.

Zusätzlich unterstützt Google Drive das Erstellen und Bearbeiten von Microsoft Office-Dateien (Word, Excel und PowerPoint). Dies geschieht über die Zusatzprogramme Google Docs, Google Tabellen und Google Präsentationen. Google Drive ist sehr umfangreich, weshalb wir hier nur auf die interessantesten Funktionen eingehen können.

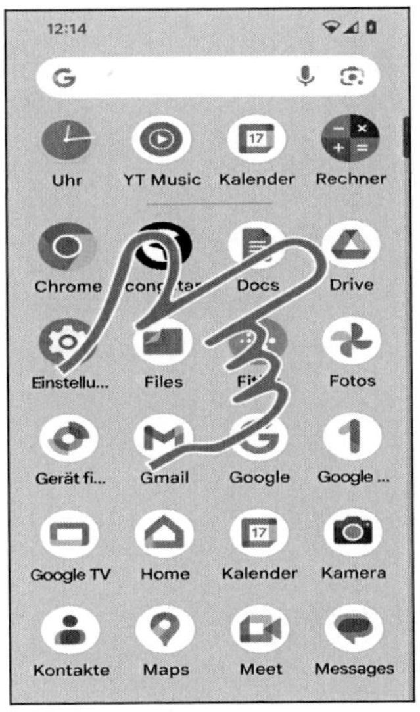

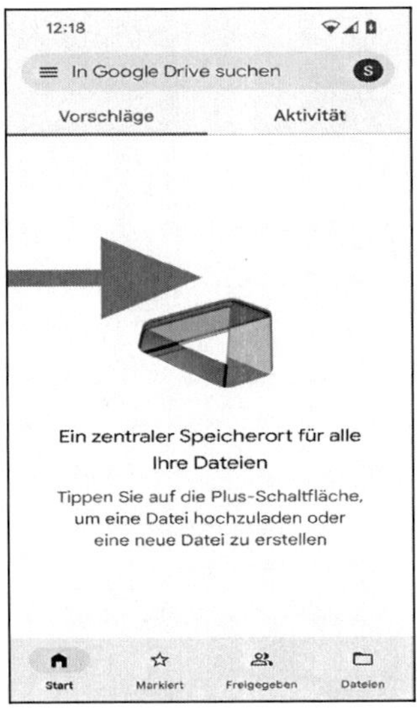

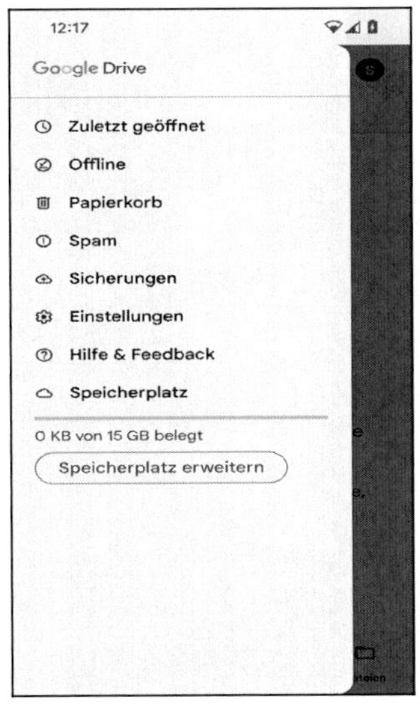

❶ Das Programm *Drive* rufen Sie im Hauptmenü auf. Falls ein Benachrichtigungs-Popup erscheint, betätigen Sie *Zulassen.*

❷❸ Mit einer Wischgeste nach rechts öffnen Sie das Ausklappmenü, welches Sie durch Wischen nach links wieder schließen. Die enthaltenen Funktionen:

- *Zuletzt geöffnet*: Dateien, auf die Sie zuletzt zugegriffen haben (Zugriffsverlauf).
- *Offline*: Aus Google Drive heruntergeladene Dateien. Sie haben darauf auch offline – also ohne Internetverbindung – Zugriff.
- *Papierkorb*: Von Ihnen in Google Drive gelöschte Dateien.
- *Sicherungen:* Nicht von Google dokumentiert.
- *Einstellungen*: Diverse Datensicherungseinstellungen.
- *Hilfe & Feedback*
- *Speicherplatz*: Informiert über den freien und belegten Speicher und bietet die Möglichkeit, weiteren Speicherplatz dazu zu mieten.

❶❷ Die Register am unteren Bildschirmrand:

- : Start (Hauptseite)
- ★: Markiert: Von Ihnen als Favoriten markierte Dateien.
- : Freigegeben: Von anderen Anwendern für Ihr Google-Konto freigegebene Dateien.

- 🗀: Dateien: Von Ihnen ins eigene Google-Konto hochgeladene Dateien.

23.4.1 Dateien bei Google Drive hochladen

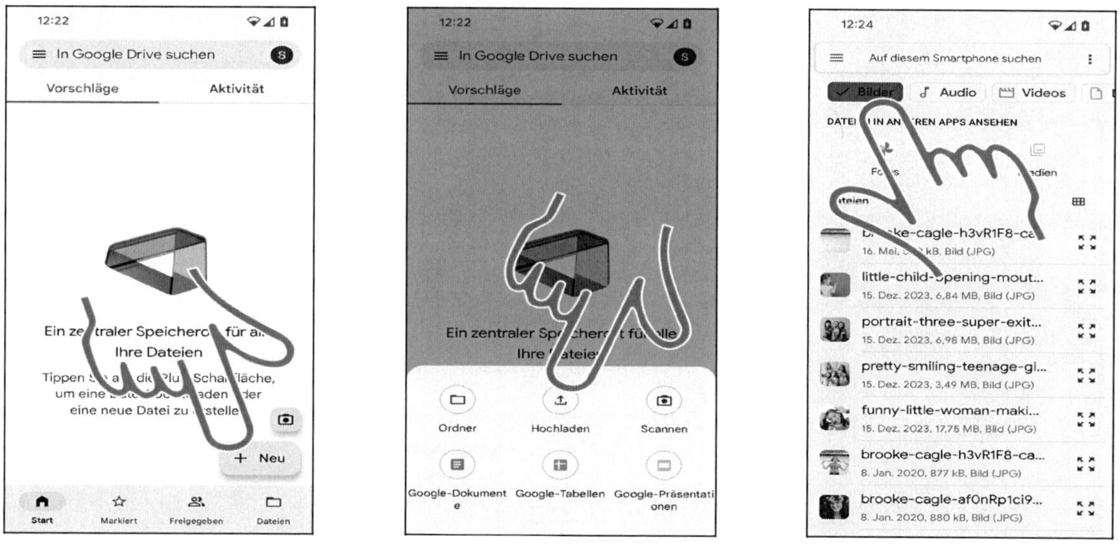

❶❷ Gehen Sie auf **+** und dann auf *Hochladen*.

❸ Wählen Sie zunächst den aufzulistenden Dateityp, im Beispiel *Bilder*, aus.

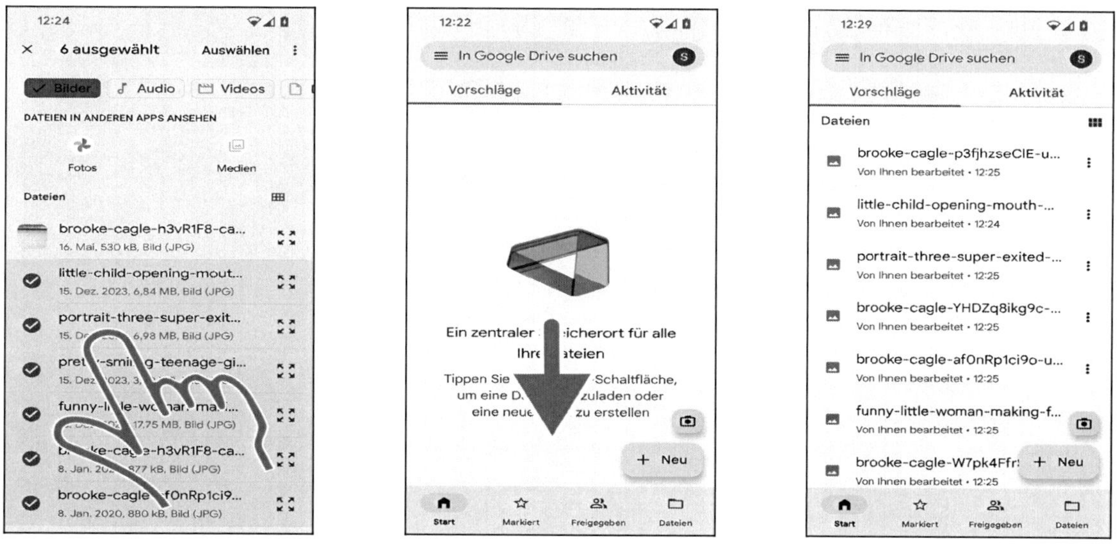

❶ Markieren Sie mit kurzem Antippen die ins Google-Konto hochzuladenden Dateien. Betätigen Sie dann *Auswählen* (oben rechts im Bildschirm).

❷❸ Aktualisieren Sie die Ansicht mit einer Wischgeste nach unten. Die neu hochgeladenen Dateien werden angezeigt.

> Auch wenn Sie mit Google Mediendateien hochladen können, müssen Sie beachten: Google Drive und Google Fotos arbeiten unabhängig voneinander, das heißt, Fotos und Videos, die Sie bei Google Drive hochladen, erscheinen nicht in Google Fotos und umgekehrt.

23.4.2 Anzeige

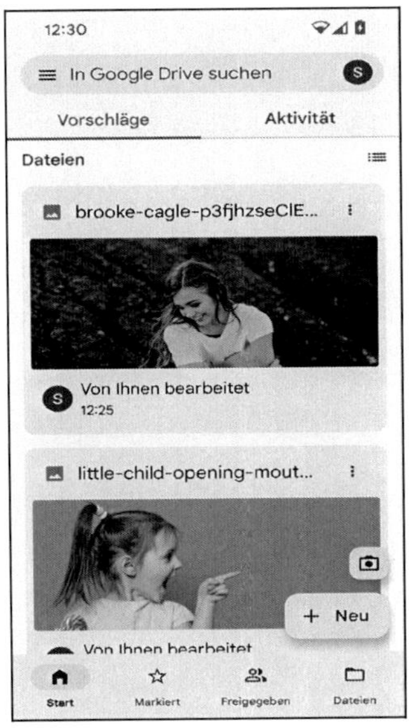

❶❷ Mit der Schaltleiste oben rechts wechseln Sie zwischen der Vorschau- und Listenansicht.

23.4.3 Office-Datei erstellen

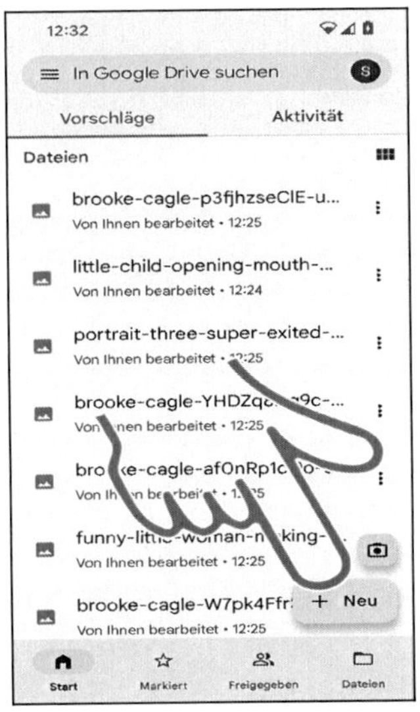

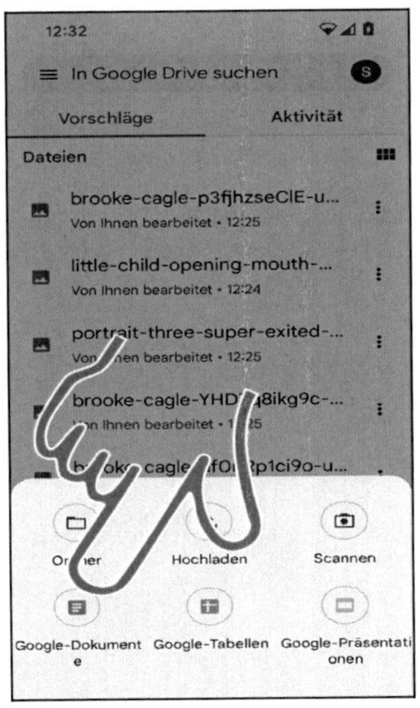

Google bietet Programme an, mit denen Sie Office-Dokumente auf dem Gerät, aber auch in Google Drive hochgeladene Office-Dateien bearbeiten können. Unterstützt werden dabei die Microsoft-Dateiformate Word, Excel und PowerPoint.

❶❷ Gehen Sie auf + und dann auf *Google-Dokumente, Google-Tabellen* oder *Google-Präsentationen*.

❸ Die Anwendung, im Beispiel Google Docs wird sofort mit einem leeren Dokument gestartet.

> Während Google Docs bereits auf dem Handy vorinstalliert ist, werden Sie bei Google Tabellen und Google Präsentationen zum Google Play Store geleitet, worin Sie die betreffende Anwendung installieren.

❶❷ Das jeweilige Programm startet mit einem leerem Dokument/einer leeren Tabelle. Sie befinden Sie im Editor. Nach der Bearbeitung speichern Sie die Datei mit ✓ (Pfeil) und kehren mit ✕ nach Google Drive zurück. Sie finden die Datei im *Dateien*-Register von Google Drive.

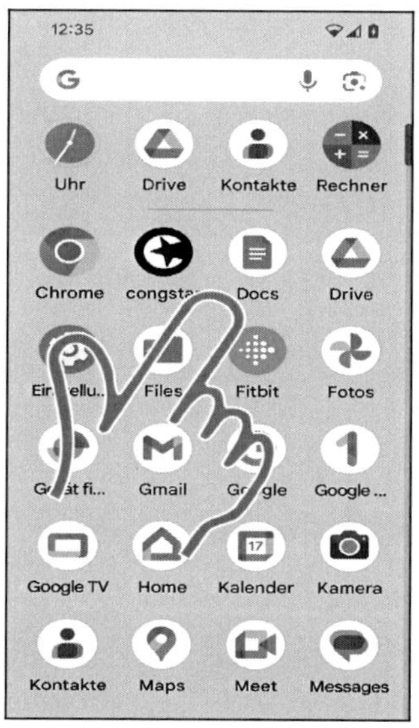

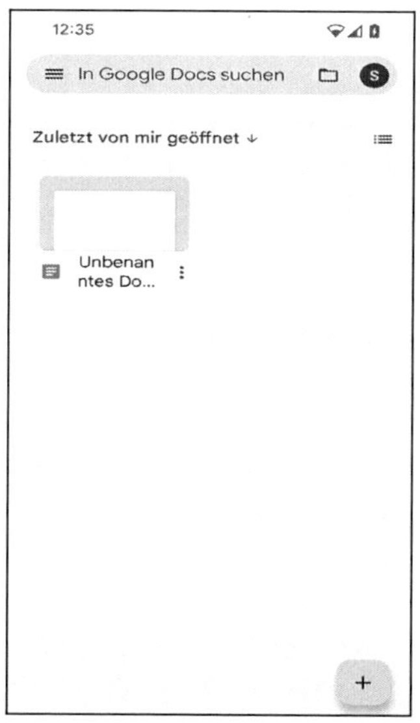

Google-Dokumente, Google-Tabellen und Google-Präsentationen sind eigenständige Anwendungen. Sie brauchen also nicht den Umweg über Google Drive zu nehmen, sondern gehen einfach im Startbildschirm beziehungsweise Hauptmenü auf *Docs, Tabellen* oder *Präsentationen.*

❶❷ In unserem Beispiel rufen wir Google Docs unter *Docs* im Hauptmenü auf.

23.4.4 Dateien freigeben

Standardmäßig haben nur Sie Zugriff auf Ihre in Google Drive abgelegten Dateien. Sie können aber Dateien oder Verzeichnisse für Dritte freigeben. Über einen Link, den Sie beispielsweise per E-Mail verschicken, können die Empfänger die jeweilige Datei im Webbrowser anzeigen.Dateien freigeben

Standardmäßig haben nur Sie Zugriff auf Ihre in Google Drive abgelegten Dateien. Sie können aber einzelne Dateien oder ganze Verzeichnisse für Dritte freigeben.

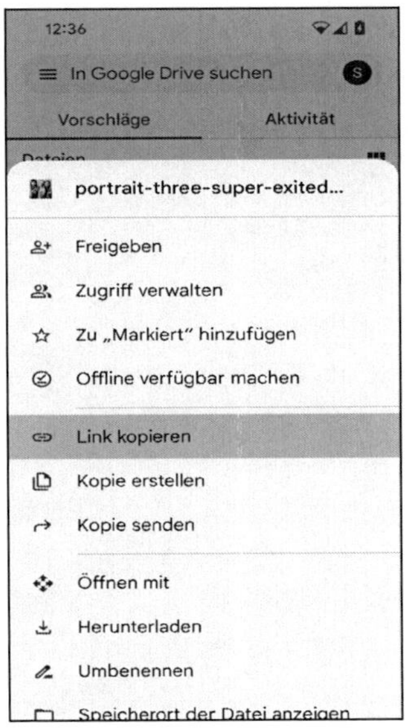

❶ Tippen Sie hinter dem Dateinamen auf ⁝ (Pfeil).

❷ Gehen Sie auf *Link kopieren*. Google Drive hat eine Webadresse (»Freigabelink«) in die Zwischenablage kopiert.

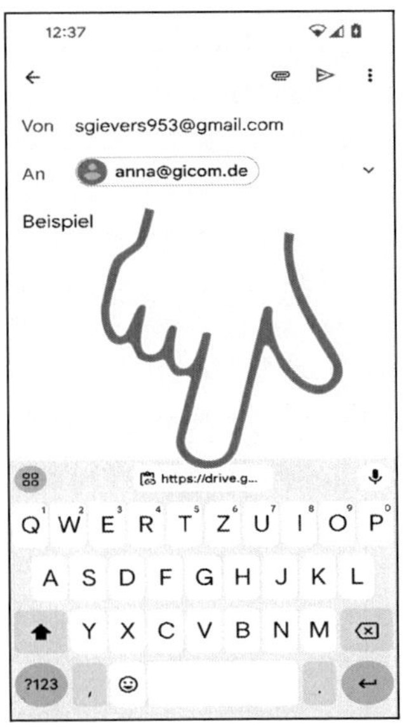

❶ In unserem Beispiel möchten wir jemand anderem die Datei per E-Mail zugänglich machen. Verlassen Sie Google Drive und rufen Sie eine E-Mail-Anwendung, im Beispiel Gmail, auf. Erstellen Sie dort eine neue Nachricht. Den Inhalt der Zwischenablage mit dem Google Drive-Link fügen Sie über die Schaltleiste über dem Tastenfeld ein.

❷ Sie können nun die E-Mail mit dem Link versenden.

23.5 Google-Anwendung

Die Google-Anwendung stellt die zum aktuellen Zeitpunkt wichtigen Infos auf einem Blick zur Verfügung. Dazu wertet das Programm das Nutzerverhalten im Hintergrund aus und versucht daraus Schlüsse zu ziehen, welche Infos für Sie gerade nützlich sein könnten.

Je nach Situation werden laut Google folgende Infos angezeigt:

- *Wetter*: Wetteraussichten
- *Verkehr*: Falls Sie unterwegs sind.
- *Öffentliche Verkehrsmittel*: Falls Sie sich in der Nähe einer Haltestelle öffentlicher Verkehrsmittel befinden.

- *Flüge*: Wird nach einer Flug-Suche angezeigt.
- *Sport*: Punktezahlen für eine Mannschaft, nach der gesucht wurde.
- *Nächster Termin*: Anstehende Kalendertermine.
- *Übersetzung*
- *Währung*: Währungsumrechnung.
- *Uhrzeit zu Hause*: Wenn Sie sich in einer anderen Zeitzone befinden.
- *Orte*: Points of Interest in der Nähe.

Einige Funktionen der Google-Anwendung überschneiden sich mit dem im Kapitel *20 Google Assistant* beschriebenen.

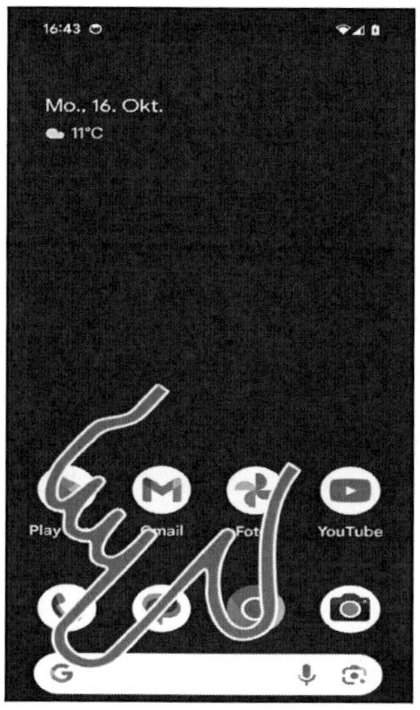

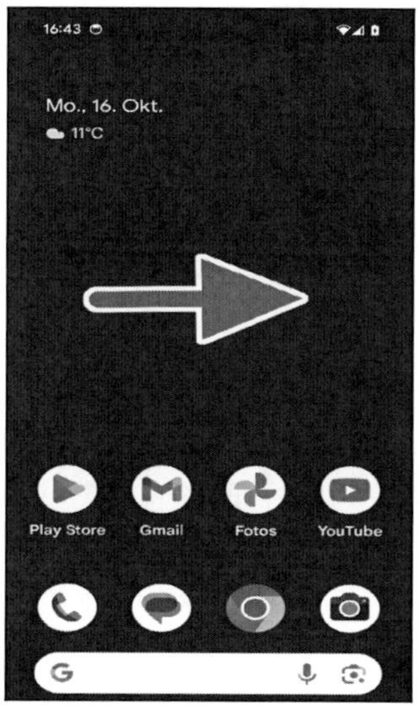

❶ Tippen Sie im Google-Widget auf das »G«.

❷ Alternativ wischen Sie im Startbildschirm nach rechts.

❸ Rollen Sie mit einer Wischgeste durch die angezeigten »Notizkarten« und tippen Sie sie an, um den vollständigen Artikel zu lesen.

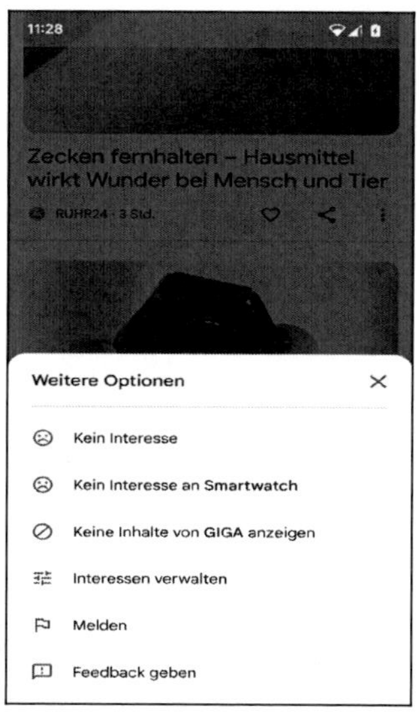

❶❷ Jede »Karte« lässt sich über das ⋮-Menü (Pfeil) anpassen.

In den ersten Tagen der Nutzung wird die Google-Anwendung zunächst nur kaum nützliche Infos anzeigen, was sich aber mit der Zeit ändert.

23.6 Google Notizen

Google Notizen ist ein elektronisches Notizbuch. Ihre darin verwalteten Texte, Bilder und Audioaufnahmen werden automatisch in Ihrem Google-Konto abgelegt und stehen dann auch auf anderen Android-Geräten zur Verfügung. Natürlich haben Sie auch über einen PC-Webbrowser unter der Webadresse *drive.google.com/keep* auf Ihre Notizen Zugriff.

Eine Besonderheit von Google Notizen ist die Möglichkeit, Notizen für die Wiedervorlage einzurichten:

- *Uhrzeiterinnerung*: Zu einer bestimmten Tageszeit (Morgens, Nachmittags, Spätnachmittags, Abends) oder zu einer exakten Uhrzeit weist Sie das Programm auf die fällige Notiz hin.
- *Standorterinnerung*: Alternativ weisen Sie Ihrer Notiz einen Standort zu. Sobald Sie diesen besuchen, werden Sie alarmiert. Beispielsweise können Sie einer Einkaufsliste den Namen und Standort eines Supermarkts eingeben und Google Notizen informiert Sie über die Notiz, sobald Sie sich dem Supermarkt nähern.

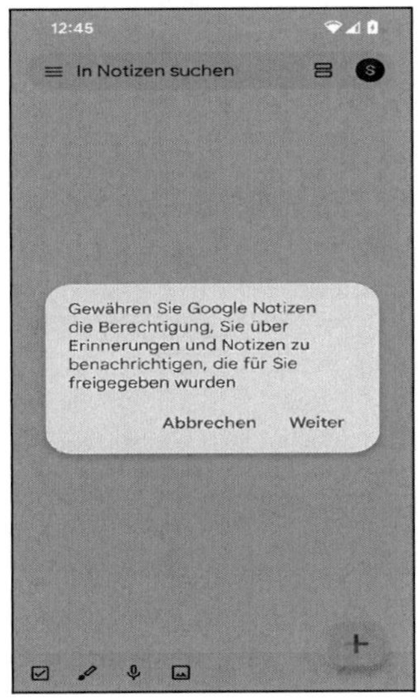

❶ Sie starten *Google Notizen* aus dem Hauptmenü.

❷❸ Die einmalig angezeigten Bildschirme beziehungsweise Popups schließen Sie mit *Weiter* und *Zulassen.*

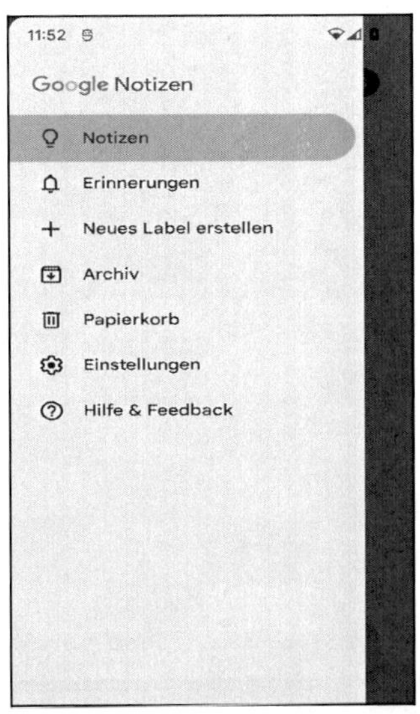

❶❷ Google Notizen arbeitet mit einem Ausklappmenü, das Sie über die Schaltleiste oben rechts öffnen. Sie finden darin die Einträge *Notizen, Erinnerungen, Archiv* und *Papierkorb*:

- *Notizen* ist Ihr Arbeitsbereich, in dem Sie alles sammeln, was gerade aktuell ist oder noch abgearbeitet werden muss.

- *Erinnerungen*: Hier finden Sie alle Notizen, die von Ihnen mit einer zeitlichen oder örtlichen Erinnerung versehen wurden.
- Wenn Sie eine Notiz nicht mehr benötigen, können Sie sie in das *Archiv* verschieben.
- *Papierkorb*: Gelöschte Notizen landen für einige Zeit im Papierkorb, aus dem Sie sie gegebenenfalls wieder »retten« können.

❶ Tippen Sie zur Notizerstellung auf +.

❷ Alternativ betätigen Sie eine der Schaltflächen:

- : Listeneintrag
- : Handschriftliche Notiz.
- : Sprachaufnahme
- : Vorhandes Foto verwenden.

❸ Beispiel für eine Sprachaufnahme. Google Notizen führt automatisch eine Transkription in Text durch.

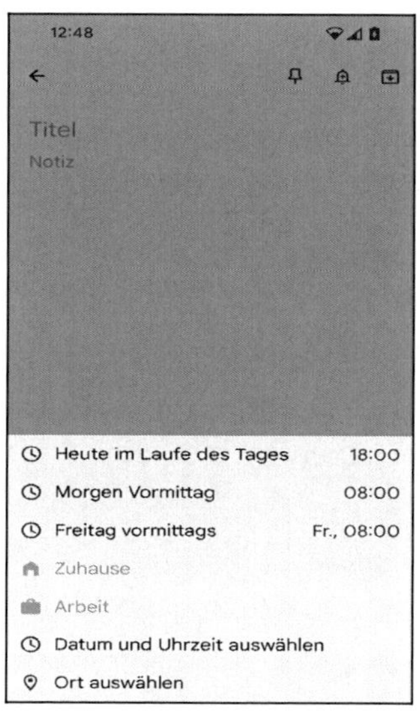

❶❷ Für eine automatische Benachrichtigung tippen Sie auf . Anschließend können Sie entweder eine *Uhrzeit*-Erinnerung oder mit *Ort* eine Standorterinnerung festlegen.

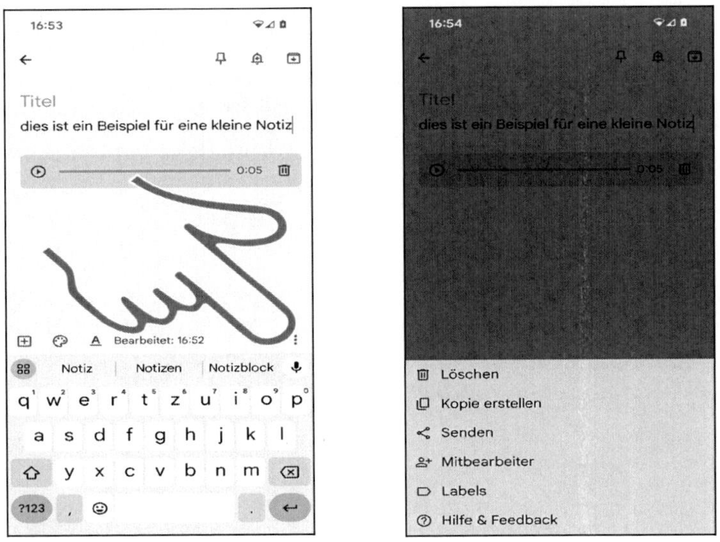

❶❷ Über das ⋮-Menü stehen folgende Funktionen zur Verfügung:

- *Löschen*: Notiz entfernen.
- *Kopie erstellen*
- *Senden*: Notiz über E-Mail, Bluetooth usw. versenden. Damit der Empfänger etwas mit Ihrer Notiz anfangen kann, wird die Notiz in ihre Bestandteile (Bild, Audioaufnahme, Text, etc.) zerlegt und diese als einzelne Dateien verschickt.
- *Mitbearbeiter*: Personen, die mit dem Notizeninhalt zu tun haben.
- *Labels*: Sofern Sie sehr viele Notizen vorliegen haben, sollten Sie ihnen Labels zuweisen. Später grenzen Sie die Notizenauflistung über ein Label im Ausklappmenü ein.

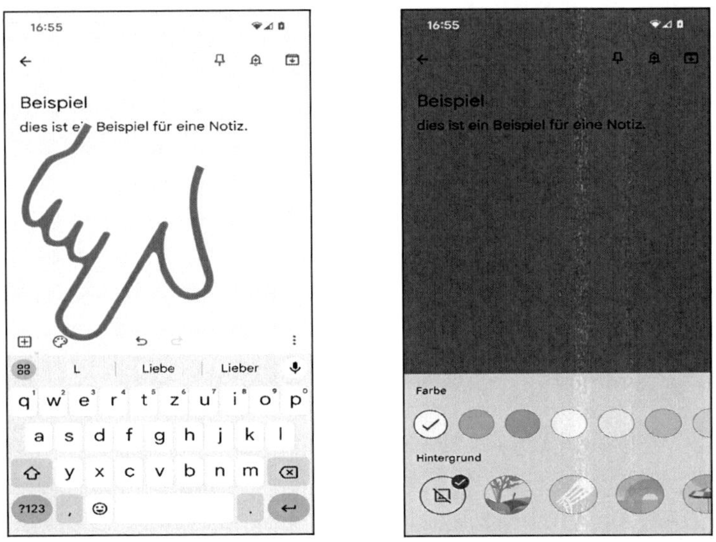

❶❷ In der Notiz können Sie dem Hintergrund mit 🎨 eine Farbe oder Bild zuweisen.

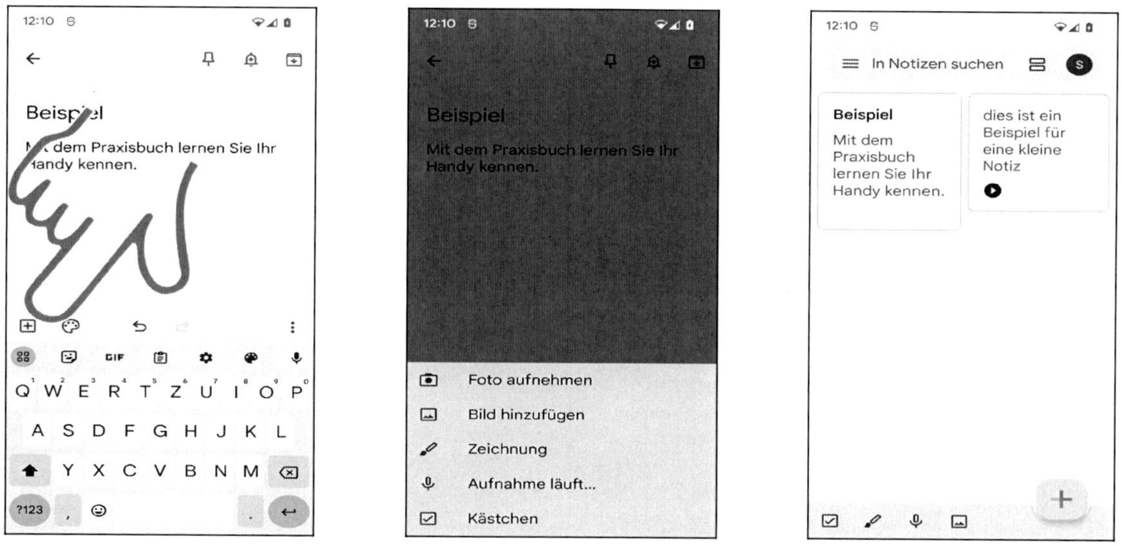

❶❷ Über die ⊞-Schaltleiste fügen Sie der Notiz weitere Elemente hinzu. Verlassen Sie den Bearbeitungsbildschirm mit der ◀-Taste, worauf die Notiz gespeichert wird.

❸ Beispiel für einige Notizen.

23.6.1 Notiz bearbeiten

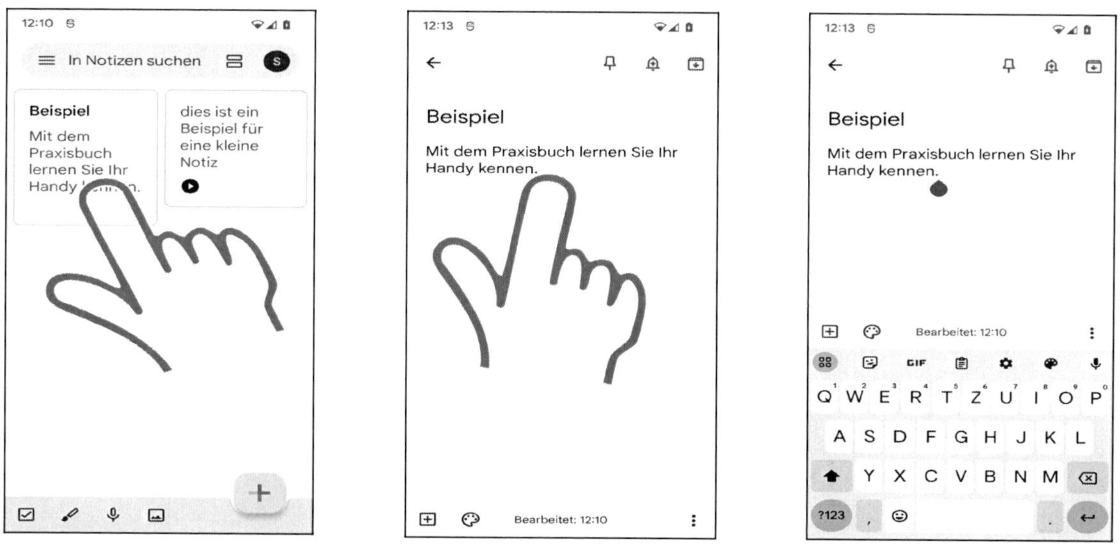

❶❷❸ Zum Bearbeiten tippen Sie die Notiz an, anschließend tippen Sie auf das Element, das Sie ändern möchten.

23.6.2 Labels

Sie verwenden Labels für die einfachere Organisation Ihrer Notizen.

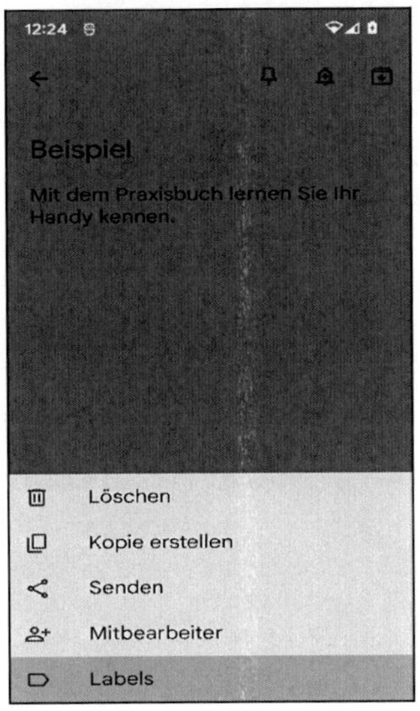

❶❷ So weisen Sie einer Notiz die Label zu: Betätigen Sie ⋮ für das Menü und gehen Sie auf *Labels.*

❸ Erfassen Sie im Eingabefeld die Labelbezeichnung und betätigen Sie *"xxx" erstellen*. Auf dem gleichen Wege legen Sie bei Bedarf weitere Label an.

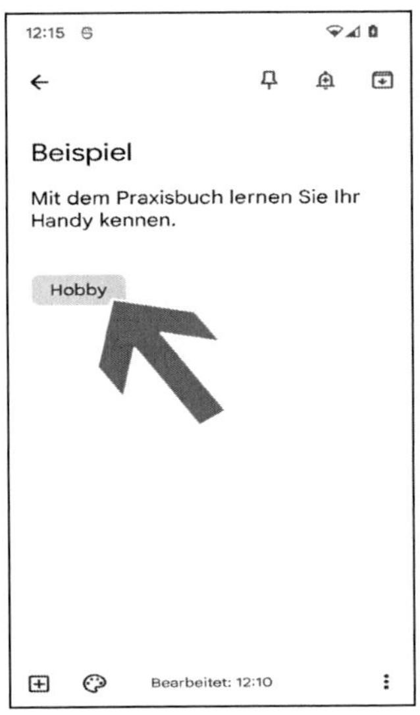

❶ Schließen Sie den Bildschirm mit der ◀-Taste.

❷ Das Label erscheint im Notizenbildschirm.

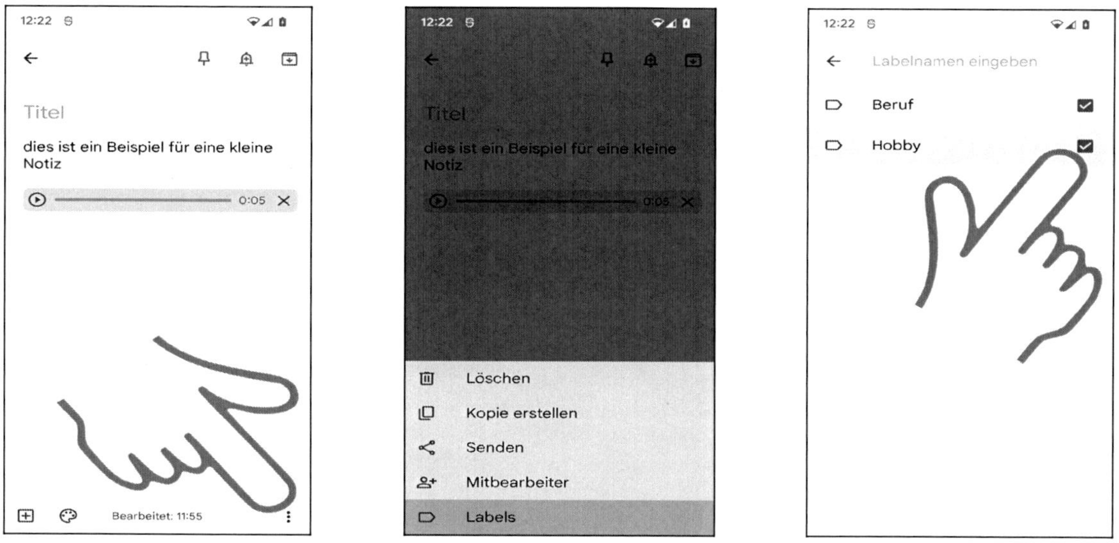

❶❷❸ Wenn Sie künftig ⋮/*Labels* aufrufen, können Sie direkt eines oder mehrere Label auswählen.

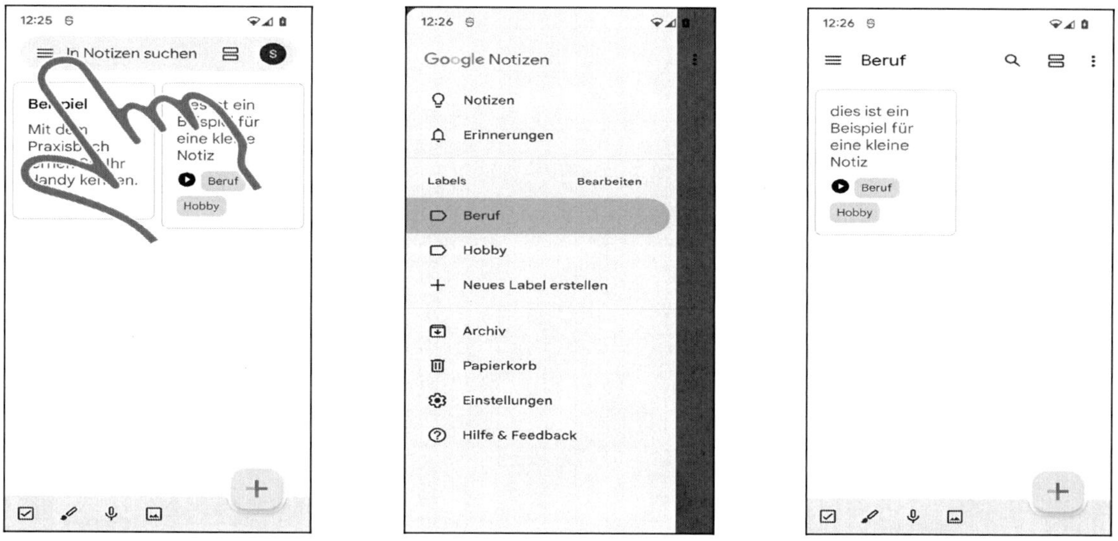

❶❷ Die Labelanzeige begrenzen Sie einfach über das Ausklappmenü, worin Sie einfach auf das Label gehen.

❸ Die ◀-Taste beziehungsweise Auswahl von *Notizen* im Ausklappmenü bringt Sie wieder in die Standardansicht zurück.

23.6.3 Archivierung

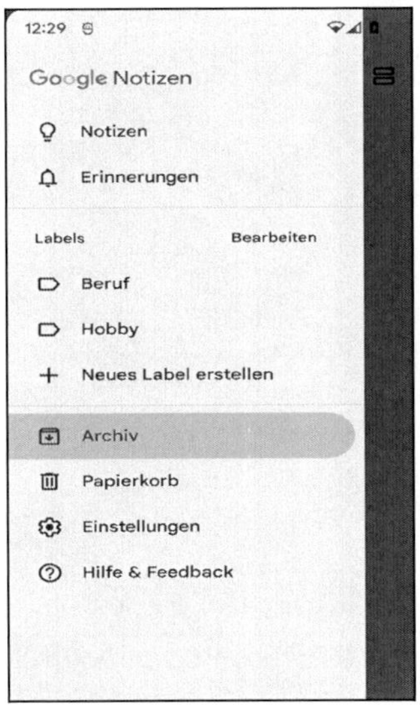

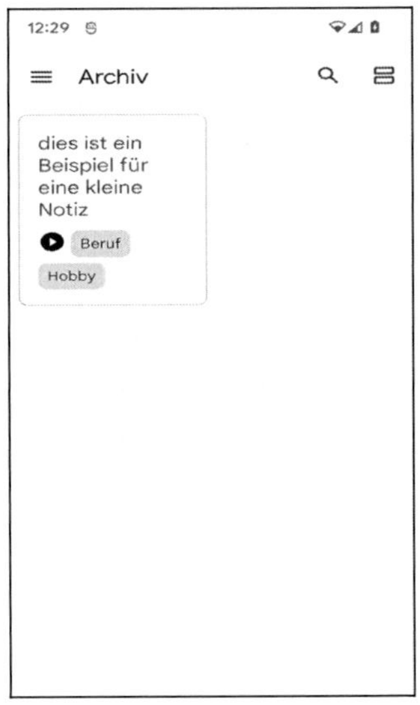

❶ Nicht mehr benötigte Notizen, auf die Sie später vielleicht noch zugreifen möchten, archivieren Sie mit der ⊡-Schaltleiste.

❷❸ *Archiv* im Ausklappmenü listet alle archivierten Notizen auf.

23.7 Übersetzer

Der »Übersetzer« ist kein einfaches Wörterbuch, sondern optimiert für die direkte Kommunikation mit Personen aus anderen Kulturkreisen.

❶ Rufen Sie *Übersetzer* im Hauptmenü auf.

❷ Als erstes müssen Sie die zu Ursprungssprache und die Zielsprache auswählen. Die ⇄-Schaltleiste tauscht die Übersetzungsrichtung.

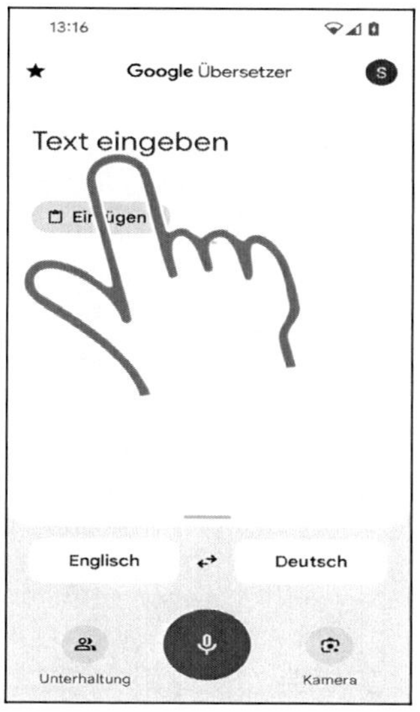

❶❷ Tippen Sie ins Eingabefeld und erfassen Sie einen Text, der sofort übersetzt wird. Die ✕-Schaltleiste oben rechts löscht Ihre Eingabe.

❶ ✍ beziehungsweise ⌨ schaltet zwischen der handschriftlichen und getippten Eingabe um.

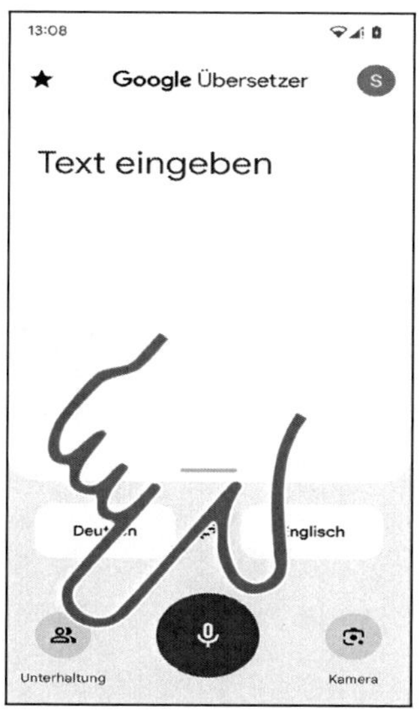

❶ Auch eine fließende Konversation ist möglich. Dazu gehen Sie auf *Unterhaltung*.

❷ Abwechselnd betätigen die beiden Sprecher die gegenüber liegenden Schaltleisten und sagen ihren Text, der simultan übersetzt wird. Die 🎙-Schaltleiste aktiviert den Automatikmodus: Der

Übersetzer erkennt dann automatisch die verwendete Sprache beziehungsweise den Sprecher.

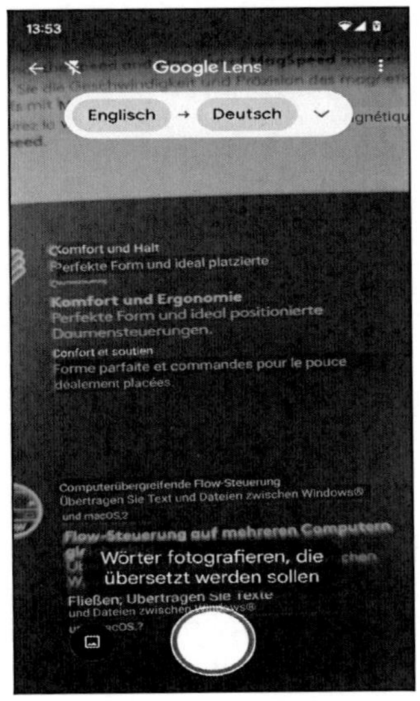

❶ Die *Kamera*-Schaltleiste öffnet den Direktübersetzer.

❷ Betätigen Sie *Kamera öffnen*.

❸ Halten Sie die Kamera über einen fremdsprachlichen Text, beispielsweise ein Hinweisschild oder eine Speisekarte, worauf die Übersetzung ins Kamerabild eingeblendet wird. Achten Sie auf das korrekte Sprachpaar, das Sie am oberen Bildschirmrand einstellen.

24. Empfehlenswerte Apps aus dem Play Store

Im Google Play Store werden unzählige Programme (Neudeutsch als »Apps« bezeichnet) angeboten, die den Funktionsumfang Ihres Handys erweitern. Unsere kleine Übersicht stellt davon einige Nützliche vor.

24.1 Installation

Sofern Sie bereits den Play Store (siehe Kapitel *17 Play Store*) genutzt haben, können Sie dieses Kapitel überlesen.

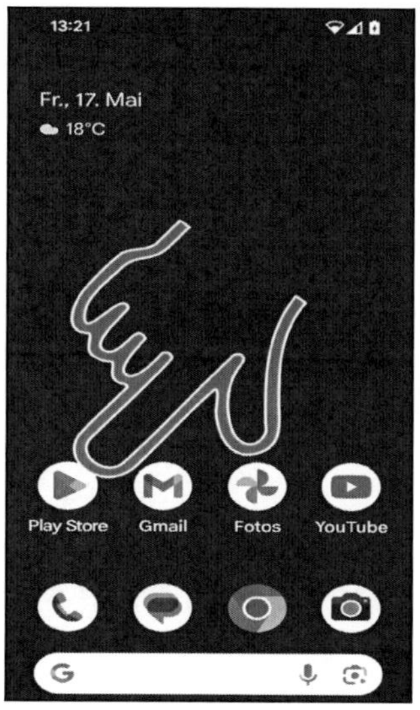

So installieren Sie die Programme:

❶ Rufen Sie den *Play Store* aus dem Startbildschirm oder Hauptmenü auf.

❷ Tippen Sie ins Suchfeld.

❸ Nun geben Sie den Namen eines Programms ein und betätigen Sie 🔍-Taste unten rechts im Tastenfeld. In der folgenden Auflistung können Sie dann das zu installierende Programm antippen. Alternativ wählen Sie schon während der Eingabe einen der Suchvorschläge aus, sofern sich darunter das Gesuchte befindet.

Falls Sie das Suchfeld nicht zu Gesicht bekommen, wenn Sie den Play Store aufrufen, müssen Sie erst mit ein- oder mehrmaligem Betätigen der ◀-Taste in den Hauptbildschirm zurückkehren.

Vorsicht bei der Suche! Es gibt viele Softwareanbieter, die absichtlich Programmnamen und Beschreibungen verwenden, welche beliebten Produkten ähneln. Prüfen Sie daher vor jeder Installation, ob das jeweilige Programm vom richtigen Anbieter stammt. Google überprüft allerdings jedes Programm im Play Store auf schädliche Funktionen, sodass Sie sich bei versehentlicher Installation zwar ärgern mögen, aber keine weiteren Nachteile erleiden.

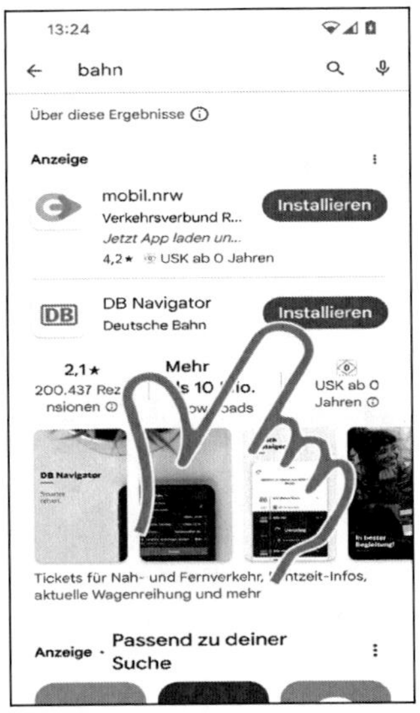

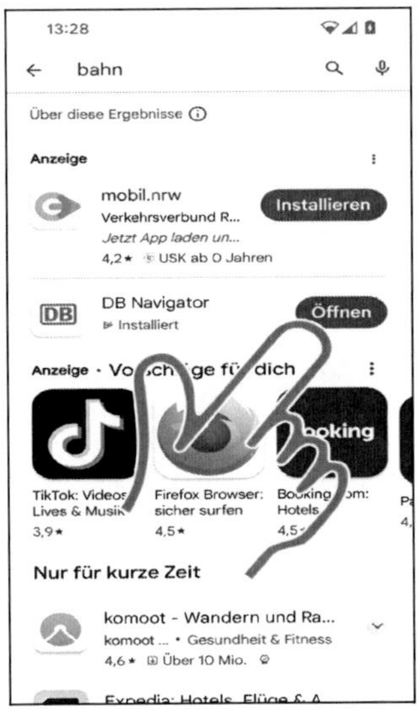

❶ Betätigen Sie zuerst *Installieren,* um das Programm auf dem Handy zu installieren. Sie müssen warten, bis Download und Installation abgeschlossen sind, was je nach Programmgröße und Internetverbindungsgeschwindigkeit eine bis zehn Minuten dauern kann.

❷ Der Programmstart ist nun über die *Öffnen*-Schaltleiste möglich.

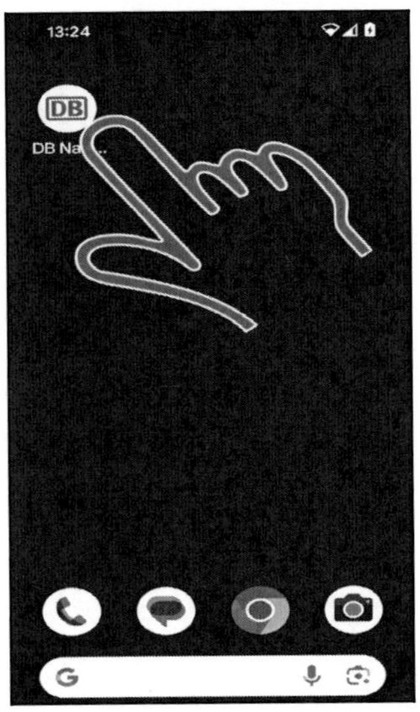

Im Startbildschirm (❶) und im Hauptmenü (❷) erscheint jeweils eine Verknüpfung, über Sie ebenfalls das installierte Programm starten können.

24.2 Empfehlungen

Damit Sie die vorgestellten Programme schnell im Play Store auffinden, haben wir in kursiver Schrift deren genauen Namen angegeben.

Beispiel:

Pro 7, Sat.1, Kabel eins

7TV | Mediathek, TV Livestream

»Aktuelle Folge verpasst....«

Suchen Sie im Beispiel im Play Store nach »*7TV | Mediathek, TV Livestream*«. Meistens reicht es aus, die ersten Buchstaben des Programmnamens einzugeben, worauf der Play Store schon das Gesuchte vorschlägt.

Es ist leider nicht selten, dass Programme aus dem Play Store verschwinden oder nicht auf Ihrem Gerät installierbar sind (es gibt dann einen entsprechenden Hinweis). Also bitte nicht frustriert sein!

24.2.1 Fernsehen

Alle Fernsehsender bieten eine entsprechende App mit weiteren Infos zum Programm an. Häufig kann man damit nicht nur Live-Sendungen schauen, sondern auch verpasste Sendungen abrufen.

Sat.1 / ProSieben / ProSieben MAXX

- Sat.1 (❶): *SAT.1 – Kostenloses Live TV und Mediathek*
- ProSieben: *ProSieben – Kostenloses Live TV und Mediathek*
- ProSieben MAXX: *ProSieben MAXX - Kostenloses Live TV und Mediathek*

Für jeden Sender des Medienkonzerns ProSiebenSat.1 Media gibt es eine eigene App, die Sie allerdings erst nach kostenloser Anmeldung mit Ihrer E-Mail-Adresse nutzen können. Neben Live-TV ist auch der Abruf verpasster Sendungen möglich.

ARD Mediathek / ZDF Mediathek

ARD Mediathek (❷) und ZDFmediathek (❸): Live-TV und Sendungsarchiv, sowie Programmübersicht.

24.2.2 TV- und Kinoprogramm

Sie sind ein TV-Stubenhocker? Dann dürften diese Programme für Sie nützlich sein, mit denen Sie sich einen schnellen Überblick der für Sie interessanten Sendungen verschaffen.

Prime Guide TV Programm (❶)

TV SPIELFILM - TV Programm(❷)

TV Movie - TV Programm (❸)

24.2.3 Transport, Reisen und Hotels

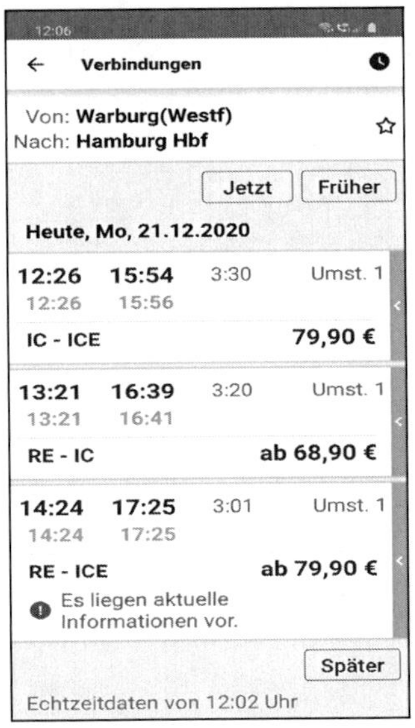

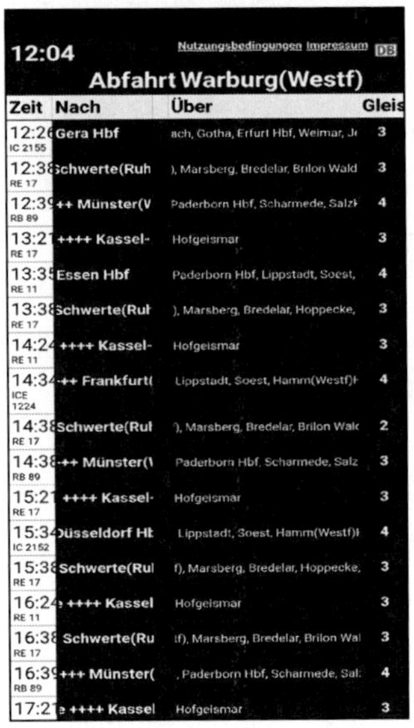

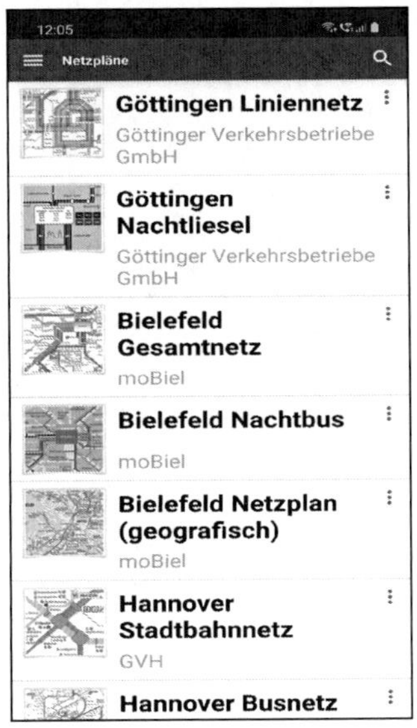

Die verschiedenen lokalen Verkehrsverbünde und die Deutsche Bahn haben eigene Apps veröffentlicht. Damit sind Sie bei Fragen zum Fahrplan nicht vom schlecht gelaunten Zugpersonal oder umständlichen Fahrkartenautomaten abhängig.

DB Navigator (❶)

Der DB Navigator der Deutschen Bahn berechnet Ihnen Routen vom Start- zum Zielort und weist auf bevorstehende Umstiege frühzeitig hin. Auch Echtzeit-Informationen wie Verspätungen und der direkte Zugang zu alternativen Verbindungen werden gezeigt. Das Programm nutzt Echtzeitdaten und informiert über Zugausfälle und Ersatzfahrpläne. Über den Menüpunkt »Regionale Angebote« können Sie Länder-Tickets, das Quer-Durchs-Land-Ticket und das Schönes-Wochenende-Ticket auswählen und direkt mobil buchen.

Bahnhofstafel Live (❷)

Das Programm nutzt die gleiche Datenquelle wie die Anzeigetafeln an den jeweiligen Bahnhöfen. Sie erhalten so einen schnellen Überblick über Verspätungen und Gleiswechsel.

Öffi – Fahrplanauskunft (❸)

Installiert drei Apps für die öffentlichen Verkehrsmittel mit Infos zu den Abfahrtszeiten und nächstgelegenen Haltestellen in den wichtigsten deutschen und internationalen Städten. Ein Routenplaner ermittelt die optimale Fahrtstrecke.

Vergleichen Sie die Preise von Hotels und buchen Sie direkt Ihr Zimmer mit den nachfolgend vorgestellten Programmen.

Die Apps:

- *Hotel Suche HRS* (❶)
- *Booking.com – Hotel-Buchungen* (❷)

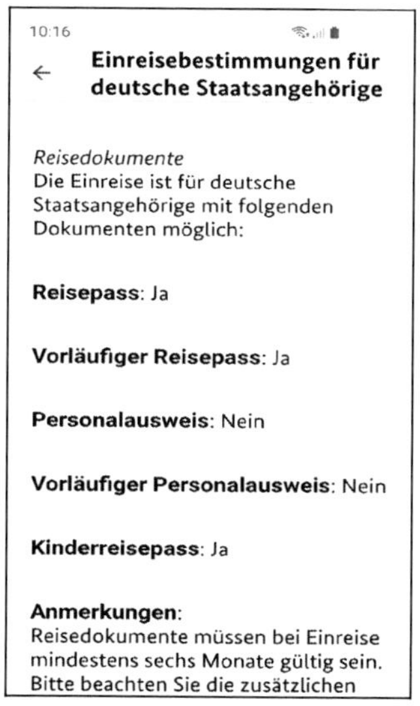

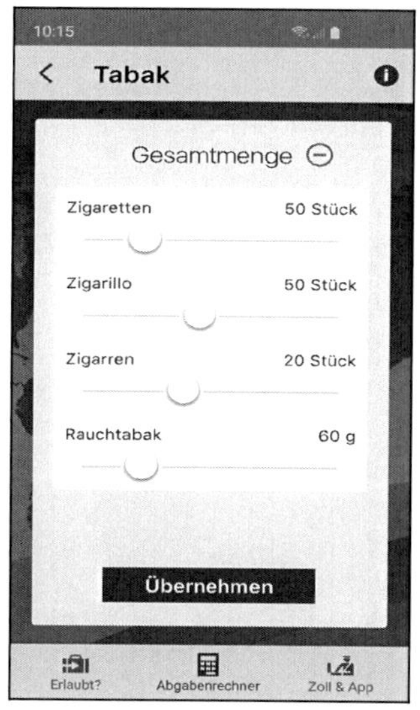

Eine Auslandsreise kann schnell zum Albtraum werden, wenn man sich nicht an die Bräuche und Gesetze des Gastgeberlands hält. Damit Sie nicht durch Unwissen in Schwierigkeiten geraten und im Notfall wissen, an wen Sie sich wenden sollten, wurden zwei Apps entwickelt.

Sicher reisen (❶❷)

Das Programm liefert die nötigen Infos für eine sichere und reibungslose Auslandsreise: Sie erhalten Tipps für Ihre Reisevorbereitung und für Notfälle, die Adressen der deutschen Vertretungen im Ausland und der Vertretungen Ihres Reiselandes in Deutschland. Falls nötig, werden Sie über Reise- und Sicherheitshinweise des Auswärtigen Amts informiert.

Zoll und Reise (❸)

Wenn Sie sich nicht sicher sind, was man abgabenfrei aus dem Urlaub mit nach Deutschland bringen darf, hilft Ihnen *Zoll und Reise* weiter. Mit dieser ermitteln Sie bei Bedarf auch die fälligen Abgaben, wenn Sie die Freimenge überschreiten und erfahren, welche Waren Sie nicht einführen dürfen.

Die Fernbusse haben sich inzwischen zu einer starken Konkurrenz zur Deutschen Bahn entwickelt. Über entsprechende Apps ermitteln Sie die nächsten Fahrten, deren Kosten und erwerben Tickets.

FlixBus: Fernbus durch Europa (❶)

»Reise in Europa günstig mit Fernbus und Zug. Einfach bequem per App buchen.«

Busliniensuche: Fernbus App (❷❸)

Mit Busliniensuche ermitteln Sie die passende Fernbusverbindung und haben alle Preise, Abfahrtszeiten und Haltestellen in Ihrer Umgebung zur Hand. Das Programm berücksichtigt alle auf dem deutschen Markt aktiven Fernbuslinien und zeigt deren Fahrtdauer und Preise an.

24.2.4 Auskunft

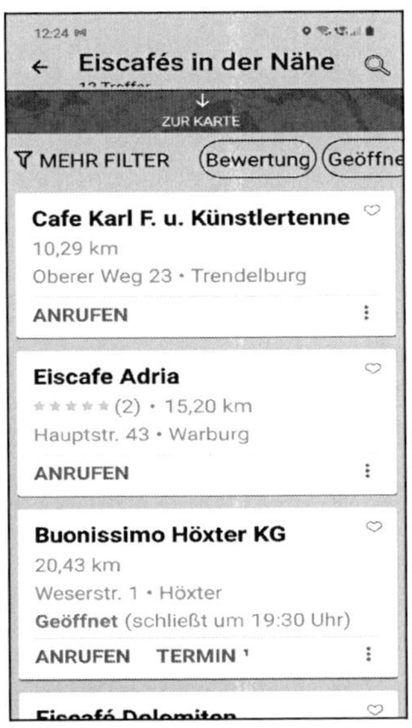

Das Örtliche Telefonbuch & Auskunft in Deutschland (❶)

Das Örtliche Telefonbuch und Auskunft für Deutschland. Das Programm dient nicht nur als Telefonbuch, sondern informiert auch über die Benzinpreise, das Kinoprogramm und listet Bars, Hotels, Supermärkte und Freizeitgelegenheiten. Außerdem ist ein Routenplaner enthalten.

Gelbe Seiten – Auskunft und mobiles Branchenbuch (❷)

In den Gelben Seiten sind alle Gewerbebetriebe gelistet, die Sie somit einfach auffinden. Soweit hinterlegt, informiert die App auch über die Öffnungszeiten und Benutzerbewertungen.

24.2.5 Polizei-App

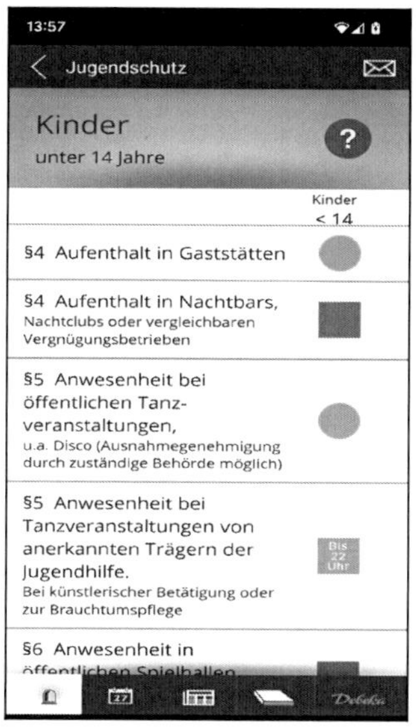

Die von einer Polizeigewerkschaft entwickelte **DpolG**-App ersetzt viele andere Anwendungen und ist zudem werbefrei. Zwar ist manches nur für Polizisten interessant, die folgenden Funktionen dürften aber auch für Laien interessant und nützlich sein:

- Waffenübersicht: Welche Waffentypen gibt es und unter welchen Voraussetzungen dürfen sie mitgeführt werden?
- Betäubungsmittel: Reaktionstests, Drogen, deren Konsumform und Effekte.
- Tatbestandskatalog: Fehlverhalten im Straßenverkehr und deren Strafen.
- KFZ-Kennzeichen: Suche nach Kennzeichen/Kreis.
- Verkehrszeichen
- Jugendschutz: Jugendschutzbestimmungen für Personen unter 14, unter 16, und unter 18 Jahren.
- Erste Hilfe: Diagnose und empfohlene Handlungsweisen.
- Versicherungen: Farbe der aktuellen Versicherungsplakette von Mofas und E-Bikes.
- Fahrerlaubnis: Neue und alte Führerscheinklassen (Bundesrepublik, DDR und Bundeswehr) und die damit verbundenen Berechtigungen.
- Hauptuntersuchung: Farbe der aktuellen Plakette und Bußgelder bei Überschreitung des HU-Termins.

25. Bluetooth

Bluetooth ist ein Funkstandard zur drahtlosen Verbindung verschiedener Geräte wie PCs, Handys Drucker usw. Mit Bluetooth kann man in der Praxis Distanzen von etwa zwei bis zehn Metern überbrücken, wobei theoretisch Übertragungsgeschwindigkeiten bis 24 Mbit/s möglich sind. Es ist kein Sichtkontakt zwischen den Geräten nötig.

Jede Datenübertragung zwischen zwei Bluetooth-Geräten setzt eine vorherige Kopplung voraus. Während der Kopplung muss einer der Teilnehmer ein Kennwort eingeben beziehungsweise bestätigen. Diese »permanente« Kopplung hat den Vorteil, dass man das Kennwort nur einmal eingeben muss.

Übrigens funktioniert Bluetooth funktechnisch ähnlich wie WLAN. Das heißt, wenn Sie sich mit dem Handy außerhalb der Funkreichweite des verbundenen Geräts befinden, bricht die Verbindung ab. Nähern Sie sich dagegen dem verbundenen Gerät, wird automatisch die Kopplung wieder hergestellt.

Auch wenn Bluetooth sehr viel mehr kann, wird es von den meisten Anwendern ausschließlich für die Kopplung mit Headsets oder Bluetooth-Lautsprechern genutzt.

25.1 Bluetooth ein/ausschalten

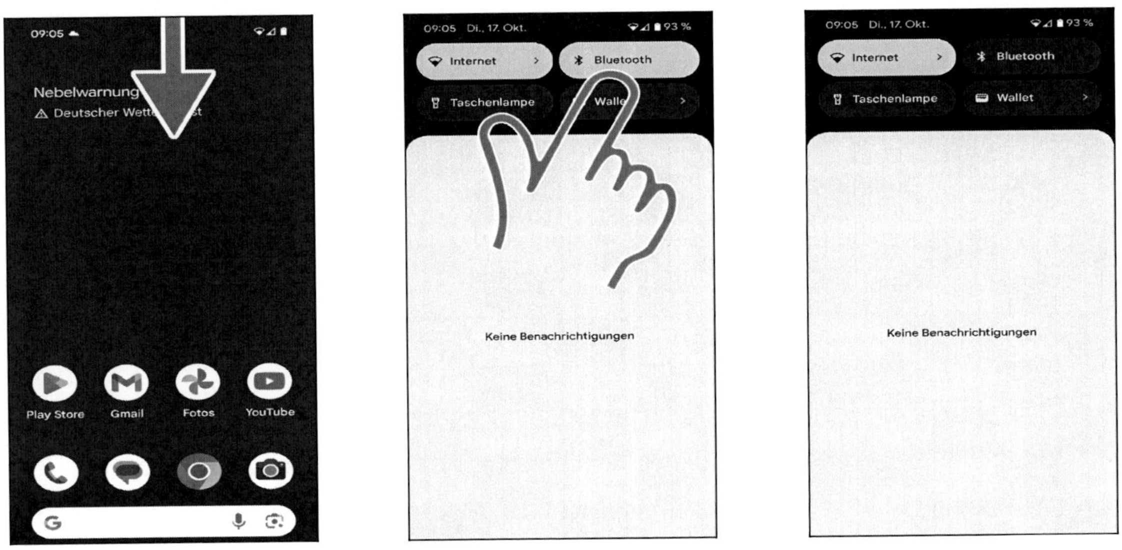

❶ Öffnen Sie das Benachrichtigungsfeld.

❷❸ Bluetooth schalten Sie mit der *Bluetooth*-Schaltleiste im Benachrichtigungsfeld ein/aus.

> Der Energieverbrauch ist vernachlässigbar, weshalb Bluetooth standardmäßig eingeschaltet ist.
>
> Das Benachrichtigungsfeld beschreibt Kapitel *4.10 Titelleiste und Benachrichtigungsfeld*.

25.2 Bluetooth-Headset/Freisprecheinrichtung verwenden

Bluetooth eignet sich besonders gut für den Betrieb von Headsets und Auto-Freisprecheinrichtungen. In Beispiel verwenden wir ein Headset des Herstellers Samsung (Modell HM1100).

> Besonders praktisch ist die Verwendung von Bluetooth-Freisprecheinrichtungen, die es bereits ab 20 Euro für den nachträglichen Einbau ins Auto gibt. Verlassen Sie das Auto mit Ihrem Handy, so wird automatisch die Bluetooth-Verbindung abgebaut, beim Einsteigen wieder aufgebaut. Sie brauchen also nicht die Freisprecheinrichtung jeweils ein/auszuschalten. Wichtig ist nur, daran zu denken, dass die Bluetooth-Verbindung auch dann aktiv ist, wenn Sie einige Meter neben dem Auto stehen – eingehende Anrufe laufen dann über die Freisprecheinrichtung.

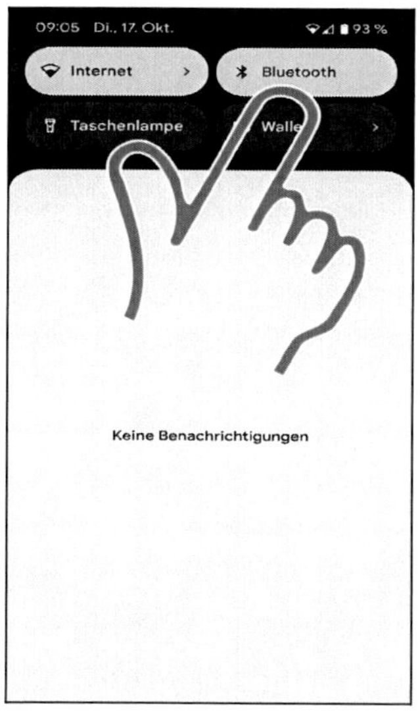

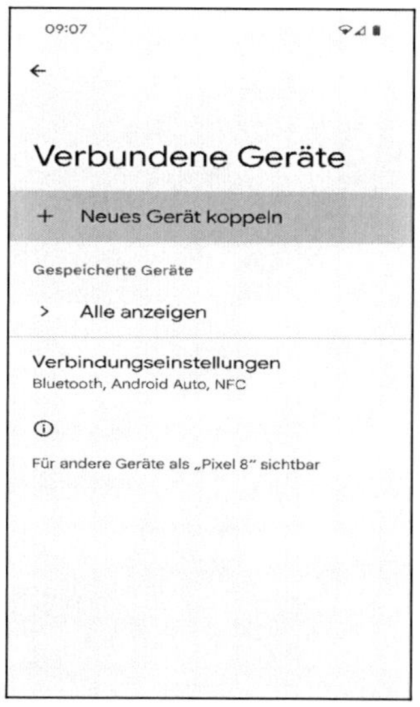

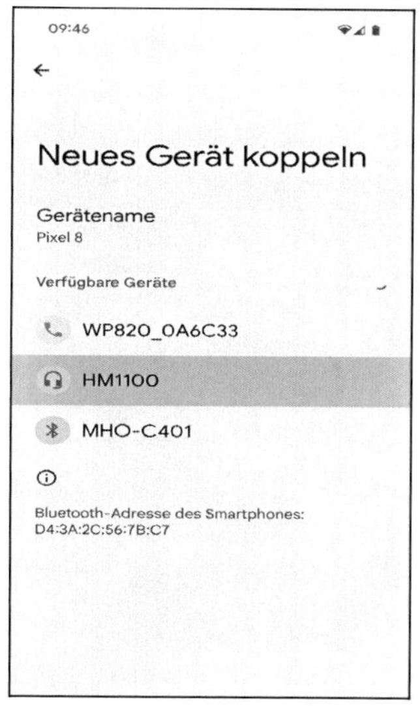

❶ Tippen und halten Sie im Benachrichtigungsfeld die *Bluetooth*-Schaltleiste.

❷ Gehen Sie auf *Neues Gerät koppeln.*

❸ Nach einigen Sekunden wird die Freisprecheinrichtung gefunden und angezeigt. Tippen Sie deren Namen an.

Auf dem Headset müssen Sie zuvor in den Kopplungs-Modus schalten, beim Samsung HM1100 beispielsweise, indem Sie die Sprechtaste mehrere Sekunden drücken. Eine LED blinkt dann blau.

Sofern Bluetooth zuvor auf dem Handy deaktiviert war, wird es während der Kopplung automatisch eingeschaltet.

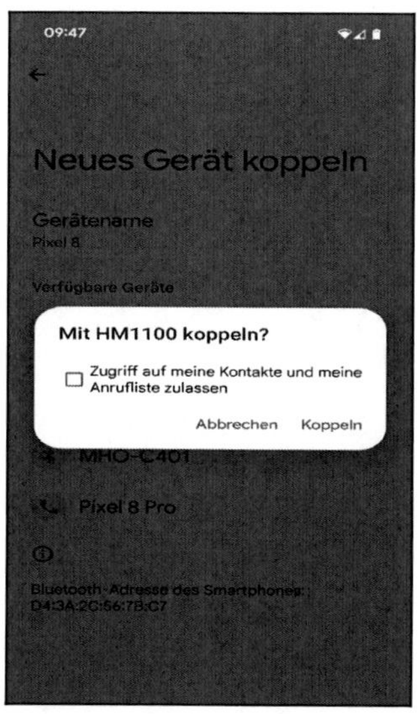

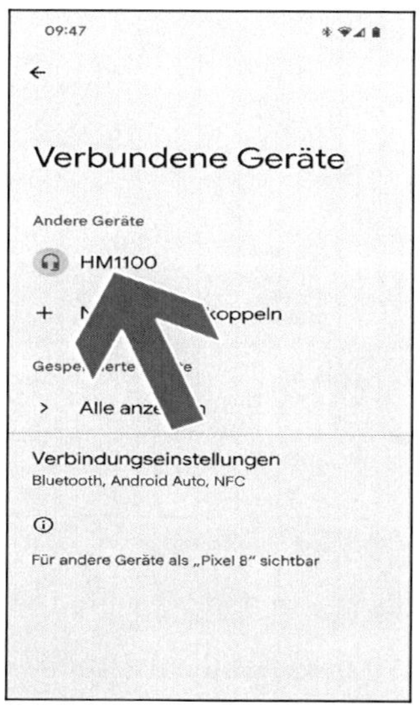

❶ Schließen Sie das Popup mit *Koppeln.*

❷ Das Handy listet das Headset nun unter *Derzeit verbunden.*

❶ Geht jetzt ein Anruf ein, können Sie ihn wie gewohnt, oder alternativ über die Sprechtaste des Bluetooth-Headsets entgegennehmen.

❷❸ Zwischen Telefon-Lautsprecher und Headset schalten Sie jederzeit mit der ᛒ-Schaltleiste (Pfeil) um.

Wenn Sie das Headset ausschalten, wird natürlich automatisch die Bluetooth-Verbindung zum Handy beendet. Umgekehrt baut das Headset beim Einschalten automatisch wieder die Bluetooth-Verbindung auf.

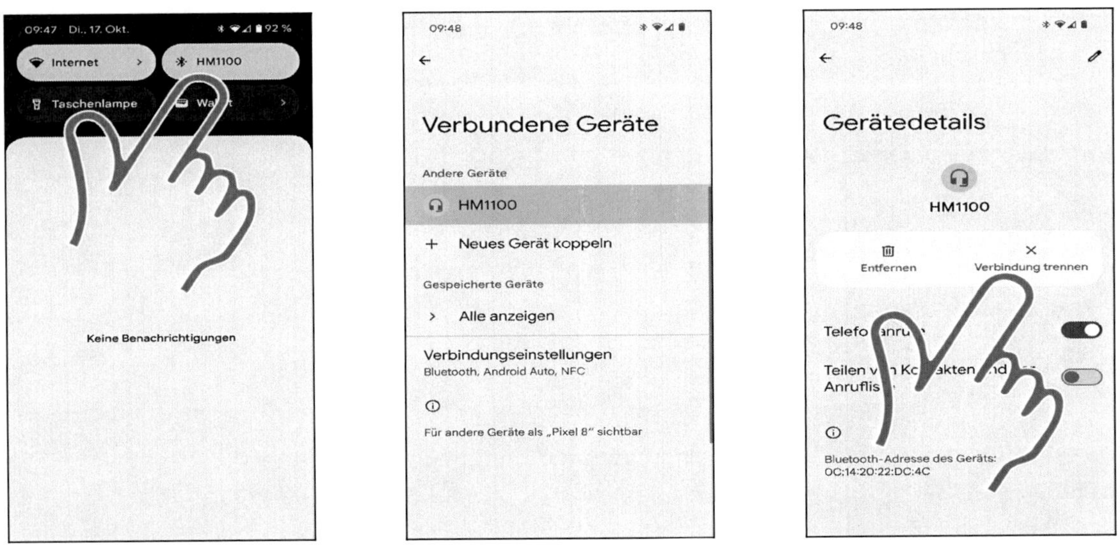

❶ So heben Sie die Verbindung mit dem Headset auf: Rufen Sie zunächst wieder den *Verbundene Geräte*-Bildschirm auf, indem Sie den Finger auf ᛒ im Benachrichtigungsfeld halten.

❷ Wählen Sie das Bluetooth-Headset in der Geräteauflistung aus.

❸ Betätigen Sie *Verbindung trennen*.

Alternativ können Sie natürlich auch einfach das Headset ausschalten.

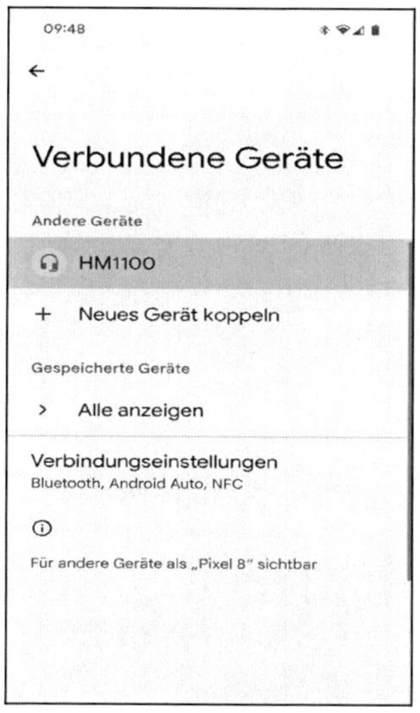

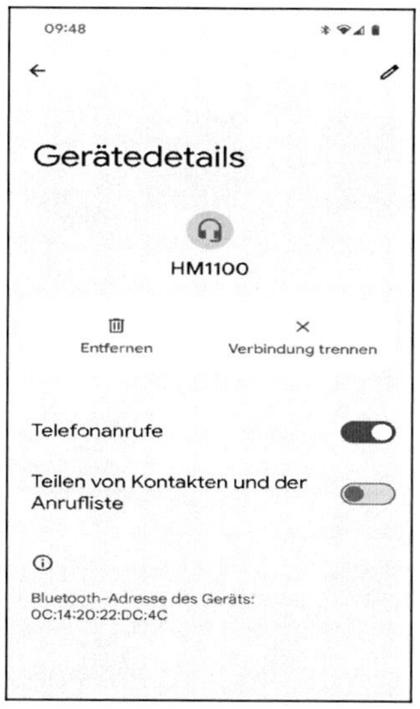

❶❷ Weitere Funktionen erhalten Sie nach Antippen des Geräteeintrags:

- *(Gerätename)*: Den Gerätenamen können Sie über die ✎-Schaltleiste ändern.
- *Telefonanrufe*: Das vom gekoppelten Bluetooth-Gerät unterstützte Bluetooth-Profil. Beim Headset ist dies »*Telefonanrufe*«.
- *Kontaktfreigabe*: Einige Headsets verwalten die Kontakte in einem eigenen Speicher, um darauf per eingebauter Sprachsteuerung zuzugreifen.
- *Entfernen*: Beendet die Bluetooth-Verbindung, sodass keine Daten mehr zwischen den beiden Geräten übertragen werden können. Für eine erneute Datenverbindung können Sie allerdings eine erneute Kopplung durchführen.

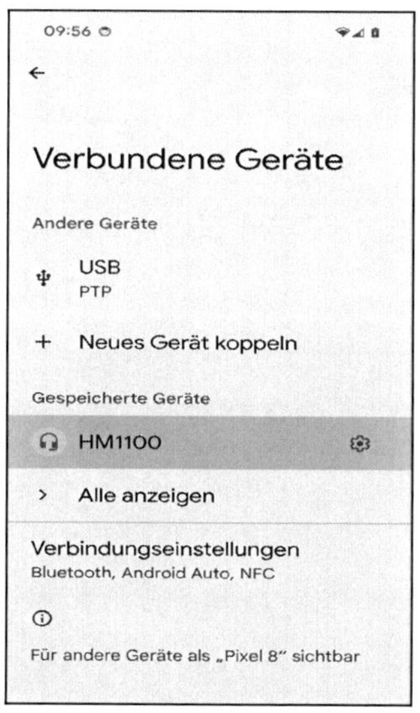

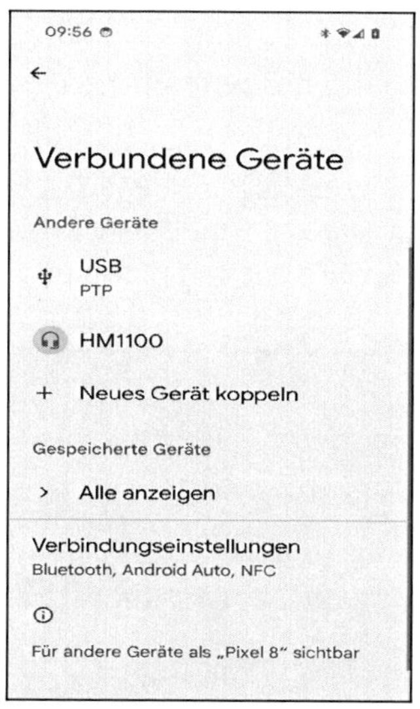

❶❷ Bluetooth-Geräte, deren Verbindung Sie getrennt haben listet das Handy unter *Gespeicherte Geräte* auf. Dort tippen Sie das Gerät an, worauf es wieder unter *Andere Geräte* auftaucht.

Achtung: Das betreffende Bluetooth-Gerät muss eingeschaltet sein. Versuchen Sie nicht, dessen Kopplungsmodus zu aktivieren, denn eine inaktive Kopplung besteht ja noch.

25.3 Bluetooth-Audio

Sie können unterwegs zwar über den Handy-Lautsprecher Musik hören (beispielsweise über YouTube, siehe Kapitel *23.3 YouTube* oder YouTube Music, siehe Kapitel *22 Musik*), wir empfehlen für diesen Zweck aber einen Bluetooth-Lautsprecher. Diese besitzen in der Regel einen eigenen Akku und haben den Vorteil, dass man sie beliebig im Haus positionieren kann. Vernünftige Bluetooth-Lautsprecher ab ca. 30 Euro bieten einen besseren Klang und sind lauter als das Handy. Einige Exemplare bieten weitere Features wie eine Telefon-Freisprechfunktion, eine Lademöglichkeit für das Handy oder sind wasserdicht für den Außeneinsatz.

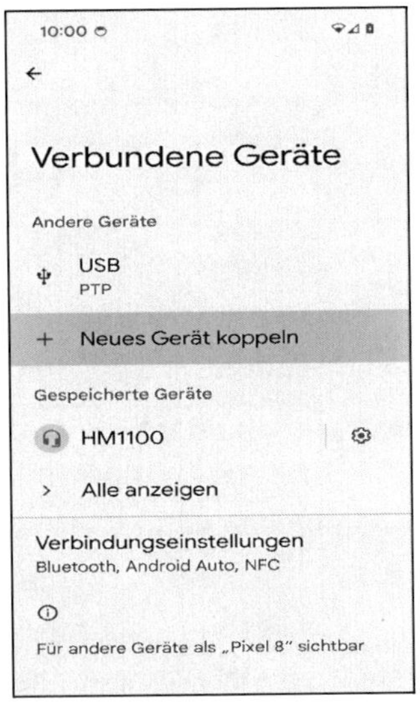

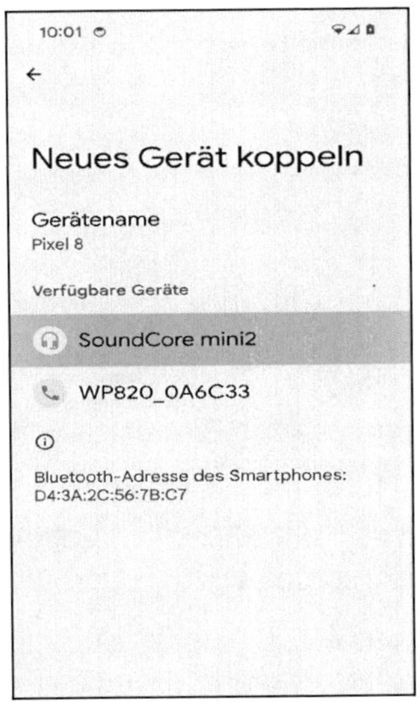

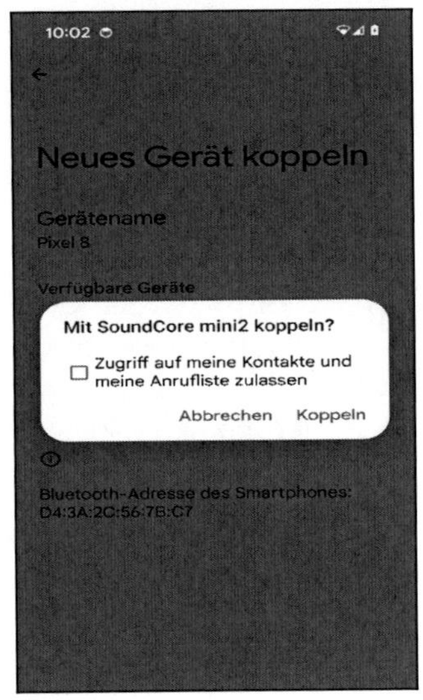

❶ Gehen Sie in den Bluetooth-Bildschirm und betätigen Sie *Neues Gerät koppeln.*

❷❸ Tippen Sie kurz den gefundenen Eintrag an und schließen Sie den Hinweis mit *Koppeln.*

Beachten Sie auch das Handbuch zu Ihrer Bluetooth-Box, worin erläutert wird, wie Sie die Kopplungsbereitschaft der Bluetooth-Box aktivieren.

Alle Anwendungen auf dem Handy nutzen jetzt die Bluetooth-Box für die Audioausgabe, nur die Telefoniefunktion nutzt weiterhin ganz normal den Gerätelautsprecher. Sie können also, wenn gerade Musik abgespielt wird, Anrufe entgegen nehmen ohne befürchten zu müssen, dass andere Personen im Raum über die Bluetooth-Box mithören.

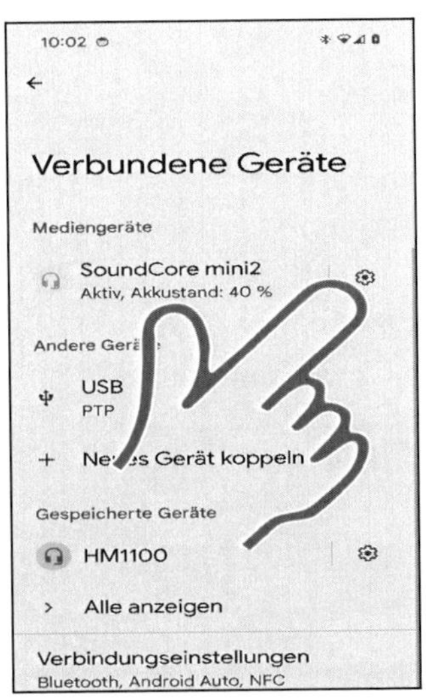

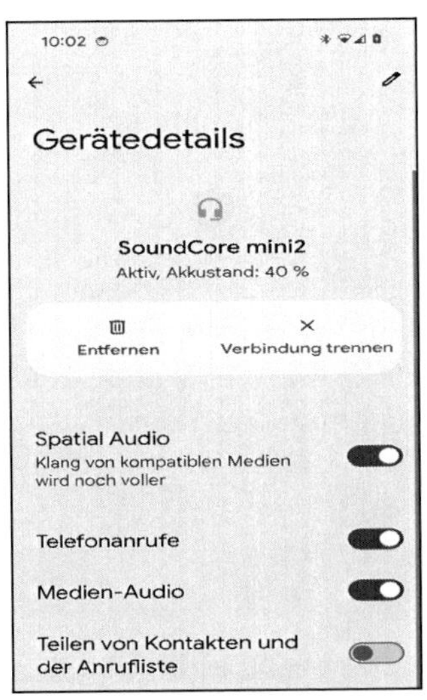

❶❷ Zum Deaktivieren der Audioausgabe über Bluetooth schalten Sie entweder die Bluetooth-Box aus, entfernen sich aus dessen Empfangsreichweite oder schalten Bluetooth am Handy aus. Alternativ gehen Sie auf ⚙ und deaktivieren dann das Abhakkästchen bei *Medien-Audio.* Aktivieren Sie es später wieder, damit die Audioausgabe erneut über die Bluetooth-Box läuft.

26. Zugriffssperren

Sie haben die Möglichkeit, Ihr Handy auf Geräteebene (»Gerätesperre«) oder SIM-Ebene (»SIM-Sperre«) gegen unbefugten Zugriff zu sichern. Sobald Sie eine der beiden Sperren aktivieren, lässt sich das Handy erst nach Eingabe des jeweiligen Codes nutzen.

Beachten Sie, dass auf Sie erhebliche Probleme zukommen, wenn Sie den Code vergessen: Im Fall der Gerätesperre können Sie Ihr Pixel nur noch durch einen Hard-Reset wieder entsperren, wodurch aber alle Daten verloren gehen. Wenn Sie dagegen die PIN bei der SIM-Sperre dreimal falsch eingeben, erfolgt eine Sperre, die Sie immer noch über die »General-PIN«, die PUK, beenden können. Geben Sie die PUK allerdings zehnmal falsch ein, erfolgt eine Dauersperre und Ihnen bleibt nichts anderes übrig, als dies dem Netzbetreiber zu melden, der Ihnen eine neue SIM-Karte zuschickt.

Neben der Geräte- und SIM-Sperre gibt es noch die Displaysperrre, die einfach nur gegen ungewollte Tastenbetätigung schützt, wenn Sie das Gerät gerade nicht nutzen.

Damit ein Dieb nichts mit den Daten auf dem Smartphone und der SIM-Karte anfangen kann, müssen SIM-Sperre und Gerätesperre mit Codeschutz gleichzeitig aktiv sein.

PIN und PUK senden die Netzbetreiber ihren Kunden automatisch beim Vertragsabschluss zu.

26.1 Displaysperre

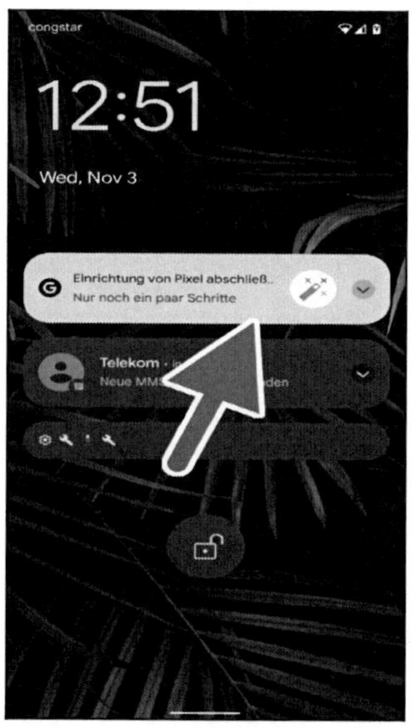

❶ Die Displaysperre, welche bereits im Kapitel *4.1 Displaysperre* beschrieben wird, aktiviert sich automatisch nach einiger Zeit der Nichtnutzung. Eine Wischgeste deaktiviert die Displaysperre. Sobald die Displaysperre aktiv ist, schaltet sich das Display nach 5 Sekunden aus.

❷ So ändern Sie die Zeitspanne, bis sich die Displaysperre aktiviert: Rufen Sie die *Einstellungen* im Hauptmenü auf.

❸ Gehen Sie auf *Display*.

Die Einstellungen-Anwendung zeigt das zuletzt aufgerufene Menü an. Betätigen Sie ein- oder mehrmals die ◀-Taste, um ins Hauptmenü zurückzukehren.

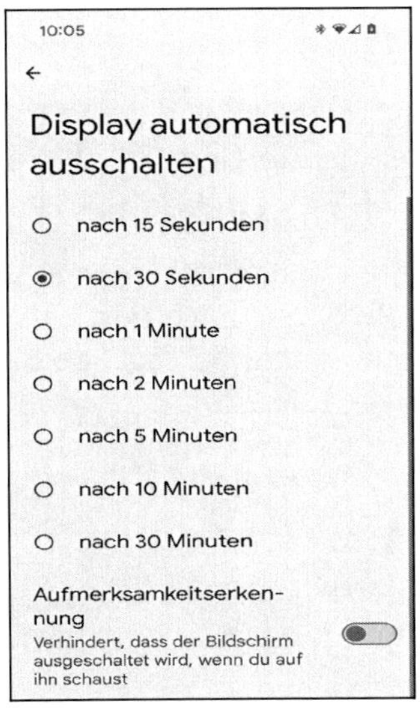

➊ Tippen Sie nun auf *Display automatisch ausschalten.*

➋ Wählen Sie gewünschte Abschaltzeit aus.

Alternativ steht eine *Aufmerksamkeitserkennung* zur Verfügung. Diese schaltet das Display ein, sobald Sie auf das Handy schauen. Weil dabei die Kamera zum Einsatz kommt, ist diese Funktion mit einem hohen Stromverbrauch verbunden, weshalb wir davon abraten.

26.1.1 Funktionen während der Displaysperre

Abhängig von Ihrem persönlichen Nutzungsmuster, ist es eventuell sinnvoll, bestimmte Bildschirmelemente und Funktionen in der Displaysperre ein- oder auszuschalten.

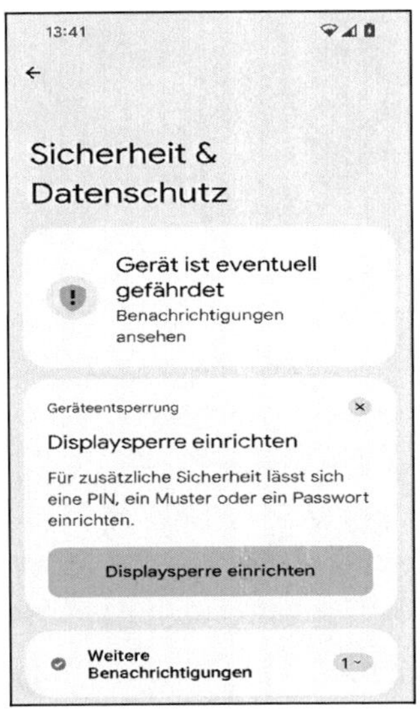

➊ Gehen Sie in den *Einstellungen* auf *Datenschutz & Sicherheit.*

➋ Die Menüs:

- *Gerät ist eventuell gefährdet*: Sofern Sie die Sicherheit verbessern können, erscheint dieser Hinweis.
- *Displaysperre einrichten*: Sicherheitshinweis, abhängig von den bereits am Handy vorgenommenen Einstellungen.

Unter *Einstellungen*:

- *App-Sicherheit* ist eine Sicherheitsfunktion, die regelmäßig die installierten Programme auf Schadsoftware überprüft. Sie sollten im Menü nichts ändern.
- *Geräteentsperrung*: Aktuelle Sperrmethode.
- *Kontosicherheit*: Ohne Funktion.

- *Gerätesuche*: Damit Sie die im Kapitel 26.5 Maßnahmen gegen Diebstahl beschriebene Fernortung nutzen können, müssen Sie *Mein Gerät finden* auf dem Handy aktiviert haben.
- *System & Updates*: Informiert über den aktuellen Stand der Sicherheitsupdates. Auf neu vorliegende Betriebssystemupdates weist das Handy übrigens automatisch hin.
- *Datenschutz*: Listet unter anderem die Programme auf, welche beispielsweise Zugriff auf Kamera und Mikrofon haben. Hier sollten Sie nichts ändern, weil sonst möglichweise Programme oder Gerätefunktionen beinträchtigt werden.

Unter *Mehr Sicherheit und Datenschutz*:

- *Benachrichtigungen auf Sperrbildschirm anzeigen*: Standardmäßig zeigt das Handy in der Displaysperre alle neuen Benachrichtigungen an. Das ist für Rechtsanwälte, Ärzte und andere Berufsgruppen problematisch, da Unbefugte eventuell die Benachrichtigungen zu Gesicht bekommen, wenn das Handy mal unbaufsichtigt herumliegt. In diesem Fall sollten Sie die Benachrichtigungen deaktivieren.
- *Medien auf dem Sperrbildschirm anzeigen*: Nicht von Google dokumentiert.
- *Verwendung von App-Daten personalisieren*: Falls Sie nicht möchten, dass Google Ihre Nutzungsdaten auswertet, sollten Sie diese Option deaktivieren (empfohlen).
- *Android System Intelligence*: In dem Menü legen Sie unter anderem fest, ob Google Ihnen Textvorschläge über dem Tastenfeld macht und ob Google Ihre Text- und Spracheingaben auswerten darf zur Produktverbesserung.
- *Health Connect*: Google hat einen Standard für die Datensammlung von Fitness-Daten entwickelt. In diesem Buch gehen wir nicht auf deren Verwaltung ein.
- *Autofill-Service von Google*: Login-Daten und Passwörter in Programmen werden automatisch gespeichert und beim nächsten öffnen der jeweiligen Anwendung vorgeschlagen. Falls Sie das nicht wünschen, sollten Sie die Option deaktivieren.
- *Nutzung und Diagonose*: Legen Sie fest, welche Daten Google von Ihnen speichert und wie lange.
- *Apps zur Geräteverwaltung*:
  - *Mein Gerät finden*: Hiermit aktivieren Sie Zusatzfunktionen für die Gerätesuche, über die Sie unter anderem den Gerätespeicher löschen, Bildschirm sperren oder entsperren.
  - *Reparaturmodus*: Automatische Datenlöschung aus der Ferne, unter anderem bei mehreren Fehlversuchen, die Gerätesperre zu überwinden.
- *SIM-Lock*: SIM-Karten-Sperre aktivieren/deaktivieren oder SIM-PIN ändern.
- *Verschlüsselung & Anmeldedaten; Trust Agents*: Dies sind Funktionen für Unternehmen, die alle verwendeten Handys zentral verwalten.
- *Bildschirmfixierung*: Schaltet das Handy in den »Kioskmodus«, bei dem nur eine Anwendung fest ausgeführt wird und der Zugriff auf die restlichen Handyfunktionen eingeschränkt ist.
- *Löschen der SIM bestätigen*: Wenn Sie eine eSIM (elektronische SIM-Karte) nutzen, müssen Sie bei deren Entfernung eine Bestätigung durchlaufen.

26.2 Gerätesperre

Einen Schutz vor unbefugtem Zugriff auf das Pixel bietet der Kennwortschutz für die Displaysperre. Wenn das Display entsperrt oder das Gerät eingeschaltet wird, muss der Benutzer entweder erst ein Entsperrmuster mit dem Finger auf dem Gerät malen oder ein Passwort eingeben, bevor er es nutzen kann. Zusätzlich ist auch die Entsperrung per Fingerabdruck möglich.

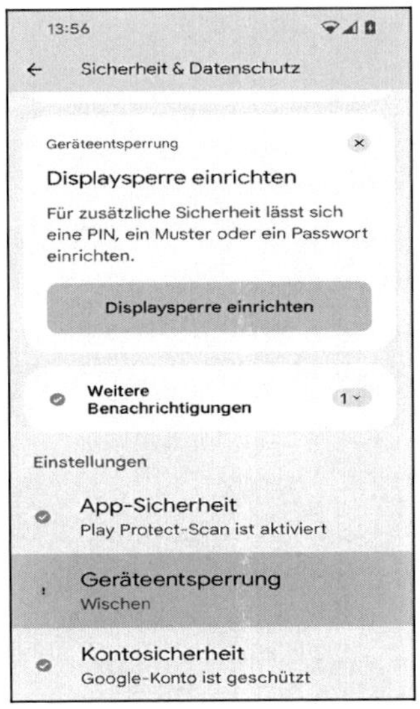

❶❷ Im Hauptmenü rufen Sie *Einstellungen* auf und gehen dann auf *Datenschutz & Sicherheit/Geräteentsperrung.*

❸ Wählen Sie *Displaysperre.*

Sie haben nun die Wahl zwischen:

- *Keine*: Gerätesperre nie aktivieren. Ideal, wenn das Pixel nur zuhause genutzt wird.
- *Wischen*: Zum Entsperren reicht es, mit dem Finger über das Display zu wischen (keine Gerätesperre).
- *Muster*: Malen eines Musters schaltet Handy frei.
- *PIN*: PIN-basierte Sperre (nummerisches Kennwort).
- *Passwort*: Gerät wird nach Eingabe des Passworts (alphanummerisches Kennwort) freigegeben.

Um eine eingerichtete Gerätesperre später wieder zu deaktivieren, gehen Sie einfach auf *Keine* beziehungsweise *Wischen.*

26.2.1 Muster-Sperre

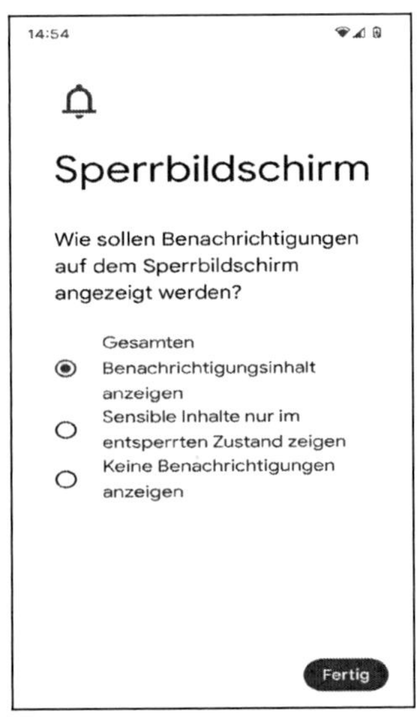

❶ Gehen Sie auf *Muster.*

❷ ❶ Verbinden Sie nun mindestens vier der Knöpfe auf dem Bildschirm, indem Sie mit angedrücktem Finger darüber fahren. Merken Sie sich das Muster und schließen Sie mit *Weiter* ab. Das Muster ist dann erneut zu zeichnen. Betätigen Sie dann *Bestätigen.*

❸ Wählen Sie aus, ob das Handy alle Benachrichtigungen in der Gerätesperre anzeigt, vertrauliche (SMS und E-Mails) ausgeblendet, oder keine Benachrichtigungen angezeigt werden. Betätigen Sie dann *Fertig.*

> Beachten Sie, dass Sicherheitsexperten eine schwerwiegende Schwachstelle der Muster-Displaysperre herausgefunden haben: Hält man das Handy etwas schräg gegen das Licht, sieht man anhand der Fingerspuren, an welcher Stelle auf dem Display das Muster »gezeichnet« wurde. Besseren Schutz bietet die im nachfolgenden Kapitel beschriebene PIN-, beziehungsweise Passwortsperre.

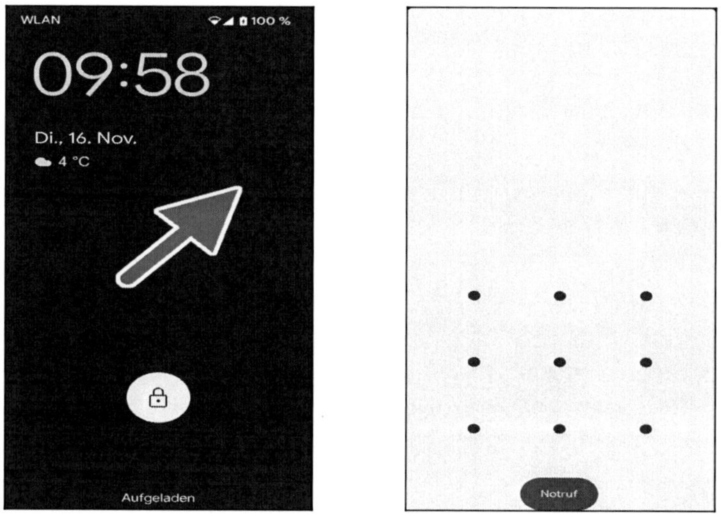

❶❷ Zum Entsperren wischen Sie auf einer beliebigen Stelle im Bildschirm und führen dann die zuvor erstellte Entsperrgeste durch.

26.2.2 PIN- und Passwortsperre

❶ Gehen Sie im *Displaysperre*-Bildschirm auf *PIN* oder *Passwort.*

❷ Geben Sie dann das Kennwort ein, betätigen Sie *Weiter,* erfassen Sie das Kennwort erneut und schließen Sie den Bildschirm mit *Bestätigen.*

❸ Stellen Sie ein, ob das Handy im Sperrbildschirm Benachrichtigungen (zum Beispiel über neue E-Mails) anzeigen soll. Sofern Dritte Zugriff auf Ihr Handy haben, sollten Sie die dritte Option auswählen. Gehen Sie dann auf *Fertig.*

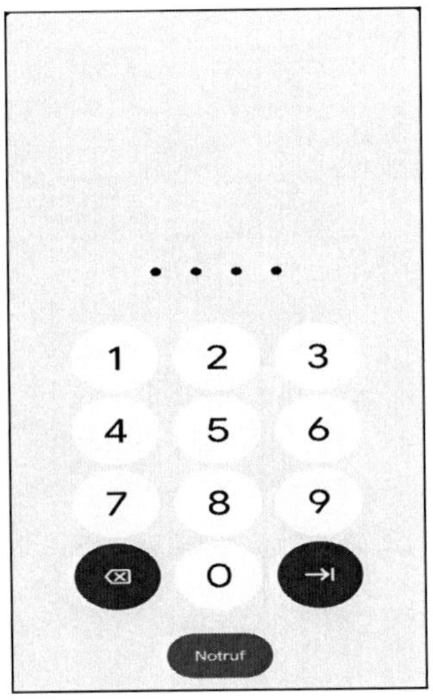

Die Gerätesperre verlangt nun beim nächsten Mal das Kennwort.

26.2.3 Fingerabdrucksperre

Jeder Mensch hat an jedem Finger ein individuelles Muster der sogenannten Papillarleisten. Selbst eineiige Zwillinge lassen sich durch ihre Fingerabdrücke unterscheiden.

Bitte beachten Sie, dass die Fingerabdrucksperre nicht die gleiche Sicherheit wie eine PIN oder ein Passwort bietet. Auch kann es vorkommen, dass der einmal trainierte Fingerabdruck später nicht vom Handy erkannt wird, beispielsweise bei Fingerverletzung oder Beschädigung der Sensorfläche. Für diese Fälle und falls Sie mal einem Dritten den Zugriff ermöglichen möchten, müssen Sie eine der anderen Sperren (PIN, Passwort oder Muster) eingerichtet haben.

26.2.3.a Sperre einrichten

❶ Rufen Sie in den Einstellungen *Datenschutz & Sicherheit* auf.

❷ Wählen Sie *Geräteentsperrung* dann *Entsperrung per Gesichtserkennung & Fingerabdruck.*

❶ Sofern Sie zuvor noch keine Sperre eingerichtet hatten, müssen Sie dies jetzt nachholen.

❷ Wählen Sie *Entsperrung per Fingerabdruck.*

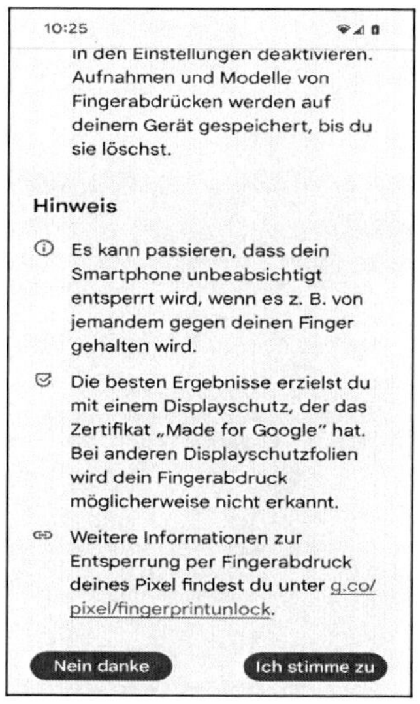

❶❷ Betätigen Sie *Mehr* und dann *Ich stimme zu.*

❸ Betätigen Sie *Starten.* Halten Sie den Finger auf den hervorgehobenen Sensor im unteren Bildschirmdrittel. Folgen Sie den Anweisungen auf dem Bildschirm.

❶ Es erscheint ein Erfolgshinweis, den Sie mit *Fertig* schließen.

❷ Verlassen Sie den Bildschirm mit der ◀-Taste.

26.2.3.b Sperre verwalten

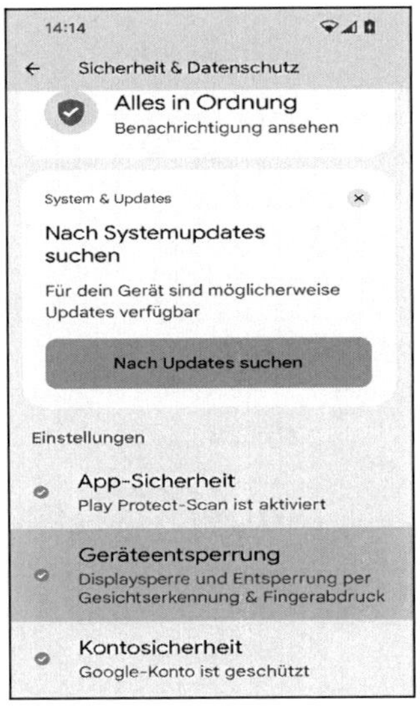

❶❷ Rufen Sie in den *Einstellungen* das Menü *Datenschutz & Sicherheit* und dann *Geräteentsperrung* auf.

❸ Wählen Sie *Entsperrung per Gesichtserkennung & Fingerabdruck.* Sie müssen nun das zuvor von Ihnen eingestellte Passwort eingeben.

❶ Wählen Sie *Entsperrung per Fingerabdruck.*

❸ Sie können nun den gespeicherten Fingerabdruck mit 🗑 löschen (Pfeil) oder mit *Fingerabdruck hinzufügen* weitere Fingerabdrücke anlegen.

26.2.4 Optionen während der Sperre

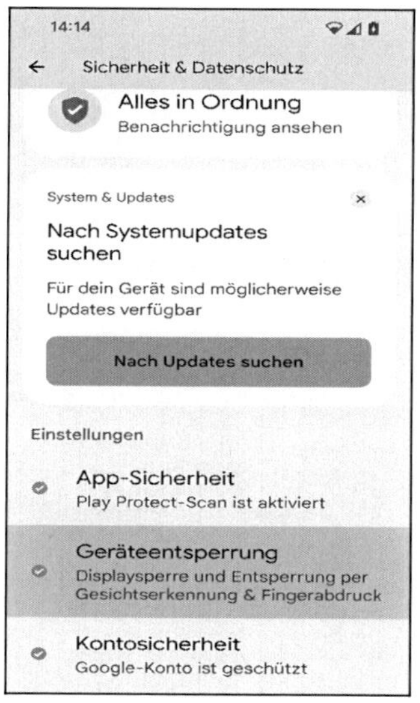

❶❷ Rufen Sie das *Datenschutz & Sicherheit*-Menü auf und wählen Sie darin *Geräteentsperrung.*

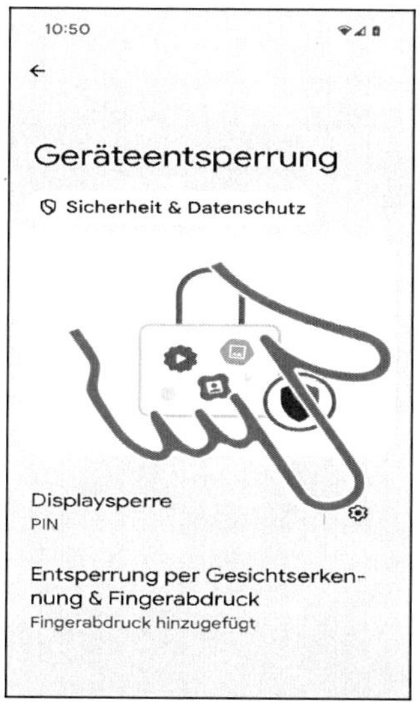

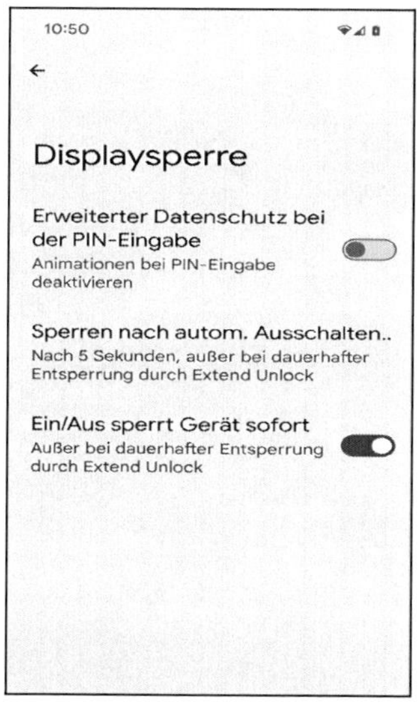

❶❷ Über ⚙ stehen im *Datenschutz & Sicherheit*-Menü weitere Optionen zur Verfügung:

- *Erweiterter Datenschutz bei PIN-Eingabe*: Wenn Sie das Handy per PIN-Eingabe entsperren, werden die berührten Tasten auf dem Bildschirm nicht hervorgehoben.
- *Muster sichtbar machen*: Das Handy zeigt das von Ihnen gemalte Muster zur besseren Orientierung an. Dieses Menü wird nur angezeigt, wenn Sie *Muster* als Gerätesperre verwenden.
- *Sperre nach autom. Ausschalten*: Legt die Zeitspanne zwischen Displaysperre und Gerätesperre fest.
- *Ein/Aus sperrt Gerät sofort*: Falls Sie nicht auf das automatische Einschalten der Gerätesperre warten möchten, können Sie über den Ein-/Aussschalter die Gerätesperre aktivieren.

26.3 Gesichtssperre

Die im folgenden beschriebene Gesichtssperre nutzt die Tatsache aus, dass jede Person andere Gesichtskonturen aufweist. Zwar mag die Gesichtssperre recht praktisch sein, weil man nur auf das Handy schauen muss, um es zu entsperren, dafür setzt man sich aber dem Risiko unbefugtem Zugriffs aus. Es ist nämlich durchaus möglich, dass jemand einfach ein Foto von Ihnen in die Kamera hält.

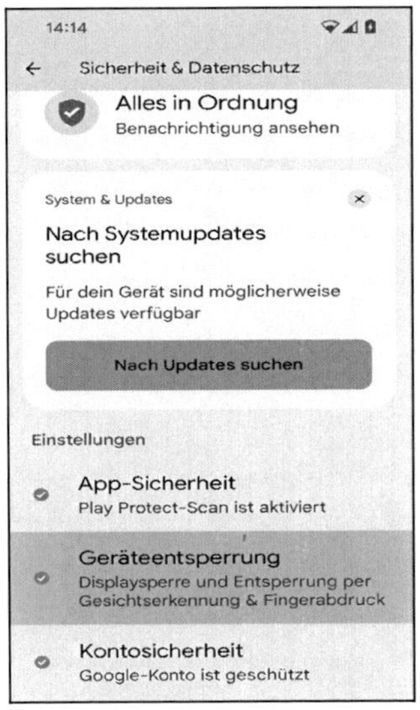

❶❷ Rufen Sie das *Datenschutz & Sicherheit*-Menü auf und wählen Sie darin *Geräteentsperrung.* Sie müssen dann das zuvor von Ihnen festgelegte Passwort eingeben.

❸ Wählen Sie *Entsperrung per Gesichtserkennung & Fingerabdruck.*

❶ Wählen Sie *Entsperrung per Gesicht.*

❷ Sofern Sie zuvor noch keine Sperre eingerichtet hatten, müssen Sie dies jetzt nachholen.

❶❷ Schließen Sie die Hinweise mit *Mehr* beziehungsweise *Ich stimme zu.*

❶ Betätigen Sie *Starten* und folgen Sie den Anweisungen.

❷ Zum Schluss gehen Sie auf *Fertig*.

❸ In diesem Bildschirm sollten Sie *Sperrbildschirm überspringen* aktivieren. Sie befinden sich dann jeweils nach der Gesichtserkennung automatisch in der zuletzt genutzten Anwendung.

Verlassen Sie den Bildschirm mit der ◀-Taste.

Künftig »wecken« Sie das Handy durch kurzes Betätigen des Ein-/Ausschalters, worauf Sie in Richtung der Kamera oberhalb des Displays schauen.

26.3.1 Sperre verwalten

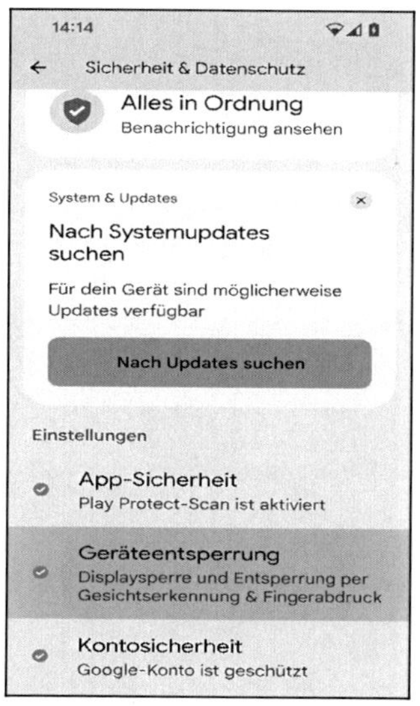

❶❷ Rufen Sie das *Datenschutz & Sicherheit*-Menü auf und wählen Sie darin *Geräteentsperrung*. Sie müssen dann das zuvor von Ihnen festgelegte Passwort eingeben.

❸ Wählen Sie *Entsperrung per Gesichtserkennung & Fingerabdruck*. Das Handy verlangt die Eingabe Ihres Passworts.

❶ Wählen Sie *Entsperrung per Gesicht.*

❷ Die Optionen:

- *Augen müssen geöffnet sein*: Deaktivieren Sie diese Option, falls die Gesichtserkennung nur sporadisch funktioniert.
- *Bestätigung immer erforderlich*: Einige Programme, die einen Zugriffsschutz nutzen (unter anderem Homebanking) können auch die Gesichtsentsperrung verwenden. Aktivieren Sie diese Option, wenn Sie die Entsperrung nicht jeweils vorher mit einer Schaltleiste bestätigen möchten.
- *Sperrbildschirm überspringen*: Nach dem Entsperren befinden Sie sich sofort in der zuletzt genutzten Anwendung.
- *Gesichtsmodell löschen*: Entfernt die Gesichtssperre.

26.4 SIM-Sperre

❶ Das Gerät kann man bei der SIM-Sperre erst nach Eingabe der PIN Ihrer SIM-Karte nutzen, wenn man es einschaltet.

❷❸ So konfigurieren Sie die SIM-Sperre: Rufen Sie *Einstellungen* im Hauptmenü auf und gehen Sie auf *Datenschutz & Sicherheit*.

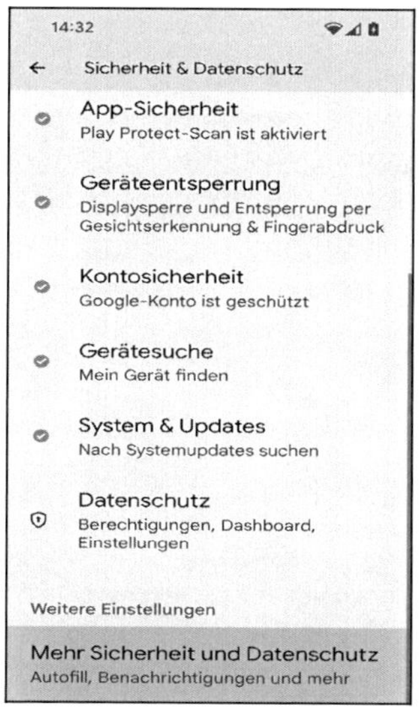

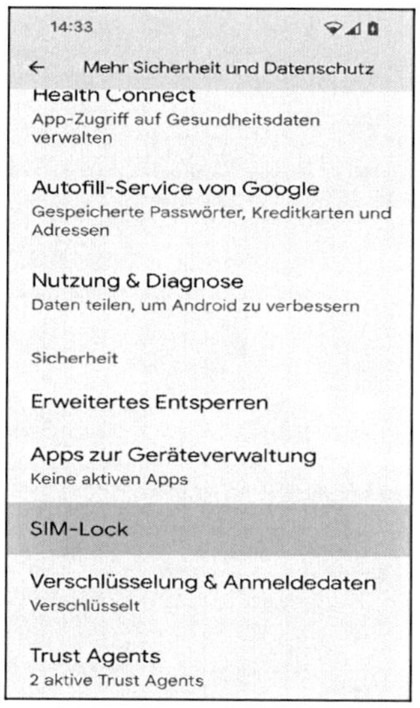

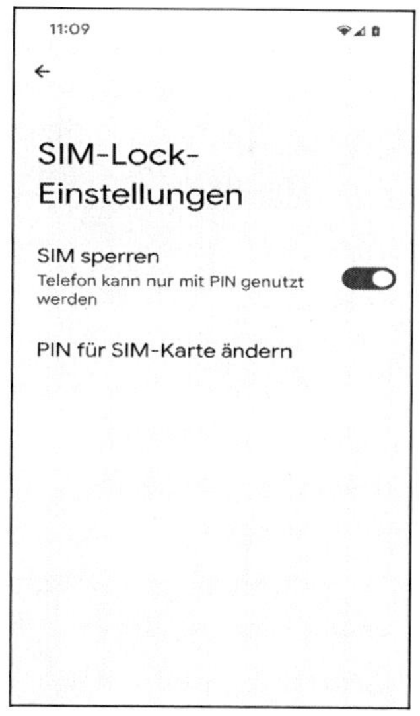

❶❷ Wählen Sie *Mehr Sicherheit und Datenschutz* und dann *SIM-Lock.*

❸ Aktivieren/Deaktivieren Sie *SIM-Karte sperren.* Über *PIN für SIM-Karte ändern* können Sie die vom Netzbetreiber vorgegebene vierstellige SIM-PIN anpassen.

26.5 Maßnahmen gegen Diebstahl

Jeden Tag gehen in Deutschland mehrere Tausend Mobilgeräte verloren, sei es durch Diebstahl oder Vergesslichkeit. Falls Sie mal Ihr Handy verlieren sollten, ist dies glücklicherweise nicht so schlimm, denn alle Daten, die Sie mit den mitgelieferten Google-Anwendungen verwalten, werden automatisch im Internet in Ihrem Google-Konto gesichert. Melden Sie sich dann mit Ihrem Google-Konto auf einem anderen Android-Tablet/Handy an, stehen Ihre Daten automatisch nach einigen Minuten wieder zur Verfügung. Haben Sie außerdem Ihr Handy, wie im Kapitel *26.2 Gerätesperre* beschrieben, gegen fremden Zugriff geschützt, brauchen Sie auch kaum Angst haben, dass jemand mit Ihren Daten Missbrauch treibt.

Ärgerlich bleibt ein Geräteverlust aber trotzdem. Mit der in diesem Kapitel vorgestellten Funktion können Sie daher Ihr Handy lokalisieren. Von Erfolg sind die Ortungsmaßnahmen nur gekrönt, wenn das Handy eingeschaltet ist und der Dieb/Finder es nicht über eine Tastenkombination zurücksetzt. Deshalb gilt: Je schneller Sie die Ortung durchführen, desto größer ist die Wahrscheinlichkeit, es wiederzufinden.

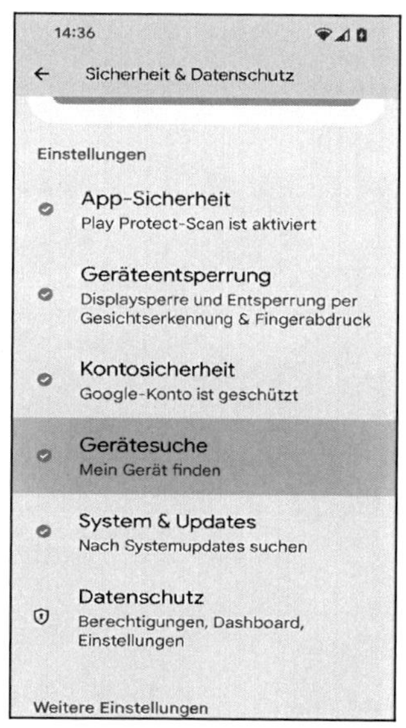

❶❷ Kontrollieren Sie zunächst auf Ihrem Handy, ob die Ortungseinstellungen korrekt sind: Rufen Sie die *Einstellungen* auf und gehen Sie auf *Datenschutz & Sicherheit.*

❸ Prüfen Sie, ob *Mein Gerät finden* im Gerätesuche-Menü aktiv ist. Falls dies nicht der Fall sein sollte, aktivieren Sie sie.

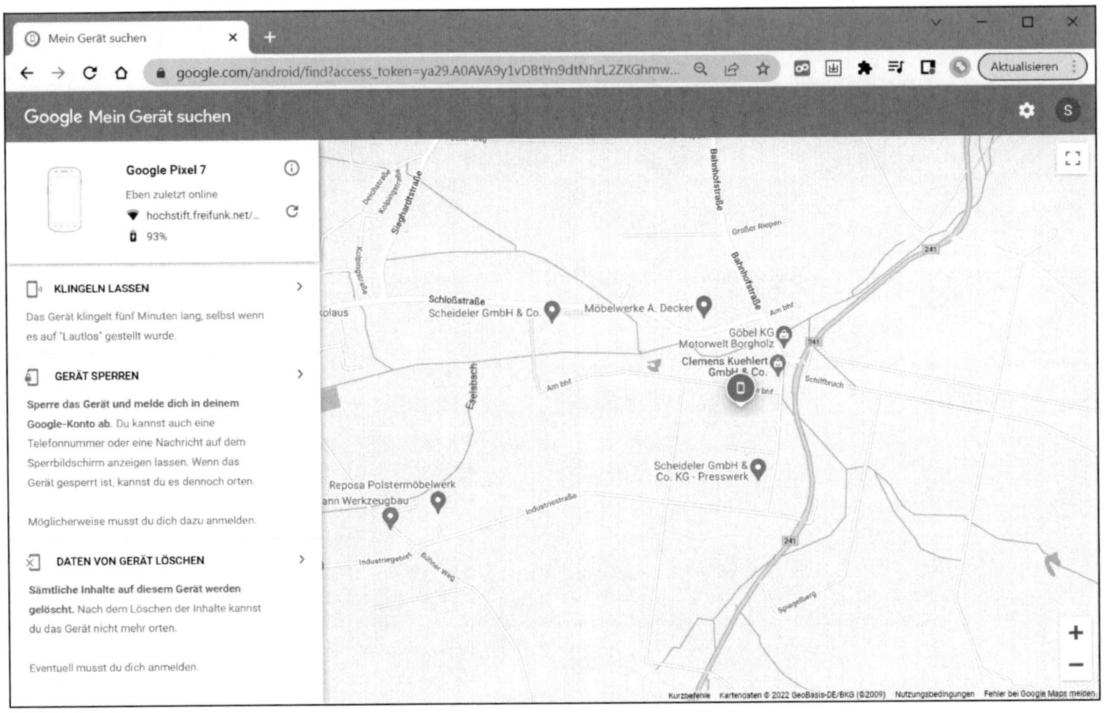

Im Falle eines Geräteverlusts rufen Sie die Geräte-Manager-Website in einem Webbrowser auf und führen dort die Ortung beziehungsweise Fernlöschung durch. Wir empfehlen, die Ortung zumindest einmal als Trockenübung auszuprobieren, damit Sie im »Ernstfall« mit der Weboberfläche vertraut sind und schnell reagieren können. Rufen Sie jetzt *www.google.com/android/find* in einem PC-Webbrowser auf und melden Sie sich mit Ihrem Google-Konto an.

Falls Sie mehrere Android-Geräte besitzen (oder mal besessen haben), müssen Sie erst das Gerät im Auswahlmenü einstellen, dessen Position Sie ermitteln möchten.

Die aktuelle Geräteposition wird mit einem grünen Sticker in der Karte angezeigt. Klicken Sie auf *KLINGELN LASSEN*, damit das Handy sich akustisch mit voller Lautstärke bemerkbar macht. Für die Löschung des Gerätespeichers klicken Sie auf *DATEN VON GERÄT LÖSCHEN*.

27. Eingabemethoden

Die Eingabemethode aktiviert sich automatisch, wenn Sie sich in einem Eingabefeld befinden. Das Handy besitzt kein separates Tastenfeld wie Notebooks, weshalb der Hersteller diverse Tricks anwendet, damit Sie mit Ihren Fingern trotzdem fehlerfrei Eingaben vornehmen können.

Im Gegensatz zu anderen Handys und Tablets, welche verschiedene Tastenfelder, beziehungsweise Eingabemethoden mitbringen, besitzt das Pixel nur das Standard-Android-Tastenfeld und die Spracheingabe. Im Google Play Store (siehe Kapitel *17 Play Store*) können Sie aber jederzeit weitere Eingabemethoden installieren. Suchen Sie dort einfach nach »Tastatur« oder »Eingabe«.

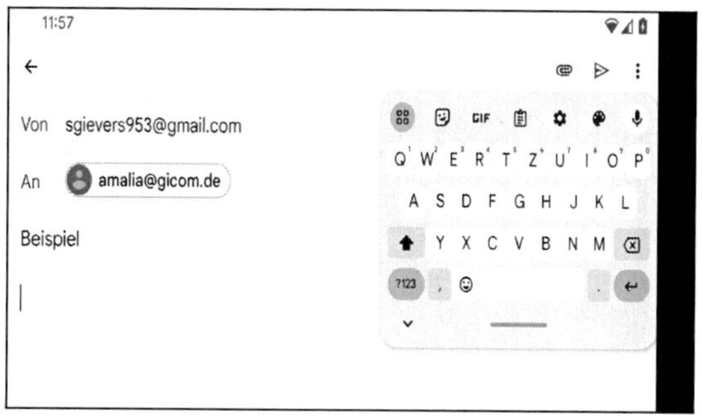

❶ Das Tastenfeld erscheint automatisch, sobald das Gerät von Ihnen eine Texteingabe erwartet, beziehungsweise Sie in ein Textfeld tippen.

❷ Ein kleines Tastenfeld erscheint, wenn Sie das Handy um 90 Grad gedreht halten. Dabei ist es egal, welche Eingabemethode vorher aktiv war. Beachten Sie, dass dafür *Automatisch drehen* (siehe Kapitel *4.11 Längs- und Querdarstellung*) im Benachrichtigungsfeld aktiv sein muss.

❶❷ Betätigen Sie einmal die ▼-Taste (an der Display-Unterseite), worauf das Tastenfeld verschwindet. Sobald Sie ein Eingabefeld antippen, zeigt das Handy das Tastenfeld wieder an.

❶ Häufig kommt es vor, dass das Tastenfeld wichtige Eingabefelder oder Informationen überdeckt. In diesem Fall tippen und halten Sie den Finger auf dem Bildschirm (nicht auf das Tastenfeld) und ziehen nach unten beziehungsweise oben.

❷ Alternativ bringt Sie die →|-Taste (Pfeil) zum nächsten Eingabefeld (ähnlich der Tab-Taste auf einer PC-Tastatur)

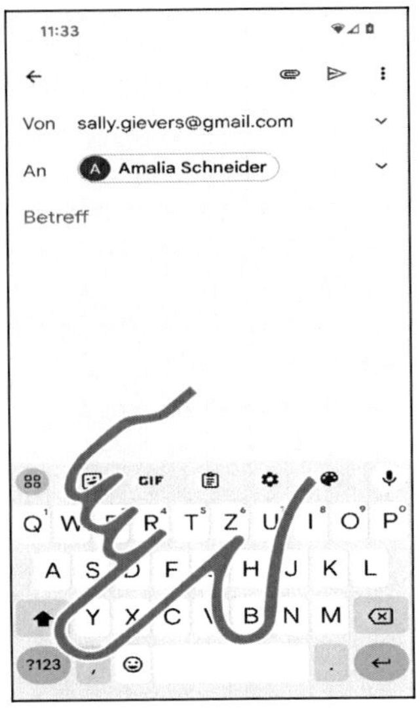

❶ Für viele Satz- und Sonderzeichen ist auf der Displaytastatur kein Platz. Betätigen Sie dafür die »*?123*«-Taste (Pfeil).

❷ Über die »*ABC*«-Taste schalten dann wieder auf das normale Tastenfeld zurück.

❸ Umlaute geben Sie ein, indem Sie die jeweilige Taste, im Beispiel »a«, etwas länger gedrückt halten. Das Tastenfeld zeigt nun ein Popup an, worin Sie den Finger auf einen Umlaut ziehen.

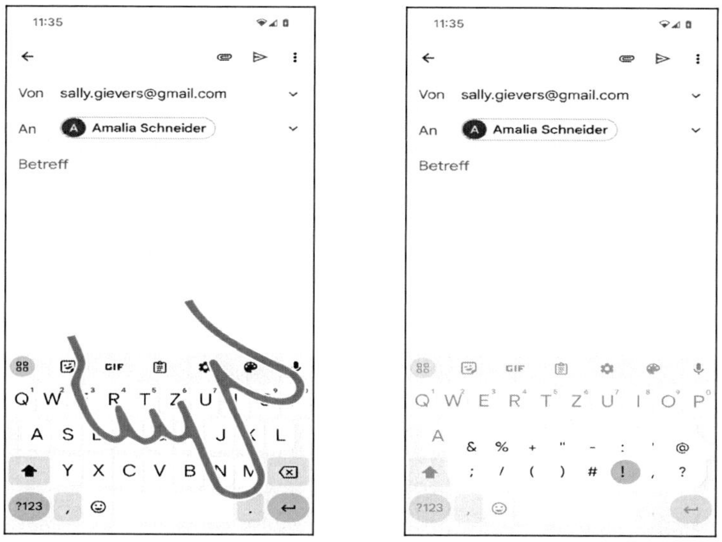

❶❷ Doppelt belegt (mit dem Finger einige Sekunden darauf halten) ist auch die Punkt-Taste.

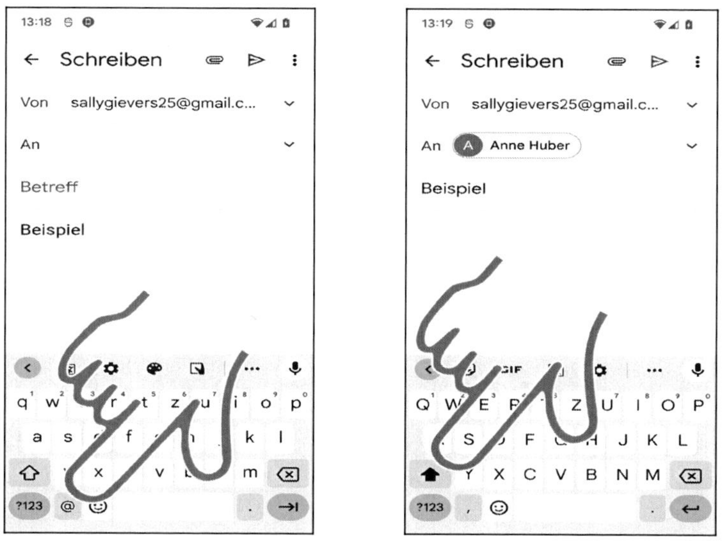

❶ In E-Mail-Eingabefeldern ändert sich die Tastenbelegung etwas: Dort steht das »@«-Zeichen zur Verfügung.

❷ Die Hochstelltaste (Pfeil) funktioniert ähnlich wie von einer PC-Tastatur gewohnt, das heißt, Sie halten den Finger für einige Sekunden auf der Taste gedrückt, bis sie einen blauen Strich anzeigt. Alle Eingaben erfolgen dann in Großschrift. Betätigen Sie die Hochstelltaste erneut, werden die Großbuchstaben wieder abgeschaltet.

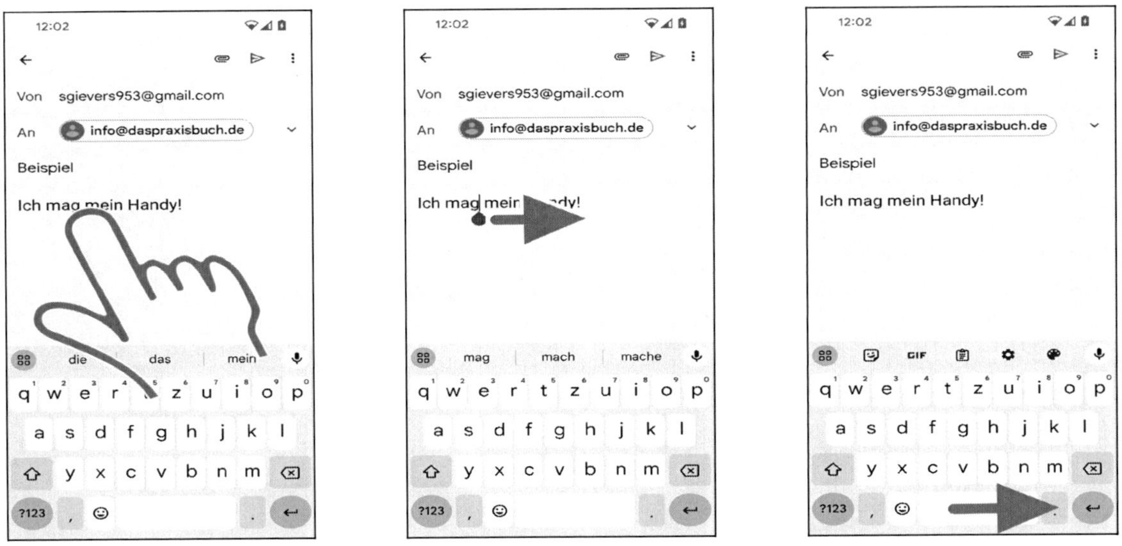

❶ Trotz des relativ großen Displays ist es kaum möglich, den Cursor mit dem Finger auf eine bestimmte Textposition zu setzen, um Korrekturen oder Ergänzungen vorzunehmen. In diesen Fall tippen Sie einfach ungefähr auf die Textposition.

❷ Anschließend positionieren Sie den Cursor, indem Sie die blaue Lasche verschieben.

❸ Alternativ halten Sie den Finger auf der Leertaste gedrückt und wischen dann nach rechts oder links, was ebenfalls den Cursor verschiebt.

27.1 Sonderfunktionen

❶ Die 88-Taste oberhalb des Tastenfelds schaltet eine Symbolleiste ein:

- : Lustige animierte Comic-Grafiken.
- GIF: Kurze Szenen aus bekannten TV-Serien und Kinofilmen.
- : Über die Zwischenablage können Sie Texte speichern und später wieder abrufen.
- : *Einstellungen*: Darauf geht Kapitel *27.4 Eingabeoptionen* ein.
- : *Design*: Ein- oder mehrfarbiger Hintergrund für das Tastenfeld.
- : Auf die Spracherkennung geht noch Kapitel *27.5 Spracherkennung* ein.
- *Einhändiger Modus*: Verkleinert die Bildschirmdarstellung, damit Sie das Handy mit einer Hand bedienen können.
- *Textbearbeitung*: Blendet große Cursortasten und Schaltflächen ein, über die Sie Texte markieren, kopieren und einfügen.
- *Gboard teilen*: In den Tastenfeld-Einstellungen vorgenommene Änderungen an ein

anderes Android-Gerät senden.

- *Übersetzen*: Aktiviert die Übersetzerfunktion, um beispielsweise englischen Text nach Deutsch zu übersetzen.
- *Unverankert*: Tastenfeld frei auf dem Bildschirm verschieben.
- *Größe ändern*: Höhe des Tastenfelds ändern.
- *Emoji*: Piktogramm (»Smiley«) im Eingabefeld einfügen. Diese Funktion erreichen Sie einfacher direkt über das Tastenfeld, wie das nächste Kapitel zeigt.

27.1.1 Emojis

Damit es während der Konversation über E-Mail, SMS, WhatsApp oder sozialen Netzwerken wie Facebook zu keinen Missverständnissen kommt, können Sie Ihre Emotionen mit Piktogrammen, beispielsweise 😁 für »Lachen«, ausdrücken. Während früher dafür die Bezeichnung »Smiley« üblich war, hat sich inzwischen die Bezeichnung »Emoij« (japanisch für »Bildschriftzeichen«) durchgesetzt.

Kommt Ihnen die die Form der Emojis bekannt vor? Das erste Smiley, von dessen Design sich die Emoijs ableiten, wurde in den 1960er Jahren von einem Grafiker entwickelt, um die Mitarbeitermoral in einem amerikanischen Versicherungskonzern anzuheben. Das Smiley findet sich inzwischen millionenfach auf Kaffeetassen, T-Shirts usw. wieder und ist ein weltweit geschütztes Warenzeichen.

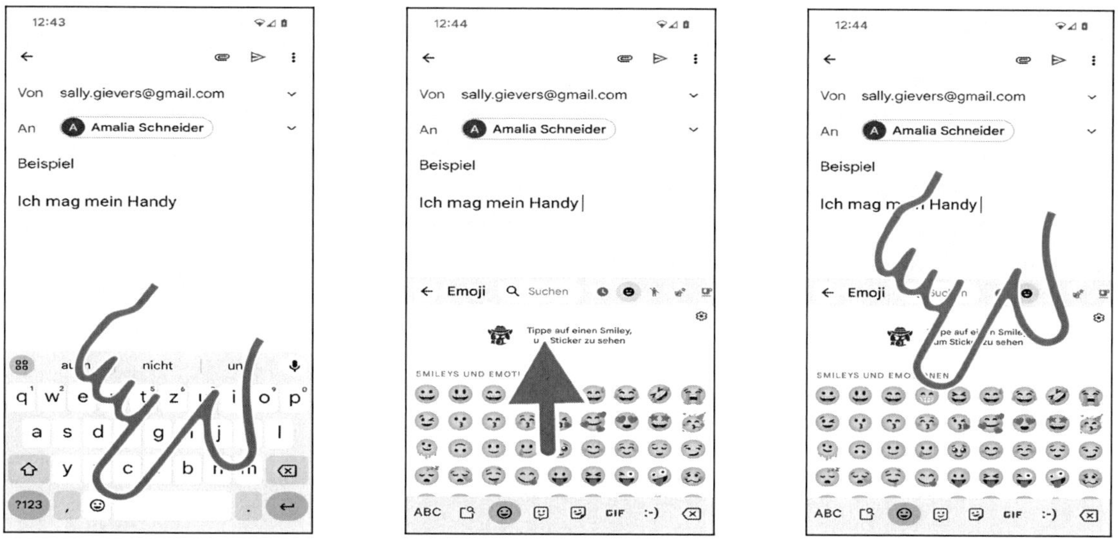

❶ Betätigen Sie die ☺-Taste für das Emoji-Tastenfeld.

❷❸ Wischen Sie durch die angebotenen Emojis und tippen Sie eines an, das Sie ins Eingabefeld übernehmen möchten.

Bitte verwenden Sie die Emoijs vorsichtig, denn manche Emoijs sind missverständlich. In Geschäftskorrespondenz sollten Sie auf Emojis verzichten, weil sie als schlechter Stil gelten.

Die Emojis sind zwar weltweit genormt, dennoch verwendet jeder Gerätehersteller und jedes soziale Netzwerk andere Emoij-Designs. Wenn Sie von Ihrem Handy also eine E-Mail an einen Apple iPhone-Nutzer senden, bekommt dieser das in der Nachricht enthaltene Emoji im Apple-Design angezeigt.

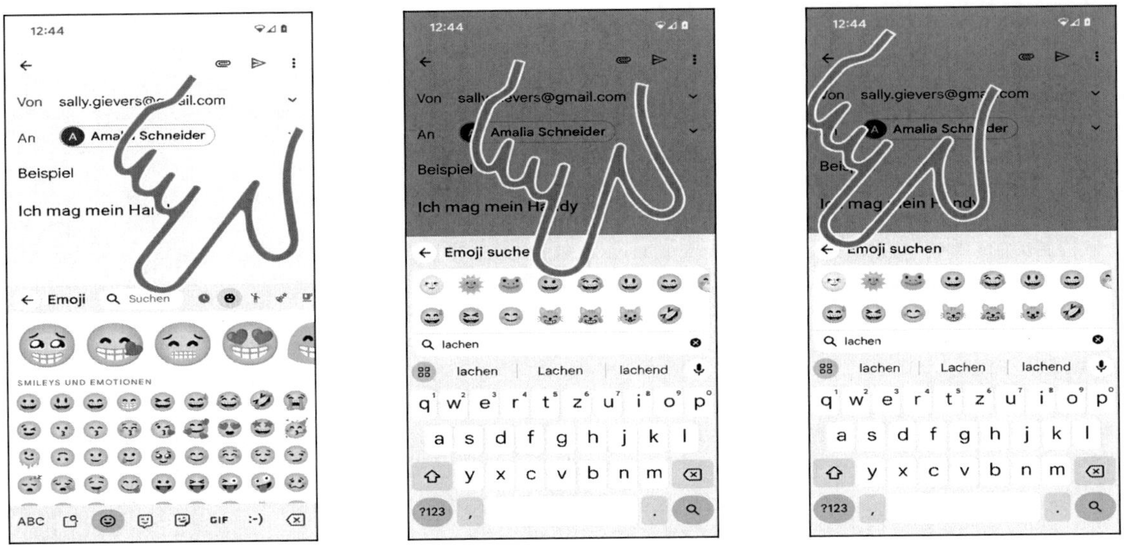

❶❷ Sie wissen nicht, welches Emoji Sie verwenden sollen? Dann tippen Sie ins *Emoji suchen*-Eingabefeld und geben einen Begriff, im Beispiel »lachen« ein. Tippen Sie eine der Fundstellen an, um sie zu übernehmen.

❸ Die ←-Schaltleiste (Pfeil) schließt das Suchfeld.

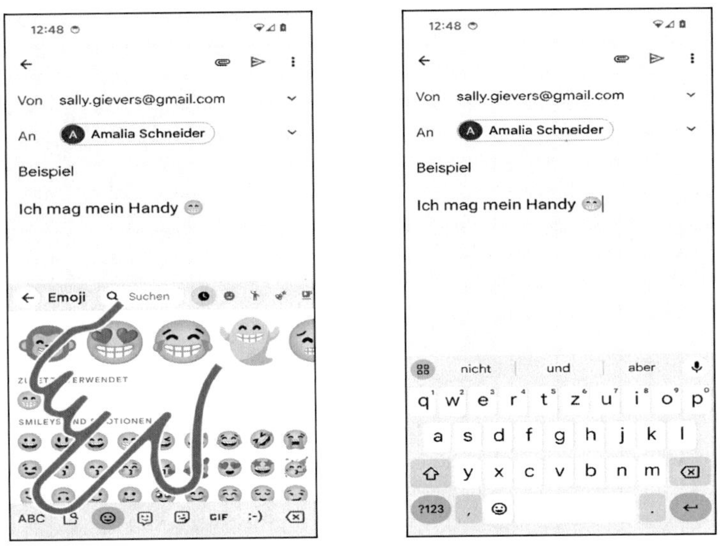

❶❷ Die ABC-Taste (Pfeil) wechselt wieder zum normalen Tastenfeld.

27.1.2 GIF

Das Grafikformat GIF wurde bereits in den 1980er Jahren erfunden und würde heute keine Rolle mehr spielen, wenn es nicht eine Besonderheit aufweisen würde: In einer GIF-Datei können mehrere Einzelgrafiken enthalten sein, die nacheinander wie ein Video abgespielt werden. Es hat sich in den letzten Jahren eine riesige Fangemeinde etabliert, die kurze Ausschnitte aus TV-Serien oder Kinofilmen als GIF-Dateien verbreitet.

➊ Betätigen Sie die **GIF**-Schaltleiste (Pfeil).

➋ Die GIFs sind in verschiedenen Kategorien angeordnet, zwischen denen Sie mit einer Wischgeste (Pfeil) und Antippen wechseln.

➌ Danach wischen Sie durch die angebotenen GIFs und tippen eine an, die ins Eingabefeld übernommen wird.

➊➋➌ In unserem Fall nutzen wir WhatsApp (siehe Kapitel *12 WhatsApp*), bei dem GIF-Bilder wie normale Fotos behandelt werden. Deshalb können Sie noch einen Kommentar eingeben, der dann mit dem GIF verschickt wird. Der Empfänger muss dann die Vorschau antippen, damit WhatsApp das GIF abspielt. Per E-Mail verschickte GIFs werden dagegen meistens automatisch beim Empfänger abgespielt.

27.1.3 Sticker

»Sticker« sind lustige Grafiken, mit denen Sie Ihre Texte aufhübschen.

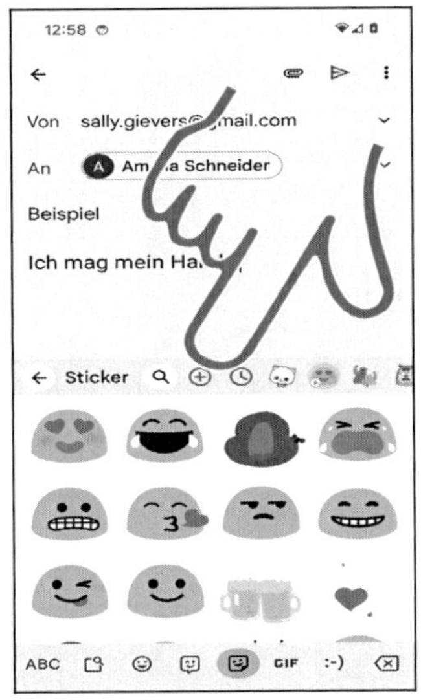

❶ Betätigen Sie die -Schaltleiste (Pfeil).

❷ Die Grafiken sind in verschiedenen Kategorien angeordnet, zwischen denen Sie über die Schaltleisten wechseln (Pfeil). Anschließend übernehmen durch Antippen eine der Grafiken ins Eingabefeld.

❸ Die +-Schaltleiste installiert weitere Grafikpakete.

27.2 Wortvorschläge

❶ Während der Texteingabe erscheinen oberhalb des Tastenfelds drei Wortvorschläge, die Sie durch Antippen übernehmen können. Das am wahrscheinlichsten von Ihnen gemeinte Wort ist jeweils in der Mitte zu finden, es wird automatisch ins Eingabefeld übernommen, wenn Sie die Leertaste oder ein Satzzeichen eingeben.

❷ Sofern ein Wort nicht im Wörterbuch vorhanden ist, erscheint es entweder allein in den Vorschlägen oder auf der linken Seite. Um ein Wort in das Wörterbuch zu übernehmen tippen Sie es in den Vorschlägen an. Beim nächsten Mal wird es dann vorgeschlagen.

> Tipp: Häufig kann man sich die auf dem Android-Tastenfeld umständliche Eingabe von Umlauten ersparen, indem man stattdessen das Wort mit dem korrespondierenden Vokal eingibt. Beispiele: »wahrend« statt »während« oder »langlich« statt »länglich«. In den Wortvorschlägen erscheint dann das korrekte Wort mit Umlaut.

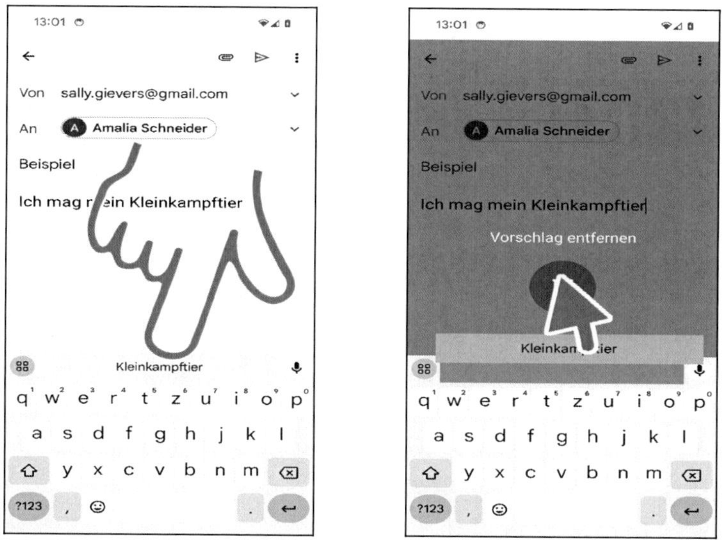

❶❷ So löschen Sie ein Wort wieder aus dem Wörterbuch: Tippen und halten Sie den Finger auf dem Vorschlag, bis er markiert ist und ziehen Sie ihn auf *Vorschlag entfernen.*

27.3 Texte kopieren, ausschneiden und einfügen

Es kommt häufiger mal vor, dass man einen Text, beispielsweise aus einer SMS oder E-Mail, in einer anderen Anwendung weiterverwenden will.

Leider handhaben die Google-Anwendungen das Kopieren und Einfügen von Texten etwas unterschiedlich. Damit Sie eine Idee davon bekommen, wie der grundsätzliche Ablauf ist, möchten wir einen Text aus einer im Webbrowser angezeigten Webseite in Gmail (siehe Kapitel *10 Gmail*) versenden.

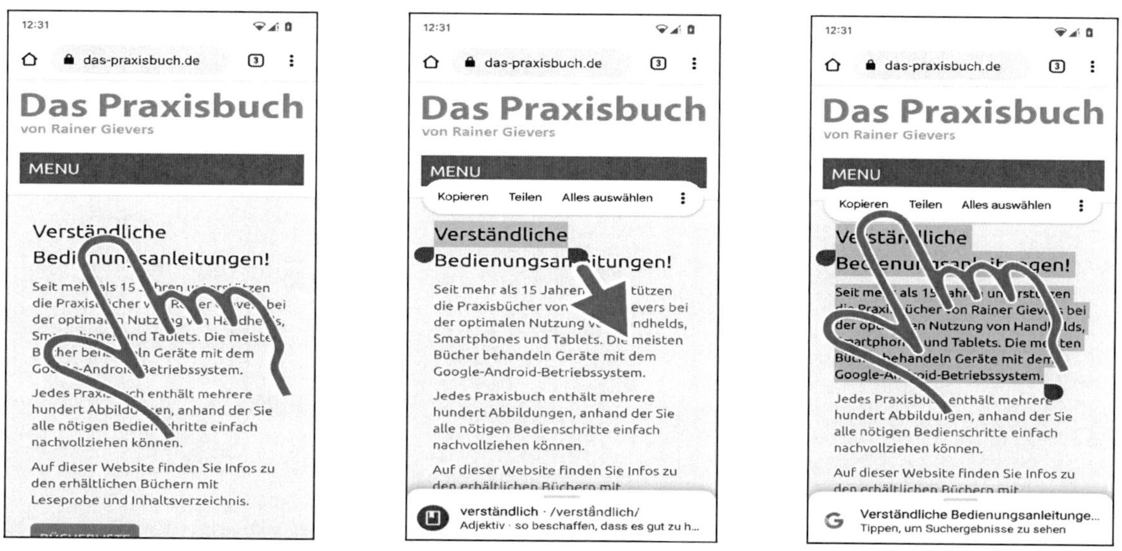

❶ Beispiel für das Markieren im Webbrowser (siehe Kapitel *11 Chrome-Webbrowser*): Tippen und halten Sie den Finger auf einem Wort, welches darauf hin markiert ist.

❷ Anschließend ändern Sie den markierten Bereich, indem Sie die Schieber an die gewünschte Position bewegen. Dabei unterstützt Sie eine eingeblendete Lupe.

❸ Tippen Sie die *Kopieren*-Schaltleiste an.

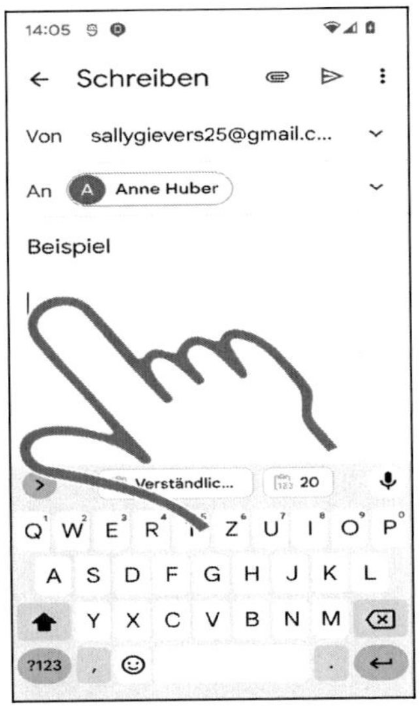

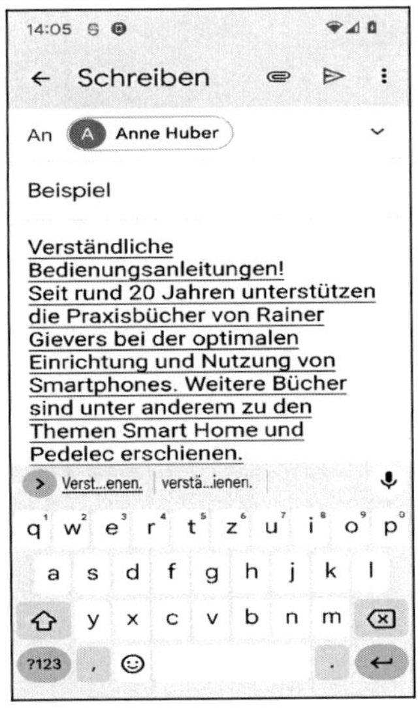

❶ Rufen Sie nun die Anwendung auf, in der Sie den kopierten Text einfügen möchten. Tippen Sie auf die Zielposition – bitte beachten Sie dabei, dass Sie nur in bestehenden Text beziehungsweise ans Textende tippen können.

❷❸ Oberhalb des Tastenfelds tippen Sie auf die angezeigte Zwischenablage, welche darauf hin eingefügt wird.

27.4 Eingabeoptionen

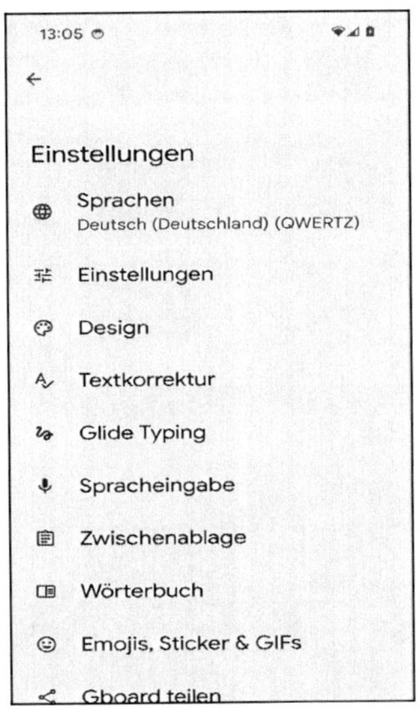

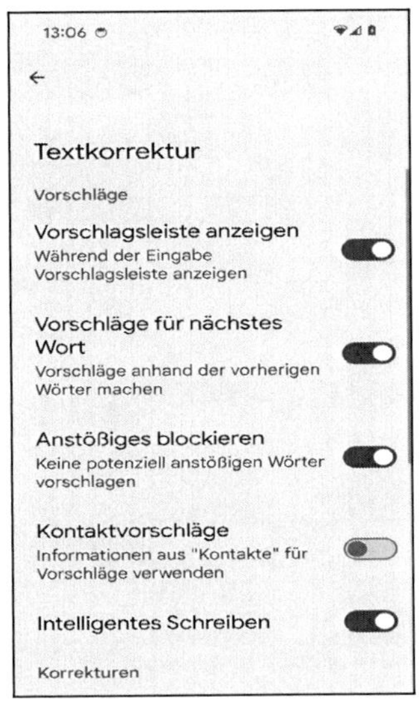

❶❷ Für die Eingabeoptionen betätigen Sie in der Symbolleiste ⚙.

❸ Das Menü:

- *Sprachen*: Neben der Systemsprache wählen Sie hier auch die Belegung des Tastenfelds aus. Anhand der eingestellten Sprache erfolgen auch Vorschläge aus dem Wörterbuch.
- *Einstellungen*: Darauf kommen wir unten noch.
- *Design*: Die Tastaturfarbe.
- *Textkorrektur* (❸):
    - *Vorschlagsleiste anzeigen*: Oberhalb des Tastenfelds werden Wortvorschläge eingeblendet, die Sie durch Antippen übernehmen.
    - *Vorschläge für nächstes Wort*: Ausgehend von Wortwahrscheinlichkeiten macht das Tastenfeld jeweils Wortvorschläge.
    - *Anstößiges blockieren*: Schimpfworte erscheinen nicht in den Wortvorschlägen.
    - *Kontaktvorschläge*: Kontaktnamen aus dem Telefonbuch werden bei den Vorschlägen

berücksichtigt.

  - *Intelligentes Schreiben*: Das Tastenfeld macht anhand des Kontexts passende Wortvorschläge.
  - *Autokorrektur*: Das in der Vorschlagsliste über dem Tastenfeld hervorgehobene Wort wird automatisch ins Eingabfeld übernommen, sobald Sie die Leertaste oder eine Interpunktionstaste betätigen. Falls Sie viele Fremdwörter verwenden, kann die Deaktivierung der *Autokorrektur* angeraten sein.
  - *Autokorrektur mit Rücktaste rückgängig machen*: Betätigen der ⌫-Taste stellt den ursprünglichen Text (vor der Autokorrektur) wieder her.
  - *Autom. Leerzeichen nach Satzzeichen*: Derzeit wird nur das US-englische Tastenfeld unterstützt.
  - *Automatische Groß-/Kleinschreibung*: Bei Satzanfängen (nach einem Punkt) beginnen Wörter automatisch mit Großbuchstaben.
  - *Doppeltes Leerzeichen durch Punkt ersetzen*: Zweimaliges Antippen der Leertaste gibt einen Punkt mit folgendem Leerzeichen ein.
  - *Rechtschreibprüfung*: Wörter, die nicht im eingebauten Wörterbuch enthalten sind, hebt das Handy beim Antippen mit roter Unterstreichung hervor.
  - *Grammatikfehler*: Die Grammatikprüfung ist derzeit offenbar nur für englischsprachige Texte aktiv.
- *Glide Typing*: Die »gleitende Eingabe« behandelt Kapitel *27.6 Bewegungseingabe.*
- *Spracheingabe:* Verwaltet das verwendete Wörterbuch und die Blockierung von Schimpfwörtern in der Spracheingabe. Sie sollten hier nichts ändern.
- *Zwischenablage*: Über dem Tastenfeld wird der zuletzt in die Zwischenablage kopierte Text zur Auswahl vorgeschlagen.
  - *Kürzlich kopierten Text und kürzlich kopierte Bilder in der Vorschlagssäule zeigen*
  - *Informationen wie Adressen und Telefonnummern in kürzlich kopierten Text vorschlagen*
  - *Kürzlich aufgenommene Screenshots in der Zwischenablage speichern*
- *Wörterbuch*: Verwaltet die während der Eingabe gelernten Wörter.
- *Gboard teilen*: Die Tastatureinstellungen an ein anderes Android-Gerät senden.
- *Datenschutz*: Stellen Sie ein, ob Google Ihre Texteingaben intern auswerten darf.
- *Übersetzen*: Das Menü legt die Sprachen für die Übersetzerfunktion (Übersetzen-Schaltleiste) fest.
- *Bewerten*
- *Hilfe & Feedback*

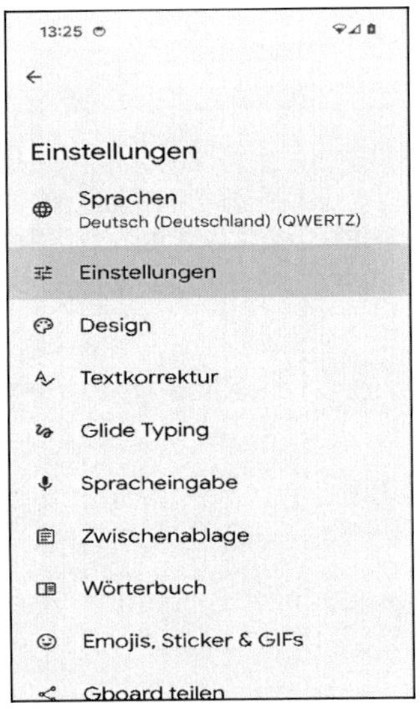

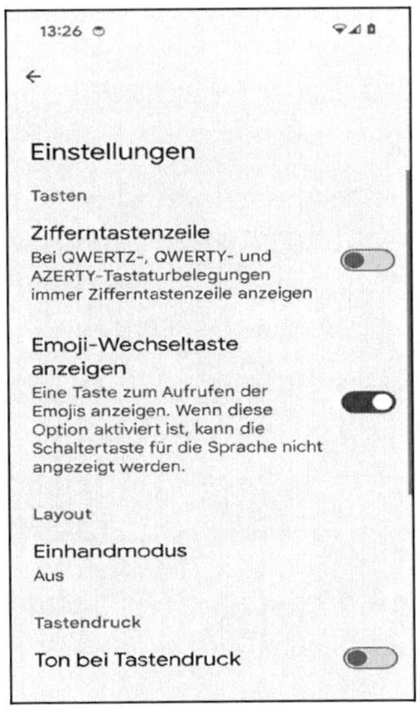

❶❷ *Einstellungen* konfiguriert:

Unter *Tasten*:

- *Zifferntastenzeile*: Zahlentasten oberhalb des Tastenfelds einblenden. Beachten Sie, dass dabei Bildschirmfläche für die laufende Anwendung verloren geht.
- *Emoji-Wechseltaste anzeigen*: Wenn deaktiviert, müssen Sie für Emojis (Smileys) auf dem Tastenfeld die Komma-Taste drücken und halten.

Unter *Layout*:

- *Einhandmodus*: Sofern Sie das Tastenfeld mit einer Handy bedienen möchten, stellen Sie hier ein, auf welcher Seite es andocken soll. Das Tastenfeld ist dann kleiner.

Unter *Tastendruck:*

- *Ton bei Tastendruck*: Tastenklick.
- *Lautstärke der Tastendrucktöne*: Nur einstellbar, wenn *Ton bei Tastendruck* aktiv ist.
- *Haptisches Feedback bei Tastendruck*: Bei Tastenbetätigung vibriert das Handy kurz.
- *Vibrationsstärke bei Tastendruck*: Nur einstellbar, wenn *Vibrieren bei Tastendruck* aktiv ist.
- *Bei Tastendruck Pop-up*: Standardmäßig erscheint bei längerem Tippen und Halten einer Taste ein Popup mit weiteren Zeichenvorschlägen, beispielsweise bei der »a«-Taste mit »ä«, »â«, »á« und »á«. Falls Sie dies nicht wünschen, deaktivieren Sie *Pop-up bei Tastendruck.*
- *Langer Tastendruck fügt Symbol ein*: Halten Sie eine Taste lange gedrückt, um weitere Zeichenvorschläge über ein Popup zu erhalten.
- *Dauer für langen Tastendruck*: Wartezeit, bis das Handy nach längerem Drücken einer Taste die doppelte Belegung anzeigt.
- *Empfindlichkeit für Flick-Input*: Empfindlichkeit der Bewegungseingabe (siehe Kapitel *27.6 Bewegungseingabe*).
- *App-Symbol im Launcher anzeigen*: Über die im Hauptmenü eingeblendete *Gboard*-Anwendung greifen Sie direkt auf die Einstellungen des Tastenfelds zu.

27.5 Spracherkennung

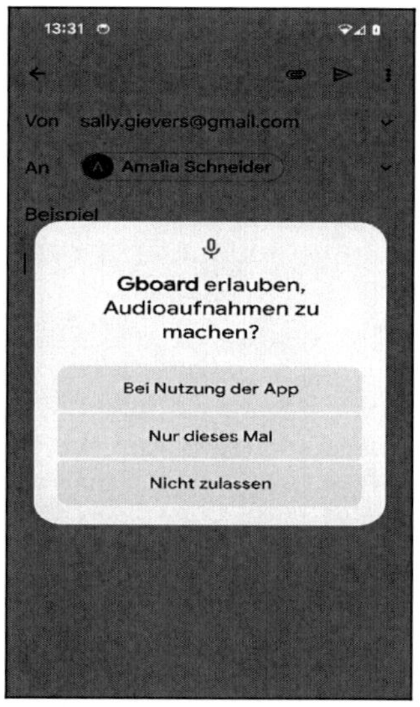

❶ Die Spracherkennung aktivieren Sie über die 🎙-Taste (Pfeil) oberhalb des Tastenfelds.

❷ Beim ersten Mal müssen Sie mit *Bei Nutzung der App* die Sprachaufnahmen genehmigen.

❸ Sprechen Sie dann in ruhigem Tonfall und gleichmäßig die Wörter, beziehungsweise Sätze, die dann in Text umgesetzt werden. Auch Satzzeichen wie »Fragezeichen« oder »Punkt« können Sie direkt sprechen.. Das Tastenfeld erscheint wieder nach erneutem Antippen von 🎙.

27.6 Bewegungseingabe

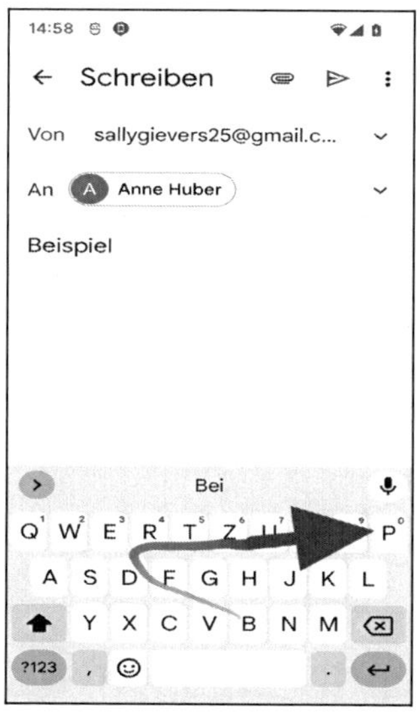

❶❷ Die Bewegungseingabe ist recht einfach zu verstehen: Halten Sie den Finger auf den ersten Buchstaben des einzugebenden Worts angedrückt und ziehen Sie nun mit angedrücktem Finger auf die weiteren Buchstaben des Worts. Setzen Sie dann den Finger ab. In unserem Beispiel soll »Beispiel« eingegeben werden. Leerzeichen fügt die durchgehende Eingabe übrigens automatisch zwischen den Wörtern ein. Für die Eingabe von doppelten Buchstaben bewegen Sie den Finger über der entsprechenden Taste einfach hin und her.

28. Tipps & Tricks

In diesem Kapitel stellen wir Ihnen einige nützliche Funktionen des Pixel-Handys vor.

28.1 Benachrichtigungen aktivieren

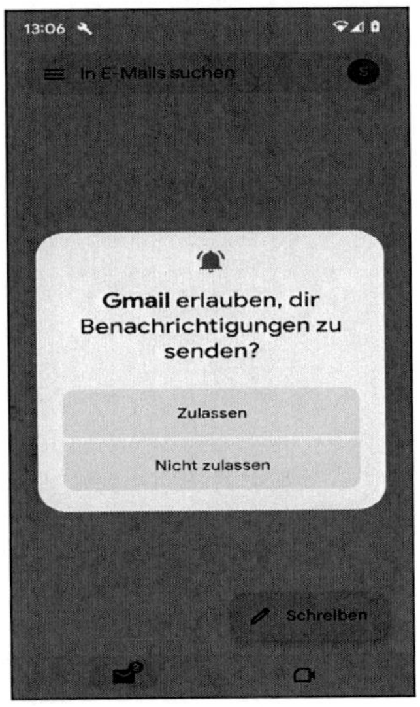

Viele Anwendungen auf dem Pixel-Handy zeigen dieses Popup beim ersten Start an. Sie gestatten damit, dass Sie akustisch, in der Titelleiste und im Benachrichtigungsfeld, über Wichtiges informiert werden.

Im Beispiel fragt die Gmail-Anwendung (siehe Kapitel *10 Gmail*), ob sie Benachrichtigungen über neu empfangene E-Mails anzeigen darf.

Bestätigen Sie immer mit *Zulassen.*

Sie haben aus Versehen *Nicht zulassen* betätigt? Kein Problem, denn im Folgenden erfahren Sie, wie Sie diesen kleinen Faux-pas wieder korrigieren!

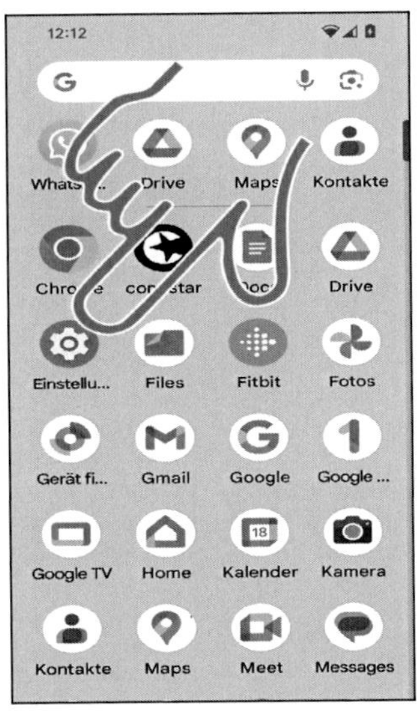

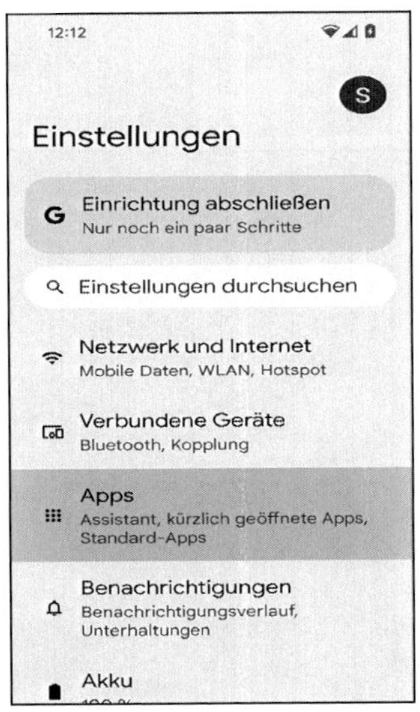

❶ Gehen Sie im Hauptmenü auf *Einstellungen.*

❷❸ Wählen Sie *Apps* und dann die Anwendung, von der Sie Benachrichtigungen erhalten möchten. Die zuletzt genutzte finden Sie ganz oben in der Liste.

Die Einstellungen-Anwendung zeigt das zuletzt aufgerufene Menü an. Betätigen Sie ein- oder mehrmals die ◀-Taste, um ins Hauptmenü zurückzukehren.

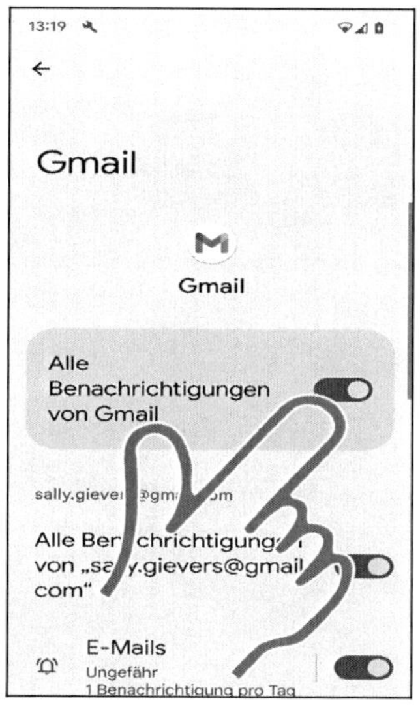

❶ Wählen Sie *Benachrichtigungen.*

❷ Aktivieren Sie *Alle Benachrichtigungen von xxx.*

Sie können nun das Menü verlassen.

28.2 Anwendungen als Standard

Sie haben wahrscheinlich zu diesem Zeitpunkt schon einige dutzend Programme aus dem Google Play Store (siehe Kapitel *17 Play Store*) installiert. Häufig überlappen sich dabei die Programmfunktionen, beispielsweise unterstützen alle Textverarbeitungsprogramme das Word-Format.

Wenn Sie auf dem Pixel-Handy eine Funktion auslösen, für die mehrere Anwendungen in Frage kämen, fragt das Gerät nach.

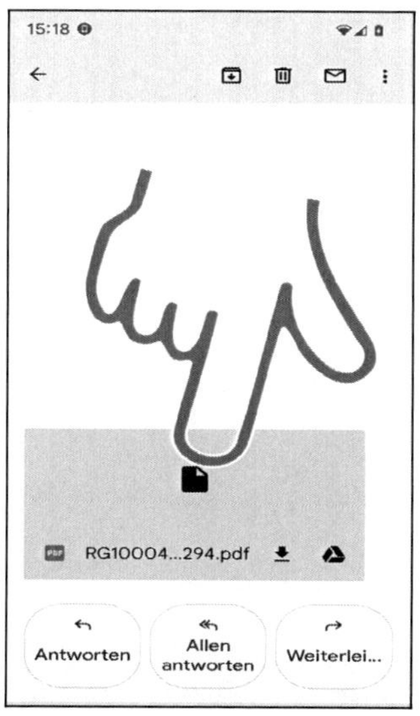

❶❷ Im Fall einer PDF-Datei, die Sie in einer E-Mail (siehe Kapitel *10 Gmail*) antippen, erscheint eine Rückfrage. Wählen Sie dann das gewünschte Programm aus. Betätigen Sie danach *Immer*, um die Rückfrage künftig für Dateien desselben Typs zu vermeiden und immer das gleiche Programm zu verwenden.

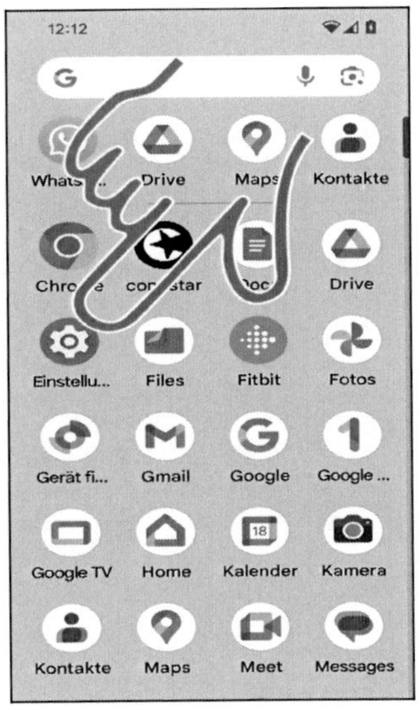

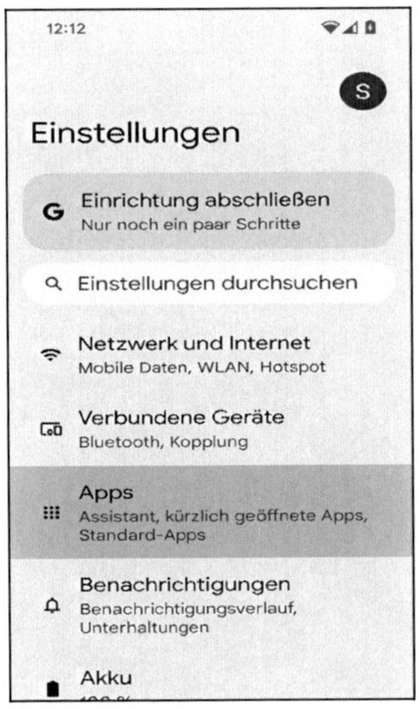

❶ So setzen Sie die Voreinstellung wieder zurück: Rufen Sie im Hauptmenü *Einstellungen* auf. Abhängig von den installierten Programmen finden Sie die *Einstellungen* eventuell an einer anderen Bildschirmposition.

❷ Wählen Sie *Apps*.

❸ Rollen Sie durch die Auflistung und wählen Sie das Programm aus, dessen Standardeinstellung Sie zurücksetzen möchten.

❶❷ Gehen Sie auf *Standardmäßig öffnen* und betätigen sie *Standardeinstellungen löschen*.

28.3 Handy verloren oder geklaut – was nun?

Vorsorge ist immer die beste Versicherung, um das eigene Handy oder Tablet wiederzubekommen, wenn Sie es irgendwo mal liegen lassen oder es gestohlen wird. Wichtig ist erst einmal, dass ein ehrlicher Finder, beziehungsweise die Polizei die Möglichkeit hat, Sie zu kontaktieren. Zwar lassen sich auf dem Pixel die Kontaktdaten so einstellen, dass sie beim Einschalten angezeigt werden, ist der Akku aber leer, bringt dies dem Finder auch nichts. Wir bringen deshalb auf unseren elektronischen Geräten, die wir unterwegs dabei haben, Adressaufkleber mit unseren Kontaktdaten an.

28.3.1 Datenschutz

Ein weiteres wichtiges Thema ist der Schutz Ihrer persönlichen Daten auf dem Handy. Ein Finder/Dieb könnte nämlich zum Beispiel Folgendes:

- Kontakte und Termine ändern oder löschen.

- Die im Webbrowser gespeicherte Formulardaten, zum Beispiel das Login von Ebay oder einer Shopping-Website ausnutzen, um Käufe in Ihrem Namen durchzuführen.
- Diffamierende E-Mails oder SMS in Ihrem Namen über die E-Mail/SMS-Anwendung verschicken.
- Nach peinlichen SMS, E-Mails, Fotos oder Videos suchen und diese im Web oder anderswo veröffentlichen.
- Sex-Hotlines oder sonstige teure 0900er-Premiumnummern über Ihre SIM-Karte anrufen.
- Im Google Play Store über Ihre dort gespeicherte Kreditkarte fröhlich Ihr Geld für teure Software ausgeben (nur möglich, wenn Sie Ihr Google-Konto-Passwort dort gespeichert haben).

An dieser Stelle wollen wir erst gar nicht über den Einsatz Ihres Android-Handys in einem sensiblen Firmenbereich reden. Das Pixel speichert viele Daten wie Kontakte, Termine, Browser-Lesezeichen usw. auf Google-Server, auf die amerikanische Behörden problemlos Zugriff haben. Es soll auch Firmen geben, die Software anbieten, um abgesicherte Geräte auszulesen, wozu nur der physische Zugriff auf das Gerät nötig ist (zum Beispiel auf Flughäfen bei der Zollkontrolle). Natürlich lässt sich das Pixel auch ohne Google-Konto (und damit ohne Google-Server) nutzen, dann könnte man sich aber auch genauso gut ein Notizblock zulegen.

Damit es Diebe nicht zu einfach haben, hier einige Tipps:

- Aktivieren Sie in *Einstellungen/Datenschutz & Sicherheit/Gerätesperreung* die Gerätesperre (Muster, PIN, Passwort). An die Daten in Ihrem Gerätespeicher kommt dann der Dieb nicht heran (siehe Kapitel *26.2 Gerätesperre*).
- Den Google Play-Store können Sie in dessen *Biometrische Authentifizierung* beziehungsweise *Authentifizierung für Käufe erforderlich* sichern. Siehe Kapitel *17.5 Einstellungen*.
- Die unter *Einstellungen/Datenschutz & Sicherheit/Mehr Sicherheit und Datenschutz/ SIM-Lock/SIM sperren* verfügbare SIM-Kartensperre mit sorgt dafür, dass ein Dieb Ihre SIM-Karte nicht einfach entnehmen und in seinem Handy für teure Anrufe nutzen kann. Stattdessen wird der Dieb an der Abfrage der SIM-PIN scheitern.
- Notieren Sie sich die IMEIs Ihres Handys, die Sie auf der Verkaufsverpackung finden und notieren Sie sie am besten auf Ihre Rechnung für das Gerät, sofern sie dort nicht bereits aufgeführt ist. Bei einer Diebstahlsmeldung können Sie die IMEI dann mit angeben.

Der Diebstahl/Verlust ist eingetreten:

Abhängig von der Situation, also wenn Sie nicht sicher sind, ob die zuvor aufgeführten Sicherheitsmaßnahmen greifen, gehen Sie wie folgt vor:

- Rufen Sie sich selbst an. Sind Sie mit mehreren Personen vor Ort, sollten diese zuvor ausschwärmen lassen, damit das Handy schnell lokalisiert wird. Ein markanter Klingelton ist da natürlich hilfreich.
- Loggen Sie sich auf der Google-Website in Ihr Google-Konto ein und ändern Sie Ihr Passwort.
- Erstatten Sie Anzeige bei der Polizei (den Polizei-Beleg benötigen Sie eventuell, damit Ihre Versicherung den Verlust erstattet). Eventuell hat sich dort auch schon der ehrliche Finder gemeldet.
- In Hotels, Bahnhöfen, Flughäfen gibt es Fundbüros und vielleicht hat dort jemand zwischenzeitlich das Gerät abgegeben. Verwenden Sie ein Schutzetui für das Handy, dürfte es sinnvoll sein, dort Ihre Visitenkarte einzulegen. Dadurch wird es für den Finger einfacher, Sie zu kontaktieren.
- Lassen Sie beim Mobilnetzbetreiber Ihre SIM-Karte sperren.
- Der im Kapitel *26.5 Maßnahmen gegen Diebstahl* beschriebene Android Gerätemanager ist ebenfalls nützlich, um Ihr Handy wiederzufinden.

28.3.2 Schutz von Firmendaten

Wie Sie vielleicht schon der Presse entnommen haben, wurde Mitte 2013 bekannt, dass amerikanische Geheimdienste systematisch Telefon- und Internetdaten sammeln. Unterstützt werden sie dabei von praktisch allen im Internetgeschäft aktiven Unternehmen, darunter Google und Microsoft, die dafür spezielle Abhörschnittstellen bereitstellen. Weil auch die amerikanischen Betreiber der sogenannten Internetbackbones den Geheimdiensten helfen, können Sie davon ausgehen, dass alle Daten, die irgendwie durch die USA fließen, aufgezeichnet und ausgewertet werden.

Auch außerhalb der Vereinigten Staaten ist man nicht sicher, denn die britischen und französischen Geheimdienste sind natürlich ebenfalls im Lauschgeschäft aktiv. Offiziell dienen die beschriebenen Aktivitäten zwar der Terrorabwehr, laut Geheimdienstquellen profitieren von den gesammelten Informationen aber auch verschiedene Großunternehmen.

Wir empfehlen deshalb Unternehmen, auf die sogenannten Cloud-Dienste, bei denen Informationen auf Internetservern abgelegt und abgerufen werden, entweder zu verzichten oder besondere Sicherungsmaßnahmen zu ergreifen. Hilfreich sind unter anderem Cloud-Dienste, deren Server ausschließlich in Deutschland stehen. Es sollte klar sein, dass Sie die Google-Dienste (Google-Konto) ebenfalls nicht nutzen dürfen, da Ihre Kontakte, Termine, Fotos, Webbrowser-Favoriten, Fotos, Bewegungsprofile (Google Maps, Google-Anzeigen mit Ortsauswertung in kostenlosen Programmen aus dem Play Store) usw. den US-Geheimdiensten praktisch auf dem Servierteller gereicht werden. Sofern Sie Dropbox oder den Google-Speicher Drive nutzen, sollten Sie die hochgeladenen Dateien erst mit Verschlüsselungssoftware behandeln.

Erwähnenswert ist auch die Möglichkeit der Grenzbeamten in Großbritannien und den USA, anlasslos Daten von Notebooks, Tablets oder Handys herunter zu kopieren.

28.4 Akkulaufzeit erhöhen

Mit einigen kleinen Kniffen erhöhen Sie die Akkulaufzeit Ihres Pixel-Handys:

- Passen Sie über den Helligkeitsregler im Benachrichtigungsfeld die Displaybeleuchtung an. Das Display ist die Handy-Komponente mit dem höchsten Stromverbrauch.
- Die Displayabschaltdauer stellen Sie in den *Einstellungen* unter *Display/Display automatisch ausschalten* ein.
- Widgets im Startbildschirm (siehe Kapitel *4.8.2 Widgets*) dienen dazu, immer aktuelle Infos für den Anwender bereit zustellen, laden dafür aber teilweise in regelmäßigen Abständen Daten aus dem Internet (beispielsweise bei Newstickern). Reduzieren Sie die Aktualisierungshäufigkeit in den Einstellungen des Widgets oder löschen Sie nicht benötigte Widgets vom Startbildschirm).
- Beenden Sie alle Anwendungen und Spiele, wenn Sie sie nicht nutzen (mit der ◀-Taste, sofern es keine andere Beendigungsoption gibt).

Im Handel sind sogenannte Power-Packs erhältlich, die aus einem großen Akku bestehen, an die Sie Ihr Handy zum Nachladen anschließen. Ein Power-Pack reicht – je nach Kapazität – für mehrere Ladungen, bevor sie das Power-Pack selbst an einer Steckdose aufladen müssen.

Einen großen Einfluss hat auch das Mobilfunknetz. Befinden Sie sich an einem Standort mit schlechten Empfang (oben rechts in der Titelleiste werden nur ein oder zwei Balken für die Empfangsstärke angezeigt), dann versucht das Handy mit verstärkte Leistung zu senden, was die Akkulaufzeit reduziert. Wir empfehlen dann:

- Falls möglich, wechseln Sie den Standort. In Gebäuden ist der Empfang in Fensternähe oder in einem höheren Stockwerk meist besser.
- Inzwischen unterstützen alle Netzbetreiber WLAN-Call. Reicht der Mobilempfang für Telefonate nicht aus, laufen die Gespräche über die gerade genutzte WLAN-Verbindung. Fragen Sie deshalb bei Freunden oder Geschäftspartnern, die Sie häufig besuchen nach, ob Sie deren WLAN-Gastzugang nutzen dürfen.
- Befinden Sie sich längerfristig an einem abgelegenen Ort ohne WLAN mit schlechtem Mobilfunkempfang, dann sollten Sie solange den Flugmodus aktivieren (sofern Sie

weder telefonieren noch das Internet nutzen müssen). Den Flugmodus beschreibt Kapitel *5.5 Flugmodus (Offline-Modus)*.

- Vermeiden Sie Telefonate bei schlechtem Mobilfunkempfang. Nicht nur reduzieren Sie damit die Akkulaufzeit erheblich, sondern Sie setzen sich unnötigem Elektrosmog aus. Ein eindeutiger Einfluss von elektromagnetischen Wellen auf die Gesundheit wurde bisher allerdings trotz vieler Studien nicht nachgewiesen.

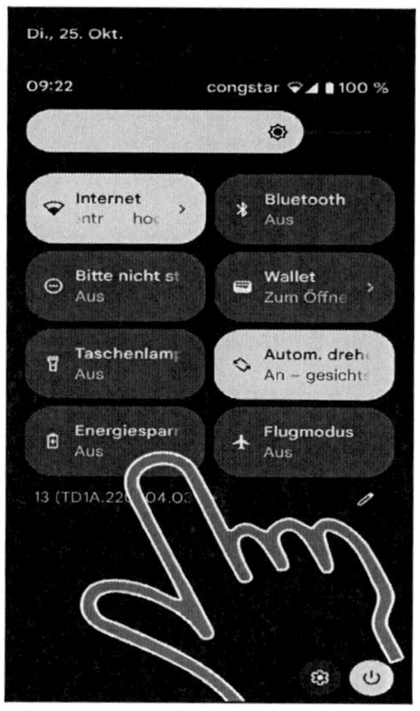

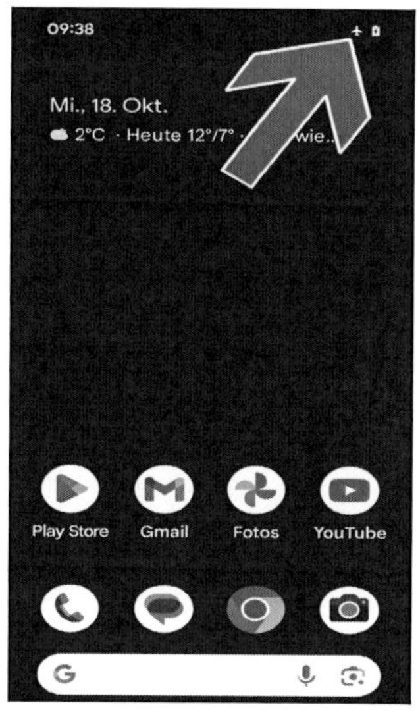

❶❷ Als Ergänzung zu den oben aufgeführten Maßnahmen können Sie auch selbst in die Energieverwaltung eingreifen: Öffnen Sie das erweiterte Benachrichtigungsfeld. Betätigen Sie *Energiesparmodus*. Neben der Displayhelligkeit reduziert das Handy auch die Prozessorgeschwindigkeit und deaktiviert einige Hintergrunddienste. Erneutes Antippen von *Energiesparmodus* im Benachrichtigungsfeld beendet den Energiesparmodus wieder.

❸ Ein 🔋-Symbol (Pfeil) weist auf den Energiesparmodus hin.

> Sie können den Energiesparmodus nur aktivieren, wenn das Handy **nicht** am PC oder Netzteil angeschlossen ist.
>
> Bei extrem niedrigen Akkustand (15%) schaltet das Handy ebenfalls in den Energiesparmodus.

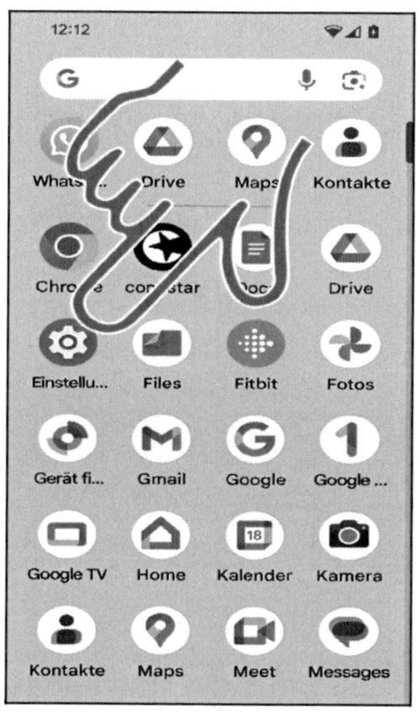

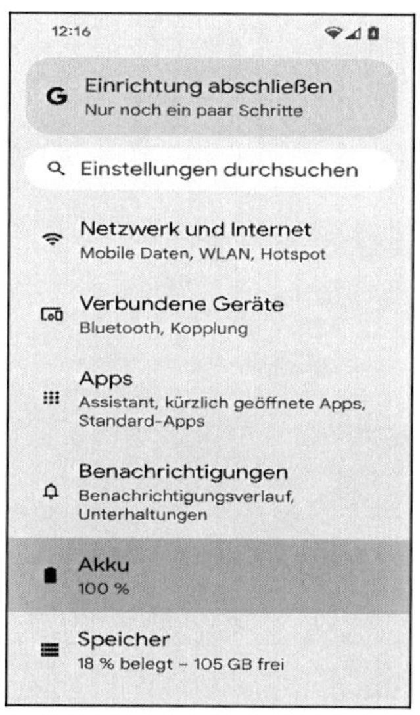

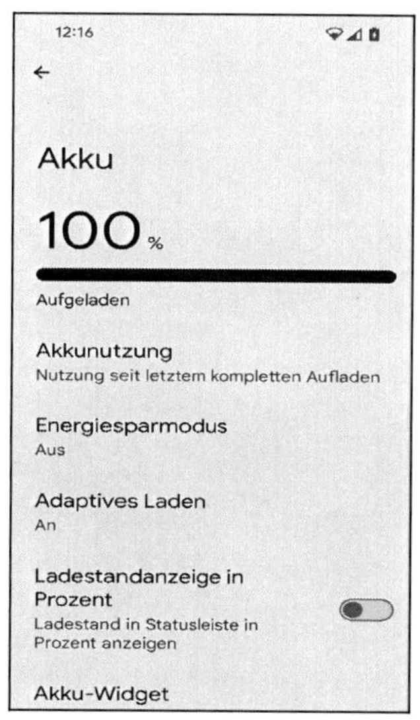

❶ Weitere Akku-Einstellungen finden Sie in den *Einstellungen*.

❷❸ Rufen Sie dort *Akku* auf:

- *Akkunutzung*: Informiert über den Energieverbrauch der von Ihnen verwendeten Programme. Auf diesem Wege identifizieren Sie »Stromfresser«.

- *Energiesparmodus*: Legen Sie fest, bei welchem Akkustand sich automatisch der oben beschriebene Energiesparmodus aktiviert.
- *Adaptives Laden*: Schnelles Aufladen reduziert die Akkulebensdauer. Deshalb hat Google das adaptive Laden entwickelt, welches über Nacht mit einem geringen, den Akku schonenden, Ladestrom arbeitet. Sofern Sie einen Alarm für das Aufstehen im Wecker (siehe Kapitel *23.2.1 Alarm*) gestellt haben, wird der Akku bis zur Alarmzeit vollgeladen.
- *Akku teilen*: Drahtloses Laden von anderen Geräten, die Sie auf die Rückseite des Handys legen. Bitte beachten Sie, dass diese Funktion nicht zum Laden von Handys geeignet ist, sondern sich nur zum Laden von Kleingeräten wie drahtlosen Kopfhörern (Buds) vorgesehen ist.
- *Ladestandanzeige in Prozent*: Informiert in der Titelleiste mit einer Prozentzahl über den Akkuzustand.
- *Akku-Widget*: Fügt dem Startbildschirm ein Widget hinzu, das den aktuellen Ladezustand anzeigt. Auf die Widgets geht Kapitel *4.8.2 Widgets* ein.
- *Akkudiagnose*: Falls der Akku nicht lädt oder die Akkunutzungsdauer zu Wünschen übrig lässt, führen Sie im Menü eine Diagnose durch.

28.4.1 Akku schonend laden

Die Ladetechnik und die Akkutechnologie sind inzwischen sehr ausgereift. Es spielt daher keine große Rolle, ob Sie das Handy mehrmals täglich laden oder es über Nacht zum Laden anschließen. Google bietet allerdings eine akkuschonendere Lademethode an und eventuell nutzen Sie diese bereits, ohne dass es Ihnen bewusst ist: Wenn Sie nämlich in der Uhr-Anwendung den Wecker stellen (siehe Kapitel *23.2.1 Alarm*), dann lädt das Handy sehr akkuschonend und langsam bis zum Weckeralarm auf. Darauf weist auch der Sperrbildschirm hin.

28.5 Screenshots (Bildschirmkopien)

In jeder Anwendung dürfen Sie einen Screenshot (Bildschirmkopie) erstellen, die Sie anschließend beispielsweise per E-Mail verschicken.

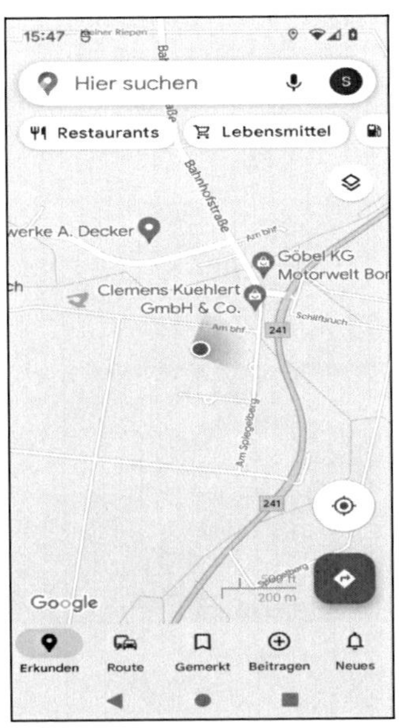

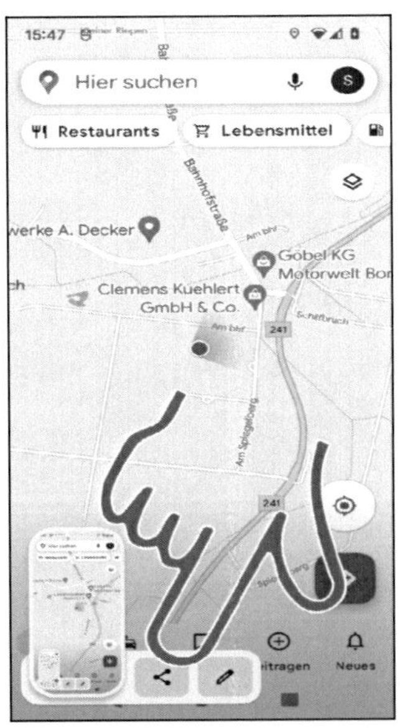

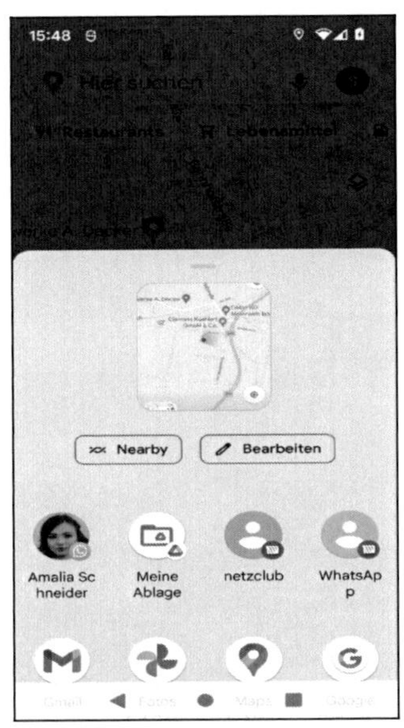

❶ Drücken Sie in der Anwendung, von der Sie einen Screenshot erstellen möchten, für einige Sekunden gleichzeitig die den Ein/Ausschalter und die Lautstärke-runter-Taste.

❷❸ Sie finden den Screenshot auch im Benachrichtigungsfeld. Tippen Sie zum Versenden an andere auf <.

Die Screenshot-Bilder finden Sie im Gerätespeicher im Verzeichnis *Pictures\Screenshots*.

28.6 Handy zurücksetzen

Für den Fall, dass Sie Ihr Pixel nicht mehr nutzen und an einen Dritten weitergeben möchten, sollten Sie die darauf vorhandenen Daten löschen. Dieser Vorgang wird auch als »Zurücksetzen« bezeichnet.

Steigen Sie auf ein anderes Android-Handy um, so ist der Umzug Ihrer Daten (Termine, Kontakte, Browser-Lesezeichen, aus dem Play Store installierte Programme) auf das neue Gerät sehr einfach. Sie müssen sich nur auf dem neuen Handy mit dem gleichen Google-Konto anmelden, das Sie bei der Ersteinrichtung auf dem Pixel-Handy angelegt hatten. Das Google-Konto ist gleichzeitig auch die in Gmail (siehe Kapitel *10 Gmail*) genutzte E-Mail-Adresse.

❶ So erfahren Sie, unter welchem Google-Konto Ihre Daten auf dem Pixel gespeichert werden: Rufen Sie beispielsweise den *Play Store* auf.

❷❸ Aktivieren Sie das Ausklappmenü, das Ihren Google-Konto-Namen (Pfeil) verrät.

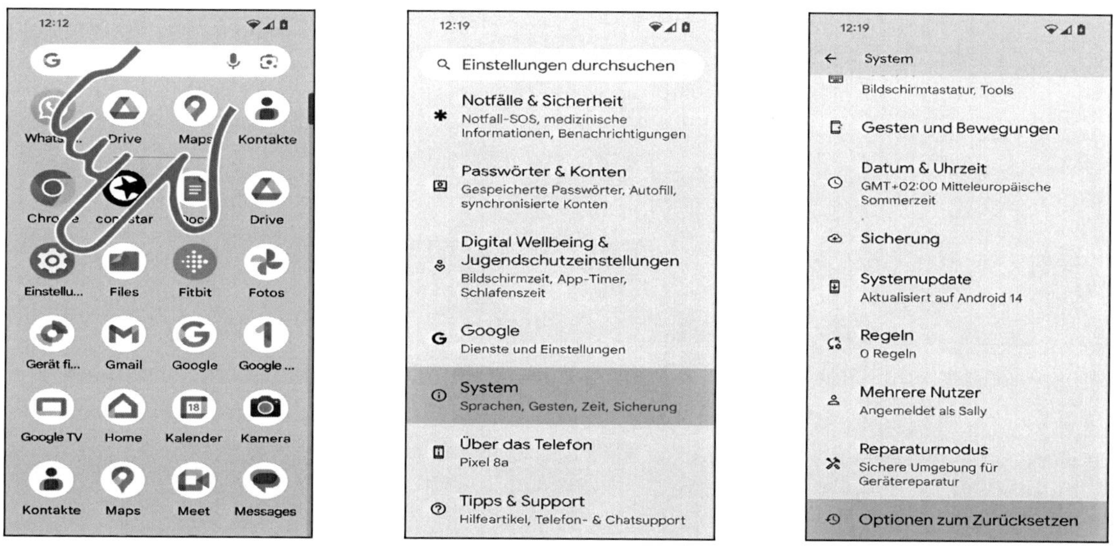

❶ Damit kommen wir zum Zurücksetzen. Rufen Sie dafür *Einstellungen* aus dem Startmenü auf.

❷❸ Wählen Sie *System* aus und betätigen Sie *Optionen zum Zurücksetzen*.

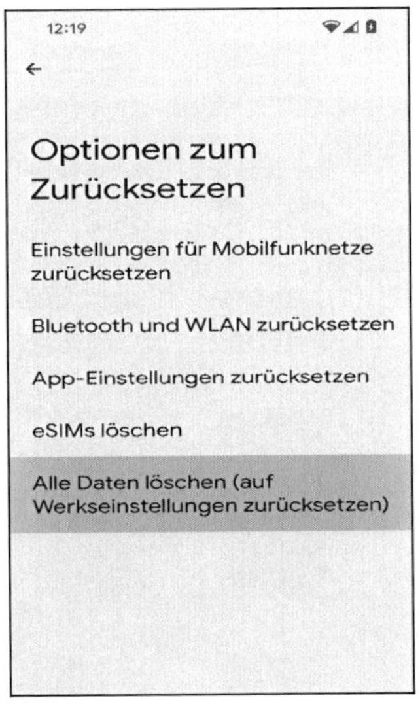

❶❷ Wählen Sie *Alle Daten löschen.*

❸ Betätigen Sie *Alle Daten löschen.* Das Handy befindet sich anschließend im Auslieferungszustand.

28.7 Schaltleisten im Benachrichtigungsfeld bearbeiten

Über die Verknüpfungen im Benachrichtigungsfeld steuern Sie alle wichtigen Funktionen des Pixel. Weil jeder Nutzer andere Ansprüche hat, lassen sich die Verknüpfungen anpassen.

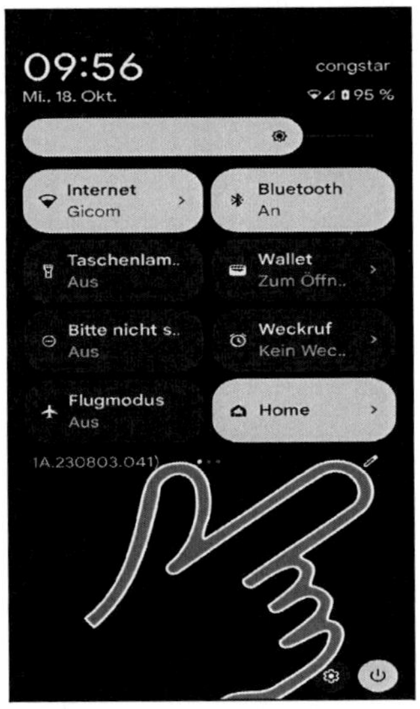

❶ Öffnen Sie das Benachrichtigungsfeld und wischen Sie mit dem Finger erneut darüber, was das erweiterte Benachrichtigungsfeld anzeigt.

❷ Im Benachrichtigungsfeld gehen Sie auf ✏.

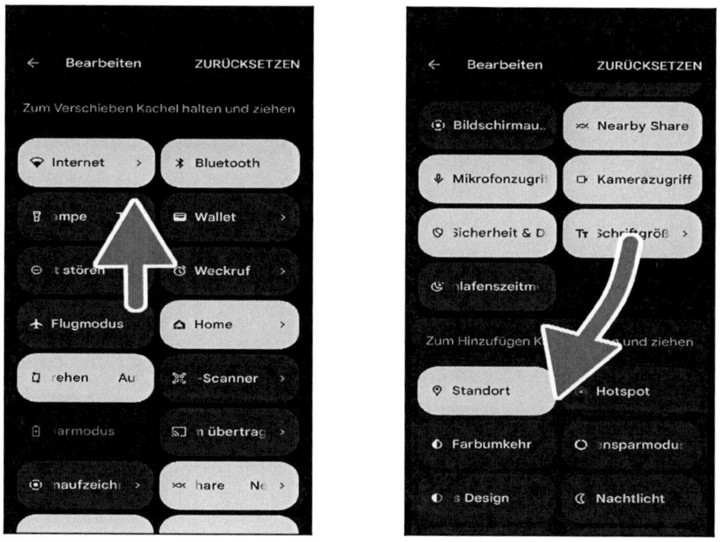

➊ Wischen Sie einmal im Benachrichtigungsfeld nach oben.

➋ Tippen, halten und ziehen Sie jeweils eine Verknüpfung vom unteren Bereich in den oberen. Umgekehrt ziehen Sie von unten Verknüpfungen, die Sie benötigen, nach oben.

Bitte beachten Sie, dass später nur die ersten vier Schaltleisten im Benachrichtigungsfeld direkt verfügbar sind. Die restlichen erscheinen erst nach einer Wischgeste über den Schaltleisten nach unten.

28.8 Ordner

Ordner sind unter anderem nützlich, wenn man sehr viele Anwendungen auf dem Handy installiert hat. Man legt dann einfach mehrere Ordner im Startbildschirm an, worin man seine Anwendungen verschiebt.

28.8.1 Ordner anlegen und verwalten

Bevor Sie im Startbildschirm einen Ordner anlegen können, müssen etwas Vorarbeit leisten. Ziehen Sie zunächst, wie im Kapitel *4.8.1 Schnellzugriffe anlegen und verwalten* gezeigt, die benötigten Verknüpfungen vom Hauptmenü in den Startbildschirm.

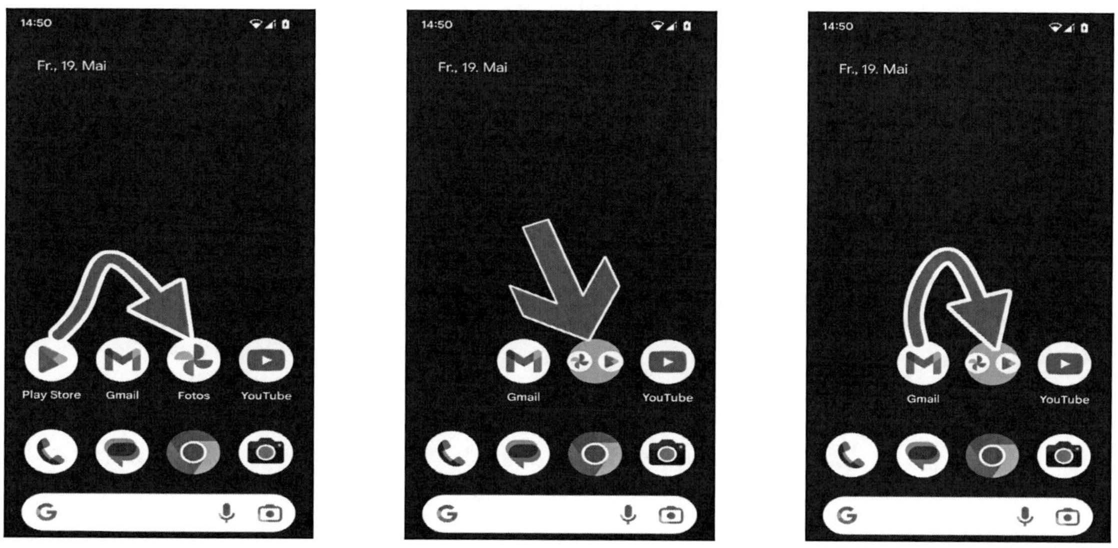

➊ In unserem Beispiel stellen wir unseren eigenen Ordner zusammen. Tippen und halten Sie den Finger auf ein Programm und ziehen Sie es auf ein weiteres.

➋ Das Handy erstellt aus den beiden Programmen einen Ordner (Pfeil).

➌ Ziehen Sie bei Bedarf noch weitere Programme in den Ordner.

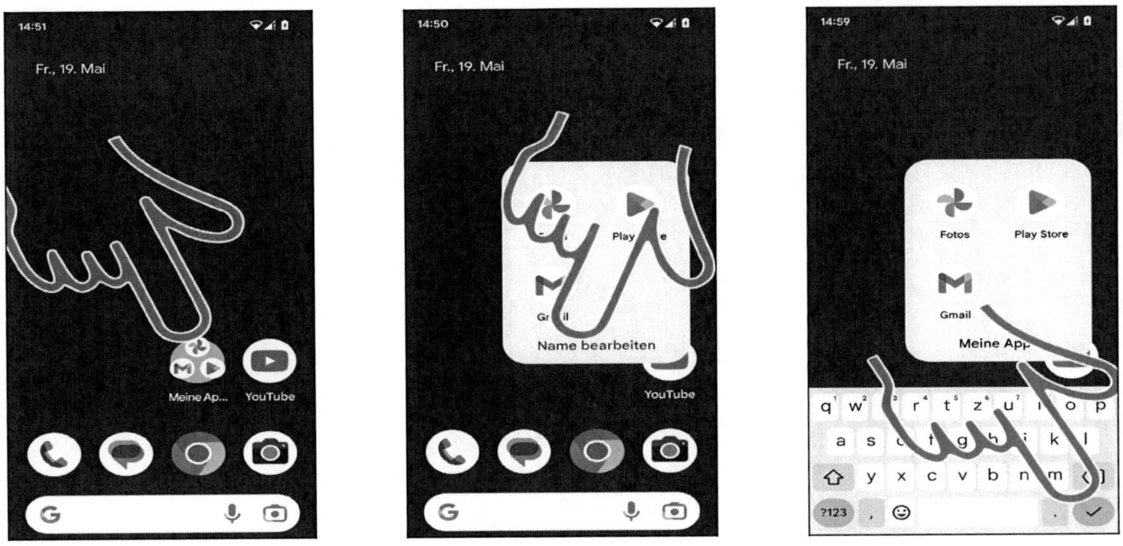

❶ Tippen Sie den Ordner an.

❷❸ Den Ordnernamen ändern Sie sehr einfach, indem Sie den Finger darauf halten, bis das Handy in den Editiermodus schaltet. Erfassen Sie den neuen Ordnernamen und schließen Sie den Vorgang mit ✓ (Pfeil) auf dem Tastenfeld ab.

Verschieben Sie den Ordner, indem Sie den Finger darauf tippen und halten und dann an die gewünschte Position ziehen.

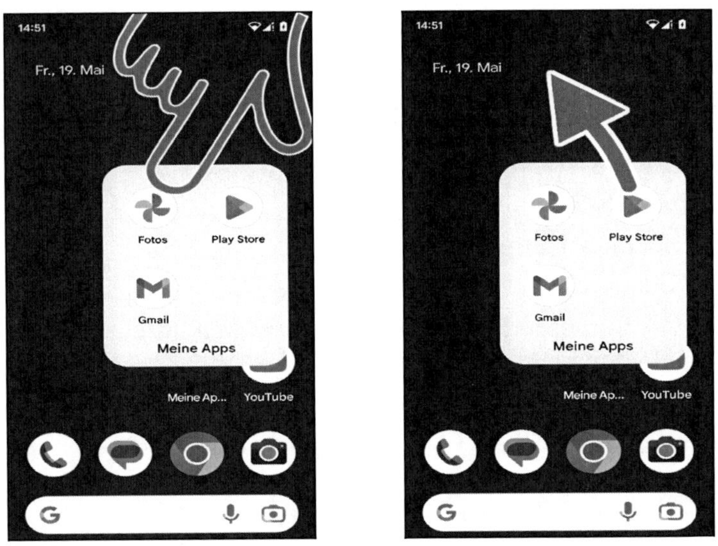

❶ Die Programme starten Sie mit Antippen. Zum Schließen des Ordners betätigen Sie die ◀-Taste oder tippen in einen Bildschirmbereich außerhalb des Ordners.

❷ So entfernen Sie ein Programm aus dem Ordner: Ziehen Sie es mit gedrücktem Finger aus dem Ordner. Lassen Sie dann das Programm an der gewünschten Position los.

28.9 Eigene Klingel- und Benachrichtigungstöne

Standardmäßig bietet das Handy nur eine vergleichsweise kleine Auswahl an Klingel- und Benachrichtigungssignalen. Sie dürfen aber weitere Audiodateien (idealerweise im Format MP3) installieren.

Schließen Sie das Handy am PC an (siehe auch Kapitel *16 Gerätespeicher*). Wählen Sie als Gerät *Interner gemeinsamer Speicher* aus.

Sie finden folgende Verzeichnisse vor:

- *Ringtones*: Für Klingeltöne.

- *Notifications*: Für Benachrichtigungen (Kalender, neue Nachrichten).
- *Alarms*: Für den Alarm (siehe Kapitel *23.2 Wecker und Uhr*)

Kopieren Sie nun Audiodateien in die entsprechenden Verzeichnisse.

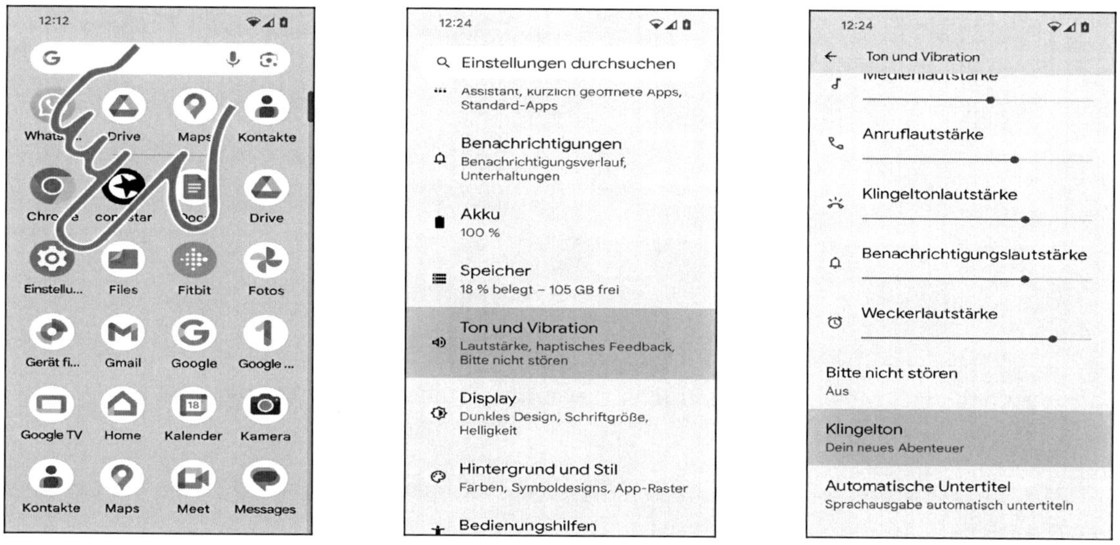

❶❷ Rufen Sie die *Einstellungen* auf und gehen Sie auf *Ton & Vibration* und dann *Klingelton.*

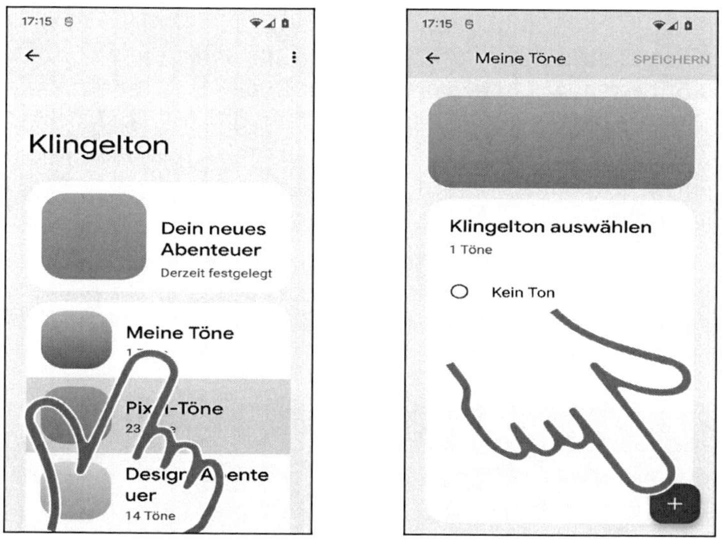

❶ Wählen Sie *Meine Töne.*

❷ Betätigen Sie **+**.

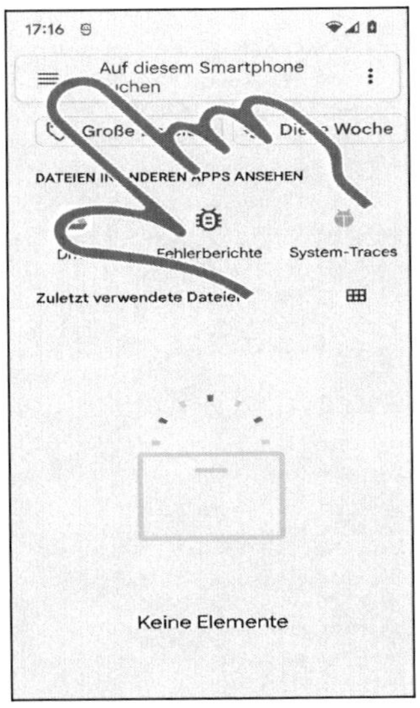

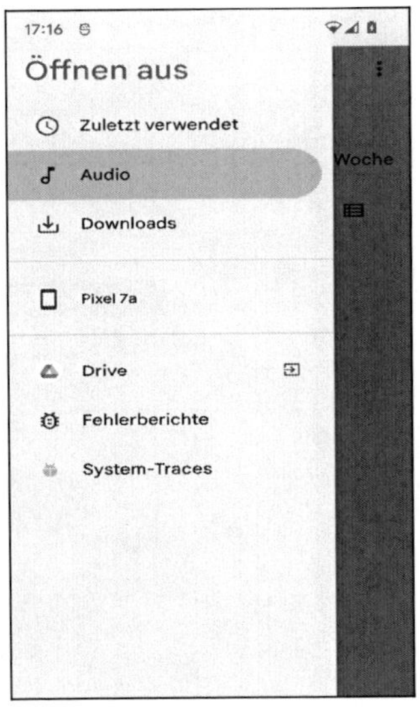

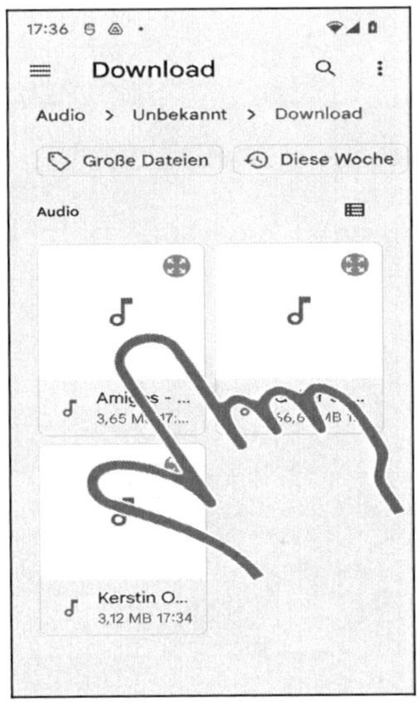

❶ Sofern nicht bereits Musikdateien aufgelistet werden, öffnen Sie das Ausklappmenü.

❷ Hier gehen Sie auf *Audio.*

❸ Wählen Sie ein Musikverzeichnis beziehungsweise eine Audiodatei aus. Damit ist der neue Klingelton eingerichtet.

28.10 QR-Code scannen

Mit Sicherheit haben Sie sich schon mal über die seltsamen Rastergrafiken gewundert, die ab und zu auf Werbeplakaten oder in Zeitschriften zu finden sind. Es handelt sich dabei um sogenannte QR-Codes, die in der Regel eine Webadresse enthalten. QR-Codes lassen sich mit dem Handy einscannen und dann einfach im Webbrowser öffnen.

Wir zeigen Ihnen in diesem Kapitel, wie Sie QR-Codes nutzen.

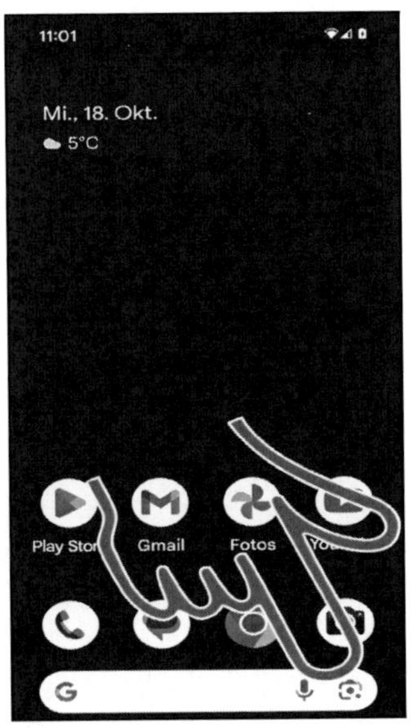

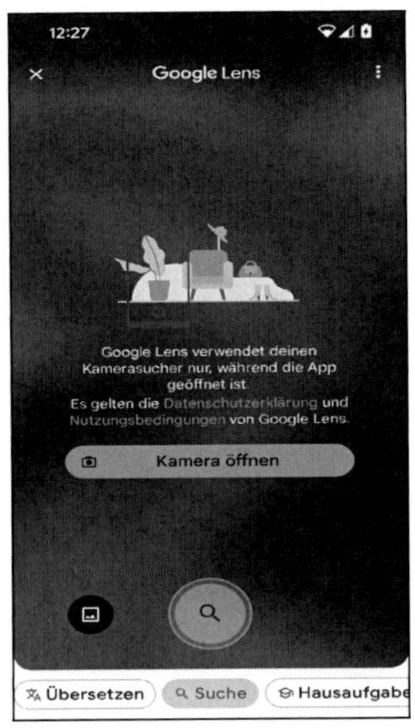

❶ Betätigen Sie im Startbildschirm die -Schaltleiste im Google-Widet.

❷❸ Gehen Sie auf das Kamera-Symbol und dann auf *Kamera öffnen.* Im Popup wählen Sie *Bei Nutzung der App.*

Sofern Sie Google Lens bereits mal genutzt haben, werden Einrichtungsschritte übersprungen.

❶❷ Halten Sie das Handy über den einzuscannenden QR-Code. Die angezeigte Webadresse tippen Sie an, worauf sie im Webbrowser geöffnet wird.

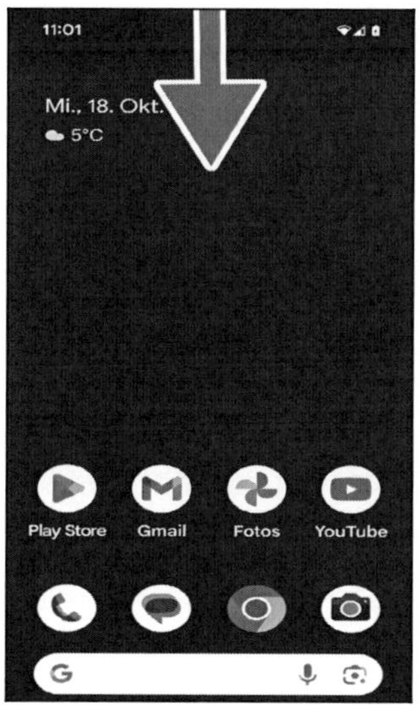

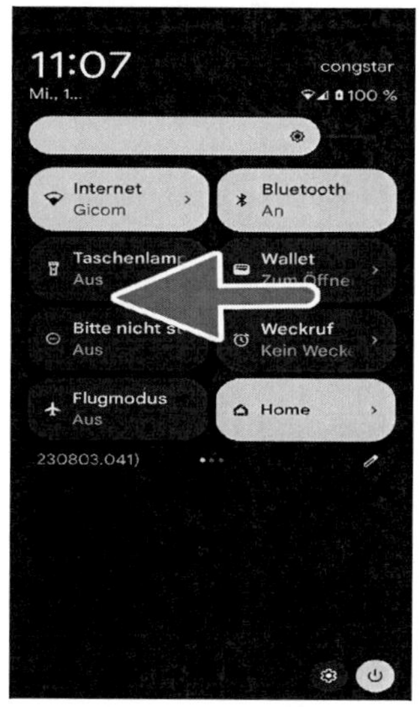

❶ Alternativ öffnen Sie das Benachrichtigungsfeld…

❷ … und öffnen mit einer Wischgeste das erweiterte Benachrichtigungsfeld.

❸ Wischen Sie nach links.

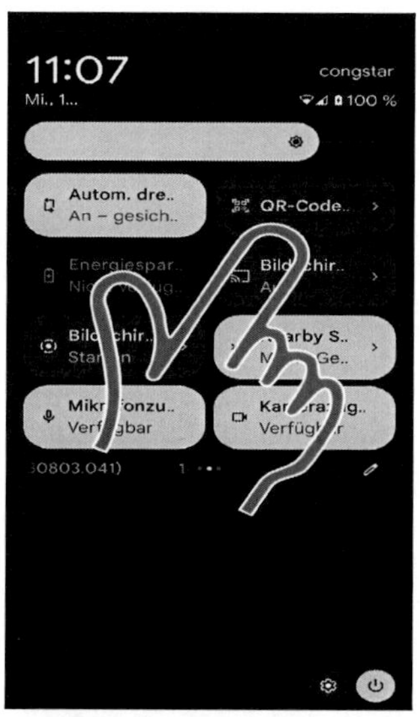

❶❷ Tippen Sie auf *QR-Code scannen* und halten Sie das Handy auf den QR-Code. Mit *Öffnen*

rufen Sie die hinterlegte Webadresse im Browser auf.

28.11 Gerätedesign

Ihr Handy bietet zwei verschiedene »Designs« an, die als »Dunkel« oder »Hell« bezeichnet werden. Bei aktivem Energiesparmodus (siehe Kapitel *28.4 Akkulaufzeit erhöhen*) verwendet das Handy das dunkle Gerätedesign, welches weniger Akkustrom verbraucht.

Das Hauptmenü im dunklen (❶) und hellen (❷) Gerätedesign.

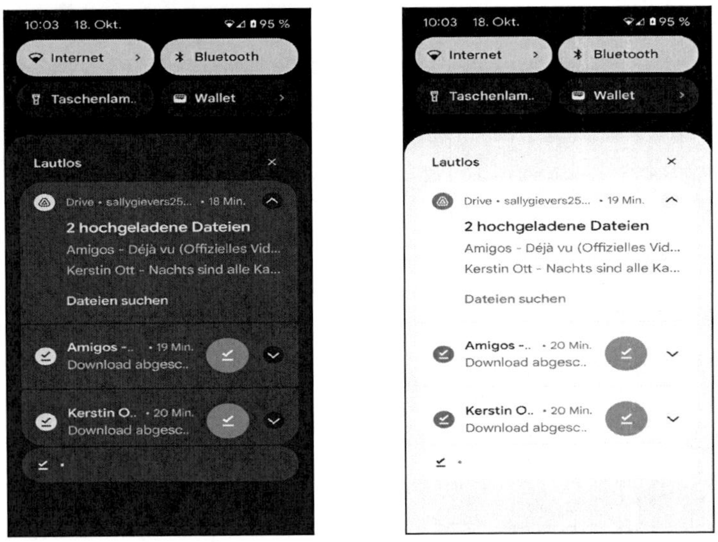

Benachrichtigungsfeld im dunklen (❶) und hellen Gerätedesign.

Welches Gerätedesign bei Ihnen Verwendung findet, hängt von drei Faktoren ab:

- Hintergrundbild (siehe Kapitel *4.8.3 Hintergrundbild*): Je nach Helligkeit des Hintergrundbildes kommt ein helles oder dunkles Design zum Einsatz.
- Sie können alternativ das helle/dunkle Design fest einstellen.
- Weil das Display beim dunklen Design weniger Energie verbraucht, schaltet das Handy im Energiesparmodus (siehe Kapitel *28.4 Akkulaufzeit erhöhen*) automatisch auf das dunkle Design um.

28.11.1 Zwischen hellem und dunklen Design umschalten

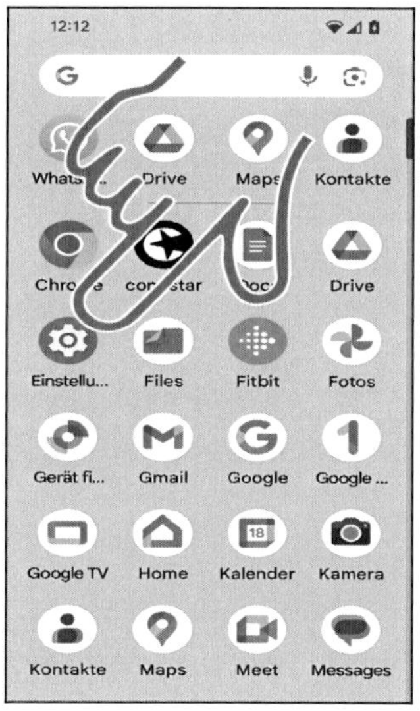

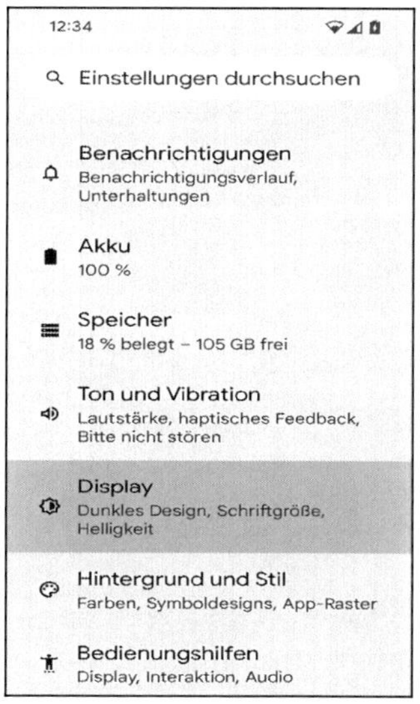

➊ So schalten Sie manuell zwischen hellem oder dunklem Design um: Rufen Sie die *Einstellungen* auf.

➋ Gehen Sie auf *Display*.

➊➋ Aktivieren/Deaktivieren Sie *Dunkles Design*.

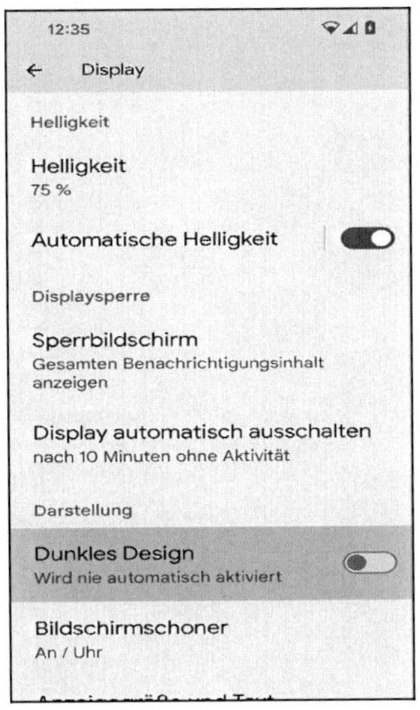

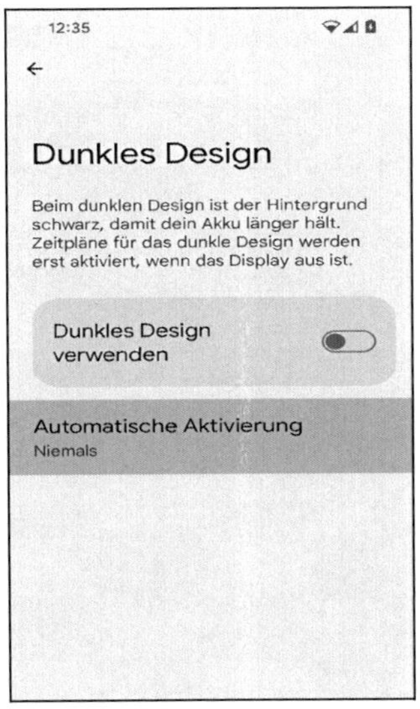

❶ Der Dunkelmodus kann sich auch zu bestimmten Zeiten automatisch einschalten. Dazu rufen Sie das *Dunkles Design*-Menü auf.

❷ Gehen Sie auf *Automatische Aktivierung.*

❸ Hier stellen Sie ein, ob sich der Dunkelmodus zu bestimmten Zeiten oder Nachts (*Von Sonnenuntergang bis -aufgang*) aktiviert.

28.11.2 Gerätedesign für ein Programm einstellen

Vielleicht möchten Sie, dass nur für eine bestimmte Anwendung einen dunklen Hintergrund nutzt? In vielen der vorinstallierten Anwendungen können Sie das Gerätedesign zwischen »dunkel« und »hell« umschalten.

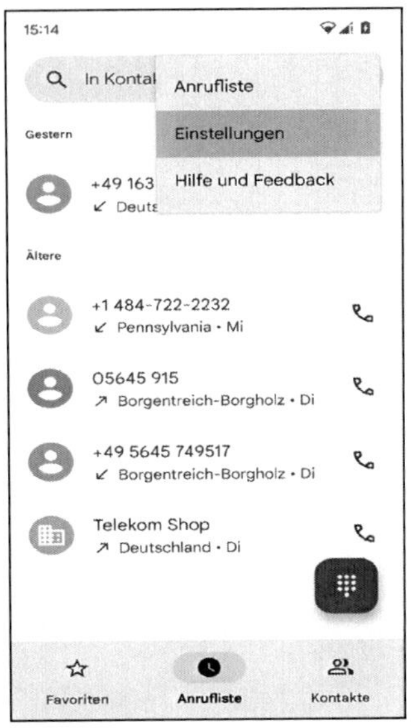

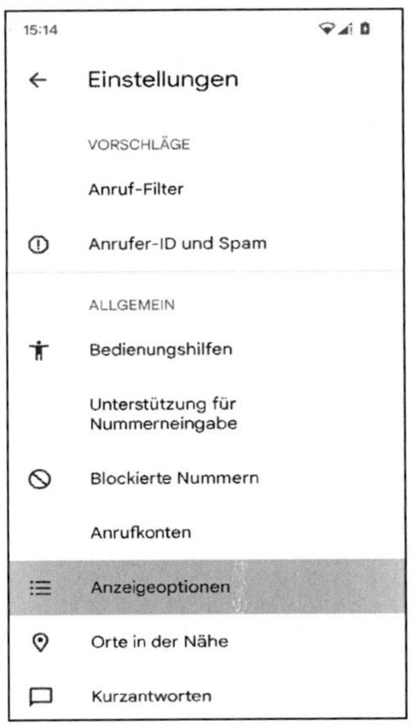

❶❷ Beispiel Telefonoberfläche (siehe Kapitel 5 *Telefonie*): Rufen Sie dort ⋮*/Einstellungen/Anzeigeoptionen* auf.

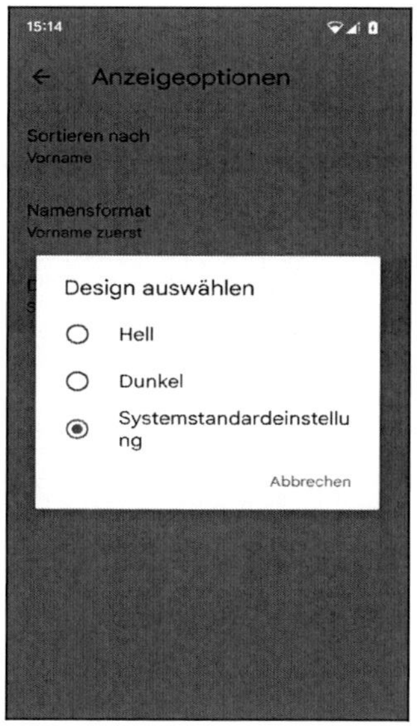

❶ Gehen Sie auf *Design auswählen.*

❷ Im Popup aktivieren Sie *Dunkel.*

Die Gerätedesign-Einstellungen finden Sie bei jeder Anwendung an einer anderen Stelle in den Menüs.

Zum Vergleich: Das helle (❶) und dunkle (❷) Gerätedesign der Telefonoberfläche.

28.12 Datenschutzeinstellungen

In den letzten Jahren wurde weltweit das Datensammeln der Softwarebranche durch diverse Gesetze immer mehr eingeschränkt. Was für die Privatsphäre auf der einen Seite zu begrüßen ist, hat auf der anderen Seite negative Auswirkungen auf den Bedienkomfort.

Beispiel: Google darf die in den Telefonbuch-Kontakten hinterlegten Geburtstage nicht einfach in den Kalender als Termine übernehmen. Ebenso dürfen Suchwörter aus der Google-Suche nicht für Empfehlungen im Kartendienst Google Maps oder in YouTube verwendet werden.

Über die »Meine Aktivitäten«-Seite legen Sie selbst fest, welche Daten Google zwischen seinen Diensten austauschen darf.

❶ Rufen Sie in einem Webbrowser die Webadresse *myactivity.google.com/linked-services* auf (Sie dürfen dazu auch den Browser auf einem PC nutzen, was einfacher ist). Betätigen Sie dann *Anmelden* und geben Sie auf den folgenden Seiten Ihr Google-Konto und das zugehörige Passwort an.

❷ Aktivieren Sie alle Dienste, die Daten untereinander austauschen dürfen. In der Regel dürften das alle sein, was Sie mit einem Haken beim ersten Eintrag erledigen.

❸ Blättern Sie nun mit einer Wischgeste durch den Bildschirm und gehen Sie *Weiter*. Auf der folgenden Seite betätigen Sie *Bestätigen*.

29. Stichwortverzeichnis

Sie haben im Stichwortverzeichnis nicht gefunden, was Sie suchen? Dann empfehlen wir Ihnen das Herunterladen des PDF-Ebooks (siehe Seite 3). Alle PDF-Anzeigeprogramme bieten eine Volltextsuchfunktion!

30. Weitere Bücher des Autors

Vom Technik-Journalisten Rainer Gievers sind zahlreiche Bücher zum Thema Mobile Computing erschienen. Eine Übersicht finden Sie auf *www.das-praxisbuch.de*. Sie erhalten die Bücher bei Ihrem lokalen Buchhändler oder über Online-Shops der großen Buchketten.

Sie möchten wissen, ob es vom Autor ein Buch zu Ihrem Handy gibt? Dann nutzen Sie bitte die Suchfunktion unter der Webadresse *www.das-praxisbuch.de/suche*.

Allgemeine Themen

- Das Praxisbuch Chromebook (Ausgabe 2024/25)
- Das Praxisbuch Google-Anwendungen (Ausgabe 2024/25)
- Das Praxisbuch Amazon Alexa & Echo (Ausgabe 2024/25)
- Das Praxisbuch Internet mit dem Android-Handy (Ausgabe 2024/25)

Samsung Galaxy A-Serie:

- Samsung Galaxy A14
- Samsung Galaxy A15 & A15 5G
- Samsung Galaxy A23
- Samsung Galaxy A25
- Samsung Galaxy A34 5G
- Samsung Galaxy A35 5G
- Samsung Galaxy A54 5G
- Samsung Galaxy A55 5G

Samsung Galaxy S-Serie:

- Samsung Galaxy S22 / S22+ / S22 Ultra
- Samsung Galaxy S23 / S23+ / S23 Ultra
- Samsung Galaxy S23 FE
- Samsung Galaxy S24 / S24+ / S24 Ultra

Google Pixel:

- Google Pixel 7a
- Google Pixel 7 & Pixel 7 Pro
- Google Pixel 8 & 8 Pro